ÉTUDES D'HISTOIRE ET DE PHILOSOPHIE RELIGIEUSES
sous la direction de Matthieu Arnold
en collaboration avec Christian Grappe et Marc Vial
92

Milan et la France

Ouvrage publié avec le soutien de l'université La Statale de Milan,
de l'Accademia Ambrosiana de Milan, de la Veneranda
Fabbrica del Duomo de Milan et le support administratif
de l'université Grenoble Alpes

Paola Vismara

Milan et la France

Histoire, théologie et dévotion (XVIe-XIXe siècles)

Études réunies par Marco Rochini

Préface de Jean-Robert Armogathe

PARIS
CLASSIQUES GARNIER
2022

Paola Vismara a été professeur d'histoire de l'Église à l'université de Milan et membre du conseil de l'Accademia Ambrosiana et de la Veneranda Fabbrica del Duomo. Professeur invité dans nombre d'universités françaises, elle a publié plusieurs livres, dont *Oltre l'usura. La Chiesa moderna e il prestito a interesse* (Rubbettino, 2004) qui a marqué ses travaux sur le catholicisme aux XVIIe et XVIIIe siècles.

ISBN 978-2-406-13789-4 (livre broché)
ISBN 978-2-406-13790-0 (livre relié)
ISSN 0992-6488

ABRÉVIATIONS

ACAM	Archivio della Curia Arcivescovile di Milano
ACDF	Archivio della Congregazione per la Dottrina della Fede
AEM	Achille Ratti (dir.), *Acta Ecclesiæ Mediolanensis*, 4 vol., Milan, Ex Typographia Sancti Iosephi, 1890-1897
AMVM	Archivio del Monastero della Visitazione, Milano
ASDMI	Archivio Storico Diocesano di Milano
ASM	Archivio di Stato di Milano
ASV	Archivio Segreto Vaticano, Milano
BAM	Biblioteca Ambrosiana, Milano
DBI	*Dizionario Biografico degli Italiani*
DHCJ	*Diccionario Histórico de la Compañía de Jesús. Biográfico-temático*, éd. Charles E. O'Neil, Joaquín M. Dominguez, 4 vol., Rome-Madrid, Institutum Historicum Societatis Iesu-Universidad Pontificia Comillas, 2001
DCA	*Dizionario della Chiesa ambrosiana*, 6 vol., Milan, NED, 1987-1993
SB	*Studia Borromaica : Saggi e documenti di storia religiosa e civile della prima età moderna*, Milan, Accademia di San Carlo, 1987-
Sommervogel	Carlos Sommervogel, *Bibliothèque de la Compagnie de Jésus*, Bruxelles-Paris, Oscar Schepens-Alphonse Picard, 1890-1900
V.P.	Visite Pastorali
Circ.	Circulaire

PRÉCISIONS BIBLIOGRAPHIQUES

Les chapitres de cet ouvrage sont tirés d'articles et de chapitres publiés dans d'autres volumes par Paola Vismara. Les textes sont conformes aux originaux, le style des notes a été uniformisé. Les textes n° 9 et 10 ont été traduits de l'italien par Bénédicte Dazy. Nous tenons à remercier les éditeurs qui nous accordé l'autorisation à reproduire ces textes.

1. VISMARA, Paola, « Église et État en France au début du ralliement. L'affaire des catéchismes électoraux d'après les archives vaticanes (1891-1892) », *Revue d'Histoire de l'Eglise de France*, 68, 1982, p. 213-233.
2. VISMARA, Paola, « L'anti-infaillibilisme des jansénistes lombards à la fin du XVIIIe siècle », in : Sylvio De Franceschi (dir.), *Le pontife et l'erreur. Anti-infaillibilisme catholique et romanité ecclésiale aux temps post tridentins (XVIIe-XXe siècles), Chrétiens et sociétés. Documents et mémoires* n° 11, Lyon, RESEA-Larhra, 2010, p. 77-104.
3. VISMARA, Paola, « L'influence de la France, du Synode de Pistoia à *Auctorem Fidei* », in : Frédéric Meyer, Sylvain Mylbach (dir.), *Les échanges religieux entre l'Italie et la France 1760-1850. Regards croisés*, Chambéry, Université Savoie Mont Blanc, 2010, p. 43-58.
4. VISMARA, Paola, « Bossuet en question. Ecclésiologie et politique en Italie au XVIIIe siècle », in : Anne-Élisbeth Spica (dir.), *Bossuet à Metz (1652-1659). Les années de formation et leurs prolongements*, Bern-Berlin-Bruxelles, Peter Lang, 2005, p. 305-318.
5. VISMARA, Paola, « Les jésuites et la morale économique », *XVIIe siècle*, 59, 2007, p. 739-754.
6. VISMARA, Paola, « Remarques sur les jansénistes et l'usure », in : Gilles Deregnaucourt, Yves Krumenacker, Philippe Martin, Frédéric Meyer (dir.), *Dorsale catholique, jansénisme, dévotion XVIe-XVIIIe siècles. Mythe, réalité, actualité historiographique*, Paris, Éditions Riveneuve, 2014, p. 61-72.

7. VISMARA, Paola, « Contester/encourager la dévotion. Théories et pratiques en Italie au XVIIIe siècle », in : Agostino Paravicini Bagliani, Antonio Rigon (dir.), *La comunicazione del sacro (secoli IX-XVIII)*, Rome, Herder, 2008, p. 387-405.
8. VISMARA, Paola, « Entre romanisme et antiromanisme : l'œuvre historique de Lodovico Antonio Muratori », in : Sylvio De Franceschi (dir.), *Histoires antiromaines, Chrétiens et sociétés, Documents et mémoires* n° 15, Lyon, RESEA-Larhra, 2011, p. 87-114.
9. VISMARA, Paola, « Muratori alla "scuola mabillona" : dalle *Riflessioni sopra il buon gusto* agli *Annali d'Italia* », in : Daniel-Odon Hurel (dir.), *Érudition et commerce épistolaire. Jean Mabillon et la tradition monastique*, Paris, Librairie Philosophique J. Vrin, 2003, p. 135-152 (traduit en français).
10. VISMARA, Paola, « Dogma e disciplina nell'Italia del Settecento. Da Lodovico Antonio Muratori alla *Auctorem Fidei* », in : Jean-Louis Quantin, Jean-Claude Waquet (éd.), *Papes, princes et savants dans l'Europe moderne. Mélanges à la mémoire de Bruno Neveu*, Genève, Droz, 2007, p. 123-142 (traduit en français).
11. VISMARA, Paola, « Tradition et innovation : l'Église de Milan à l'époque des lumières », in : Louis Châtellier (dir.), *Religions en transition dans la deuxième moitié du dix-huitième siècle*, Oxford, Voltaire Foundation, 2000, p. 25-36.
12. VISMARA, Paola, « Une dévotion au siècle des lumières : Marie "divine bergère" », in : Cécile Davy-Rigaux, Grégory Goudot, Bernard Hours, Daniel-Odon Hurel (éd.), *Catholicisme, culture et société aux Temps modernes. Mélanges offerts à Bernard Dompnier, Turnhout*, Brepols, 2018, p. 313-326.
13. VISMARA, Paola, « Les splendeurs de la dévotion à Milan. Du baroque aux lumières », in : Bernard Dompnier (dir.), *Les cérémonies extraordinaires du catholicisme baroque*, Clermont-Ferrand, Presses Universitaires Blaise Pascal, 2009, p. 443-458.
14. VISMARA, Paola, « Milan et ses paroisses aux XVIIe-XVIIIe siècles. Prédication et enseignement doctrinal », in : Anne Bonzon – Philippe Guignet, Marc Venard (dir.), *La paroisse urbaine. Du Moyen Âge à nos jours*, Paris, Cerf, 2014, p. 163-182.
15. VISMARA, Paola, « La religion urbaine entre pouvoir politique et pouvoir ecclésiastique. Milan au XVIIIe siècle », in : Bruno Dumons,

Bernard Hours (dir.), *Ville et religion en Europe du XVIe au XXe siècle. La cité réenchantée*, Grenoble, PUG, 2010, p. 435-449.

16. VISMARA, Paola, « Le monastère de la Visitation et l'esprit salésien à Milan au XVIIIe siècle », in : Bernard Dompnier, Dominique Julia (dir.), *Visitation et Visitandines aux XVIIe et XVIIIe siècles*, Saint-Étienne, Publications de l'Université de Saint-Étienne, 2001, p. 483-498.
17. VISMARA, Paola, « La Visitation de Milan et la société urbaine : (1750-1850 environ) », in : Marie-Élisabeth Henneau, Paola Vismara, Bernard Barbiche, Julien Coppier, Yves Kinossian, Claude Langlois (dir.), *Pour Annecy et pour le monde : l'ordre de la Visitation (1610-2010)*, Cinisello Balsamo – Annecy, Silvana Editoriale – Archives départementales de la Haute-Savoie, 2011, p. 123-133.
18. VISMARA, Paola, « Ciel et enfer d'après les récits de miracles », in : *Le jugement, le ciel et l'enfer dans l'histoire du christianisme*, Angers, Presses de l'Université, 1989, p. 121-132.
19. VISMARA, Paola, « Miracles et prodiges sacrés en pays de mission à l'époque moderne », *The Journal of Baroque Studies*, 1, 2013, p. 53-75.

REMERCIEMENTS

Nous remercions la Présidence de l'Università degli Studi de Milano, l'Accademia Ambrosiana et la Veneranda Fabbrica del Duomo de Milan qui ont soutenu financièrement cette publication. L'université de Grenoble Alpes a offert le cadre institutionnel nécessaire à la finalisation de ces fonds.

Nous remercions également les auteurs et les collègues qui ont permis la publication de cet ouvrage. Une pensée particulière va aux élèves de l'auteur : Eleonora Rai, Maddalena Peschiera et Emanuele Colombo.

Nous remercions surtout Giuliano Ferretti qui a été l'âme de ce projet. Sans son initiative, ses conseils et son investissement dans la conception et réalisation du présent volume, cette publication n'aurait pas vu le jour.

Marco ROCHINI
Università Cattolica del Sacro Cuore,
Milan

AVANT-PROPOS

Le nouveau livre de Paola Vismara

Dans ses dernières années, Paola Vismara avait souvent exprimé son désir de publier un nouvel ouvrage, que l'art noble de l'enseignement différait, l'empêchant d'y mettre la main. Ses efforts, souvent nocturnes, ont produit des matériaux nombreux qu'elle nous a légués. Dans ce riche dépôt, ses élèves et ses amis ont trouvé, entre autres choses, un ensemble cohérent, un canevas en chapitres, issu d'articles divers, presque tous parus en français et en italien, qui n'avaient besoin que de peu de chose pour aboutir. À l'initiative de Giuliano Ferretti, plusieurs collègues et amis de l'Université Grenoble Alpes, de l'Università degli Studi di Milano, de l'Accademia Ambrosiana et de la Veneranda Fabbrica del Duomo ont accepté de soutenir la réalisation de ce projet. C'est à ce canevas que les élèves de Paola Vismara, Marco Rochini en tête, soutenu par Emanuele Colombo, ont apporté la dernière touche, concrétisant le désir de livre de son auteur, tout en prolongeant son œuvre dans le présent. Tout cela est devenu *Milan et la France*, le livre que Paola Vismara avait pour ainsi dire composé au fil du temps et de ses nombreuses rencontres scientifiques en France, fruits des liens féconds qu'elle avait noués dans ce pays tout au long de sa carrière.

Milan a été la clé de voûte du travail de Paola Vismara : sa passion et son amour pour cette ville se ressentent en permanence dans ses écrits et se sont exprimés à travers de nombreuses collaborations avec des institutions urbaines. Membre durant des années du Comité de direction de la Classe di Studi Borromaici de l'Accademia San Carlo, devenue par la suite Accademia Ambrosiana, Paola Vismara a contribué à alimenter le dynamisme culturel de cette institution née de Frédéric Borromée. Elle a en outre été la première femme à intégrer le Conseil d'administration de la Veneranda Fabbrica del Duomo, instituée en 1387 par Gian Galeazzo Visconti. Mais, sans doute possible, c'est l'Université de Milan qui a été l'institution et la communauté à laquelle Paola Vismara a offert sa contribution la plus significative.

Ses collègues se souviennent de son talent pour tisser des collaborations académiques qui se muaient souvent en liens d'amitié. Paola Vismara était connue pour sa franchise, elle s'exprimait sans filtre – une attitude peu commune dans le monde académique et dans les cercles ecclésiastiques, dominés le plus souvent par le politiquement correct. Cette franchise s'accompagnait d'une extraordinaire ouverture d'esprit : quiconque, indépendamment de son orientation religieuse ou politique, de son statut académique ou de son origine sociale, pouvait devenir un compagnon de voyage et participer à son inlassable soif de connaissance, à sa curiosité intellectuelle. Elle aimait répéter que l'on peut apprendre de chacun, depuis l'étudiant jusqu'au collègue, depuis ses petits-enfants jusqu'au dernier en date de ses collaborateurs. Dans ces simples paroles de remerciement rédigées pour son ouvrage le plus important, *Oltre l'usura*, elle a écrit : « Je remercie tous ceux qui, famille, amis, étudiants et collègues, ont maintenu éveillée en moi la passion de la recherche de la vérité et ont rendu plus complet le sens de l'heureuse beauté de l'existence[1] ».

Dans l'introduction de ce même livre, elle proposait aux étudiants d'histoire religieuse de remettre au goût du jour une devise que Jacques Le Goff avait énoncée à ses étudiants d'histoire du droit, « Surtout, soyez vous-même ». Elle exprimait ainsi sa volonté d'étudier et d'écrire l'histoire de l'Église. « L'histoire religieuse a sa spécificité et son identité propre qu'elle doit à mon avis conserver, dans l'attention portée à la complexité de l'histoire[2] ». Écrire sur l'histoire de l'Église en Italie n'est pas simple, en raison du risque perpétuel de réduire son travail à une approche confessionnelle et apologétique ou à un laïcisme anticlérical. Paola Vismara a toujours gardé ses distances vis-à-vis des courants qui attribuaient à l'époque moderne la fin du catholicisme légendaire, d'empreinte médiévale, et qui voyaient dans l'Église catholique le principal obstacle à la modernité. C'est précisément son approche spécifique de l'histoire religieuse qui lui a permis de montrer, en s'appuyant sur

1 « *Ringrazio quanti, dai familiari, agli amici, dagli studenti ai colleghi, hanno contribuito ogni giorno a mantenere desta in me la passione per la ricerca della verità e a rendere più pieno il senso della lieta bellezza dell'esistere.* », Paola Vismara, *Oltre l'usura. La Chiesa moderna e il prestito a interesse*, Soveria Mannelli, Rubbettino Editore, 2004, p. 6. Voir aussi Paola Vismara, *Questioni di interesse. La Chiesa e il denaro in età moderna*, Milan, Mondadori, 2009 (traduction française : *L'église et l'argent à l'époque moderne*, traduit par Stefano Simiz, Lyon, Larhra, 2019).

2 « *La storia religiosa ha una sua specificità e una sua identità e deve a mio avviso mantenerle, nell'attenzione alla complessità della storia.* », P. Vismara, *Oltre l'usura*, *op. cit.*, p. 5.

une très riche documentation, à quel point l'Église catholique a compté, non sans débats ni tensions internes, parmi les forces à l'origine de la naissance de la société moderne.

On était frappé par la sobriété avec laquelle elle travaillait et son souci constant de conserver un regard critique lui permettant de regarder le passé d'un œil objectif. En témoignent surtout ses fresques sur le XVIIIe siècle religieux lombard, qui ne manquaient pas de souligner l'émergence d'une déchristianisation dont la cause était à rechercher autant à l'extérieur qu'à l'intérieur de l'Église, bien souvent incapable de comprendre les langages et les nécessités religieuses des couches populaires. Dans l'écriture, elle se focalisait sur les détails et n'était satisfaite que lorsqu'elle trouvait le parfait équilibre dans ses évaluations. Elle ne supportait pas les titres factieux et les anachronismes car, selon elle, il fallait « donner sur le passé un jugement non pas émotionnellement superficiel, mais historique[3] ».

Le même style caractérisait ses cours. Elle savait gagner l'estime de ses étudiants non pas à l'aide des feux d'artifice de la rhétorique, mais par des leçons préparées au cordeau et une disponibilité sans faille. Tous se souviennent des longues files d'étudiants patientant devant son bureau, et il suffirait de considérer le nombre et la variété des sujets de mémoires de licence et de master rédigés sous sa direction pour se rendre compte que, pour Paola Vismara, s'engager en tant qu'historienne de l'Église signifiait avant tout se mettre au service des étudiants. Ses travaux de synthèse sont d'ailleurs nés de sa tentative de se placer au niveau des étudiants et de répondre à leurs questions[4].

Maintenant ses propres recherches dans l'orbite du XVIIIe siècle religieux dans le diocèse milanais, Paola Vismara aimait aussi faire des incursions en Europe et dans le reste du monde. Cela a été le cas du colloque organisé en 2007 à l'Università degli Studi di Milano sur le thème *L'islam vu de l'Occident – Culture et religion au XVIIe siècle européen face à l'islam.* À cette occasion, elle avait réuni des chercheurs de premier

3 « *dare sul passato un giudizio non emotivamente superficiale, ma storico* », Luigi Mezzadri, Paola Vismara, *La Chiesa tra Rinascimento e Illuminismo*, Rome, Città Nuova, 2006, p. 348.

4 Paola Vismara, « Il cattolicesimo dalla "riforma cattolica" all'assolutismo illuminato », in Giovanni Filoramo, Daniele Menozzi (dir.), *Storia del Cristianesimo*, III. *L'età moderna*, Rome-Bari, Laterza, 1997, p. 151-290 ; L. Mezzadri, P. Vismara, *La Chiesa tra Rinascimento e Illuminismo*, *op. cit.*

plan, invitant autour de la même table des orientalistes, des experts de l'islam et du monde arabe, des spécialistes de l'Église catholique et des habitués des archives ecclésiastiques et des bibliothèques. La rencontre s'est avérée particulièrement féconde d'un point de vue humain et intellectuel et les actes du colloque ont largement contribué à alimenter en Italie un débat déjà vif dans les historiographies française et espagnole représentées alors par Bernard Heyberger, Geneviève Gobillot, Loubna Khayati et Mercedes García-Arenal.

Lors de ce colloque, Paola Vismara s'est exprimée sur « Connaître l'islam dans le Milan des XVIIe et XVIIIe siècles[5] » qui combinait ses compétences en histoire religieuse de Milan à l'époque moderne et une longue et laborieuse recherche sur certains Milanais ayant entretenu des contacts avec le monde islamique, en mettant à profit des sources inédites conservées à la Biblioteca Ambrosiana. Narrant la vie et les mésaventures de certains missionnaires, membres d'ordres mendiants, Paola Vismara a observé l'importance du rapport avec l'islam, y compris dans une ville qui, pour des raisons géographiques, n'était pas marquée par une connaissance directe du monde musulman, mais plutôt par un savoir élitiste et livresque. « La frontière, matérielle ou psychologique – concluait Paola Vismara – était souvent source de connaissance, un lieu de rencontre et d'échange : les sources témoignent d'un conflit mais, en même temps, d'une rencontre entre des civilisations et des cultures[6]. » Ce thème a de nouveau stimulé son intérêt dans les dernières années de sa vie, au moment de la conception du colloque de l'Accademia Ambrosiana sur l'esclavage en méditerranée et en Atlantique, dans lequel se sont impliqués des collègues et des amis du Brésil, dont Marina Massimi, Alcir Pécora et Carlos Zeron[7].

Autre développement inattendu dans la recherche de Paola Vismara, son étude datant de 2009 sur la dévotion à une statue de Jésus appelée le

5 Paola Vismara, « Conoscere l'Islam nella Milano del Sei-Settecento », in Bernard Heyberger, Mercedes García-Arenal, Emanuele Colombo, Paola Vismara (dir.), *L'Islam visto da Occidente. Cultura e religione del Seicento europeo di fronte all'Islam*, Gênes-Milan, Marietti, 2009, p. 215-252.

6 « *La frontiera, materiale o psicologica, era sovente una sorgente di conoscenza, un luogo di incrocio e di scambio : le fonti restituiscono la testimonianza di un conflitto ma, al tempo stesso, di un incontro tra civiltà e culture* », *ibid.*, p 252.

7 Emanuele Colombo, Marina Massimi, Alberto Rocca, Carlos Zeron (dir.), *Schiavitù del corpo e schiavitù dell'anima. Chiesa, potere politico e schiavitù tra Atlantico e Mediterraneo (sec. XVI-XVIII)*, Milan, Centro Ambrosiano, 2018.

Christ de Medinaceli et conservée à Madrid dans une église des années 1930. Dans son texte, elle observait : « Les raisons pour lesquelles un historien choisit tel sujet plutôt que tel autre ne sont pas strictement intellectuelles[8]. » En effet, durant ces années, Paola Vismara se rendait souvent à Madrid pour des raisons familiales. Lors d'une de ses promenades en ville, elle a remarqué une longue file de fidèles qui, depuis une église anonyme, s'étirait sur tout le pâté de maisons. Fait curieux, d'autant que ce jour-là la neige, insolite, tombait sur Madrid. Cela a été le point de départ de cette recherche sur la dévotion à cette statue. Cette dernière datait du XVIIe siècle et avait appartenu aux capucins espagnols dans une église située en terre barbaresque avant d'être pillée par les Maures et récupérée après paiement d'une rançon, exactement comme cela se pratiquait pour les personnes. La statue, acheminée à Madrid avec de grandes célébrations, est devenue le signe du Christ outragé. Depuis lors, elle a continué et continue encore à assumer une double fonction : inspirer les âmes sensibles à la religion et gratifier les hommes de grâces particulières.

Le cas espagnol a permis en outre à Paola Vismara de revenir à Milan où, au XVIIIe siècle, une copie de la statue madrilène était portée en procession à l'occasion de la libération des esclaves chrétiens détenus par les Maures. Son texte se clôt par une enquête sur la dévotion contemporaine qui liste les aspects marquant une continuité avec l'histoire ancienne, mais encore vivace et toujours aussi attractive.

Si Milan était sans aucun doute le centre affectif et intellectuel de Paola Vismara – le Milan du XVIIIe siècle et celui d'aujourd'hui –, un autre pôle géographique l'attirait depuis le début de sa carrière : la France, sa seconde maison selon ses dires.

Partie de son centre, de la culture religieuse de sa ville, Paola Vismara a progressivement élargi ses recherches à la péninsule et à l'Europe, tout en portant en effet une attention particulière à l'hexagone, terre d'un sentiment religieux fort et contrasté, profond et vivace, secoué par des ferments novateurs, mais toujours proche de l'Église de Rome. À l'évidence, le catholicisme d'outre-Alpes a occupé une place centrale dans sa réflexion. Elle s'en était rapprochée par l'étude des grandes questions

---

8 « *Le ragioni per cui uno storico sceglie un argomento piuttosto che un altro, non sono strettamente intellettuali* », Paola Vismara, « La devozione al Jesús de Medinaceli, "Redentor Redimido". Tra storia e sensibilità religiosa », *Memorandum. Memória e história em psicologia* 21, 2011, p. 162-178, ici p. 163.

dont débattaient la communauté scientifique et les personnalités les plus en vue. Le résultat de ce processus a été un long partenariat durable qui a associé Paola Vismara à plusieurs centres de recherche en France et à plusieurs générations d'historiens français. Elle a composé un cycle qui commençait par l'étude de saint Augustin, avec l'aide de Henri-Irénée Marrou, et se développait à travers ses travaux sur le sentiment religieux, sur la dévotion, sur l'argent et l'usure, pour ne citer que les plus importants. Ce travail, avec les interrogations qu'il suscitait, elle l'a partagé avec de nombreux collègues et élèves, tant en France qu'en Italie.

Ceux qui l'ont connue savent que l'œuvre et l'action de Paola Vismara se nourrissaient de passion spirituelle et d'engagement civil qui s'exprimaient par l'enseignement et l'écriture, mais également par le sens d'appartenance à une communauté intellectuelle internationale. Ces traits se révèlent encore plus clairement dans ses rapports avec la France, car l'intérêt pour cette dernière a rythmé ses travaux depuis ses débuts.

Dès ses premiers travaux dans les années 1980, Paola Vismara a participé aux rencontres du *Centre d'histoire religieuse* de Fontevraud, animées par une véritable liberté d'esprit qui était considérée nécessaire à la recherche historique. À cette époque, elle s'est liée aux personnalités les plus représentatives du mouvement catholique universitaire de Paris : Bruno Neveu et Jean-Robert Armogathe, connus pour leurs études sur l'histoire religieuse et sur la philosophie du Grand siècle. Des échanges profonds se sont alors établis entre Paris et Milan, entre l'EPHE et l'Accademia Ambrosiana, l'Università degli Studi di Milano et le Collegio Borromaico di Pavia. Un partenariat solide s'est créé et consolidé au cours de deux décennies. Cette *amicitia*, au sens que lui donnait Pétrarque, s'est bientôt élargie à la génération suivante de chercheurs qui sont arrivés à la Sorbonne et à l'EPHE. Vers le début du nouveau siècle, Alain Tallon, Olivier Chaline et Jean-Louis Quantin ont animé plusieurs projets de recherche, tout en y associant Paola Vismara qui a également participé à leurs cours et séminaires. Le livre *Oltre l'usura*, qui a connu un certain succès éditorial, a été présenté par l'auteur dans le séminaire d'Alain Tallon à la Sorbonne.

En l'espace de quelques décennies, les travaux de Paola Vismara se sont répandus dans le monde universitaire français, montrant par là combien son œuvre y était bien accueillie. En effet, Paola Vismara avait multiplié ses relations avec d'autres établissements universitaires et d'autres laboratoires de recherche. À Nancy, elle s'était liée depuis un moment à Louis Châtellier et à son école, à Lyon elle fréquentait régulièrement le Centre d'histoire religieuse André Latreille où elle rencontrait des spécialistes reconnus, tels que Philippe Martin et Bernard Hours. À Clermont-Ferrand, elle avait institué un partenariat solide avec Bernard Dompnier. Ensemble, ils avaient lancé une vision nouvelle de la dévotion et organisé des recherches et des rencontres portant sur les pratiques de la religiosité baroque. Sa collaboration avec d'autres cercles intellectuels français s'étendait jusque Chambéry, Bordeaux et enfin Grenoble qui, en entrant à leur tour dans ce mouvement intense d'échanges, ont participé à la dimension internationale centrée sur la France que l'on conférait au magistère de Paola Vismara. La valeur de ces partenariats entre Milan et la France s'est en outre révélée à travers sa participation de part et d'autre aux cycles doctoraux et aux habilitations (HDR) qui ont formé la dernière génération de spécialistes des deux côtés des Alpes. Par ailleurs, l'arrivée de ces dernières générations de chercheurs a consolidé la continuité du groupe d'experts en sciences religieuses auquel appartenait Paola Vismara. Jean-Louis Quantin avait succédé à Bruno Neveu à l'EPHE, de même que Sylvio De Franceschi succéda à Jean-Robert Armogathe dans la même institution.

Les études de Paola Vismara se regroupent, entre autres, autour d'une longue réflexion sur les rapports entre État et Église, entre pouvoir temporel et pouvoir spirituel, autrement dit entre liberté et autorité à l'époque moderne et contemporaine. L'originalité de ces recherches, qui reflètent sa personnalité exigeante, réside dans sa capacité à comprendre et à restituer les tensions qui animaient les relations entre religion et politique, afin de montrer, par exemple, que l'État moderne à l'époque des Lumières ne constitua pas nécessairement une source de progrès et de liberté, de même que l'Église catholique n'afficha pas des positions uniquement conservatrices. Dans ses travaux sur le jansénisme italien par exemple, on constate en effet que certains secteurs de l'Église – ceux qui relevaient de l'autorité des évêques – participèrent à la déchristianisation de la société au nom d'une modernité, mal comprise selon Paola Vismara, qui favorisa l'affaiblissement du sentiment religieux. Dans les essais sur *Dogme et discipline ecclésiastique dans l'Italie du XVIIIe siècle* et *L'influence de la France, du Synode de Pistoia à* auctorem fidei (publiés dans le volume présent, p. 251-271, 113-130), la question de l'autorité de l'Église est traitée à travers le prisme de la discipline ecclésiastique. Selon Paola Vismara, une partie des principaux acteurs séparaient le dogme de la discipline, tout en distinguant la discipline extérieure de la discipline intérieure, la première étant considérée comme fondamentale et l'autre comme secondaire. Cette opération aboutit finalement à la séparation entre la foi et les pratiques religieuses. Dans les années soixante du XVIIIe siècle, ce débat se focalisa sur l'intervention des autorités ecclésiastiques en matière disciplinaire, afin d'indiquer et de comprendre dans quelle mesure l'introduction de changements était possible. Dans les années suivantes, ce même débat évolua sensiblement vers la question centrale du rôle du prince dans le domaine religieux. Or, par le biais de la discipline et de la réforme de l'Église, Paola Vismara montre que le problème fondamental était en réalité celui de l'essor de la juridiction ecclésiastique et des prérogatives du souverain pontife. L'analyse de l'auteur prouve qu'une partie de l'Église, ayant choisi d'abandonner le modèle de l'antiquité religieuse au profit de la modernité, fut capable de prendre ses distances vis-à-vis du jansénisme et du rigorisme qui accordaient aux princes souverains le pouvoir de décider de la discipline extérieure. Paola Vismara fait clairement comprendre que les effets de l'orientation janséniste auraient limité drastiquement la sphère d'intervention de l'Église et affaibli l'autorité de celle-ci. Sur le plan historique et disciplinaire, l'influence de la culture française, précisément restituée dans le texte sur le *Synode de Pistoia*, s'avéra décisive pour l'évolution du jansénisme italien. Dans sa confrontation avec l'autorité de l'Église, ce dernier semble se comporter de manière analogue à celui des Parlements français dans leurs rapports avec la monarchie absolue. Ces deux mouvements furent d'ailleurs assez proches au cours du XVIIIe siècle : les magistrats gallicans adhéraient souvent au jansénisme et vice-versa. Il est intéressant d'observer un certain parallélisme dans l'action de ces deux sphères. En effet, de même que les jansénistes remettaient en cause l'autorité du pape à travers le débat sur la discipline de l'Église, les Parlements français remettaient en question l'autorité absolue du souverain à travers le débat sur le droit de remontrance. L'issue de ce combat au cœur de ces deux grandes institutions millénaires est clarifiée par Paola Vismara. Dans son analyse, elle indique que, dans le cas du jansénisme, le débat au sein de l'institution ecclésiastique renvoyait à la question entièrement politique du statut de l'Église. Dans le cas des Parlements, l'acceptation progressive de la part de la monarchie du droit de remontrance déboucha sur l'élargissement de la vie politique, affaiblissant les fondations de la monarchie elle-même et ouvrant la voie à une crise irréversible du droit monarchique – et pas uniquement des finances publiques – qui finit par renverser les Parlements eux-mêmes en tant qu'institutions de la royauté. Paradoxalement, le résultat fut à l'opposé de celui escompté par les magistrats gallicans : au lieu d'accéder au statut de partenaire privilégié du roi, ils contribuèrent à la destruction de la monarchie et à la naissance d'un système politique inédit dont ils furent exclus à jamais. Ce parallèle nous aide à comprendre la nature de la situation dans la péninsule italienne. Le débat au sein de l'Église de Rome fit émerger la présence active de deux visions opposées qui étaient extraordinairement importantes dans la lutte pour l'avènement de la modernité. L'adhésion aux quatre articles de l'Église gallicane déclarée par le Synode de Pistoia portait en elle le refus de l'autorité historique de l'Église de Rome et le rejet de l'autorité suprême du pape, comme l'avait observé le polémiste Michele di Pietro étudié par Paola Vismara. Cependant, l'aboutissement de ce conflit ne concorda pas avec celui entre les Parlements et la monarchie française. La Bulle pontificale *Auctorem Fidei* condamna les quatre-vingt-cinq propositions contenues dans les actes du synode et rejeta une vision de l'Église qui, limitant le pouvoir du pape, ôtait à l'autorité ecclésiastique ses droits sur la discipline pour les attribuer à l'État. Si les revendications du jansénisme italien avaient été acceptées, elles auraient entraîné la destruction d'une partie de l'institution ecclésiastique. Paola Vismara montre que la papauté se plaça du côté de la modernité en repoussant d'une part les thèses du jansénisme et en refusant de l'autre autant la religion abstraite et autoritaire du despotisme éclairé que le fonctionnalisme politique que celui-ci comportait. Comme Paola Vismara l'a observé avec finesse, les membres de la commission qui condamnèrent les propositions du Synode choisirent une Église opposée à celle des jansénistes et des gallicans, c'est-à-dire une Église visible, hiérarchisée, liée à son chef, et surtout populaire et ouverte à tous les fidèles. Ce n'est d'ailleurs pas un hasard si, dans les dernières années, Paola Vismara a travaillé sur la dévotion, sur les cérémonies religieuses, sur le culte des saints et les confréries à la période moderne et contemporaine.

Le dialogue avec Paola Vismara, que ses articles repris dans ce livre permettent d'interroger de nouveau, s'appuyait sur la conviction que l'histoire est au fond un mystère, que l'historien ne peut que résoudre en partie, approximativement. L'image qu'elle-même a choisie en souvenir distribué lors de ses funérailles parle de cette posture d'humilité curieuse et ouverte aux imprévus continuels de la recherche historique. Il s'agit de la lithographie de Marc Chagall, *La lutte de Jacob et de l'Ange*, qui rappelle l'un de ses passages favoris de *De la connaissance historique* de Henri-Irénée Marrou. Étudier l'histoire, écrit Marrou, relève de

> quelque chose comme la lutte de Jacob avec l'Ange de Yahvé au gué du Yabboq : nous n'y sommes pas seuls, nous nous rencontrons dans les ténèbres avec un Autre mystérieux (ce que j'appelais plus haut la réalité nouménale du passé), réalité à la fois ressentie comme terriblement présente et comme rebelle à notre effort : nous essayons de l'étreindre, de la forcer à se soumettre, et toujours finalement, en partie au moins, elle se dérobe…
>
> L'histoire est un combat de l'esprit, une aventure et, comme toutes les équipées humaines, ne connaît jamais que des succès partiels, tout relatifs, hors de proportion avec l'ambition initiale ; comme de toute bagarre engagée avec les profondeurs déroutantes de l'être, l'homme en revient avec un sentiment aigu de ses limites, de sa faiblesse, de son humilité[9].

L'humble lutte contre un « Autre mystérieux » a caractérisé la vie et l'œuvre de Paola Vismara – un combat silencieux et discret, qui l'a poussée à se battre jusque dans les dernières années de sa vie, aussi contre la maladie. Ceux qui l'ont connue savent que ce fut une lutte pleine de joie et d'espérance, comme le rappelle la citation de Dante, auteur qu'elle appréciait, qu'elle tenait à faire figurer sous l'image de Chagall :

> Lume è lassù, che visibile face
> lo Creatore a quella creatura
> che solo in Lui vedere ha la sua pace
> (*Paradiso, XXX, 100-102*)

Giuliano FERRETTI
Université Grenoble Alpes

Emanuele COLOMBO
DePaul University Chicago

9 Henri-Irénée Marrou, *De la connaissance historique*, Paris, Le Seuil, 1954, p. 52.

PRÉFACE

Nous sommes tous des condisciples

« Vous le savez, nous n'avons qu'un seul maître et, devant lui, nous sommes tous des condisciples », *sub illo, condiscipulos esse*... Il me plaît d'inscrire ces mots d'Augustin[1] en épigraphe à cette courte préface. Car la personne de Paola Vismara dépasse largement ce recueil érudit.

Chercheur, professeur et ami : ces trois fils de chaîne sont nécessaires pour tendre la trame permettant de tisser le portrait de Paola. Le premier fil apparaît dans ce volume. En profondeur, Paola a su renouveler notre regard non pas sur le catholicisme ou l'Église, mais sur les catholiques, et c'est là certainement son apport le plus précieux. Elle a su choisir les points névralgiques de l'histoire religieuse, qu'il s'agisse du prêt à intérêt ou du choix libre d'une vocation ; sans dogmatisme, avec une rare économie du discours, par de longues recherches d'archives, elle a porté au jour des expériences concrètes.

Un bon exemple de la « méthode Vismara » est l'article de ce volume consacré aux miracles en terres de mission. Il m'a toujours semblé qu'en étudiant l'histoire religieuse européenne, nous ignorions cette théologie du Nouveau Monde mise en place par les jésuites, les dominicains, les franciscains, les capucins à Lima, à Tucumán, à Córdoba "la Docta" et autres lieux. L'enquête est à peine ébauchée[2]. Or Paola, dans cet article, par touches légères et par une série d'exemples bien choisis, montre comment le souci missionnaire, à la découverte de nouvelles cultures, a infléchi les structures de pensée.

À la lecture de ses livres et articles, j'ai pensé à deux mots qui me semblent des mots-clés de la méthode de Paola : l'un est emprunté à l'optique, le *reflet*, et l'autre à la chimie organique, le *ferment*.

---

1 Augustin, *Sermon 134*, 1 (PL 38, 742).

2 Par exemple Laureano Robles (éd.), *Filosofía iberoamericana en la época del Encuentro*, Madrid, Trotta, 1992.

Le *reflet* consiste à étudier la conscience chrétienne dans le reflet d'une expérience : l'usure, bien sûr, mais aussi les récits de miracles, la dévotion des fraternités, le culte de l'Immaculée conception. Il s'agit alors de trouver le point focal qui permettra la meilleure résolution de l'image. Le miroir va permettre d'évaluer la profondeur du champ, son format et même d'ajuster ses couleurs.

Le *ferment* justifie la microhistoire : il s'agit là de repérer l'enzyme qui va permettre le développement d'un comportement, d'une attitude, d'une démarche : un manuel de catéchisme, la dévotion à Marie « divine bergère », un opuscule polémique sur le célibat ecclésiastique, les « catéchismes électoraux ». Dans chaque cas, le petit ferment va permettre la croissance d'une analyse qui, par ses notes et sa conclusion, déborde du cadre d'un simple article.

Il ne s'agit pas de « mentalités », mais bien plutôt de cette sensibilité au quotidien qui constitue une véritable « histoire religieuse », s'attachant aux personnes dans leurs décisions, leurs comportements, mais aussi leurs situations dans un milieu précis. Bien sûr, c'est une évidence quand il s'agit des pratiques de dévotion, mais les nombreuses études, si précises, qu'elle a consacrées au prêt à intérêt et à l'usure n'ont pas seulement un impact économique : en fait, c'est toute une mise en scène complexe des différentes formes de richesse et de l'attitude des personnes à l'égard de chacune d'entre elles. Rigorisme ou laxisme ne sont pas des catégories abstraites, des théories de manuels : sous la plume de Paola, il s'agit de situations concrètes, de comportements vivants.

On pourrait penser que ce fil de chaîne de l'érudition est le plus stable, le plus solide : *scripta manent.* Mais ce serait oublier combien l'enseignante a marqué des générations. Une science vivante n'est pas seulement une accumulation de savoirs. Notre tâche n'est pas celle d'un conservateur de musée ou d'archives. Nous ne connaissons que pour redistribuer ce savoir à des étudiants. L'immense trésor d'érudition de Paola n'est pas resté dans des fiches ou des livres : c'est certainement le privilège des enseignants de survivre, non seulement dans un catalogue de bibliothèque, mais aussi dans les étudiants, les thésards, ceux dont nous avons pu suivre les premiers travaux et parrainer la progression dans une carrière de plus en plus difficile. Le mot « rayonnement » n'est pas inadapté au cas de Paola : elle rayonnait quand elle parlait de ses élèves, ceux qui ont triomphé des embûches des concours universitaires, mais aussi des plus humbles, ceux qui ont peiné sur le chemin et dont elle avait à cœur de ne pas les abandonner.

Quand j'ai rencontré Paola à Milan, ne connaissant jusqu'alors que ses travaux, je n'ai pas été surpris. J'ai rencontré la personne dont je devinais l'identité à travers ses livres : une grande sérénité, une ouverture d'esprit, une curiosité vive et tranquille à la fois. Le troisième fil de chaîne, celui de l'amitié rend la trame plus solide. Ce réseau est déjà présent dans les notes de bas de page des articles qui suivent, les maîtres qu'elle a connus, les collègues qui ont travaillé avec elle, les élèves aussi, à qui elle marque sa reconnaissance. Les universités françaises tiennent un rôle éminent dans ce réseau d'amitiés : la publication de ses articles français n'est pas qu'un hommage à sa mémoire : c'est aussi la reconnaissance de l'attention scientifique (et du respect) que lui témoignait la communauté francophone.

De ses premiers travaux sur Augustin, Paola avait retenu la leçon du *De Magistro* : les deux actes d'enseigner et d'apprendre consistent en tout autre chose que ce que l'on croit communément. « Lorsque les maîtres ont exposé par les mots ces disciplines qu'ils font profession d'enseigner, alors ceux qu'on appelle des "disciples" examinent en eux-mêmes si ce qui a été dit est vrai, et c'est alors qu'ils apprennent. Et lorsqu'ils ont découvert qu'on leur a dit la vérité, ils louent les maîtres, sans voir s'ils louent des enseignés plutôt que des enseignants[3] . »

Jean-Robert ARMOGATHE
Directeur d'études (ém.),
École pratique des hautes études
Paris, Sciences & Lettres
Membre de l'*Académie des Inscriptions et Belles-Lettres*
Membre de l'*Accademia ambrosiana*

3 Augustin, *De Magistro* XIV, 45 (PL 32, 1220, trad. G. Madec).

L'HISTORIOGRAPHIE DE PAOLA VISMARA, ENTRE TRADITION ET NOUVEAUTÉ

> La recherche historique est la rencontre avec « l'autre » que soi, elle est comparable à la lutte de Jacob avec l'Ange au gué de Yabboq, rencontre dans les ténèbres avec un Autre mystérieux, que nous cherchons à soumettre et qui nous échappe en partie[1].

Par ces mots, écrits pour l'*Osservatore romano* du 20 avril 1977, Paola Vismara exprimait ce qu'était la recherche historique selon l'historien français Henri-Irénée Marrou, décédé quelques jours auparavant à Bourg-la-Reine.

S'il y a bien un aspect qui, plus que tout autre, a caractérisé Paola Vismara, c'est celui de l'harmonie parfaite qui se doit d'exister entre les principes généraux et l'action. Érigée par elle en style de vie, elle se déclinait dans tous les pans de son quotidien, que ce soit au sein de sa famille, dans son rôle de catholique engagée ou dans son travail de recherche historique, autant dans son activité d'enseignement que dans sa vaste production scientifique. En ce sens, les termes que Paola Vismara utilisa pour décrire la méthode de recherche de Marrou peuvent s'entendre comme une sorte de dessein personnel – auquel son caractère appliqua une valeur d'obligation morale – que la jeune historienne de l'époque poursuivit implicitement en honorant la mémoire du célèbre historien français.

Bien qu'elle ne l'ait pas fréquenté longtemps, Vismara voyait en Marrou un maître. L'influence exercée par l'historiographie de ce maître sur la formation de l'étudiante est évidente, en particulier si l'on considère les écrits de ses jeunes années. Les travaux de Marrou sur la méthode de recherche historique, notamment *De la connaissance historique*[2] (1954)

---

1 « *La ricerca storica è incontro con "altro" da sé, è simile alla lotta di Giacobbe con l'Angelo al guado di Yabbok, incontro nelle tenebre con un Altro misterioso, che cerchiamo di sottomettere e ci sfugge almeno in parte* », Paola Vismara, « Ricercatore e maestro. Henri-Irénée Marrou », *L'Osservatore romano*, 20 avril 1977, p. 3.

2 H. I., Marrou, *De la connaissance historique*, *op. cit.*

et *Théologie de l'histoire*[3] (1968), et sur le monde de l'antiquité tardive avec *Augustin et la fin de la culture antique*[4] (1938) et *Saint Augustin et l'augustinisme*[5] (1955), constituent la base de sa thèse de doctorat portant sur Augustin, publiée sous le titre *Il tema della povertà nella predicazione di sant'Agostino*[6] en 1975, deux ans avant la mort du chercheur français. La décision de ce dernier de suivre la thèse de la jeune historienne[7], présentée à l'Università Cattolica del Sacro Cuore de Milan devant le professeur Luigi Prosdocimi, n'a pas été prise sans raison.

L'étude du monde de l'antiquité tardive, plus particulièrement par le prisme d'Augustin, influença grandement la recherche que développa par la suite Paola Vismara. Bien qu'à ce jour l'historiographie ait tendance à l'oublier, les travaux de ses débuts sur Augustin forment un socle solide pour ses recherches plus connues menées sur l'augustinisme italien de la fin du XVIIe siècle, sur le rigorisme et sur le jansénisme, jusqu'aux développements de son activité la plus aboutie sur le rapport entre Église et économie, thème dans lequel la dimension de la théologie morale demeure centrale.

L'intérêt de Paola Vismara pour l'époque moderne, surtout les XVIIe et XVIIIe siècles, naquit à la seconde moitié des années 1970, ce qui ne l'empêcha pas de se pencher également sur le XIXe siècle. Dans ce cadre chronologique, son activité de recherche s'orienta vers divers sujets, comme l'histoire intellectuelle, l'histoire des idées, le droit canonique, l'histoire de la dévotion ainsi que, comme nous l'avons vu, le rapport historique entre Église et argent, appréhendé sous l'angle du prêt à intérêt. Les essais réunis dans ce volume constituent une preuve évidente de cette polyvalence. Ces travaux, publiés entre 1989 et 2014, occupent encore de nos jours une place de choix dans le panorama historiographique, par la profondeur de leur analyse documentaire et par la pluralité des sources consultées – des visites pastorales aux pièces d'archives produites par les autorités ecclésiastiques en passant par les correspondances et les traités théologiques imprimés à l'époque moderne.

---

3 *Id.*, *Théologie de l'histoire*, Paris, Seuil, 1968.

4 *Id.*, *Augustin et la fin de la culture antique*, Paris, De Boccard, 1938.

5 *Id.*, *Saint Augustin et l'augustinisme*, Paris, Seuil, 1955.

6 Paola Vismara, *Il tema della povertà nella predicazione di sant'Agostino*, Milan, Giuffré, 1975.

7 Les liens entre l'autrice et Marrou se confirment aussi dans le travail de traduction en italien de l'ouvrage *Décadence romaine ou antiquité tardive ?* publié chez Jaca Book à Milan en 1983.

Les premières recherches de Paola Vismara portant sur l'époque moderne concernent les rapports entre État et Église, examinés via l'histoire du catéchisme électoral dans la France du XIXe siècle, comme le montre l'essai *Église et état en France au début du ralliement. L'affaire des catéchismes électoraux d'après les archives vaticanes (1891-1892)*[8]. Tout aussi grand fut son intérêt pour les réformes ecclésiastiques juridictionnelles de Marie-Thérèse et Joseph II de Habsbourg introduites en Lombardie dans la seconde moitié du XVIIIe siècle[9]. De même que pour la France, le cas lombard, constamment au centre de sa recherche, fut au départ abordé par le prisme des publications de catéchismes de la fin du XVIIIe siècle.

Son analyse des débats théologiques et doctrinaux survenus entre le XVIIe et le XVIIIe siècle s'avère étroitement liée à la question des rapports entre État et Église. L'étude des courants augustinien et rigoriste de la fin du XVIIe siècle ainsi que du développement du jansénisme dans la seconde moitié du XVIIIe siècle constituent également des pôles d'intérêt de premier plan. En rupture avec la tradition historiographique italienne de son temps, qui considérait le jansénisme comme la source des différents mouvements nés au XIXe siècle tels que le catholicisme libéral[10], Vismara étudia ce courant religieux dans son propre contexte historique, soulignant ses particularités politiques et théologiques sans jamais se placer dans une perspective téléologique. Le jansénisme était vu comme l'un des produits de la culture religieuse du XVIIIe siècle qui, né dans le lit du rigorisme de la fin du siècle précédent et influencé par le catholicisme éclairé et le courant de Port-Royal, était l'un des éléments à l'origine de la complexité du catholicisme des Lumières, que Vismara résuma sous le terme de « catholicismes[11] », volontairement écrit au pluriel.

---

8 Voir *infra*, *Précisions bibliographiques*, nº 1 et p. 57-82.

9 Paola Vismara, *Il "buon cristiano". Dibattiti e contese sul catechismo nella Lombardia di fine Settecento*, Florence, La Nuova Italia, 1984.

10 Que l'on pense à la tradition historiographique inaugurée par Ettore Rota et son ouvrage « Il giansenismo in Lombardia e prodromi del Risorgimento italiano. Linee e appunti », in : *Raccolta di scritti storici in onore del prof. Giacinto Romano nel suo XXV anno d'insegnamento*, Pavie, Successori Fusi, 1907, p. 363-626, approfondi ensuite par : Ettore Passerin d'Entrèves, « La politica dei giansenisti in Italia nell'ultimo Settecento », *Quaderni di cultura e storia sociale*, 1, 1952, p. 150-156, 230-236, 321-326 ; 2, 1953, p. 22-28, 359-367 ; 3, 1954, p. 269-288, 309-329 ; Mario Rosa, *Il giansenismo nell'Italia del Settecento. Dalla riforma della Chiesa alla democrazia rivoluzionaria*, Rome, Carocci, 2014.

11 Paola Vismara, *Cattolicesimi. Itinerari sei-settecenteschi*, Milan, Edizioni Biblioteca Francescana, 2002.

Les essais *L'anti-infaillibilisme des jansénistes lombards à la fin du* XVIII*e siècle* et *L'influence de la France, du Synode de Pistoia à* Auctorem Fidei[12] reflètent cette interprétation. Dans ces écrits, publiés en français respectivement en 2009 et 2010, Paola Vismara interrogeait l'ecclésiologie janséniste, critique envers le principe d'infaillibilité papale défendu par les courants pro-curiaux, ainsi que le rôle de la culture religieuse française port-royaliste dans la mise en place du Synode de Pistoia qui se tint en 1786. L'ouvrage *Bossuet en question. Ecclésiologie et politique en Italie au* XVIII*e siècle*[13] se révèle également intéressant puisque l'historienne, étudiant la figure de Jacques Bénigne Bossuet et sa réception dans le contexte italien, mit à nouveau en lumière l'influence de la culture gallicane sur les mouvements de réforme religieuse et ecclésiastique apparus en Italie au XVIIIe siècle.

Quant à ses travaux sur le rigorisme du XVIIe siècle et le jansénisme italien, on ne saurait faire l'impasse sur Pietro Stella[14], envers lequel l'érudite ne cessa de rappeler sa dette intellectuelle tant elle fut influencée par l'historiographie française. De même, les recherches de Bruno Neveu occupent une place de premier plan, en particulier celles sur les courants de réforme religieuse dans le milieu catholique du siècle des Lumières, sur Lodovico Antonio Muratori ainsi que sur le catholicisme éclairé et les débats théologiques et doctrinaux qui opposèrent les rigoristes et les augustiniens aux partisans de Rome[15].

Autre thème-phare de sa production historiographique sur le rapport entre théologie et politique, Paola Vismara traita de la morale

12 Voir *infra*, *Précisions bibliographiques*, respectivement n° 2-3 et p. 83-112.

13 Voir *ibid.*, n° 4 et p. 131-143.

14 Se distinguent à ce sujet les trois volumes sur le jansénisme italien. *Cf.* : Pietro Stella, *Il movimento giansenista in Italia*, 3 vol., Rome, Edizioni di Storia e Letteratura, 2006. Sur l'évolution de la réflexion historiographique de Vismara, voir surtout les travaux de Stella sur le Synode de Pistoia de 1786 et la bulle *Auctorem fidei*, par laquelle, en 1794, Pie VI condamna 86 propositions issu du synode : Pietro Stella, « L'oscuramento delle verità nella Chiesa dal sinodo di Pistoia alla bolla "Auctorem Fidei" », *Salesianum*, 43, 1981, p. 731-756 ; *id.*, « La bolla "Auctorem fidei" (1794) nella storia dell'ultramontanismo. Saggio introduttivo e documenti », in : *Il giansenismo in Italia. Collezione di documenti*, Rome, 2007, p. XXXIV-CXLI ; *id.*, « La duplex delectatio : agostinismo e giansenismo dal Sinodo di Pistoia alla Bolla "Auctorem Fidei" », in *Salesianum*, 45, 1983, p. 25-48.

15 Pour comprendre l'importance de la production de Bruno Neveu sur la réflexion historiographique de Vismara, il suffit de parcourir les notes des nombreux travaux de la chercheuse. Voir *Cattolicesimi. Itinerari sei-settecenteschi*, *op. cit.*, dans lequel les citations de Neveu sont récurrentes. Les essais recueillis dans Bruno Neveu, *Érudition et religion aux* XVII*e et* XVIII*e siècles*, Paris, Albin Michel, 1994, s'avèrent particulièrement importants pour le développement de la réflexion historiographique de Vismara.

économique dans les dernières années de son activité. Pour ce faire, elle adopta le point de vue du rapport entre Église et argent à l'époque moderne, en se concentrant sur la licéité du prêt à intérêt[16]. Sa réflexion aboutit au volume *Oltre l'usura. La Chiesa moderna e il prestito a interesse*[17], publié en 2004. Ce livre, qui compile ses travaux dans divers champs de l'histoire religieuse, subit une refonte : l'ouvrage *Questioni di interesse. La Chiesa e il denaro in età moderna*[18], simplifié afin de rendre accessible cette matière complexe à un public plus large, fut publié en 2009 et traduit récemment en français[19].

Toujours concernant le rapport entre Église et économie, Paola Vismara se montra fidèle à sa méthodologie de recherche, qu'elle appliqua à l'ensemble de sa production scientifique : la relation entre histoire intellectuelle et religiosité vécue, qu'elle aura soin d'approfondir. C'est en effet sur cette base que l'historienne explora les logiques du marché à partir d'une réflexion du catholicisme d'époque moderne sur la nature de l'homme et sa liberté. Cette thématique, fortement dépendante de celle plus générale sur le rapport entre grâce divine et libre-arbitre, opposait des courants prônant une anthropologie théologique optimiste, arguant des capacités de l'homme à œuvrer pour le bien, à des franges plus ou moins rigoristes qui dénonçaient l'insaisissable corruption de la nature humaine en raison du pêché originel. Ce débat, qui trouvait son origine au XVIe siècle et qui fit sentir ses effets jusqu'au XIXe siècle, envahit tous les pans de la vie humaine, – influençant notablement la théologie morale –, dont l'économie ne fut pas des moindres.

Partant de la reconstitution de ce débat au plus haut point théologico-doctrinal, qui resta l'apanage des universitaires et autres érudits, l'attention de Paola Vismara se porta sur la transposition d'une telle

16 Pour la réflexion sur le thème de l'économie dans le milieu catholique à l'époque moderne *cf.* Peter Brown, *Le prix du salut. Les chrétiens, l'argent et l'au-delà en Occident (IIIe-VIIe siècle)*, Paris, Belin, 2006 ; Wim Decock, « The Catholic Spirit of Capitalism ? Contrasting Views on Profit-Making Through Capital Investment in the Age of Reformations », in : Wim Decock (dir.), *Law and Religion. The Legal Teachings of the Protestant and Catholic Reformations*, Göttingen, Vandenhoeck and Ruorecht, 2014, p. 22-44 ; Oreste Bazzichi, *Dall'usura al giusto profitto. L'etica economica della Scuola francescana*, Cantalupa, Effata Editrice, 2008 ; Toon van Houdt, « Money, Time and Labour. Leonardus Lessius ant the Ethics of Lending and Interest Taking », *Ethical Perspectives*, 2, 1995, p. 11-27.

17 P. Vismara, *Oltre l'usura…*, *op. cit.*

18 *Id.*, *Questioni di interesse…*, *op. cit.*

19 *Id.*, *L'Église et l'argent à l'époque moderne*, *op. cit.*

conception intellectuelle dans la vie religieuse vécue, par le filtre de la pastorale, de la prédication et de la catéchèse. L'étude de la vie religieuse quotidienne, faite de rites, de liturgies et de dévotions, mais aussi de pratiques économiques, constitue l'aspect le plus original de l'ouvrage *Oltre l'usura*. Ce dernier s'inscrit dans le panorama historiographique comme une importante intégration des champs de recherche majeurs touchant aux aspects économiques et juridiques de l'histoire du prêt à intérêt.

Dans ses analyses du rapport Église-argent à l'époque moderne, Paola Vismara privilégia les théologiens les plus novateurs qui, cherchant à composer avec l'interdiction absolue de l'usure sanctionnée par l'Église, surent amener le prêt d'argent à intérêt à la licéité sous certaines conditions. Dans ce domaine, Leneart Lessius, théologien jésuite actif dans les premières années du XVIIe siècle, et Scipione Maffei, érudit laïc du XVIIIe siècle, font figure d'autorité.

Vismara et son travail sur le rapport entre Église et économie devaient également beaucoup à l'historiographie française. Parallèlement à l'enseignement de Neveu qu'elle gardait à l'esprit, elle octroya une place de choix aux études de chercheurs des générations suivantes, démontrant en cela une grande capacité à se tenir au courant des nouveautés sur le plan historiographique. Les recherches sur le rigorisme chrétien et les débats sur la nature de l'homme de Jean-Louis Quantin se distinguent particulièrement, leur importance dans la rédaction de *Oltre l'usura* se repérant aisément par les références bibliographiques de l'ouvrage[20].

Deux autres essais, publiés en français, attestent de la place centrale de la morale économique dans la production de Vismara : *Les jésuites et la morale économique* (2007) et *Remarques sur les jansénistes et l'usure* (2014)[21]. Ces contributions indiquent de manière évidente son orientation méthodologique, tendant à saisir ces « catholicismes » dans toute leur complexité. L'attention portée à la conception théologico-doctrinale des jésuites et des jansénistes qui exprimèrent des avis opposés au sujet du prêt d'argent, en est caractéristique.

---

20 Sur ce sujet, voir surtout : Jean-Louis Quantin, *Le catholicisme classique et les Pères de l'Église. Un retour aux sources (1669-1713)*, Paris, Institut d'Études augustiniennes, 1999 ; *id.*, « Le rigorisme : sur le basculement de la théologie morale catholique au XVIIe siècle », *Revue d'Histoire de l'Eglise de France*, 89, 2003, p. 23-43. Sur l'intérêt de Vismara pour les débats doctrinaux à l'époque moderne, touchant aussi le thème de la morale économique, voir en particulier le texte de Jean-Louis Quantin, dans ce volume.

21 Voir *infra*, *Précisions bibliographiques*, respectivement n° 5-6, et p. 145-180.

Outre les controverses sur les questions de morale économique et les pouvoirs du pontife et de la curie romaine, qui opposèrent les partisans du pape au camp des réformateurs, on note le vif intérêt porté au catholicisme éclairé[22], étudié surtout à travers la figure de Muratori[23]. Ce dernier, souhaitant instaurer un dialogue entre les principes chrétiens et les idées de modernité, représentait aux yeux de l'historienne le point le plus avancé du mouvement multiforme de réforme religieuse et ecclésiastique. Plusieurs écrits de Paola Vismara se dédient à cet érudit italien : il a été décidé d'en publier quatre dans ce volume, chacun traitant un aspect différent de sa personne. Le premier, *Contester/encourager la dévotion. Théories et pratiques en Italie au* XVIII*e siècle*[24], examine les controverses apparues à l'époque moderne sur le rôle des pratiques dévotionnelles dans l'économie de la foi chrétienne. Dans ce domaine, Muratori influença de manière décisive l'histoire religieuse italienne, avec la publication de plusieurs œuvres dans lesquelles il revendiquait la nécessité d'une réforme du catholicisme inspirée par une « dévotion ordonnée ». Le second, *Entre romanisme et antiromanisme : l'œuvre historique de Lodovico Antonio Muratori*[25], concerne son rôle dans le débat théologique qui agita les franges pro-curiales et les courants favorables à une réforme religieuse et ecclésiastique. Décision fut prise de traduire deux autres contributions, publiées à l'origine en italien, qui, associées à ces deux essais parus en français, restitueront la complexité de la réflexion historiographique de Vismara. Il s'agit de *Muratori à l'« école mabillonienne » : Des* Riflessioni sopra il buon gusto *aux* Annali d'Italia[26], dédié à la formation de l'érudit, plus spécifiquement à l'enseignement de

22 *Cf.* Ulrich L. Lehner, *The Catholic Enlightenment : The Forgotten History of a Global Movement*, Oxford, Oxford University Press, 2016 ; Bernard Plongeron, « Questions pour l'Aufklärung catholique en Italie », *Il pensiero politico*, 3, 1970, p. 30-58 ; Mario Rosa, « Introduzione all'Aufklärung cattolica in Italia », in *id.*, *Cattolicesimo e lumi nel Settecento italiano*, Rome, Herder, p. 1-47 ; Daniele Menozzi, « "Aufklaerung" delle Chiese cristiane e "chrétiens éclairés". In margine ai lavori della terza sessione del congresso C.I.H.E.C. di Varsavia », *Critica storica*, 16, 1979, p. 150-161 ; Ettore Passerin d'Entrèves, « Chiesa e cattolicesimo fra riformatori illuministi e Stati assoluti », *Rivista di storia e letteratura religiosa*, 14, 1978, p. 58-67.

23 Les travaux de Bruno Neveu, Ezio Raimondi et Sergio Bertelli sont très importants pour la production de Vismara sur Muratori. Voir Sergio Bertelli, *Erudizione e storia in Ludovico Antonio Muratori*, Naples, Istituto Italiano di Studi Storici, 1960 ; Ezio Raimondi, *I lumi dell'erudizione. Saggi sul Settecento italiano*, Milan, Vita e Pensiero, 1989 ; Bruno Neveu, « Muratori e l'historiographie gallicane », in : *L. A. Muratori storiografo*, Florence, Olschki, 1975, p. 241-304.

24 Voir *infra*, *Précisions bibliographiques*, n° 7, et p. 181-198.

25 Voir *ibid.*, n° 8, et p. 199-226.

26 Voir *ibid.*, n° 9, et p. 227-250.

Jean Mabillon et de l'école qui se réunissait autour de la congrégation bénédictine de Saint Maur, et *Dogme et discipline dans l'Italie du* XVIII*e siècle. De Lodovico Antonio Muratori à l'*Auctorem Fidei[27], dans lequel Vismara, poursuivant sa réflexion sur les débats théologiques qui parcoururent le catholicisme d'époque moderne, envisagea la pensée de Muratori sur le pouvoir magistériel de l'Église avec une attention particulière sur l'établissement de nouveaux dogmes par l'autorité de Rome.

L'étude de l'histoire des mouvements intellectuels qui se sont développés entre les XVIIe et XVIIIe siècles dans le monde catholique, guidée par une extraordinaire connaissance des productions théologiques et doctrinales imprimées, fut poursuivie en parallèle à un autre thème cher à Vismara : les institutions ecclésiastiques, et plus particulièrement l'épiscopat et le clergé séculier à la période dite de la « Contre-Réforme[28] ». À cet égard, le diocèse de Milan, considéré grâce aux deux archevêques Borromée comme un modèle et comme le centre d'irradiation des réformes tridentines le long de la « dorsale alpine » vers la France et la Suisse, fut un point d'observation privilégié[29].

L'analyse des rapports entre État et Église ainsi que du débat intellectuel catholique et des institutions ecclésiastiques à l'âge moderne a occupé un large pan de la production de Vismara. Néanmoins, sa recherche portant sur la religion vécue et impliquant un dialogue constant entre histoire des idées et histoire « institutionnelle » n'en est pas moins significative[30]. Selon elle, les réformes religieuses survenues dans la Lombardie des Habsbourg, de même que le débat à ce sujet qui naquit entre les courants favorables et défavorables aux politiques juridictionnelles, et l'action des évêques de Milan aux XVIIe et XVIIIe siècles ne pouvaient être réellement compris sans avoir conscience de ce qu'était alors la religion vécue au quotidien par les fidèles. Portée par cette conviction, Vismara accorda une attention accrue au rôle des laïcs dans la vie religieuse locale, aux pratiques dévotionnelles et aux rites religieux qui, s'explicitant de

27 Voir *ibid.*, n° 10, et p. 251-274.

28 Terme que l'autrice aurait certainement contesté, mais qui n'est pas utilisé ici dans une acception idéologique, uniquement afin de photographier une époque historique.

29 *Cf.* Louis Châtellier, *Prefazione* à Paola Vismara, *Settecento religioso in Lombardia*, Milan, NED, 1994, p. 3 ; Paola Vismara, « Chiesa e religione nelle terre ticinesi nel Settecento », *Bollettino storico della Svizzera Italiana*, série 9, 105, 2002, p. 39-59.

30 Voir en particulier Paola Vismara, *Miracoli settecenteschi in Lombardia tra istituzione ecclesiastica e religione popolare*, Milan, I.P.L., 1988.

diverses manières et selon des sensibilités parfois opposées, donnèrent corps à la complexité du catholicisme de l'époque moderne.

Les nombreuses études de l'histoire de la dévotion, déclinées par exemple sur le thème de l'histoire des confraternités ou du miracle comme moyen d'expression religieuse fondamentale dans la société d'Ancien Régime, l'illustrent parfaitement. Pour Paola Vismara, influencée par la ligne historiographique de Henri Brémond et Franco Bolgiano, l'« histoire institutionnelle » constituait une composante de la recherche historique qui, bien qu'importante, risquait de demeurer stérile si elle n'était pas soumise à comparaison avec l'histoire de la religion vécue.

De ce tableau que nous venons de brosser se dégage le large éventail des centres de recherche de l'autrice. Il est essentiel ici de comprendre que sa vaste production s'organise autour de quelques thèses majeures qui structurent sa pensée historiographique et que le présent livre reflète.

Tout d'abord, on trouve dans ses publications l'idée selon laquelle le XVIIIe siècle est un siècle éminemment chrétien. Que l'on pense à *Tradition et innovation : l'Église de Milan à l'époque des Lumières*[31]. Même en plein XVIIIe siècle, dans un contexte de comparaison/confrontation avec la pensée éclairée, les institutions ecclésiastiques tenaient encore un rôle central ; la vitalité religieuse, exprimée par les pratiques dévotionnelles toujours plus nombreuses et diverses et par l'activité religieuse et sociale des confraternités laïques, ne faiblissait pas. Tout aussi important est l'essai *Une dévotion au siècle des Lumières : Marie* « Divine Bergère[32] ». Avec un regard qui embrassait l'Europe, surtout l'Espagne, depuis l'Italie, Paola Vismara reconstitua l'origine, la diffusion et l'évolution de la dévotion à Marie « divine bergère » au fil des siècles. Ce culte, dont les débuts remontaient au commencement du XVIIIe siècle par la prédication du capucin espagnol Isidoro di Siviglia (1662-1750), était aux yeux de Vismara la preuve formelle de la capacité du catholicisme de l'époque à élaborer de nouvelles pratiques cultuelles et dévotionnelles adaptées aux besoins pastoraux du terrain. Marie « divine bergère » des âmes, transposition féminine du rôle du Christ, souvent représenté sous les traits d'un berger,

---

31 Voir *infra*, *Précisions bibliographiques*, n° 11, et p. 275-290. Une expression de cette ligne historiographique est la contribution récente : Paola Vismara, « Tra Sette e Ottocento : una tradizione in movimento », in : Luca Aiello, Marco Bascapé, Danilo Zardin (dir.), *Milano e le sue associazioni. Cinque secoli di storia cittadina (XVI-XX secolo)*, Milan, Scalpendi, 2014, p. 33-41.

32 Voir *infra*, *Précisions bibliographiques*, n° 12, et p. 291-306.

devint la patronne des missions des capucins, en Espagne comme dans le Nouveau-Monde. Cette dévotion – qui se répandit également en Italie, en particulier à Naples – se caractérisait par une spiritualité tout en douceur, qui en fit un instrument pastoral efficace dans l'Europe moderne.

Toujours sur ce thème du XVIIIe siècle chrétien, résultat de la vision à long terme que Vismara appliqua à sa recherche, il est difficile de ne pas relever l'ascendant de la « longue durée » propre à l'historiographie française. À cet égard, les études de Louis Châtellier[33] et de Jean Delumeau eurent une influence significative.

L'ensemble de la production de l'historienne fut en outre parcourue par un autre axe, lui aussi étroitement lié à l'idée d'un XVIIIe siècle chrétien : l'application substantielle, à cette époque, du Concile de Trente. Paola Vismara élabora cette thèse par le prisme du diocèse de Milan aux XVIIe et XVIIIe siècles. La réduction du poids des ordres religieux, indépendants des ordres diocésains, la meilleure formation du clergé séculier dans les séminaires, l'engagement dans les réformes religieuses des évêques milanais du XVIIIe siècle, suivant l'exemple de Charles et Frédéric Borromée, étaient les preuves les plus évidentes d'une évolution de la religiosité catholique au siècle des Lumières. C'est ce qui ressort par ailleurs des essais *Les splendeurs de la dévotion à Milan. Du Baroque aux Lumières* et *Milan et ses paroisses aux XVIIe-XVIIIe siècles. Prédication et enseignement doctrinal*[34].

Au cours de ce processus d'évolution du catholicisme, la diffusion d'une piété « modérée » joua un rôle de premier plan, à la lumière de l'enseignement de Muratori et du catholicisme éclairé. Selon Vismara, les réformes élaborées lors du Concile de Trente ont été parfaitement appliquées durant l'épiscopat de Giuseppe Pozzobonelli (1743-1783). L'autorité politique des Habsbourg qui promouvait une action réformatrice strictement juridictionnelle, a grandement contribué à ce processus de réformes[35]. Bien que générant de nombreux conflits, à cause de ce que Paola Vismara considérait comme une « sorte d'invasion » de l'autorité séculaire dans le champ religieux et ecclésiastique, l'action habsbourgeoise trouva aussi des moments de concorde entre État et Église, comme le souligne l'essai *La religion urbaine entre pouvoir politique et pouvoir ecclésiastique. Milan au XVIIIe siècle*[36].

---

33 Sur ce sujet, voir Louis Châtellier, *L'Europe des dévots*, Paris, Flammarion, 1988.

34 Voir *infra*, *Précisions bibliographiques*, respectivement n° 13-14, et p. 307-323.

35 P. Vismara, « Contester/encourager la dévotion… », *op. cit.*

36 Voir *infra*, *Précisions bibliographiques*, n° 15, et p. 347-362.

Si l'œuvre de Charles et Frédéric Borromée joua un rôle décisif dans la promotion d'une religiosité empreinte des décrets tridentins, la spiritualité de François de Sales ne fut pas moins fondamentale à la formation d'une spécificité milanaise dans le panorama religieux italien selon Vismara[37]. À ses dires, ce qui fut en quelque sorte une francisation de la culture milanaise participa à la fondation du monastère de la Visitation, le seul qui ne se vit pas supprimé durant la période des réformes ecclésiastiques juridictionnelles de Joseph II. La sensibilité religieuse de François de Sales, imprégnée de douceur, influença grandement la vie monacale des visitandines, ainsi que la vie à Milan[38]. Dans *Le Monastère de la Visitation et l'esprit salésien à Milan au XVIIIe siècle* et *La Visitation de Milan et la société urbaine (1750-1850 environ)*[39], Vismara interroge l'importance de cette institution monastique au cœur de la réalité diocésaine de la ville, insistant en particulier sur la fonction sociale qu'elle revêtit au XVIIIe siècle[40].

Grâce à ces multiples facteurs, Vismara estimait que le XVIIIe siècle pouvait s'envisager comme un siècle globalement « discipliné », dans le sens où un équilibre entre les réformes imposées par les autorités diocésaines de Milan et la religiosité quotidienne des fidèles s'était établi. Pour preuve, les pratiques dévotionnelles ont, au cours de leur évolution séculaire, assimilé les dispositions de la hiérarchie ecclésiastique[41]. À ce

37 Cette thèse a été présentée dans Paola Vismara, « Settecento religioso milanese : un secolo salesiano », in : Grado Giovanni Merlo (dir.), *Lombardia monastica e religiosa*, Milan, Biblioteca Francescana, 2001, p. 485-529.

38 *Cf.* Flavio Rurale, « La Milano settecentesca di Paola Vismara : "tradizione in movimento" », *Rivista di Storia della Chiesa in Italia*, 71, 2017, p. 33-42. Se penchant sur l'attention qu'a portée Vismara aux deux Borromée dans sa définition de l'identité religieuse milanaise, Rurale a constaté une certaine force dans sa tentative de « *leggere come coerenti modelli religiosi tra loro profondamente diversi* », à savoir le modèle de Charles Borromée, empreint de rigueur et de sévérité ascétique, et celui de François de Sales qui se caractérise par la douceur. La lecture de Frédéric Meyer, « Du laboratoire milanais au christianisme des lumières : l'apport historiographique de Paola Vismara », *Rivista di storia della Chiesa in Italia*, 71, 2017, p. 11-17 concorde avec l'interprétation de Vismara.

39 Voir *infra*, *Précisions bibliographiques*, respectivement n° 16-17, et p. 363-394. Le second essai a été repris et enrichi in Paola Vismara, « Un monastero nella città. La Visitazione di Milano tra tardo Settecento e Ottocento », *Archivio Storico Lombardo*, 137, 2011, p. 213-237.

40 *Cf.* Maria Lupi, « Istituzioni e vita religiosa nelle ricerche di Paola Vismara », *Rivista di Storia della Chiesa in Italia*, 71, 2017, p. 25-26.

41 Le thème de l'entente entre les fidèles et les autorités ecclésiastiques diocésaines concernant l'application des réformes tridentines dans la production de Vismara a déjà été remarqué par F. Meyer, « Du laboratoire milanais au christianisme des lumières ... », *op. cit.* Cette idée s'est confrontée à diverses perspectives historiographiques. Certains chercheurs ont montré que cette idée d'une entente qui s'est développée au cours du XVIII siècle au sujet

sujet, l'étude du miracle comme médiation fondamentale entre le fidèle et le transcendant à l'époque moderne revêt une grande importance du point de vue historique, comme le prouvent les écrits *Ciel et enfer d'après les récits de miracles* et *Miracles et prodiges sacrés en pays de mission à l'époque moderne*[42].

Commençant par l'étude du diocèse de Milan[43], Paola Vismara montra que le modèle tridentin, qui s'y était implanté, se répandit ensuite hors de la Lombardie, notamment en France et en Suisse (le Tessin appartenait alors au diocèse de Milan)[44].

Par un enchaînement logique, de l'application des règles du Concile de Trente à toute l'Europe, sur la base du modèle milanais, on en arrive au troisième thème de la recherche de l'historienne, à savoir le principe de personnalisation du fait religieux. Engendrant une rupture avec les anciennes formes de religiosité, les réformes tridentines favorisèrent une intériorisation du fait religieux et, par conséquent, sa personnalisation. Le chrétien se sentit ainsi plus responsable de son comportement dans tous les domaines de la vie sociale. À cet égard, l'essai intitulé *Confraternite*

---

des pratiques dévotionnelles est en partie valable pour le diocèse de Milan, mais s'applique difficilement à l'Europe de l'époque. Cet aspect a été traité par M. Lupi, « Istituzioni e vita religiosa… », *op. cit.*, p. 25-26. Cette perspective « analogique » et « intégrative » élaborée par Vismara qui porte sur le développement des pratiques dévotionnelles dans les communautés d'Ancien Régime s'accompagne d'une vision différente fondée sur l'idée « générative » et « agrégative » des rites religieux. L'harmonie décrite par Vismara serait en fin de compte le résultat définitif d'un accord permanent entre les pouvoirs ecclésiastiques, diocésains surtout, et les corps sociaux, processus dans lequel le pouvoir de négociation de ces sujets n'était pas de beaucoup inférieur à celui des autorités ecclésiastiques. En d'autres termes, les pratiques dévotionnelles des communautés d'Ancien Régime seraient le résultat de la réception et de l'application systématique des normes tridentines, mais aussi d'un remodelage continu et conflictuel. Concernant l'approche socio-culturelle qui s'appuie sur une analyse des formations sociales de type « analogique », *cf.* Natalie Zemon Davis, *Society and Culture in Sixteenth-Century France*, Stanford, Stanford University Press, 1975 ; Richard C. Trexler, *Public Life in Renaissance Florence*, New York, Cornell University Press, 1980. Sur l'approche « agrégative » *cf.* Anthony Cohen, *The Symbolic Construction of the Community*, Londres, Ellis Horwood and Tavistock Publications, 1985 ; Angelo Torre, *Il consumo di devozioni. Religione e comunità nelle campagne dell'Ancien Régime*, Venise, Marsilio, 1995 ; *id.*, *Luoghi. La produzione di località in età moderna e contemporanea*, Rome, Donzelli, 2011.

42 Voir *infra*, *Précisions bibliographiques*, respectivement n° 18-19, et p. 395-428.

43 Paola Vismara, « La storia religiosa della Lombardia : bilancio e prospettive », in : Luciano Vaccaro (dir.), *Storia della Chiesa in Europa tra ordinamento politico-amministrativo e strutture ecclesiastiche*, Brescia, Quaderni della Gazzada, 2005, p. 75-106, ici p. 31-40.

44 *Cf.* P. Vismara, « Chiesa e religione nelle terre ticinesi… », *op. cit.* ; *id.*, « Dalla crisi del Seicento al tramonto della Signoria Elvetica », in : Luciano Vaccaro, Giuseppe Chiesi, Fabrizio Panzera (dir.), *Terre del Ticino. Diocesi di Lugano*, Brescia, Quaderni della Gazzada, 2013, p. 102.

e devozioni nella Milano del Settecento[45], absent de ce volume mais représentatif, marque une période-clé dans la réflexion de Paola Vismara. Dans cet essai, elle réfléchit au rôle que les confraternités jouèrent dans la vie religieuse et dévotionnelle lombarde du XVIIIe siècle et écrivit que l'activisme de ces associations laïques était le « signe de la croissance des implications personnelle et social de la dévotion ».

Les réflexions historiographiques de ses écrits convergent vers un thème principal : la modernité du christianisme, et notamment du catholicisme au temps des Lumières. Allant à l'encontre des idées de modernité comme résultat d'une sécularisation anti-chrétienne, la vitalité de la religiosité de cette période serait l'expression la plus évidente de la modernité du catholicisme au XVIIIe siècle. Citons en exemple ce que l'historienne a écrit sur le rôle et l'influence des confréries sur le catholicisme du XIXe siècle. En tant qu'associations laïques, elles « avaient ouvert la voie à l'engagement social, qui deviendra par la suite également engagement politique[46] ». Ainsi, en totale opposition avec l'idée d'une rupture entre tradition chrétienne et naissance de la modernité, et en accord avec une certaine historiographie française et italienne[47], Vismara orienta ses recherches de manière à présenter le christianisme comme partie prenante de cette modernité. La conscience religieuse chrétienne ne fut donc pas chassée par la mentalité rationaliste portée par les Lumières ; au contraire, elle sut maintenir une forte vitalité, marquant en profondeur l'identité de l'occident moderne. De ce fait, l'attention portée au rapport entre Église et argent et à la réflexion sur l'économie, que la culture chrétienne et catholique a particulièrement enrichie, est un parfait exemple de cette perspective historiographique. D'après Vismara, les thèses soutenues dans le milieu financier et contractuel par des figures telles que Lessius et Maffei démontraient la modernité chrétienne, qu'elle adopta comme base de ses propres recherches historiographiques. Cette modernité se plaçait en médiatrice entre ce qui était soumis à la loi, dans ce cas précis l'interdiction absolue du prêt à intérêt, et l'évaluation des cas concrets. En ce sens, l'élaboration intellectuelle formulée dans certains

---

45 Paola Vismara, « Confraternite e devozioni nella Milano del Settecento », in Bernard Dompnier, Paola Vismara (dir.), *Confréries et dévotions dans la catholicité moderne (mi-XVe-début XIXe siècle)*, Rome, École française de Rome, 2008, p. 260-284.

46 *Ibid.*, p. 284.

47 Cela fait écho aux thèses que Jean Delumeau avance dans *L'avenir de Dieu*, Paris, CNRS éditions, 2015.

milieux catholiques attestait que les nouveautés économiques n'étaient pas uniquement le fruit de la pensée éclairée[48].

La place majeure que tint la production scientifique de Vismara dans le débat historiographique portant sur tous les champs par elle investigués, est la principale raison d'être de ce volume. C'est un acte de reconnaissance amplement mérité, mais surtout une contribution à la réflexion critique dans la mesure où, encore de nos jours, quiconque entend étudier le rôle des pratiques dévotionnelles dans l'Ancien Régime, le rigorisme, le jansénisme, le catholicisme éclairé, le prêt à intérêt dans l'histoire de l'Église moderne, ne pourra que se confronter aux apports de Vismara, ne serait-ce que pour s'en distancier.

Pour conclure, il me semble approprié de revenir à la nécrologie de Marrou, par laquelle nous avons débuté notre introduction. À propos de la méthode du savant français, Vismara écrivit que la recherche historique était avant tout une quête de la vérité, en gardant à l'esprit l'inévitable « inadéquation » de notre vision, ce qui exprimait tout à la fois son humilité et sa prise de conscience de la difficulté du travail de l'historien qui souffre de sa propre formation et de son bagage idéologique[49]. À cet égard, les mots de Marrou pour décrire le sens de la recherche historique, que Vismara n'a pas repris par hasard, peuvent être considérés comme les maîtres-mots de la méthode à laquelle l'historienne consacra son activité :

> Seule une intelligence divine peut appréhender l'infinie variété des facettes de l'histoire[50].

Marco ROCHINI
Università Cattolica del Sacro Cuore,
Milan

48 Paolo Prodi avait déjà soutenu cette idée quant au rapport entre Église et économie. *Cf.* Paolo Prodi, « Conclusioni », in : Diego Quaglioni, Giacomo Todeschini, Gian Maria Varanini (dir.), *Credito e usura fra teologia, diritto e amministrazione. Linguaggi a confronto (sec. XII-XVI)*, Rome, École française de Rome, 2005, p. 291-296. *Cf.* aussi Antonio Padoa Schioppa, « Profili giuridici nell'opera storica di Paola Vismara », *Rivista di Storia della Chiesa in Italia*, 71, 2017, p. 3-10.

49 Vismara écrivit à ce sujet : « *La ricerca è ricerca della verità che è storica, ma anche la verità della propria tradizione cristiana e della propria persona* ». P. Vismara, « Ricercatore e maestro… », *op. cit.*

50 « *Solo una intelligenza divina può totalizzare l'infinita varietà degli aspetti della storia* », *Ibid.*

UN CATHOLICISME SÉVÈRE

Paola Vismara, historienne du jansénisme et du rigorisme[1]

Existe-t-il des critères objectifs du grand historien ? Un des plus sûrs, s'agissant en tout cas de l'histoire religieuse, est sans doute la capacité à comprendre et faire comprendre des figures et des courants éloignés de sa propre sensibilité. Jean Orcibal parlait d'une « longue ascèse » du chercheur, « en particulier grâce à la recherche, aussi compréhensive qu'il se peut, des données externes », ascèse qui constitue « l'analogue de la voie purgative des mystiques. Il pourra ainsi accéder à une expérience unitive, *Einfühlung* ou connaissance par l'intérieur, dont les résultats s'imposeront à des esprits très différents[2] ». Les recherches de Paola Vismara sur le jansénisme en sont une illustration exemplaire. Elle n'était pas spontanément attirée par ce « style » de catholicisme – si l'on entend par styles religieux, à la manière de l'historiographie anglo-saxonne, des « synthèses » construites par des groupes en conflit, et qui diffèrent moins par leurs éléments constitutifs que par « l'accent » mis, parmi ceux-ci, sur les uns ou les autres[3]. L'idée, sinon le terme, est bien présente chez Paola Vismara, qui note que l'époque moderne vit « s'affronter des manières différentes de penser et de vivre le catholicisme[4] ». Elle allait, pour mieux marquer cette diversité, jusqu'à parler de « catholicismes » au pluriel, et on serait tenté de dire en ce sens que le

---

1 Version revue et augmentée de l'intervention faite en italien à la journée d'hommage organisée par le département d'histoire de l'université de Milan, le 18 janvier 2017, et publiée dans un numéro thématique coordonné par Maria Lupi (« Un cattolicesimo severo : Paola Vismara storica del giansenismo e del rigorismo », *Rivista di Storia della Chiesa in Italia*, 71, 2017 [« In ricordo di Paola Vismara : Storia, storiografia e testimonianze »], p. 27-32).

2 Jean Orcibal, « Histoire du catholicisme moderne et contemporain » (1968), repris dans *Études d'histoire et de littérature religieuses* XVIe-XVIIIe *siècles*, Paris, Klincksieck, 1997, p. 23-32, aux p. 25 et 32.

3 Peter Lake, Michael Questier (dir.), *Conformity and Orthodoxy in the English Church, c. 1560-1660*, Woodbridge, Boydell, 2000, introduction, p. XVIII-XIX.

4 Paola Vismara, *Oltre l'usura…*, *op. cit.*, p. 132.

jansénisme n'était pas « son catholicisme ». Dans un hommage à Pietro Stella, elle a noté que l'éminent spécialiste du jansénisme italien avait été « en un certain sens un épigone des jansénistes, ou à tout le moins un de leurs sympathisants ». L'illustration qu'elle en donnait n'était pas parfaitement exacte[5], mais, si l'on parle de l'attitude d'ensemble de Pietro Stella, l'observation n'est guère contestable. Elle vaudrait pour de nombreux historiens du jansénisme au XXe siècle, en France et en Belgique plus encore qu'en Italie. D'autres, issus en particulier de la tradition historiographique jésuite, n'ont étudié les jansénistes ou supposés tels, que pour traquer leurs détours et leurs déguisements, et mettre au jour leur rôle funeste dans l'affaiblissement de l'Église et de la foi. D'un côté comme de l'autre, on a écrit l'histoire des controverses des XVIIe et XVIIIe siècles pour les rejouer.

Paola Vismara n'est pas tombée dans ces caricatures. Elle a étudié les controverses des temps modernes avec scrupule et pénétration, en les replaçant dans leur contexte historique. Elle s'est attachée, en particulier, à ne pas confondre « jansénistes » et « rigoristes », selon une distinction capitale, déjà faite par les contemporains – qui parlaient respectivement de « jansénisme de doctrine » et de « jansénisme de morale » –, mais souvent négligée dans l'historiographie, même récente[6]. Le jansénisme moral, dit péjorativement rigorisme, allait bien au-delà du jansénisme doctrinal sur la grâce et la prédestination. On peut pourtant distinguer

---

5 Paola Vismara, « Ripensare il giansenismo italiano : cultura, politica, religione », in : Maria Lupi, Aldo Giraudo (dir.), *Pietro Stella : la lezione di uno storico*, Rome, LAS, 2011, p. 37-52, ici p. 51-52. En réalité, Pietro Stella, *Il Giansenismo in Italia*, t. II. *Il movimento giansenista e la produzione libraria*, Rome, Edizioni di Storia e Letteratura, 2006, p. 16, ne désigne pas Maffei comme « un nuovo untore teologico », mais le met au nombre des polémistes qui « allargavano la cerchia dei nuovi untori teologici » en accusant leurs adversaires d'être « infectés de l'hérésie janséniste ». L'image est empruntée à la traque des supposés « semeurs de peste » (*untori*), épisode des épidémies modernes rendu fameux dans la culture italienne par *Les Fiancés* de Manzoni. Paola Vismara s'est corrigée dans « La fede di un laico "illuminato". Scipione Maffei e la *Istoria teologica* », in : Guido Dall'Olio, Adelisa Malena, Pierroberto Scaramella (dir)., *Per Adriano Prosperi*, I. *La fede degli italiani*, Pise, Edizioni della Normale, 2011, p. 265-275, ici p. 270.

6 Voir par exemple Paola Vismara, « Essere infallibilisti nell'Italia del Settecento », in : Jean Ehret (dir.), *Primato pontificio ed episcopato dal primo millennio al Concilio ecumenico Vaticano II : Studi in onore dell'arcivescovo Agostino Marchetto*, Cité du Vatican, Libreria Editrice Vaticana, 2013, p. 305-325, ici p. 316-317, citant à ce propos Daniele Concina ; « La fede di un laico "illuminato" », *op. cit.*, p. 273 n. 32. Voir déjà, pour le XVIIe siècle français, une lettre de Pontchâteau à Casoni (décembre 1679), in : Bruno Neveu, *Sébastien Joseph du Cambout de Pontchâteau (1634-1690) et ses missions à Rome*, Paris, E. de Boccard, 1969, p. 503.

deux phases dans l'œuvre de Paola Vismara. Si rigoristes et jansénistes sont pour elle un intérêt permanent, ils ne tiennent à l'origine qu'une place, sinon marginale, du moins périphérique dans ses recherches. Ses deux recueils d'articles, *Settecento religioso in Lombardia* et *Cattolicesimi. Itinerari sei-settecenteschi*, fruits respectivement de son travail des années 1980 et 1990, relèvent de cette première période, prolongée dans plusieurs études postérieures : c'est ce qu'on pourrait appeler le premier jansénisme de Paola Vismara. Dans les années 2000, avec *Oltre l'Usura*, son travail le plus important et le plus personnel, le jansénisme, surtout au sens large, moral, devient central : il occupe le cœur du livre.

I

Les premières recherches de Paola Vismara sur le jansénisme s'inscrivaient dans des tendances fortes de l'historiographie italienne : la préférence pour le jansénisme de la dernière période, celui de la fin du XVIIIe siècle ; l'approche régionale, en particulier dans le sillage d'Ernesto Codignola ; la richesse des sources utilisées – sources d'archives, correspondances publiées et inédites, controverses théologiques imprimées ; l'accent mis sur la dimension politique du phénomène et spécialement sur l'alliance, à l'époque de Joseph II et de Léopold, entre jansénistes lombards et despotisme éclairé. L'originalité de Paola Vismara consiste, pour ainsi dire, dans la direction du regard. L'historiographie italienne s'était surtout intéressée jusque là au jansénisme en tant que point de départ, comme l'anticipation ou à tout le moins le terreau de courants ultérieurs, du catholicisme « libéral » ou « risorgimental » ou « conciliateur » : d'où l'importance qu'y tenait la question de la « modernité du jansénisme », et l'attention portée aux liens biographiques et familiaux entre de grandes figures du *Risorgimento* comme Cavour ou Mazzini, et la tradition janséniste. Une telle problématique se laisse encore repérer, au début des années 1950, dans la série d'articles d'Ettore Passerin d'Entrèves sur la politique des jansénistes à la fin du XVIIIe siècle[7] : recherches au reste de

7 E. Passerin d'Entrèves, « La politica dei giansenisti in Italia nell'ultimo Settecento », *op. cit.*, p. 269-288 et 309-329. Voir Francesco Traniello, Franco Bolgiani, Giuseppe Rutto,

grande qualité, soucieuses d'éviter les anachronismes, auxquelles Paola Vismara a plusieurs fois fait référence. Elle en retenait en particulier ce paradoxe, que « le renforcement procuré en apparence au jansénisme par sa collaboration avec les souverains éclairés, constituait une des causes de sa désagrégation[8] ». D'après un des historiens qui participèrent à l'entreprise des *Quaderni di cultura e storia sociale*, l'éphémère mais importante revue où parurent ces articles de Passerin d'Entrèves, le thème dominant était « celui du rapport entre Église et libertés modernes[9] ». Paola Vismara considère au contraire le jansénisme comme un point d'arrivée – non le point d'arrivée définitif, ni même unique, mais un des aboutissements provisoires –, du XVIIIe siècle religieux.

Pour comprendre sa perspective, il faut garder présent à l'esprit – le présent recueil en fait foi – qu'elle était une historienne totale de l'Église, catholique au sens étymologique du terme. La tradition orale de la *common room* d'All Souls College à Oxford a conservé un mot attribué à Bruno Neveu, quand on lui avait demandé s'il connaissait une certaine historienne : « *No, I don't know her. You see, she is an historian of the poor and I am an historian of the rich* ». Pareille division du travail est rarement revendiquée de manière aussi provocante, mais elle est tacitement courante, y compris parmi les spécialistes d'histoire religieuse. Paola Vismara l'a toujours refusée. Elle a étudié simultanément, et avec un égal bonheur, la religion vécue des simples et les débats théologiques les plus techniques et les plus subtils. Un spectre aussi vaste suppose la maîtrise fort rare de types de sources très différents, en italien et en français aussi bien qu'en latin. Mais elle reflète aussi une conviction fondamentale de Paola Vismara, à savoir qu'il n'y a pas d'incompatibilité de principe entre extériorité et intériorité, pratiques de dévotion et religion personnelle. Elle jugeait que l'Église post-tridentine et plus précisément, dans le cas milanais, la version borroméenne du tridentinisme, étaient parvenues, dans la première moitié du XVIIIe siècle, malgré difficultés

« Introduzione. La storiografia militante di Ettore Passerin d'Entrèves », in : Francesco Traniello (dir.), *Dai Quaccheri a Gandhi. Studi di storia religiosa in onore di Ettore Passerin d'Entrèves*, Bologne, il Mulino, 1988, p. 7-20, ici p. 10-11 et 14-16 ; Francesco Traniello, introduction à Ettore Passerin d'Entrèves, *Religione e politica nell'Ottocento europeo*, Rome, Istituto per la storia del Risorgimento italiano, 1993, p. V-XXV.

8 Paola Vismara, « Echi e riflessi del sinodo di Pistoia in Lombardia » (1991), repris dans *Settecento religioso in Lombardia*, *op. cit.*

9 Pietro Scoppola, *Un cattolico a modo suo*, Brescia, Morcelliana, 2008, p. 37.

et tensions, à atteindre de fait une espèce d'harmonie, en particulier par les missions populaires : « L'exigence d'une foi qui s'exprime aussi à travers le sentiment et la corporalité même y avait trouvé bon accueil[10] ».

Cette conviction ne valait pas seulement pour l'époque moderne. Dans un article très éclairant, y compris sur elle-même, au croisement de l'histoire et de l'anthropologie, elle a raconté comment elle découvrit par hasard à Madrid la dévotion au Christ de Medinaceli et chercha immédiatement à en retrouver l'histoire. Elle insiste sur la profondeur spirituelle, « la très riche symbolique » de cette dévotion au Christ prisonnier et racheté. On sent une générosité aussi bien méthodologique que personnelle, une authentique tendresse pour les gestes des humbles[11].

Paola Vismara a parfois parlé, par commodité, de « religion populaire[12] », mais elle préférait, pour répudier toute dichotomie simpliste, dire « le catholicisme de tous[13] ». Dans la Milan du premier XVIIIe siècle, jugeait-elle, « la religion, qui s'adresse à tous, est de tous et pour tous[14] ». Sa sensibilité personnelle la portait, aussi bien, vers l'unité, la concorde, la continuité. S'il est un thème dominant, discret mais bien repérable, dans son œuvre, une interrogation personnelle et urgente, ce n'est plus « le rapport entre Église et liberté moderne », mais entre catholicisme et identité italienne[15]. Elle était particulièrement attentive aux continuités cachées. Dans une note d'*Oltre l'usura* – un livre dans lequel il faut être très attentif aux notes de bas de page –, elle relevait, à propos du

---

10 Nombreuses autres références sur ce thème dans la riche étude de Maria Lupi, « Istituzioni e vita religiosa nelle ricerche di Paola Vismara », *Rivista di Storia della Chiesa in Italia*, 71, 2017, p. 18-26.

11 P. Vismara, « La devozione al Jesús de Medinaceli… », *op. cit.*, p. 162-178.

12 Voir en particulier Paola Vismara, *Miracoli settecenteschi in Lombardia tra istituzione ecclesiastica e religione popolare*, Milano, I.P.L., 1988. Dans une synthèse parue après sa mort, « Devozioni e pratiche religiose nell'Italia moderna », in : Luciano Vaccaro (dir.), *Storia religiosa dell'Italia*, 2 vol., Milan, Centro Ambrosiano-ITL, 2016, t. II, p. 485-516, ici p. 499, elle met « popolare » entre guillemets ; Paola Vismara, « L'eredità del Settecento : religione e spiritualità », dans Robertino Ghiringhelli, Oscar Sanguinetti (dir.), *Il cattolicesimo lombardo tra Rivoluzione francese, Impero e Unità. Atti del Convegno di studio, Milano 3-4 ottobre 2003*, Pescara, Edizioni Scientifiche Abruzzesi, 2006, p. 29-39, ici p. 32, utilise un doublon pour se faire bien comprendre (« per un cristianesimo di tutti, per la religione popolare »).

13 Paola Vismara, « La Chiesa nel Sei-Settecento », in : L. Mezzadri, P. Vismara, *La Chiesa tra Rinascimento e Illuminismo*, *op. cit.*, p. 163.

14 Paola Vismara, « Il volto religioso di Milano nel primo Settecento » (1997), repris dans *Cattolicesimi. Itinerari sei-settecenteschi*, *op. cit.*, p. 139.

15 Voir par exemple P. Vismara, « L'eredità del Settecento », *op. cit.*, p. 29-39.

rigorisme, « à l'intérieur d'une société qui n'est plus régie par les normes chrétiennes, la persistance d'éléments idéologiques qui dérivent de la tradition chrétienne, ou plutôt de certains courants de celle-ci[16] ». Dans un article très éclairant, elle compare cette latence du passé, dans les paysages, le calendrier, le langage courant même, au « motif dans le tapis » de Henry James[17]. Pour citer Bruno Neveu, autre grand historien du catholicisme moderne qui avait médité cette nouvelle de James : « L'arabesque dans le tapis n'est pas visible, elle échappe au regard parce que précisément c'est elle qui donne à l'ensemble son aspect, sa structure. Elle est invisible parce qu'omniprésente[18] ».

Le vaste projet réformateur des dernières décennies du XVIIIe siècle, que le jansénisme lombard alimente et auquel il collabore, apparaît au contraire comme un « dépouillement des autels », pour reprendre le titre d'un livre classique sur la Réforme protestante en Angleterre[19]. Il obéit à une logique d'épuration – pour imposer « un catholicisme austère, épuré des aspects les plus sensibles et extériorisés[20] » –, à une logique de séparation sociale – Paola Vismara range le jansénisme parmi « les tentatives pour élaborer des voies élitistes de la foi[21] » –, à une logique de discontinuité, puisqu'il exalte unilatéralement une Église primitive souvent mythifiée contre les développements ultérieurs[22]. Si Paola Vismara

16 P. Vismara, *Oltre l'usura...* », *op. cit.*, p. 109 ; voir encore *ibid.*, p. 412.

17 Paola Vismara, « Tradizioni, un retaggio invisibile ? Il significato della cultura storica », in : Giorgio Botta (dir.), *Tradizioni e modernità. Saperi che ci appartengono*, Turin, Giappichelli, 2007, p. 221-231, ici p. 229. Voir Henry James, « The Figure in the Carpet », *Collected stories*, Londres, 1999 (Everyman's Library), t. II, p. 303-340.

18 Bruno Neveu, « Orthodoxie et innovation », in : Susanna Elm, Éric Rebillard, Antonella Romano (dir.), *Orthodoxie, christianisme, histoire*, Rome, École française de Rome, 2000, p. 375-387, ici p. 387.

19 Eamon Duffy, *The stripping of the altars : traditional religion in England, c. 1400-c. 1580*, New Haven, Yale UP, 1992.

20 Paola Vismara, « Secolo empio o devoto ? La religione a Milano » (1987), repris dans *Settecento religioso in Lombardia*, *op. cit.*, p. 21 ; voir encore « La Chiesa Ambrosiana tra il 1712 e il 1796 » (1990), repris *ibid.*, p. 67 ; « Forme della pietà barocca nelle campagne lombarde tra Sei e Settecento » (1982), repris *ibid.*, p. 183-185 ; « L'abolizione delle missioni urbane dei gesuiti a Milano » (1978), repris *ibid.*, p. 202 ; « Echi e riflessi del sinodo di Pistoia », *op. cit.*, 233-240 ; « Devozioni e pratiche religiose nell'Italia moderna », *op. cit.*, p. 499 et 508-509.

21 P. Vismara, « L'eredità del Settecento », *op. cit.*, p. 32.

22 Paola Vismara, « Il monachesimo nella politica ecclesiastica teresiano-giuseppina » (1992), repris dans *Settecento religioso in Lombardia*, *op. cit.*, p. 136 ; « Forme della pietà barocca nelle campagne lombarde », *op. cit.*, p. 184 ; « Un'interpretazione settecentesca della controversia antidonatista » (2000), repris in : *Cattolicesimi*, *op. cit.*, p. 196 ; « Religione e politica in Pietro Tamburini e nel giansenismo pavese » (1997), repris *ibid.*, p. 238 ;

s'intéressait tant à la figure de Lodovico Antonio Muratori – objet d'une série de séminaires qu'elle avait donnés à la Sorbonne en mars-avril 2008, et auquel elle aurait dû consacrer, en français, le livre qui nous fait tant défaut –, c'est qu'elle voyait chez ce grand savant, pourtant marqué par l'érudition gallicane, une attitude plus équilibrée : une détermination à faire prévaloir « la *communis Ecclesiae sententia*, la tradition dont la durée est riche de jointures et de développements[23] ». L'analyse du cas lombard est étendue à tout le monde catholique dans l'excellent manuel de 2006, *L'Église de la Renaissance aux Lumières*. « La déchristianisation, conclut Paola Vismara, n'est pas causée seulement par des facteurs extérieurs, mais aussi par le refus opposé par beaucoup d'évêques, au nom d'une supposée "modernité", aux codes et aux besoins religieux des couches populaires : l'Église elle-même en est donc largement responsable[24] ».

Le risque d'une telle approche est que le choix chronologique initial détermine d'avance l'interprétation. Si l'on prend comme point de départ la vitalité persistance du modèle tridentin, le jansénisme peut-il apparaître autrement que comme une force de destruction, exclusivement négative ? Paola Vismara échappe pourtant au danger de la tautologie. Elle veille à ne pas faire du jansénisme un bouc émissaire, à la façon d'une certaine tradition apologétique des XIXe et XXe siècles. Le jansénisme n'est pour elle qu'un des courants, et pas même le plus puissant, qui « se fondent dans le programme de réformes ecclésiastiques mis en œuvre par Marie-Thérèse et Joseph II[25] ». Elle n'a garde d'oublier, en outre, en reprenant une formule de Jean Orcibal, que le jansénisme est « un ensemble flou plutôt qu'un système clos et immuable. En ce sens, il serait approprié de parler de "jansénismes" plutôt que de jansénisme[26] ». Paola Vismara

« Monachesimo e soppressioni tra assolutismo illuminato ed età napoleonica » (1998), repris *ibid.*, p. 256.

23 Paola Vismara, « Muratori, Lodovico Antonio », in : Karla Pollmann (dir.), *The Oxford Guide to the Historical Reception of Augustine*, Oxford, OUP, 2013, t. III, p. 1426-1428 ; voir aussi « Érudition et culture en Italie au tournant des XVIIe et XVIIIe siècles. Lodovico A. Muratori », *Annuaire de l'École pratique des Hautes Études, Section des Sciences historiques et philologiques*, 140, 2007-2008, p. 326-332, ici p. 329, et les études reprises dans le présent recueil, p. 181-250.

24 L. Mezzadri, P. Vismara, *La Chiesa tra Rinascimento e Illuminismo*, *op. cit.*, p. 327.

25 P. Vismara, « La Chiesa Ambrosiana tra il 1712 e il 1796 », *op. cit.*, p. 75 ; « Secolo empio o devoto ? », *op. cit.*, p. 27.

26 L. Mezzadri et P. Vismara, *La Chiesa tra Rinascimento e Illuminismo*, *op. cit.*, p. 275 ; Jean Orcibal, « Le jansénisme, Saint-Cyran et Barcos », *Chroniques de Port-Royal*, 26-28, 1977-1978-1979 [*Les deux abbés de Saint-Cyran*], p. 7-13, ici p. 12. La formule est aussi citée

choisit dès lors d'étudier en profondeur, en reconstruisant les logiques argumentatives de l'une et l'autre partie, des controverses particulières et locales, ainsi sur l'introduction du mariage civil à l'époque révolutionnaire, qui puissent servir d'« observatoire » pour « examiner en l'espèce la manière dont se décline concrètement la réflexion théorique[27] ». La même finesse d'analyse est appliquée, par exemple, aux débats sur la communion des fidèles dans le cours même de la messe plutôt que hors de celle-ci[28]. Paola Vismara ne tombe jamais dans la tentation répandue du picorage, si l'on ose dire, qui consiste à sélectionner, en l'arrachant à son contexte, tel ou tel aspect du jansénisme jugé positif et donc digne d'être sauvé, tout simplement parce qu'il s'accorde avec les préférences personnelles de l'historien. On saisit ici la différence fondamentale entre une historienne croyante et un historien confessionnel.

II

Les qualités des premières recherches de Paola Vismara sur le jansénisme se retrouvent dans *Oltre l'Usura*, au premier chef la capacité à faire clairement ressortir ce qui était en jeu dans les disputes théologiques. Qu'on pense par exemple aux vifs et complexes débats sur le *titulus legis civilis*, l'idée – qui aurait été introduite pour la première fois dans les années 1620 par le grand théologien jésuite d'Ingolstadt, Adam Tanner –, qu'il était légitime de percevoir le taux d'intérêt fixé par l'État. Elle mettait en cause la distinction des deux fors, le for interne de la conscience et le for externe des lois, ainsi que le rapport et l'éventuel conflit entre juridictions ecclésiastique et civile, et aussi, au XVIIIe siècle, la notion du « bien commun » de la société[29]. Paola

dans « La fede di un laico "illuminato" », *op. cit.*, p. 268. Sur la diversité du jansénisme, voir encore Paola Vismara, « Remarques sur les jansénistes et l'usure », dans *Dorsale catholique, jansénisme, dévotion* XVIe-XVIIIe *siècles. Mythe, réalité, actualité historiographique*, Paris, Riveneuve, 2014, p. 61-72, repris dans le présent recueil p. 167-178.

27 Paola Vismara, « Pietro Tamburini, il "caso Moladori" e la questione del matrimonio nel Settecento lombardo » (1993), repris dans *Settecento religioso in Lombardia*, *op. cit.*, p. 272 ; « Religione e politica in Pietro Tamburini », *op. cit.*, p. 244.

28 P. Vismara, « Echi e riflessi del sinodo di Pistoia », *op. cit.*, p. 223-226.

29 Voir P. Vismara, *Oltre l'usura…*, *op. cit.*, chapitre 6, p. 215-250 ; « Les jésuites et la morale économique », XVIIe *siècle*, n° 237, octobre 2007, p. 753-754 (repris dans le présent recueil, p. 145-166).

Vismara intègre ces analyses minutieuses, philologiques, dans un cadre de très grande ampleur, du Moyen Âge au milieu du XIXe siècle, où elle déploie une culture véritablement stupéfiante, non seulement historique mais encore théologique, philosophique, juridique. *Oltre l'Usura* suit les tentatives de « moderniser[30] » la théologie pour tenir compte des mutations de l'économie, du développement des échanges commerciaux, de la diversification des formes de contrat et, en réaction, le refus de toutes les concessions qui pourraient compromettre les règles fixées une fois pour toutes dans l'Écriture et chez les Pères. Ce refus paraît triompher pour un siècle, durant la grande vague rigoriste qui, dans l'ordre du moins du discours théologique, court du milieu du XVIIe au milieu du XVIIIe siècle, avant de décliner. Le point d'inflexion discret, selon Paola Vismara, est l'encyclique *Vix pervenit* de Benoît XIV, un texte délibérément ambigu, qui réaffirme les principes, mais s'abstient de trancher les problèmes concrets, « ne désavoue pas le rigorisme mais, dans le même temps, ne l'encourage pas[31] ».

L'historien de la théologie morale moderne est confronté à un choix terminologique délicat, qui trahit souvent ses propres préférences. Des termes comme « morale relâchée » ou « morale indulgente », *a fortiori* laxisme, sont nés de la polémique et en ont conservé les connotations. Pour désigner les auteurs qui s'efforcèrent de légitimer, moyennant des conditions bien précises, le prêt à intérêt, Paola Vismara parle systématiquement d'« ouvertures », de positions « ouvertes[32] ». « Les idées de Molina, de Lessius et d'autres auteurs, en ouvrant des espaces de liberté, assurent que la productivité de l'argent, devient, fût-ce progressivement, un élément du bagage mental des catholiques[33] ». L'historienne éprouve une compréhension manifeste pour ces auteurs, en particulier pour ceux, tels Caramuel ou Scipione Maffei, qui furent longtemps caricaturés – d'abord par leurs adversaires jansénistes et rigoristes, puis par une historiographie souvent trop peu critique à l'égard de ceux-ci[34]. Elle s'efforce de reconstruire leurs positions de manière claire et nuancée. Paola Vismara préférait ce mot de « compréhension » à celui,

30 P. Vismara, *Oltre l'usura…*, *op. cit.*, parle de « modernisation » entre guillemets p. 33, sans guillemets p. 234.

31 *Ibid.*, p. 368.

32 Voir par exemple P. Vismara, *Oltre l'usura…*, *op. cit.*, p. 125, 138, 162, 178 n. 6, 194, 198, 202, 279 n. 91, 339.

33 *Ibid.*, p. 163.

34 Sur Caramuel, voir *ibid.*, p. 45-46 et 182-183.

qui peut être ambigu, de « sympathie ». En mai 2006, j'étais venu à Brescia pour la présentation de *La Chiesa tra Rinascimento e Illuminismo*, et Paola Vismara, avec sa générosité ordinaire, s'était chargée de corriger mon texte italien. J'avais cité un passage sur le développement de la casuistique comme réponse à la nécessité « d'incarner dans la singularité des situations l'universalité des normes », et commenté : « D'où la sympathie de l'auteur pour la casuistique, en rupture avec des caricatures rigoristes assez répandues ». Paola Vismara me suggéra de dire plutôt « la compréhension[35] ». Résumant la pensée de son maître Orcibal, Bruno Neveu parlait d'une « sympathie méthodologique [...] purifi[ée] par l'ascèse érudite[36] ». Il s'agit bien de la même attitude.

Peut-être, à l'inverse, Paola Vismara « a-t-elle été parfois un peu sévère pour les rigoristes » – je pense à telle note où, citant Dino Pastine, elle paraît reprendre à son compte l'accusation de « pharisaïsme » qu'il lance contre Pascal[37]. Elle donnerait presque l'impression, parfois, de s'impatienter devant leur rhétorique, certes passablement répétitive, et devant certains arguments qui lui paraissent simplistes voire de mauvaise foi[38]. Elle n'en reconnaît pas moins la cohérence profonde de la position rigoriste, soutenue par une anthropologie particulière, et même sa portée spirituelle[39]. L'irréalisme en est patent, « mais il y a de la grandeur dans une image de l'Église qui n'est pas soumise aux mentalités changeantes et aux modes éphémères[40] ». Même s'agissant du dominicain Daniele Concina, qui n'apparaît guère à son avantage dans ces débats, Paola Vismara s'attache à rechercher « la raison de ce qui peut apparaître comme une sourde et même épaisse incompréhension des questions économiques dans leur dimension technique : raison qui consiste essentiellement en un éloignement voulu du monde, fondé sur un radicalisme "prophétique"[41] ».

35 L. Mezzadri, P. Vismara, *La Chiesa tra Rinascimento e Illuminismo*, *op. cit.*, p. 266 ; Jean-Louis Quantin, compte rendu dans *Nuova Rivista Storica*, 91, 2007, p. 321-325, ici p. 324.

36 Bruno Neveu, *L'erreur et son juge. Remarques sur les censures doctrinales à l'époque moderne*, Naples, Bibliopolis, 1993, p. 13.

37 P. Vismara, *Oltre l'usura...*, *op. cit.*, p. 85 n. 186, citant Dino Pastine, *Juan Caramuel : probabilismo ed enciclopedia*, Florence, La Nuova Italia, 1975 ; Jean-Louis Quantin, compte rendu dans *Revue d'histoire de l'Église de France*, 91, 2005, p. 456-458, ici p. 458.

38 Voir en particulier P. Vismara, *Oltre l'usura...*, *op. cit.*, p. 103, 106-107, 127, 220-221, 234, 256-257, 259, 359-360, 379 n. 40.

39 *Ibid.*, p. 174-175 ; voir aussi p. 133-134, 318.

40 *Ibid.*, p. 232.

41 *Ibid.*, p. 343.

Oltre l'usura, contribution fondamentale à l'histoire de la théologie moderne, jette aussi une précieuse lumière sur les modes de régulation doctrinale dans l'Église catholique aux temps modernes : l'analyse de l'encyclique *Vix pervenit* et de sa réception, en déchiffrant, non seulement ce que dit le texte, mais aussi et surtout ce qu'il ne dit pas, est un modèle d'intelligence historique. En dernière analyse, *Oltre l'usura* est l'histoire d'une évolution de l'Église, du passage lent, séculaire, contesté, rien moins que linéaire, d'une prohibition absolue du prêt à intérêt, identifié en bloc à l'usure, à une position beaucoup plus nuancée. Ce « long et difficile parcours pour aller "au-delà de l'usure"[42] » constitue un « quasi-événement » au sens de Paul Ricœur, et *Oltre l'usura* est construit avec beaucoup de talent comme une « quasi-intrigue[43] ». Paola Vismara signale discrètement en note un possible rapprochement avec « des problématiques plus récentes relatives au contrôle des naissances[44] ». Une autre note infrapaginale rappelle que « l'Église, qui n'est pas seulement entité spirituelle mais est présente dans l'histoire selon les conditions de ce monde, est interpellée par sa propre historicité, aussi du point de vue économique » : elle est directement impliquée dans l'économie par « la gestion des biens ecclésiastiques, des dots des religieuses etc.[45] ». *Oltre l'usura*, enquête historique d'une grande érudition et d'une grande rigueur, « dont les résultats », pour citer à nouveau Jean Orcibal, « s'imposeront à des esprits très différents », devient donc, dans ses dernières pages, une méditation personnelle sur l'historicité de l'Église[46], que Paola Vismara choisit de prolonger, en guise de « postface », par un poème de Péguy, *Le mystère des Saints Innocents*.

Entre Péguy et Paola Vismara, il y a certes une importante différence. Péguy faisait profession d'ignorer ce qu'était l'Index, parce que l'Index n'était pas mentionné dans le *Catéchisme d'Orléans*, son catéchisme de petit enfant : « Dans mon catéchisme il y avait le bon Dieu, la création, l'histoire sainte ; la sainte Vierge, les anges, les saints ; le calendrier, les grandes fêtes ; la prière et les sacrements ; les vertus ; le symbole des apôtres ; les fins dernières de l'homme [...] ; et les sept péchés capitaux. Il n'y avait

42 *Ibid.*, p. 407.

43 Paul Ricœur, *Temps et récit*, t. I, Paris, Seuil, 1983, p. 157, 289-309.

44 P. Vismara, *Oltre l'usura...*, *op. cit.*, p. 50 n. 54 : point que l'auteur avait aussi mentionné lors de la discussion qui avait suivi la présentation du livre à l'Université Paris-Sorbonne, au séminaire d'Alain Tallon (10 mars 2005).

45 *Ibid.*, p. 163-164 n. 120.

46 *Ibid.*, p. 418-420.

pas l'index[47] ». Paola Vismara n'admettait pas les facilités polémiques ou apologétiques de telles exclusions – auxquelles une certaine historiographie confessionnelle, sans le talent de Péguy, persiste à recourir. Elle n'opposait pas la « bonne Église » qui enchante et la « mauvaise Église » qui condamne. Connaisseuse experte des catéchismes[48] aussi bien que de la censure romaine[49], convaincue que la tâche de l'historien du catholicisme englobait celle-ci comme ceux-là, elle y voyait des éléments d'une même histoire, deux visages de la même Église. Mais Péguy et Paola Vismara ont en commun une vision du chemin : chemin du pèlerin, chemin de toute l'Église « sur les routes de l'histoire[50] », chemin de l'historienne de l'Église. Paola Vismara souligne que « dans l'Église la parole n'est pas simplement un message verbal, mais une personne, Jésus-Christ, avec toutes les conséquences que cela comporte[51] ». Dans sa *Note conjointe sur M. Descartes et la philosophie cartésienne* – son dernier écrit, laissé inachevé le premier août 1914, que Paola Vismara cite dans *Oltre l'usura*[52] –, Péguy écrit :

> Ce qui fait aller à Chartres, ce n'est pas les bornes kilométriques et ce n'est pas les poteaux indicateurs. [...] c'est la vieille croix de bois qui se dresse à l'angle des routes, rongée de mousse, rongée de vétusté. [...] Tantôt une inscription, souvent effacée. Et tantôt pas même d'inscription, tellement c'est simple.
> Et puis on n'a pas besoin d'une inscription pour savoir ce que c'est[53].

Jean-Louis Quantin
École pratique des Hautes Études
Sciences historiques et philologiques

47 Charles Péguy, *Note conjointe sur M. Descartes et la philosophie cartésienne*, in *Œuvres en prose complètes*, éd. Robert Burac, t. III, Paris, Gallimard, « Bibliothèque de la Pléiade », 1992, p. 1464.

48 Voir en particulier P. Vismara, *Il "buon cristiano". Dibattiti e contese...*, *op. cit.*

49 Outre l'usage qu'elle fait des sources du Saint-Office dans *Oltre l'usura*, voir Paola Vismara, « Muratori "immoderato" : Le censure romane al *De ingeniorum moderatione in religionis negotio* » (1999), repris dans *Cattolicesimi*, *op. cit.*, p. 29-61.

50 P. Vismara, *Oltre l'usura...*, *op. cit.*, p. 419.

51 L. Mezzadri, P. Vismara, *La Chiesa tra Rinascimento e Illuminismo*, *op. cit.*, p. 215. Même rappel dans *Oltre l'usura...*, *op. cit.*, p. 419.

52 *Ibid.*, p. 142 n. 44, citant Péguy, *Note conjointe*, *op. cit.*, p. 1443-1444, sur « morale souple » et « morale raide » ; c'est à cette citation que P. Vismara renvoie encore, *ibid.*, p. 410 n. 3.

53 Péguy, *Note conjointe*, *op. cit.*, p. 1475.

PREMIÈRE PARTIE

THÉOLOGIE ET POLITIQUE

ÉGLISE ET ÉTAT EN FRANCE AU DÉBUT DU RALLIEMENT

L'affaire des catéchismes électoraux d'après les archives vaticanes (1891-1892)

« [...] Si incroyable qu'il y paraisse, il ne se passe de jour, que ne surgisse une nouvelle difficulté en ce pays. Depuis quatre mois, je n'ai pas eu un moment de repos [...] » confiait le nouveau nonce Domenico Ferrata au cardinal Mariano Rampolla, Secrétaire d'État, le 10 février 1892[1]. Quelques jours après (le 16), paraissait l'encyclique du Ralliement, *Au milieu des sollicitudes.* Une recrudescence des passions fut l'un de ses premiers effets : « Le parti radical et franc-maçon devient plus hargneux et multiplie ses efforts pour allumer les passions et aggraver la lutte religieuse [...][2] ».

L'événement qui fournit à Ferrata l'occasion de ces considérations si pleines d'amertume est l'affaire des « catéchismes électoraux ». On qualifie ainsi des additions au texte classique, le plus souvent récentes, qui traitent des devoirs des chrétiens en matière socio-politique : plus que ce qui relève par exemple du mariage ou de l'éducation des enfants et de l'école neutre, c'est l'attitude électorale du chrétien qui y est particulièrement visée[3].

Ce problème des catéchismes électoraux occupa le devant de la scène politique depuis qu'en novembre 1891 le marquis de L'Angle Beaumanoir, monarchiste, demanda, dans une interpellation au Sénat

1 Domenico Ferrata à Mariano Rampolla del Tindaro, 10 février 1892. Voir aussi 30 janvier 1892. Les sources signalées, sauf indication contraire, sont conservéesà l'ASV, *Segreteria di Stato*, année 1892, rubr. 248(8).

2 Du même au même, 10 avril 1892.

3 Édouard Lecanuet, *L'Église de France sous la IIIe République*, Paris, Félix Alcan, 1930-1931, vol. I, p. 519 et surtout vol. II, p. 535-559, qui fait l'historique de ces catéchismes électoraux.

au sujet de l'enseignement religieux, la suppression de ces catéchismes dans les écoles de l'État, au nom de la neutralité. En particulier, il attira l'attention du monde politique sur les suppléments qui avaient été selon lui récemment insérés dans quelques catéchismes diocésains, à Rennes notamment, à propos des devoirs électoraux des catholiques et des écoles neutres. Dès lors, la question fut ouverte et, pendant plusieurs mois, ne connut aucun moment de trêve.

À travers ce cas particulier, c'est la politique du Saint-Siège envers la France qui est en jeu une fois de plus, celle dont le nonce Ferrata s'est fait l'interprète diligent et fidèle[4]. La volonté de *Restauratio*, le projet de portée universelle qui inspire l'action de Léon XIII se traduit, pour la France, par une tentative de pacification, qui permettrait à l'Église en France d'accomplir du mieux possible sa mission spirituelle et sa tâche pastorale, sans tenir compte de la politique[5].

Cette politique se heurtait, en France même, à des obstacles considérables, dont eurent conscience Rampolla aussi bien que Ferrata. L'idée de la séparation entre l'Église et l'État faisait toujours plus de chemin, non seulement dans les milieux laïques, mais aussi parmi le clergé et les fidèles, jusque dans la hiérarchie : bien des catholiques étaient fermement convaincus que l'on devait considérer la dénonciation du Concordat comme un événement tout à fait positif, pouvant donner à l'Église de France une plus grande liberté et la rendre indépendante des entraves et du contrôle du pouvoir : tout du moins l'envisageaient-t-ils comme un fait proche et inévitable. Telle n'était pas la position du Saint-Siège, qui voyait d'un mauvais œil une telle perspective[6].

---

4 Le remplacement de Luigi Rotelli par Ferrata à la nonciature doit être situé dans ce contexte. La conformité de vues du pontife et des actes de Ferrata est à plusieurs reprises mise en lumière par Rampolla, par exemple Rampolla à Ferrata, 4 et 6 février 1892. Voir aussi E. Lecanuet, *L'Église de France…*, *op. cit.*, p. 472 *sq.* Oskar Köhler, *Handbuch der Kirchengeschichte*, H. Jedin (dir.), B. VI/2, Freiburg-Basel-Wien, 1973, p. 25, le dépeint comme un des diplomates les plus habiles de Léon XIII. Voir aussi Yves Marchasson, *La Diplomatie romaine et la République française à la recherche d'une conciliation. 1879-1880*, Paris, Beauchesne, 1974, p. 73 ; Adrien Dansette, *Histoire religieuse de la France contemporaine. L'Église catholique dans la mêlée politique et sociale*, Paris, Flammarion, 1965, p. 451. Le témoignage de Ferrata sur la part que lui-même a eue dans la politique de pacification est intéressant : Domenico Ferrata, *Mémoires*, Rome, Tipografia Cuggiani, 1920, vol. II, p. 7 *sq.*

5 Pierre Renouvin, préface à Y. Marchasson, *La Diplomatie romaine…*, *op. cit.*, p. 5 ; Jacques Gadille, *La Pensée et l'action politiques des évêques français au début de la IIIe République, 1870/1883*, Paris, Hachette, 1967, vol. II, p. 125.

6 Riche documentation à ce propos en ASV, *Segreteria di Stato*, année 1891, rubr. 248.

Beaucoup de catholiques s'opposaient à une conciliation, jugeant que la politique romaine était trop faible, prête à céder (il suffit de penser à l'ampleur de la législation anticléricale en cette période) sans obtenir de contrepartie. Rome, pour sa part, craignait l'ardeur d'une fraction des catholiques, y compris dans l'épiscopat, qui risquait d'aboutir, sinon à une lutte ouverte, du moins à une multiplication de prétextes à un conflit. Par ailleurs, il ne faisait pas de doute que certains milieux radicaux et monarchistes cherchaient à exciter l'opinion publique, décidés qu'ils étaient à empêcher à tout prix le succès de la politique vaticane.

Aussi le Saint-Siège presse-t-il le gouvernement de contribuer à un apaisement. Il lui demande d'abroger les lois antireligieuses, de stopper les mesures en projet, de freiner la violence des radicaux et des francs-maçons[7]. Selon Alexandre Ribot, cependant, le Concordat est rendu précaire non pas du fait du gouvernement, mais de cette partie du clergé et de la hiérarchie qui sort de sa fonction religieuse pour se mêler à la politique.

Dans cette affaire des « catéchismes électoraux », comment les choses se sont-elles passées ? Dès le début, il apparut impossible d'endiguer le conflit à cause de la pression parlementaire continue, de son retentissement dans la presse et dans l'opinion publique, et de l'agitation des groupes cités plus haut.

La pression parlementaire contraignit le gouvernement à déférer les suppléments aux catéchismes devant le Conseil d'État. Non pas huit, comme on pensait au début[8], mais cinq, à savoir ceux de Rennes, Séez, Luçon, Saint-Jean-de-Maurienne et Grenoble. Compte tenu de ce qu'était le Conseil d'État depuis l'épuration de 1879[9], une déclaration comme d'abus était désormais inéluctable. De plus, on ne proposait pas seulement d'interdire d'enseigner les suppléments, mais encore de soumettre à censure tous les catéchismes diocésains, afin de les purger de tout passage qui ne serait pas exclusivement religieux[10].

7 Il y a plusieurs lettres de Ferrata à Rampolla de novembre 1891 à janvier 1892. Le gouvernement ne peut et ne veut agir contre les radicaux et les francs-maçons. Encore plus favorable à ces groupes est le nouveau gouvernement (février 1892). Voir D. Ferrata, *Mémoires*, *op. cit.*, vol. II, p. 164 ; Armand-Joseph Fava à Rampolla, 29 juin 1892.

8 Ferrata à Rampolla, 17 juin 1892.

9 Ferrata juge le Conseil d'État « *deferente in tutto ai desideri del Governo* » (à Rampolla, 17 juin 1892).

10 Ferrata à Rampolla, 4 et 18 juillet 1892.

LA POLITIQUE DU SAINT-SIÈGE DANS L'AFFAIRE DES CATÉCHISMES

Il faut se demander quelle a été l'attitude du Vatican à ce propos. Le Saint-Siège est fort soucieux des prises de position de quelques évêques ; en effet, quoique irréprochables quant à la substance, elles feraient obstacle à la politique de pacification. *L'Osservatore Romano* affirme que les additions aux catéchismes sont « *atte a rinfocolare le passioni e a paralizzare l'azione moderatrice del Sommo Pontefice* ». Ni des heurts avec le pouvoir, ni des ruptures ou un scandale au sein du peuple de Dieu ne doivent aggraver la situation de l'Église en France, déjà, sous tant d'aspects, difficile et problématique[11].

De la part du Saint-Siège, le texte sans doute le plus significatif à ce moment est l'encyclique *Au milieu des sollicitudes* qui, datant du 16 février, est publiée par la presse française le 20 du même mois, c'est-à-dire au cours du débat sur la question des catéchismes. Les réactions qu'elle suscite au sein du monde catholique sont de grand intérêt ; elles joueront un rôle considérable dans les événements des mois suivants.

Léon XIII affirme avec une incontestable clarté les lignes de sa politique. Le critère suprême du bien commun et de la tranquillité publique impose l'acceptation des nouvelles formes de gouvernement qui succèdent aux anciennes. Le catholique a certes pleine liberté de conserver ses propres préférences, mais dans la pratique et dans l'action, une forte union est nécessaire, et il convient de mettre de côté les divergences politiques pour y parvenir.

Aux catholiques qui adressent des critiques à la législation républicaine en matière de religion, l'encyclique répond par un « *distinguo* » entre pouvoir et législation. On doit combattre, non pas le pouvoir constitué, mais les abus de la législation. Dans ce but, la patience est requise, et en premier lieu, il faut agir dans l'intérêt de la paix. L'encyclique ne

11 Le Saint-Siège insiste surtout sur un point : les évêques ne doivent pas retirer les aumôniers des lycées de l'État, ce que quelques-uns menacent de faire : ils jugent en effet arbitraire que l'enseignement des aumôniers en matière de religion doive se conformer aux dispositions du gouvernement, au lieu de répondre exactement aux idées et aux directives de l'épiscopat. (Voir Pierre-Hector Coullié à Ferrata, 30 mars 1892 ; Rampolla à Ferrata, 6 avril 1892 ; Ferrata à Rampolla, 15 avril 1892 ; Rampolla à Ferrata, 20 avril 1892.)

renie donc pas du tout quelques affirmations des prélats en matière d'élections. Léon XIII dit par exemple : « En pratique, la qualité des lois dépend plus de la qualité de ces hommes [qui, de fait, gouvernent la nation] que de la forme du pouvoir. » Mais ce qui dans la pensée du pontife l'emporte sur tout autre chose, ce à quoi toute action doit être subordonnée, est la volonté de paix et d'union. Si le but principal est le projet de pacification, toute question secondaire, quoique légitime et incontestable quant à la substance, peut être alors contestée du point de vue de l'opportunité ; il peut par conséquent être nécessaire de l'écarter. Telle est la manière dont Rome considère la question des catéchismes.

Il convient donc d'examiner s'il y a eu à ce propos une intervention du Saint-Siège.

Le gouvernement français, à plusieurs reprises, a demandé avec insistance l'intervention du Vatican auprès des évêques. Ferrata, lui, dans ses fréquentes conversations avec M. Ribot, a tâché de retarder la décision de déférer les suppléments au Conseil d'État ; il voulait démontrer que le Saint-Siège agissait de façon positive en évitant de nouvelles additions aux catéchismes d'autres diocèses. Et s'il y avait des interpellations ? On pourrait, dit-il, répondre qu'on a de fortes raisons de croire que du recours au Saint-Siège sortira un résultat satisfaisant. Évidemment, de pareilles réflexions, dans cette situation tendue, sont considérées comme des échappatoires.

Le cadre politique aussi a son importance : à la mi-février 1892, Charles de Freycinet cède la place à Émile Loubet, qui est jugé particulièrement faible. Dans le nouveau gouvernement, M. Ribot, comme plusieurs autres ministres, garde son poste, tandis qu'un changement remarquable a lieu au ministère des Cultes. La charge en est confiée à Louis Ricard, bien connu pour son anticléricalisme ; ce fait suscite d'âpres réactions et donne lieu à des commentaires défavorables dans tous les milieux catholiques[12].

Le nouveau gouvernement, qui veut à tout prix soustraire la question à l'influence de Rome, déplore le manque de décision de la part du Saint-Siège et menace de prendre des mesures unilatérales afin de régler sans retard le différend. L'intervention du Saint-Siège est donc toujours plus difficile à réaliser sans causer du mécontentement et de l'étonnement dans les milieux

12 Sur ces changements, voir Jacques Chastenet, *Histoire de la troisième république. Jours inquiets et jours sanglants, 1906-1918*, Paris, Hachette, 1955, p. 301 *sq.*

catholiques, épiscopat et fidèles. Le Vatican attribue l'impossibilité d'arriver à un accommodement à l'attitude du gouvernement, qui paralyserait tout effort de modération, et à la clameur de l'opinion publique ; pour le gouvernement, au contraire, la cause réside dans les intempérances de quelques évêques et la lenteur de Rome ; les sources témoignent de la complexité des facteurs en jeu, irréductibles à toute simplification.

On perçoit toutefois que, malgré de nombreuses instances, le Saint-Siège hésite considérablement à intervenir auprès des évêques. Quelle est la cause fondamentale de cette incertitude ? À cette époque, le Vatican était déjà intervenu en France pour indiquer à l'épiscopat la ligne politique qui devait amener la paix religieuse. Récemment, après la condamnation de l'archevêque d'Aix, il avait désapprouvé les adhésions à Gouthe-Soulard et conseillé la prudence aux évêques. Les rapports entre le Saint-Siège et l'épiscopat étant plutôt délicats, Rome jugeait (c'est l'avis du nonce) probablement opportun d'observer la plus grande réserve et de ne pas multiplier outre mesure les interventions[13]. D'une façon plus générale, on peut dire qu'on ne veut porter atteinte à la liberté épiscopale ni sur la forme, ni sur le fond.

Si le Vatican faisait connaître sa pensée sans détours, il ne devrait pas donner l'impression de vouloir donner des ordres, ce qui créerait des situations délicates, « *e potrebbe produrre dal lato dei detti vescovi e dei cattolici militanti un vivo dispiacere e malcontento* ». Donc, ne pas prendre avec le gouvernement des engagements bien définis, mais garder « *una certa latitudine, et quoad modum et quoad tempus* » pour trouver le moyen d'arranger la question avec les évêques[14].

On veut aussi éviter de prêter le flanc aux accusations de division et de désunion. En effet, Saint-Siège et nonciature d'un côté, épiscopat (tout du moins en partie) de l'autre, sont souvent présentés en opposition et en désaccord entre eux ; de cette teneur est, au mois de mars, une communication de Ribot à la Chambre, que Rome considère « *indiscreta* ». Dès lors, intervenir devenait encore plus difficile et gênant[15].

---

13 D. Ferrata, *Mémoires*, *op. cit.*, p. 164 *sq.* Sur l'affaire de l'archevêque d'Aix, *ibid.*, p. 185, et surtout p. 97 *sq.* ; Édouard Lecanuet, *Les premières années du pontificat de Léon XIII*, Paris, Félix Alcan, 1931, p. 477 *sq.* ; A. Dansette, *Histoire religieuse…*, *op. cit.*, p. 456 *sq.*

14 Ferrata à Rampolla, 8 et 10 février 1892 ; lettre confidentielle du 12 février 1892.

15 Rampolla à Ferrata, 23 mars 1892. Ribot avait informé la Chambre d'un message de Lefebvre de Béhaine relatant des propos de Léon XIII et du nonce, qui auraient été contraires à l'attitude de quelques évêques de France, à propos du procès de l'archevêque d'Aix.

Significative est la façon dont la presse exploite le cas de l'évêque de Périgueux, Nicolas-Joseph Dabert. Au mois d'avril, sans toutefois lui donner des ordres péremptoires, Rampolla lui avait fait connaître le désir de Léon XIII qu'il veuille bien « retirer sans publicité ni bruit, et de fait, les exemplaires du catéchisme récemment publié et les remplacer par des exemplaires de l'ancien catéchisme[16] ».

Or cette intervention fait du bruit, et l'*Autorité* la signale à l'attention de l'opinion publique comme un acte de répression[17] ; le journal en déduit que le Vatican a donné des directives de la même sorte à tous les prélats qui se trouvent dans une situation similaire ; il va jusqu'à inférer l'existence d'un désaccord entre Léon XIII et son secrétaire d'État : ce dernier aurait agi en opposition à la politique personnelle du pape : « L'Église est trahie [...] le pape est indignement trompé ».

La réaction de *L'Osservatore Romano* est immédiate et explicite sur ce point. Le Vatican veut que cette réponse soit diffusée le plus largement possible en France par l'intermédiaire de la presse catholique[18]. Selon *L'Osservatore*, cette intervention, loin de porter atteinte aux droits épiscopaux, vise à enlever des mains des adversaires une dangereuse arme de persécution, et a comme but principal la sauvegarde des intérêts religieux.

Il est remarquable que de telles interventions aient été souhaitées jusque dans les milieux ecclésiastiques. On demandait une action directe de Rome, estimant que grâce à son autorité elle serait reçue avec plus de déférence. « Si le Souverain Pontife juge dans sa sagesse qu'il est bon de retirer ce supplément [...], nous obéirons filialement sans hésiter », déclarait l'évêque d'Orléans, Pierre-Hector Coullié[19].

Un certain accord existait entre le nonce Ferrata, plusieurs évêques et de simples ecclésiastiques sur ce que le Vatican aurait dû dire. On suggérait de commencer par engager les évêques qui n'avaient pas d'addition à leurs catéchismes à s'abstenir d'en faire à l'avenir ; de conseiller aux autres de suspendre au plus tôt l'enseignement des suppléments, et de les omettre

16 « *ritirare senza pubblicità o rumori, e per via di fatto, gli esemplari del catechismo recentemente pubblicato e li sostituisse con esemplari del catechismo antico* », Rampolla à Dabert, 8 avril 1892. On hésitait à donner la même instruction à Mgr Isoard, évêque d'Annecy.

17 Dans un article paru le 2 juin sous le titre de « La diplomatie pontificale ». Sur ce sujet reviendra un article du 4 juin.

18 « La diplomazia pontificia », 5 juin 1892 ; voir Rampolla à Ferrata, 4 juin 1892.

19 Coullié à Ferrata, 30 mars 1892 ; Ferrata à Rampolla, 15 avril 1892 ; voir aussi Ferrata à Rampolla, 10 janvier 1892.

dans les rééditions du texte[20]. Ou encore, Rome pouvait faire connaître aux évêques la réponse donnée une année auparavant à Mgr Michel Rosset, évêque de Saint-Jean-de-Maurienne, à propos d'un problème analogue[21]. Cela aurait présenté l'avantage de montrer clairement que le jugement de Rome sur l'inopportunité des additions concernait le fond de la question et n'était pas dû aux pressions du gouvernement.

Au lieu d'une intervention directe de Rome auprès des évêques, que l'on a vu différée et éludée, se place la tentative d'agir par voie indirecte. Rampolla, par exemple, attachait une grande importance à la prise de position, mentionnée plus haut, de *L'Osservatore Romano*, qu'il considérait comme un excellent moyen pour faire connaître sa pensée aux évêques. Les directives auraient ainsi été fournies par une voix pleine d'autorité, mais en même temps, on pouvait éviter les résultats négatifs qui risquaient de résulter d'une action directe. On songeait aussi à faire intervenir un dicastère romain[22].

Quelques personnalités du monde ecclésiastique devaient servir d'intermédiaires, afin de faire connaître aux évêques la volonté du Saint-Siège : le cardinal Joseph-Alfred Foulon archevêque de Lyon, le cardinal François-Marie-Benjamin Richard, le nonce même. Leur caractéristique commune est le manque de décision. Le cardinal Richard[23], surtout, peut être considéré comme l'intermédiaire entre le Saint-Siège et les évêques

20 Telle est l'opinion non seulement de Ferrata, mais aussi du cardinal Richard (qui changea d'idée par la suite), de l'évêque de Rodez Mgr Bourret, du vicaire général du diocèse de Paris Icard, de l'auditeur de Rote Ch. Mouret, et de plusieurs autres. Voir par exemple Mouret à Rampolla, 26 décembre 1891 ; Ferrata à Rampolla, 30-31 décembre 1891 ; 10 janvier 1892. Richard insiste surtout sur la nécessité de demander au gouvernement de supprimer, en échange de l'intervention de Rome, quelques lois et projets antireligieux. La contrepartie aurait consisté exactement en ceci : le gouvernement devait 1) s'opposer de façon efficace au projet de loi sur les budgets des conseils de fabrique ; 2) modifier substantiellement la loi des droits d'accroissement contre les congrégations religieuses ; 3) écarter le projet ministériel d'un plus fort contrôle sur les instituts d'éducation religieuse ; 4) veiller à ce que le projet de loi sur les associations sauvegarde les intérêts religieux. On pouvait, de l'avis de Ferrata, obtenir peut-être des résultats sur les points 2 et 4, éventuellement sur 1. À propos des négociations avec le gouvernement à ce sujet, voir Ferrata à Rampolla, 10 janvier 1892.

21 Voir *infra*.

22 Ferrata à Rampolla, 8 février 1892.

23 Voici le jugement de D. Ferrata, *Mémoires*, *op. cit.*, vol. II, p. 169 et 178) : il s'agit d'un homme de grande piété, de doctrine sûre, plein d'ardent amour pour l'Église. Mais en cette occasion il est tantôt disposé à agir, tantôt réticent, « selon les circonstances si variables dans ce pays ». Voir aussi E. Lecanuet, *Les premières années du pontificat de Léon XIII*, *op. cit.*, p. 408 *sq.* ; A. Dansette, *Histoire religieuse…*, *op. cit.*, p. 455.

français aux mois de janvier-février 1892. Son irrésolution, quelles que soient les promesses et garanties, est à tout moment évidente. La seule démarche qu'il fait effectivement a lieu à l'occasion d'une rencontre avec l'évêque de Mende, auquel il rapporte les instructions du Saint-Siège. Après bien des hésitations, il n'est absolument pas fidèle aux engagements pris avec Ribot et avec le ministre des Cultes, Armand Fallières, de faire connaître les instructions du Saint-Siège à tous les évêques qui ont inséré des suppléments dans leur catéchisme. Pourquoi ? Pour s'excuser, il invoque plusieurs raisons ; mais au fond, il craint de se trouver dans une position délicate auprès des autres évêques, et d'être par conséquent pris pour cible par tous ceux qui, dans le monde catholique, inclinent au combat ouvert et violent.

Dans cette perspective, l'attitude de Mgr Pierre-Marie-Frédéric Fallières, évêque de Saint-Brieuc, a joué un rôle capital. En réponse aux instances du cardinal Richard, après avoir déclaré qu'il n'avait pas l'intention d'abolir l'enseignement des additions, il est allé jusqu'à refuser de façon irrévocable un entretien. Après cet épisode, l'archevêque de Paris juge opportun de ne pas entrer en désaccord avec ses confrères, mais au contraire de sauvegarder leur dignité et leur conscience. En l'espèce, il s'agissait de réduire l'affaire des catéchismes à une simple question d'opportunité et de prudence, évaluant la situation selon chaque cas particulier et non pas en général, dans le respect des droits des évêques sur l'enseignement religieux[24].

Ferrata aussi, bien qu'il soit entièrement d'accord avec le Saint-Siège, ne veut pas agir, afin d'éviter autant que possible que la nonciature soit impliquée de façon directe et explicite en cette affaire. Lorsque les évêques lui adressent des questions bien déterminées sur les attitudes qu'ils doivent adopter, le nonce répond d'une manière attentiste et évasive ; il s'attache toujours à ne pas se compromettre et à ne pas endosser directement les responsabilités.

Dans ces conditions, il était possible à quelques évêques de déclarer qu'ils n'étaient pas au courant de la pensée de Rome au sujet des catéchismes. Par exemple Mgr Fava, évêque de Grenoble, après avoir retiré les suppléments sur le conseil de son archevêque, déclarait avec

24 Ferrata à Rampolla, 31 décembre 1891 ; 1er, 10, 25 et 30 janvier 1892 ; Ribot à Lefebvre de Béhaine, 7 février 1892 ; Ferrata à Rampolla, 8 (dépêche et rapport) et 10 février 1892 ; surtout Richard à Rampolla, 10 février 1892 ; Richard à Ribot, 13 février 1892 ; Ferrata à Rampolla, 18 février 1892 ; Ferrata D. Ferrata, *Mémoires*, *op. cit.*, vol. II, p. 180 *sq.*

amertume : « Le désir de Sa Sainteté n'a été connu qu'après coup[25] ». Pareille fut la conduite de Rosset, qui au mois de juillet 1892, lorsque l'affaire touchait à sa fin, s'est adressé au nonce pour demander conseil.

> J'ai répondu à Mgr l'évêque – écrit Ferrata à Rampolla – que, n'ayant aucune instruction émanant du Saint-Siège sur ce sujet précis, il n'était pas en mesure de répondre à sa requête ; et que, en outre, vu le court terme [...] il aurait été impossible de recevoir et de lui communiquer à temps une réponse de Rome[26].

À ce moment toutefois, puisque la situation est grave et pressante, le Saint-Siège veut surtout empêcher que les écoles catholiques libres ne soient fermées ; dans ce but, il veut que

> l'on informe exclusivement les quatre prélats déférés au Conseil d'État du désir du Saint-Père qu'ils retirent les additions aux catéchismes, mis à part les principes et leur dignité [...] Je veux espérer qu'ainsi l'on évitera à Sa Sainteté le déplaisir de nouvelles condamnations et de nouveaux troubles religieux dans ce pays[27].

Le nonce écrit à ce propos à l'archevêque de Rennes et aux évêques de Luçon et Séez, qui persistent à maintenir leur supplément, et il les prie d'envoyer à Paris une personne discrète et de confiance, à qui il communiquera de vive voix la volonté du Souverain Pontife : ce que font en effet Rennes et Luçon.

Le Saint-Siège veut-il que les additions soient retirées avant ou après la condamnation par le Conseil d'État ? Après Fava, Rosset aussi a retiré

25 Fava à Rampolla, 29 juin 1892. Coullié qui, au contraire, avait par l'intermédiaire du nonce reçu la directive du Souverain Pontife à propos des aumôniers dans les lycées de l'État, manifeste à Ferrata sa joie profonde : « C'est un grand soutien et une grande lumière pour un évêque de recevoir de Rome sa ligne de conduite » (cité par Ferrata dans sa lettre à Rampolla du 15 avril 1892).

26 « *Ho risposto a Mons. Vescovo che, non avendo istruzioni della S. Sede su questo caso speciale, non era in grado di corrispondere alla sua domanda ; che inoltre dato il breve termine* [...] *non vedeva la possibilità di ricevere e comunicargli a tempo una risposta di Roma* », Ferrata à Rampolla, 4 juillet 1892.

27 « *si manifesto riservatamente ai quattro prelati deferiti al Consiglio di Stato essere desiderio del S. Padre che, salvi i principii e la loro dignità, procurino di ritirare le loro aggiunte catechistiche* [...] *Voglio sperare che per tal modo si eviterà alla Santità Sua il dispiacere di nuove condanne e di nuovi guai religiosi in cotesto paese* », Rampolla à Ferrata, 8 juillet 1892. On parle seulement de quatre prélats puisqu'à ce moment, Fava avait déjà retiré les additions, avec l'approbation du Saint-Siège ; voir Rampolla à Fava, 8 juillet 1892 : « *Sua Santità ha appreso con soddisfazione ciò che Ella ha prudentemente operato per evitare le conseguenze della condanna, salvi restando i sani principii e la dignità vescovile* ».

son supplément, tandis que les autres inclinent à attendre la sentence ; un geste du Saint-Siège aurait suffi pour qu'ils agissent autrement. Il faut, de l'avis du Vatican, laisser aux évêques le pouvoir discrétionnaire sur les temps et les moyens de retirer les suppléments, à la condition que l'on évite les conséquences funestes d'une résistance à outrance. En même temps toutefois la conduite de Rosset, comme déjà celle de Fava, est approuvée à Rome pour sa prudence ; il est évident que le Saint-Siège a son orientation, qu'il ne veut néanmoins pas imposer aux évêques[28].

Il convient d'examiner à ce propos la correspondance entre le secrétaire d'État et l'évêque de Saint-Brieuc. Celui-ci, au début de 1891, avait inséré dans le catéchisme diocésain plusieurs passages concernant l'Immaculée Conception, l'infaillibilité pontificale, les devoirs des chrétiens à l'égard de la société temporelle, et le sacrement du mariage. Or, écrivait Mgr Fallières, s'il n'avait pas encore été déféré au Conseil d'État comme son contemporain, il n'était pas impossible que cela arrive à l'avenir. Il déclarait n'éprouver aucune difficulté à retirer le supplément sur les devoirs sociaux, ce que déjà d'autres avaient fait. Mais quelques questions, sur le mariage surtout, lui paraissaient indispensables pour sauvegarder la foi et les mœurs de son peuple. Pouvait-il, en tant qu'évêque, les supprimer ? Quelle attitude devait-il garder au cas où il aurait été déféré au Conseil d'État ? Fallières implora des directives de la part du Souverain Pontife, tout au moins un écho « de la voix que les évêques ont un si pressant besoin d'entendre ». Mais il ne reçut qu'une réponse évasive et sommaire : il était difficile, écrivit le nonce, de se prononcer au sujet d'une question si délicate ; « le meilleur parti serait de surseoir à toute décision[29] ».

---

28 Ferrata à Rampolla, lettre confidentielle du 18 juillet 1892. Un rapport plus détaillé à la même date est aux f° 53 et suivants (il faut lire avant les f° 55-57, ensuite le f° 53) ; Rampolla à Ferrata, 18 et 25 juillet 1892. Rampolla à Rosset, 25 juillet 1892. À Place, Rampolla dit que son attitude est jugée « spéciale », bien qu'elle ne soit pas critiquable, à condition que les écoles libres ne soient pas fermées (Rampolla à Place, 25 août 1892).

29 « *il miglior partito ora sarebbe di soprassedere a qualunque decisione* », Fallières à Rampolla, 13 août1892 ; Rampolla à Fallières, 17 août 1892. Au début, Fallières n'acceptait pas de suspendre l'enseignement des additions. Voir *infra*.

POURQUOI CES CATÉCHISMES ?
Le problème de l'instruction des fidèles

La question fondamentale est donc celle-ci : quels sont les droits et les devoirs des évêques dans l'instruction de leurs ouailles ? De quels moyens faut-il se servir ? Quel est, dans ce contexte, le rôle du catéchisme ? Ces problèmes sont d'une grande portée, et quelque réponse qu'on y donne, elle sera le fondement des différentes prises de position des uns et des autres.

Selon le pouvoir politique, l'emploi du catéchisme pour instruire les fidèles de leurs devoirs sociaux équivaut à mêler religion et politique ; cela, abstraction faite de la validité des principes exposés, à propos desquels Ribot ne veut pas se prononcer. Il déclare :

> Le Concordat est violé dans son esprit quand ces évêques affectent d'intervenir, non pas seulement comme simples citoyens, mais en tant qu'évêques chargés de la direction d'un grand service public, dans les choses de l'ordre politique [...]. La déférence envers les représentants du pouvoir civil, la neutralité dans les luttes politiques, sont les premiers devoirs d'un clergé reconnu et protégé par l'État. Du jour où ce clergé sort de la mission religieuse pour se mêler à la politique, il met en péril le Concordat [...]. Je dois surtout appeler votre attention sur les nouveaux catéchismes [...] qui contiennent des conseils sur le choix des candidats politiques, conseils fort peu appropriés en tout cas à l'âge des enfants auxquels ils sont adressés [...]. Il ne serait que temps de donner aux évêques des conseils de prudence, si comme je n'en saurais douter, le Saint-Siège tient à prévenir de nouveaux et graves conflits dans une matière aussi délicate que celle-ci, entre l'autorité civile et une partie de l'épiscopat[30].

Il serait inexact de se fonder sur les affirmations polémiques de ceux qui voient la cause de ces positions dans la crainte que si les catholiques avaient conscience des implications de leur foi, bien des membres du parlement ne seraient pas réélus, puisqu'ils ne sont ni honnêtes ni favorables à la religion[31] ; mais c'est un fait établi que l'État ne tolère pas que les évêques

30 Ribot à Lefebvre de Béhaine, 17 décembre 1891 ; Ferrata à Rampolla, 21 novembre 1891.

31 Voir par exemple Ferrata à Rampolla, 10 avril 1892 : « [...] *ira, da cui sono presi costoro, quando un prete e molto più un vescovo raccomanda ai fedeli di votare per uomini disposti a difendere gli interessi della religione. Essi sentono bene che non possono essere compresi in questa categoria e quindi infuriano contro gli autori di simili consigli* ».

s'engagent dans des secteurs qui ne seraient pas de leur ressort. Ribot déclare à Ferrata que les évêques ne peuvent absolument pas descendre dans l'arène électorale et politique sans s'attirer de graves représailles. Le procédé du gouvernement en témoigne clairement : à un certain moment, il menace d'examiner tous les catéchismes afin de découvrir en eux toute affirmation qui ne serait pas strictement religieuse. On ne proteste pas seulement contre le fait que ces problèmes sont abordés dans le catéchisme, mais on attaque toute forme d'enseignement à ce propos, comme pour les lettres de l'évêque de Mende et des évêques de la province d'Avignon[32].

Selon le Saint-Siège, le catéchisme n'est pas le lieu idéal pour instruire les fidèles en matière électorale et civile. Il suffit d'examiner le cas de Mgr Rosset. Plusieurs mois avant cette affaire des catéchismes, il avait écrit au nonce (qui était en ce temps-là Mgr Rotelli) pour demander s'il était opportun d'insérer dans son catéchisme diocésain en réimpression quelques additions au sujet de l'école neutre. Le Saint-Siège, consulté à ce propos, répondait à Rotelli :

> Les questions et réponses avancées par l'évêque relativement à la soi-disant école neutre pour les ajouter dans le catéchisme diocésain, quel que soit le jugement que vous voulez porter sur leur valeur, n'ont pas leur place dans ce livre. Ainsi, [Le Saint-Siège] dissuade de belle manière le prélat d'exécuter son projet, en l'encourageant par ailleurs à défendre par d'autres moyens les maximes qu'il souhaite diffuser sur cette école[33].

La validité de ces principes demeure, de l'avis de Rampolla, inchangée, et il insiste :

> L'introduction de nouveautés dans les catéchismes n'est pas convenable [...]. Que l'on évite les allusions politiques en se concentrant sur l'enseignement

32 Mgr François-Narcisse Baptifolier s'exposa à plusieurs difficultés à cause d'une lettre qui devait être lue dans les églises, au sujet des devoirs électoraux des catholiques. La lettre des évêques de la province d'Avignon fut frappée d'abus. Le nonce remarque que l'attitude du gouvernement, due surtout à Ricard, est grave et très hostile : Ferrata à Rampolla, 10 et 30 janvier 1892 ; 18 juillet 1892 ; D. Ferrata, *Mémoires*, *op. cit.*, vol. II, p. 190 *sq.* et p. 205 *sq.*

33 « *Le interrogazioni e risposte preparate dal vescovo relativamente alla c.d. scuola neutra per inserirle nel catechismo diocesano, qualunque giudizio voglia darsi sul loro valore, non sarebbero al loro posto in un tal libro. Laonde ella dissuaderà con bei modi il prelato dall'eseguire il suo disegno, animandolo peraltro a diffondere con altri mezzi le massime che vuole inculcare sulla scuola medesima* », ASV, *Segreteria di Stato*, année 1891, rubr. 248. Cette prise de position est souvent évoquée par la suite.

> de la doctrine chrétienne dans les limites des principes généraux de la foi et de la morale[34].

Est-il possible de relever en cela, bien que pour des raisons différentes, une analogie avec les positions du gouvernement ? Ce qui ne veut point dire que la doctrine des additions visées par le pouvoir serait aux yeux du Saint-Siège répréhensible. Il ne s'agit pas d'un problème de doctrine ; maintes fois, on répète que les additions sont, quant à la doctrine, irréprochables et dignes de considération. Toutefois, on l'a vu, dans le contexte d'une situation religieuse qui est, en France et à cette période, tendue et exaspérée, le Vatican juge imprudent et inopportun d'insérer dans les catéchismes ces doctrines. Certes, les évêques gardent intact, selon Rome, leur droit d'instruire leurs ouailles ; mais il leur est conseillé de réfléchir davantage sur les avantages de cette sorte d'instruction et sur les moyens à mettre en œuvre. Il faudrait, dans une situation si délicate et instable, non seulement se demander si les idées exprimées sont justes et intrinsèquement valables, mais encore en calculer les conséquences : proclamer ces idées à haute voix va-t-il apporter un avantage réel à la cause de la vérité, ou ne va-t-il pas plutôt créer de nouvelles occasions de conflit ? Cela incite évidemment à garder une attitude calme et prudente, et à s'abstenir de tout acte public sur des questions particulièrement délicates et brûlantes[35].

L'article de *L'Osservatore Romano* déjà cité exprime avec clarté les idées du Saint-Siège à ce propos :

> De tels suppléments, dans l'absolu, en tant qu'affirmation doctrinale d'un principe de moralité [...] sont inattaquables ; et le Saint-Siège n'a non seulement jamais censuré, ni ne pouvait censurer cette doctrine, mais au contraire l'avait déjà bien avant, et de la manière la plus solennelle, inculquée au moyen d'encycliques pontificales. Toutefois, ces suppléments peuvent également

34 « *Non conviene che si introducano innovazioni nei catechismi* [...] *Si evitino le allusioni politiche, dovendosi contenere l'insegnamento della dottrina cristiana entro i limiti dei generali principi della fede e della morale* », Rampolla à Ferrata, 26 novembre 1891.

35 Dans plusieurs régions, l'intervention publique des évêques en matière électorale paraît produire des effets contraires à ce qu'on se proposait ; dans le cas de Mende, par exemple, les élections qui ont lieu quelque temps après la circulaire de l'évêque donnent des résultats défavorables aux catholiques. On peut trouver des cartes relatives aux élections générales de 1893 dans François Goguel, *Géographie des élections françaises de 1870 à 1951*, Paris, Colin, 1951. Il remarque, entre autres, que la géographie de la pratique religieuse ne donne absolument pas la clef de la géographie des opinions politiques (p. 134 *sq.*).

s'envisager de façon plus concrète, autrement dit d'un point de vue pratique, soit par rapport à l'ensemble des circonstances locales et à la disposition des âmes, soit selon la manière d'instruire les fidèles. Puisqu'il est très clair que l'insertion de chapitres sur les devoirs électoraux faite dans les catéchismes, dont la tâche est de résumer les dogmes fondamentaux et les préceptes généraux de la religion catholique, est chose nullement secondaire, et d'aucuns pourraient en contester la convenance[36].

Dès le début, le nonce, bien qu'il juge que les principes exposés sont justes et que l'État n'a aucun droit d'intervenir à ce propos, suggère aux évêques d'employer d'autres moyens que le catéchisme :

Il est nécessaire de se rappeler que le catéchisme doit contenir les vérités fondamentales de notre sainte religion, vérités éternelles, immuables, s'étendant à tous et ne pouvant recevoir des interprétations variables selon les lieux, les temps, les personnes et les circonstances [...] Si les principes exposés dans les suppléments étaient irréprochables en théorie, en pratique ils n'étaient pas tellement fixes, tellement certains, tellement immuables qu'on pût les faire figurer dans le catéchisme. C'est pourquoi la grande majorité de l'épiscopat, n'estimant pas opportunes de pareilles additions, s'était abstenue de les faire.

Ainsi, il serait indiqué de suspendre l'enseignement de ces principes aux enfants « comme partie intégrante du Catéchisme, afin qu'il demeure inattaquable[37] ».

36 « *Tali aggiunte, considerare in astratto, corne affermazione dottrinale di un principio di moralità* [...] *sono del tutto inattaccabili ; e la Santa Sede non solo non ha mai censurato, né poteva censurare siffatta dottrina, ma anzi per mezzo di encicliche pontificie l'aveva molto prima, e nel modo più solenne, inculcata. Però le stesse aggiunte si possono ancora considerare in concreto, cioè dal lato pratico sia per rispetto al complesso delle circostanze locali ed alla disposizione degli animi, sia per riguardo al modo di rendere istruiti i fedeli. Poiché è ben chiaro che la inserzione dei capitoli sui doveri elettorali fatta nei catechismi, il cui compito è quello di riassumere i dommi fondamentali ed i precetti generali della religione cattolica, è cosa affatto secondaria, e da taluni potrebbe contestarsene anche la convenienza* », *L'Osservatore Romano*, 5 juin 1892 ; dépêche Rampolla à Ferrata, 28 décembre 1891 ; Rampolla à Dabert, 8 avril 1892. L'article de *L'Osservatore* fournit l'occasion à quelques organes de presse d'affirmer que le Saint-Siège, bien qu'il ne condamne pas la doctrine, est toutefois vivement hostile aux additions (voir Ferrata à Rampolla, 17 juin 1892).

37 « *come parte integrale del Catechismo, affinché questo rimanga inattaccabile* », D. Ferrata, *Mémoires*, *op. cit.*, vol. II, p. 166 *sq.* ; Ferrata à Rampolla, 21 novembre 1891 ; 10 février 1892 ; 17 juin 1892 ; 12 février 1892, lettre confidentielle.

LES ÉVÊQUES FRANÇAIS ET LEUR ENSEIGNEMENT EN MATIÈRE SOCIO-POLITIQUE

En effet, la plupart des évêques jugent que les additions sont déplacées et hors de propos dans un catéchisme, bien qu'elles soient irréprochables au point de vue doctrinal. Telle est par exemple la position du cardinal Richard, de son vicaire Icard, des prélats qui se rendent à Paris en novembre 1891 pour la réunion de l'Institut catholique, de Mgr Joseph-Christian-Ernest Bourret, évêque de Rodez, et de plusieurs autres[38]. Aux critiques qui toujours se répètent, ce dernier en ajoute une autre : il n'est pas possible, dans les faits, d'enseigner la doctrine qui concerne les devoirs électoraux des croyants sans soulever des protestations et un vif mécontentement et sans compromettre l'enseignement même du catéchisme. Les parents libéraux, les mécréants, ceux qui se sentent visés par les principes exposés dans ces textes n'enverraient plus leurs enfants au catéchisme.

Les divergences de vues entre les évêques montrent bien que l'épiscopat français, autrefois profondément divisé et mal coordonné, n'avait que partiellement avancé sur le chemin de l'unité. Il y avait l'obstacle des Articles organiques qui limitaient la convocation d'Assemblées épiscopales et rendaient difficiles les déclarations collectives. Le Saint-Siège, d'autre part, cherchait à resserrer la hiérarchie sur elle-même et autour du Souverain Pontife pour éviter que l'épiscopat n'adopte une conduite indépendante de la ligne politique de Rome[39]. Cela devient

38 Ferrata à Rampolla, 21 novembre 1891 ; 10 janvier 1892 ; 31 décembre 1891 (qui concerne surtout les positions de l'évêque de Rodez). On a déjà fait allusion au changement d'attitude du cardinal Richard dans la période suivante. Très intéressante est la position « électorale » de l'évêque de Langres, même si elle est en dehors de l'affaire des catéchismes. Sur sa lettre, qui manifeste essentiellement un désengagement politique du clergé, ce dernier refusant toute intervention dans le domaine de la politique, voir E. Lecanuet, *Les Premières années du pontificat de Léon XIII*, *op. cit.*, p. 532 *sq.* Quant à la position bien différente de Mgr Perraud (« *La discussion concordataire* »), voir Ferrata à Rampolla, 10 février 1892.

39 Roger Aubert, « L'Église catholique de la crise de 1848 à la première guerre mondiale », in : Roger Aubert *et al.* (dir.), *L'Église dans le monde moderne* (*Nouvelle Histoire de l'Église*, vol. V), Paris, Seuil, 1975, p. 77 *sq.* ; Giorgio Feliciani, *Le conferenze episcopali*, Bologne, il Mulino, 1974, p. 33. André Latreille, *Histoire du catholicisme en France*, vol. III, Paris, Édition Spes, 1962, p. 425 *sq.*, écrit à juste titre qu'entre les évêques il n'y a « pas plus de concert habituel que par le passé : ni le gouvernement ni le Saint-Siège ne se soucient

évident dans l'affaire des catéchismes : toutefois, en ce cas, la tendance à la centralisation s'exprime d'une manière plus prudente et réservée, puisque le Vatican ne veut pas dépasser les limites en multipliant outre mesure ses interventions.

L'isolement des évêques et les conséquences négatives du manque de coordination entre eux étaient remarqués par certains d'entre eux : on peut voir par exemple les observations subtiles que Mgr Rosset fait lorsqu'il présente au nonce Rotelli l'éventualité d'un supplément à son catéchisme. Il souligne, entre autres choses, que le manque d'unité entre les évêques prête le flanc à des attaques violentes de la part du pouvoir politique, et que les actions isolées, quoiqu'en elles-mêmes acceptables, sont pareilles à « un coup d'épée dans l'eau », c'est-à-dire tout à fait inefficaces au point de vue des conséquences pratiques. Ferrata était au fond du même avis lorsqu'il affirmait que le corps épiscopal français manquait d'identité d'opinion et d'action, et que les oppositions pratiques rendaient les évêques semblables à des soldats vaillants mais isolés, dont l'action contre l'ennemi était donc complètement dépourvue d'efficacité[40].

Quant aux évêques ayant effectué des additions, il vaut la peine de chercher à comprendre les raisons profondes qui les ont poussés à apporter pareilles nouveautés à leurs catéchismes. Le nombre n'en est pas bien défini : on parle de huit ou dix prélats dans les milieux ecclésiastiques, tandis que le gouvernement en compte dix-sept. *L'Osservatore Romano*, dans l'article cité, fait allusion à « *una dozzina di prelati* ». Selon Ferrata, à la fin de 1891, ce serait treize diocèses qui auraient des chapitres supplémentaires aux catéchismes – à savoir Rennes[41], Vannes, Quimper, Saint-Brieuc[42],

---

d'avoir en face d'eux un épiscopat qui risquerait de manifester une indépendance gênante ». Voir aussi *ibid.*, p. 469 *sq.*, sur la politique de Léon XIII à l'égard de l'épiscopat français. Sur les caractéristiques de cet épiscopat dans la période précédente et sur ses divisions profondes, non certes sur les principes fondamentaux de la doctrine chrétienne en politique, mais sur les modalités de l'insertion de l'Église dans la société civile, voir J. Gadille, *La pensée et l'action…*, *op. cit.*, *passim.*

40 ASV, *Segreteria di Stato*, année 1891, rubr. 248. D. Ferrata, *Mémoires*, *op. cit.*, vol. II, p. 23 et 78 *sq.* (également à propos de quelques tentatives d'union entre évêques, condition de l'unité des fidèles, tentatives qui toutefois n'aboutirent à rien). Sur l'action de Turinaz, voir aussi E. Lecanuet, *Les premières années du pontificat de Léon XIII*, *op. cit.*, p. 529 *sq.*

41 Ferrata à Rampolla, 8 février 1892 ; Richard à Rampolla, 10 février 1892 ; Ferrata à Rampolla, 31 mars 1892 ; 4 et 18 juillet 1892 ; Place à Léon XIII, 17 août 1892. Le texte des suppléments, f° 113 *sq.*

42 Ferrata à Rampolla, 8 février 1892 ; Fallières à Rampolla, 13 août 1892 ; Rampolla à Fallières, 17 août 1892.

Annecy[43], Saint-Jean-de-Maurienne[44], Aix, Grenoble[45], Saint-Claude, Orléans[46], Châlons, Coutances et Luçon. Mais six autres diocèses, parmi lesquels Séez[47], seraient en train d'en suivre l'exemple. À ceux-là, on doit encore ajouter le diocèse de Périgueux, auquel le nonce ne fait pas allusion[48]. Citons aussi le cas de Mende : on a vu que l'évêque avait opté pour d'autres moyens d'inculquer les devoirs d'électeurs chrétiens à ses ouailles. L'emploi de ces autres moyens pour instruire les fidèles sur les devoirs sociaux n'est pas sans poser de problèmes avec le pouvoir, comme le montre le cas de Mgr François-Narcisse Baptifolier. Il y a, de l'avis de Ferrata, des évêques « ardents » qui, tout en renonçant à faire passer leurs idées par le catéchisme, les exprimeraient de toute autre manière, en donnant l'impression de ne pas accepter les directives du Saint-Siège. Ainsi, toute forme d'enseignement est susceptible de prêter au reproche d'inopportunité[49].

---

43 L'évêque Louis-Romain-Ernest Isoard (9 mai 1879 – 3 août 1901) était ami de Félix Dupanloup, mais il était des plus intransigeants et combatifs, et il n'accepte pas de bon gré la politique de modération du Saint-Siège. Il est presque le seul qui approuve publiquement le toast d'Alger, mais son adhésion à la République ressemble plutôt à une déclaration de guerre aux républicains. Voir ASV, *Segreteria di Stato*, année 1892, rubr. 248 (1) ; E. Lecanuet, *Les premières années du pontificat de Léon XIII*..., *op. cit.*, p. 396). À l'occasion des élections de 1881, il s'était distingué par sa prise de position belliqueuse. Sur ce prélat voir J. Gadille, *La pensée et l'action*..., *op. cit.*, vol. II, p. 140 ; vol. II, p. 128 et 191 *sq.* ; A. Latreille, *Histoire du catholicisme*, *op. cit.*, p. 469. Quant au diocèse d'Annecy, voir J. Gadille, *La pensée et l'action*..., *op. cit.*, vol. I, p. 162 *sq.* ; Ferrata à Rampolla, 31 mars 1892 ; 2 avril 1892 ; communication de Rampolla à Isoard – annulée – d'avril 1892.

44 Ferrata à Rampolla, 4 juillet 1892 ; Rosset à Rampolla, 20 juillet 1892 ; Rampolla à Rosset, 25 juillet 1892 ; voir aussi ASV, *Segreteria di Stato*, année 1891, rubr. 248.

45 Fava à Rampolla, 4 juillet 1892 ; Fava à Ricard, 29 juin 1892 ; Ferrata à Rampolla, 4 juillet 1892 ; Rampolla à Fava, 8 juillet 1892 ; Rampolla à Ferrata, 8 juillet 1892. Le texte des chapitres supplémentaires, f° 110 *sq.* Sur les attaques contre Fava lorsqu'il retire les additions et sur son attitude à ce propos voir D. Ferrata, *Mémoires*, vol. II, p. 201 *sq.* Fava met en lumière surtout les raisons pour lesquelles Léon XIII a demandé de retirer les suppléments, et l'importance de la paix religieuse : dans ce but, il enlève volontiers du catéchisme des enseignements qu'il peut donner d'autre façon.

46 Coullié à Ferrata, 30 mars 1892 ; Ferrata à Rampolla, 31 mars 1892 ; 4 juillet 1892 ; 15 avril 1892. Le texte des additions, f° 112.

47 François-Marie Trégaro est de tendances politiques extrêmes, à tel point que le préfet en parle comme d'un « prêtre guerrier », tandis que son prédécesseur Rousselet était au fond modéré et conciliant (J. Gadille, *La pensée et l'action*..., *op. cit.*, vol. I, p. 132, 197 ; E. Lecanuet, *Les premières années du pontificat de Léon XIII*..., *op. cit.*, p. 480). Les additions de Séez diffèrent des autres : elles sont plus marquées et aussi plus tardives, puisqu'elles remontent au début de 1892. Ferrata à Rampolla, 31 décembre 1891.

48 Ferrata à Rampolla, 5 avril 1892 ; Rampolla à Dabert, 8 avril 1892 ; Ferrata à Rampolla, 15 avril 1892 ; Rampolla à Dabert, 6 juin 1892 ; Dabert à Rampolla, 11 juin 1892. Voir aussi les articles de l'*Autorité* et de *L'Osservatore Romano* cités *supra*.

49 Lettre confidentielle de Ferrata à Rampolla, 12 février 1892.

Les évêques ayant ajouté des additions, dans les différentes situations de leurs diocèses[50], dans la variété des positions personnelles[51] et quelquefois aussi dans la diversité des suppléments mêmes, sont toutefois d'accord sur quelques points fondamentaux.

Ils affirment clairement que ce qu'ils enseignent n'a ni inspiration ni but politique et contredisent en cela entièrement ce que le pouvoir civil affirme à ce sujet. « Il est impossible, dit Place, d'y relever un seul mot visant, même de loin, la politique[52] » ; et les autres ne s'expriment pas autrement. D'ailleurs, le nonce même, lorsqu'il fait connaître à Rome l'interpellation du sénateur de L'Angle Beaumanoir et les premiers débats sur les additions, avait dit :

> Le supplément au catéchisme concernant les élections ne me semblait pas entrer dans la sphère politique, dans la mesure où il se bornait à conseiller aux catholiques de voter, non pas pour les candidats d'un parti plutôt que d'un autre, mais uniquement pour ceux promettant de défendre les intérêts de la religion et de la société, dont sont exclus seulement les hommes non-religieux et les fauteurs de troubles sociaux[53].

50 On pourrait multiplier les exemples. On peut se faire une idée très précise de la vitalité religieuse des différents diocèses dans les années 1870-1883 en lisant J. Gadille, *La pensée et l'action…*, *op. cit.* ; voir en particulier les belles cartes du vol. I. Quant aux résultats électoraux dans les différentes régions, voir F. Goguel, *Géographie des élections françaises…*, *op. cit.*

51 Isoard et Fava par exemple avaient fait des déclarations en faveur de la République, tandis que d'autres avaient évité d'aborder franchement le sujet. Quant à l'extraction sociale des évêques de France, J. Gadille, *La pensée et l'action…*, *op. cit.*, vol. I, p. 26 *sq.* fait remarquer qu'à l'époque précédente, à la suite aussi de l'évolution qui s'était manifestée au cours du XIXe siècle dans le recrutement sacerdotal, la plupart des prélats étaient d'origine populaire ou bourgeoise ; rares étaient les nobles. Nicolas-Clois-Joseph Catteau par exemple sort d'une famille de petits agriculteurs, Fava est issu de la bourgeoisie paysanne, Isoard était fils d'un petit fonctionnaire des douanes. D'origine bourgeoise est aussi Place, d'extraction modeste sont Coullié, Jean-Marie Bécel, Trégaro. Mais, sur leur façon d'agir et sur leurs positions politiques, la formation intellectuelle et l'expérience sacerdotale exercent une plus grande influence que l'origine socio-économique. Cela avait éclaté au grand jour au Concile, où les prises de position des évêques étaient motivées moins par leur appartenance sociale ou par des préjugés de classe que par les tendances dans le domaine théologique ou philosophique, qui expliquaient leur répartition en différents groupes.

52 Place à Léon XIII, 17 août 1892. Sur les positions des autres prélats voir par exemple Ferrata à Rampolla, 8 février 1892.

53 « *L'aggiunta catechistica riguardante le elezioni non mi sembrava ch'entrasse nella sfera politica, dal momento che si limitava a prescrivere ai cattolici di votare, non già per i candidati di un partito piuttosto che di un altro, ma unicamente per quelli che promettono di difendere gli interessi della religione e della società, dal qual numero sono esclusi soltanto gli uomini irreligiosi ed i fautori dei disordini sociali* ».

À son avis, il n'y a certainement pas de quoi s'étonner, puisque dans les dernières années, on a sans cesse porté atteinte à la liberté de l'Église en France ; et c'est justement à cette situation intenable que l'on cherche à porter remède[54]. Richard aussi aboutit à la conclusion que les suppléments n'ont pas une portée politique, mais qu'ils visent uniquement à faire comprendre l'importance morale du vote, pour la défense de la foi et de la religion ; on ne se range absolument pas du côté d'une forme politique ou d'une autre. En effet dans leur déclaration, les cinq cardinaux ont parlé d'« acceptation franche et loyale » des institutions républicaines[55].

Les évêques ayant introduit les additions déclarent qu'ils ont pour seul but d'éclairer leurs fidèles sur des points essentiels et d'immense portée pour l'avenir religieux de leur diocèse et du pays entier ; ils ont exclusivement l'intention de remplir les devoirs intrinsèques de leur ministère. L'état d'ignorance d'hommes soi-disant chrétiens, qui fréquentent régulièrement l'église et les sacrements, est peint sous un jour très sombre. Peut-on à bon droit parler d'une christianisation réelle à propos de gens qui croient n'avoir, en tant que chrétiens, aucun devoir précis quant à l'éducation des enfants ou comportement civique ?

De l'avis de Charles-Philippe Place, « il est nécessaire, d'absolue et pressante nécessité, que ces enseignements pénètrent les âmes, dirigent les esprits et règlent la conduite[56] ». Voici la description que Dabert donne de la situation religieuse de ses ouailles :

> Mon diocèse, presque entièrement composé d'agglomérations rurales, est un de ceux où s'est le mieux conservée la conscience catholique ; mais une conscience bornée, n'ayant jamais su s'étendre à la moralité des actes de la vie publique. Les électeurs de nos campagnes, les dimanches de vote, passent de l'Église où ils ont pieusement entendu la messe, parfois même fait la communion, à la salle de scrutin où ils donnent leurs suffrages aux candidats les moins favorables à la religion[57].

54 Ferrata à Rampolla, 21 novembre 1891.

55 Richard à Rampolla, 10 février 1892. Richard exprime les mêmes conceptions dans sa lettre à Ribot, 13 février 1892.

56 Place à Léon XIII, 17 août 1892. Il remarquait déjà en 1881 : « Les populations se lèvent en masse [à l'occasion de la visite] et rivalisent de démonstrations pour manifester et affirmer leurs sentiments religieux ; mais que demain, elles soient appelées au scrutin, elles voteront pour des candidats hostiles à la religion » (cité par J. Gadille, *La pensée et l'action…*, *op. cit.*, vol. I, p. 191 *sq.*). Le clergé n'encourageait pas les fidèles dans cette voie, mais son influence dans le domaine électoral était faible, et l'indépendance politique des populations croissante.

57 Dabert à Rampolla, 11 juin 1892.

Pourquoi les évêques se servent-ils alors du catéchisme ? Ils le choisissent parce qu'ils jugent que c'est le moyen le plus efficace et le texte le plus répandu, le plus écouté, le plus digne de foi aux yeux des fidèles[58].

Certains prélats pensent que cesser de faire apprendre les chapitres visés serait céder devant le pouvoir politique dans un domaine qui ne le concerne pas ; outre que l'on porterait atteinte à la dignité et à l'autorité morale de l'évêque, on troublerait les fidèles, et surtout on se priverait de la possibilité de mieux faire répondre la vie et l'action des croyants aux exigences de la foi chrétienne[59].

Afin de résoudre le problème, plusieurs évêques, à l'occasion de cette affaire, souhaitent un catéchisme universel, provenant directement de Rome, selon l'idée qui avait déjà fait son chemin au Concile du Vatican. Il présenterait l'avantage d'une autorité indiscutable, et de l'uniformité entre les différents diocèses, ce qui montrerait bien l'unité de la foi catholique et l'adhésion au magistère de Rome[60].

La plupart des additions aux catéchismes qui seront déférées au Conseil d'État datent de 1891, y compris celles au catéchisme de Périgueux que non seulement la presse, mais le Vatican lui-même donnent pour plus récentes. Seule exception remarquable, le catéchisme de Luçon, dont les suppléments datent de 1849 ; l'évêque Nicolas-Clois-Joseph Catteau n'a fait que les garder intacts dans les rééditions, à l'exception d'une très petite variante. Ils ne concernent ni les devoirs électoraux des catholiques ni les écoles neutres, mais le mariage civil et l'origine

58 Voir par exemple Place à Léon XIII, 17 août 1892 ; Rosset à Rotelli, 13 avril 1891, ASV, *Segreteria di Stato*, année 1891, rubr. 248 : « Il ne suffit pas de leur donner une ou même plusieurs instructions du haut de la chaire […] il faut que ce soit là l'enseignement de tous les jours ; et pour cela, il est nécessaire de le mettre dans le catéchisme. »

59 Sur ces nombreux thèmes voir par exemple Ferrata à Rampolla, 8 février 1892 ; Richard à Rampolla, 10 février 1892 ; Fallières à Rampolla, 13 août 1892 ; Coullié à Ferrata, 30 mars 1892. Coullié remarque, entre autres, que les évêques ont touché un point sensible, puisque le gouvernement s'est mis en branle (« le feu va être mis aux poudres ») ; Rosset à Rampolla, 20 juillet 1892. Sur la tentative d'une rechristianisation méthodique des grandes institutions (en matière d'instruction surtout), afin de permettre à l'Église de reconquérir une influence profonde sur la société, voir J. Gadille, *La pensée et l'action…*, *op. cit.*, vol. I, p. 351 ; vol. II, p. 254 *sq.*

60 Fava à Rampolla, 29 juin 1892 ; à Ricard, à la même date. À part cela, Fava remarque que cette solution réduirait le désaccord avec le pouvoir politique dans le domaine de l'enseignement du catéchisme. Voir aussi Ferrata à Rampolla, 8 février 1892 ; lettre confidentielle, 12 février 1892. Rampolla, en réponse à Fava (8 juillet 1892) se borne à affirmer que Léon XIII tiendra compte de son désir.

du pouvoir ecclésiastique ; ici encore, il s'agit d'une exception : c'est le seul catéchisme qui aborde ce sujet.

Pourquoi, parmi tant de catéchismes, celui-là est-il déféré comme d'abus ? D'une part, l'union purement civile y est qualifiée de « criminelle et scandaleuse » ; de l'autre, sa partie sur le pouvoir ecclésiastique attire l'attention et provoque la colère de Ricard, qui y voit une atteinte aux droits de l'État sur les évêques, les curés et les diocèses[61].

L'enseignement du catéchisme de Luçon à propos du mariage diffère peu de celui des autres. Dans le catéchisme du diocèse de Saint-Brieuc, qui toutefois n'est pas déféré, on lit que ceux se bornant à se marier civilement vivent en état de péché, puisqu'aux yeux de Dieu il ne s'agit pas d'un véritable mariage ; que le mariage est indissoluble, et que les époux chrétiens ne peuvent se servir de la loi civile qui permet le divorce. Le catéchisme d'Orléans, à son tour, enseigne qu'un catholique qui a obtenu le divorce ne peut en aucune manière se remarier ; en cas contraire, pour se réconcilier avec Dieu, il doit abandonner le nouveau conjoint, étant donné que pour l'Église son premier mariage est encore valide.

Quant à l'éducation des enfants, à propos du quatrième commandement, les catéchismes incriminés n'ajoutent rien de nouveau par rapport à ce que pense l'ensemble des évêques français sur la famille et sur ses finalités[62]. Si les parents sont chrétiens, leur premier devoir en tant qu'éducateurs consiste à diriger leurs enfants dans la connaissance et la pratique de la religion. À cette fin, il est nécessaire d'instruire personnellement ses propres enfants, de les faire participer à la vie de prière aussi bien personnelle que communautaire-sacramentelle, de les envoyer au catéchisme, de les confier à des maîtres chrétiens. Cette dernière obligation

61 Voici la teneur de la partie contestée sur le mariage (leçon 36 – Du mariage) : « D. L'union des personnes qui se borneraient aux formalités civiles serait-elle un véritable mariage ? R. Non. Telle union ne serait pas un véritable mariage ; et dès lors elle serait criminelle et scandaleuse ». Sur l'origine du pouvoir épiscopal (leçon 16 – De l'autorité de l'Église) : « D. De qui les évêques reçoivent-ils leur institution ? R. Les évêques reçoivent leur institution du S. Pontife ; et c'est en demeurant unis au S. Pontife qu'ils conservent l'exercice légitime de leur juridiction. D. L'autorité civile ne donne-t-elle aucun pouvoir aux évêques en les nommant ? R. Non : et là où l'autorité civile nomme les évêques, ce n'est qu'en vertu d'une concession de l'Église ». Quant aux limites des diocèses et des paroisses, on enseigne que le droit de les fixer revient non pas à l'autorité civile, mais à l'ecclésiastique, même si dans la pratique, on cherche en général à arriver à un accord.

62 Voir J. Gadille, *La pensée et l'action…*, *op. cit.*, vol. I, p. 321 *sq.* et aussi (p. 331 *sq.*) la défiance des évêques vis-à-vis de l'intervention de l'État dans le domaine de l'éducation ; une attitude critique était très répandue entre prélats de tendances différentes.

exclut toute possibilité d'envoyer les enfants dans de mauvaises écoles, autrement dit des écoles où l'on met en danger la foi et les mœurs. Ceux qui sont dans l'impossibilité d'envoyer leurs enfants dans des écoles chrétiennes doivent sur ce point demander l'avis de leurs pasteurs ; il n'en reste pas moins que l'on doit consentir à tous les sacrifices pour garantir l'éducation chrétienne des enfants[63].

Si les différents catéchismes concordent au fond sur le fond, la forme dans laquelle ils s'expriment (qui n'est pas toujours prudente) peut varier considérablement. Examinons par exemple la partie des suppléments qui permet de qualifier d'« électoraux » ces catéchismes. Ce qu'affirment les catéchismes de Rennes et d'Orléans, qui sont des plus modérés, est presque identique. Ils enseignent le respect et l'obéissance aux gouvernants, puisque leur pouvoir vient de Dieu qui les a placés au rang de guides de la société. Les croyants souhaitent qu'ils gouvernent conformément aux principes chrétiens et qu'ils procurent autant que possible le bien du pays. Dans ce but, il est nécessaire de prier, mais cela ne suffit pas. Il faut faire davantage, dont voter aux élections pour des candidats qui ont l'intention de défendre les intérêts de la religion et de la société. Le vote est par conséquent un devoir imprescriptible pour un chrétien ; et encore doit-il bien voter. Celui qui vote pour les adversaires de la religion commet un péché, puisqu'il se rend responsable des lois mauvaises approuvées par ceux qu'il a élus[64].

L'enseignement du catéchisme de Grenoble à ce sujet diffère dans la forme, mais en partie aussi dans le contenu. Il déclare tout d'abord que les élections sont un moyen d'apostolat chrétien, puisque les députés

63 Le catéchisme de Rennes (déféré au Conseil d'État) et celui d'Orléans s'expriment à ce sujet en des termes presque identiques. Le texte de Saint-Jean-de-Maurienne est à ce propos plus ample et plus rigoureux. Il fait explicitement allusion à l'école neutre que l'État a fondée et réalisée ; on affirme entre autres que, bien que l'on doive obéir aux lois et à l'autorité en évitant la révolte, il faut se servir de tous les moyens prévus par la Constitution afin de modifier la loi scolaire. Au cas où il n'y aurait dans les alentours aucune école chrétienne, les parents peuvent en conscience envoyer leurs enfants à l'école de l'État, pourvu qu'elle soit véritablement neutre. Si l'école portait atteinte à la foi et aux mœurs, « les parents devraient tout supporter, la prison et la mort même, plutôt que d'envoyer leurs enfants à des écoles de perdition ». À ces parents, qui pour des raisons graves envoient leurs enfants à l'école neutre, incombent la tâche et le strict devoir de leur donner par tous les moyens possibles une éducation chrétienne vraiment solide.

64 L'idée que la responsabilité du mal fait par les députés anticléricaux était partagée par ceux qui les avaient élus n'était pas chose nouvelle : les évêques avaient par le passé déjà développé ces thèmes (par exemple Freppel et Guilbert ; voir J. Gadille, *La pensée et l'action…*, *op. cit.*, vol. II, p. 9 *sq.* et p. 19 *sq.*).

élus feront passer des lois plus ou moins bonnes, dans le sens où elles respecteront ou non la foi chrétienne ; voter pour des ennemis de la religion est donc un péché, car l'on se trouve alors responsable devant Dieu de leurs mauvaises actions. Le texte ajoute que cette considération ne doit pas conduire à une abstention de vote, ce dernier étant au considéré comme obligatoire pour un chrétien. Si le croyant est obligé de voter, et de bien voter, un problème se pose dans le cas où il n'y aurait pas de candidats auquel donner en toute conscience son vote. Si la situation se présente, le catéchisme enjoint plusieurs catholiques à s'unir pour proposer leur propre candidat, même si cela entraîne des risques et des frais considérables. Quant à la position de l'épiscopat et du clergé dans le domaine électoral, on affirme qu'ils peuvent s'en occuper, comme cela arrive aussi dans certaines nations étrangères, puisque les ecclésiastiques ont les mêmes droits et les mêmes devoirs que les autres citoyens. Ils ont, encore plus que les laïcs, le devoir d'être apôtres de Jésus Christ (on a déjà vu que les élections seraient une occasion d'apostolat), défenseurs des droits de l'Église, pères du peuple, gardiens des bonnes mœurs et amis de la gloire de la nation. Se préparer aux élections revient à un acte dont dépend le sort du pays, son bonheur, son avenir. Ce « résumé de politique chrétienne » se conclut par ces mots : « Vive le Christ qui aime les Francs » !

Comme nous l'apprend le P. Lecanuet, les évêques retirèrent successivement les suppléments, se pliant à la volonté pontificale. Seuls deux d'entre eux allèrent jusqu'à la condamnation en conseil d'État, Mgr Place, archevêque de Rennes et Mgr Catteau, évêque de Luçon : ce qui les contraignit à céder fut l'interdit jeté par le Conseil supérieur de l'Instruction publique sur leurs catéchismes, qui plaçait leurs écoles libres sous la menace d'une fermeture. On conclura donc, avec le célèbre Oratorien, que, le droit des évêques étant sauf, les considérations d'opportunité l'avaient finalement emporté :

> (Léon XIII) se garde bien de sacrifier les principes et d'engager l'avenir (les leçons, dans le cadre de la Séparation, seront rétablies). Mais il subordonne tout à la volonté de rétablir en France la paix religieuse[65].

Cependant, cette politique pontificale avait de plus en plus de mal à s'imposer. Les catéchismes électoraux, au début des années 1890,

---

65 E. Lecanuet, *Les premières années du pontificat de Léon XIII…*, *op. cit.*, p. 538-539.

ne s'écartent sans doute pas de la tendance à l'acceptation de la forme républicaine. N'avançant aucune suggestion partisane, ils fournissent un critère général de moralité touchant la présence du chrétien dans la vie publique, conformément à la doctrine traditionnelle de l'Église en ce domaine. Néanmoins, ils témoignent de façon indiscutable de la forte incidence qu'ont eue sur l'attitude des évêques en matière politique les coups répétés portés à l'Église durant les dernières années. Lorsque Mgr Isoard, à la veille des élections de 1881, affirmait que l'électeur devait se conduire en *homo religiosus*, il constituait une exception ; désormais, les affirmations du même genre sont plus courantes. Mgr Rosset manifeste, dans les années 1891-1892, une conception bien différente de celle qui était la sienne en 1880, lorsqu'il proclamait : « Ministres du Dieu de paix, si les mesures qu'ils déplorent venaient à être exécutées, ils ne leur opposeraient que la patience et la prière [...][66] ». Il est désormais difficile de parler d'un désengagement politique généralisé de la hiérarchie.

Les détenteurs du pouvoir civil, pour leur part, conçoivent le spirituel de façon réductrice. Ils interprètent chaque allusion à la conduite des fidèles dans la sphère de la vie collective quotidienne, dans le domaine de la « politique » au sens le plus large, comme une interférence et une ingérence indues sur un terrain qui ne serait pas du ressort de l'Église. Les devoirs de celle-ci sont limités à un terrain « spiritualisé » plutôt que réellement spirituel. On veut à tout prix éviter que l'influence de l'Église ne s'enracine, par la christianisation de l'individu, au cœur même de la société, puisqu'on ne pense plus à recourir à l'Église pour former le citoyen à un meilleur service de l'État. Si les catéchismes sont visés en particulier, c'est parce que l'on croit que l'enseignement de la doctrine chrétienne a pour double objectif – qu'il réussit parfois à atteindre – de diffuser des croyances « abstraites » sur les fondements de la religion et de la théologie et d'édifier l'homme tout entier en étendant son influence à tous les domaines – religieux, moral, social, civil –, dans lesquels le croyant vit et agit.

66 J. Gadille, *La pensée et l'action...*, *op. cit.*, *passim* (par exemple vol. II, p. 9 *sq.*, p. 153, p. 190 *sq.*) ; Y. Marchasson, *La Diplomatie romaine...*, *op. cit.*, p. 509 ; R. Aubert, *L'Église catholique...*, *op. cit.*, p. 84 *sq.* Il ne faut pas exclure que parfois les mauvais résultats des élections partielles de 1891 ont eu leur part dans la décision d'insérer dans les catéchismes les chapitres sur les devoirs électoraux. Sur les élections de 1891, voir ASV *Segreteria di Stato*, année 1891, rubr. 248.

Cet « ordre moral » est jugé désormais contraire à l'« ordre républicain[67] ». Il s'agit de deux conceptions différentes, incompatibles entre elles, de la société. Avec elles, ce sont deux mondes qui s'affrontent et qui bientôt vont se séparer.

67 Vincent Wright, « L'affaire de l'archevêque d'Aix devant le Conseil d'État en 1879 », *Revue d'histoire de l'Église de France*, 58, 1972, p. 259-289, ici p. 286.

L'ANTI-INFAILLIBILISME DES JANSÉNISTES LOMBARDS À LA FIN DU XVIIIe SIÈCLE

Jusqu'il y a très peu d'années, aucune présentation solide du jansénisme italien n'existait, si ce n'est celle – intéressante, mais très datée – d'Arturo Carlo Jemolo. On dispose à présent d'une fresque d'ensemble et d'une excellente mise à jour : Pietro Stella a en effet terminé, peu de temps avant sa mort, ses trois volumes intitulés *Il giansenismo in Italia*[1]. Ce travail de longue haleine se fonde sur les recherches que l'auteur avait conduites sur plusieurs décennies et dont quelques résultats majeurs avaient déjà été publiés. Toutefois – Pietro Stella lui-même le met en évidence à la fin de son ouvrage –, il reste encore beaucoup de travail à réaliser pour éclairer le monde complexe du jansénisme italien au XVIIIe siècle.

Le rôle central de l'ecclésiologie dans la réflexion janséniste est indéniable[2]. Je souhaite ici arrêter mon attention sur les discussions autour du pontife romain et de sa fonction, notamment autour de son infaillibilité[3], chez un illustre représentant de cette nébuleuse : Pietro Tamburini, professeur à la Faculté de Théologie de l'Université de Pavie, le plus renommé des jansénistes lombards[4] ainsi que, plus rapidement, chez son fidèle partisan, Giambattista Gaudagnini, et chez son principal adversaire, Giovanni Vincenzo Bolgeni.

---

1 Pietro Stella, *Il giansenismo in Italia*, vol. I. *I preludi tra Seicento e primo Settecento* ; vol. II. *Il movimento giansenista e la produzione libraria* ; vol. III. *Crisi finale e transizioni*, Rome, Storia e Letteratura, 2006.

2 Carlo Fantappié, « Le dottrine teologico-canonistiche sulla costituzione della Chiesa nel Settecento », *Il diritto ecclesiastico*, 112, 2001, p. 795-834, ici p. 801.

3 Sur les problèmes théologiques et historiques de l'infaillibilité : Jean-François Chiron, *L'infaillibilité et son objet : l'autorité du magistère infaillible de l'Église s'étend-elle sur des vérités non révélées ?*, Paris, Éditions du Cerf, 1999.

4 Surtout Paolo Corsini, Daniele Montanari (dir.), *Pietro Tamburini e il giansenismo lombardo*, Brescia, Morcelliana, 1993, p. 151-204 ; voir aussi Giovanni Mantese, *Pietro Tamburini e il giansenismo bresciano*, Brescia, Ancora, 1942 ; Enrico Dammig, *Il movimento giansenista a Roma nella seconda metà del secolo XVIII*, Rome, Biblioteca Apostolica Vaticana, 1945 ; Paola Vismara, « Un'interpretazione settecentesca della controversia antidonatista » et

PIETRO TAMBURINI
ET SES SOURCES D'INSPIRATION

Il est possible de repérer dans plusieurs ouvrages de Pietro Tamburini, voire dans presque tout ce qu'il écrit, des réflexions sur le rôle du pontife dans l'Église, sur son « despotisme » ou sur les prérogatives qui peuvent lui être reconnues. L'ecclésiologie est un leitmotiv de sa pensée ; quand il fait référence aux thèmes relevant de ce domaine, il manifeste toutes ses inquiétudes et, au fond, presque une intolérance envers les caractéristiques de la papauté moderne. Ce refus a pour cible les résultats d'une évolution, incarnée par l'Église de la tridentinité, qui

> a mieux connu ce phénomène centripète, aux dépens des principes conciliaires et des systèmes épiscopaliens et régaliens [...], l'affirmation d'une unique souveraineté apostolique, jouissant de la plénitude des fonctions législatrice, disciplinaire et enseignante dans l'Église universelle, accompagnée par surcroît dans l'ordre de la foi et de la doctrine d'un magistère personnel et séparé, capable, en certaines circonstances bien précises, de prescrire et de proscrire, de désigner la vérité et l'erreur d'une manière infaillible et irréformable[5].

Les discussions remontent à la controverse autour de l'*Augustinus* ; entre le XVIIe et le XVIIIe siècle, une continuité des préoccupations et des prises de position s'installe[6]. La fulmination, en 1713, de l'*Unigenitus* a amené à accentuer les traits « romains » de la papauté[7]. La bataille autour de cette bulle se déclencha avec véhémence un peu partout. « *La publicación en España de la bula* Unigenitus [...] *más que para zanjar la cuestión sirvió en realidad para excitar los ánimos y enzarzar de nuevo a los partidos en una viva*

« Religione e politica in Pietro Tamburini e nel giansenismo pavese », in : *id.*, *Cattolicesimi. Itinerari sei-settecenteschi*, Milan, Biblioteca Francescana, 2002, p. 189-236 et 237-252.

5 Bruno Neveu, « Juge suprême et docteur infaillible : Le pontificat romain de la bulle "In eminenti" (1643) à la bulle "Auctorem fidei" (1794) », in : *id.*, *Érudition et religion aux XVIIe et XVIIIe siècles*, Paris, Albin Michel, 1994, p. 385-450, ici p. 387.

6 J.-F. Chiron, *L'infaillibilité et son objet*..., *op. cit.*, p. 135.

7 Par exemple Gaetano da Brescia [Diego José Fuensalida], *Osservazioni critico-teologiche* (voir *infra*) : « *Costituzione divina in verità, opera tutta di quello Spirito infallibile, che Gesù Cristo promise alla sua Chiesa* » (p. 5) ; « *Pietra di scandalo de' giansenisti e pubblici e privati* » (p. 253). Tous les papes ont déclaré que la bulle est « *regola di fede* », « *giudicio dogmatico irreformabile della Santa Sede* » (p. 103-115).

pólemica[8] ». Les répercussions se firent sentir jusque dans les années 1770. La bulle n'avait pas été reçue dans les États autrichiens et Joseph II tenait particulièrement à faire respecter le silence sur le sujet, y compris de la part des jansénistes[9]. Ces derniers, sujets de l'empereur ou non, ont au contraire engagé une bataille sans concession contre l'infaillibilité du pontife, puisque la contester revenait à légitimer le refus de l'*Unigenitus*[10]. La bulle est tenue pour la manifestation la plus évidente du dessein du pape et des curialistes d'introduire des innovations dans la structure de l'Église, moyennant l'affirmation d'une monarchie absolue et infaillible du pape.

Dans les réflexions hostiles que provoquèrent certaines prérogatives du pontife, il convient de considérer également le poids de la tradition gallicane. Au demeurant, l'impression est que, chez Tamburini, l'héritage français est très marqué (parfois plus fortement que celui du juridictionnalisme de Bernard Van Espen et de Febronius, héritage pourtant réel[11]). Tamburini mentionne de nombreux auteurs français, notamment Jacques Bénigne Bossuet, mais aussi, par exemple, Nicolas Le Gros. De ce dernier il cite le *Tractatus dogmaticus et scholasticus de Ecclesia*[12], publié à Rome en 1782 et à Venise en 1784. On perçoit dans plusieurs des ouvrages du professeur de Pavie l'écho de la pensée de Gabriel-Nicolas Maultrot, dont il est fait mention[13]. Tout cela s'insère dans le cadre d'un anti-romanisme foncier,

---

8 Andrés Barcala Muñoz, *Censuras inquisitoriales a las obras de P. Tamburini y al Sinodo de Pistoya*, Madrid, CSIC, 1985, p. 9.

9 Ordonnance du 4 mars 1781, citée par Pietro Stella, « Pietro Tamburini nel quadro del giansenismo italiano », in : P. Corsini, D. Montanari (dir.), *Pietro Tamburini e il giansenismo lombardo*, *op. cit.*, p. 151-204, ici p. 171n.

10 Voir en ce sens l'ouvrage de Jacques Hyacinthe Serry, professeur à Padoue : *De romano pontifice* (1732).

11 Anton van de Sande, *La Curie romaine au début de la Restauration. Le problème de la continuité dans la politique de restauration du Saint-Siège en Italie 1814-1817*, 'S-Gravenhage, Studiën van het Nederlands Instituut, Staatsuitgevereji, 1979, p. 28 : l'auteur mentionne la *Vera Idea della Santa Sede* comme un « petit ouvrage qui fit sensation. Il y attaquait l'autorité centrale de l'Église dans un sens fébronien ». Stella souligne l'importance de l'influence de l'ouvrage *Was ist der Pabst ?* de J. V. Eybel, traduit en italien en 1782 ; mais il insiste sur le « *marchio specificamente francesizzante, gallicano, episcopalista e conciliarista del pensiero ecclesiologico di Tamburini* », P. Stella, *Il giansenismo in Italia. II. Il movimento giansenista…*, *op. cit.*, p. 392.

12 Un janséniste de renom, le bénédictin Giuseppe Maria Pujati, écrit en 1790 que cet ouvrage « *solo basterebbe, quando fosse adottato nelle università, nei seminari, nei collegi, ne' conventi de' religiosi, per introdurvi una unanimità e consanguinità di dottrina, senza la quale non ci sarà altri che Babilonia* » (cité dans Alberto Vecchi, *Correnti religiose nel Sei-Settecento veneto*, Venezia, Istituto per la Collaborazione Culturale, 1962, p. 465).

13 L'auteur exprime son adhésion aux théories de Maultrot sur l'institution divine des curés (P. Tamburini, *Vera idea…*, *op. cit.*, I, chap. I, § VI *sq.*, p. 28 *sq.* ; pour les données

que l'on explique très bien par cet héritage gallican et janséniste. Febronius lui-même, tout compte fait, s'inspire aussi d'un certain milieu marqué par la tradition gallicane et les écrits de Bossuet[14]. Mais l'influence de la France s'avère bien plus radicale chez Tamburini. Selon moi, les raisons sont faciles à déceler. D'une part, il y a la pensée janséniste, à laquelle Febronius n'est pas aussi sensible que Tamburini, au point de prendre ses distances. De l'autre, en Italie comme en France, les sphères civile et religieuse sont marquées par le catholicisme ; le contexte se présente donc de manière très différente par rapport au monde allemand, où les confessions chrétiennes s'affrontent de manière directe. Le sous-titre même de l'ouvrage de Febronius manifeste de toute évidence cette problématique (« *ad reuniendos dissidentes in religione christianos compositus* ») : il faut restituer à l'Église son vrai visage pour permettre aux protestants de rentrer au bercail. Febronius puise dans plusieurs ouvrages d'auteurs protestants, dont il a une très bonne connaissance, à la différence de ce qui arrive en général en France et en Italie. Le discours de cet auteur est avant tout de nature juridique, tandis qu'au contraire Tamburini parle surtout en philosophe et en théologien. Dans le monde allemand, la plupart des écrits en matière d'ecclésiologie révèlent un caractère non pas philosophique ou théologique, mais essentiellement juridique.

Le style polémique confère souvent aux travaux de Tamburini un caractère fragmentaire, que le lecteur ressent comme une dispersion. L'ouvrage dans lequel Tamburini fournit une sorte de synthèse organique et cohérente de ses idées en la matière est le traité *Vera idea della Santa Sede*, publié pour la première fois à Pavie en 1784 sous couvert d'anonymat[15] et mis à l'Index par Rome trois ans plus tard[16]. Malgré cela (ou peut-être à

bibliographiques, voir *infra*). Sur l'influence de Maultrot sur Tamburini au sujet de ses idées sur les synodes diocésains : Daniele Menozzi, « Prospettive sinodali nel Settecento », in : Claudio Lamioni (dir.), *Il sinodo di Pistoia del 1786*, Rome, Herder, 1991, p. 11-31, ici p. 26. Remarquons que Giambattista Guadagnini (voir *infra*), bien plus sensible que lui au thème des droits du clergé de second ordre, évite de mentionner les ouvrages de Maultrot et Le Gros.

14 Febronius ne fait que donner une forme précise et cohérente à un sujet discuté depuis longtemps, sans y apporter d'argumentation nouvelle. « *Non riusciamo comunque ad intravedere* [nel *De Statu Ecclesiae*] *un filo che conduca ad argomenti completamente nuovi* » (Raffaele Balbi, *Riforma della Chiesa cattolica, potere politico e tolleranza religiosa nelle riflessioni di Giustino Febronio*, Turin, Giappichelli, 2003, p. 33).

15 Pietro Tamburini, *Vera idea della Santa Sede*, Pavie, Pietro Galeazzi, 1784. Nous citons d'après l'édition de Milan, Vincenzo Ferrario, 1818.

16 7 août 1787 ; l'*Analisi del libro delle Prescrizioni di Tertulliano* avait été condamnée une année auparavant (7 août 1786) ; toujours en 1787 fut condamné l'ouvrage *Cosa è un*

cause de cela), il fut réédité et traduit en plusieurs langues[17]. Sa diffusion ne connut pas d'arrêt.

L'auteur dévoile dans l'Introduction sa source principale : il s'agit d'un petit ouvrage anonyme, *Dissertation canonique et historique sur l'autorité du Saint-Siège et les décrets qu'on lui attribue*, paru en 1779 et publié en traduction italienne en 1784[18]. L'ouvrage était faussement attribué à Pierre Chiniac de la Bastide, mais son auteur était en réalité l'abbé Joseph-Robert-Alexandre Duhamel[19] ; il fut publié posthume par les soins de Maultrot, à Paris, mais avec la date d'Utrecht. Quant à la traduction en langue italienne, elle serait due à Tamburini lui-même[20].

Comme l'a signalé Pietro Stella[21], plusieurs passages de la *Vera Idea* se modèlent exactement sur la *Dissertation*, ce qui était dans les habitudes de l'époque. Tamburini avoue par ailleurs qu'il a en quelque sorte adapté le contenu au contexte italien : « J'ai jugé bon de l'adapter aux besoins des lieux et des temps dans lesquels nous sommes, par une peinture des choses les plus importantes qu'il contient que je présente au public, en me limitant à ce qu'il aborde en détail, et en suppléant à ce qui manque[22]. » Cette « dépendance » partielle n'entame pas complètement l'originalité

---

appellante ? Voir Franz Heinrich Reusch, *Der Index der verbotenen Bücher. Ein Beitrag zur Kirchen- und Literaturgeschichte*, Bonn, Cohen, 1883 ; Jesús Martinez de Bujanda, *Index librorum prohibitorum 1600-1966*, Sherbrooke – Montréal – Genève, Centre d'Études de la Renaissance Université de Sherbrooke – Médiaspaul Montréal – Librairie Droz, 2002 ; A. Barcala Muñoz, *Censuras inquisitoriales…*, *op. cit.*, *passim* (influence de l'ecclésiologie de Tamburini sur les décrets du synode de Pistoia). Voir aussi ACDF, *Index*, Protocolli 1786-1788 (P. Giacinto Maria Bonfigli), fasc. 1-2-7.

17 Emanuela Verzella, *"Nella rivoluzione delle cose politiche e degli umani cervelli". Il dibattito sulle* Lettere teologico-politiche *di Pietro Tamburini*, Florence, Le Lettere, 1998, p. 45.

18 *Dissertazione canonica e storica sopra l'autorità della S. Sede e dei decreti che le si attribuiscono. Traduzione dal Francese*, 2 vol., Pistoia, Atto Bracali, 1784.

19 Duhamel, chanoine de Seignelai, était présent au synode d'Utrecht en 1763. Il publia des ouvrages contre Berruyer, dont l'un fut traduit en italien : *Confutazione degl'errori su' misteri dell'Incarnazione e della Trinità che s'incontrano nella seconda parte dell'istoria del popolo di Dio*, Rome, Pagliarini, 1758.

20 *Dissertazione sopra l'autorità della Santa Sede e dei decreti che le si attribuiscono*, Pistoia, Atto Bracali, 1784 ; voir Gaetano Melzi, *Dizionario di opere anonime e pseudonime di scrittori italiani*, Milan, Luigi di Giacomo Pirola, 1848, t. 1, p. 319.

21 Pietro Stella (éd.), *Atti e decreti del concilio diocesano di Pistoia dell'anno 1786*, vol. II. *Introduzione storica e documenti inediti*, Florence, Olschki, 1986, p. 58-60.

22 « *Ho stimato bene di adattarlo ai bisogni dei luoghi e dei tempi in cui siamo, col presentare al pubblico come in un quadro le cose più importanti ch'esso contiene, restringendo secondo l'occorrenza ciò ch'egli tratta diffusamente, e supplendo dall'altra parte, dov'egli manca* », P. Tamburini, *Vera idea…*, *op. cit.*, p. 6.

de la pensée de Tamburini, qui écrit dans un milieu différent. Il opère une fusion entre des thèmes généraux, tel l'obscurcissement des vérités dans l'Église et des thèmes qui se rattachent de manière directe au joséphisme et au contexte du jansénisme italien contemporain. Le résultat en est « *una più complessiva visione ecclesiologica*[23] ». L'ecclésiologie, dans les années 1780, devient de plus en plus le centre de la réflexion de plusieurs professeurs de l'Université de Pavie, et notamment de Tamburini[24].

Les problématiques de Tamburini manifestent des rapports très forts avec le monde français ainsi que des liens étroits avec le gallicanisme et le jansénisme. Dès l'époque de son séjour romain, Tamburini se sentait « en accord avec les appelants de France, destiné à en répéter l'expérience et la mission de l'Église[25] ». Il faut toutefois remarquer que l'Allemagne, la France et l'Italie ne sont pas des mondes séparés, et tous les ouvrages – à commencer par le *De statu Ecclesiae*[26] – se présentent comme une sorte de *summa* où se rencontrent des idées puisées par-ci, par-là, avec des bases qui ne sont pas radicalement différentes. Mais cela n'exclut pas des inflexions particulières.

La question présente des accents singuliers en Italie, où s'exprime une insistance particulière sur le lien avec les souverains et sur la volonté de réaliser par leur intermédiaire la réforme de l'Église[27]. Le pouvoir et l'indépendance des évêques sont considérés comme indispensables pour la réaliser, tout comme le relâchement des liens avec Rome. Les discussions se rattachent alors à un contexte dans lequel on se nourrit de réflexions sur l'Église ancienne (époque pendant laquelle le rôle du pape était très réduit), sur les conditions pour une authentique réforme de l'Église et enfin sur le rapport entre le pouvoir ecclésiastique et le pouvoir politique.

---

23 D. Menozzi, « Prospettive sinodali nel Settecento », *op. cit.*, p. 26.

24 Paola Vismara, « Echi e riflessi del sinodo di Pistoia in Lombardia », in : Cl. Lamioni (dir.), *Il sinodo di Pistoia del 1786*, *op. cit.*, p. 341-362, ici p. 342.

25 « *in sintonia con gli appellanti di Francia, chiamato a ripeterne l'esperienza e la missione nella Chiesa* », P. Stella, « Pietro Tamburini nel quadro del giansenismo italiano », *op. cit.*, p. 162.

26 Franco Venturi, *Settecento riformatore*, II. *La chiesa e la repubblica dentro i loro limiti 1758-1774*, Turin, Einaudi, 1976, p. 105.

27 Il y a là des échos fébroniens.

LA *VERA IDEA DELLA SANTA SEDE*

Au mois de juillet 1819, un curé de Forlì, Giovanni Ricci, s'empresse d'écrire au Commissaire général du Saint-Office, Angelo Merenda, pour obtenir la permission de lire la *Vera Idea della Santa Sede*. Dans la ville – dit-il – en circulent clandestinement quarante ou cinquante exemplaires, et « *spargono il veleno* » : il faut donc lire l'ouvrage pour le réfuter. Les archives du Saint-Office conservent la copie d'une lettre adressée par la Congrégation au cardinal Stanislao Sanseverino (qui était à cette époque légat à Forlì), ainsi qu'à l'évêque de cette même ville : on y souligne que, malgré les interdictions de la Congrégation de l'Index (26 septembre 1818), bon nombre d'exemplaires des écrits de Tamburini circulent à Forlì, notamment la *Vera idea della Santa Sede*, « *che forse è la peggiore di tutte e la più perniciosa* ». Le Saint-Office demande instamment qu'il soit fait preuve de rigueur pour éloigner les bons catholiques « *da velenosi pascoli* » et « *far argine alla cospirazione de malvagi tendenti alla eterna di lui perdizione*[28] ».

Le succès – et partant l'influence – de Tamburini était remarquable, à commencer par ses élèves à l'Université de Pavie. Francesco Antonio Guasco écrit dans son *Dizionario ricciano ed anti-ricciano* :

> Lorsque quelque impertinence sort de la bouche magnifique de Monseigneur D. Pietro contre le Saint-Siège, ou contre les Congrégations de Rome, ou les Cardinaux, voilà les étudiants qui applaudissent et crient : « Vive le professeur[29] ». « Malheur à ceux qui parleraient avec quelque vénération de la bulle *Unigenitus*[30] ! ».

En effet l'*Unigenitus* est la bête noire de Tamburini[31], comme des auteurs des *Annali ecclesiastici*, qui la considèrent comme la preuve irréfragable de la faillibilité du pontife.

---

28 ACDF, *Sant'Officio*, *Censura Librorum* 1818-1822, fasc. 10 (juillet 1819).

29 « *Quando esce dalla bocca magnifica del Signor D. Pietro qualche impertinenza contro la S. Sede, o contro le Congregazioni di Roma, o i Cardinali, eccoti gli scuolari a batter le mai, e gridare : Evviva il Signor professore* ». L'ouvrage fut publié sous le pseudonyme de Severino Deserti. Nous citons d'après l'édition de Sora, Flaminio Palla, 1793. Guasco ajoute : « *Dal Ginnasio poi passano al Teatro, ove applaudiscono con uguale trasporto ai farfalloni d'Arlecchino e di Coviello* », *ibid.*, p. 237.

30 « *Guai poi a chi parlasse con qualche venerazione della bolla* Unigenitus ! », *ibid.*, p. 239.

31 Voir les *Lettere di un teologo piacentino a mons. Nani vescovo di Brescia sul rumore eccitato da alcuni suoi teologi contra l'Analisi del libro delle Prescrizioni di Tertulliano*, Lettera prima, Plaisance-Crémone, Lorenzo Manini, 1782.

La *Vera Idea*, publiée anonymement en 1781[32], est le texte le plus important et le plus révélateur de ce point de vue. L'ecclésiologie est également au centre de l'*Analisi del Libro delle Prescrizioni di Tertulliano* ; une place importante y est réservée aux prérogatives du souverain pontife et aux fonctions de la papauté. On remarque, dans cet ouvrage, l'influence non seulement de Bossuet, mais aussi de l'ecclésiologie des appelants, de Soanen, Mésenguy, Besoigne, Le Gros[33]. Les thèses sont moins développées que dans la *Vera idea*, mais l'atmosphère est exactement la même. L'évêque de Brescia Giovanni Nani est sans doute l'auteur d'un opuscule contre l'*Analisi.* Dans le *Breve confronto del libro di Tertulliano* De Praescriptionibus *coll'analisi fattane in Pavia*[34] il accusait Tamburini de vouloir susciter une opposition radicale à la bulle *Unigenitus.*

Ce n'est pas un hasard si la Congrégation de l'Index s'occupa en même temps de ces deux ouvrages. Mais quelles thèses préoccupent tant les congrégations de l'Index et du Saint-Office ? Quels auteurs soutiennent la *Vera Idea*, et quels sont ceux qui se battent contre l'ouvrage ?

Je vais présenter un rapide excursus sur la *Vera Idea*, avant de porter mon attention sur le sujet de l'infaillibilité, thème qui sera mieux compris à partir de l'ensemble du texte. Dans la première partie de l'ouvrage, Tamburini expose la différence entre Église et évêque, entre *sedes* et *sedens.*

> « Si d'une part l'Église et l'évêque sont deux objets distincts, de l'autre il est certain que dans la langue de l'antiquité l'Église et le siège ne formaient qu'un seul objet, ne sont qu'une seule et unique chose [...]. Comme l'Église et l'évêque, le siège et celui qui y siège sont deux objets distincts, comme le sont par conséquent les deux enseignements, celui de l'Église et celui de l'évêque, celui du siège et celui de la personne qui y préside[35]. ».

Ceci s'applique aussi bien à un siège quelconque qu'à un siège épiscopal particulier, comme celui de Rome. Il faut donc appliquer au Saint-Siège

---

32 Pavie, Stamperia del R.I. Monastero di S. Salvatore, 1781.

33 Pietro Stella, « Pietro Tamburini nel quadro del giansenismo italiano », *op. cit.*, p. 167 *sq.*

34 Publié à Bologne, sans nom d'imprimeur, 1784.

35 « *Se da una parte la chiesa ed il vescovo sono due oggetti distinti, egli è certo dall'altra che nel linguaggio dell'antichità la chiesa e la sede non formano che un solo oggetto, non sono che una cosa sola* [...]. *Siccome la chiesa ed il vescovo, la sede e il sedente sono due oggetti distinti, così distinti pur sono i due insegnamenti, celui de l'Église et celui de l'évêque, quello della sede e quello della persona che vi presede* », P. Tamburini, *Vera idea...*, *op. cit.*, p. I, chap. I, § 12-15, p. 37-43 (la citation aux p. 37 et 43). Voir les remarques sarcastiques de Francesco Antonio Guasco (pseud. Severino Deserti) sur le sujet : *Dizionario ricciano ed anti-ricciano*, Sora, Flaminio Palla, 1793, p. 208-209.

et au pontife romain les critères qui ont été exposés quant aux églises en général[36]. L'auteur examine la structure de la cour de Rome à son époque (Collège des cardinaux, congrégations…), et en brosse une esquisse historique. Jamais il n'oublie l'arrière-plan historique, qui est essentiel pour son argumentation, selon un style et un procédé désormais très communs. Tamburini s'arrête notamment sur les congrégations, le véritable pouvoir curial de l'époque, pour les dénoncer comme le résultat d'une usurpation des droits des évêques, et déclarer que l'ancienne forme des jugements ecclésiastiques était préférable[37]. De cela ressort avec évidence la méthode de l'auteur autant que son but : une réforme non seulement de la papauté en son chef, mais aussi des organismes centraux de l'Église.

La deuxième partie de l'ouvrage se consacre à l'origine, à la nature et à l'étendue des droits essentiels du Saint-Siège. Parmi ces droits essentiels et permanents, le Saint-Siège compte en premier lieu la primauté, que le Christ même a conférée à Pierre et sur laquelle l'antiquité chrétienne n'a formulé le moindre doute[38]. Il ne s'agit pas d'une simple primauté d'honneur : Tamburini la définit « *attiva, operosa, efficace, autorevole*[39] ». Mais le pape n'a aucune juridiction immédiate sur les autres diocèses. La nature même de la hiérarchie et l'histoire de l'Église prouvent que la juridiction du pape, tout comme celle d'un évêque quelconque, a des limites : l'autorité de l'Église universelle est supérieure à celle du pape. Une fracture s'opère entre l'*Ecclesia romana* et l'*Ecclesia universalis*, « union dont le pontife romain est le signe visible[40] ».

---

36 P. Tamburini, *Vera idea…*, *op. cit.*, p. I, chap. II, § 6-12, p. 51-66.

37 *Ibid.*, p. I, chap. III, p. 70-97. Sur la dénonciation des congrégations romaines comme « *tribunali arbitrari* », voir notamment les § 10-15, p. 85-97 (ici p. 97) et le chap. IV, p. 97-136. Sur la critique des congrégations romaines, très répandue dans certains milieux, voir par exemple le cas de Jean Levesque de Burigny mentionné par Catherine Maire, « Le pape "selon" les défenseurs de la Constitution Unigenitus : les Tocsins catholiques », in : Silvio de Franceschi (dir.), *Antiromanisme doctrinal et romanité ecclésiale dans le catholicisme post tridentin (XVIe-XXe siècles)*, Lyon, Larhra, 2008, p. 73-101, ici p. 96.

38 P. Tamburini, *Vera idea…*, *op. cit.*, p. II, chap. I, § 1-9, p. 139-155.

39 *Ibid.*, p. 166 et *passim*.

40 B. Neveu, « Juge suprême et docteur infaillible… », *op. cit.*, p. 396.

LES PRÉROGATIVES DU PAPE

Tamburini réfute les idées selon lesquelles il revient au souverain pontife un pouvoir despotique et sans bornes. Sa cible est notamment Giuseppe Agostino Orsi, dominicain, qui avait été secrétaire de la Congrégation de l'Index, Maître du Sacré Palais, puis cardinal[41]. Cet auteur se révèle très intéressant pour mon propos. En effet, ses considérations vont au-delà de celles qui ont été adoptées par la plus grande partie des auteurs curialistes et philo-romains de la première moitié du XVIIIe siècle. Son ouvrage *Della infallibilità e autorità del Romano Pontefice sopra i Concili Ecumenici* fut publié en 1741, après d'autres textes qui portaient sur les jugements irréformables du Saint-Siège et la *potestas* du pape sur le concile œcuménique. Dans la *Prefazione*, Orsi déclare que son but est celui d'offrir un instrument « capable d'éveiller de nouveau [...] les sentiments de la piété antique[42] » chez les laïcs et les gens de culture médiocre qui lisent avidement les livres venant de France. Dans cet ouvrage, l'auteur vise à démontrer que la primauté et l'infaillibilité sont étroitement liées et que l'autorité du pape, supérieure à celle des conciles, est douée du caractère de l'infaillibilité dans les décisions qui touchent à la foi[43]. Son but est donc la « défense et la démonstration de l'infaillibilité du Siège Apostolique et des Pontifes Romains dans la définition des controverses concernant la religion[44] ».

---

41 1692-1761. Richard F. Costigan, *The Consensus of the Church and Papal Infallibility. A Study in the Background of Vatican I*, Washington D.C., The Catholic University of America Press, 2005, p. 78-93.

42 « *atto a risvegliare* [...] *i sensi dell'antica pietà* », G. A. Orsi, *Della infallibilità e dell'autorità del Romano Pontefice...*, *op. cit.*, p. 283.

43 Giuseppe Agostino Orsi, *Della infallibilità e dell'autorità del Romano Pontefice sopra i Concili Ecumenici*, Rome, Stamperia de' Pagliarini, 1741, vol. I, p. 194. C'est la synthèse en langue italienne d'un ouvrage latin publié par l'auteur en 1740 : *De Romani Pontificis in Synodos oecumenicas et earum canones potestate*; voir aussi *De irreformabili Romani Pontificis in definiendis fidei controversiis judicio*, Romae, Typis Sacrae Congregationis de Propaganda Fide, 1739.

44 « *difesa e dimostrazione della infallibilità della Sede Apostolica e de' Romani Pontefici, in definire le controversie appartenenti alla Religione* », G. A. Orsi, *Della infallibilità e dell'autorità del Romano Pontefice...*, *op. cit.*, p. 283.

Tout à l'opposé, Tamburini écrit :

> Il est certain que le pape est soumis aux lois de l'Église universelle ; qu'il n'est pas un patron pouvant disposer à sa guise de la puissance ecclésiastique, mais un gestionnaire qui doit en user selon les règles établies. Il est l'interprète, l'exécuteur, le défenseur de la discipline, des intentions et de l'esprit de l'Église, l'administrateur de ses lois et le responsable devant son tribunal[45].

Ceci concerne les articles de foi, les questions dogmatiques autant que les problèmes de discipline ecclésiastique. La « *forma genuina* » du gouvernement ecclésiastique, tel qu'il a été institué par le Christ lui-même, est, à l'avis de Tamburini, complètement différente de la « monarchie » construite au cours des siècles et dont, au début du XVIIIe siècle, le défenseur le plus acharné est le P. Orsi[46].

Tamburini soulève alors le problème de la représentativité du pontife : en vertu de sa primauté, il a le droit de représenter l'Église, mais uniquement s'il agit au nom et avec l'autorité de celle-ci. Le pape a un droit d'inspection sur les églises particulières et peut convoquer les conciles, mais l'auteur, en retraçant les origines de ces droits, en définit les limites[47]. Concernant la convocation du concile, aucune loi, ni divine ni ecclésiastique, ne « réserve exclusivement au pape la convocation aux conciles généraux[48] ». Les conciles tirent leur autorité directement de Jésus-Christ ; en eux réside la *plenitudo potestatis* à laquelle le pape lui-même se soumet[49]. Dans ses ouvrages, Tamburini revient à plusieurs reprises sur ce point, ce qui témoigne de son importance. On peut mentionner à ce propos l'*Analisi del libro delle* Prescrizioni *di Tertulliano*, ouvrage qui s'attira de nombreuses critiques[50]. Tamburini

45 « *Egli è certo che il papa è soggetto alle leggi della Chiesa universale ; che egli, non è un patrone che possa disporre a talento della ecclesiastica potestà, ma un economo che dee usarne secondo le regole stabilite. Egli è interprete, esecutore, vindice della disciplina, delle intenzioni e dello spirito della Chiesa ; amministratore delle sue leggi e responsabile al di lei tribunale* », P. Tamburini, *Vera idea…*, *op. cit.*, § 20, p. 219.

46 *Ibid.*, § 23, p. 226 *sq.* Contre Orsi : *ibid.*, p. II, chap. II, § 22-25, p. 225-233.

47 *Ibid.*, p. II, chap. III, p. 263 *sq.*

48 « *la quale privativamente riservi al papa la convocazione de' concili generali* ».

49 *Ibid.*, § 16, p. 264 ; § 25, p. 279 *sq.*

50 Antonio Quacquarelli, *Il "De praescriptione haereticorum" di Tertulliano nella polemica giansenista di Pietro Tamburini*, Bari, Adriatica, 1953. Selon Quacquarelli, les accusations portées par Tamburini contre les fondements et les droits de l'Église trouvent leurs racines – tout comme la fausse interprétation de l'ouvrage de Tertullien – dans le manque de sens de l'histoire et dans l'excès d'esprit polémique (notamment p. 109 *sq.*). Parmi les

répond notamment dans un petit livre publié anonymement en 1784 (la même année que la *Vera Idea)* et intitulé *Cosa è un Appellante* (ce livre aussi fut mis à l'Index en 1787). Il est certes vrai qu'à ses yeux le pape peut accorder dispenses des lois ecclésiastiques, mais cela ne prouve pas pour autant qu'il ait une autorité supérieure à celles des évêques. Le privilège de dispenser en certains cas est réservé au pape selon une coutume reconnue par le *consensus* universel de l'Église, notamment pour éviter des désordres, et n'est pas un droit essentiel de la primauté[51].

« Inspecteur de toutes les églises, garant des lois et des intentions de l'Église universelle[52] » : telle est l'image du pontife que Tamburini présente. Il lui faut toutefois expliquer ce terme d'« évêque universel » que l'on rencontre aux premiers siècles du christianisme. Ce titre, utilisé autrefois pour indiquer le droit d'inspection générale qui est du ressort du pape, a été par la suite différemment compris : on a attribué au pontife, de manière erronée, « un pouvoir illimité et un contrôle absolu de l'Église de Dieu[53] ». Au contraire, Tamburini déclare que le pape n'a pas de juridiction immédiate dans les autres diocèses. Les évêques sont par nature les juges de la foi ; les jugements de Rome ne rentrent en vigueur que lorsque l'évêque les accepte et les promulgue dans son

---

adversaires les plus acharnés de Tamburini sur ce point figurent en premier le carme Giancarlo Rossetti et le P. Marco da san Francesco : *Brevi avvertimenti di fra Marco da san Francesco, carmelitano scalzo veneziano, ai giusti e saggi estimatori del chiar. professore P. T. intorno ad una digressione sopra il sommo Pontefice, e la chiesa di Gesù Cristo da lui introdotta nella sua Analisi del libro delle prescrizioni di Tertulliano, stampata in Pavia l'anno 1781*, Parme, sans nom d'éditeur, 1782. Il faut mentionner aussi les ex-jésuites Diego José Fuensalida, qui écrit sous pseudonyme (Gaetano da Brescia, *Osservazioni critico-teologiche sopra l'Analisi del libro delle prescrizioni di Tertulliano di don Pietro Tamburini*, Assisi, Ottavio Sgariglia, 1783 ; 1786[2]) et Giovanni Battista Noghera (*Sull'Analisi del libro delle prescrizioni di Tertulliano*, Bassano, Remondini di Venezia, 1784). D'autres encore, tout comme quelques partisans de Tamburini, sont mentionnés par A. Quacquarelli, *Il « De praescriptione haereticorum » di Tertulliano…*, *op. cit.*, p. 132-141. Voir aussi Santino Maruti, *Teologia e politica nel giansenismo lombardo*, Milan, NED, 1998, p. 352.

51 P. Tamburini, *Vera idea…*, *op. cit.*, § 27-29, p. 281-288.

52 « *Ispettore di tutte le chiese, tutore delle leggi e delle intenzioni della Chiesa universale* », *ibid.*, § 7, p. 245.

53 « *una potestà illimitata e una assoluta padronanza nella Chiesa di Dio* », *ibid.*, § 7, p. 246-247 : « *Egli è dunque un abusarsi dell'antichità, per confondere i diritti essenziali della primazia cogl'immaginari e chimerici l'estendere il significato di que' vocaboli attribuiti ai papi da' nostri maggiori per indicare il potere del primato ad un senso di dispotismo ch'essi non hanno mai avuto in mira, e che anzi hanno procurato nelle occorrenze di allontanare dalla mente dei fedeli* ».

diocèse[54]. L'auteur du *Dizionario ricciano ed anti-ricciano* ironise sur ce point en faisant remarquer que, si un décret ou une bulle sont publiés par « le vicaire du Christ », on pourrait se demander, d'après les thèses de Tamburini, par quel vicaire précisément, puisque « *ogni vescovo è papa nella sua diocesi* » et Jésus-Christ a donné les clés non seulement à Pierre, mais à chacun des Apôtres et des disciples[55]. Ironie, également, chez l'ex-jésuite Francesco Antonio Zaccaria : « Croirait-on qu'en Italie le souverain pontife devrait être traité comme un particulier, et presque comme un prêtraillon de banlieue[56] ? »

L'auteur est pleinement conscient des problèmes qui dérivent de ses arguments ; il sait que ses idées ne sont pas conformes à celles qui l'emportent dans les milieux « romains » et curiaux[57]. Quelques années plus tard, en 1788, dans les *Annotazioni*, il remarque que les foudres de Rome tombent sur ceux qui osent proclamer la vérité, qui est que le pape

> n'est pas un monarque au-dessus des évêques, qu'il n'est pas le despote des canons, qu'il est soumis à l'Église, qu'il peut se tromper, qu'il peut être corrigé et déposé par un Concile général, que ses bulles ne sont pas des jugements dogmatiques de l'Église[58].

Febronius avait déploré cette situation, caractérisée par la méfiance des « *curiali* » à l'égard de toute tentative de modification ecclésiologique post-tridentine, méfiance qui souvent aboutissait à la mise à l'Index des ouvrages des « novateurs[59] ».

---

54 *Ibid.*, § 9, p. 251 : « *Quindi è molto contrario al buon ordine l'opinar di coloro, i quali pretendono che ogni decreto o legge del papa abbia forza di obbligare, subito che sia promulgata in Roma* [...] *o in qualunque altra maniera se n'abbia la notizia, quasi che non c'entrino nulla i nostri giudici naturali che sono i vescovi* ».

55 F. A. Guasco (pseud. Severino Deserti), *Dizionario ricciano ed anti-ricciano*, *op. cit.*, p. 171 ; voir la notice *Chiavi*, p. 55-59.

56 « *Crederebbesi che in Italia dovesse il romano pontefice trattarsi come un particolare, e quasi come un pretazzuolo di Peretola ?* ».

57 P. Tamburini, *Vera Idea*, *op. cit.*, § 6, p. 244, « *Gli scrittori curiali, pieni delle fastose idee di monarchia assoluta, anzi di un perfetto dispotismo, cercano di rendere odiosi coloro che sanno meglio di essi difendere la vera e solida giurisdizione della primazia del papa e della santa sede* ».

58 « *non è un monarca sopra i vescovi, che non è il despota de' canoni, ch'è soggetto alla Chiesa, che può errare, che può essere corretto e deposto da un Concilio generale, che le sue bolle non sono per giudizi dommatici della Chiesa* », cité par S. Maruti, *Teologia e politica...*, *op. cit.*, p. 358 n.

59 « *M'è noto quanto poco ai tuoi curiali piaceranno le cose ch'io propongo, e so ancora a quai disturbi va incontro, chi osa scrivere verità di questo genere* » (Giustino Febronio, *Dello stato della Chiesa e della legittima potestà del Pontefice Romano*, Venise, Giuseppe Bettinelli, 1767-1768, vol. I, p. 8. Sur l'Index, voir *ibid.*, I, p. 35, cité par R. Balbi, *Riforma della Chiesa*, *op. cit.*, p. 14.

LE THÈME DE L'INFAILLIBILITÉ

Dans la dernière partie de la *Vera idea della Santa Sede*, Tamburini traite de l'épineuse question des décisions doctrinales du Saint-Siège et de l'infaillibilité du pontife. Cette partie, le chapitre IV, s'intitule « *Della parte che ha il papa in vigore della sua primazia nelle decisioni dottrinali, e di alcune massime generali per regolare la sommissione che debbesi ai decreti di Roma* ». En raison de sa primauté, le pape a le devoir de veiller à la pureté de la doctrine. Il lui faut pour cela se doter des moyens les plus opportuns. Mais cela s'arrête là : « Toutes les portions dont est constitué l'épiscopat ont *in solidum* les mêmes devoirs et les mêmes droits[60]. »

Tamburini exalte Cyprien, qu'il considère comme un exemple primordial pour les évêques, notamment quant à la question de l'épiscopat détenu par les évêques *in solidum* avec l'évêque de Rome. Bruno Neveu a souligné la présence de « disciples de saint Cyprien » à côté des « disciples de saint Augustin ». Les premiers se caractérisent par leur admiration des vues de Cyprien, « pape d'Afrique », sur le gouvernement de l'Église. « Les gallicans [...] y contemplaient leur propre ecclésiologie mise en œuvre dans ce qu'elle avait de positif et qu'on a appelée une "espèce de réhabilitation théologique de l'épiscopat". [...] L'épiscopalisme, dans la France louis-quatorzienne, est d'abord un cyprianisme[61]. »

La correspondance entre les églises dans l'antiquité chrétienne, à l'avis de Tamburini, n'a pas jeté la confusion dans les esprits : on n'attribuait pas le don d'infaillibilité dans ses jugements à une église particulière, y compris la plus importante, le *centrum unitatis*[62]. Cette

60 « *Tutte le porzioni, nelle quali l'episcopato è diviso, hanno in solidum gli stessi doveri e gli stessi diritti* ».

61 B. Neveu, « Juge suprême et docteur infaillible... », *op. cit.*, p. 400 ; Jean-Louis Quantin, *Le catholicisme classique et les Pères de l'Église. Un retour aux sources (1669-1713)*, Paris, Institut d'études augustiniennes, 1999, *passim*, ici p. 121.

62 P. Tamburini, *Vera idea...*, *op. cit.*, § 2, p. 290-293 ; voir aussi p. 187 et *passim*. Les mêmes argumentations reviennent souvent dans les ouvrages de l'auteur (quelques exemples dans Giancarlo Perego, *Un ministero « tutto spirituale ». La teologia del ministero ordinato nel giansenismo lombardo tra illuminismo e liberalismo (1755-1855)*, Rome-Milan, Glossa, 1997, p. 92). Pietro Ballerini est l'exemple même d'un auteur chez qui l'affirmation selon laquelle le successeur de Pierre est le *centrum unitatis* s'accorde avec la défense à outrance

idée est fondamentale pour le professeur de Pavie. Il renvoie sur ce point à l'*Analisi del libro delle Prescrizioni di Tertulliano*[63], où la notion est expliquée à ses dires de « manière excellente ». Le but de l'auteur est de démontrer l'insuffisance et la fausseté de l'idée selon laquelle communication et communion avec le centre de l'unité impliquent forcément l'obéissance aux jugements et aux décrets du pape, qui n'est pas juge suprême et docteur infaillible. On ne conteste pas la nécessité que, dans l'Église, la vérité soit définie et soit dite ; tout le problème est de fixer les procédures et d'indiquer les responsables de l'établissement de la vérité.

Tamburini considère le pape exactement de la même manière qu'un évêque, voire un curé, que les fidèles ne sont pas obligés de considérer infaillibles. On pourrait répliquer, dit-il, que l'obéissance au pape est nécessaire, dans la mesure où il possède la primauté et est le centre non d'une portion, mais de l'Église tout entière. Serait-il donc possible que le Christ ait donné à son Église un chef qui pût induire les fidèles en erreur ? Le pape, dit Tamburini, n'est qu'un chef ministériel : l'autorité suprême est confiée à l'Église universelle, ce qui exclut *a priori* le « despotisme » du souverain pontife. Ce dernier n'est pas un monarque absolu ou un maître indépendant.

Les limites de la primauté du pape sont déterminées par les règles de l'Église universelle, à laquelle la primauté est soumise. Le pape a seulement le devoir de proposer la foi de l'Église tout entière. « Ma soumission est due au pape lorsque celui-ci agit au nom de l'Église et qu'il me propose les sentiments qui relèvent de la profession publique

---

de la papauté comme monarchie infaillible. Voir notamment : *De vi ac ratione primatus Romanorum Pontificum et de ipsorum infallibilitate in definiendis controversiis fidei*, Veronae, ex typographia Marci Moronii, 1766 ; *De potestate ecclesiastica summorum pontificum et conciliorum generalium liber una cum vindiciis auctoritatis pontificiae contra opus Justini Febronii. Accedit appendix de infallibilitate eorumdem pontificum in definitionibus fidei*, Veronae, ex typographia Marci Moronii, 1768 (réédité encore à la mi-XIXe siècle). Voir Yves Congar, *L'Église. De saint Augustin à l'époque moderne*, Paris, Cerf, 1970, p. 404-405 ; Tarcisio Facchini, *Il Papato principio di unità e Pietro Ballerini di Verona : dal concetto di unità ecclesiastica al concetto di monarchia infallibile*, Padoue, Il Messaggero di S. Antonio, 1950, et surtout R. F. Costigan, *The Consensus of the Church…*, *op. cit.*, p. 94-108. Au contraire, une mise en cause radicale de l'idée que Rome puisse être le *centrum unitatis* se trouve chez le janséniste Martino Natali (sans doute l'auteur de *Dubbio sul centro dell'unità cattolica nella Chiesa*, Pavie, [Galeazzi], 1790.

63 Anonyme, l'ouvrage est de Pietro Tamburini, qui en mentionne plusieurs passages et adresse des éloges à l'auteur, c'est-à-dire à lui-même. Contre ce livre ont écrit, entre autres, les ex-jésuites Noghera et Fuensalida et le barnabite Gerdil.

de l'Église[64] ». Sur toutes les questions où il n'y a pas unanimité au sein de l'Église, nulle obéissance n'est due aux jugements portés par le pape. « Dans ce cas, le jugement du pape ou de son siège n'est pas décisif[65]. » Si le *consensus* unanime vient à manquer, personne n'est obligé de prêter foi aux paroles du souverain pontife. Tamburini met en relief le fait que l'infaillibilité réside dans l'unité des différentes parties de l'Église, autrement dit dans la concorde de toutes les églises. Le privilège de l'infaillibilité relève autant du pape que des évêques ou des curés : tous ne font que proposer aux fidèles la profession de foi de l'Église universelle ou les décisions des conciles œcuméniques[66].

Ce conflit d'autorité, ébauché depuis longtemps, éclate à la fin du XVIIIe siècle. Comme Pierre Chaunu l'a bien montré en étudiant les bouleversements religieux à Paris tout au long du siècle, l'un des problèmes majeurs de l'époque, le « point sensible du moment », est celui de l'autorité. Au fond réside le refus de s'abandonner sans réserve à une autorité que l'on soupçonne et, au final, rejette. « Le basculement religieux de Paris au XVIIIe siècle s'opère précisément sur cet axe : qui prononce ? Et au nom de qui et de quoi[67] ? ». La même question se retrouve dans plusieurs des débats de l'époque sur des sujets ecclésiastiques.

Revenons à Tamburini.

> Cette chaire, que l'on dit irréfragable, est l'Église universelle. Cette dernière décide avec l'unanimité au moins morale des pasteurs. Il s'agit d'une condition essentielle pour un jugement dogmatique. Si elle vient à manquer, aucune force ne m'oblige à la croyance du point contesté. Le pape peut décider en toute solennité : tant que toutes les églises ne sont pas arrivées à une concorde totale, le jugement du pape n'est ni décisif, ni sans appel[68].

64 « *La mia sommessione è dovuta al papa, quando egli agisce in nome della Chiesa, e mi propone i sentimenti che sono la pubblica professione della Chiesa* ».

65 « *In questi casi il giudizio del papa e della sua sede non è decisivo* », P. Tamburini, *Vera idea…*, *op. cit.*, § 7, p. 301 et § 9, p. 305.

66 *Ibid.*, § 9, p. 306.

67 Pierre Chaunu, *Les fondements de la crise*, dans Pierre Chaunu, Madeleine Foisil, Françoise de Noirfontaine, *Le basculement religieux de Paris au XVIIIe siècle*, Paris, Fayard, 1998, p. 21-149, ici p. 41. Voir *ibid.*, p. 61 à propos de « l'ultime pouvoir de dire, de trancher la vérité ». Voir aussi C. Maire, « Le pape “selon” les défenseurs de la Constitution Unigenitus… », *op. cit.*, p. 85-87.

68 « *Questa cattedra, che definisce irrefragabilmente, è la chiesa universale. Essa decide con l'unanimità almeno morale de' pastori. Questa è una condizione essenziale per un giudizio dogmatico. Se questa manca, non c'è una forza che mi obblighi alla credenza del punto conteso. Il papa può decidere con tutta la solennità : sino alla piena concordia di tutte le chiese il giudizio del papa non è decisivo e inappellabile* », P. Tamburini, *Vera idea…*, *op. cit.*, § 11, p. 313.

> Toute la force de décision pontificale vient de l'unanimité morale de toutes les églises[69].

Remarquons que cette tendance se manifeste, comme on l'a dit, dans plusieurs ouvrages de Tamburini. Par exemple le *De fontibus sacrae theologiae* insiste sur le fait que l'unanimité des théologiens ne suffit pas et que le consensus de toute l'Église, évêques et curés, n'est pas une option[70].

Dans ces conditions, l'Église serait-elle donc invisible[71] ? Il y a là une objection majeure de la part des adversaires. L'une des accusations les plus marquantes contre les jansénistes est celle d'effacer la visibilité de l'Église ; quelques années plus tard, cette accusation se présentera maintes fois dans l'examen des actes du Synode de Pistoia[72]. La réplique de Tamburini est que la visibilité ne réside pas dans le pape, mais dans le concile, qui n'est pas moins visible. Le concile est le moyen que le Christ a donné à son Église, c'est le tribunal qu'il a institué pour dissiper chez les fidèles tout doute possible en matière de foi[73]. Au cas où l'église de Rome prendrait une décision contre la vérité de la foi, « il resterait toujours la doctrine de l'Église [universelle] et le jugement du concile œcuménique pour assurer la vérité, et c'est sur cette règle que l'on devrait corriger et amender l'église de Rome[74] ». Ainsi, le régime de visibilité ne serait selon lui pas remis en cause par les conséquences pratiques de son discours.

Le professeur de Pavie insiste sur le fait qu'à un moment donné, le dépositaire de la vérité dans l'Église peut en être une partie infime : cela rappelle l'idée toute janséniste du *pusillus grex*, du petit troupeau qui garde intacte la vérité au moment où l'Église fait face à un obscurcissement qui empêche de voir cette vérité[75]. La proclamation de

---

69 « *Tutta la forza delle decisioni pontificie si trae dalla morale unanimità di tutte le chiese* », *ibid.*, § 12, p. 316 ; p. 225 et *passim.*

70 Pietro Tamburini, *De fontibus Sacrae Theologiae*, vol. III, Ticini, Bolzanus, 1790, p. 350-351, cité par Marco Bernuzzi, *La Facoltà teologica dell'Università di Pavia nel periodo delle riforme (1767-1797)*, Milan, Cisalpino, 1982, p. 147.

71 Voir sur cette question en général : J.-F. Chiron, *L'infaillibilité et son objet…*, *op. cit.*, *passim.*

72 Pietro Stella (dir.), *La Bolla « Auctorem Fidei » (1794) nella storia dell'ultramontanismo. Saggio introduttivo e documenti*, in : *id.*, *Il giansenismo in Italia*, vol. II/I, Rome, LAS, 1995.

73 P. Tamburini, *Vera idea…*, *op. cit.*, § 11, p. 310 *sq.*

74 « *rimarrebbe sempre la dottrina della Chiesa [universale] ed il giudizio del concilio ecumenico per sicura scorta del vero, e su questa regola si dovrebbe correggere ed emendare la Chiesa di Roma* », *ibid.*, § 15, p. 325.

75 *Ibid.*, § 10, p. 308 *sq.* Voir Pietro Stella, « L'oscuramento delle verità nella Chiesa dal sinodo di Pistoia alla bolla "Auctorem fidei" (1786-1794) », *Salesianum*, 43, 1981, p. 731-756.

la vérité peut donc faire défaut, mais, même sans *consensus* unanime, il restera toujours quelques détenteurs de la vérité. Il y a là une aporie : si la vérité est déterminée par le consentement de l'Église entière, comment peut-elle résider auprès d'une minorité ? Tamburini esquive le problème posé par cette contradiction[76]. Dans ses ouvrages, il rappelle qu'il est arrivé plusieurs fois tout au long de l'histoire de l'Église qu'une minorité détînt seule la vérité. Le cas du pape Libère, qui avait tort tandis que le représentant de la minorité, Athanase, avait raison[77], est son argument majeur.

L'Église de Rome est une église fondamentale, « l'une des parties essentielles du corps de l'Église universelle[78] », à laquelle on consacre une attention particulière[79]. Mais cela ne lui donne que le privilège de l'indéfectibilité. Tamburini apporte des exemples tirés de l'histoire pour démontrer que « les taches des papes ont toujours été lavées par leurs successeurs, et que l'église de Rome s'est toujours replacée sur le droit chemin de la vérité, même si elle a quelquefois dévié dans ses décisions[80] ».

La pensée de Tamburini renferme en définitive une dimension qui n'est pas celle des « Romains », mais qui prend aussi ses distances par rapport aux violentes attaques de certains auteurs contre le pape et contre l'Église même. L'auteur n'a pas l'intention de rompre le lien avec Rome : au contraire. Toujours est-il que, de son propre avis, ses idées ne produiront pas les secousses, le chaos et le désordre que les « curialistes » redoutent ; la stabilité de l'Église, et par conséquent celle de la

76 Mauro Cappellari (futur pape Grégoire XVI), *Il Trionfo della Santa Sede e della Chiesa contro gli assalti de' novatori, combattuti e respinti colle stesse loro armi*, Venise, Giuseppe Battaggia, 1832 ([1]1799). D'après l'auteur cet obscurcissement « *altro effetto non potrebbe alla fine produrre, che, sotto l'ingannevole pretesto dell'amore dell'unità, inabissare i fedeli in un puro generale fatalissimo scetticismo* », p. 245.

77 Par exemple *Lettere di un teologo piacentino* [...]. *Lettera seconda*, p. 179 (cité par A. Quacquarelli, *Il « De praescriptione haereticorum » di Tertulliano...*, *op. cit.*, p. 155-156) ; P. Tamburini, *Vera idea...*, *op. cit.*, p. 322, p. 41 et *passim*. Voir aussi l'*Analisi del libro delle Prescrizioni*, *passim* (nous avons consulté l'éd. suivante : Milan, Vincenzo Ferrario, 1818). Sur les épisodes historiques de Libère, Honorius, Zosime, voir P. Tamburini, *Vera idea...*, *op. cit.*, *passim* (par exemple p. 41-43, 249 *sq.*, 322-325). Sur les cas de Libère et Honorius chez les gallicans et Muratori, voir Bruno Neveu, « Muratori et l'historiographie gallicane », in : *id.*, *Érudition et religion...*, *op. cit.*, p. 105-174, ici p. 145-147.

78 « *una delle parti essenziali del corpo della Chiesa universale* ».

79 P. Tamburini, *Vera idea...*, *op. cit.*, § 17, p. 330.

80 « *le macchie de' papi sono sempre state lavate da' successori, e che la chiesa di Roma si è sempre rimessa sul retto cammino della verità, s'ella ha talvolta deviato nelle sue decisioni* », *ibid.*, § 15, p. 325 *sq.*

société, n'en souffrira pas. « Malheureusement, le préjugé vulgaire de croire qu'éliminer l'infaillibilité absolue et le pouvoir illimité du pape provoqueront une anarchie désespérée, à l'insubordination et que l'Église se verra remplacée par la confusion et le chaos, règne en maître[81]. » Pour éviter ce jugement erroné, il faut revenir – dit-il – aux « notions propres à la vénérable antiquité[82] », à ce « christianisme chimiquement pur[83] », à ce passé mythique où, bien que dépourvue d'une autorité unique et infaillible, l'Église a vécu son âge d'or.

Il faut à tout prix distinguer entre indéfectibilité et infaillibilité. Il s'agit de deux privilèges radicalement différents : l'un consiste à conserver intact le *depositum fidei* et l'autre consiste à juger « sans danger d'erreur toutes les causes de la foi[84] ». De l'avis de Tamburini, la conjonction de l'inerrance et de l'indéfectibilité appartient de manière exclusive à l'Église universelle. La seule chaire, le seul juge infaillible est l'Église universelle, « *maestra, madre di tutte le chiese particolari, ed anche della romana*[85] ». Cette dernière a toujours été le guide de toutes les églises, y compris la romaine, qui a réglé et réformé ses jugements conformément à la norme de la tradition de l'Église catholique. À ce propos, Tamburini mentionne des passages de Bossuet, et conteste l'interprétation qu'en donnent ceux qui veulent faire de cet auteur un soutien influent et digne de foi de leurs idées et de leurs arguments en faveur de l'infaillibilité de l'Église de Rome. Au contraire, « l'illustre prélat affirme clairement que le privilège de l'*infaillibilité* n'a pas été octroyé à l'église particulière de Rome ; seul l'a été celui d'être *indéfectible*[86] ». L'explication de Bossuet,

81 « *Regna purtroppo il volgar pregiudizio di credere, che tolta di mezzo l'assoluta infallibilità e potestà illimitata del Papa si voglia introdurre una disperata anarchia, scuotere ogni subordinazione e sostituire nella Chiesa la confusione e il disordine* », Introduction, p. 6-7. Il revient sur le sujet dans sa conclusion, p. 334 *sq.*

82 « *pure nozioni della venerabile antichità* », *ibid.*, p. 7. Il s'agit d'un refrain qui revient constamment.

83 B. Neveu, « Juge suprême et docteur infaillible… », *op. cit.*, p. 397.

84 « *senza pericolo di errore tutte le cause della fede* ».

85 P. Tamburini, *Vera idea…*, *op. cit.*, § 14, p. 321 ; § 15, p. 325 ; § 11, p. 311. L'auteur prend comme exemple le fait que Pierre a renié sa foi en Jésus-Christ, comme celui-ci l'avait prévu : mais cela ne contraste pas avec la promesse – où Pierre représente l'Église – « *Ego rogavi pro te, Petre, ut non deficias fides tua* » (Lc 22, 32). « *Nella stessa maniera l'orazione di Gesù Cristo, applicata ai successori di S. Pietro ed alla chiesa di Roma, non fa l'effetto che il papa, o la sede apostolica non possa talvolta fare una erronea decisione* » (p. 321 *sq.*).

86 « *l'illustre prelato chiaramente asserisce che alla chiesa particolare di Roma non è annesso il privilegio della* infallibilità ; *ma solo quello di essere* indefettibile », § 14, p. 323-324 ; § 15, p. 326-327 ; § 16, p. 327-328 ; § 17, p. 329-330.

qualifiée de « *luminosa e convincente* », est rapidement mentionnée par Tamburini uniquement, dit-il, dans le but de démêler la question des droits du Saint-Siège qui sont certains et essentiels.

Tamburini, en conclusion de son ouvrage, présente un abrégé de ses thèses en six points[87].

- Le jugement du pape et de l'Église de Rome n'est pas infaillible et irréfragable de manière absolue, et n'implique donc pas une obéissance entière et aveugle.
- Le jugement du pape en accord avec le siège apostolique a un poids supérieur à celui du pape en accord avec les congrégations de curie.
- Les décisions du pape en accord avec le siège apostolique, bien que faillibles, sont douées d'une importance particulière et s'imposent à l'attention de l'Église entière.
- Le respect pour ces jugements conduit, en cas de dissentiment, à un « *ossequioso silenzio* ». Mais si le jugement est manifestement faux, le fidèle a le droit d'élever sa voix contre le pape, tout comme contre l'évêque et le curé.
- Les décrets du pape et/ou du siège apostolique n'entrent en vigueur auprès des fidèles seulement s'ils sont promulgués par leur propre évêque, qui est leur juge naturel et immédiat. Les exceptions à cette règle sont très rares, on pourrait dire extraordinaires.
- L'évêque a le droit d'examiner les jugements et les décrets du pape en matière de doctrine autant qu'en matière de discipline ; il est « tutore e vindice » de la foi et des droits de sa propre église. L'auteur insiste sur les droits des évêques, qu'ils doivent défendre contre le despotisme de Rome.

87 § 18, p. 331-338.

POUR OU CONTRE
Guadagnini et Bolgeni

Il n'est pas sans intérêt de comparer les thèses de Tamburini avec celles d'un autre janséniste, l'archiprêtre de Cividate Camuno Giambattista Guadagnini. Leurs idées ne se recoupent pas parfaitement sur différents points. En effet, l'antiromanisme catholique n'est pas « un corps doctrinal suffisamment cohérent pour permettre une parfaite adéquation d'intérêts entre des sensibilités finalement très différentes », parfois différentes au sein du même courant de pensée[88]. Toutefois, le rapprochement des deux auteurs n'est pas forcé. Parmi les nombreux jansénistes lombards, même parmi ses collègues de la Faculté de Théologie de l'Université de Pavie, personne n'est aussi proche de Tamburini que cet archiprêtre de Cividate Camuno, un « curé de campagne » (il utilise lui-même ce pseudonyme), qui vit en Lombardie vénitienne, d'où Tamburini était originaire[89].

Guadagnini se fait le défenseur de Tamburini[90], mais manifeste cependant un esprit plus tridentin et cherche à sauvegarder un minimum d'équilibre, n'effaçant pas complètement le rôle du magistère romain[91]. Peut-être parce qu'il est un pasteur avant d'être un intellectuel, il

88 Sylvio de Franceschi, « Paolo Sarpi et Fulgenzio Micanzio. L'extrémisme catholique antiromain du début du XVIIe siècle », in : *id.* (dir.), *Antiromanisme doctrinal et romanité ecclésiale…*, *op. cit.*, p. 45-71, ici p. 50.

89 Mariano Comini, *Giovanni Battista Guadagnini. Un arciprete giansenista in Valle Camonica*, Brescia, Grafo, 1995 ; Giovanni Battista Guadagnini, *Lettere a Giambattista Rodella. Con schede delle opere edite ed inedite di G. B. Guadagnini*, Oliviero Franzoni, Giorgio Morelli, Leonello Santini (éd.), Brescia, Vannini, 1989 ; Santino Maruti, *Il caso Guadagnini (1723-1807). Tendenze parrochiste nell'ecclesiologia del giansenismo lombardo*, Thèse de doctorat en histoire religieuse, Université de Turin, 2003.

90 Voir ses nombreux petits ouvrages, publiés et inédits. On peut mentionner à titre d'exemple : *Lettera sulle due operette ultimamente stampate in Macerata, che portano il titolo l'una di "Esame della Vera idea della S. Sede" e l'altra "Del critico corretto"*, Plaisance-Crémone, Lorenzo Manini, 1786 ; quant aux inédits, Maruti mentionne : *Risposta a' "Brevi avvertimenti di Fra Marco di san Francesco carmelitano scalzo* […]" et *Risposta alla "Lettera di un Cattolico Romano a P.T.* […]", 6 maggio 1782, Brescia, Biblioteca Civica Queriniana, I.VI.25. Il existe aussi un document inédit de Guadagnini intitulé *Note apologetiche alla Vera idea della Santa Sede contro Bolgeni*, consulté en 1992. Les microfilms d'un Fond privé très important (manuscrits de Guadagnini, pour la plupart inédits) ont entre-temps disparu de la Biblioteca Plinio Fraccaro de l'Université de Pavie.

91 S. Maruti, *Il caso Guadagnini (1723-1807)…*, *op. cit.*, *passim.*

semble conserver un peu plus le sens de la tradition vivante de l'Église que Tamburini. Celui-ci, en effet, raisonne souvent de manière toute théorique ; même l'idéal de l'Église primitive est plus abstrait que réel. Toutefois, sur plusieurs questions, Guadagnini rejoint Tamburini. C'est le cas, par exemple, de l'obscurcissement des vérités dans l'Église ; au cours de l'histoire, elles peuvent être confiées à un petit nombre d'évêques et de fidèles, qui en sont les seuls dépositaires. Guadagnini évoque lui aussi le cas du pape Libère contre Athanase, véritable cheval de bataille des jansénistes, et ceux des papes Zosime et Honorius.

La polémique, comme chez Tamburini, se dresse contre le molinisme et contre la Compagnie de Jésus qui, bien que supprimée par Clément XIV, conserve son esprit et le répand par l'intermédiaire des ex-jésuites. Dans l'opposition du petit troupeau aux *novitates*, introduites subrepticement dans l'Église par les molinistes et les jésuites, réside pour Guadagnini l'espérance de voir un jour le triomphe de la vérité. C'est un thème qui revient souvent sous la plume de l'archiprêtre de Cividate pour défendre les idées du professeur de Pavie, notamment celles qui se trouvent dans l'*Analisi delle Prescrizioni*.

Fra Marco da san Francesco réplique à Tamburini que « avoir pour soi la *règle infaillible* est un droit exclusif de l'Église catholique romaine et des conciles œcuméniques, lorsqu'ils sont convoqués et confirmés par elle ; elle n'appartiendra jamais à quelques individus désobéissants[92] ». On courrait, sinon, le risque que les fidèles, qui ne sont pas des *doctores*, ne sussent plus que et qui croire, dans un contexte ecclésial où toute certitude vient à manquer : sur quel fondement affirmer par exemple, comme le fait Guadagnini, qu'il faut suivre les papes quand ils condamnent le molinisme ou certains auteurs jésuites, mais que leurs décisions sont dépourvues de validité quand ils condamnent les propositions de Quesnel ? « Tant que la controverse n'est pas décidée, les Écritures et la Tradition doivent servir à tous les théologiens dissidents pour savoir de quel côté se situent la raison et le tort[93]. »

---

92 « *l'aver dalla sua parte la* regola infallibile *è un privativo diritto della Cattolica Romana Chiesa e de' concilii ecumenici, quando sono da essa convocati e da ultimo confermati ; né questo sarà mai diritto di pochi non obbedienti privati* », *Brevi avvertimenti di fra Marco da san Francesco…*, *op. cit.*, p. 40.

93 « *Finché la controversia non è decisa, debbono le Scritture e la Tradizione servire a tutti i teologi dissidenti per conoscere da qual parte sia la ragione e il torto* », Giovanbattista Guadagnini, *Risposta alla "Lettera" del signor don Paolo Collini arciprete di Santa Maria Calchera di Brescia*, Assisi [Pavie], sans nom d'imprimeur [Galeazzi], 1783, p. 34 (cité par S. Maruti, *Il caso Guadagnini (1723-1807)…*, *op. cit.*

Cela vaut en matière de dogme, mais aussi en matière de discipline ; en effet, Guadagnini réduit au minimum le rôle magistériel du pontife, notamment dans les questions de discipline, sur lesquelles à plus forte raison il est possible de refuser l'obéissance[94]. Lorsque les ouvrages de Guadagnini se font l'écho et la défense de la pensée de Tamburini, son attention pastorale cède le pas à un discours très élitaire, en faveur des intellectuels, seuls capables de juger, d'accepter ou de refuser[95].

Ce n'est pas un hasard si, dans les ouvrages de Guadagnini, la bulle *Auctorem fidei* est rapprochée de l'*Unigenitus* et considérée avec méfiance et hostilité. Guadagnini parle souvent de la bulle de 1713 à propos des prérogatives du pape : « La bulle *Unigenitus* fonctionne pour tout, dans un cercle perpétuel ; si vous voulez défendre la bulle, invoquez l'infaillibilité pontificale, si vous voulez défendre l'infaillibilité pontificale, ayez recours à la bulle[96]. » Tout comme chez Tamburini, chez Guadagnini le pape ne possède pas la *plenitudo potestatis* et n'a que le rôle de *centrum unitatis*.

Le poids et les conséquences de ce discours sont remarquables dans le domaine de l'ecclésiologie, dans une période très difficile et très délicate pour Rome, qui donne parfois l'impression de souffrir de la fièvre obsidionale d'une citadelle assiégée. Tamburini apparaît comme un ennemi déclaré de Rome et de son pouvoir. En outre, il est favorable à un pouvoir politique qui revendique de plus en plus des droits sur la discipline ecclésiastique[97] ; son refus des prérogatives de Rome est une défense des droits des souverains. À en croire les curialistes, un grave danger menace l'Église de l'intérieur, celui de l'éclatement : sur ce point aussi, et même particulièrement sur ce point, le professeur de Pavie est tenu pour un ennemi de Rome. En réalité, Tamburini considère que

94 Voir par exemple à propos de la discipline : Giovanbattista Guadagnini, *Appendice al "Nuovo esame di alcuni testi del Concilio di Trento relativi all'assoluzione de' casi riservati" contra alcuni impugnatori di monsignor Litta* [...], Pavie, Pietro Galeazzi, 1789, *passim*.

95 Le Saint-Siège fait le choix contraire, « en faveur de sa propre dynamique et par-delà au profit d'un christianisme et d'une religiosité populaires, qu'il craignait de décevoir ou d'ébranler », Bruno Neveu, « Culture religieuse et aspirations réformistes à la cour d'Innocent XI », in : *id.*, *Érudition et religion...*, *op. cit.*, p. 266-267.

96 « *La bolla* Unigenitus *giuoca per tutto, e con un perpetuo circolo ; se volete difender la bolla, allegate l'infallibilità pontificia, se volete difender l'infallibilità pontificia, ricorrete alla bolla* », Giovanbattista Guadagnini, *Lettera sulle due operette ultimamente stampate in Macerata*, p. 56, cité par S. Maruti, *Il caso Guadagnini (1723-1807)...*, *op. cit.*

97 Comme s'il était possible d'imaginer une discipline « à l'état pur ». Voir les remarques pénétrantes de M. Cappellari (pape Grégoire XVI), *Il Trionfo della Santa Sede e della Chiesa...*, *op. cit.*, p. 55-56.

le rôle du Saint-Siège et du pape est important ; il attribue au pontife la fonction essentielle de garant de l'unité de l'Église fondée par Jésus-Christ. Mais d'autres réflexions se mêlent à son discours qui limitent de manière drastique les prérogatives du pape.

Chez Tamburini, la théorie suit une volonté de modifier la structure même du pouvoir ecclésiastique selon un modèle qui remonte à l'antiquité chrétienne et de restreindre les droits de l'Église de Rome dans plusieurs domaines ; il vise notamment à défendre les droits des évêques (et, à un moindre degré, ceux du bas clergé[98]). Les réflexions sur la papauté s'enchevêtrent étroitement avec les appréciations historiques sur les changements apportés à la curie après le concile de Trente, la cible est surtout la Bulle *Immensa aeterni Dei* du pape Sixte Quint[99]. Il faut remarquer par ailleurs que les attaques à la monarchie pontificale, à la fin des années 1770 et au début de la décennie suivante, se multipliaient aussi chez les auteurs jésuites, après la souscription du Bref *Dominus ac Redemptor* qui supprimait la Compagnie : livres et auteurs furent poursuivis avec détermination par Rome[100].

Des adversaires de la *Vera idea* se détache un ex-jésuite, Bolgeni[101], qui est l'un des auteurs les plus marquants de l'école romaine de théologie à la fin du XVIIIe siècle. Il aborde le sujet des prérogatives du pontife dans plusieurs de ses ouvrages[102], mais il attaque la *Vera idea*

98 Voir aussi la *Analisi del libro delle Prescrizioni*. À propos de la « *permanente oscillazione tra tendenze episcopalistiche e tendenze parrochistiche* » dans le jansénisme de la fin du XVIIIe siècle, en France comme en Italie, voir C. Fantappié, « Le dottrine teologico-canonistiche sulla costituzione della Chiesa nel Settecento », *op. cit.*, p. 832. Pour sa part, Mario Rosa considère que les idées développées sur ce point par la *Vera Idea* sont « *il limite estremo cui giungerà il riformismo giansenista nello scorcio del secolo* [...], *fermento davvero dissolutore della concezione gerarchica della Chiesa romana* », Mario Rosa, « Il Giansenismo », in : Gabriele De Rosa, Tullio Gregory, André Vauchez (dir.), *Storia dell'Italia religiosa, II. L'età moderna*, Rome-Bari, Laterza, 1994, p. 231-269, ici p. 245-246 ; voir aussi *ibid.*, pour l'influence du richerisme en Italie.

99 Par exemple P. Tamburini, *Vera idea...*, *op. cit.*, p. I, chap. IV, § 4, p. 103.

100 Giuseppe Pignatelli, *Aspetti della propaganda cattolica a Roma da Pio VI a Leone XII*, Rome, Istituto per la Storia del Risorgimento Italiano, 1974, p. 25-31.

101 Voir les notices biographiques de Renzo De Felice, in : *DBI*, vol. XI, 1969, p. 274-277 ; Mario Zanfredini, *DHCJ* vol. I, p. 476 ; Louis Jadin, in : *Dictionnaire d'histoire et de géographie ecclésiastiques*, vol. 9, Paris, Letouzey et Ané, 1937, col. 612-613 ; P. Bernard, in : *Dictionnaire de théologie catholique*, Paris, Letouzey et Ané, 1932, t. 2/1, col. 944-947.

102 Par exemple *Fatti dommatici, ossia Della infallibilità della Chiesa nel decidere sulla dottrina buona o cattiva de' libri*, Brescia, Bossini, 1788.

tout particulièrement dans l'*Esame della vera idea*[103]. Il n'est pas possible ici d'examiner tous les arguments de Bolgeni. Nous nous bornerons à souligner quelques passages majeurs.

Son attaque contre un court passage de la *Vera Idea*, dans lequel l'auteur met sur le même plan les apôtres Pierre et Paul, une proposition que le pape Innocent X avait condamnée en 1647[104], s'avère intéressante. L'auteur n'accuse pas d'hérésie le professeur de Pavie, mais il souligne le fait qu'en matière de théologie « un théologien doit parler avec toutes les précautions et la plus grande exactitude[105] ». Bolgeni reproche à Tamburini un manque d'exactitude en plusieurs occasions, par exemple dans les fréquentes expressions favorables à Edmond Richer sur le sujet de la *potestas ecclesiastica.*

Contre les droits du bas clergé, Bolgeni apporte des preuves historiques à son avis cruciales. Il met aussi en relief la raison pour laquelle cette doctrine est si chère aux appelants de France : « car elle teinte de légitimité et de force leurs appels, qui s'appuieraient autrement sur un nombre très restreint d'évêques[106] ». À l'appui de sa critique, il invoque l'autorité de Tertullien, contre l'usage qu'en fait Tamburini dans l'*Analisi.* La bataille se déroule donc sur le même terrain, à la recherche des *monumenta traditionis.*

Bolgeni s'acharne contre l'application au thème de l'infaillibilité de la distinction entre *sedes* et *sedens*, dont il montre quelques limites. Tamburini reconnaît au pape un primat, cela est indéniable, mais sa manière de la concevoir est inacceptable. L'auteur insiste longuement sur ce point[107] et affirme au contraire :

---

103 Giovanni Vincenzo Bolgeni, *Esame sull'opera intitolata Vera Idea della Santa Sede* ; nous citons d'après la quatrième édition, *Con aggiunta di risposta agli Annali Ecclesiastici di Firenze e di nuove annotazioni dell'autore*, Rome, Tipografia del Collegio Urbano, 1836 ([1]1785).

104 Adriano Garuti, *S. Pietro unico titolare del primato. A proposito del decreto del S. Ufficio del 24 gennaio 1647*, Bologne, Edizioni Francescane, 1993 ; Bruno Neveu, « Saint Paul et Rome. À propos d'une controverse sur la primauté pontificale », in : *Homo Religiosus. Autour de Jean Delumeau*, Paris, Fayard, 1997, p. 446-452.

105 « *un teologo deve parlare con tutte le cautele e con somma esattezza* », G. V. Bolgeni, *Esame sull'opera intitolata Vera Idea…*, *op. cit.*, § 36, p. 55 (contre la *Vera Idea*, p. 153 : « *Questi due Apostoli avevano certamente l'autorità più grande e più sublime nella Chiesa di Dio* […]. *La provvidenza* […] *condusse quei due apostoli a Roma : essendo ivi morti nello stesso giorno, ha riunito nella persona di S. Lino* […] *tutta l'autorità di quei due Apostoli* »).

106 « *perché dà qualche colore di legittimità e di forza ai loro appelli, i quali altrimenti resterebbero appoggiati sopra un picciolissimo numero di vescovi* ».

107 *Ibid.*, *passim*, notamment aux p. 61 *sq.*

> Le pape reçoit son pouvoir épiscopal directement de Jésus-Christ, mais sans limite de territoire, de matières et de nombre de personnes, et n'est subordonné à personne sur terre [...]. Voilà la distinction et la prérogative propre à la primauté[108].

Il s'agit d'une primauté qui comporte des prérogatives et des droits essentiels, parmi lesquels figure le droit de convoquer les conciles, de les présider, d'en confirmer les décrets[109]. Le concile n'est pas supérieur au pape, dont l'infaillibilité n'est pas contradictoire avec l'exclusion de tout despotisme. Bolgeni insiste sur l'importance de l'excathédralité, qui seule oblige les fidèles à se soumettre « avec intelligence et avec une véritable foi intérieure en toutes les décisions du pape[110]. » S'il faut, au contraire, obéir au pape seulement si celui-ci se conforme à la foi de l'Église entière, « qui m'instruira, qui me garantira quand le Pape, par ses décisions, agit au nom de l'Église et quand il ne le fait pas[111] ? » Il y a chez l'auteur une sensibilité très forte à l'égard des fidèles et de leurs difficultés. Il y aussi la constatation que, comme l'histoire, surtout celle des deux derniers siècles le prouve abondamment, « nous n'aurons jamais cette PLEINE, cette ENTIÈRE concorde entre toutes les Églises, dans la manière et dans le sens que le seigneur Tamburini réclame[112] ». Cela n'est jamais arrivé, cela ne pourra jamais avoir lieu : attendre cet impossible accord ne peut qu'entraîner le discrédit pour chaque décision de l'Église. Que reste-t-il du primat pontifical chez Tamburini ? « Le véritable pouvoir de juridiction et de commandement [...] a été sublimé au fur et à mesure sous sa plume, presque comme à travers un alambic avant de s'évanouir en fumée[113] ».

108 « *Il Papa ha la potestà episcopale immediatamente da Gesù Cristo, ma senza limiti di territorio, di materie, e di numero di persone, e non subordinata a veruno in terra* [...]. *Ecco la distinzione e prerogativa propria della primazia* », *ibid.*, § 56, p. 83.

109 *Ibid.*, § 118-128, p. 171-186.

110 « *coll'intelletto e con vera fede interna a tutte le decisioni del papa* », § 91, p. 130. Pour une définition des « *decreti solenni et ex cathedra* », voir G. A. Orsi, *Della infallibilità e dell'autorità del Romano Pontefice...*, *op. cit.*, p. 306.

111 « *chi mi istruirà, chi mi assicurerà quando il Papa colle sue decisioni agisce in nome della Chiesa, e quando no ?* »

112 « *non si avrà mai quella* PIENA, *quella* PERFETTA *concordia tra tutte le Chiese, nel modo e nel senso che il signor Tamburini richiede* », G. V. Bolgeni, *Esame sull'opera intitolata Vera Idea...*, *op. cit.*, § 98-99, p. 138 et 142.

113 « *La potestà vera di giurisdizione e di comando* [...] *si è andato sublimando poco a poco sotto la penna di lui quasi per lambicco, ed è svanita in sottilissimi vapori* », *ibid.*, § 139, p. 196. Toute la page mérite d'être lue, pour son efficacité.

CONCLUSION

Primauté, monarchie, infaillibilité. La discussion autour de ces thèmes est cruciale. Le problème majeur pour Rome à cette époque est celui de son autorité. Les doctrines ecclésiologiques sont encore mal codifiées[114]. Il y a les opposants jansénistes (et le synode de Pistoia ne fera que renforcer l'hostilité de Rome envers eux). Il y a ceux qui veulent une réforme de l'Église par l'autorité politique : il s'agit souvent des jansénistes mêmes, liés au pouvoir politique par une alliance ambiguë[115]. Ils entrent en conflit avec ceux qui soutiennent les prérogatives du pontife et ceux qui lui reconnaissent aussi l'infaillibilité (ceux que les *Annali ecclesiastici* appellent les « fidèles adeptes de l'infaillibilité pontificale[116] »). Ce processus théologique, commencé depuis très longtemps, s'oriente toujours plus vers la primauté et la monarchie pontificale, mais aussi vers l'infaillibilité[117]. L'inflation de ce concept est progressive, même si sa compréhension reste souple.

---

114 Il s'agit, du point de vue de la théologie de l'épiscopat, d'une conséquence des incertitudes du Concile de Trente sur le sujet. « *Si è in presenza di un'impostazione pratico-morale piuttosto che di una proposta spirituale e teologica* [...]. *Il concilio si è lasciato guidare dalle immediate esigenze della lotta anti-protestante e della riforma ecclesiastica, tralasciando le opzioni di fondo più impegnative e anche meno agevoli* » : Giuseppe Alberigo, « L'episcopato nel cattolicesimo post-tridentino », *Cristianesimo nella Storia*, 6, 1985, p. 71-91, ici p. 77 et 80. Sur les conciles, voir Pietro Caiazza, *Tra Stato e Papato. Concili provinciali post-tridentini (1564-1648)*, Rome, Herder, 1992. Sur l'opinion différente d'Alphonse Dupront, voir *infra*.

115 Maurizio Bazzoli, *Il pensiero politico dell'assolutismo illuminato*, Florence, La Nuova Italia, 1986.

116 « *cultori devoti della pontificia infallibilità* », « Annali ecclesiastici » n° 19, 12 mai 1786 ; le texte se trouve aussi dans G. V. Bolgeni, *Esame sull'opera intitolata Vera Idea...*, *op. cit.*, p. 234.

117 Selon Alphonse Dupront, le concile de Trente a puissamment contribué à consolider l'autorité suprême du magistère romain. Il parle aussi d'une « concentration latente, souvent inconsciente, autour de Rome » qui aboutit finalement en 1870 à « inscrire la romanité comme une note sacrale de l'Église catholique ». Voir Alphonse Dupront, « De l'Église aux temps modernes », in : *id.*, *Genèses des temps modernes. Rome, les Réformes et le Nouveau monde*, Paris, Seuil-Gallimard, 2001, p. 283-305, ici p. 303-305. Une étape importante est constituée par le pontificat de Benoît XIV, selon qui le jugement du pontife dans les constitutions dogmatiques qui touchent à la foi est définitif et irréformable (y compris les canonisations des saints et l'interprétation de l'Écriture Sainte). Voir Tarcisio Bertone, *Il governo della Chiesa nel pensiero di Benedetto XIV (1740-1758)*, Rome, Libreria Ateneo Salesiano, 1977, p. 72-74.

On a souligné qu'à cette époque, la lutte va se radicaliser entre deux « partis, qui ont comme ligne de démarcation le respect ou le refus de l'autorité de juridiction du pape[118] ». C'est dans ce contexte que se déclenche la bataille autour de l'infaillibilité. Tous les philo-romains s'accordent pour affirmer la nécessité inéluctable de soutenir la juridiction universelle du pontife et son autorité sur toute l'Église, même si parfois un léger décalage se ressent entre leurs points de vue. Moins d'unanimité autour de l'infaillibilité. Mais les arguments que le cardinal Orsi, de manière très forte, avait apportés en faveur de l'infaillibilité ne sont plus, à la fin du XVIIIe siècle, un phénomène isolé. D'un autre côté, il ne faut pas s'imaginer une crispation exagérée : en réalité, l'école romaine, bien qu'animée par une fidélité totale au pontife, fonde l'ecclésiologie de la primauté sur la tradition patristique et reconnaît le régime de communion entre le collège épiscopal et le souverain pontife. De cette manière, l'école romaine « fournit une contribution majeure au thème de l'infaillibilité[119] ».

Les contestations au sein même de l'Église et les attaques extérieures parfois violentes ont finalement provoqué un affermissement plutôt qu'un affaiblissement de l'Église et de la papauté[120]. C'est une guerre de Troie qui, malgré le péril qui vient subrepticement de l'intérieur, se termine par le triomphe de la ville assiégée et par le recentrement romain de l'Église catholique. C'est l'échec de cette décentralisation, prônée par plusieurs figures des mondes politique et ecclésiastique, qui représentait l'Église comme « *a congeries of particular churches*[121] ».

La défense à outrance de Rome, à la fin du XVIIIe siècle, entraîne généralement avec elle l'idée d'infaillibilité. Dans l'esprit de plusieurs ecclésiastiques, l'idée se fait jour, et s'enracine toujours plus, selon laquelle l'Église ne triomphera des difficultés croissantes qu'en se resserrant autour

118 « *schieramenti, che avranno ormai come linea di demarcazione il rispetto o il rifiuto dell'autorità di giurisdizione del papa* », G. Pignatelli, *Aspetti della propaganda cattolica…*, *op. cit.*, p. 35.

119 Bruno Neveu, *L'erreur et son juge. Remarques sur les censures doctrinales à l'époque moderne*, Naples, Bibliopolis, 1993, p. 28-29.

120 Il paraît que Tamburini lui-même n'a pas voulu faire imprimer en 1799 les *Praelectiones de Ecclesia Christi* (publiées posthumes en 1839) en conséquence du fait que Pie VI était prisonnier. Voir P. Stella, « Pietro Tamburini nel quadro del giansenismo italiano », *op. cit.*, p. 198.

121 William J. Bouwsma, « Gallicanism and the Nature of Christendom », in : Anthony Molho, John A. Tedeschi (dir.), *Renaissance Studies in Honor of Hans Baron*, Florence, Sansoni, 1971, p. 809-830, ici p. 817-820.

d'un pape doté de la plus grande autorité possible : non seulement d'une souveraineté reconnue et indiscutable, mais, d'après la terminologie de l'époque, du « privilège » de l'infaillibilité, qui s'étend bien au-delà de la pure et simple sauvegarde du *depositum fidei*. La *traditio viva et continuativa* s'affirme toujours plus contre les adversaires, même au moment où l'on a l'impression de sa défaite. Force est de reconnaître qu'après maintes batailles, le rôle de Rome dans la conservation et dans l'interprétation des vérités de foi et de morale s'est accru[122]. Mauro Cappellari affirme :

> Il paraîtra peut-être étrange à certains, voire de mauvais conseil, que tandis que les bons pleurent la désolation du sanctuaire, le mépris, le dépouillement, la dispersion des pasteurs sacrés, l'exil, la captivité, les insultes du prêtre suprême, laissé par la Divinité elle-même à la merci de ses impitoyables ennemis ; qu'en somme, tandis que le Siège apostolique semble vaciller, et que l'Église gémit sous le poids de sa captivité, je cherche à montrer l'Église et le siège apostolique triomphant de leurs ennemis[123].

Les tourments de l'Église de Rome au cours de l'époque révolutionnaire, comme le futur Grégoire XVI en a eu l'intuition, n'auront fait que renforcer le processus d'affermissement de l'orthodoxie romaine.

---

122 B. Neveu, « Juge suprême et docteur infaillible… », *op. cit.*, p. 441.

123 « *Sembrerà forse a taluno cosa strana, anzi fuor di consiglio, che, mentre piangono i buoni la desolazione del santuario, il disprezzo, lo spoglio, la dispersione dei sacri pastori, l'esilio, la prigionia, gli insulti del sommo Sacerdote, lasciato dalla stessa Divinità in balia de' suoi spietati nemici ; che mentre in somma l'apostolica Sede pare che vacilli, e geme la Chiesa sotto il peso di sua cattività, io intraprenda a mostrare e la Chiesa e la sede apostolica come trionfanti de' loro nemici* », M. Cappellari (pape Grégoire XVI), *Il Trionfo della Santa Sede e della Chiesa…*, *op. cit.*, p. VII. Daniele Menozzi (« Intorno alle origini del mito della cristianità », *Cristianesimo nella Storia*, 5, 1984, p. 523-562, ici p. 562) écrit : « *S'inaugurava la lunga stagione dei pontefici che avrebbero indicato nel ritorno alla ierocratica società medievale la risposta cristiana ai problemi contemporanei* ». En réalité, Mauro Cappellari ne veut, au fond, ni reconsidérer le Moyen Âge, ni trouver de solution aux problèmes de son époque. Son but est de répliquer aux adversaires du Saint-Siège (notamment Le Gros et Tamburini, mais aussi Opstraet et Guadagnini…) et de montrer que la papauté, bien qu'apparemment flétrie, triomphe sur ses adversaires, selon les promesses du Christ. Une quinzaine d'années auparavant, Fuensalida mettait en conclusion de son ouvrage cette citation : « *Catholica apostolicaque Ecclesia super de suis oppugnatoribus triumphavit* » (*Osservazioni critico-teologiche…*, *op. cit.*, p. 261). Voir B. Neveu, « Juge suprême et docteur infaillible… », *op. cit.*, p. 441, et aussi Philippe Boutry, « Tradition et autorité dans la théologie catholique au tournant des XVIIIe et XIXe siècles », in : Jean-Dominique Durand (dir.), *Histoire et théologie*, Paris, Beauchesne, 1994, p. 59-82 ; Marc Fumaroli, « Temps de croissance et temps de corruption : les deux Antiquités dans l'érudition jésuite française du XVIIe siècle », *XVIIe siècle*, 33, 1981, n° 131, p. 149-168.

L'INFLUENCE DE LA FRANCE, DU SYNODE DE PISTOIA À *AUCTOREM FIDEI*

Dans l'Italie du XVIIIᵉ siècle, la connaissance des hommes de lettres de l'hexagone était généralement excellente car, à cette époque, le français était la langue de la culture. La diffusion des livres de théologie, de religion et de dévotion est remarquable et mériterait une analyse détaillée. Cela est vrai pour les textes jansénistes ou gallicans, dont la circulation est importante et dont on peut aisément constater l'influence, mais aussi pour les auteurs appartenant à un tout autre versant idéologique et théologique. Les ouvrages des érudits français jouent souvent un rôle de premier plan dans les controverses religieuses du XVIIIᵉ siècle en Italie. Jansénistes et antijansénistes y puisent à pleines mains les matériaux pour leurs argumentaires doctrinaux, ainsi qu'une riche documentation érudite, bien exploitée dans les conflits théologiques. Nous prendrons en considération la seconde moitié de ce siècle, notamment la période allant du synode de Pistoia de 1786 à la bulle *Auctorem Fidei* publiée par Pie VI en 1794, après de longs travaux préparatoires.

Concernant l'enseignement de l'histoire ecclésiastique, les auteurs auxquels il est fait référence à la Faculté de Théologie de l'Université de Pavie – l'un des principaux centres du jansénisme italien – sont tout spécialement, surtout après 1786, Claude Fleury, Louis-Sébastien Le Nain de Tillemont et Louis Ellies Dupin. Dans une *Nota de' libri che abbisognano a' professori di teologia morale* relative à l'enseignement de l'histoire ecclésiastique, figure en 1770 l'œuvre de Fleury, à côté de celle de Bossuet. Giuseppe Pujati, moine janséniste, voulant présenter un modèle idéal de bibliothèque dans une perspective anti-romaine, signale par conséquent que les ouvrages de Bossuet et Fleury ne peuvent en être absents[1]. En outre, dans le *De fontibus sacrae theologiae*, Pietro

1 M. Bernuzzi, *La Facoltà Teologica dell'Università di Pavia...*, *op. cit.*, *passim*.

Tamburini, professeur dans cette même Faculté, propose entre autres la lecture des ouvrages de Bossuet[2].

Les *Mémoires pour servir à l'histoire ecclésiastique des six premiers siècles* de Le Nain de Tillemont circulent dans l'Italie du XVIIIe siècle, même s'il n'existe aucune traduction italienne ; une édition en langue française a néanmoins été publiée à Venise en 1732.

La diffusion des ouvrages de Fleury et de Le Nain de Tillemont dans la période 1660-1750 est bien connue[3]. Le phénomène se poursuit au-delà car dans la seconde moitié du XVIIIe siècle, on continue de lire Tillemont malgré l'absence de réédition. Un autre auteur très souvent mentionné est Noël Alexandre. Le *Discours sur l'histoire universelle* de Bossuet s'est vu loué par Scipione de' Ricci, qui en prône la lecture dans son *Istruzione pastorale sulla necessità e sul modo di studiare la religione* : « *Il Discorso sulla Storia universale di mons. Bossuet non sarà mai lodato abbastanza*[4] ». Cet ouvrage a été traduit en italien dès 1715[5] et son importance est remarquable.

Du point de vue de l'histoire de l'Église, c'est encore Fleury qui se taille la part du lion. Il ne s'agit toutefois pas essentiellement d'un problème d'érudition, par la nature des textes et des intentions de leurs auteurs. Le Nain de Tillemont, par exemple, fait œuvre d'une érudition extraordinaire, aujourd'hui encore très importante pour les savants, mais l'un de ses buts est d'exalter l'Église des origines, qui est conçue comme un modèle unique et exceptionnel[6]. Le dominicain Noël Alexandre, quant à lui, s'aligne plus sur le parti philo-janséniste, conformément à ses idées rigoristes et anti-romaines[7] : « Dominicain, rigoriste [...]

---

2 Paola Vismara, « Bossuet en question. Ecclésiologie et politique en Italie au XVIIIe siècle », in : Anne-Elisabeth Spica (dir.), *Bossuet à Metz (1652-1659). Les années de formation et leurs prolongements*, Berne-Berlin-Bruxelles, Peter Lang, 2005, p. 305-318. Aussi dans le présent volume.

3 Françoise Waquet, *Le modèle français et l'Italie savante. Conscience de soi et perception de l'autre dans la République des lettres, 1660-1750*, Rome, EFR, 1989.

4 P. Stella (dir.), *Atti e decreti del concilio diocesano di Pistoia dell'anno 1786*, *op. cit.*, vol. I, *Ristampa dell'edizione Bracali*, Florence, Olschki, 1986, p. 83.

5 Jacques Bénigne Bossuet, *Discorso sopra la storia universale*, Venise, Paolo Baglioni, 1715.

6 Cela est, en général, l'un des objets des critiques romaines au XVIIe siècle. Voir par exemple : ACDF, Index, *Protocolli* 1788-1790, fasc. 24, « *Summarium propositionum opusculi inscripti Il dormitanzio* [...] *theologica censura inurendarum* », f° 134r°-151v°, 10 août 1789, où l'on fait mention aussi d'auteurs français.

7 Alberto Vecchi, *Correnti religioso nel Sei-Settecento veneto*, Venise-Rome, Istituto per la collaborazione culturale, 1962, p. 348.

il écrit un latin fort élégant qui nourrit historiquement pendant des décennies de nombreux savants et gens cultivés de l'Europe catholique (mais pas seulement...), qui furent plus souvent attirés par son penchant militant que par la sérénité de sa réflexion[8]. »

L'Histoire ecclésiastique de Claude Fleury n'est pas toujours non plus objective et impartiale. Son ouvrage, dont les accents pédagogiques sont considérés comme importants, remporte un succès remarquable en Italie. Gallican, Fleury ne connaît pourtant pas les fureurs d'un Louis Ellies Dupin[9]. La Curie romaine contrecarre sans succès la traduction italienne (dont les premiers volumes sont publiés en 1766) ; le Nonce à Venise essaie de s'opposer à sa publication, mais en vain[10]. Une traduction italienne par les soins de Gaspare Gozzi, un savant de renom, paraît à Gênes entre 1769 et 1783.

L'opposition de l'Église n'est peut-être pas dénuée de toute justification ; un auteur tel Vittorio Alfieri affirme avoir perdu la foi à la suite de la lecture de cet ouvrage[11]. Toujours est-il qu'il connaît un franc succès ; au tout début du XIXe siècle, le janséniste Vincenzo Palmieri écrit au sujet de l'histoire ecclésiastique que le modèle à imiter demeure Fleury : « *Niuno siccome lui scrisse giammai la storia della Chiesa*[12] ».

Entre-temps, Rome n'est pas restée inactive. On confie à un rigoriste, le dominicain Giuseppe Agostino Orsi (nommé par la suite cardinal), la tâche de répondre à Fleury. Son *Istoria ecclesiastica* paraît à Rome en 1747 et recueille un large consensus dans les milieux « romains ». Cet ouvrage propose une histoire de l'Église marquée par la fidélité de la doctrine, par une érudition à la hauteur des temps et par un style

8 « *Domenicano, rigorista, antiromano, scrive in un latino di rara eleganza e diviene l'alimento "storico" di cui si nutrirono per decenni nell'Europa cattolica (e non solo...) schiere di studiosi e di persone colte, anche se spesso attirate dal penchant militante più che dalla serenità degli studi* », Alberto Prandi, « La storia della Chiesa tra Sei e Settecento : apologetica ed erudizione », in : *Problemi di storia della Chiesa nei secoli* XVIIe *e* XVIIIe, Naples, Dehoniane, 1982, p. 13-38, ici p. 33 *sq.*

9 *Ibid.*

10 À propos de l'édition de Venise : Mario Infelise, *L'editoria veneziana nel '700*, Milan, Franco Angeli, 1989, p. 120-122.

11 Mario Rosa, « Riformismo religioso e giansenismo in Italia alla fine del Settecento », in : P. Corsini, D. Montanari (dir.), *Pietro Tamburini e il giansenismo lombardo*, *op. cit.*, p. 1-30, ici p. 21.

12 Vincenzo Palmieri, *Discorso preliminare alle lezioni di storia ecclesiastica*, Gênes, Delle Piane, 1805, p. 12, cité par Carmelo Caristia, *Riflessi politici del giansenismo italiano*, Naples, Morano Editore, 1965, p. 178.

agréable. L'histoire de l'Église y est narrée du point de vue de Rome, à partir d'une solide érudition, ce qui n'a cependant pas empêché ce que Mario Rosa appelle la « marche triomphale » de *l'Histoire ecclésiastique* de Fleury[13]. Au début des années 1780, Giovanni Marchetti, un polémiste lié à la curie romaine, forme le projet de réfuter d'une manière directe l'œuvre de Fleury, encore très lue et tenue pour dangereuse. Il écrit un *Saggio critico sopra la storia ecclesiastica del sig. abate Claudio Fleury* (1780) et notamment une *Critica della Storia ecclesiastica e de' discorsi del sig. Abate Claudio Fleury* (1782-1783).

Le poids des auteurs français est incontestable dans la « guerre des catéchismes », que l'on connaît assez bien dans ses grandes lignes. Au cœur de cette dispute se retrouve souvent le monde ecclésiastique français, autant sur les textes suggérés que sur ses orientations, comme par exemple l'insistance sur le droit des évêques à concevoir des catéchismes pour leur diocèse. En réalité, ce phénomène n'est pas récent, même si des marques évidentes de sa présence parsèment les dernières décennies du XVIIIe siècle.

Au cours des débats sur les catéchismes lors desquels se manifeste la préférence de plusieurs évêques envers les textes français, certains éléments différents se font jour : le jansénisme, le rigorisme, les droits des évêques et ceux des curés, dont le choix porte souvent à séparer la théologie et l'histoire sacrée etc. Presque toute l'Italie est concernée par ces phénomènes, la Lombardie (en particulier du fait de la politique ecclésiastique des souverains) et la Toscane (avec Scipione de' Ricci notamment) étant les plus affectées. Le *De Glaris catechistis* de Giovanni Andrea Serrao, évêque de Potenza, qui montre une inclination pour le jansénisme et le régalisme, se fonde sur les principaux catéchismes français des XVIIe et XVIIIe siècles, dont celui de Mésenguy. À Florence l'archevêque Antonio Martini – qui n'est aucunement janséniste – ressent l'influence de Bossuet et de Nicole et apprécie le catéchisme de Pouget-Colbert. Les soupçons de jansénisme fondés sur le « grand catéchisme » aboutirent à mettre à l'Index ce texte rigoriste que Prospero Lambertini – Benoît XIV – lui-même a apprécié dans sa version latine. Ce catéchisme est également à la base de la *Breve esposizione e compendio della dottrina cristiana* composée en 1772 pour le diocèse de Novara par ordre de l'évêque Marco Aurelio Balbis Bertone. De même, le *Catéchisme historique* de Claude Fleury se

13 M. Rosa, « Riformismo religioso... », *op. cit.*, p. 21.

diffuse largement[14]. Le catéchisme de Montazet reçoit quant à lui les louanges de plusieurs évêques de Toscane et se voit traduit en italien sous le titre de *Catechismo per i fanciulli ad uso delle città e diocesi di Cortona, Chiusi e Pienza, Pistoia, Prato e Colle.*

Les débats les plus passionnés et orageux concernent le texte de Mésenguy. La traduction italienne du catéchisme paraît à Naples entre 1758 et 1760. Les opinions à Rome ne sont pas unanimes ; Giovanni Bottari, par exemple, y est favorable, ce qui n'étonne pas, dans la mesure où il avait été le promoteur de l'édition de Naples ; cet avis est partagé par quelques cardinaux, notamment Domenico Passionei. En fin de compte, le catéchisme est mis à l'Index en 1761 ; on raconte que son interdiction est la cause de la mort du cardinal Passionei[15].

L'Institution et instruction chrétiennes[16] ou *Catéchisme de Naples* est l'œuvre de Pierre-Étienne Gourlin. Les éditions en langue italienne sont nombreuses ; celle de 1783 est mise à l'Index, tandis que la dernière, en 1828, présente sous le titre *Istruzione sulle verità cristiane in forma di catechismo* des nouveautés : à la fin de chaque tome, on trouve en effet des commentaires apportant des nuances et des précisions sur certains points, afin de rendre le texte cohérent avec la bulle *Auctorem Fidei* de 1794[17]. Plusieurs propositions que la bulle a condamnées sont donc signalées et corrigées.

Le texte de la deuxième session du synode de Pistoia est constitué de la *Lettera circolare* que Pietro Leopoldo de Toscane a adressée aux évêques au début de l'année 1786, accompagnée de 57 *Punti ecclesiastici.* Le point 54 concerne la bibliothèque des curés ; parmi les catéchismes suggérés figurent les textes de Gourlin et de Mésenguy. Les décrets du synode mentionnent l'ouvrage de Gourlin comme « *bellissimo catechismo* » ; plusieurs catéchismes français sont mentionnés, notamment celui de Montazet, auquel on fait référence comme à un texte essentiel : « les maximes solides de la religion, l'onction dont ces livres merveilleux sont remplis seront pour nos pasteurs une raison suffisante pour ne pas les abandonner à la légère et les

14 En réalité, du point de vue de la didactique, les textes les plus exploités sont les deux petits ouvrages de Claude Fleury sur les *Costumi degl'israeliti* et *Costumi de' cristiani.*

15 Pietro Braido, *Lineamenti di storia della catechesi e dei catechismi. Dal "tempo delle riforme all" età degli imperialismi (1450-1870)*, Turin, Elledici, 1991, p. 287-290.

16 Pierre-Étienne Gourlin, *Institution et instruction chrétiennes dédiées à la Reine des Deux-Siciles*, Naples-Paris, Paul Simoné, 1776.

17 P. Stella (dir.), *Atti e decreti del concilio diocesano di Pistoia…*, *op. cit.*, vol. II, p. 211 *sq.*

remplacer par d'autres peut-être moins utiles et édifiants[18] ». La question des catéchismes est importante : en dernière analyse, elle pose le problème de l'instruction des fidèles à la lumière de la « *sana dottrina* ».

À cette époque, on peut saisir l'écho d'auteurs français à différents niveaux, dont nous allons examiner deux épisodes : le synode de Pistoia et la réponse de Rome.

Le Synode de Pistoia est considéré comme l'apogée du jansénisme dans l'Italie du XVIIIe siècle, mais aussi comme « l'ultime débouché du jansénisme du dix-huitième siècle dans sa progressive radicalisation épiscopaliste et paroissiale[19] ». Scipione de' Ricci, l'évêque de Pistoia et Prato qui a convoqué le synode diocésain, manifestait depuis longtemps son inclination pour ce courant ainsi que pour le régalisme. Son *Istruzione sui doveri dei sudditi verso il sovrano* (1784), qui figure aussi en annexe aux *Actes* du synode[20], repose largement, même dans l'appareil érudit, sur la *Defensio cleri gallicani* de Bossuet et sur le *Traité de la puissance ecclésiastique et temporelle* de Louis Ellies Dupin[21]. Il ne s'agit que d'un exemple, qui toutefois montre de manière efficace les orientations de Scipione de' Ricci.

Dans le décret « *Della fede e della chiesa* » de la session III du synode, on déclare reconnaître la véritable autorité de l'Église et, en même temps, rejeter « tout ce que les passions des siècles derniers y ajoutèrent, ayant la conviction que l'Église ne doit aucunement entrer dans la sphère des droits temporels de la souveraineté, établie d'emblée par Dieu[22] ». Immédiatement après, le synode proclame l'adhésion aux quatre articles de l'Église gallicane, qu'il déclare professer et indique comme « *principi così bene definiti dal rispettabile clero di Francia*[23] ». De toute évidence, on cherche à établir un lien étroit avec l'Église gallicane. Vincenzo Palmieri

18 « *Le sode massime di religione, l'unzione di cui sono ripieni questi aurei libri, saranno per i saggi pastori un bastante motivo, onde non s'inducano così di leggieri ad abbandonarli, per surrogarne ad essi altri forse meno utili ed edificanti* », *Ibid.*, vol. I, session V, n° XXIV, p. 179.

19 « *sbocco finale dell'intero giansenismo settecentesco, nella sua progressiva radicalizzazione episcopalista e parrochista* » M. Rosa, « Il movimento riformista liturgico, devozionale, ecclesiologico, canonico, sfociato nel sinodo di Pistoia », *Concilium*, 2, 1966, fasc. 5, p. 113-127, p. 115.

20 P. Stella (dir.), *Atti e decreti del concilio diocesano di Pistoia…*, *op. cit.*, vol. I, p. 93-107.

21 *Ibid.*, vol. II, p. 375. *Cf.* aussi Jacques Gres Gayer, « Un théologien gallican, témoin de son temps : Louis Ellies Dupin (1657-1719) », *Revue d'Histoire de l'Église de France*, 72, 1986, p. 67-121.

22 « *tuttociò che vi aggiunsero le passioni nei secoli posteriori, persuaso che non appartenga alla Chiesa entrare nei temporali diritti della sovranità, stabilita immediatamente da Dio* ».

23 P. Stella (dir.), *Atti e decreti del concilio diocesano di Pistoia…*, *op. cit.*, vol. I, session III, § 1, n° XIV-XVII, p. 80-83.

et plusieurs membres du clergé du diocèse de Pistoia connaissent très bien la *Cleri gallicani de ecclesiastica potestate declaratio*, qui figure dans plusieurs textes, dont le *Traité de la puissance ecclésiastique et temporelle* de Louis Ellies Dupin, publié en traduction italienne à Venise en 1770[24].

Sa nouveauté en Italie est pourtant manifeste. Dans une congrégation préparatoire[25], le canoniste Aldobrando Paolini présente les répercussions négatives de l'application des principes gallicans et « *imbarazzo delle coscienze* » qui en dériverait. Le curé Marco Vivarelli nie souscrire à plusieurs sessions (il sera destitué de sa charge de curé en fin d'année)[26]. Il soumet ses doutes, dont le onzième porte exactement sur ce problème, et refuse l'assertion selon laquelle l'Église gallicane doit constituer la norme de conduite de l'Église de Pistoia ; au contraire, « L'Église de Rome [fut] par nous-mêmes déclarée mère et maîtresse des autres Églises[27] ». Francesco Tolomei, de l'Oratoire de Philippe Neri et bibliothécaire de la Fabroniana (lui aussi fait partie des participants au synode qui refusent de souscrire à plusieurs décrets)[28], écrit le 20 septembre 1786 à Pietro Tamburini pour expliquer sa difficulté devant un texte proposant comme modèle l'Église gallicane[29]. La réponse est confiée à Giovanni Guglielmo Bartoli, un ex-dominicain très lié à Ricci, qui depuis longtemps s'était prononcé en faveur de la création d'une Église nationale de Toscane affranchie de la « tyrannie » de Rome. Tolomei refuse l'assimilation de l'église de Pistoia à l'Église gallicane. Bartoli répond qu'il ne faut pas supposer que l'« Église de Pistoia ait toujours été rebelle envers ses souverains[30] » ; au contraire, « nous n'avons jamais accepté les ordonnances de Rome sans le concours favorable du souverain [...] Rome n'est rien d'autre pour nous qu'un primat, un chef ministériel de l'Église, lequel ne peut ni violer les canons de l'Église universelle, ni troubler les droits divins de notre souverain, ni offenser ceux de nos évêques ou prêtres, ni nous imposer aucune loi qui n'ait pas été examinée, acceptée et publiée par le prince de l'État[31] ». En conclusion, il affirme : « nous sommes français

24 *Ibid.*, vol. II, p. 223.

25 *Ibid.*, p. 429-434, p. 433.

26 *Ibid.*, vol. I, *ad indicem*. Sur le petit groupe d'opposants, voir *ibid.*, vol. II, p. 50 *sq.*

27 « *la Chiesa romana [fu] da noi* [...] *professata per madre e maestra delle altre Chiese* », *ibid.*, vol. I, « Dubbi », p. 484-487, ici p. 486.

28 *Ibid.*, vol. I, *ad indicem.*

29 *Ibid.*, vol. II, p. 417 *sq.*

30 « *la Chiesa Pistoiese sia stata sempre ribelle a' suai sovrani* ».

31 « *noi non abbiamo mai accettato qualunque carta di Roma, se non vi concorreva il beneplacito sovrano* [...]. *Roma non ha altro per noi che un primate, un capo ministeriale della Chiesa, il*

dans nos propres libertés, comme les gens de Pistoia sont français dans la possession ancienne et inaltérable de ces libertés[32] ».

De nouveau, on en appelle aux usages de l'Église gallicane quant au droit des évêques d'établir eux-mêmes (et donc de réduire, si nécessaire) les fêtes dans leur propre diocèse[33]. Le *Promemoria sulla riforma delle feste*[34] s'inspire de manière directe des catéchismes de Mésenguy et de Gourlin – bien que les auteurs ne soient pas mentionnés –, mais encore plus des ouvrages de Thomassin et de Thiers[35]. Dans le décret sur la foi et l'Église, l'écho des catéchismes susmentionnés est évident. Pietro Stella, qui a étudié ces thèmes en profondeur et exhaustivement, a montré que le catéchisme le plus utilisé dans le synode est celui de Mésenguy (par exemple dans le décret sur la prière). Mais il a décelé aussi les difficultés qui découlent de la manière même de travailler de ces auteurs : souvent, ceux-ci puisent dans d'autres textes, qu'ils ne citent pas. La filiation s'avère d'emblée difficile à établir. Cette manière de procéder est habituelle, mais rend parfois très compliqué le repérage certain des sources de tel ou tel passage du synode. Néanmoins, l'influence exercée par les orientations de l'Église gallicane et, plus généralement, par la culture religieuse française demeure indiscutable. Certains auteurs, dont Fénelon, manquent à l'appel, ce qui, à bien des égards, s'explique de manière évidente, tout comme s'explique l'exploitation d'autres auteurs par les défenseurs de Rome et les adversaires du jansénisme. Toutefois, les décrets du synode mentionnent plusieurs passages qui ne sont ni gallicans ni jansénistes.

Afin de mieux comprendre la présence et le poids de la culture religieuse française dans le conflit entre jansénistes et anti-jansénistes à la fin du XVIIIe siècle, il faut envisager les travaux qui précèdent la publication de la bulle *Auctorem Fidei*, publiée par Pie VI le 28 août 1794, et la bulle elle-même. Un rôle majeur dans la rédaction du texte définitif est attribué au cardinal savoyard Hyacinthe-Sigismond Gerdil[36].

---

quale nulla può : né violare i canoni della Chiesa universale, né turbare i divini diritti del nostro sovrano, né offendere quei de' nostri vescovi o parochi, né farci alcuna legge, se non sia esaminata, accettata e pubblicata dal principe dello Stato ».

32 « *Noi siam francesi nelle stesse libertà, come i francesi son pistoiesi nel comune inveterato inalienabil possesso delle medesime* », *ibid.*, p. 418-421.

33 *Ibid.*, vol. II, « Della riduzione delle feste », Annexe I, p. 340.

34 *Ibid.*, vol. I, session VI, p. 228 *sq.*

35 *Ibid.*, vol. II, p. 337.

36 P. Stella (dir.), *La Bolla "Auctorem Fidei" (1794)…*, *op. cit.*, *passim* ; sur Gerdil, voir Roberto Valabrega, *Un anti-illuminista dalla cattedra alla porpora. Giacinto Sigismondo Gerdil professore,*

Il arrive en outre que, parmi les auteurs mentionnés dans les documents de la commission préparatoire, figurent les personnes qui ont été invoquées dans les documents du synode. Quelques exemples suffiront.

Di Pietro critique l'« absence de considération que le Synode manifeste à l'égard de l'autorité suprême du pontife romain et de ses constitutions[37] ». Dans ce but, afin de démontrer l'accord sur le primat de juridiction du souverain pontife, il en appelle à l'Écriture, à la Tradition et aux conciles : Latran IV, Florence, Trente. Il souligne que les chrétiens convertis au catholicisme, au même titre que les catholiques, sont tenus de professer la foi catholique selon la formule de Pie IV pour être admis à la profession religieuse, au titre de docteur, aux bénéfices ecclésiastiques etc. Cette formule intime sans ambages de se soumettre et d'obéir au pontife. Or, elle est définie par Noël Alexandre dans son *Histoire ecclésiastique* : « *Totius orbis christiani veneratione consecrata* » ; Le Gros s'exprime de la même manière dans le traité *De Ecclesia*[38]. Par ailleurs, il convient de remarquer que l'influence de ce dernier[39] est fondamentale du point de vue de l'ecclésiologie qui triomphe dans le synode, celle d'une Église où domine l'obscurcissement des vérités, à laquelle seul un *pusillus grex* reste fidèle[40]. La tâche attribuée au synode est d'aider à dépasser cette situation. Dans les travaux préparatoires de la bulle traitant de l'Église affectée par l'« *oscuramento e vecchiezza* », « *piena di sozzure* », Bossuet et le cardinal de Bissy indiquent que les termes employés relèvent uniquement du langage des novateurs et des appelants[41].

Noël Alexandre et Thomassin, avec leurs citations sur le pontife comme vicaire de Jésus-Christ par un *ius singulare*, sont invoqués par Di Pietro à l'appui de la thèse que l'on veut démontrer. Ailleurs, *l'Histoire ecclésiastique* de Noël Alexandre joue le rôle de source érudite digne de confiance. Parmi les gallicans modérés, on utilise notamment Alexandre

---

precettore a corte e cardinale, Turin, Deputazione Subalpina Storia Patria, 2004.

37 « *niuna stima che mostra aver il sinodo pistoiese della suprema autorità del pontefice romano e delle di lui costituzioni* ».

38 Michele Di Pietro, « Voto e relazioni critiche (Dottrine del sinodo sulla Chiesa, i suoi membri, la gerarchia, i poteri) », in : P. Stella (dir.), *La Bolla "Auctorem Fidei" (1794)...*, *op. cit.*, p. 86.

39 Selon la déclaration de Scipione de' Ricci, il s'est servi des *Avis aux princes* de Le Gros sur les *impedimenta* au sacrement du mariage et y a trouvé une source importante d'inspiration.

40 P. Stella (dir.), *Atti e decreti del concilio diocesano di Pistoia...*, *op. cit.*, vol. II, p. 39 *sq.*, p. 58.

41 « Dubbi da discutersi nella congregazione settima » (avril 1791), in : P. Stella (dir.), *La Bolla "Auctorem Fidei" (1794)...*, *op. cit.*, p. 246.

et Fleury, du fait aussi que la même opération a été faite par des hommes fidèles à Rome, partisans de la Curie, tel Giuseppe Agostino Orsi.

Quelques auteurs ecclésiastiques français, que les documents du synode ne mentionnent jamais, sont au contraire bien présents dans les travaux pour la bulle *Auctorem Fidei.* Envisageons le cas de Fénelon. Quand une congrégation particulière d'évêques et de théologiens soumet à examen le sermon de Bartoli, il affirme : « On n'acceptait ni décrets, ni formulations, ni sentences, bien que provenant des sièges supérieurs, s'ils n'étaient pas reconnus et approuvés par le synode du diocèse[42]. » La question est relative à la nature et au caractère du jugement des évêques par rapport à une « cause de foi » déjà conclue par un jugement solennel du pontife romain. L'expression utilisée par les censeurs romains (« *giudizio di adesione e non di discussione* ») est textuellement la même que celle que Fénelon a employée au synode provincial de 1699, après la condamnation des *Maximes des Saints* : « les évêques de la province, quoique juges naturels de la doctrine, ne peuvent [...] porter aucun jugement, qu'un jugement de simple adhésion à celui du Saint-Siège et d'acceptation de sa Constitution[43] ».

Les *Voti* de Michele Di Pietro sur l'ecclésiologie du synode sont de grande importance. Secrétaire de la congrégation des évêques et théologiens, futur cardinal, il est l'un des grands protagonistes de la condamnation du synode. Quand il discute des doctrines de celui-ci sur l'Église, il mentionne l'évêque de Cambrai, qui « *s'intitolò Franciscus Dei misericordia et S. Sedis Apostolicae gratin archiepiscopus cameracensis*[44] ». Stella a démontré qu'en ce cas la source indirecte s'avère être italienne : il s'agit d'un ouvrage du polémiste « romain » Francesco Eugenio Guasco[45]. Cela est fréquent, puisque l'on puise dans des livres présentant déjà un arrangement de citations et d'argumentations sur le sujet discuté.

Il est cependant possible de repérer des citations directes. Dans les discussions contre l'idée de grâce et de liberté prônée par le synode, on réfute la conception janséniste, ce « *dannato sistema* » dans lequel « la *libertà dell'uomo è ridotta alla nuda e necessaria volontarietà* ». Pour ce faire, l'*Instruction pastorale en forme de dialogue* de Fénelon et le *De haeresi*

42 « *Non accettavansi o decreti o definizioni o sentenze, benché delle sedi maggiori, se non venivano riconosciute ed approvate dal sinodo diocesano* ».

43 Congregazione particolare di vescovi e teologi, « Esame della orazione al sinodo del sig. G. G. Bartoli », in : P. Stella (dir.), *La Bolla "Auctorem Fidei" (1794)...*, *op. cit.*, p. 44.

44 M. Di Pietro, « Voto e relazioni critiche... », *op. cit.*, p. 133.

45 *Ibid.*, n. 82.

janseniana ab Apostolica Sede merito proscripta, publiée à Paris en 1728, sont mis à contribution[46].

L'un des plus fervents défenseurs de la bulle *Unigenitus* en France, l'un des plus vifs adversaires de Quesnel, est le cardinal Thiard de Bissy. Il accumule quantité de témoignages en faveur de la bulle qu'il publie dans un recueil et dans l'appendice à une lettre pastorale. Ces textes sont aussi connus dans une traduction italienne, bien que partielle, publiée à Assise en 1788 par les soins de Francesco Pertusati et Luigi Mozzi[47]. Le premier est un noble milanais ayant été lié à la Compagnie de Jésus et très engagé dans la diffusion d'un modèle religieux philo-romain et anti-janséniste (par la suite, anti-révolutionnaire) ; Luigi Mozzi, originaire de Bergame, est quant à lui un ex-jésuite de renom, très actif dans le soutien à Rome et champion d'une théologie anti-janséniste. Tous deux visent donc à expliquer le consensus en France autour de l'*Unigenitus.*

Dans cette perspective, le recueil de Bissy est un modèle ; on cherche ainsi à récolter une moisson de lettres de consensus pour l'*Auctorem Fidei*, qui pourraient être publiées, par exemple, en conclusion des volumes des décrets des synodes diocésains.

Dans les travaux préparatoires de la bulle, Bissy est explicitement mentionné, y compris sur d'autres sujets. Di Pietro souhaite établir une correspondance parfaite entre le jansénisme et le calvinisme : « Le Synode de Pistoia est entièrement d'accord avec les calvinistes[48] ». Il faut considérer « que dans toute l'œuvre de Jansenius, pas un seul texte de saint Augustin n'a pas été tiré des œuvres de Calvin[49] ». À ce sujet, il cite deux auteurs, dont Bissy : « Nous ne pouvons nous empêcher de mentionner le jugement du cardinal De Bissy formulé dans le Mandement de 1710 (p. 383 *sq.*) qui dit : l'unique différence entre la doctrine de Jansenius et celle des calvinistes ne réside que dans leur manière de la formuler[50] ». Les citations, bien que très précises, ne sont peut-être pas

46 « Dubbi per la congregazione sesta », in : P. Stella (dir.), *La Bolla "Auctorem Fidei" (1794)...*, *op. cit.*, p. 241.

47 P. Stella (dir.), *La Bolla "Auctorem Fidei" (1794)...*, *op. cit.*, p. CXXI."

48 « *In tutto il sistema, concorda il sinodo pistoiese con i calvinisti* », M. Di Pietro, « Voto e relazioni critiche... », *op. cit.*, p. 94.

49 « *non esservi un solo testo di sant'Agostino in tutta l'opera di Giansenio che non sia stato preso tal quale e di pianta dalle opere di Calvino* ».

50 « *Non possiamo dispensarci dal riportare il giudizio del card. De Bissy nel Mandement del 1710 (p. 383 sq.), qual è : non differire la dottrina dei seguaci di Giansenio da quella dei calvinisti che nel modo di esprimersi* ».

directes. Di Pietro peut les lire dans les *Osservazioni dogmatiche* de Honoré de Sainte-Marie, parues en traduction italienne en 1786, ainsi que dans le *Giornale ecclesiastico di Roma* de 1789[51]. De l'avis du consulteur, la consonance entre le jansénisme et le calvinisme consiste notamment dans l'idée d'une Église qui n'abrite pas en son sein les pécheurs. Dans le sillage de Pélage et de Donat, de Wyclif et de Hus, de Luther et de Calvin (le consulteur établit donc une sorte de généalogie de l'erreur), le synode exclut de l'Église tous les pécheurs. « *Per brevità* – écrit Di Pietro – *basterà rifèrire ciò che insegnano su di ciò due dottissimi teologi francesi* », dont on relate des passages assez longs[52]. Le premier est le cardinal de Bissy, le second est Jean-Joseph Languet de Gergy.

Celui-ci, archevêque de Sens après avoir été évêque de Soissons, est l'une des bêtes noires des jansénistes et des rigoristes : s'étant rangé sous l'enseigne de l'anti-jansénisme, il se prononce en faveur de la bulle *Unigenitus* et prône la dévotion au Sacré-Cœur. Ce qui lui attire une haine particulière est sa décision, comme métropolite, de proscrire le catéchisme philo-janséniste de Mgr Caylus[53]. Les « Nouvelles ecclésiastiques » lui consacrent une attention non seulement dénuée de toute sympathie, mais aussi chargée de haine, à cause de ses rapports avec les jésuites et de sa fidélité à Rome[54].

Dans les actes préparatoires de la bulle, on mentionne Languet une autre fois, et très longuement, à propos de la réception de la bulle *Unigenitus.* Que le pape puisse être faillible (« *come si vuole in Francia dopo il 1682* ») ne signifie pas qu'il se soit trompé en l'espèce ; le contraire est démontré, selon Languet, par le consensus que la majorité des évêques a manifesté sur le sujet. « Les avis de quelques évêques et d'un certain

51 *Ibid.*, p. 95.

52 *Ibid.*, p. 94-95 et 134.

53 Chantal Van der Plancke, « Une conscience d'Église à travers la catéchèse janséniste du XVIIIe siècle », *Revue d'Histoire Ecclésiastique*, 72, 1977, p. 5-39, ici p. 24-25.

54 Nelson-Martin Dawson, « Le pari de Languet et le Paris antijanséniste », *Revue d'Histoire Ecclésiastique*, 94, 1999, p. 871-896 ; Daniele Menozzi, *Sacro Cuore. Un culto tra devozione interiore e restaurazione cristiana della società*, Rome, Viella, 2001, p. 29-35 ; Sonia Bisson, « L'image d'un personnage épiscopal : Mgr. Languet de Gergy dans les Nouvelles ecclésiastiques et le Supplément des Nouvelles ecclésiastiques », in : Nelson-Martin Dawson (dir.), *Fidélités ecclésiastiques et crise janséniste : M. Jean Joseph Languet de Gergy et la Bulle Unigenitus*, Sherbrooke, Les Éditions les fous du roi, 2001, p. 91-114 ; Catherine Maire, *De la cause de Dieu à la cause de la Nation. Le jansénisme au XVIIIe siècle*, Paris, Gallimard, 1998, p. 330.

nombre de prêtres mêlés aux clameurs de plusieurs villes de ce royaume n'auront jamais assez de poids pour s'imposer à l'autorité du pape et au corps des évêques uni à leur chef[55]. »

Quant à l'*Unigenitus*, un repère important est le volumineux ouvrage en plusieurs tomes du jésuite Jacques de la Fontaine[56], utilisé aussi au sujet des sacrements ; pour eux, on rapporte surtout la *Constitutio Unigenitus theologice propugnata*, publiée dans le troisième tome. Les remarques de l'auteur sur les propositions de Quesnel condamnées par l'*Unigenitus*, à propos de la juridiction du pontife romain, sont considérées comme de « *dotte osservazioni* » ; ailleurs on dit qu'il est « *dotto* » et qu'il procède contre Quesnel « *saggiamente* » et « *giudiziosamente*[57] ». Son ouvrage est également une source documentaire pour l'économie des références et des citations.

Pierre François Lafitau, évêque de Sisteron, est l'auteur d'une histoire de la bulle *Unigenitus*. L'ouvrage est traduit en italien et connaît trois éditions entre 1740 et 1790. Les réactions en France et la mobilisation des évêques acceptants y sont très bien documentées. Cet ouvrage est cité expressément dans le texte des documents préparatoires[58].

Contre le quesnellisme et le richérisme la documentation érudite, bien que marquée par un esprit de fidélité à Rome, ne suffit pas. L'un des grands protagonistes de la condamnation du synode, Di Pietro (nous avons déjà noté l'intérêt de ses *Voti*), fait preuve d'une bonne connaissance des auteurs français ; sur le sujet il évoque en particulier Pierre Le Corgne et Jean Pey. Le Corgne est l'auteur d'une *Défense des droits des évêques* publiée en France en 1768 qui, bien qu'il ne soit pas philo-romain, vise à repousser les revendications du parochisme[59]. Suite aux propos de quelques-uns de ses collègues consulteurs du

55 « *Ora le voci di pochi vescovi e di un certo numero di preti e i clamori di alcune città di questo regno non saranno mai di un peso bastevole per vincerla in autorità sul papa e sui corpo dei vescovi uniti al loro capo* », Congregazione di vescovi e teologi, « Esame del decreto della fede e della Chiesa », in : P. Stella (dir.), *La Bolla "Auctorem Fidei" (1794)…*, *op. cit.*, p. 68.

56 Voir P. Stella (dir.), *Atti e decreti del concilio diocesano di Pistoia…*, *op. cit.*, vol. II, p. 160.

57 P. Stella (dir.), *La Bolla "Auctorem Fidei" (1794)…*, *op. cit.*, *passim*, notamment p. 89, 92, 192, 313, 372 *sq.*

58 Par exemple : « Dubbi per la congregazione nona », *ibid.*, p. 297.

59 *Défense des droits des évêques*, dont les arguments sont réfutés par Gabriel Maultrot. *Cf.* Bruna Bocchini Camaiani, « Gli *Annali ecclesiastici* e Pietro Tamburini », in : P. Corsini, D. Montanari (dir.), *Pietro Tamburini e il giansenismo lombardo…*, *op. cit.*, p. 307-330, ici, p. 324, n 61.

Saint-Office[60], Di Pietro souligne que Le Corgne, bien que « peu attaché aux prérogatives du pontife romain[61] », a traité le sujet « avec précision et exactitude[62] ». Contre le richérisme il fait appel à Jean Pey qui, à son tour, revendique les droits des évêques contre les prétentions des curés. Pey est l'auteur d'un ouvrage *De l'autorité des deux puissances*, qui se voit publié à Strasbourg en 1780 puis traduit en italien en 1788, sans indication d'auteur. Les citations qu'en fait Di Pietro sont toutefois en langue française : la connaissance de la production libraire plus récente, même en langue française, est solide. L'ouvrage de Pey est aussi une riche source de citations et de références aux conciles du passé, aux auteurs récents, aux événements de l'Église de France[63]. Les idées de Pey correspondent en grande partie à celles de Di Pietro et, dans le sillage de Languet et d'Ysé de Saléon, il prouve à nouveau que l'« hérésie janséniste » trouve des appuis à Rome[64]. Les milieux romains opposés à cette situation en font par conséquent l'un de leurs porte-drapeaux.

Di Pietro mentionne un passage du traité de Pey quand il démontre que les frontières entre intérieur et extérieur relativement aux droits de l'Église peuvent être interprétées de manière très différente, jusqu'au refus de tout pouvoir en ce qui concerne les structures et leur fonctionnement, pourtant indispensables à la vie de l'Église. Pey écrit : « Certains auteurs, en changeant la signification des termes, réduisoient les objects spirituels à ce qui étoit purement intérieur et renvoyoient au contraire dans la classe des matières temporelles tout ce qui étoit extérieur dans le gouvernement de l'Église et dans les fonctions sacerdotales[65]. » Di Pietro cite l'exemple de la discipline du mariage, l'une des cordes sensibles dans les polémiques avec la politique des souverains, à commencer par Joseph II.

Un autre auteur que l'on aime évoquer contre Quesnel est le capucin Paul de Lyon, auteur des *Anti-Hexaples*, publiés à Lyon en 1715. Sa

60 « *Tutto ciò si pone in chiaro lume da un autore, moderno sì, ed in qualche casa non propenso alle prerogative del romano pontefice, ma che nel trattar di questa punto a lungo ha procurato di andare in traccia dei più sodi monumenti e di farci carico di tutto, onde formarne un esatto giudizio* », P. Stella (dir.), *La Bolla "Auctorem Fidei" (1794)...*, *op. cit.*, p. 117, n. 61.

61 « *non molto attaccato alle prerogative del romano pontefice* ».

62 « *con molta precisione ed esattezza* », M. Di Pietro, « Voto e relazioni critiche... », *op. cit.*, p. 117, p. 144.

63 *Ibid.*, p. 120 ; *cf.* p. 122, 125 *sq.*

64 Il fut aussi en correspondance avec Giuseppe Garampi, nonce à Vienne dans les années 1776-1785. *Cf.* P. Stella, *Il giansenismo in Italia*, *op. cit.*, p. 152 et 458.

65 M. Di Pietro, « Voto e relazioni critiche... », *op. cit.*, p. 99.

pensée sert notamment pour le problème de la prière des impies, que le synode de Pistoia, d'après Quesnel, définit comme un mensonge et une hypocrisie exécrable[66] : si l'on examine le contexte, on constate qu'il ne s'agit pas d'une question secondaire, bien au contraire. Au fond, cela pose de manière radicale la question de la grâce et de la situation de l'homme faible et pécheur devant Dieu. On fait référence à la pensée de Paul de Lyon pour réfuter l'assimilation entre pélagiens et catholiques « romains », contre ceux qui considèrent la bulle *Vineam domini* comme une manifestation de l'Antéchrist qui, opérant la résurgence des doctrines de Pélage, rendait Rome encore plus pélagienne que lui[67].

Une source ultérieure, mais de moindre importance, les *Osservazioni dogmatiche, storiche e critiche* du carme Honoré de Sainte-Marie, prend position contre toute la lignée janséniste, le fondateur, Saint-Cyran, Arnauld, Petitpied, Quesnel et leurs disciples[68].

Sur le problème de la grâce, on mentionne également les *Praelectiones theologicae* du docteur de Sorbonne Honoré Tournely, source de renseignements à propos des théologiens contritionnistes du XVIe siècle[69] ; cet ouvrage est un repère non négligeable pour la discussion sur la modalité des censures et sur les notes théologiques[70]. Aux adversaires de Quesnel s'ajoute aussi le jésuite Jacques-Philippe Lallemant, à cause de la publication de ses ouvrages en traduction italienne. Ses *Riflessioni morali con varie annotazioni sul Nuovo Testamento*, traduites en italien par le jésuite Giovanni Giacomo Della Pegna, sont publiées à Rome en 1791. Le but de l'auteur est de s'opposer aux *Réflexions morales* de Quesnel, très répandues, surtout dans la traduction italienne promue par Scipione de' Ricci[71].

Les auteurs français évoqués de manière positive par les consulteurs romains présentent des profils divers. Tour à tour source de renseignements et de considérations historiques ou auteurs d'ouvrages exprimant des idées, ils sont soit tout à fait conformes aux orientations romaines, soit utiles dans un certain cadre du discours.

66 « Dubbi per la congregazione quattordicesima », in : P. Stella (dir.), *La Bolla "Auctorem Fidei" (1794)…*, *op. cit.*, p. 375, 381, 384 *sq.*

67 « Dubbi per la congregazione settima », *ibid.*, p. 254 *sq.*

68 La traduction italienne fut publiée en 1786.

69 P. Stella (dir.), *La Bolla "Auctorem Fidei" (1794)…*, *op. cit.*, p. 240, 303, 542 *sq.*

70 *Ibid.*, p. C, 438, 465 et *passim.*

71 *Id.*, *Il giansenismo in Italia…*, *op. cit.*, p. 451 *sq.*

Une seule voix s'élève contre les opinions des membres de la commission, dans un programme écrit entre les séances du mois de mars et du mois de juillet 1791. L'auteur en est le dominicain Giorgio Maria Albertini[72]. Théologien d'un cardinal examinateur (peut-être Zelada) avec qui il prend ses distances, il s'oppose violemment aux jésuites et au molinisme, mais également en dernière analyse à la politique pastorale de Rome qui penche vers une considération bienveillante de l'homme et de ses exigences, par exemple en matière de confession. Nous n'examinerons pas en détail son argumentation, qui est pourtant intéressante. Nous nous bornerons à remarquer l'assimilation qu'il opère entre l'impiété de Rousseau et de Voltaire et certaines idées des jésuites ou des molinistes (sa cible est notamment Giovanni Vincenzo Bolgeni et son ouvrage *Della carità o amor di Dio*). Selon lui, la crainte vaut mieux que la confiance, et trop de confiance en Dieu revient à de l'impiété. Au contraire, il faut avoir toujours sous les yeux, comme le dit le synode, « l'abîme dans lequel l'homme tombe insensiblement après avoir brisé les premiers remparts et s'être abandonné à lui-même[73] ». Rigoriste, ami de Daniele Concina et de Vincenzo Patuzzi, il prétend avec acharnement que les références du synode à Gourlin, Montazet, Mésenguy, à Quesnel même, ne comportent d'aucune manière l'acceptation de leurs idées. Le fait d'avoir « *assunto e lodato que' libri pestilenti* » ne serait qu'une réponse au molinisme, qui est la vraie peste de l'Église.

Les arguments d'Albertini sont tellement forcés dans leurs développements que, d'instinct, on pense à une contestation des travaux du synode faite de mauvaise foi. Ce n'est pourtant pas le cas.

Le ton véhément dans les écrits polémiques et l'agressivité dans les discussions étaient assez fréquents, comme chez un confrère d'Albertini, Daniele Concina qui, à l'occasion de la mort de Benoît XIV, parle avec une dureté qui ne lui est pas habituelle : « Son savoir faisait de lui un être utile ; mais ayant été séduit par les ennemis de la Compagnie de Jésus à formuler dans ses écrits des passages trop durs et des affirmations parfois infondées, il a mérité l'indignation et la désapprobation

72 Il quitte Rome à cette époque, puisqu'à la mort de son confrère Antonino Valsecchi, il est nommé professeur de théologie à l'Université de Padoue.

73 « *l'abisso a cui giunge l'uomo insensibilmente dopo che ha rotto i primi argini e si è abbandonato a se stesso* », Giorgio Albertini, « Programma. Se la dottrina del sinodo di Pistoia sopra i due Amori sia infetta di baianismo ? », in : P. Stella (dir.), *La Bolla "Auctorem Fidei" (1794)…*, *op. cit.*, p. 219 ; sur Voltaire, etc., p. 217.

des honnêtes hommes et des gens de bien[74]. » Mais, en l'espèce, il s'agit d'un texte adressé directement au pape, donc très différent – dans son genre littéraire – des écrits des polémistes ; par conséquent, l'âpreté de ses critiques et de ses reproches ressort davantage. Et Pie VI, comme Benoît XIV, n'aime pas les paroles blessantes et les attaques virulentes au sein de l'Église.

Albertini, qui était favorable à l'augustinisme et au rigorisme, juge les références du synode à certains auteurs français totalement inoffensives, et avance qu'une lecture orthodoxe de Quesnel reste possible, même sur les sujets les plus délicats et controversés[75]. Au contraire, d'après lui, il est impossible de donner un sens orthodoxe au molinisme, qui « ouvre en grand et gratuitement le ciel à tous les scélérats[76] », aux hérétiques et aux infidèles, et propose un naturalisme proche de celui des philosophes[77].

Cette période est un moment crucial par rapport aux futurs développements de l'Église après la fin de l'Ancien Régime. Le synode de Pistoia est l'occasion de confluence et de synthèse des exigences de réforme ecclésiastique du jansénisme italien, en rapport avec le jansénisme de France et des Pays-Bas. Dans l'élaboration d'un projet d'Église, les courants de pensée du jansénisme, du richérisme et du gallicanisme français ont une place de choix, accompagnés du régalisme fébronien et du joséphisme. Dans la synthèse, qui présente des aspects d'originalité, convergent plusieurs idées : l'obscurcissement des vérités dans l'Église, la diminution du pouvoir du pontife romain en faveur des droits des conciles et des synodes et du rôle des évêques et des curés ; mais aussi la conviction profonde que les réformes ecclésiastiques ne peuvent trouver leur fondement que dans un lien très étroit avec les princes.

---

74 « *Non sarebbe stato uomo inutile, perché sapeva ; ma essendosi lasciato sedurre dagl'inimici della Compagnia di Gesù a prorompere ne' suoi scritti in esclamazioni troppo pungenti, ed in asserzioni alcune volte insussistenti, ha meritamente incontrato lo sdegno e la disapprovazione dei galantuomini e delle persone da bene* », Paola Vismara, *Oltre l'usura. La Chiesa moderna e il prestito a interesse*, Soveria Mannelli, Rubettino, 2004, chap. 9. Stella définit ses ouvrages comme des « *libri violenti* », *cf.* P. Stella (dir.), *La Bolla "Auctorem Fidei" (1794)...*, *op. cit.*, p. XCI.

75 Scipione de' Ricci le présente pourtant – d'une manière qui n'est pas neutre – comme un « *pio e dotto martire della verità* », in : P. Stella (dir.), *Atti e decreti del concilio diocesano di Pistoia...*, *op. cit.*, vol. I, « Lettera di mons. Vescovo sulla collazione de' benefizi », 12 août 1783, p. 69.

76 « *spalanca gratuitamente il cielo a tutti i ribaldi* ».

77 G. Albertini, « Programma », *op. cit.*, p. 229.

La réponse de Rome est radicale. La bulle *Auctorem Fidei* condamne 85 propositions extraites des actes et décrets du synode. Les condamnations ne portent pas tant sur les propositions une par une, mais sur une vision de l'Église qui met en opposition la lumière des origines et la nuit de l'histoire, qui a une considération très limitée et fonctionnelle du rôle du pontife, qui arrache à l'autorité ecclésiastique tous les droits sur la discipline pour les conférer à l'État. C'est toute une partie du catholicisme du XVIIIe siècle qui est visée, dans laquelle la France a joué un rôle de premier plan. Les événements de la Révolution en France, notamment la Constitution civile du clergé, ne font que confirmer aux yeux de Rome la validité des critiques avancées contre cette ecclésiologie et accélèrent les dynamiques romaines.

La France centralise les querelles ecclésiastiques. C'est la terre des disciples de Jansénius, la terre du rigorisme : il s'agit d'une élite dont l'influence dépasse toutefois les milieux cléricaux et intellectuels. D'autre part, ce sont des missionnaires qui prônent une religiosité simple et optimiste, c'est la construction de personnages anti-jansénistes de grande envergure, tel un Vincent de Paul. Les soucis que celui-ci exprimait par rapport au jansénisme naissant ne sont pas si différents des inquiétudes que le jansénisme tardif suscitait à Rome à la fin du XVIIIe siècle.

Les membres de la commission n'hésitèrent pas à choisir l'image d'une Église opposée à celle des jansénistes et des gallicans : visible, hiérarchisée, liée à son chef qui est le pape ; une Église qui n'est pas élitaire, mais s'ouvre à la religion de tous. Comme l'a remarqué Bruno Neveu, de la *Auctorem Fidei* à la *Pascendi*, « le magistère suprême a préféré prendre parti contre les aspirations d'un *pusillus grex*, en faveur de sa propre dynamique et par-delà au profit d'un christianisme et d'une religiosité populaires[78] ». Dans ce contexte, le rôle du Saint-Siège et ses prérogatives sont tenus pour essentiels, contre le gallicanisme et contre le jansénisme, contre tout courant qui pourrait lui porter atteinte.

---

78 B. Neveu, « Culture religieuse et aspirations réformistes à la cour d'Innocent XI », *op. cit.*, p. 266 *sq.*

BOSSUET EN QUESTION

Ecclésiologie et politique en Italie au XVIIIe siècle

Les œuvres de Jacques Bénigne Bossuet sont très connues dans l'Italie du XVIIIe siècle. Il suffit d'évoquer à ce propos les traductions en langue italienne, et ne pas oublier que l'Italie maîtrisait le français, qui était depuis longtemps la langue de la culture, y compris ecclésiastique. En dresser une liste relèverait de l'impossible, mais il convient de rappeler que les ouvrages parus en italien traitent de sujets variés : histoire, spiritualité, actualité ecclésiastique, liturgie, ecclésiologie, politique, etc. On trouve des éditions complètes des œuvres de Bossuet, parues à Venise en français et en italien, et à Naples en italien. L'édition vénitienne des *Œuvres* fut commencée en 1736 : « *edizione di gusto assai particolare e magnifica* », et fut l'un des chefs-d'œuvre des éditions illustrées au XVIIIe siècle ; Tiepolo et Piazzetta comptent parmi les auteurs des dessins dont on tira les gravures qui ornent ce splendide ouvrage[1].

Le nom de Bossuet figure très souvent sous la plume des auteurs ecclésiastiques italiens de cette période. Plusieurs de ses ouvrages, du *Discours sur l'histoire universelle* à l'*Histoire des variations*, se prêtaient par ailleurs à des interprétations différentes. Jansénistes et anti-jansénistes y puisaient les matériaux de leurs arguments, ainsi qu'une riche documentation érudite, très exploitée dans les conflits théologiques. La question s'avère par conséquent difficile à cerner. En fin de compte, il s'agit de relever un défi, puisque le sujet est complexe à bien des égards. J'ai choisi d'exposer en particulier quelques références à la pensée politique

1 Mario Infelise, *L'editoria veneziana nel '700*, Milan, Franco Angeli, 1989, p. 52 *sq.* Chaque tome fut dédié à un membre de la maison de Habsbourg, dans le but de faciliter la vente de ces ouvrages, très coûteux, dans les grandes bibliothèques de l'Europe centrale (p. 272). Le prix de souscription est connu ; pour la *Storia delle variazioni delle chiese protestanti*, publiée à nouveau chez Nicole Bettinelli en 1790, on connaît aussi les frais d'édition et leur répartition (p. 185).

et ecclésiologique de Bossuet ; je ne ferai qu'allusion à d'autres questions, bien que tout autant intéressantes. On pourrait parler d'un « enracinement bossuétiste » dans la culture religieuse en Italie au XVIIIe siècle.

Voilà quelques exemples de discours politique. Même Pietro Metastasio, un poète illustre de la cour de l'empereur, s'inspire de cet idéal monarchique fondé sur des modèles bibliques qui semblent être suggérés par la *Politique tirée des propres paroles de l'Écriture Sainte*, ce « *classico politico-religioso dell'assolutismo monarchico*[2] ». Sans nul doute, sa connaissance de l'œuvre de Bossuet remonte aux années de sa formation italienne, même si l'on n'en retrouve qu'une seule mention dans sa correspondance : le poète, dans une lettre adressée en 1743 à un homme de lettres, Saverio Bettinelli, lui demande des renseignements sur la magnifique édition vénitienne. Toutefois, ses ouvrages se ressentent de la pensée de Bossuet, surtout dans l'idée que le souverain doit rendre compte à Dieu de ses actions[3].

Les ouvrages de Bossuet sont considérés par les jansénistes comme un répertoire d'arguments historiques et théologiques en faveur de l'origine divine de la souveraineté et du pouvoir absolu. Pietro Tamburini, professeur janséniste de la Faculté de théologie de l'Université de Pavie, découvre dans l'œuvre de Bossuet toute une série d'éléments qui répondent exactement à sa manière d'envisager ces sujets. Il apprécie en particulier la reconnaissance des droits du prince, mais aussi les références augustiniennes[4], une certaine forme d'« archéolatrie[5] », ainsi que la manière de traiter les thèmes de l'hérésie et de l'unité (ce qui est pour lui, en définitive, un problème politique)[6]. Plusieurs textes de Tamburini laissent deviner des échos de la pensée de Bossuet, du *De tolerantia* au *De gratia*, des *Riflessioni del teologo piacentino* aux *Lettere teologico-politiche*.

2 Mario Rosa, *Settecento religioso. Politica della ragione e religione del cuore*, Venise, Marsilio, 1999, p. 81 et 205.

3 Sabrina Stroppa, « *Fra notturni sereni.* » *Le azioni sacre del Metastasio*, Florence, L.S. Olschki, 1993, p. 58 *sq.* ; on y fait allusion aussi à la traduction de l'*Histoire des variations* faite par Gravina.

4 Gérard Ferreyrolles, « L'influence de la conception augustinienne de l'histoire au XVIIe siècle », *XVIIe siècle*, 34, 1982, p. 216-241, ici p. 236 *sq.*

5 A. Vecchi, *Correnti religiose…*, *op. cit.*, p. 535 *sq.*

6 Concernant les références de Tamburini à Bossuet, voir par exemple Antonio Quacquarelli, s. d., *passim.* Tamburini s'intéresse en particulier à l'interprétation de Bossuet par rapport à la querelle entre le pape Étienne et Cyprien de Carthage : une question dans laquelle on cherche les précédents à des problèmes d'actualité (*Lettere di un teologo piacentino, a mons. Nani vescovo di Brescia sul rumore eccitato da alcuni suoi teologi contra l'analisi del libro delle prescrizioni di Tertulliano*, Piacenza, sans nom d'éditeur, 1782, *Lettera seconda*, p. 48 et 181 *sq.*).

Dans l'esprit de l'auteur, un lien étroit est établi entre la spiritualisation du Royaume de Dieu et l'obéissance inconditionnelle aux autorités constituées. Comme il arrive souvent au XVIIIe siècle, l'autorité monarchique est renforcée et consolidée au moyen d'une interprétation spirituelle de la royauté du Christ[7]. Dans les *Lettere teologico-politiche*, par exemple, des citations de Bossuet reviennent souvent (tout comme d'Arnauld et de Duguet) et visent à prouver que le droit de résister au souverain est dépourvu de fondement; la doctrine qui justifie le régicide doit être qualifiée d'antichrétienne[8]. Un autre janséniste de Pavie, Gaetano Giudici, dans son ouvrage *Riflessioni sul carattere e sull'origine della pubblica potestà*, énonce sa préférence pour la monarchie absolue et soutient l'origine divine de l'autorité. Ce discours s'appuie sur les textes de l'Écriture et de la patristique, ainsi que sur quelques auteurs français, parmi lesquels se détache Bossuet[9] ; l'auteur fait référence également à une *Instruction* pastorale de Scipione de Ricci, le célèbre évêque janséniste de Pistoia et Prato : une *Istruzione sui doveri dei sudditi verso il sovrano* (1784). Cette *Instruction*, qui figure en annexe aux *Actes* du synode de Pistoia[10], repose largement – même pour l'apparat érudit – sur la *Defensio cleri gallicani* de Bossuet et sur le *Traité de la puissance ecclésiastique et temporelle* de Louis Ellies Dupin[11]. Martino Natali, un autre janséniste de l'Université de Pavie, paraphrase Bossuet de manière plus ou moins proche; il affirme de façon radicale une conception sacrale de l'autorité et l'idée que le prince en ses domaines n'est rien d'autre que le lieutenant de Dieu[12]. Le message du Christ est interprété comme un mes-

7 Daniele Menozzi, *Letture politiche di Gesù. Dall'Ancien Régime alla Rivoluzione*, Brescia, Paideia, 1979, p. 71 *sq.*

8 *Lettere teologico-politiche sulla presente situazione delle case ecclesiastiche* [1793], Pavie, B. Comini, ²1794, vol. I, p. 101, 120, *passim.* Ce texte est considéré par les historiens sous un jour parfois contradictoire : « *una delle migliori difese dell'assolutismo* » selon Arturo Carlo Jemolo, *Il giansenismo in Italia prima della Rivoluzione*, Bari, Laterza, 1928, p. 319-324 ; de l'avis d'Ettore Passerin d'Entrèves, au contraire, il s'agit d'un « *gioco di destrezza* » Ettore Passerin d'Entrèves, « La politica dei giansenisti in Italia nell'ultimo Settecento », *Quaderni di cultura e storia sociale*, 1954, n° 6, p. 269-288 et p. 309-329, ici, p. 326. Il vaut la peine de relever que, au fond, les idées de Tamburini n'évoluent pas au moment où il change d'attitude et accepte le gouvernement révolutionnaire.

9 Anna Zingale, *Gaetano Giudici (1766-1851). Un giansenista lombardo tra riforme e rivoluzione*, 1978, p. 59 *sq.* ; Vittorio Emanuele Giuntella, *La religione amica della democrazia. I cattolici democratici del Triennio rivoluzionario (1796-1799)*, Rome, Studium, 1990, p. 42.

10 P. Stella (dir.), *Atti e decreti del concilio diocesano di Pistoia…*, *op. cit.*, vol. I, p. [93]-[107].

11 *Ibid.*, vol. II. p. 375.

12 S. Maruti, *Teologia e politica…*, *op. cit.*, Milan, NED, 1998, p. 27.

sage uniquement spirituel, ce qui conduit à une sacralisation sans bornes du souverain[13]. Giuseppe Ippoliti, évêque de Cortona, esquisse l'image du bon chrétien et du bon citoyen d'après la *Politique tirée des propres paroles de l'Écriture*, mais en dépasse la portée authentique[14].

Ces auteurs soulignent et accentuent des traits du discours de Bossuet, ce qui aboutit à des différences plutôt qu'à de simples nuances, à un tel point que, finalement, on s'éloigne de la pensée de l'évêque de Meaux. Les débats en matière d'ecclésiologie, très animés au XVIIIe siècle, se rattachent à l'érudition aussi bien qu'à la politique. On tire parti, contre Rome, du gallicanisme de Bossuet. Tamburini trace les prérogatives et les fonctions de la papauté sur la base de données qui dérivent d'une part de l'ecclésiologie des appelants, et de l'autre des œuvres de Bossuet, en particulier – cela est déclaré ouvertement – du *Discours sur l'unité de l'Église*[15], mais aussi de la *Defensio cleri gallicani* et du *Discours sur l'histoire universelle*. Dans ce dernier texte surtout, des jansénistes moins connus, tels Lanigan ou Mussi, recherchent des preuves à l'appui de leurs arguments à propos du rapport entre temporel et spirituel, mis en évidence dans l'histoire du peuple d'Israël[16].

En outre, des débats tournent autour du pontife. Giovanni Battista Guadagnini réfute les thèses « romaines » sur la primauté, les prérogatives et l'infaillibilité du pape ; en cela il se fonde sur la distinction entre *sedes* et *sedens*[17] de Bossuet dont il cite quelques passages sur le pape Honorius, pour y trouver la preuve du caractère indéfectible que le Christ a promis à la chaire de Pierre, non pas aux pontifes[18]. Tamburini puise dans les textes de notre auteur tout en faisant remarquer qu'il

13 M. Bazzoli, *Il pensiero politico…*, *op. cit.*, p. 272 *sq.* ; S. Maruti, *Teologia e politica…*, *op. cit.*, p. 30 *sq.* ; A. Zingale, *Gaetano Giudici (1766-1851)*, *op. cit.*, p. 57 *sq.*

14 M. Rosa, *Settecento religioso…*, *op. cit.*, p. 205.

15 Pietro Stella, « Pietro Tamburini nel quadro del giansenismo italiano », *op. cit.*, p. 151-204, p. 166 *sq.*

16 S. Maruti, *Teologia e politica…*, *op. cit.*, p. 99 *sq.* Dans le but de repérer les causes du déclin d'Israël, Mussi mentionne les passages de Bossuet, où l'auteur « *gradatim demonstrat labefactam, demum eversam omnem et deletam civilem potestatem publicam iudaeorum sub tempore quibus coepit Christus evangelium praedicare* » (p. 103).

17 En particulier, du *Discours sur l'unité de l'Église* : Giovan Battista Guadagnini, *Brevi riflessioni sopra un sermone di monsignor Jacopo Benigno Bossuet e sopra la prefazione al medesimo stampati in fine del « Breve confronto del libro di Tertulliano de praescriptionibus coll'analisi fattane in Pavia »*, s. l. sans nom d'éditeur, [1785], p. XXII.

18 Le discours, à partir des cas particuliers, s'étend aux erreurs des papes de l'antiquité en général : S. Maruti, *Il caso Guadagnini (1723-1807)…*, *op. cit.*, chap. 3.3.

ne s'agit pas là d'une thèse originale[19]. Lodovico Antonio Muratori, l'un des savants les plus illustres de l'Italie du XVIIIe siècle, avait en effet exploité différemment les mêmes arguments. Le cas d'Honorius était délicat, du fait que le pontife avait été, à tort ou à raison, accusé de monothélisme. Muratori n'admet pas qu'il soit possible de déduire la négation de l'infaillibilité pontificale à partir de ces événements[20].

Les œuvres de Bossuet, au contraire, constituent pour plusieurs auteurs un cheval de bataille, afin d'établir historiquement les erreurs de certains pontifes, et démontrer ainsi que ces mêmes pontifes peuvent se rétracter ou que leurs jugements peuvent être révisés par les conciles. Au demeurant, la décision du Christ de confier son église à Pierre, à un parjure, prouverait la force de distinction entre *sedes* et *sedens ;* Guadagnini place ces arguments forts en faveur de cette idée dans la bouche du Bossuet de la *Defensio*, pour se garantir des accusations possibles. Les adversaires, comme Giovanni Vincenzo Bolgeni, répliquent qu'à ce moment Pierre n'était pas encore formellement le vicaire du Christ, que l'on ne pouvait pas encore parler de primauté. Là aussi, c'est Bossuet que l'on désigne comme défenseur illustre de cette doctrine[21].

Guadagnini est enclin à appliquer la distinction entre *sedes* et *sedens* à chaque niveau de la hiérarchie ecclésiastique ; cela repose sur l'idée d'une distinction, dès les débuts du christianisme, entre les jugements collégiaux et universels d'une part, et les jugements personnels d'autre part[22]. Il faut aussi remarquer que, en fin de compte, cette distinction revêt une remarquable importance pour ceux qui considèrent leur propre temps comme un moment d'« obscurcissement » des vérités dans l'Église, à l'exception d'un *pusillus grex* ignoré ou persécuté.

---

19 Pietro Tamburini, *Vera Idea della S. Sede*, Pavie, Galeazzi, 1784, p. 35 (il mentionne surtout la *Defensio*) ; Tamburini en appelle aussi à l'*Exposition*, et encore à Opstraet et Le Gros (Mario Taccolini, *La ecclesiologia di Pietro Tamburini nella « Vera idea della Santa Sede » (1784)*, Mémoire de DEA, Université de Pavie, Faculté de Lettres et Philosophie, 1973-1974, rapporteur Massimo Marcocchi, *passim* ; sur les références à Bossuet, voir ici p. 266 *sq.*).

20 Lodovico Antonio Muratori, *Annali d'Italia*, Società Tipografica de' classici italiani, t. VI, Milan, 1819, p. 225 *sq.* et *passim* (il parle toutefois de « *mente de' sommi pontefici e de concili, infallibili giudici de i dogmi della Chiesa cattolica* »). Une interprétation très intéressante de la question se trouve chez : Giovanni Vincenzo Bolgeni, *Fatti dommatici, ossia Della infallibilità della Chiesa nel decidere sulla dottrina buona o cattiva de' libri*, Brescia, Bossini, 1788, t. I, p. 336 *sq.*

21 S. Maruti, *Il caso Guadagnini (1723-1807)*, *op. cit.*, chap. 3.3.

22 *Ibid.*

Dans les œuvres de Bossuet, Guadagnini repère une documentation érudite, que ce soit par exemple la participation du clergé du second ordre au concile de Jérusalem[23], ou bien la reconstitution historique des origines des prétentions pontificales contre les évêques[24]. Quoi qu'il en soit Guadagnini, loin d'être le seul, puise souvent aux sources sans aucun souci de fidélité, et en fait un instrument pour étayer ses thèses. Ainsi, les idées de Bossuet se voient modelées en fonction des contextes, par exemple quand le consensus unanime des évêques devient celui des prêtres[25]. Quant à la question du clergé du second ordre, tous citent Bossuet, du janséniste Guadagnini, favorable à leurs droits, à Michele di Pietro, l'un des plus grands représentants de l'orthodoxie romaine[26].

Pour ce qui est de l'image de l'évêque, des représentants importants du monde ecclésiastique italien renvoient à la théologie de Bossuet, à son épiscopalisme « orthodoxe » et intensément pastoral. Giuliano Sabbatini, évêque de Modène (1745-1757), trace au tout début de son épiscopat un idéal de pasteur qui s'inspire des modèles transalpins, de Bossuet surtout ; il n'est pas le seul[27].

Guadagnini se réclame même du Bossuet de l'*Exposition de la doctrine de l'Église* pour signaler qu'il est nécessaire de ne pas attribuer une valeur de vérité à des opinions qui font légitimement l'objet d'une discussion entre catholiques. Le cas proposé est celui de l'infaillibilité du pontife ; insister ne ferait que rendre plus difficiles les démarches pour rapprocher

---

23 Giovan Battista Guadagnini, *De antiqua paroeciarum origine deque eximia clarissimorum episcoporum in parochos benignitate singularique parochorum in episcopos observantia diatriba*, Brescia, Berlendis, 1782, vol. II, p. 74 *sq.*

24 *Ibid.*, vol. II, p. 15 *sq.* (à partir de la *Defensio* ; il vaut la peine de relever que cet ouvrage était très connu et était largement diffusé, par exemple, voir P. Stella (dir.), *Atti e decreti del concilio diocesano di Pistoia…*, *op. cit.*, vol. II, p. 223).

25 S. Maruti, *Il caso Guadagnini (1723-1807)*, *op. cit.*, chap. 3.3 (référence à P. Tamburini, *Vera Idea della Santa Sede*). À propos de l'ecclésiologie de Bossuet : Jean-Louis Quantin, « Les limites de l'argument de tradition : sur les autorités dans la controverse entre Bossuet et Fénelon », in : François-Xavier Cuche et Jacques Le Brun (dir.), *Fénelon, Mystique et politique*, Paris, H. Champion, 2004, p. 94 *sq.*

26 Michele Di Pietro, « Voto e relazioni critiche (Dottrine del sinodo sulla Chiesa, i suoi membri, la gerarchia, i poteri) », in : P. Stella (dir.), *La Bolla "Auctorem Fidei" (1794)…*, *op. cit.*, p. 126 *sq.*

27 M. Rosa, *Settecento religioso…*, *op. cit.*, p. 194 *sq.* ; même orientation chez Scipione de Ricci, avant le tournant richériste (P. Stella (dir.), *La Bolla "Auctorem Fidei" (1794)…*, *op. cit.*, p. 206 ; les *Novelle Letterarie* proposent les mêmes parcours dès le début des années cinquante).

les Églises[28]. Sur ces thèmes, on renvoie surtout au *Sermon sur l'unité de l'Église*. L'auteur réfute avec fermeté la présentation en langue italienne de cet ouvrage paru en 1784. Les jansénistes eux-mêmes ne partagent pas les mêmes opinions. L'abbé Molinelli[29], par exemple, n'accepte pas la distinction *sedes/sedens* avancée par Tamburini, qui se fondait sur la *Defensio cleri gallicani*.

L'interprétation de la pensée de Bossuet donnée, à quelques exceptions près, par les jansénistes n'était pas la seule possible, bien que pour des auteurs « romains » il s'agisse là aussi d'une exégèse correcte ; aux yeux de ces auteurs, Bossuet doit être regardé comme un ennemi de Rome, qu'il faut combattre du fait que, par son autorité et ses qualités, il constitue un soutien pour ceux qui attaquent le pontife et nient ses prérogatives essentielles. Tel est le cas du dominicain Giuseppe Agostino Orsi, qui plaide la cause de Rome de façon extrême, surtout quant au rapport entre le pontife et le concile ; la structure de son discours se fonde de manière rigoureuse et érudite sur les sources anciennes, mais ses conclusions diffèrent totalement de celles de Bossuet ; au contraire, Bossuet est l'objet de ses flèches[30].

Plusieurs auteurs « curialistes » mentionnent à l'inverse des passages des œuvres de Bossuet pour appuyer l'idée d'une hiérarchie de l'Église. C'est à Bossuet qu'ils ont recours en ce qui concerne la visibilité de l'Église et la nécessité de ne pas la soumettre au pouvoir séculier. C'est là le cas de nombreux auteurs liés au *Giornale Ecclesiastico* ; il leur fallait enrôler dans leur parti des représentants autorisés de l'Église gallicane. L'abbé Cuccagni, qui cherche à montrer que le gallicanisme authentique ne compromet pas les droits de Rome, invoque surtout le témoignage de Bossuet, de cette *Defensio cleri gallicani*, que ses adversaires exploitaient de toute autre manière[31]. L'*Apocalypse*, publiée en langue italienne à

---

28 S. Maruti, *Il caso Guadagnini (1723-1807)*, *op. cit.*, chap. 3.3.

29 G. Pignatelli, *Aspetti della propaganda cattolica…*, *op. cit.*, p. 109.

30 Orsi est un personnage important dans le panorama de l'Église de la première moitié du XVIIIe siècle, et n'a pas encore été étudié à fond. À propos de l'infaillibilité et de la supériorité du pape sur le concile : *De irreformabili Romani Pontificis in definendis fidei controversiis judicio*, Rome, Stamperia della Sacra Congregazione di Propaganda Fide, 1739 ; *De Romani Pontificis in synodos oecumenicas et earum canones potestate*, Rome, Stamperia della Sacra Congregazione di Propaganda Fide, 1740 (²1771) ; *Della infallibilità e dell'autorità del Romano Pontefice sopra i Concili Ecumenici*, Rome, Pagliarini, 1741.

31 G. Pignatelli, *Aspetti della propaganda cattolica…*, *op. cit.*, p. 112. Giovanni Marchetti évoque Bossuet, qui avait dit « *in tata Ecclesia comprobata* » la formule que le pape Hormisdas avait imposée à ceux qui avaient adhéré au schisme d'Acacius : ce texte était invoqué à

Venise en 1723 et réimprimée à maintes reprises, est alléguée comme preuve du fait que l'Église est visible et indéfectible[32].

L'*Auctorem fidei* (bulle de condamnation du synode de Pistoia) fut publiée en 1794. La rédaction définitive du texte fut précédée par des travaux préparatoires très longs et importants[33]. De notre point de vue l'on constate à quel point les textes de Bossuet sont cités et exploités, pour soutenir les doctrines romaines : il s'agit surtout de l'*Histoire des variations.* On y recourt contre Scipione de Ricci, dont on remarque l'orientation éloignée de celle de Bossuet : celui-ci, dit-on, « à la seule exception de ce qui est spirituel au sens strict du mot, a reconnu sur les autres affaires ecclésiastiques au souverain une absolue puissance, ou autrement dit une volonté absolue[34] ».

On se réfère à Bossuet pour réfuter la doctrine selon laquelle « les évêques, dans l'exercice de leurs droits épiscopaux, ne sont pas soumis à l'autorité et à la juridiction du pape [...]. On peut tirer de l'*Histoire des variations des Églises protestantes* [X, 18] du grand Bossuet [...] d'autres réflexions susceptibles de persuader quiconque que la main n'est pas injustement lourde qui qualifie les deux doctrines mentionnées, et spécialement la seconde, comme hérétiques[35] ». Le même passage de l'*Histoire*, concernant les évêques d'Angleterre, est mentionné ailleurs : « Il semble que l'on puisse déplorer avec raison l'impuissance du synode de Pistoia, qui dépose sa propre autorité devant le trône du pouvoir laïc, de la même manière que le grand évêque Bossuet [...] a déploré l'impuissance des évêques anglais qui, terrifiés, déposèrent leur propre autorité devant le trône royal[36] ». Les citations de Bossuet pourraient pourtant être tirées

---

la fin du XVIIIe siècle pour soutenir l'ecclésiologie romaine contre le gallicanisme (*ibid.*, p. 274).

32 Sur les interprétations de Bossuet données par les millénaristes et par leurs adversaires : Marina Caffiero, *La nuova era. Miti e profezie dell'Italia in rivoluzione*, Gênes, Marietti, 1991, p. 73 ; M. Rosa, *Settecento religioso...*, *op. cit.*, p. 95.

33 Les documents préparés à l'occasion ont été étudiés et en partie publiés par P. Stella (dir.), *La Bolla « Auctorem Fidei » (1794)...*, *op. cit.*

34 « *del rimanente, circa gli altri oggetti ecclesiastici ha riconosciuta nel sovrano una pienissima podestà, o sia totale arbitrio* ».

35 « *vescovi nell'esercizio dei loro diritti vescovili sono esenti dalla podestà e giurisdizione del papa* » : « *Dalla Storia delle variazioni delle Chiese protestanti [X, 18] del gran Bossuet* [...] *si possono ricavare anche altre riflessioni, onde persuader chicchessia che non si è indoverosamente gravata la mano qualificando le due dottrine estratte, e specialmente la seconda, come eretiche* », Michele Di Pietro, « Voto e relazioni critiche », in : P. Stella (dir.), *La Bolla « Auctorem Fidei » (1794)...*, *op. cit.*, p. 104 *sq.*

36 « *Sembra che la debolezza del sinodo di Pistoia, che umilia al trono della podestà laica la propria autorità, deplorar con tutta ragione si possa nella stessa guisa appunto che il gran monsignor Bossuet*

d'un livre de l'ex-jésuite Bolgeni, qui utilise exactement les mêmes passages pour soutenir une théorie identique[37].

L'autorité et la doctrine de Bossuet se révèlent très utiles pour l'image d'une Église visible. Il y a là l'une des préoccupations majeures de Rome, qui vise à démolir l'idée contraire, que l'on qualifie plusieurs fois d'« horrible ». De nouveau, on mentionne l'*Histoire des variations*, où l'on retrouve un rapprochement entre l'ecclésiologie janséniste de l'invisibilité et les théories de Calvin et de ses disciples. On s'adresse au catéchisme de Bossuet pour une définition d'Église[38]. Contre l'idée de l'obscurcissement des vérités, la source la plus importante et la plus largement exploitée est l'*Histoire des variations*[39].

On tire souvent parti des ouvrages de Bossuet pour en dégager des renseignements érudits et historiques. Par exemple, un passage sur les qualifications respectives, qui est tiré de l'*Instruction sur les états d'oraison*, où était fait l'historique de cette procédure. Du reste, dans le même document romain (il s'agit de l'examen du décret sur la foi et l'Église, par la congrégation d'évêques et de théologiens[40]), il est mentionné que

---

[...] *deplorò la debolezza dei vescovi inglesi, che intimoriti umiliarono al trono reale la propria autorità* », « Dubbi per la congregazione undecima (4 agosto 1791) », in P. Stella (dir.), *La Bolla « Auctorem Fidei » (1794)..., op. cit.*, p. 342 *sq.*

37 *Ibid.*, p. LXXXVII, n° 19 ; Bolgeni mentionne souvent des passages de Bossuet dans son ouvrage *Fatti dommatici*, t. II, p. 373 *sq.*, 745 *sq.*, 764, 925, 969 *sq.* et *passim*.

38 M. Di Pietro, « Voto e relazioni critiche », in : P. Stella (dir.), *La Bolla « Auctorem Fidei » (1794)..., op. cit.*, p. 94 et 97.

39 « Dubbii da discutersi nella prossima congregazione (14 aprile 1791) », in : P. Stella (dir.), *La Bolla « Auctorem Fidei » (1794)..., op. cit.*, p. 246 *sq.* À la fin d'un discours complexe, voilà la preuve – le témoin est Bossuet – qu'il s'agit d'une doctrine hérétique : « *La riferita proposizione "In questi ultimi secoli si è sparso un generale oscuramento su le verità più importanti della religione e che sono le basi della fede e della morale di Gesù Cristo", considerata* prout iacet *è al certo direttamente opposta alla dottrina cattolica circa la perpetua notorietà e visibilità del magistero e dell'insegnamento circa le verità più importanti della religione e che sono la base della fede e della morale di Gesù Cristo, come egregiamente fu avvertito da mons. Bossuet nel libro 15 delle Variazioni* » [La proposition rapportée, « Ces derniers siècles s'est répandu un obscurcissement général sur les vérités les plus importantes de la religion et qui sont les bases de la foi et de la morale de Jésus-Christ », considérée telle quelle, est sans doute aucun directement opposée à la doctrine catholique en ce qui concerne la notoriété et la visibilité perpétuelle du magistère et de l'enseignement sur les vérités les plus importantes de la religion et qui sont les bases de la foi et de la morale de Jésus-Christ, comme l'a admirablement montré Monseigneur Bossuet au livre XV de ses *Variations*.]

40 « Congregazione di vescovi e teologi : Esame del decreto della fede e della Chiesa », in : P. Stella (dir.), *La Bolla « Auctorem Fidei » (1794)..., op. cit.*, p. 64 et 73.

Bossuet n'accepte pas à ce propos les critiques contre les prétendues ambiguïtés du Concile de Trente.

Toujours est-il que, chez les romains comme chez les jansénistes, ce qui manque est un renouveau de l'ecclésiologie. Les débats sont âpres et passionnés quant à la hiérarchie, au dogme, à la discipline ; mais, chez les uns et les autres, les structures de la pensée demeurent celles de l'Église moderne, essentiellement juridiques. L'appel même à une certaine théologie du corps mystique, qui s'inspire ouvertement de Bossuet, est frêle et fragmentaire. Quoi qu'il en soit, le discours ecclésiologique s'enchevêtre avec la politique, distinguer les deux plans n'étant jamais envisagé.

Bossuet, grâce surtout à la *Politique tirée de l'Écriture sainte*[41], exerce une influence déterminante sur une certaine culture théologique et politique. Reste à savoir jusqu'à quel point ses interprètes jansénistes s'estiment en bonne conscience fidèles à leur auteur ; ils forcent toujours dans une direction anti-romaine même ce qui, dans le gallicanisme de Bossuet, pourrait se concilier avec un horizon de romanité[42].

Muratori fournit un exemple intéressant de modération, qui vise à concilier une pleine reconnaissance de l'autorité de Rome avec la défense des droits des souverains (ce qui est évident dans la polémique sur Comacchio, une question érudite autant que politique ou, pour mieux dire, une question politique qui rend nécessaires des recherches érudites pour apporter des preuves historiques[43]). Dans le monde de l'érudition et de la culture, dans la « République des lettres », le nom de Bossuet revient souvent. Muratori le qualifie de « *scrittore d'ottimo gusto*[44] » ; mais il faut souligner que les mots « bon goût » ont chez lui une extension

41 « La *Politique* joua un certain rôle dans la formation des sentiments antiromains des milieux jansénisants de la Péninsule » (Jacques Le Brun, *Introduction* à Bossuet, *Politique tirée des propres paroles de l'Écriture Sainte*, 1967, p. XXXII-XXXIII) ; *cf.* Danilo Menozzi, *Letture politiche di Gesù*, *op. cit.*, p. 70 *sq.* Francesco Traniello montre à la fin du XVIIIe siècle quelques éléments d'éloignement, de distance par rapport à la pensée de Bossuet (Francesco Traniello, « Tamburini e Spedalieri : i dilemmi della sovranità », in : P. Corsini et D. Montanari (dir.), *Pietro Tamburini e il giansenismo lombardo…*, *op. cit.*, p. 87).

42 À ce propos : Bruno Neveu, « L'oracle romain au risque de l'interprétation : Benoît XIII (1724-1730) et l'ordre dogmatique », in : Philippe Koeppel (dir.), *Papes et papauté au XVIIIe siècle*, Paris, H. Champion, 1999, p. 121-144.

43 Sergio Bertelli, *Erudizione e storia in Ludovico Antonio Muratori*, Naples, Istituto italiano per gli studi storici, 1960.

44 B. Neveu, « Muratori et l'historiographie gallicane », *op. cit.*, p. 105-174, ici p. 119 *sq.*

considérable et signalent aussi des qualités de modération théologique[45]. De l'avis de Muratori, il faut adopter cette attitude modérée notamment à propos des études d'histoire de l'Église. Plusieurs décennies après, l'expression « *amante del buon gusto* » rapportée à la figure de Bossuet revient sous la plume d'un auteur aux orientations tout à fait différentes : l'ex-jésuite Francisco Gustà[46]. Muratori donne cependant parfois une interprétation par trop modérée des textes de l'évêque de Meaux. C'est le cas, par exemple, de la question d'Honorius Ier, que j'ai déjà mentionnée. Bruno Neveu affirme : « Le lecteur que Muratori renvoie ainsi à Bossuet risque de ne pas rencontrer chez les théologiens français les apaisements que promettent ici les *Annali*, dont le détachement peut être interprété de plusieurs manières[47]. »

Les auteurs italiens de la fin du XVIIIe siècle embrassent souvent les idées de Bossuet sur la vérité de la religion ; les apologistes établissent une typologie des variations de l'incrédulité sur le fondement des schémas d'interprétation appliqués par Bossuet aux confessions réformées[48]. On comprend donc pourquoi certains prédicateurs mentionnent Bossuet lorsqu'ils fulminent contre les esprits forts, et pas seulement contre les hérétiques. Le cœur de la question, en fin de compte, reste le même : les variations et la troublante variété des opinions signalent que l'on est en train de quitter le domaine de la vérité pour s'aventurer sur des terrains glissants et vagues[49]. Dans les travaux préparatoires pour l'*Auctorem*

45 Alberto Vecchi, « L'itinerario spirituale del Muratori », in : *L. A. Muratori e la cultura contemporanea*, Florence, L.S. Olschki, 1975 ; *id.*, « Tradizione e teologia nel Muratori », *Studia patavina*, 15, 1968, p. 263-289 ; *id.*, *L'opera religiosa del Muratori*, Modène-Milan, Edizioni Paoline, 1955, p. 112 *sq.*

46 *Memorie della rivoluzione francese*, Assisi, O. Sgariglia, 1793, cit. par Vittorio Emanuele Giuntella, *Le dolci catene, Testi della controrivoluzione cattolica in Italia*, Rome, Istituto per la storia del Risorgimento italiano, 1988, p. 42 ; voir Miquel Batllori, « Gustà, Francesco », *DBI*, vol. LXI, 2003, p. 589-592.

47 B. Neveu, « Muratori et l'historiographie gallicane », *op. cit.*, p. 147. Muratori vise à garder une position de conciliation qui, à mon avis, n'est pas marquée par le compromis ou l'ambiguïté ; elle est suggérée par un attachement fidèle à Rome et, en même temps, découle de l'intime conviction de la nécessité de mieux établir les conditions de son rôle (Paola Vismara, « Muratori "immoderato". Le censure romane al *De ingeniorum moderatione in religionis negotio* », in : *id.*, *Cattolicesimi. Itinerari sei-settecenteschi*, *op. cit.*, p. 29-61).

48 M. Rosa, *Settecento religioso…*, *op. cit.*, p. 205.

49 Le dominicain Antonino Valsecchi a recours à l'*Histoire des variations* dans le contexte du discours sur les origines et les effets de l'hérésie. Le barnabite Gerdil, futur cardinal, en appelle à Bossuet quand il dit que, dans le protestantisme, il n'y a pas une foi certaine et indiscutable, du fait que l'on y soumet à l'examen et au doute ce que l'on professe

fidei, l'*Histoire des variations* est alléguée comme preuve du fait que la contradiction prouve l'erreur[50]. Mais l'*Histoire* se prête à plusieurs interprétations. Pier Paolo Baccini[51], un « catholique démocrate » selon une expression en vogue, en tire matière à réflexion politique ; il en conclut que la religion catholique est particulièrement susceptible d'un lien fort avec la démocratie[52].

Dans les sermons contre les libertins, on tire souvent profit des ouvrages de Bossuet à propos de la genèse psychologique de l'irréligion et de l'incrédulité[53]. Sa construction théologique recèle en effet une richesse d'exposition dogmatique et d'inspiration biblique, ainsi qu'une attention remarquable à la phénoménologie et à la psychologie humaines[54], ce qui pouvait être appliqué aussi aux dynamiques de l'incroyance.

On pourrait parler presque à l'infini de l'influence de Bossuet, dans beaucoup d'autres domaines ; au final, force est de constater que le terrain reste encore à défricher.

Dans l'Italie ecclésiastique du XVIIIe siècle, au cœur des controverses politiques et ecclésiologiques, les ouvrages de Bossuet forment un répertoire qui fait autorité, abondamment exploité, auquel on puise des suggestions et des idées afin de prouver des thèses divergentes, voire

---

(Alfonso Prandi, *Religiosità e cultura nel '700 italiano*, Bologne, il Mulino, 1966, p. 245, 373 *sq.*, 391). Selon Guadagnini, qui lui aussi cite Bossuet, la prétention de lire les textes sacrés « *collo spirito privato* » est presque blasphématoire, puisqu'elle va au détriment de la tradition de l'Église ancienne. Contre les protestants, en référence à Bossuet, voir les textes mentionnés par S. Maruti, *Il caso Guadagnini (1723-1807)*..., *op. cit.*, chap. 3.2 : Giovan Battista Guadagnini, *Esame delle Riflessioni teologiche e critiche sopra molte censure fatte al Catechismo composta per ordine di Clemente* VIII *ed approvato dalla Congregazione della Riforma*, Pavie, Galeazzi, vol. II, 1787, p. 38 ; *id.*, *Risposta alla Lettera di un Cattolico Romano a P.T. sopra la sua Analisi del libro delle prescrizioni di Tertulliano*, s. l., 6 mai 1782, Brescia, Biblioteca Civica Queriniana, I.VI.25, 223 feuillets, f° 58 *sq.* Dans ce même ouvrage Guadagnini renvoie à la règle du *Commonitorium* de Vincent de Lérins à propos de l'adhésion à la foi de l'Église en tout temps et en tout lieu ; à son avis, cette règle a eu un champ d'application large et efficace dans l'*Histoire des variations* (ici, f° 61). Giammaria Ortes souligne que la variété signale que l'on est en train de quitter le terrain de la vérité.

50 « Dubbi per la congregazione diciottesima (1° marzo 1792) », in : P. Stella (dir.), *La Bolla « Auctorem Fidei » (1794)*..., *op. cit.*, p. 432 ; « Dottrine del sinodo sulla Chiesa... », p. 91 ; « Dubbi per la congregazione quinta (10 mars 1791) », p. 192 ; L. Antonelli, « Replica al Programma teologico », p. 473.

51 V. E. Giuntella, *La religione amica della democrazia*, *op. cit.*, p. 68 *sq.* et *passim.*

52 *Ibid.*, p. 205.

53 A. Prandi, *Religiosità e cultura nel '700 italiano*, *op. cit.*, p. 166 *sq.*

54 Domenico Bosco, *La decifrazione dell'ordine. Morale e antropologia in Francia nella prima età moderna*, vol. II. *Itinerari secenteschi*, Milan, Vita e Pensiero, 1988, p. 191.

antithétiques. Au fur et à mesure que l'on avance dans le siècle, cela devient toujours plus évident.

Cet « *episcopus nostrae aetatis omnium ore celebratissimus*[55] », selon le mot de Guadagnini, apprécié et loué au XVIIIe siècle, transmet son héritage au siècle suivant. Il suffit de penser à Alessandro Manzoni, qui connaît bien l'œuvre de Bossuet et qui s'en sert largement dans ses *Osservazioni sulla Morale cattolica*[56].

Selon Marrou, Bossuet est un « héritier infidèle » d'Augustin[57]. On peut en dire autant de ses admirateurs du XVIIIe siècle : héritiers infidèles, ils contribuent néanmoins à étendre toujours plus sa renommée en Italie et à prolonger la mémoire de ses œuvres.

---

55 G. B. Guadagnini, *De antiqua paroeciarum origine*, *op. cit.*, vol. II, p. 74 *sq.*

56 Pietro Stella, « Produzione libraria religiosa e versioni della Bibbia in Italia tra età dei Lumi e crisi modernista », in : Mario Rosa (dir.), *Cattolicesimo e lumi nel Settecento italiano*, Rome, Herder, 1981, p. 99-125, p. 119 : « *Negl'Inni sacri l'ispirazione poetica trasforma reminiscenze della* Vulgata, *modificata a volta a volta di testi della liturgia o dal ricordo di Bossuet, Massillon, Nicole, anch'essi utilizzati ed esplicitamente citati nella* Morale cattolica ». [Dans les Hymnes sacrées, l'inspiration poétique transforme les réminiscences de la *Vulgate*, modifiée tour à tour d'après les textes de la liturgie ou d'après le souvenir de Bossuet, Massillon, Nicole, eux aussi utilisés et explicitement cités dans la *Morale cattolica*].

57 Henri-Irénée Marrou, « La théologie de l'histoire », in : *Augustinus Magister*, Paris, Études Augustiniennes, 1955, p. 193-212, p. 196.

LES JÉSUITES ET LA MORALE ÉCONOMIQUE

Les doctrines des jésuites en matière de théologie morale à l'époque moderne ont souvent retenu l'attention, à cause de leur importance et des conflits qu'elles ont suscités. Ces théories et leurs répercussions pastorales donnèrent lieu, en effet, à de vives disputes ; les contestations exercèrent en retour leur influence au point de produire des changements à l'intérieur de la Compagnie. Cela constitue, notamment dans le domaine très important de la morale économique, une véritable pierre de touche qui permet de mieux évaluer les phénomènes et leur évolution.

De manière générale, les jésuites étaient réputés être des esprits ouverts aux nouvelles tendances, ce qui pose un problème intéressant à examiner et pour lequel il convient d'analyser les mille facettes de la question et d'éviter de s'en tenir aux lieux communs. Les assimiler aux casuistes, aux partisans de l'indulgence morale ou bien aux laxistes s'avère impossible, cette assimilation forcée reposant souvent sur les polémiques de l'époque, mais ne prenant pas en compte les circonstances historiques : une même appartenance n'engendre pas nécessairement une identité de vues. Il est rarissime de rencontrer des jésuites parmi les représentants les plus marquants du laxisme ; au contraire, quelques-uns d'entre eux pouvaient se compter au nombre des rigoristes et des probabilioristes[1].

Parfois, même l'esprit de corps l'emportait sur les idées. Dans la seconde moitié du XVIIe siècle, suite à la publication de l'*Apologia in favore de' Santi Padri* du P. Bernardino Ciaffoni[2], une querelle éclata entre les conventuels

1 Jean Laurent Le Semelier, *Conférences ecclésiastiques de Paris sur l'usure et la restitution, où l'on concilie la discipline de l'Église avec la jurisprudence du Royaume de France, établies et imprimées par ordre du card. de Noailles archevêque de Paris*, Paris, frères Estienne, 1775, ([1]1718), t. I, p. 118 : on y fait mention des « Mémoires de Trevoux » et de La Motte, comme une preuve indéniable que l'opinion des jésuites est hostile à la pratique des « billets », à la perception d'un intérêt sur le patrimoine pupillaire, au bien-fondé du prêt à intérêt fait aux riches.

2 Bernardino Ciaffoni, *Apologia in favore de' Santi Padri, contro quelli che nelle materie morali fanno di essi poca stima*, Avignon, Pietro Offray, [2]1698. L'ouvrage fut mis à l'Index ; publié à

et les jésuites. Ces derniers, notamment Giovanni Battista de Benedictis[3], réagirent contre les critiques et les accusations de laxisme qui leur étaient adressées. Le général, qui était alors le probabilioriste Tirso González, dénonça cette attaque contre la Compagnie, dont les membres étaient solidaires même lorsqu'ils professaient des théories morales différentes.

Dans la Compagnie, les options en matière de morale économique n'étaient en effet pas uniformes. Il faut, pour le vérifier, aller jusqu'au fond des problèmes, parmi lesquels j'examinerai particulièrement, pour des raisons de compétence, les questions touchant au prêt à intérêt, grille de lecture fondamentale et indice révélateur. Un accord existait, dans la Compagnie comme à l'intérieur du monde ecclésiastique, sur la définition générale de l'usure, malgré les différends en matière de morale économique. Un exemple éloquent en est fourni par la commission de travail instituée par le pape Benoît XIV, en 1744-1745, afin de discuter plusieurs questions relatives au prêt à intérêt ; ces travaux et ces discussions furent à l'origine de l'encyclique *Vix pervenit*, publiée le 1er novembre 1745. Au sein de la commission, qui comptait une douzaine de membres[4], figuraient deux jésuites, Egidio Maria Giuli[5] et Domenico Turano. Or ceux-ci se rangèrent à des opinions tout à fait opposées. Ils ne s'accordèrent que sur la définition de l'usure – définition, si l'on veut, purement intellectuelle –, alors qu'ils embrassaient des points de

---

nouveau à Venise en 1761, avec ce sous-titre : *Opera postuma molto necessaria per un infallibile regolamento delle coscienze abbagliate ed illuse dai moderni probabilisti.* L'auteur était un frère mineur conventuel : voir Luigi Cajani, « Ciaffoni Bernardino », *DBI*, vol. XXV, 1981, p. 98 *sq.*

3 Francesco de Bonis [Giovanni Battista De Benedictis, SJ], *La scimia del Montalto o sia apologia in favore de' santi padri contra quelli che in materie morali hanno de' medesimi poca stima*, Gratz, Ad istanza dell'Autore, 1698.

4 Paola Vismara, *Oltre l'usura…*, *op. cit.*, chap. 8.

5 Roger Aubert, *Dictionnaire d'histoire et géographie ecclésiastique*, Paris, Letouzey et Ané, t. 21, 1986, col. 62 *sq.* ; Sommervogel, coll. 1479-1480. Egidio M. Giuli (1691-1748) avait enseigné le droit canon ; Benoît XIV le tenait en haute estime : « *È un soggetto di molto merito, è bravo professore di SS. Canoni, essendo molt'anni che ne è lettore nel Germanico, ed è molto ben inteso nella storia ecclesiastica. Secondo il nostro giudizio, esso è il migliore soggetto che abbiano i gesuiti in Italia, ed è d'ottime massime e di sentimenti propri e moderati. Ci andiamo prevalendo di lui nelle contingenze del S. Officio e della Penitenzieria, e ne siamo contentissimi, e solo ci dispiace che gode poca sanità, sembrando un morto in piedi, e tirando, come suol dirsi, il fiato co' denti. Non è consultore del S. Officio : ma è più che consultore* », Emilia Morelli (dir.), *Le lettere di Benedetto XIV al card. de Tencin*, vol. 1, Rome, Edizioni di Storia e Letteratura, 1955, t. I, p. 315 *sq.*, 16 février 1746. Giuli était lié au rigoriste dominicain Daniello Concina. Voir aussi Émile Appolis, *Entre jansénistes et zelanti. Le « tiers parti » catholique au XVIIIe siècle*, Paris, Picard, 1960, p. 324.

vue divergents et inconciliables dès lors qu'on en venait aux arguments pratiques et à l'appréciation des cas d'espèce. C'est le signe de divisions profondes entre jésuites.

Ce phénomène, très marqué aux XVIIe et XVIIIe siècles, apparaît dès le XVIe siècle, quoique teinté de plus de nuances. On peut en prendre pour exemple le cas du contrat dit triple ou germanique[6]. Celui-ci, comme son nom l'indique, était en réalité composé de trois contrats. Il y avait en premier lieu un contrat de société entre un détenteur d'argent et un marchand ; le deuxième contrat était un contrat d'assurance, par lequel on garantissait le capital au propriétaire, qui renonçait en échange à une partie du profit ; troisièmement, il y avait un contrat par lequel le propriétaire renonçait à une partie ultérieure du profit pour se contenter d'un profit moindre, mais sûr, en général 5 % du montant emprunté.

Le jésuite Pierre Canisius, auteur d'un catéchisme qui connut une diffusion remarquable, inclinait à croire que ce type de contrat était inacceptable[7]. Plusieurs autres, qui refusaient l'absolution à ceux pratiquant le prêt à intérêt au taux de 5 %, partageaient son opinion. Mais Canisius, n'étant pas sûr d'avoir raison, en appela à ses supérieurs. Une commission de théologiens de la Compagnie, réunie à Rome en 1573, n'arriva pas à trancher le différend. Quelques années plus tard, en 1581, une autre commission fut appelée à juger la question. Elle conclut finalement que le contrat simple à 5 % n'était pas légitime, mais accepta le contrat triple. Il ne s'agissait pourtant pas d'une nouveauté. Le contrat, très diffusé en Allemagne, était même répandu ailleurs ; de nombreux théologiens, tel le dominicain Navarre, avaient déjà exprimé leur approbation[8].

Au milieu du XVIIe siècle, le jésuite Tommaso Tamburini[9] tenait ce contrat pour tout à fait conforme à la loi morale. Sa pensée, considérée

---

6 John Thomas Noonan, *The Scholastic Analysis of Usury*, Cambridge, Mass., Harvard University Press, 1957, p. 223 ; Jean-Philippe Lévy, « Un palliatif à la prohibition de l'usure : le *"contractus trinus"* ou *"triplex"* », *Revue historique de droit français et étranger*, 18, 1939, n° 4, p. 423-433.

7 Clemens Bauer, *Rigoristische Tendenzen in der katholischen Wirtschaftsethik unter dem Einfluss der Gegenreformation*, in : Josef Felckenstein, Karl Schmid (dir.), *Adel und Kirche. Gerd Tellenbach zum 65. Geburtstag dargebracht von Freunden und Schülern*, Freiburg-Basel-Wien, Herder, 1968, p. 552-579.

8 La bulle *Detestabilis avaritiae* à ce sujet, émanant de Sixte V (1586), déclencha des discussions quant à son interprétation même.

9 1591-1675. Voir Sommervogel, vol. VII, 1896, col. 1830-1841 ; René Brouillard, *Dictionnaire de théologie catholique*, vol. XV, Paris, Letouzey et Ané, 1946, coll. 34-38 ; *DHCJ* vol. IV,

comme « l'expression la plus consciente de la méthode laxiste », fut très discutée, mais ses œuvres, appréciées par les probabilistes, furent encore publiées au XVIIIe siècle[10]. Le jésuite Léonard Lessius[11] avait lui aussi donné un avis favorable sur le contrat germanique. Il dressa avec soin une liste d'*auctoritates* qui s'étaient prononcées de la même manière et apporta des preuves à l'appui de ces idées, au moyen d'arguments qu'il considérait comme irréfutables[12]. Toutefois, Lessius n'en resta pas là : selon lui, il était possible de simplifier le contrat triple en le remplaçant par un seul contrat dit *innominatus*, ce qui revenait à appliquer la formule *Do et facio ut des et facias*. Les marchands et les financiers l'appréciaient beaucoup, car ce contrat était simple et permettait de réaliser de gros profits[13]. Pour Lessius, une preuve indéniable de sa légitimité était que les parties contractantes y trouvaient l'une et l'autre leur avantage. Ainsi, les marchands emprunteraient à bas prix l'argent nécessaire pour développer leurs activités commerciales tandis que les veuves, les orphelins – en somme tous ceux possédant un capital qu'ils devaient faire fructifier pour ne pas sombrer dans la misère – en tireraient profit. Il convient de souligner à ce propos que Jean Mair, un théologien écossais qui enseignait à la Sorbonne, avait formulé au début du XVIe siècle

---

p. 3698 ; Santo Burgio, *Teologia barocca. Il probabilismo in Sicilia nell'età di Filippo IV*, Catane, Società di Storia Patria per la Sicilia Orientale, 1998, *passim* ; Massimo Petrocchi, *Il problema del lassismo nel secolo XVII*, Rome, Edizioni di Storia e Letteratura, 1953, p. 22 *sq.*

10 Tommaso Tamburini, *Opera omnia*, Venise, Nicolaum Pezzana, 1680 (*De contractibus*, p. 175-261). Ce n'est pas un hasard si les attaques contre sa théologie sont déclenchées au moment où le rigorisme triomphe – au milieu du XVIIe siècle, après la parution des *Provinciales*. Au milieu du XVIIIe siècle, la théologie morale de Tamburini fut publiée à nouveau par le savant (et polémiste) jésuite Francesco Antonio Zaccaria (Venise, Nicolaum Pezzana, 1755) : il y ajouta des *Prolegomena*, dans le but de défendre l'auteur et de réfuter les accusations portées contre lui par ses adversaires. À cette date, en Italie, la « *veemente ventata di antiprobabilismo* » est liée aussi à la connaissance de l'œuvre de Pascal (Alberto Vecchi, *Correnti religiose…*, *op. cit.*, p. 450).

11 Voir *infra*.

12 Léonard Lessius *De iustitia et iure caeterisque virtutibus cardinalibus. Ad Secundam Secundae D. Thomae a quaest. 47 usque ad quaest. 171*, Lib. 2, chap. 25, dub. 3, Milan, Ioannem Baptistam Bidellium, 1618, p. 258-262 (¹1605). L'auteur termine son exposé par ces mots : « *Haec fusius praeter meum morem persecutus sum, quod videam adhuc a quibusdam propter umbras quasdam usurae hunc contractum damnari : cuius prohibitionem hoc tempore cum damno publico futuram non dubitaverim* ».

13 L. Lessius, *De iustitia et iure…*, *op. cit.*, n° 26-29, p. 259 *sq.* Dans le but de garantir la légitimité du contrat, la formule proposée est la suivante : « *Confero 1000 ad mercaturam, ut quotannis solvas 5 vel 6 salva sorte, eo modo quo doctores docent id esse licitum* » (n° 31, p. 261). Le montant du taux demandé pouvait être, selon Lessius, de 8-10 %.

ce principe : *Non est tam pietati consonum ut unus lucretur quam ambo*[14]. Autrement dit : si celui qui prête et celui qui emprunte sont d'accord, et si chacun trouve son avantage dans le contrat, cela est plus conforme à la *pietas* que si l'un des deux était seul à en tirer profit. Le prêt en question est donc un prêt de commerce. En outre, si le contrat profite aux deux parties, il sera plus facile de trouver quelqu'un disposé à prêter son argent, avec des répercussions positives pour les emprunteurs. Jean Mair avait fait de cet argument son cheval de bataille.

C'est l'idée de *commodum*, que de nombreux auteurs de théologie tenaient pour un élément crucial s'agissant de déterminer la légitimité des contrats du point de vue moral[15]. Au XVIIIe siècle, un théologien jésuite d'Ingolstadt, François Xavier Zech[16], affirmait que le contrat triple avait le mérite de permettre l'emploi de son capital sans commettre d'injustice ou d'usure. Toutefois, il n'était censé être en vigueur que dans les milieux commerçants, où il était pratiqué et autorisé par le droit coutumier[17]. L'importance qu'une partie du monde ecclésiastique accordait aux activités économiques et financières n'était pas une nouveauté. Au Moyen Âge, les milieux franciscains avaient déjà apporté leur contribution dans ce sens[18]. Pietro di Giovanni Olivi, par exemple, avait essayé de trouver une solution aux problèmes de la perception d'un intérêt ; pour cela, il avait introduit dans la théologie morale l'idée mercantile de « capital » et avait reconnu de manière explicite la productivité du capital monétaire. La scolastique tardive, se fondant sur la pensée de Thomas d'Aquin, attacha une grande importance à

14 Louis Vereecke, *Da Guglielmo d'Ockham a sant'Alfonso de Liguori. Saggi di storia della teologia morale moderna 1300-1787*, Milan, Edizioni Paoline, 1990, p. 346-361 ; voir aussi Odd Langholm, *The Legacy of Scholasticism in Economic Thought. Antecedents of Choice and Power*, Cambridge, Cambridge University Press, 1998, p. 100-117.

15 L. Lessius, *De iustitia et iure…*, *op. cit.*, Lib. 2, chap. 25, dub. 3, n° 25, p. 259.

16 1692-1772. Voir Sommervogel, vol. VIII, 1898, coll. 1474-1478 ; J. Listl, *DHCJ* vol. IV, p. 4073 ; Ludger Müller, *Kirche, Staat, Kirchenrecht. Der Ingolstädter Kanonist Franz Xaver Zech S.J. (1692-1772)*, Regensburg, Pustet, 1986, ici p. 59-62.

17 François Xavier Zech, *Dissertationes tres, in quibus Rigor moderatus doctrinae pontificiae circa usuras a S.D.N. Benedicto* XIV *per Epistolam Encyclicam Episcopis Italiae traditus exhibetur*, Venetiis, apud Petrum Savioni, 1762, diss. III, chap. II, sect. VI, § 154-185, p. 92-99 ([1]1747-1751) ; dans l'édition de 1762 le texte est publié comme addition à Honoratus Leotardus, *Liber singularis de usuris et contractibus usurariis coercendis*, Éditions ultérieures dans Migne, *Cursus theologiae* et Francesco Antonio Zaccaria, *Thesaurus theologicus* (Sommervogel, vol. VIII, col. 1475).

18 Giacomo Todeschini, notamment : *Ricchezza francescana. Dalla povertà volontaria alla società di mercato*, Bologne, il Mulino, 2004.

ces activités et y indiqua un facteur de paix dans la société humaine. Dès la fin du XVIe siècle, des auteurs comme Tommaso Bozio, membre de l'Oratoire de Philippe Neri, présentaient la prospérité économique comme l'une des marques de la véritable Église, en raison du rôle que les *bona temporalia* jouaient dans la destinée des peuples et de la religion[19].

On peut s'interroger sur les raisons qui entraînèrent les jésuites à apprécier le travail économique et financier. Un aspect doit être souligné : le problème met en jeu une « anthropologie théologique ». En effet, ils développèrent à ce sujet une réflexion se fondant sur l'harmonie entre le naturel et le surnaturel et élaborèrent une représentation de l'homme foncièrement optimiste. Dieu lui-même a conféré à l'homme l'exercice d'un *dominium* sur soi et sur la réalité entière, d'où l'importance des activités humaines, quel que soit le domaine.

Les développements de la science moderne éveillèrent l'attention des jésuites. Le P. Joseph de Gibalin donna à l'un de ses ouvrages le titre *De universa rerum humanarum negotiatione tractatio scientifica.* La science exerça son influence sur les structures mentales et sur la façon d'étudier les questions[20]. L'idée de probabilité chez Thomas d'Aquin est signalée aujourd'hui comme la base de la doctrine théologique qui culmine dans la casuistique des jésuites[21]. On ne peut affirmer que la fidélité à la pensée thomiste ait été synonyme d'archaïsme : au contraire, les accusations portèrent souvent sur la « modernité » des auteurs qui, tels plusieurs membres de la Compagnie, fondaient leur pensée économique sur les idées (assez souples) de Thomas.

---

19 Carolo Poni, *Economia, scienza, tecnologia e controriforma : la teologia polemica di Tommaso Bozio*, in : Paolo Prodi, Wolfang Reinhard (dir.), *Il concilio di Trento e il moderno*, Bologne, il Mulino, 1996, p. 503-542, ici p. 523-527.

20 *Cf.* Giulio C. Giacobbe : « Il "Commentarium de certitudine mathematicarum" disciplinarum di Alessandro Piccolomini », *Physis*, 14, 1972, p. 162-193 ; « Francesco Barozzi e la "Quaestio de certitudine mathematicarum" », *ibid.*, p. 357-374 ; « La riflessione metamatematica di Pietro Catena », *Physis*, 1973, 15, p. 178-196 ; « Epigoni nel Seicento della "Quaestio de certitudine mathematicarum" : Giuseppe Biancani », *Physis*, 18, 1976, p. 5-40 ; « Un gesuita progressista nella "Quaestio de certitudine mathematicarum" rinascimentale : Benito Pereyra », *Physis*, 19, 1977, p. 51-86. Voir aussi Ugo Baldini, *Legem impone subactis. Studi su filosofia e scienza dei gesuiti in Italia 1540-1632*, Rome, Bulzoni, 1992 (notamment le chap. I, « Teologia, filosofia e scienze matematiche nella didattica e nella dottrina della Compagnia di Gesù 1550-1630 »).

21 Lorraine Daston, « Probability and Evidence », in : Daniel Garber, Michael Ayers (dir.), *The Cambridge History of Seventeenth-Century Philosophy*, Cambridge, Cambridge University Press, 1998, vol. II, p. 1108-1144, ici p. 1111.

Au moment où l'Antiquité était devenue un critère essentiel[22], de nombreux jésuites avancèrent la thèse qu'il valait mieux s'en tenir à la théologie morale contemporaine, plutôt que de suivre strictement les anciens : on peut mentionner Valère Regnault, Matthieu de Moya (connu aussi sous son pseudonyme d'Amadeus Guimenius), Gabriel Daniel[23]. Selon eux, les théologiens contemporains étaient à même d'apprécier le poids des situations concrètes et leur influence sur l'éthique, qui s'incarnait dans l'histoire. Plusieurs membres de la Compagnie de Jésus manifestaient un esprit très ouvert aux réalités de l'économie. Un cas intéressant est celui de Léonard Lessius, un auteur de grande importance dont il a déjà été question[24]. Grand connaisseur de la place commerciale d'Anvers, en rapport direct avec plusieurs hommes d'affaires, il justifiait moralement le négoce et la finance. Son idée était que les professions nouvelles, liées au monde du commerce et de la finance, pouvaient être parfaitement éthiques du point de vue chrétien, sans qu'il soit nécessaire de renoncer à l'idée de profit.

Pour ce théologien des Pays-Bas, la tentative d'élaborer une distinction entre l'usure et l'intérêt touchait jusqu'au vocabulaire. L'usure, dans son acception négative, était le profit que l'on obtenait en vertu du pacte de prêt ; ce gain étant défendu et illicite, il méritait la marque négative de l'usure. Mais les titres extrinsèques justifiaient la perception d'une

---

22 *Cf.* J.-L. Quantin, *Le catholicisme classique et les Pères de l'Église…*, *op. cit.*

23 Valerius Reginaldus (Valère Regnault), 1545-1623 : Sommervogel, vol. VI, 1895, coll. 1591-1596 ; Paul Duclos, *DHCJ*, vol. IV, p. 3327 ; Mateo Giménez de Moya (1610-1684) : Sommervogel, vol. V, 1894, coll. 1349-1356 ; José Escalera, *DHCJ*, vol. III, p. 2755 *sq.* ; Gabriel Daniel (1649-1728) : Georges Bottereau, *DHCJ*, vol. II, p. 1043 *sq.*

24 Léonard Lessius, 1554-1623. Sommervogel, vol. IV, 1893, coll. 1726-1751 ; S. De Smet, *DHCJ*, vol. III, p. 2336 *sq.* ; P. Bernard, *Dictionnaire de théologie catholique*, t. IX/1, Paris, Letouzey et Ané, 1926, col. 453 *sq.* ; Harter Hurter, *Nomenclator literarius theologiae catholicae*, t. III, Innsbruck, Franklin, 1907, col. 619-631 ; Victor Brants, « L'économie politique et sociale dans les écrits de L. Lessius (1554-1623) », *Revue d'Histoire de l'Église de France*, 13, 1912, p. 73-89, 302-318 ; Charles Van Sull, *Léonard Lessius de la Compagnie de Jésus (1554-1623)*, Paris-Bruxelles, Museum Lessianum, 1930 ; Toon Van Houdt, « "Lack of Money". A Re-appraisal of Lessius' Contribution to the Scholastic Analysis of Money-Lending and Interest-Taking », *The European Journal of the History of Economic Thought*, 5, 1998, p. 1-35 ; Martin W. F. Stone, Toon Van Houdt, « Probabilism and its Methods. Leonardus Lessius and his Contribution to the Development of Jesuit Casuistry », *Ephemerides Theologicae Lovanienses*, 75, 1999, p. 359-394 (très intéressant pour notre sujet) ; Bertram Schefold (dir.), *Leonardus Lessius. De iustitia et iure. Vademecum zu einem Klassiker der spätscholastischen Wirtschaftsanalyse*, Düsseldorf, Verlag Wirtschaft und Finanzen, 1999, essais de Louis Baeck, Barry Gordon, Toon Van Houdt, Bertram Schefold.

indemnité que l'on pouvait appeler un intérêt : Lessius remarquait par ailleurs que ce mot entrait progressivement dans le langage commun. Un très grand nombre de titres extrinsèques composait sa liste, à un point tel que la perception d'un intérêt en devenait presque toujours légitime[25]. Ses adversaires protestèrent, arguant que cette multiplication des titres extrinsèques, appliquée à la lettre risquait de ruiner tout l'édifice de l'interdiction du prêt.

Tout n'était pas nouveau chez Lessius ; sa pensée puisait ses racines dans des temps très anciens. Toutefois, ses idées s'avéraient souvent novatrices, à la fois en elles-mêmes et dans leur contexte. Le fait même que le propriétaire du capital le prête à autrui l'empêchait de le faire fructifier. Lessius se fondait sur l'idée que l'argent possède en soi des capacités potentielles, qu'il décrivait par les mots de *lucrum latens*, de lucre latent[26]. On ne peut l'ignorer, dans la mesure où cette potentialité contribuait à faire estimer correctement la valeur de l'argent. Celui-ci pouvait donc être légitimement vendu à un prix supérieur à sa valeur[27]. Le théologien jésuite n'excluait pas que le prêteur puisse retirer un intérêt même si le prêt ne lui causait que peu de désagréments. Les tracas, la *molestia*, cela aussi avait un prix à ses yeux. L'analyse de la situation requérait soin et prudence[28]. Le fondement de la perception d'un intérêt était repéré dans l'obligation même de prêter, qui pouvait provoquer chez le prêteur des désagréments concrets ou, du moins, psychologiques tels que les espoirs et craintes éprouvés au moment de la demande d'argent de l'emprunteur. Cela était vrai notamment pour ceux qui exerçaient une activité commerciale ou financière. L'attention que Lessius portait à tous ces aspects se reflète dans la finesse de son

25 Il n'est pas le seul parmi les jésuites à professer cette doctrine ; on peut voir par exemple le Portugais Sebastião de Abreu (1610-1674 ; *Institutio parochi seu Speculum parochorum*, 1651) : Sommervogel, vol. I, 1890, coll. 23-25 ; João Vaz de Carvalho, *DHCJ*, vol. I, p. 8.

26 Par exemple : L. Lessius, *De iustitia et iure…*, *op. cit.*, Lib. 2, chap. 20, dub. 11, p. 195.

27 « *Illa pecunia, quae mihi necessaria est ad aliquod damnum impediendum, non solum mihi valet quanti ipsa nude considerata aestimatur ; sed etiam quanti est carere tali damno. Non enim tantummodo aestimatur res secundum seipsam, sed etiam quatenus domino est causa certi boni consequendi vel mali vitandi. Unde licite potest vendi pluris quam per se valeat* », L. Lessius, *De iustitia et iure…*, *op. cit.*, Lib. 2, chap. 20, dub. 10, n° 72, p. 195 ; voir aussi n° 75 et dub. 11, n° 80, p. 195.

28 « *Si tamen illa ratio lucrandi est molestior, potest illam molestiam aestimare, et pro ea exigere compensationem. Similiter si minus ista alia lucretur, quam lucratus fuisset prosequendo negotiationem : potest enim tantum exigere, quantum prudens arbitrabitur, omnibus circumstantiis perpensis* », L. Lessius, *De iustitia et iure…*, *op. cit.*, Lib. 2, chap. 20, dub. 11, n° 85, p. 196.

analyse, dans ses références proprement techniques aux pratiques du commerce et de la finance, mais aussi dans son appel très fréquent aux données de l'expérience quotidienne des marchands et des financiers[29].

Parmi les titres extrinsèques qui légitimaient la perception d'un intérêt sur le prêt, le jésuite attirait l'attention sur la *spes lucri*, l'espoir de retirer un gain. Quelles étaient les conditions exigées afin que cette *spes lucri* engendre de manière légitime la stipulation d'un intérêt, ce qui, de l'avis de Lessius, arrivait presque toujours[30] ? En fait le prêteur (on observera qu'il s'agit toujours de prêts de commerce) se privait pour un temps, même déterminé, d'une somme d'argent dont il espérait tirer un profit : ce sentiment était estimable à prix d'argent, tout autant qu'un autre sentiment, le *metus damni*. Que la précision quantitative qu'exigeaient certains moralistes soit inapplicable dans cette situation est une évidence. Il ne s'agissait pas de données formellement quantifiables, mais d'éléments psychologiques ou affectifs[31]. Les commerçants et les financiers espéraient, craignaient ; il fallait tenir compte de ces tonalités presque émotives du rapport entre l'homme et son argent. De ce fait, il y aurait donc eu un rapport direct entre les attentes de l'homme et le profit.

L'auteur devait-il par conséquent opérer un tournant radical par rapport aux orientations de l'Église moderne ? En un certain sens, la réponse devait être négative, puisque le gain et le profit ne pouvaient jamais être le but essentiel de l'action, des efforts et des aspirations d'un chrétien. Mais, d'autre part, les nouveautés étaient remarquables. Dans une perspective où l'argent était considéré comme un instrument de travail, il ne s'avérait ni stérile, ni infructueux. Son pouvoir virtuel et ses potentialités n'étaient pas toujours patents mais n'en étaient pas

29 L. Lessius, *De iustitia et iure…*, *op. cit.*, Lib. 2, chap. 25, dub. 3, n° 26, p. 259 et *passim*.

30 *Ibid.*, Lib. 2, chap. 20, dub. 4, n° 37, p. 191 ; *cf.* à propos de *lucrum cessans*, *ibid.*, dub. 11, n° 82, p. 196 : « *Bene tamen potest exigi pro spe lucri, quam ex illa pecunia acceperas, qua spe simul te privas, dum illam pecuniam tradis* » ; quant aux changes, *ibid.*, Lib. 2, chap. 23, dub. 2, n° 7, p. 238. Le rigoriste Antoine mentionne la *spes lucri*, en soulignant que saint Thomas ne la considérait pas comme un titre extrinsèque (Paulo Gabriele Antoine, *Theologia moralis universa*, Rome-Venise, haeredes Balleonios, 1757, p. 491). Michele Olphe-Galliard, « Antoine, Paul-Gabriel », in : *DHCJ*, vol. I, p. 196.

31 Le jésuite Lainez dénombrait, parmi les *onera* du prêt *pretio extimabilia*, non seulement les peines et les risques pour obtenir la restitution du crédit, mais aussi « *timor et anxietas iusta* » (*Summa eorum quae per R.P. Jacobum Laynez sac. Societatis Jesu e sugesto proposita sunt populo genuensi circa mercatorum frequentiorum negotia,* BAM, ms. R 97 sup, f° 16r°).

moins réels. Ce pouvoir était attesté par l'activité de ceux qui savaient gérer leur capital et manier l'argent de manière à en retirer un profit, parfois considérable. Le jésuite faisait ressortir l'analogie entre l'argent et les grains que l'on sème : c'est par le travail humain que la terre donne ses récoltes et que le capital engendre un profit. L'argent donne des fruits *per industriam*, de par l'industrie du négociant, du banquier ou du marchand[32]. Le passage de la puissance à l'acte exige l'activité de l'homme. Même si l'argent est stérile en lui-même, il ne l'est plus dès que l'homme s'adonne aux commerces et aux affaires. La monnaie est donc l'outil du commerçant ; on entrevoit ainsi des scénarios plus modernes, en rapport avec le développement des commerces et des activités financières. Le travail – y compris les formes du négoce, etc. – peut engendrer un profit qui, du reste, ne doit en être que la récompense.

L'attitude tolérante et ouverte des auteurs jésuites évoqués ne se fondait pas, bien au contraire, sur le mépris des responsabilités pastorales. Martino Fornari écrivit ainsi un très intéressant *Trattato primo de' cambi*[33]. Il justifia son intérêt pour la question par des considérations éminemment pastorales, faisant montre d'une grande sensibilité aux caractères et aux modalités des activités financières. Lessius visait également à prendre en compte les problèmes posés aux pasteurs d'âmes par les représentants des milieux du commerce et de la finance, mais aussi par ceux qui avaient besoin de faire fructifier leur capital pour vivre et qui avaient des scrupules de conscience[34]. À l'instar de nombreux autres auteurs, il faisait

32 L. Lessius, *De iustitia et iure…*, *op. cit.*, Lib. 2, chap. 20, dub. 11, n° 80, p. 195 : « *pecunia illa, quam mutuas alteri, quatenus subest industriae tuae ad lucrum ex ea faciendum, pluris tibi valet, quam ipsa per se considerata, est enim veluti semen foecundum lucri per industriam, in quo lucrum ipsum, virtute continetur : ergo plus pro ea exigi potest, quam ipsa per se valeant, patet consequentia, quia dum illam tradis, etiam lucrum in illa latens tradere, censeris, eo enim te spolias* ».

33 Une version manuscrite : BAM, ms. S 95 sup, f° 386r –399v°. Voir aussi *Tractatus de cambio*, *ibid.*, f° 401r°-426r°. L'auteur (1547-1612) fut professeur de théologie au collège romain. Fornari est un probabiliste. Il affirme par exemple (f° 392r°) : « *Nelle cose dubbiose ciascuno debbe seguire la parte più favorevole, essendo più pronto ad assolvere che a condannare, non giudicando che ci sia inganno dove non è manifesto, anzi essendovi opinioni di dottori dall'una e dall'altra parte, può il fedele appigliarsi dove li pare* ».

34 L. Lessius, *De iustitia et iure…*, *op. cit.*, Lib. 2, chap. 25, dub. 3, n° 31, p. 261. « *Nihilominus sentio esse expediens, praesertim hoc tempore, et ad salutem animarum et ad commodum Principis et ad compendium viduarum et pupillorum, hanc formam non prohiberi, sed permitti. Quod ad salutem animarum expediat, probatur. Quia si haec forma prohibeatur, subtrahetur plurimis, qui redditus non habent, nec venales inveniunt, ratio vivendi salva sorte, quam tamen omnes conservatam volunt. Itaque conferrent se ad iniquas artes, ad occultas usuras, ad fraudes emptionum et venditionum, ad*

toutefois une distinction entre *speculative* et *practice*. Théoriquement, dit-il, au prêt du capital correspondait presque toujours un profit manqué, du moment que l'on n'avait pas l'intention de conserver son argent dans son coffre-fort. Mais la prudence était de mise : ce qui était légitime en théorie ne l'était pas toujours dans la pratique[35]. Un certain souci pastoral se faisait jour, tout comme une certaine difficulté à traduire les principes dans la pratique. Lessius cherchait un juste milieu entre une indulgence excessive et une rigueur également excessive. Cette attitude de *mediocritas*, le choix de se maintenir dans la voie moyenne, associée à une considération souple et fine des questions financières, constituait l'une des caractéristiques de la Compagnie de Jésus[36].

Dans les années 1760 à Lyon, certains redoutaient que les oratoriens ne remplacent les jésuites, au motif que « un seul mot prononcé par un prêtre de l'Oratoire peut arracher en un instant cent mille écus au commerce et réduire à la misère plus de cinquante familles[37] ». Le contexte était celui d'une ville économiquement et financièrement dynamique, malgré des hauts et des bas. Suite à un moment de baisse, il y eut dans la France de cette époque un mouvement qui fit à nouveau de Lyon un centre névralgique et un lieu de discussions en matière économique[38].

En 1675, le Père minime De Colonia avait contesté l'idée selon laquelle les pratiques et les coutumes en vigueur à Lyon dataient d'une époque récente[39] ; il souhaitait démontrer leur poids dans les milieux commerciaux et financiers. À Lyon, au cours du XVIIe siècle, quantité d'ouvrages furent imprimés sur ces sujets. Dans les années 1650 et

cambia sicca et ficta, ad mohatras, monopolia, furta. Alii paucis annis sortem consument, sicque filiae non poterunt honeste elocari, nec filii in studis liberalibus ali ; aliaque plurima incommoda sequentur [...]. Quod enim ad commodum viduarum, pupillorum et plurimorum aliorum, qui alia ratione fructuose suam pecuniam non possunt impendere, expediat hunc contractum permittere, constat ex dictis. Alioquin consument sortem et tandem redigentur ad inopiam, vel ad turpia lucra se convertent ».

35 Par exemple L. Lessius, *De iustitia et iure...*, *op. cit.*, Lib. 2, chap. 23, dub. 7, p. 244 *sq.*

36 Voir par exemple Lainez, *Summa...*, *op. cit.*, f° 2v°, 11r°.

37 *Mémoires*, cité par Georges Guitton, « En marge de l'histoire du prêt à intérêt. Lyon jaloux d'Anvers et d'Amsterdam (1654-1678) », *Nouvelle Revue théologique*, 75, 1953, p. 59-69, p. 67 *sq.*

38 Claude Langlois, « La morale économique en procès dans la seconde moitié du XVIIIe siècle : de l'usure de Jean-Joseph Rossignol (1787-1804) », in : Louis Châtellier (dir.), *Religions en transition dans la seconde moitié du XVIIIe siècle*, Oxford, 2000, p. 45-57 (p. 47).

39 André de Colonia, *Eclaircissement sur le legitime commerce des interests*, Lyon, Antoine Cellier fils, 1675, p. nn.

1660, le jésuite Joseph de Gibalin y publia ses ouvrages, dynamiques et novateurs, sur le prêt à intérêt et le commerce[40]. Dans le document qui vient d'être mentionné, il est affirmé que « le prêt à jour est aussi légitime aux yeux de Dieu qu'il est nécessaire pour le négoce » : plusieurs autorités y sont invoquées, parmi lesquelles des membres de la Compagnie.

Dès le milieu du XVIIe siècle, des changements se firent jour. Comme l'a écrit Jean-Louis Quantin, « quelque chose de décisif s'est joué, au tournant des XVIIe et XVIIIe siècles, avec la victoire dans l'Église catholique de la morale sévère[41] ». Cette époque fut marquée par les vagues montantes des querelles théologiques. Il est ainsi à noter l'évolution des dominicains. Cet ordre avait fait preuve d'une remarquable ouverture à la société, notamment sur les questions économiques. Mais, en 1656 (année des premières *Provinciales*), le chapitre général de l'ordre émit une *admonitio*, par laquelle il était interdit aux dominicains de répandre des idées « nouvelles », autrement dit larges[42]. Le pape Alexandre VII avait à cette occasion exprimé les inquiétudes que lui causait la diffusion d'*opiniones laxae, novae ac parum tutae*[43]. Cet acte était comme un reniement de l'orientation de l'Ordre : les considérations en la matière de Thomas d'Aquin, les textes d'auteurs de la seconde scolastique tels Francisco de Vitoria et Luis Lopez, témoignaient d'une sensibilité et d'une ouverture remarquables. Peut-être, comme l'avança le jésuite Niccolò Ghezzi au milieu du XVIIIe siècle, avait-on commis une confusion assez grossière entre laxisme et probabilisme[44]. Quoi qu'il en soit, l'Ordre

40 Joseph de Gibalin (1592-1671) : *De usuris, commerciis, deque aequitate et usu fori Lugdunensis... tractatio bipartita, utrique foro perutilis ; ex iure naturali, ecclesiastico et civili, gallico et romano*, 2 t., Lugduni, P. Borde, L. Arnaud, C. Rigaud, 1656-1657 ; *id.*, *De universa rerum humanarum negotiatione tractatio scientifica, utrique foro perutilis*, Lugduni, P. Borde, L. Arnaud, G. Barbier, 1663 (quant à l'auteur, Guitton, « En marge de l'histoire... », *op. cit.*, du prêt à intérêt ; Paul Duclos, *DHCJ*, vol. II, p. 1726 *sq.*).

41 Jean-Louis Quantin, *Le rigorisme chrétien*, Paris, Cerf, 2001, p. 19.

42 *Ibid.*, p. 7 *sq.* ; *id.*, « Le rigorisme : sur le basculement de la théologie morale catholique au XVIIe siècle », *Revue d'histoire de l'Église de France*, 89, 2003, p. 23-43 ; Thomas Deman, « Probabilisme », *Dictionnaire de théologie catholique*, vol. XIII/1, Paris, Letouzey et Ané, 1936, coll. 417-619, coll. 501 *sq.* ; voir aussi, pour les discussions à ce propos au XVIIIe siècle : Niccolò Ghezzi, *Saggio de 'supplementi teologici, morali e critici di cui abbisogna la Storia del probabilismo e del rigorismo scritta dal p. Daniello Concina*, Lucques, fratelli Marescandoli, 1745, p. 175 *sq.* et 287 *sq.*

43 Pietro Elli, *Il cardinale Fortunato Tamburini da Modena e il suo « De conscientia »*, Rome, Abbazia di San Paolo Fuori le Mura, 1979, p. 179.

44 N. Ghezzi, *Saggio de'supplementi...*, *op. cit.*

craignait de se montrer trop libéral, trop ouvert aux réalités mondaines ; cela conduisit les dominicains à répudier leur propre passé.

L'opposition toujours plus prononcée contre toute orientation large et la volonté de restauration religieuse se manifestèrent dans plusieurs attaques contre la Compagnie. L'*Apologie pour les casuistes contre les calomnies des jansénistes* du jésuite Pirot, publiée anonymement à Paris en 1657, fut l'objet d'une censure de la Faculté de théologie de la Sorbonne ; deux ans plus tard – même après la mort de l'auteur – le livre fut condamné par la Congrégation de l'Index[45]. L'ouvrage de Pirot était réputé dangereusement novateur, notamment sur les questions économiques. Ce n'était pas une exception, d'autres jésuites prônant également ces idées : en 1641, par exemple, le livre de Bauny avait été condamné par la Faculté de théologie de la Sorbonne[46]. Quelques auteurs favorables au contrat germanique furent pris pour cible par les rigoristes. Dans les années 1670, Jacques Tiron se trouva lui aussi dans une situation difficile. Après leur publication, ses ouvrages furent retirés du commerce[47]. Les causes en furent d'une part les problèmes de politique interne de la Compagnie, d'autre part la crainte qu'une campagne contre les jésuites ne se déchaînât au sein de l'Église même.

Une autre date marquante est 1679 : la condamnation de plusieurs propositions laxistes remonte à cette année. En 1687, le pape Innocent XI favorisa l'élection de Tirso González de Santalla comme général des jésuites, afin de combattre les tendances probabilistes au sein de la Compagnie et lui imprimer un tournant, malgré les divisions et les conflits que cette politique devait entraîner[48]. Les résistances ne cessèrent pas et, au contraire, refirent surface à l'époque du pontificat du pape Innocent XII qui, étant peu enclin au rigorisme, donna sa protection à Paolo Segneri, défenseur des doctrines probabilistes et l'un des adversaires les plus acharnés, voire outrés, de González au sein de la Compagnie[49].

45 Jacques M. Grès-Gayer, *Le gallicanisme de Sorbonne. Chroniques de la Faculté de théologie de Paris (1657-1688)*, Paris, Champion, 2002, p. 36-52 *et passim* ; Franz Heirich Reusch, *Der Index der verbotenen Bücher. Ein Beitrag zur Kirchen und Literaturgeschichte*, 2 vol., 3 t., Bonn, Cohen and Sohn, 1883-1885 (Aalen, 1967), II/1, p. 486 ; T. Deman, « Probabilisme », *op. cit.*, coll. 515-518 ; Sommervogel, vol. VI, 1895, coll. 856-863.

46 J.-L. Quantin, *Le rigorisme chrétien*, *op. cit.*, p. 74.

47 G. Guitton, « En marge de l'histoire… », *op. cit.*, p. 64 *sq.*

48 B. Neveu, « Culture religieuse et aspirations réformistes à la cour d'Innocent XI », *op. cit.* Sur González : Isidoro Pinedo, *DHCJ*, vol. II, p. 1644-1650.

49 A. Vecchi, *Correnti religiose…*, *op. cit.*, *passim.*

À cette époque, plusieurs jésuites préférèrent ne plus se définir comme des novateurs. Chez certains, ce changement d'attitude était profond : on ne cherchait plus guère à concilier la vérité chrétienne et les activités humaines. Leurs préoccupations profondes et radicales de se défendre des accusations portées contre eux les poussèrent souvent à accepter le terrain choisi par leurs adversaires. La défense même du probabilisme se fit donc de manière très particulière : chez de nombreux auteurs, on retrouve l'idée qu'il faut nuancer sa pensée, atténuer les différences, élaborer en somme les lignes d'un probabilisme nouveau.

En l'espèce, les théologiens semblaient surtout vouloir démontrer que leur théologie morale était conforme à la doctrine de Rome, et que les propositions condamnées par Alexandre VII ou Innocent XI ne correspondaient pas à leur propre pensée. En effet, l'une des critiques les plus sévères adressées aux jésuites portait sur les censures romaines, qu'ils étaient accusés de sous-estimer, en recourant à l'échappatoire que les pontifes n'avaient fait que ratifier des décisions émanant du Saint-Office[50]. On comprend dès lors aisément leur désir de proclamer leur fidélité au souverain pontife, reconnu comme juge suprême. Par ailleurs, les discussions qui portaient sur la valeur des jugements romains et celles qui concernaient la théologie morale étaient étroitement liées.

Deux exemples méritent d'être mentionnés : il s'agit des ouvrages des jésuites Juan de Cárdenas y Céspedes et Domenico Viva[51]. Tous deux souhaitaient montrer que la Compagnie respectait profondément les censures de Rome ; parallèlement, ils élaborèrent une forme de

50 « *Molti Probabilisti nel vedere il loro sistema per ogni parte leso, e mortalmente ferito dai due decreti di Alessandro VII e d'Innocenzo XI non sapendo qual altro partito prendere, si fecero a mettere in contesa la Pontificia autorità di questi Decreti. Produssero in campo un bizzarrissimo ritrovamento, di cui è mai sempre fecondo il Probabilismo. Questi decreti, diceano, non sono del Papa, come Papa, e come Capo della Chiesa Cattolica : ma sono del Papa, come capo della Inquisizione romana. Ora il Papa, come capo di quel Tribunale, se ha autorità, agguisa di ogni altro Principe, di comandare e di obbligare i sudditi anche in coscienza, non ha però il privilegio della infallibilità, la quale lui conviene come capo della Chiesa universale* », in : Daniele Concina, *Della storia del probabilismo*, t. I, p. 77-79, cité par Emanule Colombo, *Un gesuita inquieto : Carlo Antonio Casnedi (1643-1725) e il suo tempo*, Soveria Mannelli, Rubettino, 2007, p. 175. Concina attribuait ces doctrines au jésuite de Moya et au carme Raymond de Lumbier ; elles auraient été adoptées successivement par Juan de Cárdenas et Carlo Antonio Casnedi.

51 1647-1726. Domenico Viva, *Damnatae theses ab Alexandro VII, Innocentio XI et Alexandro VIII necnon Jansenii ad theologicam trutinam revocatae iuxta pondus sanctuarii*, Padoue, Typographia Seminarii, 1723 ([1]1708). Voir Filippo Iappelli, *DHCJ*, vol. IV, p. 3990 *sq.*

probabilisme modéré qui leur permit d'en démontrer la conformité avec les orientations théologiques de Rome et aussi d'en marquer la différence par rapport au laxisme. Cárdenas est l'auteur d'une très ample *Crisis theologica* : toute la quatrième partie, publiée pour la première fois en 1687 dans une édition posthume, est consacrée aux commentaires des propositions condamnées par Innocent XI en 1679[52].

Les discussions qui nous intéressent touchent notamment à la question de la valeur de l'argent. Innocent XI, pape rigoriste, avait condamné la proposition suivante : *Cum numerata pecunia pretiosior sit numeranda, et nullus sit, qui non maioris faciat pecuniam praesentem quam futuram, potest creditor aliquid ultra sortem a mutuatario exigere et eo titulo ab usura excusari*[53]. Ainsi, à la fin du XVIIe siècle, l'Église de Rome niait de la manière la plus radicale que la disponibilité de l'argent comptant pût être rémunérée, au motif que celle-ci n'avait pas de valeur particulière. S'il est vrai que Juan Caramuel y Lobkowitz, dans sa *Theologia*, avait soutenu cette thèse dans les termes de la proposition condamnée, plusieurs autres théologiens, parmi lesquels des jésuites, avaient eux aussi proclamé que la valeur de l'argent était en hausse quand, pour des raisons monétaires ou commerciales, on en manquait (*inopia* ou *carentia pecuniae*). Par conséquent, l'argent était considéré comme une marchandise, *merx*. Souvent, ces théologiens connaissaient des milieux financiers où la pratique du change était habituelle. Tel avait été le cas du dominicain Martin de Azpilcueta, dit le Navarre[54], pour qui la loi de l'offre et de la demande déterminait le prix de l'argent. Plus tard, dans la seconde moitié du XVIIe siècle, le minime Emmanuel Maignan affirma qu'il fallait considérer *praetio aestimabile* le fait de pouvoir disposer d'une certaine quantité d'argent ; le manque d'argent était donc pour lui une raison pour établir un titre extrinsèque[55].

Or, au début du XVIIe siècle, plusieurs jésuites avaient été en première ligne sur ce sujet. Quand Martino Fornari parlait des changes, il les

52 Juan de Cárdenas, *Crisis theologica ; sive disputationes selectae ex Morali Theologia, in quattuor partes distinctae*, Venise, Nicola Pezzana, [3]1710 ; Francisco Borja Medina, *DHCJ*, vol. I, p. 654.

53 « Propositiones LXV damnatae in Decr. S. Officii 2 mart. 1679 », dans Heinrich Denzinger, Alfons Schönmetzer (dir.), *Enchiridion symbolorum, definitionum et declarationum de rebus fidei et morum*, Barcinonae-Friburgi Br.-Romae, Herder, [36]1976, Prop. 41, p. 462, n. 2141.

54 Alberto Ullastres, *Las ideas económicas de Martín de Azpilcueta, dans Martín de Azpilcueta, Comentario resolutorio de cambios*, Madrid, Consejo Superior de Investigaciones Científicas, 1965, p. LVII-CXVII.

55 Voir P. Vismara, *Oltre l'usura…*, *op. cit.*, notamment au chap. 4.

considérait comme un phénomène d'achat-vente et n'excluait même pas qu'il pouvait s'agir d'un *contractus innominatus.* Si l'argent était une marchandise, il avait donc une valeur et un prix, liés à son abondance ou à sa pénurie, donc au cours du marché. Le théologien manifestait ainsi l'idée que l'argent pouvait être considéré sous deux perspectives différentes : au point de vue formel et dans son usage *proprio e principale*, comme *prezzo della mercanzia* ; au point de vue matériel, comme une marchandise. En ce cas-là, il s'agissait d'un usage *meno principale*, mais malgré tout légitime, puisqu'il ne contredisait pas la nature de l'argent[56].

Pour Lessius, il existait une logique intrinsèque du négoce, qui n'était pas nécessairement incompatible avec le christianisme et qui pouvait contribuer au bien général, même de façon indirecte. De par ces considérations, Lessius fut amené à envisager l'argent comme une marchandise, une chose pouvant faire l'objet d'un marché. *Nam pecunia non solum est praetium et mensura rerum venalium, sed etiam potest esse merx venalis : tum ratione materiae, quae melior vel deterior est, tum ratione commoditatis conservandi, deferendi, numerandi ; tum ratione distantiae localis*[57]. Selon lui, l'argent comptant avait une valeur vénale bien plus grande que l'argent virtuel[58]. Toujours selon lui, cela justifiait certaines coutumes des marchands d'Anvers, que d'autres au contraire jugeaient inexcusables. Néanmoins, l'ouverture devait être modérée, pour éviter de lâcher la bride aux marchands et ne pas donner l'occasion aux adversaires de taxer cette théorie de « nouveauté[59] ».

---

56 *Trattato primo de 'cambi.*

57 L. Lessius, *De iustitia et iure…*, *op. cit.*, Lib. 2, chap. 23, dub. 1, p. 238. Au sujet des changes, l'oblat milanais et théologien de renom Martino Bonacina fait référence à Lessius. « *Pecuniae in cambio* […] *non considerantur ut pecuniae, sed potius ut quaedam merces ; pretium autem mercium crescit ob multitudinem emptorum et pecuniae, et ob raritatem venditorum, et ex opposito decrescit ob paucitatem emptorum et copiam venditorum, consequenter etiam aestimatio accidentalis pecuniae crescit ob multitudinem accipientium ad cambium et ob raritatem pecuniae, decrescit vero ob paucitatem accipientium et multitudinem pecuniae* » (Martino Bonacina, *Tractatus de restitutione et de contractibus*, Disp. III, quaest. V, punctum unicum, in : *Opera omnia*, Venise, Sumptibus Societatis, 1683, t. II, p. 355-697, p. 542 et 544 *sq.* ; Valerio Castronovo, *DBI*, vol. XI, 1969, p. 466-469 ; Adriano Bernareggi, « Martino Bonacina ed altri scrittori di teologia morale », *Humilitas*, 1929, 1, p. 244-252 et 278-283.

58 L. Lessius, *De iustitia et iure…*, *op. cit.*, Lib. 2, chap. 20, dub. 11, n° 96, p. 197 : « *Pluris valet id quod certum est et praesens, quam quod futurum et incertum* » ; *ibid.*, chap. 23, dub. 4, n° 30, p. 241.

59 *Ibid.*, Lib. 2, chap. 20, dub. 14, p. 199 *sq.* Voir aussi Van Houdt, « "Lack of Money"… », *op. cit.*

Parmi les jésuites, Luis de Molina[60] voyait lui aussi l'argent comme un *instrumentum persistens lucri*, une source perpétuelle de profit, et le comparait à une marchandise. Ses commentaires, selon les historiens, *revelan una investigación cuidadosa de la situación concreta, más que meras deducciones teológicas apriorísticas*[61]. Un peu plus tard, cette opinion fut partagée par un autre jésuite, Juan de Lugo[62], qui se montra particulièrement ouvert quant aux possibilités que l'argent pouvait légitimement offrir à son propriétaire. Dans son *De iustitia et iure*, il adhérait aux théories de Lessius et exprima des idées ouvertes sur les questions économiques, des titres extrinsèques aux changes. Les argumentations ainsi développées se prêtaient à de nombreux développements, à preuve la reprise qu'en fit Grotius. On frayait ainsi la voie à une conception plus moderne de l'argent, que Nicolas Bergier, à la fin du XVIIIe siècle, présentait de la manière suivante : « L'argent a une valeur qu'il n'avoit pas autrefois ; il est devenu une marchandise, et non un simple signe des valeurs[63] ».

C'était là des considérations que les rigoristes ne pouvaient accepter ; ils les regardaient au contraire comme le signe évident d'une dérive théologique. Plusieurs théologiens de la Compagnie, dans le nouveau contexte, s'en inquiétèrent et cherchèrent à s'en démarquer. Le jésuite Antoine, enclin au rigorisme, glosa ainsi la proposition condamnée par Innocent XI : « *Est falsa ; nam centum librae per se, et secluso omni extrinseco, nec pluris nec minoris valent hodie, quam infra annum, cum semper maneant eadem, et earum valor praecise per tempus non crescat*[64] ».

60 1535-1600. Javier Hervada, *Historia de la ciencia del derecho natural*, Pampelune, EUNSA, ²1991, p. 228 *sq.* ; Giovanni Ambrosetti, *Diritto privato ed economia nella Seconda Scolastica*, in : Paolo Grossi (dir.), *La Seconda Scolastica nella formazione del diritto privato moderno*, Milan, Giuffré, 1973, p. 23-52, p. 42 *sq.*

61 John P. Donnelly, *DHCJ*, vol. III, p. 2716 *sq.*

62 1583-1660. Voir Sommervogel, vol. V, 1894, coll. 176-180 ; Gaetano Moroni, *Dizionario di erudizione storico-ecclesiastica*, vol. XIX, Venise, Tipografia Emiliana, 1843, p. 221 ; Estanislao Olivares, *DHCJ*, vol. III, p. 2438 *sq.* ; Luciano Dalle Molle, *Il contratto di cambio nei moralisti dal secolo* XIII *alla metà del secolo* XVII, Rome, Edizioni di Storia e Letteratura, 1954, p. 137-142.

63 Nicolas Bergier, *Dictionnaire de théologie*, notice *Usure*, Paris, Gauthier frères, 1829, p. 255 ; voir Jean Delumeau, *Préface* à Ambroise Jobert (dir.), *Un théologien au siècle des Lumières : Bergier. Correspondance avec l'abbé Trouillet 1770-1790*, Lyon, Presses de l'Université de Lyon, 1987, p. 9-12.

64 « *Mille nummi per se et secluso omni extrinseco, non pluris valent hodie quam intra duos vel plures annos, cum eorum valor per tempus non crescat : nec pecunia praesens est utilior possidenti, si mansura sit otiosa in arca* », G. Antoine, *Theologia moralis…*, *op. cit.*, p. 490.

Les attaques de Cárdenas dans la *Crisis* portaient en particulier sur la pensée de Juan Caramuel y Lobkowitz, le savant cistercien, considéré comme un laxiste dont il convenait de se distinguer. Ce dernier niait, en effet, que le pape eût la possibilité de modifier la nature des choses et, par-là, conférait une importance bien moindre aux décrets des pontifes[65].

Les titres extrinsèques, pour Cárdenas, étaient peu nombreux : il parlait expressément de *lucrum cessans, damnum emergens, periculum sortis* et n'acceptait pas l'idée d'une *potentia lucrandi*, qu'il jugeait *frustranea.* Il refusait la thèse selon laquelle l'argent est un instrument de travail ainsi que le principe selon lequel *centum numeratos aequivalere centum et quinque numerandos* qui donnait au prêteur la possibilité d'exiger un taux de 5 % en l'absence de tout titre extrinsèque. Ces idées, et notamment celle selon laquelle il n'y avait pas de *translatio dominii* dans le prêt de l'argent allaient mener selon lui à autoriser l'usure, ce dont on accusait justement les jésuites. En même temps que Cárdenas manifestait son adhésion aux décrets du souverain pontife en attaquant rudement Caramuel, il voulait aussi montrer que ce dernier, quoi qu'il en dît, ne partageait en rien les idées de Luis de Molina, de Lessius, de Juan de Lugo. Au moment où s'annonçaient des difficultés grandissantes pour la Compagnie, la menace incitait à se tenir sur la défensive.

Les craintes des probabilistes la montée du rigorisme, la méfiance à l'égard des fidèles, tout cela incitait à une grande rigueur pastorale. Voilà pourquoi, entre le XVIe et le XVIIe siècle, les jésuites qui professaient des doctrines larges dans leurs ouvrages de théologie destinés aux spécialistes avaient été assez rigoureux dans leurs sermons et leurs catéchismes. L'archevêque Charles Borromée, qui faisait preuve d'une grande rigueur pastorale, s'intéressait beaucoup aux problèmes de morale économique. Le tout premier recteur du grand séminaire de Milan, le jésuite Francesco Adorno, examina les difficultés inhérentes aux activités mercantiles, notamment aux changes[66]. Il est possible

65 « *Quia non datur in mundo authoritas, ut nigra merito dicantur alba* ». Cité par E. Colombo, *Un gesuita inquieto…*, *op. cit.*, *p.* 209.

66 Le traité *De cambiis* est conservé à la BAM, ms. S 103 sup, f° 330-360r°. Le sujet principal est : « An cambium bisuntinum sit licitum » ; aux f° 358v°-360r°, *Brevis resolutio in materia cambiorum.* Voir Mario Scaduto, *DHCJ*, vol. I, p. 16. Adorno, originaire de Gênes, connaissait très bien ces problèmes. Il fut aussi le confesseur et le directeur spirituel de Charles Borromée.

d'avancer l'hypothèse qu'à l'origine de son petit traité *De cambiis* se trouvait la préoccupation pastorale de Borromée. En vue de la publication des *Instructions* pour les confesseurs, son vicaire Ormaneto avait été chargé de s'enquérir auprès des marchands et des *uomini pratici di questi maneggi* afin de mieux connaître les problèmes. Plus tard, Claudio Aquaviva se félicita du jugement positif que l'archevêque avait porté sur l'ouvrage d'Adorno[67]. Ce dernier avait souligné la nécessité d'une grande prudence, d'autant plus que *consuetudo autem facit ut id, quod revera malum est et grave, paulatim leve et non malum appareat* ; la force de la coutume portait *etiam doctores et pastores paulatim ad ea toleranda et non pro malis habenda*. Ils acceptaient ainsi sans critique les pratiques financières en usage.

Un siècle plus tard, au tournant des XVIIe et XVIIIe siècles, la rigueur pastorale se fit plus marquée. Ainsi, le jésuite Paolo Segneri insistait sur le fait que les prêteurs devaient prendre garde à ne pas fausser la réalité, en invoquant des titres extrinsèques qu'ils ne possédaient pas. Les titres extrinsèques ne devaient pas servir de prétexte pour présenter comme légitimes des contrats et des opérations financières qui ne l'étaient pas. « Je sais qu'ils se défendent par leurs titres séduisants, de gain baissant et de dommage croissant : mais je ne sais pas si ces titres se trouvent véritablement dans leurs contrats ; et je doute fortement qu'ils ne soient souvent que des hameçons, par lesquels on essaie d'obtenir par la force ces fruits qu'on n'arrive pas à cueillir par la main[68]. »

Cette rigueur pouvait toutefois être plus de façade que réelle. Dans son catéchisme, le jésuite Antonio Ardia exhortait les fidèles à ne pas être trop ouverts d'esprit avec eux-mêmes et à vérifier avec attention si les titres qu'ils invoquaient existaient bel et bien[69]. Il se référait à

---

67 A. Bernareggi, « Martino Bonacina… », *op. cit.*, p. 244 *sq.*

68 « *So che si difendono con que' titoli loro tanto speciosi, di lucro cessante e di danno emergente : ma non so se questi titoli si truovino però sempre di verità ne loro contratti ; e dubito fortemente che sieno lor molte volte un semplice uncino, di cui si vagliono per tirare a forza que' frutti, che non arrivano a cogliere con la mano* », Paolo Segneri, *Il cristiano istruito nella sua legge. Ragionamenti morali*, Venise, Paolo Baglioni, 1716, p. 241 (¹1686). Sommervogel, vol. VII, 1896, col. 1050-1089 ; Giuseppe Mellinato, *DHCJ*, vol. IV, p. 3547 *sq.* ; Rocco Paternostro, Andrea Fedi (dir.), *Paolo Segneri, un classico della tradizione cristiana*, New York, Forum Italicum, 1999 ; Ezio Bolis, *L'uomo tra peccato, grazia e libertà nell'opera di Paolo Segneri s.j. (1624-1694). Emblema di un approccio « pratico-morale » alla teologia*, Milan, Glossa, 1996.

69 Antonio Ardia, *Tromba catechistica, cioè spiegazione della dottrina cristiana*, Venise, Appresso Giacomo Tomasini, 1724, p. 334 (¹1713). Sommervogel, vol. I, 1890, col. 524-526. Il

ce sujet aux prises de position du Saint-Siège : *Veggiamo in questo punto così gelosa la Sede di S. Pietro*[70]. Mais force est de constater que, dans ce même ouvrage, il distinguait de manière assez nette l'intérêt de l'usure et déclarait le triple contrat légitime.

Un problème très intéressant concernait un titre spécifique, le *titulus legis civilis*. De nombreux jésuites inclinaient à l'accepter comme légitime. Le fondement en était le droit du souverain à autoriser la perception d'un intérêt pour des raisons de bien public. Dans des facultés de théologie comme Pont-à-Mousson[71] ou Ingolstadt[72], cette tendance était manifeste et le fut plus encore au XVIIIe siècle. L'importance attribuée au bien commun rendait les activités commerciales et financières indispensables, non seulement au bien-être individuel, mais aussi à l'État et à la société. Les partisans de ce titre en appelaient donc à des motifs explicitement politiques.

Ainsi, chez plusieurs jésuites, une orientation ouverte quant à l'emploi de l'argent se dessinait, quoique souvent d'une manière moins nette à l'époque du rigorisme qu'au début du XVIIe siècle. Les questions du prêt à intérêt, de la morale économique et, plus encore, de la puissance des jésuites et de leurs pratiques en matière économique comptaient parmi les causes qui déclenchèrent au XVIIIe siècle l'attaque contre la Compagnie. À la suite de l'affaire Lavalette surtout, les jésuites furent dénoncés comme « marchands et usuriers ». Malgré cela, nombre d'entre eux – ou, plus exactement, nombre d'ex-jésuites – s'appliquèrent à développer ces thèmes à la fin du XVIIIe et au début du XIXe siècle. Ce fut le cas de Jean-Joseph Rossignol ou de Giovanni Vincenzo Bolgeni, deux auteurs d'un certain renom, qui apportèrent des arguments de poids en faveur des théories « libérales » en matière économique. Une

---

s'agit à l'origine d'un texte de J. Martinez de la Parra (1691) : voir aussi Sommervogel, vol. V, 1894, col. 635-638.

70 A. Ardia, *Tromba catechistica…*, *op. cit.*, *p.* 334 *sq.*

71 René Taveneaux, « Les controverses sur le prêt à intérêt. L'usure en Lorraine au temps de la Réforme catholique », *Annales de l'Est*, 24, 1974, p. 187-215, 193 *sq.* et 215.

72 Par exemple Pichler, Zech et Barth. Voir C. Langlois, « La morale économique… », *op. cit.* ; J. T. Noonan, *The Scholastic Analysis…*, *op. cit.*, p. 227 et 353 *sq.* Pour les idées de Pichler sur le sujet, *Ius canonicum practice explicatum, seu decisiones casuum selectorum*, Ingolstadt, Veuve J. Andrea de la Haye, 1746, lib. V, dec. CLXIII, p. 639-643. Concina la dit : « *theologia nova, prodigiosa atque inaudita* » ; Daniello Concina, *Usura contractus trini dissertationibus historico-theologicis demonstrata, adversus mollioris ethicae casuistas et Nicolaum Broedersen*, Rome, Typographie Palladis, 1746, p. 269.

fois terminée la phase du rigorisme triomphant, les thématiques de la première moitié du XVIIe siècle allaient refaire surface, avec des accents nouveaux, dans une société et une Église profondément transformées[73].

73 Giovanni Vincenzo Bolgeni, *Dissertazione undecima fra le morali sopra l'impiego del denaro e l'usura*, Lugano, Tipografia Veladini, 1835, p. 134 : « *Se una volta deposti i pregiudizi e la sciocca paura della morale rilassata si accorderanno i teologi a riconoscere un vero contratto di locazione onesta e giusta ne' contratti di danaro ad interesse, cesseranno i raggiri di parole e si faciliteranno tali contratti espressi con sincerità ; e da ciò nascerà un vantaggio grandissimo alla umana società, ed alla pace della coscienza* ». L'ouvrage, publié après la mort de l'auteur, avait été composé en 1782-1783 ; Sommervogel, vol. I, 1890, coll. 1611-1622, ici col. 1621 ; Renzo De Felice, « Bolgeni Giovan Vincenzo », *DBI*, vol. XI, 1969, p. 274-277 ; Mario Zanfredini, *DHCJ*, vol. I, p. 476.

REMARQUES SUR LES JANSÉNISTES ET L'USURE

1977 : c'est la date de publication du texte capital de René Taveneaux sur *Jansénisme et prêt à intérêt*, cet ouvrage faisant suite à un article du même auteur qui concernait l'usure en Lorraine[1]. En effet ces hauts lieux de la Réforme catholique avaient été le terrain de discussions à propos de l'usure et avaient expérimenté la permission du taux légal d'intérêt. Ce sujet, de la plus haute importance, est abordé par l'auteur à partir d'une analyse suivie des documents historiques : sources imprimées, mais aussi manuscrites, encore peu connues à l'époque. Pour ce qui est du panorama général qui précède l'analyse de cas, le but n'étant pas de présenter un tableau complet du sujet, avec tous ses tenants et ses aboutissants, Taveneaux visait à souligner l'importance et l'abondance des sources sur le thème spécifique et à les exploiter autant que possible.

Le point de départ de Taveneaux est le problème de la complexité. Dans son avant-propos, l'auteur souligne la particularité du jansénisme aux Pays-Bas : « Cette diversité idéologique explique celle de la littérature usuraire[2] ». Dans le fond, la différence réside selon lui, aux Pays-Bas aussi, entre les gens de robe et la bourgeoisie marchande, entre une pensée ancrée dans des principes absolus et une orientation bien plus sensible aux réalités économiques et financières. Le rôle essentiel de la théologie n'est pas nié : la théologie – et notamment la théologie morale – peut être interprétée par l'historien d'une manière fondamentalement théorique, ou au contraire être examinée comme une clé de lecture de la réalité historique. La sensibilité historiographique de ce point de vue s'est accrue dans la dernière période, mais l'auteur en avait parfaitement

---

1 René Taveneaux, « Les controverses… », *op. cit.*, p. 187-215.

2 *Id.*, *Jansénisme et prêt à intérêt. Introduction, choix des textes et commentaires*, Paris, Vrin, 1977, p. 7.

compris la portée et avait devancé l'historiographie, qui normalement soit faisait de la théologie un objet très spécifique, soit l'excluait, soit la marginalisait. Au chapitre III, « L'Église d'Utrecht et les problèmes du crédit », Taveneaux établit une opposition entre « les gardiens de la morale traditionnelle et les tenants d'une économie rénovée ». Les choses se présentent peut-être de manière un peu plus compliquée. Il est vrai toutefois que morale théologique et économie s'enchevêtrent dans ces discours, et que les considérations morales chez quelques auteurs l'emportent sur toute autre réflexion, notamment entre la fin du XVIIe et le début du XVIIIe siècle.

Peut-être l'idée d'une réforme catholique qui – comme l'écrit Taveneaux – « fit montre à l'égard du prêt à intérêt d'un rigorisme très strict[3] » est-elle pour nous un peu déroutante. Il faudrait avant tout éclaircir le sens de cette expression. La définition « Réforme catholique » continue à être aimée par les historiens français ; elle a été presque abandonnée par les Italiens, qui adoptent de préférence le mot Contre-Réforme ; les Anglo-saxons, au contraire, optent pour *revival*, renouvellement *et similia.* Taveneaux parle de Réforme catholique pour l'époque du Concile de Trente, mais il englobe également sous cette étiquette le XVIIe siècle. Une réflexion s'impose. À propos de rigorisme tridentin, l'auteur mentionne Alain de Solminihac, Jacques-Bénigne Bossuet, François Genet. Mais Leonardus Lessius et Martino Bonacina, lesquels s'éloignent de la rigueur qui, avant l'éclosion du rigorisme au sens strict du mot, est considérée comme un caractère marquant de l'église au XVIe siècle, s'inscrivent dans la lignée de la « Réforme catholique ». Le cadre se révèle donc mouvant et mérite d'être approfondi.

Aujourd'hui, on pourrait aussi aborder d'une manière différente le problème du rôle du protestantisme quant au développement du capitalisme. Les ouvrages sur la pensée économique des franciscains en sont, directement ou indirectement, une critique. Là encore, la bibliographie est bien plus riche que dans les années soixante-dix. Il suffit de mentionner la mise en cause des thèses de Max Weber de la part de Robertson, Novak et autres[4]. Par ailleurs, les spécialistes ont récemment montré

3 *Ibid.*, p. 36.

4 Voir par exemple Hector M. Robertson, *Aspects of the Rise of Economic Individualism. A Criticism of Max Weber and his School*, Clifton, Kelley, 1973 ; Hartmut Lehmann, Guenter Roth (dir.), *Weber's Protestant Ethic. Origins, Evidence, Contexte*, Cambridge, Cambridge

que les thèses de Taveneaux ne permettent pas d'aborder le jansénisme comme un facteur de renouvellement en matière économique. Quoi qu'il en soit, les interprétations de cet auteur et d'autres spécialistes, différentes et parfois opposées, en appellent toutes à une relecture des textes originaux.

Taveneaux affirme que l'authentique différence dans l'éthique économique entre sociétés protestantes et sociétés catholiques « réside, pour ces dernières, dans la permanence et le renforcement des interdits usuraires, sous l'influence d'un jansénisme, réduit parfois d'ailleurs à un fait de mentalité[5] ». Cette affirmation se montre par trop générale et, d'une certaine manière, ne correspond pas au parcours du livre : le jansénisme seul n'explique pas tout. Ailleurs, mais aussi en France, tout n'est pas sujet à l'influence janséniste. Les Pays-Bas ou l'Italie le sont bien moins que la France ; mais dans l'hexagone le panorama demeure assez flou. Parmi les jansénistes, les différences ne manquent pas, et les nuances aussi.

Même Arnauld reconnaît qu'en principe la licéité du prêt à intérêt est raisonnable, c'est-à-dire dans le contexte d'un discours fondé sur la raison. Selon lui, de ce point de vue, il est presque impossible de nier la licéité du prêt à intérêt si le taux est modéré et si l'emprunteur effectue des opérations commerciales ou financières. Néanmoins Arnauld nie finalement la validité de ces conclusions, d'après des considérations sur les lois de Dieu et de l'Église. Mais, en réalité, il posait les jalons pour la distinction – que l'on devait attendre des siècles durant – entre usure et prêt à intérêt, entre prêt de consommation et de commerce.

Le rigorisme montant porta à un raidissement, sur ces questions aussi, entre le milieu du XVIIe et le milieu du XVIIIe siècle. La méfiance envers l'homme pécheur et le sens de responsabilité en face de Dieu quant au salut des âmes conduisaient à une rigueur remarquable dans la pastorale[6].

Après le milieu du XVIIe siècle, les décisions du Saint-Office furent souvent marquées par une dureté grandissante, mais les concessions

University Press, 1993 ; Michael Novak, *The Catholic Ethic and the Spirit of Capitalism*, New York, Free Press, 1993.

5 R. Taveneaux, *Jansénisme et prêt à intérêt…*, *op. cit.*, p. 43.

6 Paola Vismara, « A proposito del prestito a interesse. Conflitti teologici e divergenze pastorali nel Settecento italiano », *Annali di storia dell'esegesi*, 2009, t. 26, n° 2, p. 101-113.

précédentes ne furent jamais révoquées. Des tendances rigoristes se manifestèrent d'une manière patente dans les décrets du Saint-Office à partir notamment de 1679. On peut remarquer le poids de l'ouvrage d'Emmanuel Maignan, un minime de Toulouse, savant multiforme et d'une grande originalité. *De usu licito pecuniae dissertatio theologica* ou *De l'usage licite de l'argent*, publié en latin et en langue française en 1673, fut mis à l'Index en 1679, après la mort de l'auteur[7]. La mise à l'Index avait été prônée par le Saint-Office, qui avait condamné quelques propositions de l'auteur. Cette condamnation est l'une des preuves du triomphe du rigorisme à l'époque et de l'influence française sur Rome ; la preuve majeure en est la condamnation de plusieurs propositions laxistes, qui remonte à cette année.

Certains milieux ecclésiastiques français s'étaient déchaînés contre le livre, comme le montre Taveneaux pour l'évêque du diocèse d'Alet et d'autres[8]. À ces critiques, Maignan répondit expressément[9]. L'hostilité des milieux rigoristes est en outre attestée par une lettre du cardinal Girolamo Grimaldi, archevêque d'Aix, au cardinal d'Estrées, dont une copie est conservée aux Archives du Saint Office[10]. Grimaldi était considéré comme un ennemi acharné des pratiques « usuraires ». « Le cardinal Grimaldi, archevêque d'Aix, a aussi condamné les trois contrats dans la censure particulière du livre du P. Colonia, minime ; ce religieux, par un subtil, mais faux raisonnement, prétendoit que le concile général de Lyon les avoit autorisés, parce qu'ils ne les avoit pas condamnés ; car il avance faussement qu'on suivoit déjà ces maximes à Lyon quand le concile s'y tint sous Grégoire X[11] ».

Aux dires de Taveneaux, le fait que Grimaldi n'intervînt pas contre le janséniste « libéral » Jean Le Correur montrerait, bien que d'une manière indirecte, qu'il approuvait ses idées : mais cette interprétation contraste nettement avec les prises de position du personnage[12].

---

7 *De usu licito pecuniae dissertatio theologica*, Lyon, J. Certe, 1673 et Toulouse, B. Bosc, 1673 ; *De l'usage licite de l'argent. Dissertation théologique*, Toulouse, B. Bosc, 1673. Paola Vismara, *Oltre l'usura…*, *op. cit.*, p. 145-155.

8 R. Taveneaux, *Jansénisme et prêt à intérêt…*, *op. cit.*, p. 151, n. 5.

9 *Ad censuras quinque latas ab illustriss. et reverendissimis Dominis episcopis contra dissertationem "De usu licito pecuniae"*, s. l. n. d.

10 ACDF, *Sant'Officio*, *Censura Librorum*, 1679, fasc. 16, 13 septembre 1674.

11 [Le Semelier], *Conférences ecclésiastiques de Paris sur l'usure et la restitution, où l'on concilie la discipline de l'Église avec la jurisprudence du Royaume de France, établies et imprimées par ordre du card. de Noailles archevêque de Paris*, Paris, Frères Estienne, 1775, t. II, p. 48.

12 R. Taveneaux, *Jansénisme et prêt à intérêt…*, *op. cit.*, p. 50.

Dans son ouvrage *Traité de la pratique des billets entre les négocians*, publié en 1682 sous le couvert de l'anonymat, ce prêtre parisien, proche de Port-Royal, avance des thèses très intéressantes et détaillées. Les principes inspirateurs ne s'avèrent pas nouveaux. Peut-être donc ne présente-t-il pas, en matière de prêt à intérêt, « les thèses libérales sans doute les plus originales du XVIIe siècle[13] ». Mais l'idée que l'on puisse dissocier l'argent de l'usage de l'argent, que l'argent n'ait pas de caractère fongible, avait déjà été exprimée d'une manière très claire et suivie par Lessius et par Maignan.

Il faut remarquer que le texte de Maignan constitua l'une des sources de Broedersen. L'examen de cette œuvre est par conséquent capital pour une meilleure intelligence du débat aux Pays-Bas dans la première moitié du XVIIe siècle. Nicolas Broedersen, membre du chapitre d'Utrecht, écrivit plusieurs ouvrages sur des sujets économiques. Il commença par s'occuper des rentes rachetables des deux côtés, un sujet qui n'était pas nouveau, mais qui était très discuté à cette époque. Dans le *De usuris licitis atque illicitis*, publié en 1743, l'auteur fait une distinction explicite – ce qui résulte immédiatement du titre – entre usure légitime ou illégitime ou, en termes actuels, entre prêt à intérêt et usure, et se détache ainsi de l'orientation traditionnelle des jansénistes français ; il autorise le profit que l'on peut obtenir sur le prêt de commerce, pourvu que ce profit soit modéré ; il montre l'importance des instruments de crédit dans la vie économique de son temps.

Or, l'ouvrage de Broedersen, important en soi, souleva de part et d'autre des réactions différentes, du fait que des questions nouvelles étaient posées et notamment que les sujets étaient abordés d'une manière tout à fait explicite. Pour comprendre les phases qui contiennent des ouvertures, il faut connaître les périodes, les milieux et quelques auteurs fondamentaux, source d'inspiration pour beaucoup d'autres. C'est le cas pour Lessius, au tout début du XVIIe siècle. Dans le cadre d'une recherche centrée sur le jansénisme, ce personnage n'entre pas dans l'analyse de Taveneaux, tout comme Maignan[14]. L'absence de ces auteurs qui ne sont ni jansénistes ni rigoristes, tout à fait compréhensible dans le contexte, empêche pourtant de restituer de manière exhaustive le tableau d'ensemble et de déceler les véritables nouveautés.

13 *Ibid.*, p. 210.

14 Lessius est mentionné en passant à la note 12 p. 34 ; Maignan de manière très rapide p. 42-43 et n° 5, p. 151.

Concevoir l'argent comme une marchandise ne constitue pas la prérogative de quelques auteurs du XVIIIe siècle, comme Taveneaux semble le dire[15] : l'affirmation en est très claire déjà dans le *De iustitia et iure* de Lessius ; peu de temps après, Bonacina aurait lui aussi exprimé cette opinion[16]. Pour Lessius, il existe une logique intrinsèque du négoce, qui n'est pas nécessairement incompatible avec le christianisme et qui, en fin de compte, peut contribuer au bien général, même indirectement[17].

Une question de poids était relative à l'importance des lois civiles et au droit des princes d'adopter une législation qui ne soit pas en accord avec la loi ecclésiastique. Cela avait été le cas avec l'empereur Charles Quint et avec Charles III de Lorraine. Les débats en cette matière, très forts au XVIIIe siècle, se concentrèrent en général autour de la licéité de l'intérêt reçu sur le prêt à cause de la permission des lois civiles. Le taux légal d'intérêt n'avait jamais été reconnu en France ; même les monts de Piété n'y furent pas institués.

Les jansénistes s'opposaient à qui aurait voulu que les lois civiles contre les prêts usuraires, conformes à la rigueur du droit canon, fussent abrogées. Aucune exception ne peut être admise, selon eux, du fait que la loi divine est la règle suprême. Mais le monde janséniste était divisé. L'affirmation selon laquelle la matière usuraire était dogmatique portait à un raidissement ; mais les débuts d'une considération différente de l'usage de l'argent sont évidents chez plusieurs auteurs jansénistes, y compris, tel Jean Le Correur, des gens directement liés à Port-Royal. Le *Traité des prêts de commerce*, un texte presque collectif qui selon Taveneaux atteste la présence des idées d'un milieu bien plus que d'un seul homme[18], est l'œuvre principalement de Philippe Boidot, docteur de Sorbonne, et d'Étienne Mignot, tous deux proches du jansénisme. Les fondements des doctrines sur l'argent et son usage étaient en premier lieu des argumentations rationnelles et des considérations sur le droit naturel. Au XVIIIe siècle, la prééminence donnée à la loi de nature pouvait à juste

15 Par exemple p. 75, à propos d'un mémoire inédit adressé vers la fin du XVIIIe siècle au sénéchal d'Angoulême.

16 Leonardus Lessius, *De iustitia et iure caeterisque virtutibus cardinalibus. Ad Secundam Secundae D. Thomae a quaest. 47 usque ad quaest. 171*, lib. 2, chap. 23, dub. 1, Louvain, Ioannis Masii, 1605 ; Martino Bonacina, *Tractatus de restitutione et de contractibus*, disp. III, quaest. V, *punctum unicum*, Milan, haer. Pacifici Pontij, & Io. Baptistam Piccaleum, 1620.

17 Wim Decock, « Lessius and the Breakdown of the Scholastic Paradigm », *Journal of the History of Economic Thought*, 31, 2009, n° 1, p. 57-78.

18 R. Taveneaux, *Jansénisme et prêt à intérêt…*, *op. cit.*, p. 81 et *passim*.

titre inquiéter ces théologiens qui voulaient donner une primauté absolue à la loi divine, au point de faire de l'interdiction du prêt à intérêt une question dogmatique.

C'est là, par exemple, la théorie exposée dans *L'usure condamnée par le droit naturel*[19]. L'ouvrage, paru sous le couvert de l'anonymat, est attribué au chanoine François-Hyacinthe Delan, contraint de s'éloigner de Rouen et exilé à Périgueux pour avoir signé le Cas de conscience. « L'un des plus opiniâtres appelants de la bulle *Unigenitus* » ou bien un « modéré dans le parti de l'appel », selon ses biographes, mourut à Paris en 1754[20]. Jean-Henry Formey se voit directement visé ; parmi les cibles privilégiées figurent Gerard Noodt, mais aussi Grotius, Saumaise et Dumoulin, autrement dit des juristes plutôt que des théologiens.

Deux thèses sont à la base de ce discours : la loi divine est immuable et incontestable, on ne peut donc pas autoriser ce que Dieu condamne ; cette même loi est venue au secours de la raison humaine, qui est affaiblie, à laquelle on ne peut donc pas faire confiance. On y perçoit l'écho de quelques argumentations d'Arnauld, ainsi que celles qui circulaient à l'époque. Ces idées, à titre d'exemple, se retrouvent chez l'eudiste Pierre Le Coq : « C'est en vain que l'homme s'efforcera de justifier, ce que Dieu condamne d'une manière si formelle : la subtilité de l'esprit humain ne pourra jamais rien contre l'autorité de la parole de Dieu[21]. »

Le chanoine Delan n'apporte aucun développement original, mais dans son livre apparaissent tous les éléments de l'argumentaire classique utilisé par les jansénistes contre le prêt à intérêt. La référence aux Pères, notamment à Ambroise, est incontournable. L'auteur soutient l'interprétation littérale des passages de l'Ancien Testament qui concernent l'usure et refuse toute interprétation « de contexte ». Quant au Nouveau Testament, tout en ignorant la parabole des talents, Delan en appelle à la péricope de Luc 6,35. Il s'agissait d'un passage très précis

---

19 *L'usure condamnée par le droit naturel*, Paris, P. G. Le Mercier, 1753.

20 *Précis analytique des travaux de l'Académie des Sciences, Belles-Lettres et Arts de Rouen*, Rouen, Alfred Péron, 1852, p. 528. On y fait référence aux *Nécrologes des Appellants*, t. II, p. 309. La deuxième définition : Michel J. Picot, *Mémoires pour servir à l'histoire ecclésiastique pendant le dix-huitième siècle*, t. IV, Bruges, Félix de Pachtere, 1825, p. 260.

21 Pierre Le Coq, *Conférences dogmatiques et morales en forme de dialogue*, Archives des P. Eudistes, Paris, ms. 40. Voir aussi [P. Le Coq], *Dissertation théologique sur l'usure du prêt de commerce et sur les trois contrats*, Rouen, L. Dumesnil, 1767 ; *id.*, *Remarques sur le traité de l'usure et des intérêts* [...] *pour servir de supplément à la dissertation théologique*, Amsterdam, imprimé aux dépenses de la Compagnie, 1775.

sur les modalités du prêt à intérêt, qui ne peut être que gratuit, quelles que soient les circonstances du prêt et la situation de celui qui emprunte l'argent. La grandeur sublime de la perfection chrétienne l'exige.

L'auteur ne nie pas la licéité d'un intérêt sur le prêt à cause d'un titre extrinsèque, notamment de dommage naissant (*damnum emergens*), mais pose des conditions si restrictives que le prêteur ne pourrait qu'en être découragé[22]. L'équité naturelle est notamment invoquée sur ces sujets. On a l'impression qu'il y a une sorte de coïncidence entre cette notion d'équité et la justice commutative, pour laquelle l'égalité est nécessaire entre ce que donne le prêteur et ce que l'emprunteur va restituer[23].

D'après le titre, la bataille se concentre autour du droit naturel, qui est traité au fil du texte. Il faut que les hommes ne soient pas aveuglés « par un amour mal entendu du bien public et du commerce ». De l'usure ne naissent que divisions et querelles, les familles en sont ruinées (celles des prêteurs aussi) ; mais la raison principale du refus de l'usure n'est pas là : c'est une question de principe. La théologie réclame son importance prioritaire. Même dans ces cas où le droit naturel ferait conclure à une non-opposition entre l'usure et le droit naturel, puisque l'on constate des raisons vraisemblables en faveur de l'intérêt sur le prêt, il faut ne considérer que la loi de Dieu[24]. À ce propos, Delan cite notamment, parmi d'autres, Arnauld et Nicole.

Une acquisition importante dans le livre de Taveneaux porte sur le rôle de la théologie : d'un point de vue général et méthodique, l'auteur souligne qu'il est impossible d'étudier l'histoire de la théologie et de la doctrine ou bien les courants de spiritualité en les sortant de leur contexte. La politique, l'économie, la finance ont un poids remarquable en la matière ; mais en même temps il ne faut pas négliger la théologie et la doctrine, comme si tout cela était placé hors du monde concret. Seuls les « liens de causalité réciproque » dont parle Taveneaux permettent de relire l'histoire sans ruptures. Les multiples facettes de la pensée des jansénistes sur le sujet de l'usure sont mises en lumière.

Taveneaux aborde de manière suivie les orientations du clergé aux Pays-Bas : un clergé janséniste, mais profondément divisé. Les jansénistes

22 *L'usure condamnée par le droit naturel*, p. 117 *et passim*. L'auteur lui-même reconnaît ces difficultés (p. 168). Il admet aussi le lucre cessant, non pas les autres titres extrinsèques dont les prêteurs se prévalaient, reconnus par plusieurs théologiens et parfois sous certaines conditions par l'Église de Rome (par exemple, le risque du capital).

23 *Ibid.*, p. 168-169.

24 *Ibid.*, p. 167-172 et 180.

français qui y étaient exilés gardaient les principes les plus rigides – qui n'étaient pourtant pas un absolu même au cœur du jansénisme le plus authentique (comme chez Arnauld, dont Taveneaux analyse les idées, qu'il définit comme nouvelles et proches de l'optique calvinienne)[25]. Les jansénistes autochtones, à la différence des immigrés, professaient une anthropologie ouverte aux réalités de ce monde, et partant ils interprétaient les exigences de l'économie par l'acceptation de pratiques tels les *census utrimque redimibiles* ou le triple contrat. Mais Corneille-Jean Barchman (l'évêque qui succéda en 1725 à Cornelis Steenoven) ne pouvait souscrire à ces principes larges, lui qui était l'héritier des jansénistes français et leur était redevable de sa carrière. L'intervention, à sa demande, de Nicolas Le Gros à propos des contrats rachetables des deux côtés déclencha une vive controverse qui s'exprima au moyen d'une innombrable série de publications, plus ou moins importantes[26].

Ce fut l'occasion pour Nicolas Broedersen de publier en 1729 le *Tractatus brevis de reditibus utrimque redimibilibus*[27]. La question était épineuse et mérite l'attention. Le *Tractatus* est un travail relativement synthétique, mais organiquement élaboré. L'auteur y remarquait avant tout l'utilité des *census*, auxquels avaient recours des propriétaires d'un capital, comme les veuves, mais socialement faibles. L'État autant que ses sujets en tiraient des avantages. Je ne mentionne pas ici tous les ouvrages et les libelles qui furent publiés de part et d'autre, souvent anonymement. Je me borne à rappeler que les controverses étaient très suivies, du fait aussi que l'on touchait là à une coutume financière développée et fréquente et que les rigoristes se déchaînaient presque violemment contre cette pratique. En parler comme de *usuraria pravitas* était très fort ; on apparentait ainsi un contrat que l'on stipulait habituellement au pire des péchés, la *heretica pravitas*. L'ouvrage où cette condamnation est exprimée de la manière la plus nette et tranchante est le *Dogma Ecclesiae circa usuram*, publié contre Broedersen en 1730[28].

Taveneaux montre efficacement les problèmes qui affectaient l'église d'Utrecht à cette période, risquant d'encourir le discrédit général dans

25 R. Taveneaux, *Jansénisme et prêt à intérêt...*, *op. cit.*, p. 47 *sq.*

26 *Ibid.*, p. 59-62.

27 Nicolaus Broedersen, *Tractatus brevis de reditibus utrimque redimibilibus*, Delphis, Bernardi van Holzen, 1729.

28 *Dogma Ecclesiae circa usuram expositum et vindicatum*, Insulis, Petrum Mathon, 1730. Voir aussi Paola Vismara, *Questioni di interesse. La Chiesa e il denaro in età moderna*, Milan, Mondadori, 2009.

ce pays à vocation commerciale et financière, à cause du soutien de ses représentants les plus importants aux interdits, tout à fait rigoureux, concernant l'usure et les contrats.

Il s'agissait en effet de deux registres différents. Les adversaires du prêt à intérêt s'intéressaient peu aux questions pratiques et aux caractéristiques du commerce et de la finance ; ils soutenaient tout simplement que l'obligation du prêt gratuit n'aurait pas endommagé le commerce. Mais, au fond, la question n'est ni économique, ni sociale. L'importance attribuée à l'Écriture (à une manière d'interpréter les Écritures, hors contexte) et à la tradition l'emporte sur tout raisonnement, constatation, interprétation différente[29]. Le Gros affirme que tout doit être soumis à la Parole, y compris la raison même : pour cela, il est vivement critiqué par les partisans de la libéralité au sujet du prêt à intérêt, tel par exemple Scipione Maffei. À son avis, quelque chose dépasse la raison, comme les mystères de la foi ; mais plusieurs aspects de la religion sont parfaitement compatibles avec elle. Le sens de l'Écriture est-il en contradiction avec la raison et la nature humaine ? Maffei au contraire affirme que les passages de l'Ancien Testament concernant peu ou prou le prêt à intérêt peuvent être interprétés à partir d'une considération historique fine, c'est-à-dire sur la base du contexte historique et social, et d'un exercice sur le genre littéraire, l'usage des mots hébreux, etc. ; il faut interpréter ces péricopes l'une à la lumière des autres, et chacune d'elles dans le cadre où elle est présentée. Ce tableau d'ensemble peut, avec l'avis d'auteurs tels Maffei, faire comprendre d'une manière claire et indubitable ce qui dans le cas contraire demeurerait obscur, voire ambigu. Cela revient à défendre l'usure si le prêt est octroyé à un pauvre ou si le taux en est exorbitant. L'interdit aurait donc, dans le monde du peuple élu, des fonctions sociales importantes pour éviter l'oppression du pauvre, de l'orphelin, de la veuve, pour garantir l'équilibre d'une société marquée par la précarité[30].

La réflexion sur le Nouveau Testament se concentre sur l'interprétation de Luc 6,35, autour de laquelle le conflit éclate. Si l'explication est faite selon la lettre, la conséquence en serait que le chrétien devrait prêter son capital gratuitement à quiconque, sans même espérer que la somme

---

29 R. Taveneaux, *Jansénisme et prêt à intérêt…*, *op. cit.*, p. 64-65, 84-87.

30 Scipione Maffei, *Dell'impiego del danaro*, Verone, Giannalberto Tumermani, 1744, *passim*, notamment 1.II.

empruntée lui soit rendue. En réalité, réplique Maffei, il s'agit d'un conseil de perfection et la péricope n'a pas pour objet des prescriptions spécifiques en matière d'économie et de finance[31].

Le Gros créait des oppositions entre l'Évangile d'une part et, de l'autre, la raison et les exigences de la société. Par conséquent, comme beaucoup d'autres, il ne montrait aucune compréhension pour les mécanismes du marché et leur répercussion sur le bien commun. Les attaques contre les différentes modalités d'exploitation de l'argent qui n'étaient pas entièrement traditionnelles découlaient aussi d'un mépris de l'argent, de la volonté de s'écarter du monde du négoce. Quelles en sont les racines ? Il ne s'agit pas d'une incompréhension par ignorance, mais d'une incompréhension foncière, n'admettant en principe ni la valeur de l'argent (le capital ne peut pas fructifier), ni la légitimité du maniement de l'argent comme métier authentique. En fin de compte, François Méganck note qu'il s'agit d'une méfiance à l'égard de l'usure compensatoire[32], autrement dit des titres extrinsèques, exception faite pour le *damnum emergens* et parfois pour le lucre cessant.

Affirmer que cela se rapproche plus de la tradition calvinienne que des règles de la Réforme catholique n'est à mon sens pas convaincant[33]. L'existence des Monts de piété, dont la légitimité avait été affirmée par Léon X (bulle *Inter multiplices*) à l'époque du cinquième Concile du Latran, ne concerne-t-elle pas la Réforme catholique ? Il s'agit, il faut le remarquer, d'une bulle très contestée, parce que les rigoristes considéraient cette solution comme un subterfuge pour pallier l'usure.

En 1745 l'encyclique *Vix pervenit*, adressée par le pape Benoît XIV aux évêques d'Italie, aurait dû sceller une sorte d'accord. Par cette médiation, on visait à insister sur les principes et, en même temps, à souligner la légitimité des titres extrinsèques et d'autres contrats lucratifs. Toutefois presque tous en furent mécontents. Les *Nouvelles Ecclésiastiques* affirmaient que le pontife aurait dû mettre à profit les *Lettres* de Le Gros, invoquées comme témoignage de la « saine morale[34] ».

Ce qui se révèle très intéressant, et que Taveneaux met en relief, est l'utilisation, par les jansénistes, du prêt usuraire comme pierre de

---

31 *Ibid.*, 1.I, chap. 1-2.

32 R. Taveneaux, *Jansénisme et prêt à intérêt...*, *op. cit.*, p. 70.

33 *Ibid.*

34 *Nouvelles ecclésiastiques*, 25 décembre 1745, p. 205.

touche pour juger des hommes d'Église : Nicolas Le Gros fut accusé de « juger des aptitudes des candidats au sacerdoce exclusivement sur leurs sentiments à l'égard du prêt » ; les exilés français prétendirent faire signer au nouvel élu au siège de Harlem un formulaire anti-usuraire[35]. Telle était l'importance attribuée à cette matière.

Taveneaux a donc étudié un thème essentiel, dont les chercheurs ne percevaient pas encore l'ampleur. Aujourd'hui, on en mesure toute l'importance et, encore plus que ne l'a fait l'auteur, il est possible de multiplier les points de vue. Les acquis de l'historiographie récente sont remarquables, mais Taveneaux en avait posé les jalons.

35 R. Taveneaux, *Jansénisme et prêt à intérêt…*, *op. cit.*, p. 69 et 71.

DEUXIÈME PARTIE

HISTOIRE ET ÉRUDITION

CONTESTER/ENCOURAGER LA DÉVOTION

Théories et pratiques en Italie au XVIIIᵉ siècle

Les origines de la contestation des dévotions au sein même de l'Église catholique ne datent certainement pas du XVIIIᵉ siècle, mais plongent leurs racines dans le passé. À l'époque moderne, cette opposition a été parfois très importante et même radicale. Aux XVIIᵉ et XVIIIᵉ siècles, on assiste à une contestation menée surtout dans le contexte du jansénisme et du rigorisme, dont les « Nouvelles ecclésiastiques » sont un excellent témoignage. En Italie, où cette réalité fut plus localisée et moins imposante, il y eut toutefois un débat, parfois virulent, où les critiques acerbes se déchaînèrent ; parallèlement, ceux qui donnaient leur appui à l'esprit de dévotion (et aux dévotions) cherchaient à s'expliquer de manière irréfutable[1].

À cet égard, les discussions et les contestations se développèrent à différents niveaux. Je ne m'arrêterai pas sur la pensée de ceux qui, dans le contexte italien, portèrent une attaque frontale au catholicisme tout court et se révoltèrent contre les dévotions, les miracles, etc. Une littérature abondante, bien que parfois un peu répétitive, est à disposition sur ce sujet. Je vais pour ma part aborder la question à l'intérieur du monde catholique. Il y a là deux volets : celui de la théorie et celui de la pratique (l'attaque aux dévotions se manifeste ici dans les interventions de quelques évêques jansénistes et rigoristes et dans les initiatives du pouvoir civil – qui est chrétien). Évidemment, il s'avère impossible d'exposer le sujet dans toutes ses nuances et ses imbrications, mais j'essaierai néanmoins de brosser un tableau qui, incomplet, présente toutefois les principales couleurs de la palette.

Il faut avant tout mentionner un personnage bien connu, Lodovico Antonio Muratori. Érudit et savant, il écrit des ouvrages mémorables sur

1 Les critiques prennent en effet parfois pour cible non seulement les dévotions et leurs formes, mais aussi la dévotion en elle-même, l'esprit de dévotion.

différents sujets : de la philosophie morale aux défauts de la jurisprudence, de l'importance de l'amour du prochain aux devoirs des princes à l'égard du bonheur de leurs sujets. Ce ne sont que des exemples. En bon et fidèle ecclésiastique, il s'occupe également du discours religieux et propose par exemple le modèle du missionnaire « populaire » et du bon curé (en l'occurrence, par les modèles très concrets de Paolo Segneri et de Benedetto Giacobini). Pour revenir à mon sujet, il convient de se référer à la *Regolata divozione de' cristiani* : un ouvrage publié en 1747, c'est-à-dire proche de la mort de son auteur, qui aura lieu en 1750. Mais ces thèmes sont abordés dans plusieurs de ses ouvrages, parfois aussi dans son abondante correspondance. Il ne faut donc pas se limiter à examiner la *Regolata divozione*, que l'on peut considérer comme une sorte de synthèse d'un parcours très long et présentant une certaine cohérence. En 1714 parut à Paris, sous le pseudonyme de Lamindo Pritanio, le *De ingeniorum moderatione in religionis negotio*, un ouvrage qui en réalité avait été terminé avant 1710[2]. Au tout début, l'idée était de réfuter Leclerc et ses attaques sur saint Augustin, mais dans le cours de l'ouvrage les réflexions prirent une tournure plus large. Les considérations sur les formes de la véritable dévotion y avaient une place remarquable. L'un des nœuds du débat était la contestation de la dévotion à l'Immaculée Conception et de ses formes, notamment le vœu de sang.

La controverse, au cours de laquelle s'opposent Muratori et quelques jésuites de Sicile, se prolonge sur plusieurs années. Parmi ces jésuites figure en particulier Francesco Burgi, l'auteur d'un texte dont le titre est *Votum pro tuenda Deiparae Conceptione*, publié en 1729 sous le pseudonyme de Candido Partenotimo[3]. En réalité, aucun des auteurs n'encourt la condamnation romaine. Après avoir lu le *Votum* de Burgi, Giandomenico Agnani, consulteur de la Congrégation de l'Index, qui est aussi l'un des correspondants et amis de Muratori à Rome, lui écrit : « Je n'ai rien trouvé qui pourrait me pousser, en tant que consulteur de la Sainte Congrégation de l'Index, à le dénoncer et ne saurais quoi y trouver à censure[4]. » Tout ce qui, selon lui, pourrait être reproché à l'auteur est

2 P. Vismara, « Muratori "immoderato"... », *op. cit.*, p. 29-61.

3 Francesco Burgi, *Votum pro tuenda immaculata Deiparae Conceptione ab impugnationibus recentioris Lamindii Pritanii vindicatum*, Panormi, Felicella, 1729 ; voir aussi Giovanni Francesco Soli Muratori, *Vita del proposto Ludovico Antonio Muratori*, in : Lodovico Antonio Muratori, *Opere*, Arezzo, Michele Bellotti, t. I, 1767, p. 105.

4 « *Non ho incontrata cosa che potesse muovermi come consultore della Sagra Congregazione dell'Indice a denonziarlo, né saprei che trovarvi da censurare* », lettre du 18 janvier 1730, in :

un excès de *vis polemica* ou, éventuellement, sa propension à avancer ses propositions sans références ni preuves incontestables[5].

Quant à Muratori, le consulteur du Saint-Office auquel est confié l'examen du *De ingeniorum moderatione* en parle comme d'un « *opus [qui] ad propugnandam, illustrandam, promovendamque catholicam religionem totum collimat* » ; dans le même temps il avance des critiques très serrées sur des points spécifiques, dont l'un concerne l'Immaculée Conception. Deux remarques sont toutefois à faire : en premier lieu, les critiques contre le *De ingeniorum moderatione* n'aboutissent pas à une censure ; ensuite, la contestation du consulteur Tommaso Sergio ne s'adresse pas à des problèmes de dévotion, mais à la brûlante question des faits dogmatiques.

Le contexte du discours sur la dévotion, chez Muratori en tout cas, est très fort. En 1731, le cardinal Fortunato Tamburini, qui était un membre illustre de la curie romaine, lui déconseille la publication du *De superstitione vitanda* : non pas pour un désaccord sur le fond, mais pour éviter à l'auteur des difficultés[6]. Pour Muratori, cette question des dimensions de la foi est en réalité essentielle. Son but est de faire comprendre à quel point est fondamental le rapport entre l'homme et Dieu, entre l'homme et le sacré[7]. La foi doit reposer sur un fondement trinitaire et christologique et peut, voire doit, se passer de cette forêt d'usages et de dévotions que les siècles ont produite[8]. Il affirme que : « la piété et la dévotion chrétienne doivent respecter les sources infaillibles des Écritures divines et pratiquer la vertu[9] ».

Lodovico Antonio Muratori, *Carteggi con AA… Amadio Maria di Venezia*, Gianni Fabbri, Daniela Gianaroli (éd.), Florence, Olschki, 1997, p. 104 *sq.* Muratori, même quelques années après, en écrivant à l'un de ses correspondants, affirmait que Burgi « *parla assai moderatamente* », lettre à Chiappini, 5 janvier 1742, in : L. A. Muratori, *Carteggio con Alessandro Chiappini*, Paolo Castignoli (éd.), Florence, Olschki, 1975, p. 119.

5 Ce qui n'est pas du tout un problème doctrinal, comme le disaient au contraire des bruits qu'il avait auparavant recueillis et dont il avait informé son correspondant à Modène.

6 Lettre du 28 novembre 1731, in : L. A. Muratori, *Carteggio con Fortunato Tamburini*, Filippo Valenti (éd.), Florence, Olschki, 1976, p. 34.

7 Alphonse Dupront, *L. A. Muratori et la société européenne des pré-Lumières. Essai d'inventaire et de typologie d'après l'« Epistolario »*, Florence, Olschki, 1976, p. 73-125.

8 Lodovico Antonio Muratori, *Delle forze dell'intendimento umano, o sia il pirronismo confutato*, in : *id.*, *Opere*, *op. cit.*, Arezzo, Michele Bellotti, t. VII, 1768, p. 180 : « *S'era imboschito forte il regno del sapere e del credere in quegl'infelici secoli* [du Moyen Age] *[…]. Non s'è potuto in un subito tagliar tutto il bosco e perciò resta non poco terreno tuttavia bisognoso di coltura* ».

9 « *doversi attenere la pietà e divozion cristiana ai documenti infallibili delle divine Scritture e a praticar le virtù* », Lodovico Antonio Muratori, *Della forza della fantasia umana*, in : *id.*, *Opere*, *op. cit.*, Arezzo, Michele Bellotti, t. VII, ²1745, p. 260.

Muratori fait une distinction très nette entre *pietas intrinseca et absoluta* d'une part, et de l'autre une *pietas opinativa sive extrinseca* ; le prédicat de la *pietas* n'est pas le même que celui de la *veritas*. La *pietas opinativa* ne peut jamais être assimilée à la « *pietas quae inhaeret objectis ad fidem spectantibus, atque intrinseca veritate nixis*[10] ». De la *certitudo pietatis* ou, au contraire, de l'*opinio pietatis* découlent des attitudes que l'on peut définir « de piété et de dévotion », mais qui ne présentent pas les mêmes caractéristiques formelles. C'est seulement à partir de ce niveau, de nature intellectuelle et de définition formelle, que peuvent se comprendre les aspects concrets et pratiques du discours de Muratori[11].

Sous cet angle, les considérations des historiens semblent parfois quelque peu naïves ; en effet, s'il est possible d'identifier des différences notoires entre les idées de Muratori et celles du jésuite Burgi ou d'autres théologiens de l'Italie du Sud quant à l'idée de dévotion et à ses réalisations, il n'en va pas de même si l'on fait référence à d'autres auteurs, y compris jésuites. C'est le cas, par exemple, de Carlo Ambrogio Cattaneo, un jésuite encore très peu étudié et pourtant digne de considération[12]. Dans un ouvrage important et très connu, qui a pour titre *Esercizio della buona morte*, il affirme que le vœu de sang ne peut être autre chose qu'un « *materiale ossequio* », « *pure apparenze* », s'il ne s'accompagne pas de l'essentiel, c'est-à-dire de la charité. Cet auteur affirme : « La dévotion pour Marie doit être comme une plante pourvue de racines, et non comme un tronc qui ne sert qu'à avoir de l'ombre. Et quelle dévotion a des racines ? C'est une dévotion vive, car elle est fondée sur la charité,

---

10 C'est-à-dire, une « *pietas, quae inest dogmati fidei et actui intellectus, credentis illud certum de fide* [...] ; *quae connexa ita est cum obiecto, ut istud nunquam possit non esse pium, et actus credentis non pius* » et une « *pietas quodammodo conditionata, quae cum objecto ita coniungitur, ut separari ac toili etiam possit* » : Lodovico Antonio Muratori, *De superstitione vitanda*, in : *id.*, *Opere*, *op. cit.*, Arezzo, Michele Bellotti, t. V, 1768, p. 37 *sq.* (¹1740). Muratori développe cet argument au cours de l'ouvrage (par exemple au chap. 13, p. 96 *sq.*). Voir aussi Lodovico Antonio Muratori, *Ferdinandi Valdesii Epistolae, Epistola undecima, id.*, *op. cit.*, Arezzo, Michele Bellotti, t. 5, 1768, p. 387 *et passim* (¹1743). Il travaille aussi à : *De naevis in religionem incurrentibus*, publié en 1749. Muratori aborde le sujet du *votum sanguinis*, mais c'est un discours bien plus général.

11 Anna Burlini Calapai, *Devozioni e « regolata divozione » nell'opera di Ludovico Antonio Muratori. Contributo alla storia della liturgia*, Rome, CLV, 1997, *passim*, ici p. 224-226.

12 1645-1705 ; Armando Guidetti, « Cattaneo, Carlo Ambrogio », in : *DHCJ*, vol. II, p. 720 *sq.* ; Paola Vismara, « Ragione, fede e carità nel pensiero di Carlo Ambrogio Cattaneo », in : Filippo Lovison, Luigi Nuovo (dir.), *Missione e carità. Miscellanea in onore di p. Luigi Mezzadri C.M.*, Rome, CLV, 2008.

laquelle est la vie de l'âme et de toutes les bonnes œuvres; c'est une dévotion féconde, qui se renouvelle de temps à autre, celle qui met des feuilles et des fleurs et des fruits [...]. Autrement, si la dévotion se réduit à réciter des prières, fréquenter des églises, recevoir des bénédictions, sans purger l'âme de ses fautes, sans récuser les occasions de pécher, nous serions comme les troncs du mois de mai destinés au feu[13]. »

Mais si les dévots de Marie n'échappent pas tous à la mort éternelle, comment les choses se passent-elles alors ? Il faut distinguer entre les deux formes de la dévotion et se concentrer sur la véritable, celle qui porte au Salut, qui est la « dévotion qui pousse à rester au soleil, c'est-à-dire à la lumière de la parole divine et des bonnes inspirations; qui se nourrit de la fréquentation des sacrements et de la purgation des péchés[14] ». La vraie dévotion à la Vierge, dit le prêcheur, réside par exemple dans le pardon donné aux pécheurs sur le modèle de Marie mère de miséricorde et non pas dans des *ex-voto* en argent ou dans des pratiques particulières, ni même dans la confiance en sa miséricorde. « Nous ne devons ni espérer ni promettre le Salut par les miracles, mais bien par la voie principale de la grâce[15]. » Il n'y a donc pas, en principe, de différence marquante entre les idées de Muratori, qui sont évidentes bien avant la *Regolata divozione*, par exemple dans *Della carità cristiana*, et celles que le milieu milanais, même jésuite, avait exprimées entre la fin du XVIIe et le début du XVIIIe siècle; le cas de Milan n'est pas non plus superflu, du fait que Muratori y séjourna entre 1695 et 1700 et y noua des liens qui se poursuivirent même après son départ.

Le problème, pour Muratori, n'est pas la *novitas* en tant que telle, comme cela pouvait arriver chez les rigoristes et les jansénistes, à la recherche d'une impossible fidélité aux origines[16]. Chez cet auteur, il n'y

---

13 « *La divozione di Maria deve essere pianta con radice, e non piantone, che serve solo per una frascata. E qual è la divozione che ha radice ? È una divozione viva, perché fondata nella carità, che è vita dell'anima e di tutte le buone opere; è divozione feconda, che di tanto in tanto si rinnuova, che mette foglie e fiori e frutta* [...]. *Altrimenti, se la divozione consiste tutta in recitar preci, frequentar chiese, in prender benedizioni, senza purgar l'anima dalle colpe, senza lasciar le occasioni peccaminose, saremo come i piantoni di maggio, che vanno poi a finire sul fuoco* ».

14 « *divozione che procura di tenersi al sole, cioè al chiaro lume della divina parola e delle buone inspirazioni; che tira a sé l'alimento dalla frequenza dei sacramenti e dalla purga dei peccati* ».

15 « *Non dobbiamo noi sperare, né prometterci la salute per via di miracoli, ma per la via ordinaria della grazia* », Carlo Ambrogio Cattaneo, *Esercizi della buona morte, Discorso XLVIII*, in : *id.*, *Opere*, vol. 2, Venise, Niccolò Pezzana, 1768, p. 344-347 ([1]1713).

16 J.-L. Quantin, *Le catholicisme classique et les Pères de l'Église...*, *op. cit.*, p. 503 *sq.*

a pas cette « désacralisation du culte » qui affecte tels ou tels rigoristes et jansénistes, jusqu'à la « forme extrême de cette dissolution du mystère par l'histoire qu'opérèrent alors les gallicans[17] ». Ce qui compte pour Muratori, c'est la conformité à la « *probatissima ecclesiae disciplina* » ; autrement dit, la crainte et la méfiance envers le *novandi ardor*, envers les dévotions nouvellement introduites, sont bien plus marquées que chez Cattaneo[18]. C'est sans doute la conséquence du poids de l'érudition, que l'on ne retrouve pas chez le jésuite, qui s'adonne avant tout à la pastorale et se préoccupe du Salut des âmes. Et encore : Cattaneo, qui s'adresse souvent à un public choisi (celui de San Fedele à Milan par exemple), n'opère pas une distinction nette entre la foi des humbles et la foi des doctes. Selon lui, les bornes entre deux modèles différents de piété sont beaucoup plus compliquées ; en fin de compte, des modalités très concrètes d'appréhension du sacré existent, qu'il n'est pas facile de classer. Au contraire, cette distinction se retrouve sous la plume de Muratori[19]. La *indocta et exorbitans pietas* conduit à cette superstition que, pourtant, il définit par les mots de Thomas d'Aquin, comme une falsification de la véritable religion[20]. Toujours est-il que la sensibilité envers « la psychologie religieuse », absente chez Muratori, est très prononcée chez Cattaneo ; chez les jésuites triomphe le désir de communiquer, de transmettre un message selon les modalités qui le rendent plus suggestif et convaincant, donc par le biais des pratiques dévotionnelles aussi.

Mais des membres d'autres ordres religieux visent à sauvegarder la dévotion, comme le frère mineur Gian Alfonso da Mendrisio, qui se lève contre « les ennemis modernes et les destructeurs des rites extérieurs de la religion [qui] astreignent et concentrent presque tous les cultes dans l'esprit et le cœur de l'homme[21] » ; il en résulte la disparition de la piété et la réduction du culte à un phénomène mental, complètement invisible et abstrait. Mendrisio ne prône pas, évidemment, une piété

17 *Ibid.*, p. 584 *sq.*

18 L. A. Muratori, *De superstitione vitanda*, *op. cit.*, p. 184-186.

19 À titre d'exemple : « *indoctorum opiniones ac riti* », in : *ibid.*, p. 220.

20 La citation de Thomas d'Aquin (*Summa theologica I-II*, quaest. 92, art. 1) in *ibid.*, p. 219 ; voir aussi *superstitio* in Lucius Ferraris, *Bibliotheca canonica, iuridica, moralis, theologica*, Venise Vincenzo Radici, 1770, vol. IX, p. 131-137). Telle est la définition générale (n. 1, p. 131) : « *Superstitio [...] definitur, quod sit vitium religione oppositum secundum excessum, quo quis Divinum exhibet cultum, vel quem non debet, seu modo indebito, vel illi, cui non debet* ».

21 « *i moderni nemici ed annientatori degli esterni riti di religione [che] restringono e concentrano poco meno che ogni culto nella mente e nel cuore dell'uomo* ».

toute matérielle ; selon lui, il est indispensable que même les illettrés ne se limitent pas aux aspects extérieurs de la piété et de la religion. Par contre, délaisser son travail, l'éducation de ses enfants, le soin de sa maison, pour s'adonner à des pratiques de piété multiples (ce qui semble arriver aux femmes en particulier) est synonyme de fausse piété. La véritable sainteté est « *trattabile e socievole, e fatica e suda* », loin de se replier sur elle-même[22].

Chez les capucins, on peut mentionner Nicola Molinari da Lagonegro, qui s'exprime de manière radicale ; dire des prières, allumer des chandelles, visiter les malades ou faire des aumônes, tout cela s'avère inutile si l'on porte en soi de la haine, si l'on profère des injures sous son toit ou si l'on maltraite les gens de sa maison. Pour définir la dévotion, il en appelle à Thomas d'Aquin et dit que la dévotion consiste en une volonté prête et disposée à faire ce que Dieu demande et désire[23].

Parmi les nombreux auteurs qui abordent le thème de la dévotion dans la seconde moitié du XVIIIe siècle, je voudrais signaler le jésuite Giambattista Roberti[24]. Même à l'époque où il se consacre à la littérature (ses fables et apologues sont renommés[25]), il fait une expérience pastorale par les confessions et les sermons et connaît très bien la pratique religieuse des fidèles et ses problèmes. Composant des ouvrages en matière religieuse, surtout dans la dernière période de sa vie, la situation difficile dans laquelle se trouve l'Église l'amène, selon ses propres mots, à s'occuper de ce qui peut apporter un appui et un réconfort à la religion affligée.

Les arguments qu'il apporte au sujet de la dévotion se situent à différents niveaux. D'une part, il veut répondre aux attaques portées par les esprits forts, sur la base d'une préparation philosophique et théologique solide. D'autre part, il plaide en faveur de la dévotion contre les sarcasmes

---

22 Gian Alfonso Da Mendrisio, *Vita del Beato Benedetto da San Fratello, detto volgarmente il Beato Moro*, Naples, Michele Morelli, 1794, cité par Giovanna Fiume, *Il santo moro. I processi di canonizzazione di Benedetto da Palermo*, Milan, Franco Angeli, 2002, p. 247 *sq.*

23 Nicola Molinari Da Lagonegro, *Dialoghi tra'l missionario e il penitente*, vol. 1, Rome, 1765, p. 15 *sq.* Quant à l'auteur : Vincenzo Criscuolo, *Nicola Molinari da Lagonegro 1707-1792*, Rome, Istituto Storico dei Cappuccini, 2002 ; *id.* (dir.), *Nicola Molinari da Lagonegro. La vita e gli scritti*, Rome, Istituto Storico dei Cappuccini, 2008.

24 Giovanni Battista Sandonà, *Ragione e carità. Per un ritratto di Giambattista Roberti*, Venise, Istituto Veneto di Scienze, Lettere ed Arti, 2002 ; A. Prandi, *Religiosità e cultura nel 700 italiano*, *op. cit.*

25 G. B. Sandonà, *Ragione e carità…*, *op. cit.*, chap. 2 et 4.

de ses détracteurs et trace les contours de la dévotion authentique, qu'il définit comme une « *devozione ragionevole* ». Il se fonde sur l'idée que la nature même de l'homme en appelle avant tout à la raison, l'importance attribuée à celle-ci étant évidente à tous les degrés. La raison a été donnée par Dieu à l'homme, créé à son image : il ne peut donc y avoir de contradiction entre la raison et la foi, puisqu'il n'y en a pas entre la vérité « naturelle » et la vérité révélée[26].

L'exercice des vertus naturelles atteint son sommet et son authenticité dans la religion chrétienne ; c'est un chemin, celui des vertus, auquel chaque chrétien est appelé de par sa vocation chrétienne, en toute situation. Le lien avec la pensée de François de Sales ressort de prime abord. Roberti est en rapport très étroit avec le monastère de la Visitation à Modène ; il publie en 1778 un panégyrique sur François de Sales et surtout *un Trattatello sopra le virtù piccole*, où ces vertus sont présentées comme « *ragionate* », c'est-à-dire conformes à la raison[27].

Dans ce contexte, la dévotion occupe une place importante, notamment à propos du discours sur religion intérieure / religion extérieure. La religion peut s'avérer purement extérieure et, de ce point de vue, elle n'a aucune valeur et peut être critiquée. Dans leurs sermons, plusieurs prêcheurs insistent sur la nécessité d'être de bons chrétiens au quotidien :

26 « *Ogni uomo ha sempre quello, che è il massimo, cioè il lume della ragione* [...]. *Raggio vivace che giù discendi dall'eterna fontana luminosa dell'indefettibile Vero. O ragione, o partecipazion gloriosa della stessa Divinità, di cui, tua mercé, divengo una immagine* ». Giovanni Battista Roberti, *Della probità naturale libri due, Presidio sesto : Forza della ragione e bellezza della virtù considerata in se stessa*, Bassano, Remondini, 1786, p. 307. « *Nella nostra santissima religione ogni ossequio, incominciando da quello della fede, vuol esser ben provato e razionale. Dio nella stessa proposizione ancor de' misteri salva tutti i diritti della ragione* », voir *id.*, *Ragionamento sopra la divozione al Sacro Cuore di Gesù Cristo*, in : abate Giambattista Roberti, *Opere*, vol. 7, Bassano, Remondini, 1789, p. 5-81, ici p. 57. Quand il parle des Noirs, Roberti évoque en premier lieu le fait que lorsqu'on les conduit en esclavage, ils sont « *uomini veri ; cioè sono enti razionali, individui di questa nostra che si appella specie umana, composti di un'anima spirituale e di un corpo materiale organizzato* ». Seul le manque d'instruction (« *educazion de' costumi e disciplina delle scienze* ») les empêche d'être des Archimèdes ou des Newton : Giovanni Battista Roberti, *Lettera di un ufficiale portoghese ad un mercante inglese sopra il trattamento de' negri*, in : *id.*, *Opere*, *op. cit.*, vol. 5, p. 5-52, ici p. 15, 20. L'auteur en appelle à la raison même au sujet des fleurs : « *il diletto de' fiori è razionale, cioè proprio solamente dell'uomo che ha la ragione* », Giovanni Battista Roberti, *Lettera sopra i fiori*, in : *id.*, *Opere*, *op. cit.*, vol. 15, 1789, p. 23-42, ici p. 39.

27 Giovanni Battista Roberti, *Trattatello sopra le virtù piccole*, in : *id.*, *Opere op. cit.*, vol. 12, 1789, p. 85-129, ici p. 106 *sq.* Ces mêmes thématiques reviennent sous sa plume plusieurs fois, comme par exemple dans *Istruzione cristiana ad un giovinetto cavaliere, e a due giovinette dame, sue sorelle*, in : *id.*, *Opere*, *op. cit.*, vol. 13, 1789, p. 3-128.

il convient de faire son devoir, quitte à renoncer à quelques dévotions plutôt qu'à ses obligations[28]. On ne doit pas préconiser la bondieuserie, cela ne fait aucun doute. Mais la méfiance de Roberti est aussi grande à l'égard de ceux qui prônent une religion tout intérieure : « Je ne voudrais pas que les discours fréquents contre les aspects extérieurs de la religion fussent un artifice pour cacher éventuellement à sa conscience sa propre mécréance[29]. » Les excès sont déterminés chez quelques-uns par ce que l'auteur appelle une « paresse dévote », chez d'autres par la crainte des critiques d'autrui et souvent par une authentique indifférence. Mais, quoi qu'il en soit, le culte intérieur reste fondamental dans le rapport entre l'homme et Dieu : « Le culte intérieur implique d'aimer Dieu, de remercier Dieu, d'invoquer Dieu [...]. La prière reconnaît la domination vraiment divine que le Créateur exerce sur l'homme. Invoquer Dieu, prier Dieu, adresser ses prières à Dieu est essentiel à une créature rationnelle[30]. »

De l'avis de Roberti, une opposition entre religion intérieure et extérieure est fausse : « L'on a bien vu des hommes feindre la dévotion extérieure, dépourvus de dévotion intérieure, mais l'on n'a jamais vu

---

28 « *Iddio è più geloso della vostr'anima che della vostra esteriore comparsa. Siate pur esatti negli esercizi apparenti della pietà, riverite tutte le immagini che volete, baciatele, e ribaciatele, recitate le corone più di una volta. Codeste son tutte cose degne di lode ; ma sappiate però che sono, se non la minima parte della devozione. Sono la scorza d'un pomo ben colorito. Ci vuol altro, che farsi scrupolo, ed inquietarsi sulle minuzie di una devozione bizzarra. Ci vuol altro, che visitare gli altari e frequentare stazioni. Ci vuol altro, che appendere alle muraglie, ed al collo certe figure, cingere i fianchi con le cinture di alcuni Santi. Ci vuol altro, che prendere il titolo di congregato, fare scrivere il proprio nome nei registri di una confraternita, e seguire una cassa tutta infiorata in certe processioni fatte più per tripudio, che per pietà, e gridar tutto il giorno come giudei : tempio, tempio. Coteste, torno a dire, son cose tutte degne di lode ; ma a parlare senza ingannarvi con l'impostura, non son cose essenziali e necessarie. Essenziale e necessario è fermarsi col cuore su quel Dio che vi abita : essenziale e necessario è regolar la sua vita sul modello eccellente che ce ne ha dato* », in : E. Lucchesi, cité par Alberto Vecchi, *I modi della devozione*, in : Vittore Branca (dir.), *Sensibilità e razionalità nel Settecento*, vol. I, Florence, Sansoni, 1967, p. 95-124, ici p. 95-96. Quant à la nécessité de faire passer ses obligations et les activités quotidiennes avant les « *pie stravaganze* » : Giovanni Battista Roberti, *Del culto indifferente*, in : *id.*, *Opere*, *op. cit.*, vol. 12, 1789, p. 34. *Cf.* Giammaria Sormani, *L'ambrosiano pastore, cioè Ragionamenti e selve di cose predicabili sopra i Vangeli Domenicali seconda il rito della santa Chiesa milanese*, 5 vol., Milan, Pietro Francesco Malatesta, 1744-1766, p. 379.

29 « *un sì frequente declamar contro agli esterni di religion non vorrei che fosse un artifizio, da celare se è possibile alla stessa coscienza la propria irreligiosità* », Giovanni Battista Roberti, *Del culto esterno*, Bassano, Remondini, 1846, p. 11-12.

30 « *Il culto interno essenzialmente importa stimar Dio, ringraziar Dio, invocar Dio [...]. La preghiera riconosce il dominio veracemente divino che il Creatore ha sopra l'uomo. L'invocar Dio, il pregar Dio, il far orazione a Dio, è affatto essenziale a una creatura razionale* », G. B. Roberti, *Del culto indifferente*, *op. cit.*, p. 36, 39 *sq.*

des hommes emplis de la vraie Religion intérieure, je ne dirais pas récuser, mais seulement renoncer à professer la dévotion extérieure[31]. » L'homme est un « homme entier », composé de raison, de sentiment, de corps, d'âme ; de ce fait, le culte extérieur et le culte intérieur ne peuvent qu'être étroitement liés : « si l'âme elle-même n'est pas dévote, si l'intellect n'est pas pur, le culte extérieur ne vaut rien ; mais en même temps je crains que le culte intérieur sans la stimulation et le confort de l'extérieur s'anéantisse, c'est-à-dire qu'il n'existe pas[32] ». La considération de la psychologie religieuse s'accompagne d'une analyse très fine qui amène à une véritable anthropologie du sacré, le tout dans le contexte d'une théologie qui, voulant à tout prix éviter de creuser un abîme entre l'homme et son Dieu, fait au contraire ressortir la proximité entre eux.

Parmi les dévotions, celle qui s'adresse au Sacré-Cœur est, de l'avis de Roberti, la plus importante : « Sans rejeter les actes du culte extérieur, elle remonte au culte intérieur et se forme sur celui-ci. Ce n'est donc pas une dévotion liée au temps, aux lieux ou aux personnes ; c'est la dévotion de chaque siècle, de chaque saison de la vie, de chaque condition sociale, de chaque contrée du monde, elle est en substance la dévotion de chaque homme racheté par le Sauveur[33]. » Il est toutefois possible de constater une hostilité envers les dévotions, véritable cheval de bataille pour certains. On pourrait apporter maints exemples de la politique répressive en matière de dévotions menée par le pouvoir

31 « *Si sono ben veduti degli uomini che hanno finto la esteriore, vuoti ch'erano essi della interior Religione, ma non si sono scoperti giammai uomini che pieni di vera interior Religione abbiano non dirà ricusato ma neppure potuto non professar la esteriore* ». Au fond, c'est une référence à l'Incarnation. La Parole n'est pas lettre morte, elle s'est faite chair, elle se fait acte ; Dieu se communique à l'homme dans un morceau de pain. Cela a des conséquences importantes dans ce lien étroit entre l'intérieur et l'extérieur de l'homme. C'est le contraire de ce que pensent, aujourd'hui encore, de nombreux évêques et prêtres et de nombreux historiens, incapables de comprendre les relations entre la religion intérieure et ses expressions extérieures, dans un catholicisme qui se veut charnel.

32 « *se l'animo esso non è devoto, se l'intendimento non è puro, il culto esterno non val nulla ; ma insieme temo che il culto interna senza l'eccitamento ed il conforto dell'esterno vada in nulla, cioè non esista* ». G. B. Roberti, *Del culto esterno*, *op. cit.*, p. 12 ; *id.*, *Del culto indifferente*, *op. cit.*, p. 35 ; au sujet de l'unité de l'homme, ici p. 11.

33 « *Non ricusando essa gli atti del culto esteriore all'interiore culto sale, e questo dimanda, e da questo propriamente si costituisce. Non è dunque divozione definita da tempo, non circoscritta da luogo, non distinta da persone ; ma è la devozione d'ogni secolo, d'ogni stagion della vita, d'ogni condizione di stato, d'ogni contrada del mondo, questa nella sua sostanza è la divozione d'ogni uomo redento dal Salvatore* », G. B. Roberti, *Ragionamento sopra la divozione al Sacro Cuore*, in : *id.*, *Opere*, *op. cit.*, vol. VII, 1789, p. 71 *sq.*

civil ; les souverains éclairés tiennent à contrôler la religion surtout dans ses formes extérieures. C'est le cas de la Toscane du grand-duc Pietro Leopoldo et de la Lombardie de Marie-Thérèse et de Joseph II, entre autres exemples. Les aspects dévotionnels de la religion sont une cible importante. On voudrait proposer une piété sur le même modèle que celui de Muratori : une piété qui abandonnerait tout héritage baroque, ce mélange d'extériorité, de faste, de spirituel et de sensibilité. La religion aurait le pouvoir (et le devoir) de former le bon chrétien et le bon citoyen, au point de vue de la morale et des mœurs. Il était donc indispensable d'éliminer tout ce qui aurait pu s'opposer à cette démarche, à commencer par l'influence des réguliers[34] et par l'existence de corps intermédiaires tels que les confréries[35]. Je signalerai simplement que cela cause bien des problèmes, notamment du fait des réactions des fidèles. Les gouvernants heurtent par leurs édits la mentalité « populaire » et font face à une forte opposition ; ils se dressent contre le catholicisme baroque, centré sur les cérémonies extraordinaires qui s'étaient conservées jusqu'aux années soixante du siècle des Lumières. Cette politique entraîne avec elle des bouleversements non négligeables. Les évêques aussi sont sensibles au changement, mais ils se dressent principalement contre les outrances en matière de piété et l'ostentation vue comme une fin en elle-même ; en revanche, leur but n'est pas d'effacer la tradition, mais d'imprégner d'un

34 Dans les églises des réguliers la pastorale se déployait souvent selon des formes héritées du passé, entre extériorité et dévotions ; l'indépendance des réguliers par rapport à l'ordinaire du lieu en faisait des adversaires d'autant plus redoutables.

35 Les confréries sont considérées comme superflues voire dangereuses dans une société où l'on veut établir un rapport direct entre l'individu et l'État. L'hostilité envers les autonomies est évidente à Milan dans le cas des confréries de jeunes gens, qui avaient été lancées par Frédéric Borromée pour la formation d'une élite de jeunes capables de communiquer leur message et de transformer la société. Les institutions ne dépendaient pas d'une paroisse, mais tout cela allait se terminer – ou presque – après 1786, malgré les oppositions des pères de famille. Leur riche vie de dévotion en était tout autant détestée par le pouvoir civil. Cette vie de dévotion, il est pourtant difficile de la définir comme « superstitieuse » si l'on prend en compte les activités charitables qui l'accompagnaient, ou le nombre très élevé des participants à ces « *oratori* » qui allaient recevoir la prêtrise. Les archevêques n'étaient pas d'accord avec la politique souveraine, mais ils se trouvaient dans l'impossibilité pratique de s'y opposer. À Florence, Antonio Martini cherche à sauvegarder au moins quelques confréries, sans pouvoir empêcher la publication de l'édit pour leur suppression (1785). À Milan, en 1767, l'archevêque Pozzobonelli n'était pas arrivé à éviter la suppression des missions urbaines des jésuites et des confréries qui y étaient liées ; en 1786, ce sera son successeur Filippo Visconti qui subira la suppression générale de toutes les confréries.

esprit religieux authentique la piété populaire, parfois superficielle et immodérée. Dans ce désaccord, l'Église, bien qu'affaiblie par la politique de réforme des États, parvient « à conserver, voire élargir son contrôle sur la dévotion populaire[36] ».

Mais finalement la politique des autorités civiles n'arrive pas à détruire entièrement les aspects « extérieurs » et charnels de la religion, car le « *sentire cattolico*[37] », le sentiment catholique, qui est une composante essentielle de cette religion, s'est montré le plus fort. À Milan, cette dernière tendance avait trouvé un appui auprès des plus importants archevêques des XVIIe et XVIIIe siècles, en particulier chez Federico Borromeo et ses épigones : « *Se Carlo fu il promotore del rituale, Federico fu il promotore del sentire*[38] ». Cela s'accompagnait d'une ecclésiologie romaine et d'une théologie foncièrement optimiste.

Au synode de Pistoia et dans l'action du jansénisme, la bataille contre les dévotions est au contraire radicale. À la session II, § XI I, on mentionne parmi les devoirs du bon curé celui d'« éclairer le peuple sur la véritable dévotion, lui ôtant les superstitions qu'il pouvait avoir[39] ». Les conséquences d'une assertion qui, en elle-même, est hors discussion s'avèrent lourdes. Il faudrait éliminer des églises cette pompe baroque « qui ne les rend ni plus respectables ni plus dévotes[40] ». Dans les églises, seul le maître-autel devrait demeurer, les autres devant être détruits, de même que toutes les images, à l'exception du crucifix (on peut éventuellement permettre le tableau du saint titulaire, et « *forse* » de Marie). Il faut dissimuler les images, puisqu'elles ne peuvent qu'engendrer de la superstition. À plus forte raison, il faut enlever des églises « *tutte le tavole e voti delle grazie e miracoli*[41] ». On refuse non seulement des traditions enracinées, mais également l'idée même de dévotion, l'idée d'un lien

---

36 « *a conservare e anzi ad allargare il suo controllo sulla devozione popolare* », Claudio Donati, *Dalla « regolata devozione » al « giuseppinismo » nell'Italia del Settecento*, in : M. Rosa (dir.), *Cattolicesimo e lumi…*, *op. cit.*, p. 77-98.

37 Mario Perniola, *Del sentire cattolico. La forma culturale di una religione universale*, Bologne, il Mulino, 2001.

38 Bernardi, « "L'opere di Dio". Liturgie, rituali e devozioni nell'opera pastorale di Federico Borromeo », *SB*, 17, 2003, p. 247-266, ici p. 260.

39 « *procurare d'illuminare il popolo sulla vera devozione levandogli le devozioni superstiziose che potessero avere* ».

40 « *che non le rende né più rispettabili né più devote* ».

41 P. Stella (dir.), *Atti e decreti del concilio diocesano di Pistoia…*, *op. cit.*, vol. I, session 2, n° 33, p. 62 ; n° 37, p. 62 *sq.*

entre l'homme et le divin qui se manifeste concrètement dans l'histoire. C'est une politique qui, au nom d'une plus grande spiritualité, vise à détruire tous les éléments qui avaient contribué à modeler les formes de la piété « baroque », dont on peut constater la persistance encore au XVIIIe siècle. C'est le cas par exemple des luminaires et des sons, ces derniers étant particulièrement visés[42]. Les neuvaines et les fêtes religieuses constituent aussi une cible, si elles ne sont pas « *stabilite dall'antico uso della Chiesa* » ; ce qui porte sur la condamnation en premier lieu du culte du Sacré-Cœur.

Les interdictions frappent en particulier les fêtes en l'honneur des nouveaux saints (fêtes qui, à cette époque, sont encore l'un des temps forts de l'expression extérieure et collective du sacré). En outre, la pratique de la *Via crucis* se voit stigmatisée, de même pour les pèlerinages et les processions, totalement déconsidérés, qui se résumeraient à des « *pranzi e adunanze indecenti*[43] ». La dévotion devrait être – et les mots en disent long – « *vera e illuminata* », ce qui ne correspond pas aux sentiments populaires : les réactions des fidèles aux décrets et aux initiatives de Scipione de Ricci dans son diocèse sont bien connues[44].

Voilà l'expression du ressentiment d'une partie du clergé et des fidèles : « Triduums, octaves, neuvaines et tout ce qui servait à préparer avec la plus grande attention les solennités des mystères les plus sacrés fut supprimé sous prétexte d'être inconvenant et abusif. Les dévotions à la Vierge du Carmel, des douleurs, du chapelet, etc. furent interdites comme les articles d'une boutique tenue par les moines. Même la *Via crucis*, après plusieurs changements dans la méthode et les images, fut finalement rejetée et presque entièrement oubliée. Les prêches furent interdits, étant inutiles ou réalisés par pur intérêt ou pour une vaine gloire. Que dire encore des réformes menées sous le prétexte d'ôter le luxe des fonctions religieuses [...] ? Et des réformes concernant les

42 *Ibid.*, p. 63 : « *tolta in qualunque caso ogni pompa di paratura, di musiche, di distribuzioni di sonetti, di spari etc.* ». Quant au rôle des luminaires et des sons : Catherine Vincent, *Fiat lux. Lumière et luminaires dans la vie religieuse en Occident du XIIIe siècle au début du XVIe siècle*, Paris, Cerf, 2004 ; Jean-Pierre Gutton, *Dévots et société au XVIIe siècle. Construire le ciel sur la terre*, Paris, Belin, 2004 ; *id.*, *Musica e strategie pastorali di età moderne.* Atti del Convegno internazionale di studi, Rome, 17-18 février 2006.

43 P. Stella (dir.), *Atti e decreti del concilio diocesano di Pistoia...*, *op. cit.*, vol. I, session 2, n° 38, p. 64 ; au sujet de la *Via crucis* : session 6, n° 11, p. 199.

44 Carlo Fantappié, *Riforme ecclesiastiche e resistenze sociali. La sperimentazione dell'antico regime*, Bologne, il Mulino, 1986.

ornements des églises privées de ses précieux ameublements ainsi que de ses plus beaux ornements, à une époque où l'on rivalise pour orner et rendre splendides les maisons des hommes, dont les presbytères des prêtres vos créatures et vos partisans, aussi bien que les demeures des villes et des campagnes. Tout cela dans un temps – permettez-nous de vous le dire, car à quoi sert de se taire sur des choses aussi manifestes – dans lequel vous-même vous vous donnez autant de peine de rendre beau et majestueux votre palais ? Qu'en est-il des églises profanées et détruites ? Des autels détruits ou interdits[45] ? ».

Le peuple demande le respect de ses traditions et de ses pratiques de dévotion. Mais les idées de Scipione de Ricci et de l'assemblée synodale ne correspondent pas aux vues de Rome. La manière par laquelle on vise à réaliser « *la dovuta distanza tra le creature e Dio*[46] » fait l'objet de critiques très fortes. Parmi les 85 propositions condamnées en 1794 par la bulle *Auctorem Fidei*, plusieurs traitent des dévotions, abordées au synode dans la session sixième et donc dans le décret sur la prière. Cette partie des décrets se fonde en premier lieu – comme l'a montré Pietro Stella – sur l'*Exposition de la doctrine chrétienne* de Mésenguy : un texte dont on connaît bien les vicissitudes[47].

Au § XIV du décret sur la prière, l'on affirme : « Pour ce qui relève ensuite des pratiques extérieures de dévotion à la Sainte-Vierge et aux autres Saints, nous voulons que l'on supprime toutes les sortes de superstition, comme

45 « *Tridui, ottavari, novene e quanto altro serviva a prepararsi a celebrare con maggior disposizione anche le solennità dei misteri più augusti, il tutto tolto via col pretesto d'inconvenienti e di altri abusi. Devozioni alla Madonna del Carmine, de' dolori, del rosario, ecc., vietate come un botteghino di frati. La* Via crucis *stessa, dopo varie vicende di riforma nel metodo e nelle immagini, mandata finalmente da banda e quasi in una totale dimenticanza. Bandite le prediche, come inutili o come fatte solo per interesse o per vana gloria. Che diremo poi delle riforme fatte col pretesto di togliere il lusso nelle funzioni [...] ? Che delle riforme riguardanti il materiale della chiesa ; spogliate delle suppellettili più preziose e private dei loro migliori ornamenti, in un tempo in cui pare che si faccia a gara ad ornare e rendere splendide le abitazioni degli uomini e tra queste in specie le canoniche di parrochi vostre creature e vostri partigiani, sì della città che della campagna. E in un tempo (permettete che vel diciamo, poiché a che serve tacer cose che danno tanto negli occhi) in un tempo, in cui voi stesso vi date tanta premura di render vago e maestoso il vostro palazzo ? Che delle chiese profanate e distrutte ? Che degli altari demoliti o interdetti ?* », *La voce della greggia di Pistoia e Prato al suo pastore monsignor vescovo Scipione Ricci*, Sondrio [Assisi], 1789, p. 107 *sq.*

46 P. Stella (dir.), *Atti e decreti del concilio diocesano di Pistoia...*, *op. cit.*, vol. I, *op. cit.*, session 6, n° 13, p. 200.

47 *Ibid.*, vol. II, p. 63-65 et 318-321 ; le savant a constaté d'autres influences, dont celle de Jean-Baptiste Thiers par exemple, et celle du Muratori de la *Regolata divozione.* Voir aussi M. Rosa, *Settecento religioso...*, *op. cit.*, à l'index des noms.

celle d'attribuer quelque efficacité au nombre des prières et d'hommages [...] et en général à tout autre acte ou objet extérieur et matériel. Les prêtres auront donc l'obligation de veiller aux dévotions spécifiques de leurs ouailles trop souvent sensibles aux superstitions et aux pratiques matérielles[48]. » Le Saint-Siège remarque que parfois des prescriptions ecclésiastiques se font jour, comme pour les indulgences, qui imposent de réciter un certain nombre de prières (sans compter de pieuses pratiques, tel que le chapelet, dont la nature prévoit exactement cela). De l'avis du Saint-Siège, on ne peut parler de superstition dans le cas où un certain nombre de prières ou d'actions extérieures a pour but celui d'obtenir des indulgences, de faire pénitence, « *et generatim pro sacro et religioso cultu rite et ex ordine peragendo*[49] » : cela ne doit pourtant pas naître de l'imagination ou des penchants du dévot, mais doit se faire selon les prescriptions de l'Église.

Le décret porte aussi sur la dévotion au Sacré-Cœur (et à l'humanité de Jésus). Les propositions condamnées sont aux n° 61-62 et 63 de la bulle. Ce qui est très intéressant de notre point de vue, ce ne sont pas les débats « politiques » sur la dévotion au Sacré-Cœur (qui ont fait l'objet d'importantes recherches[50]), mais les fondements de la discussion. La prise de position de Rome reflète une tendance durable et essentielle. Il faut y remarquer deux éléments : le premier est que l'on ne peut parler de dévotions *novae, erroneae, aut saltem periculosae*, si ces dévotions sont reçues et approuvées par le Siège apostolique. S'il n'y a pas d'obstacles majeurs, il faut accepter le développement historique et les mouvances nouvelles de la dévotion. Le second est l'impossibilité de séparer en Jésus-Christ l'homme et le Dieu : « *ipsa caro vivifica Christi adoratur non quidem propter se et tanquam nuda caro, sed prout unita divinitati* » ; c'est donc « *una eademque adoratio, qua Verbum incarnatum cum propria ipsius carne adoratur*[51] ». La relation avec le sacré et la piété des fidèles se fondent sur la présence du Dieu incarné. Ce n'est pas seulement une question théologique relative

---

48 « *per quel che riguarda poi le pratiche esteriori di devozione verso la Beata Vergine e gli altri Santi, vogliamo, che sia tolta ogni ombra di superstizione, quale sarebbe, fissare una certa efficacia nel numero determinato di preghiere e di salutazioni* [...] *e generalmente in qualunque altro atto od oggetto esterno e materiale. Sarà pertanto dovere dei parochi l'invigilare sulle devozioni particolari del loro popolo troppo spesso inclinato alle superstizioni e alla materialità* ».

49 N° 64. Le texte de la bulle : P. Stella (dir.), *La Bolla « Auctorem Fidei » (1794)...*, *op. cit.*, p. 611-646, ici p. 637.

50 Mario Rosa, *Regalità e « douceur » nell'Europa del '700 : la contrastata devozione al Sacro Cuore*, in : *id.*, *Settecento religioso...*, *op. cit.*, p. 17-46 ; Daniele Menozzi, *Sacro Cuore...*, *op. cit.*

51 N° 61, in : P. Stella (dir.), *La Bolla « Auctorem Fidei » (1794)...*, *op. cit.*, p. 637.

à la christologie ; cette considération convient également à l'homme, à cette créature humaine dont la chair et l'esprit sont étroitement liés, et s'applique à toute considération sur la religion. Une dévotion « en esprit et vérité » ne peut s'exprimer qu'en prenant en compte ce point.

Les notes de censure sur ces sujets (*falsa, temeraria, perniciosa, erronea*, etc.) ne négligent pas la dimension de la piété des fidèles. Ainsi, au n° 61 : « *pio ac debito cultui Humanitati Christi a fidelibus praestito ac praestando detrahens et iniuriosa* » ; au n° 62 : « *piarum aurium offensiva* » ; au n° 63 : « *in fideles Cordis Christi cultores iniuriosa* » ; au n° 64 : « *pietati fidelium iniuriosa* ».

Au contraire, les critiques du synode se dressent notamment contre cette piété. Par exemple, relativement aux images : « Que l'on ôte au peuple les images auxquelles il attribue une confiance particulière [...] comme on le voit dans la dévotion qu'il en porte à une seule, la rendant spéciale et en y recourant plus souvent qu'à d'autres[52] » ; la légitimité des titres attribués à Marie, qui ne correspondent pas exactement à ceux « dont on parle expressément dans les Écritures Saintes[53] », est ainsi niée. Par conséquent, on vise à effacer toute une ritualité, fondée sur des dévotions dont les aspects sensibles et extérieurs sont évidents. Il faut abolir la plupart des processions, surtout celles consacrées à « porter des images ou des reliques » ou « utilisées pour montrer certaines images de la Sainte-Vierge ou d'autres Saints[54] » : on en craint les conséquences, mais surtout la matérialité de la dévotion. Ces « *inutili e pericolose materialità*[55] » se retrouvent dans plusieurs pratiques pieuses, comme le chemin de la Croix, pratique qui s'était affirmée au XVIIIe siècle notamment par l'œuvre des franciscains.

La réponse de Rome est particulièrement significative. Des raisons doctrinales sont invoquées, par une docte citation d'Augustin[56]. Mais les coutumes pieuses et leur importance sont aussi évoquées : on fait référence au *pius per Ecclesiam frequentatus mos*, qui vise « *ad fidelium pietatem fovendam*[57] ». De même, on censure les affirmations du synode à propos

52 « *Si tolgano quelle immagini nelle quali pare che il popolo riponga una fiducia singolare [...], il che si può dedurre dal vedersi, che rende un culto speciale a quella data imagine, e ad essa più che ad un'altra ricorre* ».

53 « *di cui è fatta espressa menzione nella divina Scrittura* », P. Stella (dir.), *Atti e decreti del concilio diocesano di Pistoia...*, *op. cit.*, vol. I, session 6, n° 17, p. 202.

54 « *portare in giro qualche imagine o reliquia* » ; « *dirette a visitare alcuna imagine della Beata Vergine o di altro Santo* », *ibid.*, n° 25, p. 207.

55 P. Stella (dir.), *La Bolla "Auctorem Fidei" (1794)...*, *op. cit.*, p. 398 *et passim*.

56 N° 70, *ibid.*, p. 638 *sq.*

57 N° 70-72, *ibid.*, p. 639.

des missions populaires ; celles-ci avaient contribué, comme on le sait par l'historiographie et les travaux de Louis Châtellier, à la « formation du catholicisme moderne[58] », d'un catholicisme simple, enraciné, riche en pratiques de piété. Les formes dominantes de la piété catholique à l'époque moderne en furent influencées. « C'est de cette religion des pauvres, celle des missions intérieures, de la dévotion mariale, du culte du Sacré-Cœur et d'une relative indulgence pénitentielle qu'est finalement, on le sait, sorti le catholicisme d'hier[59] » ; et parfois aussi celui d'aujourd'hui.

Entre deux voies, entre deux options opposées, l'Église de Rome finit par faire son choix à la fin du XVIIIe siècle et, selon une tendance qui se lit sur la longue durée, opte pour un catholicisme « populaire », à la portée de tous. La phase rigoriste et la propension à un catholicisme épuré n'ont pas triomphé. À cet égard, y compris au sujet des dévotions et de l'esprit de dévotion, la *Auctorem Fidei* constitue une étape fondamentale d'un parcours qui marque considérablement le destin et l'histoire de l'Église aux siècles suivants.

58 Louis Châtellier, *La religion des pauvres. Les missions rurales en Europe et la formation du catholicisme moderne* XVIe-XIXe *siècle*, Paris, Aubier, 1993.

59 J.-L. Quantin, *Le catholicisme classique et les Pères de l'Église…*, *op. cit.*, p. 585.

ENTRE ROMANISME ET ANTIROMANISME

L'œuvre historique de Lodovico Antonio Muratori

Au début des temps modernes, les premiers essais d'une historiographie religieuse au sens strict du terme ont eu recours aux dispositifs de l'enquête philologique ; d'autre part, ceux qui s'y sont essayés entendaient, entre autres, créer un savoir spécifique. L'histoire était donc, pour les Centuriateurs de Magdebourg comme pour le cardinal Cesare Baronio, un instrument important dans le processus de construction des identités confessionnelles : il fallait, pour les uns, démontrer l'infidélité de l'Église de Rome à ses origines et, pour les autres, se réclamer d'une authentique continuité[1]. L'âge de l'érudition a apporté des changements, mais, au bout du compte, la nature de ce type d'historiographie ne s'est pas complètement transformée. Au contraire, dans les débats religieux du XVIIIe siècle, l'histoire a fourni une fois de plus une formidable matière où chacun puisait les arguments en faveur de ses propres thèses sur la religion et sur la politique ainsi que sur les rapports entre religion et politique. De nouveau, ce savoir était une arme polémique, même si la dynamique des conflits avait changé. L'histoire fut aussi un outil pour créer ou consolider des identités particulières, sur le plan local à travers le culte des saints et sur le plan idéologique à travers le soutien à un mouvement religieux.

À bien des égards, ce type d'écriture conserve un enjeu fondamental à l'époque moderne pour les églises, et plus particulièrement pour la catholique. On en veut pour preuve l'attention portée par les congrégations du Saint-Office et de l'Index à des ouvrages historiques dans lesquels sont soulevées certaines questions relatives à l'histoire de l'Église[2]. Pour les censeurs, il

1 Irena Backus, *Historical Method and confessional Identity in the Era of the Reformation (1378-1615)*, Leiden-Boston, Brill, 2003 ; voir aussi Pontien Polman, *L'élément historique dans la controverse religieuse du XVIe siècle*, Gembloux, Duculot, 1932.

2 Nous ne pensons pas que cette attention puisse toujours s'expliquer par les motifs que retient Jesús Martínez de Bujanda : « La démarche de l'historien et les résultats obtenus sont toujours

s'agissait le plus souvent de contrôler les interprétations de tel ou tel fait ou de la conduite de tel ou tel personnage, susceptibles de jeter le discrédit sur l'Église et de remettre en question ses prérogatives et ses pouvoirs tels qu'ils avaient été définis par l'ecclésiologie juridique de la Réforme catholique. Préoccupations qui, à suivre les penseurs les plus rigoureux, ne devaient pas amener à déformer ou dissimuler la vérité historique.

Roberto Bellarmino affirmait au sujet de la *Vita dei papi* écrite par Bartolomeo Platina : « *Placet quod censor monet, ut vitae istae corrigantur* [...] *Sed nescio an expediat omnia pontificorum istorum vitia, ac si falsa essent, expungere, ut censor iudicat. Pleraque enim vera sunt, etsi non omnia*[3] ». En fin de compte, la valeur accordée à la tradition reste bien présente à l'esprit de ces historiens catholiques qui résistaient à l'idée d'un « exclusivisme » de la Bible ou des toutes premières origines chrétiennes. Mais ses applications étaient en réalité souvent difficiles, pour des raisons culturelles et ecclésiales. En outre, certaines rigidités de la Réforme catholique et la volonté de l'Église de confirmer le rôle de son autorité désormais centralisée par rapport au pouvoir politique amenèrent une séparation entre l'histoire sacrée et l'histoire profane, séparation qui n'était pas seulement « technique », mais qui ancre ses racines profondément.

Paolo Prodi considère l'œuvre historique de Carlo Sigonio comme l'exemple d'une histoire à part entière, dont la diffusion a été occultée par les censures et par l'esprit d'une certaine culture catholique, mais qui a su conserver la puissance d'une « *incubazione sotterranea* », la vertu d'une sorte d'enfouissement d'eaux karstiques, refaisant surface au XVIIIe siècle[4]. Il s'avère que les idées circulaient par l'intermédiaire des manuscrits et des livres, même quand ils étaient suspects ou interdits[5].

---

soumis à une autorité qui a un contrôle absolu sur les sources historiques et leur interprétation en tant que gardien et interprète authentique du passé religieux et humain ». Voir *id.*, « La censure ecclésiastique sur les œuvres historiques », in : Massimo Firpo (dir.), *"Nunc alia tempora, alii mores". Storici e storia in età posttridentina*, Florence, Olschki, 2005, p. 265-277, ici p. 277.

3 ACDF, Index, *Protocolli* V (série II, vol. XIX), f° 394r°, cité par Stefan Bauer, « "Platina non vitas, sed vitia scripsit". Le censure sulle "Vite dei papi" », in : M. Firpo (dir.), *Nunc alia tempora*..., *op. cit.*, p. 279-289, ici p. 285 n.

4 Paolo Prodi, « Vecchi appunti e nuove riflessioni su Carlo Sigonio », in : *ibid.*, p. 291-310 ; sur ce personnage, *cf.* William McCuaig, *Carlo Sigonio. The Changing World of the Late Renaissance*, Princeton, Legacy Library, 1989.

5 Selon Muratori, il n'était pas difficile pour les savants d'obtenir l'autorisation officielle de lire des ouvrages interdits. Voir Françoise Waquet, *Le modèle français et l'Italie savante. Conscience de soi et perception de l'autre dans la République des lettres (1660-1750)*, Rome, EFR, 1989, ici p. 231.

C'est précisément au début du XVIIIe siècle que Lodovico Antonio Muratori écrivit la *Vita* et participa à l'édition des œuvres de Sigonio[6] qui, encore à cette époque, suscitaient la répulsion de certains milieux romains en raison des « *cose che quest'autore dice contro la Santa Sede*[7] ». Les censures qui lui avaient été opposées furent également publiées.

Quel était le poids du contrôle effectué ou menacé par les congrégations du Saint-Office et de l'Index, ou tout simplement la crainte d'encourir les censures de l'Inquisition du fait même de son existence ? Selon Françoise Waquet, « il est difficile de souscrire au jugement des contemporains étrangers qui ne voyaient outre-monts qu'esprits "liez", voire dénaturés par la machine inquisitoriale[8] ». Mais on trouve parfois trace d'une crainte de la part des auteurs, qui les poussait à ne pas s'exprimer ouvertement sur certains arguments. On pourrait ainsi apporter plusieurs exemples au sujet de Muratori : Nous nous bornons ici à rappeler qu'il inclinait en 1726 à refuser de publier un document relatif à l'Inquisition qui lui avait été proposé par Costantino Grimaldi pour figurer dans les *Rerum Italicarum Scriptores*[9]. Cela dit, il est juste de rappeler que cet ouvrage

6 Caroli Sigonii Mutinensis, *Opera omnia edita et inedita*, 6 vol., Mediolani, in : Aedibus Palatinis, 1732-1737 (la *Vita* fut publiée dans les *Opera omnia* en 1732). À propos de l'intérêt de Muratori pour Sigonio, en tant que « *instauratore di studi medievali* », voir Alfredo Cottignoli, *Alla luce del vero. Studi sul Muratori storico*, Bologne, Clueb, 1994, p. 80. Cet intérêt est manifeste dans la Préfation aux *Antiquitates Italicae Medii Aevi* (1738 ; voir Lodovico Antonio Muratori, *Opere*, Giorgio Falco, Fiorenzo Forti (éd.), Milan-Naples, Ricciardi, t. I, 1964, p. 590 *sq.*).

7 Lettre de Filippo Argelati à Lodovico Antonio Muratori [décembre 1732], in : *Carteggio con Filippo Argelati*, Cristiana Vianello (éd.), Florence, Olschki, 1976, p. 448. Argelati y fait mention des « *tanti rumori fatti da più cardinali, e precisamente da Orighi ed Imperiali, contro le opere del Sigonio, facendo vedere non potersi accettare la dedica del Papa per le cose che quest'autore dice contro la Santa Sede, di cui ne hanno formato un foglio* [...], *cose disgustose per la S. Sede* ».

8 F. Waquet, *Le modèle français...*, *op. cit.*, p. 227. L'auteur démonte de manière très précise cette « légende », dont les origines remontent très loin dans le temps, mais qui est loin d'être réellement mise en discussion par tout le monde, au contraire. Il met en relief aussi le rôle de la circulation manuscrite des textes, *ibid.*, p. 229 et *passim*.

9 « *La epistola* De Inquisitione *farebbe per me, ma temo che si troverà difficoltà a stamparla per paura che il tomo non fosse fulminato da Roma : cosa che non piacerebbe a me e molto meno a que' signori di Milano che fanno la stampa* », lettre de Muratori à Costantino Grimaldi, 19 juillet 1726, citée par F. Waquet, *Le modèle français...*, *op. cit.*, p. 227. Voir aussi en une autre occasion : « *Le Sacre Scritture mi fanno paura : e giacché nulla è stato proibito finora del mio, non vorrei che fosse neppur da qui avanti* », lettre à Scipione Maffei, 20 janvier 1750, in : L. A. Muratori, *Opere*, G. Falco, F. Forti (éd.), *op. cit.*, t. II, p. 2014. Voir aussi *infra*. Sur les *Rerum Italicarum Scriptores*, ouvrage recommandé par la Società Palatina comme entreprise culturelle et religieuse « *di grande respiro* », voir P. Prodi, « Vecchi appunti e nuove riflessioni su Carlo Sigonio », *op. cit.*, p. 294 ; A. Cottignoli, *Alla luce del vero...*, *op. cit.*

ne manque pas de textes ou de passages dirigés contre les papes en tant que souverains, ce qui lui attira l'attention des censeurs romains[10].

L'Inquisition d'État, comme à Venise, et la censure de l'autorité politique en pouvaient autant. Parfois l'autorité civile et l'autorité ecclésiastique se soutenaient mutuellement ; mais, le plus souvent, elles entraient en conflit[11]. Muratori choisit de publier à Milan les *Antiquitates italicae medii aevi*, parce que la Società Palatina y était importante et que l'on y pouvait jouir de la protection impériale, ce qui réduisait le risque d'une intervention romaine.

Parmi les membres de la République des Lettres qui se trouvèrent confrontés d'une manière ou d'une autre à la machine inquisitoriale, on peut mentionner Scipione Maffei et Angelo Maria Querini. Tous deux avaient été formés à la même école que Muratori, celle de Benedetto Bacchini[12]. Maffei, « pas du tout effrayé, voire stimulé par les dangers encourus par Muratori durant la longue et acharnée "controverse de Comacchio"[13] » rédigea une lettre de valeur extraordinaire adressée à Domenico Tiepolo et intitulée : *De fabula equestris ordinis constantiniani*. Cet ouvrage « *non riuscì a evitare i rigori della congregazione dell'Indice*[14] », notamment en raison de l'intervention du duc de Parme auprès des congrégations romaines[15]. Maffei écrivit à Muratori : « L'interdiction de la Dissertation est chose notable. Jamais n'avait été ouvert un aussi beau champ pour éclairer l'Italie sur la tyrannie que Rome veut user dans des opinions, dans des choses entièrement extérieures à sa juridiction[16]. »

10 Giuseppe Orlandi, « L. A. Muratori negli Archivi del Sant'Officio Romano. La censura dei *Rerum Italicarum Scriptores* », *Lateranum*, 65, 1999/1, p. 7-39.

11 C'est le cas, par exemple, de Scipione Maffei, exilé par l'Inquisition de Venise.

12 Voir Paolo Golinelli, *Benedetto Bacchini (1651-1721). L'uomo, lo storico, il maestro*, Florence, Olschki, 2003 ; Arnaldo Momigliano, « Bacchini, Benedetto », *DBI*, vol. V, 1963, p. 22-29 ; Ezio Raimondi, *I lumi dell'erudizione. Saggi sul Settecento italiano*, Milan, Vita e Pensiero, 1989.

13 « *non spaventato, anzi forse stimolato dai pericoli corsi dal Muratori nel corso della lunga e accanita "controversia di Comacchio"* ».

14 Gian Paolo Marchi, « Un confronto ineludibile : Scipione Maffei e Ludovico Antonio Muratori », in : Gian Paolo Romagnani (dir.), *Scipione Maffei nell'Europa del Settecento*, Verone, Cierre Edizioni, 1998, p. 363-397. À propos de la circulation manuscrite, voir F. Waquet, *Le modèle français…*, *op. cit.*, p. 229.

15 Mario Sterzi, « Attorno ad un'operetta del marchese Scipione Maffei messa all'Indice », in : *A Vittorio Cian, i suoi scolari dell'Università di Pisa (1900-1908)*, Pise, F. Mariotti, 1909, p. 141-167, cité par F. Waquet, *Le modèle français…*, *op. cit.*, p. 228.

16 « *La proibizione della mia Dissertazione è cosa grandemente notabile. Non si è aperto mai il più bel campo d'illuminare l'Italia sopra la tirannia che Roma vuol usare nelle opinioni, in cose che sono interamente al di fuori della sua* giurisdizione », lettre de S. Maffei à L. A. Muratori,

Les recherches de Querini, d'autre part, portaient sur l'histoire monastique. Son projet de *Monasticon* consistait à faire un recueil de monographies, dont chacune devait être consacrée à un monastère de son ordre, les bénédictins du Mont-Cassin. La première concernait le monastère de Farfa. Mais le volume ne fut pas publié et les recherches historiques de Querini sur le sujet durent s'arrêter : après la publication de l'index du premier volume dans le *Giornale de Letterati d'Italia*, Clément XI en personne intervint pour empêcher la poursuite de l'édition. À Rome, on craignait que les documents de Farfa n'apportassent des arguments en faveur des prétentions impériales sur le territoire de Comacchio[17].

Déjà en son temps, Carlo Sigonio avait dû faire face aux critiques romaines : son *Historia bononiensis* s'opposait, en se fondant sur les données de l'histoire, aux prétentions des pontifes sur Carpi[18]. Dans la vie de Muratori, un épisode présente une grande analogie avec cette querelle : la « controverse de Comacchio », qui concernait une ville et un territoire appartenant aux États pontificaux depuis 1598. Cette année-là, les seigneurs d'Este avaient perdu Ferrare, et donc Comacchio, dont ils continuèrent à réclamer la possession en tant que fief impérial. La question, déjà soulevée au XVIIe siècle, fut à nouveau débattue en 1708, quand les armées impériales, conduites par le prince Eugène de Savoie, occupèrent Comacchio à l'occasion de la guerre de succession d'Espagne. Le pape Clément XI ne céda pas, et Modène devint soudainement l'un des centres d'un jeu politique entre l'empereur et le pontife[19].

Les revendications des droits de l'empire et de la maison d'Este d'une part, et du souverain pontife d'autre part, furent confiées, sur le plan des arguments historiques, respectivement à Muratori, à Giusto Fontanini[20] et à Lorenzo Zacagni[21]. La controverse est considérée comme « *la prima*

---

9 avril 1714, in : Scipione Maffei, *Epistolario (1700-1755)*, Celestino Garibotto (éd.), 2 vol., Milan, Giuffré, 1955, I, p. 173.

17 Paolo Golinelli, « Figure, motivi e momenti di storiografia monastica settecentesca », *Settecento monastico italiano* (Italia benedettina IX), Cesena 1990, p. 693-727, notamment aux p. 706-707.

18 Paolo Prodi, « Vecchi appunti e nuove riflessioni su Carlo Sigonio », *op. cit.*, p. 309.

19 S. Bertelli, *Erudizione e storia in Ludovico Antonio Muratori*, *op. cit.*, p. 91.

20 Domenico Fontanini, *Memorie della vita di monsignor Giusto Fontanini arcivescovo di Ancira* [...], Venise, Pietro Valvasense, 1755 ; G. F. Soli Muratori, *Vita del proposto Lodovico Antonio Muratori*, *op. cit.*, *passim* ; Dario Busolini, « Fontanini, Giusto », *DBI*, vol. XLVIII, 1997, p. 747-752.

21 Le pape confia aussi à Lorenzo Alessandro Zacagni, préfet de la Bibliothèque Vaticane, la charge de soutenir juridiquement les droits du Saint-Siège. Le pontife ne fut pas

lotta giurisdizionalistica del Settecento italiano[22] ». Ce fut aussi l'occasion de débattre des rapports entre le pouvoir temporel et le pouvoir spirituel et de traiter de la question de la faillibilité du pontife dans des matières non strictement dogmatiques. Le premier à descendre dans l'arène fut Fontanini, qui publia en août 1708 *Il dominio temporale della Sede Apostolica sopra la città di Comacchio per lo spazio continuato di dieci secoli*. La réponse de la maison d'Este fut rapide : dans la même année parurent deux textes anonymes, dont la paternité revient à Muratori[23]. En 1709, ce fut encore le tour de Fontanini : la deuxième édition de *Il dominio temporale* s'était accrue d'une *Difesa del medesimo dominio*[24]. On ne mentionne ici que quelques pièces d'un débat long et orageux, en précisant toutefois que l'ouvrage le plus important de Muratori fut la *Piena esposizione dei diritti imperiali ed estensi*[25]. Remarquons aussi que la question fut finalement réglée au profit de Rome.

---

complètement satisfait de la *Dissertatio historica de summo Apostolicae Sedis imperio in urbem comitatumque Comacli*, publiée à Rome en 1709. *Cf.* Corrado Viola, « Echi comacchiesi nel Carteggio Muratori-Marmi », in : Martino Capucci (éd.), *Corte, buon governo, pubblica felicità. Politica e coscienza civile nel Muratori*, Florence, Olschki, 1996, p. 15-54, ici p. 21-22. Sur ce personnage, voir L. A. Muratori, *Carteggi con Zacagni... Zurlini*, Anna Burlini Calapaj (éd.), Florence, Olschki, 1975, p. 1-2.

22 C. Viola, « Echi comacchiesi nel Carteggio Muratori-Marmi », *op. cit.*, p. 17. Viola nie toutefois que l'on puisse considérer le conflit entre Muratori et Fontanini uniquement comme une opposition entre deux mondes, le juridictionnalisme et le curialisme, inconciliables du point de vue culturel, *ibid.*, p. 36.

23 *Osservazioni sopra una lettera intitolata "Il dominio temporale della Sede apostolica sopra la città di Comacchio"*[...] e *Altra lettera diretta ad un Prelato della Corte di Roma in risposta ad una scrittura* [...]. Les différents pamphlets sur le sujet parurent aussi dans la *Raccolta di tutto ciò ch'è uscito alle stampe fino al giorno d'oggi sulla Controversia di Comacchio, tanto per parte della Santa Sede, che per parte del Signor Duca di Modena* [...], Francfort, sans nom d'éditeur, 1713.

24 Sur la circulation de ce texte, un peu tardive et mystérieuse, voir C. Viola, « Echi comacchiesi nel Carteggio Muratori-Marmi », *op. cit.*, p. 21-25. Sur les interventions de Fontanini et de Muratori à propos du duché de Parme et Plaisance, qui reflètent de nouveau des prises de position opposées, voir *ibid.*, p. 24, 40-42.

25 Lodovico Antonio Muratori, *Piena esposizione de i diritti imperiali ed estensi sopra la città di Comacchio in risposta alle due Difese del Dominio e alla Dissertazione Istorica* [...], s. l., sans nom d'éditeur, 1712. Stefano Borgia, un illustre ecclésiastique qui mériterait une étude approfondie, évoque Muratori comme un témoin digne de foi en faveur de la souveraineté du Saint-Siège sur les deux Siciles : il écrit que la *Piena esposizione* ne pourra jamais être « *tacciata di parzialità per le cose temporali della Chiesa romana* ». Voir Stefano Borgia, *Breve Istoria del dominio temporale della Sede Apostolica nelle Due Sicilie*, Rome, sans nom d'éditeur, ^{2}1789, p. 212. Pour retracer l'historique de la question de Comacchio et pour une liste complète des pièces publiées à son sujet, voir « Bibliografia della polemica su Comacchio e Ferrara », in : S. Bertelli, *Erudizione e storia in Ludovico Antonio Muratori*,

Dans une lettre du 28 novembre 1711 à son correspondant Anton Francesco Marmi[26], qui était rapidement et correctement renseigné par ses amis romains et qui jouait, d'une certaine façon, le rôle de délateur, permettant au bibliothécaire du duc de Modène de riposter sans délai, Muratori se plaint des prises de position de Rome. Il juge la Curie romaine responsable des œuvres publiées par Fontanini et Zaccagni, pamphlets qu'il tient pour diffamatoires[27], et évoque les conséquences graves qui pourraient en découler : « *E se gli eretici ed altri se ne scandalezzeranno, chi ne avrà la colpa*[28] *?* »

Muratori ne ménageait pas Rome, mais selon Marmi, qui était en tout cas plus anticurialiste que Muratori, il n'est pas possible que soit appelé « un attaquant du Saint-Siège quelqu'un qui défend les droits purement temporels de son prince et qui n'aborde pas les points controversés de la foi, la domination spirituelle du pape étant différente de la temporelle[29] ».

En 1712, Uberto Benvoglienti fut emprisonné quelques mois, sans être condamné par le Saint-Office : « J'ai été arrêté le 25 avril et suis sorti le mercredi 3 du mois d'août par la Grâce de Dieu et sans avoir été condamné à aucune peine, et dans le temps où j'y suis demeuré j'ai reçu toutes les courtoisies possibles et réalisables par la gentillesse de ces pères », écrit-il à Vincenzo Coppi le 25 août 1712[30].

op. cit., p. 100-174 et 468-482. Voir aussi G. F. Soli Muratori, *Vita del proposto Lodovico Antonio Muratori*, *op. cit.*, p. 78-82.

26 Lettre de Muratori à Marmi, 28 novembre 1711, in : L. A. Muratori, *Carteggi con Mansi… Marmi*, Corrado Viola (éd.), Florence, Olschki, 1999, p. 281. Sur Marmi, *ibid.*, p. 173-220. Viola le dit « *prodigo di informazioni sulle mosse di parte romana* », *ibid.*, p. 202.

27 Voir aussi Lodovico Antonio Muratori, *Delle Antichità estensi ed italiane*, Modène, Stamperia ducale, 1740, part. II, chap. XIX, p. 653 : « *Né solamente colla spada, ma ancor colla penna tentò in questi giorni la Corte di Roma di difendere i suoi pretesi diritti sopra Comacchio, con dare alla luce una scrittura intitolata* Il Dominio temporale della S. Sede sopra la Città di Comacchio per dieci secoli : *scrittura, che per le ingiurie ivi sparse contro la Casa d'Este, anzi contra lo stesso Imperadore, non parve a i saggi assai convenevole al decoro della Sacra Corte di Roma, obbligata più dell'altre a dare esempli di moderazione e a combattere colle ragioni, e non già colla maldicenza* ». Marmi aussi en parlait comme d'« *ingiuriose uscite* » ; voir la lettre de Marmi à Muratori, 13 décembre 1712, in : L. A. Muratori, *Carteggi con Mansi… Marmi*, *op. cit.*, p. 294.

28 Lettre de Muratori à Marmi, 28 novembre 1711, *ibid.*, p. 281.

29 « *chiamare impugnatore della Santa Sede uno che difende i diritti puri temporali del suo principe e non entra in controversie punto di fede, essendo diverso il dominio spirituale dal temporale del papa* », lettre de Marmi à Muratori, 22 octobre 1720, *ibid.*, p. 342.

30 « *Io fui arrestato il 25 aprile e sono uscito mercoledì 3 di agosto per la Dio grazia e senza essere condannato in alcuna pena, e nel tempo che vi sono stato io ho ricevuto tutte le cortesie possibili e praticabili dalla gentilezza di quei padri* », cité par Bruna Talluri, « Il conteso territorio di

La cause de cette arrestation était la parution d'un « Extrait d'une dissertation italienne touchant la papesse Jeanne et le domaine temporel des papes », publié à Amsterdam en 1711 dans la *Bibliothèque choisie* de Leclerc. Benvoglienti y réfutait les thèses de Fontanini sur le pouvoir temporel des pontifes. Anna Burlini Calapaj a souligné le fait que l'âpreté des discussions historiques et littéraires s'était accompagnée en l'espèce, ce qui était habituel, de mesures pénales[31]. Girolamo Baruffaldi aussi en fut victime : suspecté d'avoir transmis à Muratori un document qui aurait prouvé les droits des Este, cet ecclésiastique fut exilé de Ferrare de 1711 à 1713[32].

Comme l'écrit Bruno Neveu, « le point le plus délicat, s'agissant de l'Italie, c'est la position et le rôle historique qu'on entend reconnaître à la papauté [...]. Entre 1708 et 1712, Muratori a mesuré toute l'ampleur de la question et ses implications politiques[33] ». Muratori ne pouvait manquer d'aborder le problème crucial des modalités historiques selon lesquelles l'État de l'Église s'était formé. Parler de la question de la donation de l'empereur Constantin impliquait forcément une possible discussion sur la politique temporelle des papes, autrement dit leur « politique » au sens strict du mot, non pas leur politique en matière de foi et de doctrine : dans ce contexte, les papes devaient être considérés exclusivement dans leur rôle de souverains. Mais le fait n'empêcha pas certains milieux ecclésiastiques de développer méfiance et suspicion à l'égard de Muratori. Il paraît que, dans une lettre au marquis de Ormea, Benoît XIV, tout en défendant la cause de Muratori, aurait écrit : « *ma il suo nome è odioso quì in Roma per le Scritture da lui composte nella causa di Comacchio*[34] ». Le pape parlait en termes très explicites :

> Les excès ou les défauts, s'ils s'en trouvent encore chez celui qui siège dans la première Chaire du christianisme, ne sont pas les maux de la Chaire elle-même ; et les mœurs ou les actions peu louables de certains papes du passé

Comacchio e l'intervento del Sant'Uffizio contro Uberto Benvoglienti erudito senese », *Studi senesi*, 73, 1961, p. 146-172, ici p. 167 ; bien qu'assez faible dans son argumentation et contenant des erreurs, l'article est intéressant pour les documents inédits qui y figurent.

31 L. A. Muratori, *Carteggi con Bentivoglio... Bertacchini*, Anna Burini Calapaj (éd.), Florence, Olschki, 1983 ; la biographie est aux p. 37-44, notamment p. 43. Voir aussi Armando Petrucci, « Benvoglienti, Uberto », *DBI*, vol. VIII, 1966, p. 705-709.

32 Raffaele Amaturo, « Baruffaldi Girolamo », *DBI*, vol. VII, 1965, p. 6-9.

33 Bruno Neveu, « Muratori et l'historiographie gallicane », in : *id.*, *Érudition et religion...*, *op. cit.*, p. 110.

34 G. F. Soli Muratori, *Prefazione* alla *Vita del proposto Lodovico Antonio Muratori*, *op. cit.*, p. LXIII.

ne nuisent ni à la gloire du Souverain pontife régnant, ni à la dignité présente de la Curie romaine [...]. Personne ne met en doute que même les pontifes romains commettent des erreurs, sauf lorsqu'ils traitent de la Foi de la Chaire[35].

Muratori et Fontanini, à l'instar de Marmi et d'autres membres de la République des Lettres, communiant dans une même culture érudite, étaient tous au service de quelque potentat : Fontanini était lié à la Curie romaine, Muratori au duc de Modène, Marmi aux Médicis. Ceci explique le fait que, bien qu'ils fussent le produit d'une même matrice culturelle, ils se soient retrouvés à s'affronter, dans la mesure où ils étaient chargés de ratifier des prérogatives et de revendiquer des privilèges pour leurs maîtres au moyen de l'histoire[36]. Dans un ouvrage classique sur l'histoire de l'historiographie, Eduard Fueter a accusé Muratori de s'être rangé du côté des princes et des puissances temporelles[37]. Comme ce dernier était au service du duc de Modène, il devait soutenir son prince contre ses adversaires, y compris contre la Curie romaine. Sa position institutionnelle ne pouvait qu'influer sur ses œuvres d'histoire. Il faut pourtant remarquer que Muratori ne se rendit jamais coupable, par le silence ou par la déformation volontaire de la réalité historique, d'une utilisation déshonnête de ses sources.

Les prises de position de Muratori conduisirent Giosué Carducci, poète et homme de lettres du XIXe siècle, à se prononcer clairement en faveur des ouvrages concernant la question de Comacchio. Nettement anticlérical, Carducci éprouvait de la sympathie pour Muratori, sympathie qui « se nourrissait également des esprits anti-papes qui se pensaient avancés dans la polémique anti-romaine à propos des prétentions curiales sur les marais de Comacchio[38] ». Ce jugement était alimenté par l'esprit le

35 « *Gli eccessi o difetti, qualora si truovano ancora in chi siede nella prima Cattedra del Cristianesimo, non sono mali della Cattedra stessa ; e i costumi o le azioni non assai lodevoli d'alcuni pontefici passati non nuociono punto né alla gloria del regnante Sommo Pontefice né al decoro presente della Corte romana* [...] *Niuno mette in dubbio che anche i romani pontefici non sieno suggetti ad errare, fuorché quando trattano di cose della Fede dalla Cattedra* », *Piena esposizione*, chap. XVIII, p. 149, cité par S. Bertelli, *Erudizione e storia in Ludovico Antonio Muratori*, *op. cit.*, p. 140.

36 Eric Cochrane, « Giovanni Lami e la storia ecclesiastica ai tempi di Benedetto XIV », *Archivio storico italiano*, 123, 1965, p. 48-73.

37 Eduard Fueter, *Storia della storiografia moderna*, trad. it., Milan-Naples, Ricciardi, 1970 (1re édition allemande, 1911), p. 408-411. « *Se ha da narrare di controversie fra imperatori e papi, parteggia sempre, nella misura del possibile, per i poteri mondani* », p. 409.

38 « *si nutriva anche degli spiriti antipapali che si credevan anticipati nella polemica antiromana a proposito delle pretese curiali sulle paludi di Comacchio* », G. P. Marchi, « Un confronto

plus fermé et anticlérical du Risorgimento : Muratori était devenu une sorte d'icône. De l'avis de Carducci, le bibliothécaire du duc de Modène ouvrait, par son œuvre historique, l'avenir de l'Italie, en formulant des critiques très dures contre la Curie romaine, à cause de son avidité et de ses usurpations ; la bataille historique autour de Comacchio était interprétée et instrumentalisée contre le pouvoir temporel des papes et contre la papauté même[39].

Déjà au XVIIIe siècle, la querelle de Comacchio avait attiré l'attention sur Muratori, en Italie comme en Europe. Cette polémique fut aussi très importante dans l'itinéraire intellectuel de Muratori. Elle fut le déclencheur de ses recherches proprement historiques. Pour mener à bien ses démonstrations, il lui fallait avoir une parfaite connaissance des sources. Son neveu Soli Muratori, qui fut aussi son premier biographe, écrit à ce propos : « [Muratori] s'est vu contraint d'entrer dans une controverse très grave, qui fit grand bruit en Europe, et qui l'a conduit à des études et un labeur presque incroyable d'avoir dû traiter un si vaste sujet, dont les minuscules fragments étaient dispersés et dissimulés dans un nombre incalculable de gros livres et nombre de documents édités et inédits[40]. »

À cette occasion, Muratori s'engagea dans de nouvelles recherches concernant les éléments juridiques et institutionnels de l'époque médiévale. Il ne renonça pas à l'érudition sacrée qu'il avait apprise, par l'intermédiaire de Bacchini, à l'école des mauristes et il puisa à pleines mains dans les ouvrages des grands érudits français. Le sujet le conduisit toutefois à apprécier d'une manière particulière les recherches des savants allemands, tel Leibniz, sur les institutions et le droit. Muratori fit ainsi preuve d'une très bonne connaissance de la diplomatie, des actes notariés, des bulles, etc. Du point de vue de la méthode, le trait le plus saillant

---

ineludibile… », *op. cit.*, p. 390. L'auteur y mentionne aussi l'image très XIXe siècle d'un Muratori enfant qui, caché, suivait les leçons d'un maître d'école que ses parents ne pouvaient pas se permettre de payer ; il fallait qu'une icône du *Risorgimento* eût été éduquée comme il se devait, et donc certainement pas chez les jésuites !

39 Giosuè Carducci, *Di Lodovico Antonio Muratori e della sua raccolta di storici italiani dal 500 al 1500*, in : L. A. Muratori, *Rerum Italicarum Scriptores*, G. Carducci (éd.), t. I, Ire partie, Città di Castello, Lapi, 1900, p. XVII-LXXI.

40 « *[Muratori] fu obbligato ad entrare in una gravissima controversia, che fece grande strepito in Europa, e che portò lui a studi e fatiche quasi incredibili per aver dovuto trattare un vasto argomento, i cui piccioli pezzi eran dispersi e nascosti in quasi innumerabili libri grossi, e in tanti documenti editi ed inediti* », G. F. Soli Muratori, *Vita del proposto Lodovico Antonio Muratori*, *op. cit.*, p. 78.

est l'application de la prescription au domaine du droit public d'une institution juridique de droit privé. De l'avis de Muratori, les droits de la famille d'Este sur Comacchio se fondaient notamment sur le fait que ces princes avaient dominé la ville – sans contestation – dès le début du XIVe jusqu'à la fin du XVIe siècle, en vertu d'une investiture impériale. Cette manière de procéder n'allait pas sans difficulté. Afin d'en démontrer la légitimité, Muratori recourut à une bulle du pape Urbain VIII, à quelques décisions de la Rote et aux opinions de juristes illustres, tel Giovanni Battista De Luca, extraordinaire jurisconsulte du XVIIe siècle dont les œuvres sont encore aujourd'hui une source fondamentale et presque inépuisable pour les historiens. Mais la *Piena esposizione* est bien plus riche et complexe qu'une simple allégation juridique.

Dans le *Antichità estensi*, dont le premier tome remonte à 1717, l'érudition débouche sur l'idée que la philologie est finalement insuffisante pour aboutir à une reconstruction complète. Il faut aussi s'approprier les acquis de la généalogie, de l'histoire politique et diplomatique, et de l'histoire du droit, où l'on constate l'influence de l'école allemande. Muratori se propose de parvenir à une histoire d'ensemble des institutions et de la civilisation. Cet ouvrage est aussi lié à la question de Comacchio, puisque Fontanini avait mis en doute l'ancienneté de la maison d'Este. Du reste, Leibniz, qui avait séjourné à Modène où il cherchait des documents sur quelques maisons nobles d'Allemagne, avait fait de même.

Les généalogies étaient un sujet difficile à aborder, tant les réactions des milieux politiques pouvaient être vives. La méfiance des souverains envers l'histoire est attestée en Piémont, notamment par le cas de Bernardo Andrea Lama, pourtant historien de cour, et de son *Histoire de la maison de Savoye*. Muratori suscita aussi l'agacement de la cour savoyarde parce que, dans l'introduction du premier volume des *Antichità estensi* (1717), il doutait des origines officielles de la maison de Savoie, qu'il fallait chercher – selon la tradition – dans la lignée d'Othon de Saxe. À la cour de Turin, on voulut donc obtenir une réfutation de Muratori sur le plan de l'histoire et de l'érudition, entreprise savante qui devait se mettre au service du prince et être contrôlée par le pouvoir politique[41].

41 Giuseppe Ricuperati, « Ludovico Antonio Muratori e il Piemonte », in : *id.*, *I volti della pubblica felicità. Storiografia e politica nel Piemonte settecentesco*, Turin, Albert Meynier, 1989, p. 59-155 (avec une *Nota di aggiornamento*) ; Gian Paolo Romagnani, « Oppositori

Bacchini avait payé de l'exil les critiques qu'il avait avancées contre une généalogie des Farnèse faisant remonter leurs origines à Noé[42]. D'autre part, la publication par ses soins d'un texte aussi difficile que le *Liber pontificalis* d'Agnello de Ravenne l'exposa aux ressentiments de Rome : de graves soupçons pesaient sur une source qui aurait pu se prêter à des revendications d'autonomie anti-romaines[43]. Après avoir subi l'épreuve de la censure, le texte édité parut à Modène en 1708, mais plusieurs ouvrages successifs de Bacchini ne furent pas imprimés ou le furent seulement après sa mort[44].

En 1718, les *Antichità estensi* furent anonymement dénoncées à l'Inquisition de Modène, mais la dénonciation n'eut pas de conséquences à Rome[45]. En 1727, Muratori publia une biographie de Lodovico Castelvetro, à l'occasion de l'édition des *Opere varie critiche* de cet auteur suspect du XVIe siècle.

Remarquons que la *Vita di Castelvetro* est considérée comme l'un des ouvrages historiques les plus faibles de Muratori. Les cas de Giovanni Morone et de Egidio Foscarari, victimes innocentes de la rigueur pontificale, y sont présentés de telle sorte que l'on peut en conclure que Castelvetro aussi a été accusé d'hérésie sans fondement, et que, du moins, sa fuite ne prouve pas sa culpabilité. Muratori passait sciemment sous silence quelques épisodes de la vie de ce personnage qui montrait d'évidentes affinités avec l'hérésie[46]. Cette altération de la réalité historique, peu fréquente dans les ouvrages de Muratori, pourrait découler d'une

piemontesi di Ludovico Antonio Muratori », in : *Per formare un'istoria intiera. Testimoni oculari, cronisti locali, custodi di memorie private nel progetto muratoriano*, Atti della prima Giornata di studi muratoriani, Florence, Olschki, 1992, p. 191-211.

42 Paolo Golinelli, « Benedetto Bacchini e il VI libro della *Istoria del monastero di S. Benedetto di Polirone* », in : *Accademie e cultura. Aspetti storici tra Sei e Settecento*, Florence, Olschki, 1979, p. 129-151, ici p. 129 *sq.* Quant à l'histoire de la maison de Savoie de Bernardo Andrea Lama, les fonctionnaires de l'État auraient souhaité y trouver une affirmation plus marquée de la validité des prétentions des Savoie ; la bataille contre Muratori visait à détruire du point de vue historique sa contestation des origines saxonnes de la lignée royale. *Cf.* G. Ricuperati, « Ludovico Antonio Muratori e il Piemonte », *op. cit.*, p. 99-104.

43 Voir aussi Augusto Vasina, « Muratori e la storia regionale. Un esempio : l'area ravennate-esarcale », in : *L. A. Muratori storiografo…*, *op. cit.*, p. 341-381.

44 P. Golinelli, *Benedetto Bacchini (1651-1721)…*, *op. cit.*, p. 14.

45 Le texte, du 30 juillet 1718, est intégralement transcrit dans Julien Stricher, *Le vœu du sang en faveur de l'Immaculée Conception. Histoire et bilan théologique d'une controverse*, 2 vol., Rome, Accademia Mariana, 1959, vol. I, Appendice II, p. 187 *sq.*

46 Enza Savino, « La biografia del Castelvetro tra Muratori e Tiraboschi », in : *Per formare un'istoria intiera…*, *op. cit.*, p. 133 *sq.*

certaine partialité, les deux hommes ayant en commun la profession intellectuelle et la patrie, Modène.

Les accusations adressées à Muratori portaient pour l'essentiel sur la distinction qu'il faisait entre les domaines du pouvoir temporel et du pouvoir spirituel ainsi que sur la liberté qu'il avait prise de critiquer l'action politique des souverains pontifes. Muratori visait surtout le pape Paul IV, qu'il considérait comme intolérant : « *pontefice di zelo straordinario, ma forse non realmente discreto* ». Les jugements très durs portés à l'encontre de Paul IV dans la première rédaction de sa biographie poussèrent Filippo Argelati à insister auprès de Muratori, dont il était l'ami, pour obtenir une révision du texte. Il lui transmit notamment des observations faites par le comte Carlo Archinto :

> Vous aurez ici les réflexions formulées à propos de la vie de Castelvetro et vous pouvez être certain que rien ne sera changé sans votre accord. Vous connaissez Son Excellence [Carlo Archinto], qui s'est efforcée de faire les avertissements que vous verrez, afin que vous puissiez imprimer sans rencontrer de dégoût ni de haine[47].

Par crainte de la censure, on pensa publier l'ouvrage à Venise[48]. La solution la plus efficace parut de faire désigner comme censeur un ecclésiastique qui était un intellectuel et un savant, Giuseppe Antonio Sassi, préfet de la Bibliothèque Ambrosienne[49]. Mais le Père inquisiteur

---

47 « *Qui avrà le rifflessioni fatte sopra la vita del Castelvetro e poteva essere persuasa che non si sarebbe alterata cosa alcuna senza il di lei assenso. Ella conosce troppo bene Sua Eccellenza [Carlo Archinto], la quale s'è indotta a fare gl'avertimenti che vedrà, acciò possa stamparsi senza incontrare disgusto alcuno né odiosità* », lettre d'Argelati à Muratori, 10 avril 1726, in : *Carteggio con Filippo Argelati*, *op. cit.*, p. 230 ; voir aussi *ibid.*, lettres du 27 mars, 3 avril et 22 mai 1726, p. 228-229 et 238.

48 Lettre d'Argelati à Muratori, 8 mai 1726, *ibid.*, p. 236.

49 Dans la lettre du 27 mars les craintes sont évidentes : « *La nostra lettura di queste sere con Sua Eccellenza [Archinto] è stata la vita del Castelvetro, e siccome è impossibile che qui il S. Offizio la passasse tal quale sta, desidera Sua Eccellenza il permesso e io pure domando a V.S. Reverendissima tal grazia di accomodarla in alcuni luoghi senza deformità, assicurandola che si dirà lo stesso, ma con altro lume, acciò non dii tanto in vista l'oppressione fatta al Castelvetro* », *ibid.*, p. 228. Le nom de Sassi est suggéré dans la lettre du 26 juin 1726, *ibid.*, p. 242. Quelques mois après, on trouve : « *Finalmente il Signor Sassi, su cui feci cadere dal S. Officio la deputazione di veder l'opere del Castelvetro, ha data la sua approvazione alla vita mutando piccolissime cose. Eccole : "Finché duri lo strano pontificato di papa Paolo IV", si è levato lo strano* ; [...] *"Papa Paolo IV Caraffa d'animo feroce e di zelo grandissimo, ma non certamente discreto", si è levato d'animo feroce* ». *Cf.* Argelati à Muratori, 20 novembre 1726, *ibid.*, p. 257 *sq.* Les mots « *animo feroce* » reviennent dans les *Annali d'Italia* (voir *infra*). À propos de Giuseppe Antonio Sassi,

ne fut pas satisfait ; il ne voulait pas de cette publication et se plaignit de l'approbation accordée par Sassi[50]. L'ouvrage, qui était déjà prêt pour l'impression, fut finalement publié à Milan en 1727, avec la fausse mention de Lyon-Berne et sous un faux nom d'éditeur, Pietro Foppens : « *Finalmente si è convenuto che si taglii detta approvazione del sig. Sassi ed il frontispicio, ed in cambio di Milano si dichi Berna*[51] ».

La *Vita di Lodovico Castelvetro* figure parmi les ouvrages de Muratori qui ont été examinés par les Congrégations romaines de l'Index et du Saint-Office sous le pontificat de Clément XII. Une fois de plus, l'un des adversaires de Muratori fut Giusto Fontanini[52]. La tâche de rapporter sur l'ouvrage fut confiée à deux consulteurs du Saint-Office, le carme Sebastiani et le bénédictin de la Congrégation du Mont-Cassin Fortunato Tamburini (lui aussi élève de Bacchini et lié à Muratori). De l'avis du cardinal Vincenzo Gotti, un dominicain qui avait exercé pendant longtemps la fonction d'inquisiteur, mais qui se trouvait trop isolé pour aider Muratori, le texte ne méritait pas de censures. Néanmoins, notait-il, l'usage voulait que certains sujets litigieux soient tus dans les ouvrages en langue vulgaire ; et la franchise parfois brutale de Muratori pouvait susciter des réactions négatives. Selon le cardinal, « même s'il est notoire que certains papes ont manqué dans leurs actes, leurs mœurs ou que sais-je, ils ne veulent pas que cela soit dit, ni publié, surtout en langue vulgaire qui, comprise de tous, ferait mauvais effet auprès des gens de faible intelligence[53] ». Ce fut

---

docteur de la Bibliothèque Ambrosienne (depuis 1703) et ensuite préfet (de 1711 à 1751), voir Franco Buzzi, « Il Collegio dei Dottori e gli studi all'Ambrosiana nel Settecento », in : *Storia dell'Ambrosiana. Il Settecento*, Milan, Cariplo, 2000, p. 55-111, ici p. 70-89.

50 Lettre du 24 septembre 1727, L. A. Muratori, *Carteggio con Filippo Argelati*, *op. cit.*, p. 288.

51 *Ibid.* En réalité on trouve sur la page de titre : Milan, P.F. Nava. Le choix de Berne, en pays d'hérésie, posa toutefois quelques problèmes. *Cf.* lettre du 15 octobre 1727, *ibid.*, p. 291. Voir E. Savino, « La biografia del Castelvetro tra Muratori e Tiraboschi », *op. cit.*, p. 95-145, ici p. 95. Des renseignements très riches à ce sujet figurent dans les correspondances avec Muratori non seulement de Filippo Argelati, mais aussi de Giandomenico Agnani (voir *infra*). *Cf.* également Albano Biondi, « Gli eretici modenesi nell'opera di L. A. Muratori », in : Martino Capucci (dir.), *Il soggetto e la storia. Biografia e autobiografia in L. A. Muratori*, Florence, Olschki, 1994, p. 195-221 ; A. Vecchi, *L'opera religiosa del Muratori*, *op. cit.*, p. 128.

52 E. Savino, « La biografia del Castelvetro tra Muratori e Tiraboschi », *op. cit.*, *passim* ; L. A. Muratori, *Opere*, G. Falco, F. Forti (éd.), *op. cit.*, t. I, p. 787 *sq.*

53 « *per quanto sia noto di qualche papa l'avere mancato nel fatto, costume o che so io, non vogliono si dica, né che si pubblichi, specialmente poi in lingua volgare, che intesa da tutti fa un brutto effetto nelle persone di corta intelligenza* », lettre du dominicain Giandomenico Agnani à Muratori, 28 septembre 1730, in : L. A. Muratori, *Carteggi con AA… Amadio Maria di Venezia*, *op. cit.*, p. 109 ; voir aussi *ibid.*, lettre du 4 novembre 1730, p. 110. Sur les interventions de

en tout cas sur l'instance de Tamburini que l'on parvint à une décision favorable à Muratori[54], solution positive prévue par Argelati, qui avait pris « les mesures qui s'imposaient ici et à Rome[55] ».

Rome ne manquait pas de prétextes pour attaquer Muratori, dont plusieurs autres ouvrages étaient susceptibles de provoquer l'irritation de la Curie. Il en fut ainsi des *Antiquitates italicae medii aevi.* L'ouvrage se compose de 75 dissertations publiées en latin entre 1738 et 1742 ; un abrégé en langue italienne sortit en 1751 sous le titre de *Dissertazioni sopra le antichità italiane*[56]. Muratori y esquisse un tableau de l'histoire d'Italie à partir de la chute de l'Empire romain jusqu'au XVIe siècle. On y trouve aussi une fâcheuse dissertation « *De redemtione peccatorum unde olim locis Dei dicatis multa* oblata *fuere, et indulgentiarum origine* ». Remarquons que dans l'édition italienne l'expression est traduite de manière plus dure par « *Della Redenzion de' peccati, per cui molti beni colarono una volta ne' Sacri Luoghi, e dell'origine delle Sacre Indulgenze*[57] ». C'était l'occasion pour Muratori de condamner les clercs assoiffés d'argent, qui ne manquaient pas au Moyen Âge et dont l'avidité s'était exprimée au détriment des pauvres. Muratori expliquait les raisons pour lesquelles le patrimoine ecclésiastique s'était accru d'une manière démesurée, « pas seulement des fermes, mais des cours, des châteaux et des villes ». Une autre dissertation était consacrée aux « Manières dont les Églises, les Chanoines, les Monastères et autres Universités religieuses ont historiquement acquis ou se sont procuré une grande quantité de richesses et de terrains praticables[58] ». Ailleurs encore, Muratori soulignait le fait

Gotti et d'autres personnages de la Curie (Da Via, Cienfuegos) voir *Carteggio con Filippo Argelati*, *op. cit.*, *passim*, par exemple la lettre de Argelati à Muratori, 15 octobre 1727, p. 291.

54 ACDF, *Sant'Officio*, *Censura Librorum* 1729-1732, n° 28, feuillets non numérotés.

55 « *le dovute misure tanto qui che a Roma* ». Et encore : « *Sii certissima che non si probirà : il padre reverendissimo Gotti è inteso con questo Padre inquisitore, et io ne ho scritto all'eminentissimo Da Via e Cinfuegos, non ne dubiti* », lettre du 15 octobre 1727, in : *Carteggio con Filippo Argelati*, *op. cit.*, p. 291.

56 Milan, Giambatista Pasquali, 1751, 3 vol., 6 tomes. L'abrégé fut presque totalement traduit par Muratori lui-même de 1748 jusqu'à sa mort ; le travail fut achevé par Pietro Ercole Gherardi. *Cf.* L. A. Muratori, *Opere*, G. Falco, F. Forti (éd.), *op. cit.*, t. I, p. 585-586.

57 Lodovico Antonio Muratori, *Dissertazione LXVIII*, *op. cit.*, p. 431-442. Voir Anna Burlini Calapaj, « Le "Antiquitates Italicae medii aevi". Storia della formazione e della redazione del testo », in : *Per formare un'istoria intiera…*, *op. cit.*, p. 1-62, ici p. 35 et notamment, pour la différence entre « *oblata fuere* » e « *colarono* », p. 55 *sq.*

58 « *né solamente poderi, ma corti, castella e città* » ; « *Maniere, colle quali anticamente le Chiese, i Canonici, i Monisteri ed altre Università religiose acquistarono, o si procacciarono, gran copia di ricchezze e comodi terreni* », L. A. Muratori, *Dissertazione LXVII*, *op. cit.*, p. 412-431.

que « tant de richesses et de nourriture du faste séculier portent aucun préjudice à la discipline et aux us des Évêques, Abbés et Clerc de ces temps-là [...]. Là où abondent les richesses se font trop facilement sentir l'ambition, le luxe, la luxure et l'envie d'une totale liberté, que nous appelons de nos jours Libertinage[59]. »

Le discours historique de Muratori avait sans doute aussi pour cible une réalité contemporaine : il s'agissait de rappeler la nécessité d'une moindre soif d'honneurs et d'un meilleur exercice de la charité de la part du clergé[60]. L'auteur, dans ses *Dissertazioni*, montrait aussi combien incertaine était la nature précise des acquisitions qui avaient permis la constitution de l'État de l'Église[61].

Quant aux indulgences, le discours muratorien – et notamment dans sa version italienne – avait là aussi pour toile de fond une appréciation très dure de la réalité ecclésiastique du Moyen Âge :

> Avec le temps, les Ecclésiastiques et les Moines commencèrent à tirer profit des Rédemptions, et en arrivèrent à un point tel que presque tout le fruit des pénitences et de la piété des fidèles ne profita qu'aux seuls Églises et Monastères. Ceci sera l'objet principal de cette argumentation, en montrant que toutes les pénitences furent au final transformées en amendes pécuniaires, ou en biens établis, que les ecclésiastiques ne laissaient d'ordinaire pas échapper[62].

L'auteur parlait des ecclésiastiques comme de gens qui, tout comme les laïcs, étaient sujets aux appétits que leur dictaient leurs intérêts et qui tenaient leurs pénitents pour une source de revenus, agissant comme de véritables usuriers[63]. Telles étaient, à en croire Muratori, les circonstances historiques dans lesquelles s'était constitué le patrimoine de l'Église :

---

59 « *tante ricchezze ed alimenti del fasto secolaresco non lieve nocumento recarono alla disciplina e a i costumi de i Vescovi, Abbati e Clero tutto di que' tempi[...]. Troppo facilmente si caccia l'ambizione, il lusso, la lussuria, e la voglia di una totale libertà, che ora chiamiamo Libertinaggio, in chi abbonda di ricchezze* », *ibid.*, *Dissertazione LXXI*, *op. cit.*, p. 532.

60 Lodovico Antonio Muratori, *Della carità cristiana in quanto essa è amore del prossimo*, Venise, Gio. Battista Recurti, 1724 ([1]1723) : Muratori y est moins drastique, dans un contexte plus religieux qu'historique.

61 B. Neveu, « Muratori et l'historiographie gallicane », *op. cit.*, *passim*.

62 « *Col tempo i Cherici e Monaci cominciarono a tirare in lor profitto queste Redenzioni, e giunsero a tanto, che alle lor sole Chiese e Monisteri si applicò quasi tutto il frutto delle penitenze, e della pietà de' fedeli. Tale appunto sarà il principale oggetto di questo argomento, con dimostrare, che tutte le penitenze in fine furono permutate in multe pecuniarie, o di beni stabili, ch'essi ecclesiastici ordinariamente non si lasciavano scappar dalle mani* ».

63 *Dissertazione LXVIII*, *op. cit.*, p. 435-436.

> De cette source principale provenait donc cet immense et incroyable amoncellement de biens qui passa de l'état séculier à celui des ecclésiastiques [...]. Pensez si le clergé, auquel s'adressaient ces dons, connaissant la difformité produite par son intérêt et son avidité, n'a jamais tenté d'annuler et de rejeter ce point si lucratif de la discipline[64].

Muratori ne dissimulait pas le fait que la responsabilité de cette situation incombait en dernière instance aux évêques et aux papes.

De même en allait-il du culte et de la dévotion. En exposant efficacement la question des reliques, Muratori dépeignait, et déplorait, le désir ardent, attesté pendant le Moyen Âge, de posséder des corps saints ou des fragments de reliques. Selon lui, la cause de la multiplication des reliques et des excès dévots se trouvait dans le culte des saints. Le problème se posait encore au XVIIIe siècle, ainsi qu'en témoigne son combat contre les « fausses dévotions », notamment dans *Della regolata divozione de' cristiani.*

La version italienne des *Dissertazioni* atteste bien que la recherche historique sur le Moyen Âge fournit à Muratori l'occasion de prononcer un réquisitoire contre l'avidité et la corruption du clergé, des évêques et des souverains pontifes. À ce propos, Bruno Neveu parlait de « l'éloignement à l'égard de la Ville éternelle, de ses pompes, de son gouvernement politique, de ses ambitions temporelles en Italie » dans la dernière phase de la vie de Muratori et précisément dans les *Annali d'Italia*[65].

Malgré d'indéniables défauts, il s'agit d'un ouvrage remarquable par sa nouveauté, à un tel point que les *Annali* « encoururent la foudre de ce gardien de l'orthodoxie romaine et baronienne qu'était Gaetano Cenni ». Ce dernier, qui « rendit compte des *Annali* dans le *Giornale de' letterati* de Rome, n'examina cet ouvrage que du seul point de vue de sa conformité ou non avec les thèses romaines. Chaque fois que Muratori s'était éloigné de l'histoire officielle, il était impitoyablement censuré[66] ». Dans la conclusion des *Annali*, Muratori évoque les critiques

---

64 « *Da questo fonte adunque principalmente provenne quell'immensa ed incredibil copia di beni stabili che dallo stato de' secolari passò in quello de gli ecclesiastici [...]. Pensate se il clero, in cui prò cotanto si rivolgevano i canoni suddetti, né conosceva la deformità, prodotta dall'interesse e dall'avidità sua, era mai per dismettere e rigettare quel punto sì lucroso di disciplina* », *ibid.*, p. 438-439.

65 B. Neveu, « Muratori et l'historiographie gallicane », *op. cit.*, p. 293, la citation concerne les *Annali* ; pour Comacchio, voir *ibid.*, p. 279.

66 F. Waquet, *Le modèle français...*, *op. cit.*, p. 192 ; Marina Caffiero, « Cenni, Gaetano », *DBI*, vol. XXIII, 1979, p. 551-554.

de ce personnage, dont il tait le nom, puisque l'abbé n'avait pas signé son article. Il souligne le caractère malhonnête des censures de Cenni, qu'il accuse de vouloir « qu'une partie de l'histoire soit falsifiée ou brûlée pour ôter de nos yeux tous les spectres qu'il pensait "fatals à la Principauté Pontificale"[67] », c'est-à-dire tout ce qui ne correspondait pas aux exigences de Rome : « Sera à louer l'histoire qui se référera à tout ce qui est favorable à Rome, et taira tout ce qui, à son préjudice, lui fait ombrage. Il peut bien faire une telle histoire, mais pas moi[68]. » D'autres censures avaient été émises concernant les critiques que Muratori avait adressées à certains papes en s'appuyant sur des sources historiques. Là encore, il défendait la liberté de l'historien et proclamait la nécessité de ne jamais cacher la vérité, ce qui à son avis devait profiter à l'Église elle-même.

Bruno Neveu a examiné, à travers une série d'exemples empruntés au Moyen Âge, la propension à une plus grande prudence que Muratori manifesterait dans les *Annali d'Italia*[69]. Mais celui-ci ne traite pas toujours les souverains pontifes avec clémence. On le constate avec l'exemple de quelques papes du XVIe siècle : « Les princes possédant une grandeur d'âme se font gloire de pardonner à leurs ennemis suppliants ; le pape Jules [II] au contraire semblait tirer sa gloire de son manque de foi[70]. » La conduite de ce dernier était déshonorante, mais le pape restait « inflexible dans ses passions […] empli non moins de desseins démesurés que d'esprit de vengeance[71]. » La narration de ses méfaits politiques est particulièrement détaillée et documentée[72]. Par

67 « *che si adulterasse o si bruciasse parte della storia, per levare da gli occhi nostri ogni spauracchio, da lui creduto "fatale al Principato Pontificio"* ».

68 « *Sarà da lodar la storia che riferirà tutto quanto è favorevole a Roma, e tacerà tutto quello che ha ombra di suo pregiudizio. Potrà egli formare una storia tale, ma non già io* », Lodovico Antonio Muratori, *Annali d'Italia*, Milan, Società tipografica de' classici italiani, 1820, vol. XVII, p. 506.

69 B. Neveu, « Muratori et l'historiographie gallicane », *op. cit.*, p. 288 *sq. et passim.* « La réserve de Muratori dans ses *Annali* est l'effet d'un calcul et non la conséquence d'une indifférence d'érudit pour les aspects doctrinaux et politiques de l'histoire ecclésiastique », p. 288.

70 « *I principi d'animo grande si fan gloria di perdonare a i supplicanti nemici ; papa Giulio [II] al contrario parve che si facesse gloria sino di mancar di fede* ».

71 « *inflessibile nelle sue passioni* […], *pieno non men di smisurati disegni che di spirito di vendetta* ».

72 L. A. Muratori, *Annali d'Italia*, *op. cit.*, vol. XVII, p. 145 *sq.* Tel est le nécrologe fait par Muratori : « *Qual poscia egli comparisse a gli occhi di Dio, coll'aver suscitato tante guerre per la Cristianità, in vece di promuovere qual padre comune la pace, avendola tante volte avuta in*

contre, les faveurs accordées par Paul III à son fils Pierluigi Farnèse sont considérées avec une certaine indulgence, bien que le pape y ait perdu à l'occasion « l'honneur de sa sublime dignité[73] ». Muratori attribue une importance exceptionnelle aux actes accomplis par ce pape pour la réforme de l'Église, à commencer par le dessein de convoquer le concile : « à sa louange, car Léon X n'y pensa pas, Adrien VI ne put et Clément VII n'en parla jamais vraiment[74] ». Quand Muratori esquisse les traits dominants de la personnalité de Paul III, il n'oublie évidemment pas d'évoquer les problèmes liés à « son amour démesuré pour son fils, même si celui-ci n'était pas digne de son père[75] », mais il insiste sur sa volonté de réformer l'Église et sur son « zèle considérable pour le bien de la religion et la dignité de l'Église[76] ». Soulignons que Muratori considère le concile de Trente comme une pierre de touche pour une authentique réforme de l'Église, qui se révélait alors indispensable. « Le bel aspect actuel de l'Église de Dieu[77] » trouve selon lui son origine dans l'assemblée tridentine[78] et dans la mise en œuvre de ces décisions par des pontifes comme Pie IV et des évêques comme Charles Borromée[79]. Même les personnalités de papes antérieurs sont présentées dans cette

---

sua mano, e coll'avere impiegate le sostanze della Chiesa, ed abusato anche della religione in tanti secolareschi impegni : a noi non tocca di deciderlo. [...] *tanti disordini, cagionati da questo pur troppo bellicoso pontefice, troppo influirono a scemar la venerazione dovuta al sommo grado de i successori di Pietro, e a far nascere il deplorabile scisma de' popoli settentrionali, siccome fra pochi anni avvenne* », *ibid.*, p. 153 *sq.*

73 « *il decoro della sublime sua dignità* », *ibid.*, p. 492 ; *ibid.* pour l'indulgence de Muratori, p. 448 ; voir aussi *passim* et notamment p. 507-509 à propos de la constitution du duché de Parme et Plaisance pour Pierluigi. Très dures, au contraire, sont les attaques portées contre Jules III pour avoir conféré le cardinalat à un jeune bâtard qui était à son service et qu'il avait fait adopter par son frère : « *prostituzion di quella eccelsa dignità in persona sì vilmente nata, senza sapersi neppure il padre suo, e sprovveduto affatto di quelle virtù e qualità che in qualche guisa potessero coprire l'obbrobrio de' natali* ». De plus, Jules III « *si diede all'ozio [...], prendendo solamente diletto d'un suo giardino, dove consumava tempo e spese grandissime in fabbriche ed ornamenti* », *ibid.*, p. 548 *sq.* Mais le début de son pontificat est considéré de manière positive, grâce à la nouvelle convocation des pères conciliaires, etc., p. 545.

74 « *con sua lode, giacché Leon X non vi pensò, Adriano VI non poté, e Clemente VII non ne trattò mai daddovero* », *ibid.*, vol. XIV, p. 437 ; voir aussi les pages suivantes, notamment 446-448, 486-487.

75 « *l'esorbitante suo amore verso del figlio, benché figlio non degno di questo padre* ».

76 « *zelo cospicuo pel bene della religione e pel decoro della Chiesa* », *ibid.* p. 541 *sq.*

77 « *Il presente bell'aspetto della Chiesa di Dio* », *ibid.*

78 *Ibid.*, p. 674.

79 Voir par exemple pour Pie IV, *ibid.* p. 678 *sq.* et 691 ; pour Charles Borromée, *ibid.* p. 674, 689, 693.

perspective : c'est le cas par exemple de Pie III, dont le pontificat fut éphémère, mais qui avait manifesté l'intention, sous l'influence de son zèle pour la religion, de convoquer un concile pour la réforme de la discipline ecclésiastique[80].

Au contraire, Muratori porte un jugement très sévère à l'encontre de Paul IV. Ce pape, à son avis, ne sut pas tirer profit de ses vertus et ses défauts furent tels qu'ils entachèrent sa renommée ; son népotisme, en particulier, se révéla insupportable[81]. Si une vingtaine d'années auparavant Muratori avait été obligé de renoncer à parler du caractère « féroce » de Paul IV[82], il ne se priva pas de l'évoquer expressément dans les *Annali d'Italia*, ce qui montre que la prudence n'était pas forcément le principe inspirateur de son ouvrage. Il affirme que ce pape, à cause de son « *feroce animo* », manifesta une inclination à la rigueur et à un zèle excessif, « qui faisait trembler les bons tout autant que les méchants[83] ». Cette attitude l'amena à maltraiter le cardinal Reginald Pole, « lumière si éblouissante du collège sacré, et si méritoire de l'Église de Dieu[84] », le cardinal Morone et l'évêque Egidio Foscarari : « on se demande si le désir de ne plus voir assis sur le siège de Saint-Pierre des papes de la même trempe est si déraisonnable ou, du moins, si intolérable[85] ». Muratori toutefois n'est pas aveuglé par les préjugés. Il décrit avec un assez grand nombre de détails les aspects effrayants de l'Inquisition et les dérapages d'un tribunal qui s'est écarté de ses tâches véritables ; en bon historien, il en montre les raisons, c'est-à-dire les craintes malheureusement fondées d'une diffusion de l'hérésie en Italie. Le fait ne permet évidemment pas, selon lui, de légitimer les excès et le gouvernement tyrannique de Paul IV, qui ont contribué à en faire un pape de triste

80 *Ibid.* p. 32 *sq.*

81 *Ibid.* p. 600-601. À propos des mesures prises par le pape envers leurs méfaits, voir *ibid.*, p. 640-642, 647. On peut aisément constater l'aversion de Muratori pour le népotisme quand il parle des pontifes qui ont régné entre le XVIIe et le XVIIIe siècle, bien qu'il condamne aussi le choix de mauvais collaborateurs, parfois pires encore que les parents du pape.

82 Lettre de Filippo Argelati à Muratori, 10 avril 1726, in : *Carteggio con Filippo Argelati*, *op. cit.*, p. 230.

83 « *che faceva tremare i buoni, non che i cattivi* ».

84 « *lume chiarissimo del sacro collegio, e sì benemerito della Chiesa di Dio* ».

85 « *Se noi desiderassimo di non vedere mai più nella sedia di san Pietro pontefici di simil tempra, si dimanda, se fosse irragionevole o almen tollerabile un sì fatto desiderio* », L. A. Muratori, *Annali d'Italia*, *op. cit.*, vol. XIV, p. 600 et 603 *sq.* Sur les persécutions subies par Pole à cause de la méfiance du cardinal Carafa, *ibid.*, p. 544.

mémoire[86]. Il n'en est pas allé de même pour Pie V, bien qu'il dût son élection au pape Paul IV et qu'il fut tenu pour « *troppo rigido e severo* », mais la situation était difficile, ainsi que le reconnaît Muratori[87].

La toute dernière partie de l'ouvrage traite la période qui va de 1700 à 1749 (Muratori mourut l'année suivante), autrement dit une époque que l'auteur a vécue personnellement et dont il a parfois suivi les événements de très près. En vertu de cela, ses idées et ses positions auraient dû être plus évidentes. Alors qu'il touche à la fin de sa vie, il poursuit une réflexion très mûre. Selon lui, tous les pontifes de son temps ont été à la hauteur de leur dignité. Les remarques négatives sont rares et nuancées[88].

Des jugements plus durs ne manquent pourtant pas, par exemple à propos des cardinaux réunis en conclave. À la mort de Clément XII en 1740, « *nel dì 18 di febbraio si chiusero nel conclave i sacri elettori, e cominciarono i lor maneggi colle consuete discrepanze delle fazioni*[89] ». Thème inépuisable

86 L. A. Muratori, *Annali d'Italia*, *op. cit.*, vol. XIV, p. 642-644, 647-648 : « *La troppa severità rende odiosa la stessa religione* » (p. 648). Plus dur et plus radical, même s'il bénéficie de la même minutie historique, *ibid.*, p. 702.

87 *Ibid.*, p. 693, 703 *sq.* Au sujet de Paul IV, Muratori parle de terreur « *salutevole* » et souligne que le pape menait une vie sainte et exemplaire.

88 Muratori remarque que Benoît XIII n'était pas à même de bien gouverner et exercer son pouvoir : en témoigne le choix de ses ministres. Cette faiblesse était contrebalancée par des vertus personnelles remarquables, comme l'amour pour les pauvres et le zèle de la religion. Certains affirmaient même s'être adressés par la prière à Benoît XIII et avoir reçu des grâces par son intercession, *ibid.*, vol. XVII, p. 38-40.

89 *Ibid.*, p. 184. Voir par exemple pour le conclave de 1670, qui élut Clément X : « *Tanti raggiri, discrepanze e battaglie più dell'usato accaddero nel conclave* », *ibid.*, vol. XVI, p. 94. Quant au conclave de 1676 qui choisit Innocent XI, Muratori commença par dire : « *Entrati i porporati nel sacro conclave, dappoichè ebbero per cinquantun giorno consumata la quintessenza de' lor politici maneggi per promuovere al trono pontificio chi lor più piaceva* » ; mais, en bon catholique et en digne appréciateur du pape élu, auquel il consacre des pages très élogieuses, il ajoute « *finalmente mossi da lume superiore* », *ibid.*, p. 121 *sq.* ; et encore, pour 1691, élection d'Innocent XII, il écrit : « *Grandi ed eccessivamente lunghi furono i dibattimenti loro [dei cardinali] per l'elezione del novello pontefice* » ; débats qui prirent fin seulement en conséquence du fait que les cardinaux étaient « *stanchi ormai di sì prolisso combattimento, e spronati da caldo estivo* », *ibid.*, p. 217. Voir aussi pour 1698, désignation de Clément XI, *ibid.*, p. 293. – Plusieurs conclaves du XVIIe siècle méritent l'éloge de Muratori, contrairement à l'élection d'Alexandre VI, le plus mauvais parmi les cardinaux. « *Molti ancor de' cardinali che aveano venduti i lor voti e le loro coscienze per far questo papa, col tempo trovarono d'avere eletto il proprio loro carnefice* », *ibid.*, vol. XIII, p. 643 *sq.* Presque tous les électeurs cédèrent à de mauvaises décisions « *per aver poi favorevole il papa al conseguimento di nuovi benefizii, commende e vescovati* » : mais ils élurent un pape « *di cui il primo mobile era l'ingrandimento de' propri figliuoli* », *ibid.*, vol. XIII, p. 684, 697 *et passim* ; *ibid.*, vol. XIV, p. 17 et *passim*. Voir aussi, pour un regard d'ensemble sur le pape et son pontificat, considéré d'une manière très négative, *ibid.*, p. 30.

sur lequel on pourrait répéter ce qu'Alain Tallon a écrit à propos des historiens de la fin du XVIe siècle et du début du XVIIe siècle : « On y perçoit une certaine gêne devant la désignation des pontifes en général et les conclaves en particulier. L'élection du souverain pontife n'est pas le moment idéal pour mettre en scène la gloire de la papauté[90]. » Le propos de Muratori fut d'ailleurs la cible des critiques curialistes. Quant aux reproches de l'un de ses détracteurs, Gaetano Cenni, il observa :

> [Celui-ci] ne voulait pas qu'après avoir vanté la pleine liberté du Collège Sacré, recouvrée il y a plusieurs siècles, j'eusse désiré que cessent les longueurs des conclaves et les passions personnelles des électeurs sacrés dans des affaires aussi importantes pour l'Église de Dieu[91].

L'un des critères essentiels dont Muratori se sert pour juger les pontifes est leur népotisme ou anti-népotisme. Il défend à ce propos toute sa liberté de jugement. D'Innocent XII, il écrit :

> Avec le consentement, ou plutôt par ordre de ce Saint-Père, l'heureuse plume de Celestino Sfondrati fut employée [...] pour exposer les effets néfastes du népotisme : celui-ci s'exécuta avec courage, en dressant la liste de tous les papes qui ne s'étaient pas gardés de l'affection excessive et déréglée envers son propre sang ; autant, à mon sens, de justifications incontestables de la liberté que j'ai jugé bon de m'appliquer à moi aussi, pour ne pas taire dans ces annales un désordre que le Saint-Siège n'a plus connu ni déploré depuis lors[92].

Muratori n'aborde que succinctement quelques sujets qui le concernent directement, comme certaines polémiques religieuses et politiques (par exemple la question de Comacchio). Un autre thème presque passé sous silence est la bulle *Unigenitus*.

---

90 Alain Tallon, « Les conclaves dans l'historiographie de la Contre-Réforme », in : M. Firpo (dir.), *'Nunc alia tempora...*, *op. cit.*, p. 25-46, ici p. 45.

91 « *[Costui] non vorrebbe ch'io dopo aver lodata la piena libertà del Sacro Collegio, ricuperata già tanti secoli sono, avessi desiderato che cessino le lunghezze de' conclavi e le private passioni de' sacri elettori in affare di tanta importanza per la Chiesa di Dio* », L. A. Muratori, *Annali d'Italia*, *op. cit.*, vol. XVII, p. 510-511. Sur les critiques de Cenni et la réponse de Muratori en conclusion des *Annali d'Italia*, voir *supra*.

92 « *Di consenso ancora, o pure d'ordine di esso santo Padre, fu impiegata la felice penna di Celestino Sfondrati* [...] *in esporre i mali effetti del nepotismo : il che egli animosamente eseguì, con tessere la serie di tutti que' papi che non si erano guardati dall'eccessivo e sregolato affetto verso del proprio sangue ; tutte, a mio credere, incontrastabili giustificazioni della libertà che ho giudicato competere anche a me, per non tacere in questi Annali un disordine che mai più da lì innanzi non ha conosciuto né deplorato la santa Sede* », *ibid.*, vol. XVI, p. 229.

> Ce furent ces [cent et une propositions] envoyées à Rome par le roi ; et comme Sa Sainteté en avait fait faire un examen rigoureux, elle les condamna toutes le 10 de septembre [1713] par la célèbre bulle *Unigenitus*, qui a par la suite engendré tant de dissensions incroyables, d'appellations et autres mécontentements dans le royaume de France, concernant lesquels je renvoie le lecteur à nombre de livres publiés sur cette contestation[93].

Mais sa modération ne doit pas, à notre avis, être assimilée à une neutralité désengagée ou « à un opportunisme qui ne parvient pas à être une *via media*[94] ». Le fait est évident par exemple en ce qui concerne les questions de la grâce et du libre arbitre[95]. Quant à l'histoire, on ne peut que souscrire l'analyse de Mario Rosa :

> Il y a, en somme, sous la trame annalistique, non pas la fatigue ou l'accomplissement de l'auteur, pleinement satisfait d'atteindre la vieillesse, ou la sagesse quelque peu escomptée de celui qui peut, grâce au détachement dû à l'âge, et avec une sereine ironie, comme il arrive souvent sous la plume de Muratori, juger des hommes et des choses, mais le sens fort d'une activité non atténuée, la présence d'une conscience civile et religieuse, surtout civile, qui se mesure par les faits et qui, à partir des événements tumultueux de la première moitié du XVIIIe siècle, est en mesure d'inciter un encouragement renouvelé[96].

---

93 « *Furono queste [cento ed una proposizioni] spedite a Roma dal re ; e dappoiché Sua Santità n'ebbe fatto fare un rigoroso esame, le condannò tutte nel dì 10 di settembre del presente anno [1713] colla famosa bolla Unigenitus, che poi riuscì un seminario d'incredibili dissensioni, appellazioni ed altri sconcerti nel regno di Francia, intorno a' quali io rimetto il lettore a' tanti libri pubblicati per questo emergente* », *ibid.*, vol. XVI, p. 430. Voir aussi pour l'année suivante, d'une manière tout autant laconique : « *Gravissime occupazioni ancora ebbe in questi tempi il sommo pontefice per li torbidi suscitati in Francia dalla Bolla* Unigenitus, *de' quali a me non appartien di parlare* », *ibid.*, p. 437.

94 B. Neveu, « Muratori et l'historiographie gallicane », *op. cit.*, p. 296.

95 Voir par exemple Lodovico Antonio Muratori, *Riflessioni sopra il buon gusto nello studio delle scienze e dell'arti, per servigio della Repubblica Letteraria d'Italia*, in : *id.*, *Opere*, *op. cit.*, Arezzo, Michele Bellotti (éd.), t. VIII, 1768, p. 59-366, chap. x. Ailleurs, Muratori déclare ne pas avoir l'intention d'« *entrare ne' gabinetti di Dio* », afin d'éviter de « *voler troppo squittinare i giudizi di Dio, e determinar con tanta franchezza le maniere della divina economia* », *id.*, *Delle forze dell'intendimento umano…*, *op. cit.*, p. 177.

96 « *V'è insomma, sotto la trama annalistica, non la stanchezza o l'appagamento dell'autore, giunto soddisfatto alla piena vecchiaia, o la saggezza un po' scontata di chi può con il distacco dell'età, e talora con serena ironia, come non di rado avviene sotto la penna di Muratori, giudicare di uomini e cose, ma il senso forte di una operosità non attenuata, la presenza di una coscienza civile e religiosa, soprattutto civile, che si misura con gli avvenimenti e che dalle tumultuose vicende della prima metà del '700 è in grado di ricavare stimoli per un impegno rinnovato* », Mario Rosa, « Rileggendo Muratori tra politica e storia », in : Marco Bona Castellotti, Edoardo Bressan,

En conclusion des *Annali d'Italia* (1749), et par là même de son existence, Muratori réfute les objections et les critiques de ceux qui l'accusaient d'être au service des princes et du pouvoir politique. Il affirme que le moteur de sa recherche a toujours été l'amour de la vérité, qu'il ne faut pas craindre, puisque les mémoires des siècles passés ne peuvent plus porter préjudice à quiconque. Selon l'auteur, aucun prince en possession d'une seigneurie *ab immemorabili* ne doit craindre l'histoire, même si celle-ci montre souvent l'existence de systèmes différents dans le passé. Ce principe est appliqué à tous les princes, même au pontife en tant que souverain. Si des souillures ont existé par le passé dans l'Église, il ne faut pas les cacher. Jamais le Christ n'a promis que les papes, destinés à maintenir intact le don de la foi, devaient être eux-mêmes exempts de défauts humains : « *per esser papa non si lascia d'esser uomo* ». Si Muratori remarque que les pontifes, « *da circa due secoli in qua* », du concile de Trente à Benoît XIV, ont été exemplaires dans leur vie et à leur gouvernement, autrefois, ajoute-t-il, la chaire de Pierre a été occupée par des personnages bien différents, sans que l'on doive s'en scandaliser : « Notre divin législateur a bien promis, et s'y tiendra, l'infaillibilité, la vérité des Dogmes, et l'éternité de l'Église catholique, mais il ne s'est jamais engagé à préserver ses Vicaires des maux de leur condition humaine[97]. »

La volonté de trouver la vérité historique et de lutter contre les obstacles opposés à la liberté de recherche rapproche ce savant érudit d'autres membres italiens de la République des Lettres. Muratori est l'un de ces ecclésiastiques du premier XVIIIe siècle qui sont des intellectuels de renom et qui donnent vie à une historiographie construite sur des fondements scientifiques[98]. Il reconnaît à plusieurs reprises les difficultés qui entravent l'écriture de l'histoire. « *O rem duram scribere historiam*[99] ! » : les mots de Carlo Sigonio peuvent parfaitement être utilisés à propos de Muratori.

Paola Vismara (dir.), *Politica, vita religiosa, carità. Milano nel primo Settecento*, Milan, Jaca Book, 1997, p. 23-41, ici p. 27.

97 « *Il Divino nostro Legislatore ha ben promesso, e manterrà, l'infallibilità, la verità de' Dogmi, e la sussistenza eterna della Chiesa cattolica* [...], *ma non s'è già impegnato ad esentare i suoi Vicari dalle umane infermità* », L. A. Muratori, *Annali d'Italia*, *op. cit.*, vol. XVII, p. 509. Voir aussi *ibid.*, p. 503-504. Ce thème, qui revient plusieurs fois sous la plume de Muratori, était déjà présent dans son *De ingeniorum moderatione in religionis negotio.*

98 Mario Rosa, *Riformatori e ribelli nel '700 religioso italiano*, Bari, Dedalo, 1969, notamment p. 9-47.

99 Caroli Sigonii *Opera omnia*, Mediolani, in : Aedibus Palatinis, 1732-1737, vol III, 1733, p. 350, cité par Paolo Prodi, *Il cardinale Gabriele Paleotti (1522-1597)*, vol. II, Rome,

Celui-ci, dans le profil biographique de cet auteur, affirme que Sigonio aimait la vérité à un point tel que «*si eam ulla in re sibi agnoscere visus fuisset, ab ea nullis machinis, nec praece, nec praemio, illum dimovere potuisses*[100] ». Dans une lettre autobiographique de 1721, adressée à Giovanni Artico comte de Porcía, qui évoque sa formation et son itinéraire intellectuel, Muratori écrit : «Je n'ai pas pardonné, ni négligé aucun moyen qui pouvait me conduire à la lumière de la vérité à travers la nuit des siècles d'ignorance[101]. » Et, dans le dernier volume des *Annali d'Italia*, en 1749 : «Ce n'est ni l'amour, ni la haine, mais le pur désir d'adresser le vrai à mes lecteurs qui a, autant que possible, dirigé ma plume. Si cette vérité je ne l'avais pas, moi, parfois atteinte, cela aurait été par manque de meilleures informations et non par mauvaise volonté[102]. »

À en croire Maffei, qui écrivait à Muratori peu de temps avant sa mort : «*Dobbiam consolarsi sulla speranza di capitar finalmente ove non saremo più sottoposti a gli errori*[103] ». Chacun à sa manière, les deux hommes avaient défendu à tout prix la liberté de la recherche intellectuelle : sur les traces du père Bacchini, ils s'étaient mis en quête de la vérité historique. Mais ils n'ont finalement jamais eu la prétention d'y être toujours parvenus. En tout cas, leur saine méthode consistait toujours à vérifier l'exactitude des faits et des causes, par l'étude critique des sources selon les principes appris auprès de Bacchini. De là, la volonté de Muratori de ne rien cacher, y compris les vices des clercs et des souverains pontifes. Autant que pour Bacchini, le respect de Rome n'avait rien à voir pour Muratori avec le métier d'historien. Ce dernier est, selon les occasions et le contexte,

---

Edizioni di Storia e Letteratura, 1967, p. 254. Prodi parle de Sigonio comme du «*braccio destro del Paleotti nella sua politica culturale*», *ibid.*, p. 226.

100 *Ibid.*

101 «*Non perdonai a fatica, né lasciai alcun mezzo, che potesse condurmi alla luce del vero fra il fiero buio de' secoli dell'ignoranza*», L. A. Muratori, *Opere*, G. Falco, F. Forti (éd.), *op. cit.*, t. I, p. 27. En principe destinée à la publication, la lettre ne fut pas publiée du vivant de Muratori ; il fallut attendre l'année 1872 (deuxième centenaire de la naissance de l'auteur). Voir : *ibid.*, p. 3-5 ; Andrea Battistini, «"Il gran profitto" delle "verità dissotterrate". Le ragioni di Muratori autobiografo», in : M. Capucci (dir.), *Il soggetto e la storia…*, *op. cit.*, p. 1-23. Sur la volonté de Muratori de rechercher la vérité historique, voir E. Raimondi, *I lumi dell'erudizione…*, *op. cit.* et A. Cottignoli, *Alla luce del vero…*, *op. cit.*

102 «*Non l'amore, né l'odio, ma un puro desiderio di porgere il vero a' miei lettori ha, per quanto ho potuto, regolato la mia penna. Se anche questo vero io talora non l'avessi raggiunto, ciò sarà avvenuto per mancanza di migliori notizie, e non già per mala volontà*», L. A. Muratori, *Annali d'Italia*, *op. cit.*, vol. XIV, *Prefazione*, p. 4.

103 Lettre de Maffei à Muratori, 15 janvier 1750, in : S. Maffei, *Epistolario*, *op. cit.*, t. II, p. 1265.

romain ou anti-romain. Les mêmes variations peuvent s'observer dans ses ouvrages non historiques, mais de manière bien tranchée : la défense du Saint-Siège sur le plan théologique et pastoral diffère profondément de la défense de l'État de l'Église sur un plan juridique[104].

Il faut aussi remarquer que la quête de la vérité en histoire était, comme elle l'est toujours, tributaire des intérêts de l'auteur, les plus nobles et les plus intellectuels, mais aussi les plus concrets. Être au service du duc de Modène, être attaché à son rôle dans la République des Lettres[105] ou encore avoir la volonté inébranlable de rester fidèle à l'Église de Rome : tous ces motifs imposaient leurs contraintes et expliquaient ce qui peut apparaître comme un symptôme de schizophrénie ou, du moins, une incertitude. Mais le romanisme et l'anti-romanisme de Muratori peuvent-ils s'accorder l'un avec l'autre, si l'on veut les expliquer à la lumière de l'histoire et de sa biographie ?

En 1748, dans sa lettre apostolique *Dum praeterito mense* adressée à l'Inquisiteur d'Espagne, le pape Benoît XIV mentionnait Muratori ; il le présentait comme un exemple d'auteur dont les ouvrages auraient pu être censurés, mais qui ne le furent pas. La bienveillance du pape envers Muratori, malgré les erreurs que l'on pouvait lui imputer, fut déclarée de manière explicite : « Vous pouvez être certain que si qui que ce soit d'autre avait écrit la même chose dans ses œuvres, les Congrégations n'auraient eu de cesse de les interdire[106]. » Les conséquences de la condamnation d'un auteur aussi estimé auraient été négatives pour l'Église ; le Saint-Siège devait en outre tenir compte de la fidélité foncière que Muratori avait toujours manifestée à l'égard de Rome. Les Congrégations romaines et le pape lui-même considéraient le lien avec Rome comme plus déterminant que les critiques justifiées que pouvait s'attirer telle ou telle proposition

---

104 La convergence de la théologie et du droit au service du Saint-Siège est illustrée au XVIIe siècle dans un intéressant mémorial : voir Paolo Broggio, *La teologia e la politica. Controversie dottrinali, Curia romana e Monarchia spagnola tra Cinque e Seicento*, Florence, Olschki, 2009, p. 200-201.

105 Par un certain travail, écrit Muratori en 1721, « *può un letterato procacciarsi gran credito nella repubblica sua* », lettre à Giovanni Artico, in : L. A. Muratori, *Opere*, G. Falco, F. Forti (éd.), *op. cit.*, t. I, p. 27. Sur l'image idéale de l'homme de lettres, voir *id.*, *Riflessioni sopra il buon gusto…*, *op. cit.*, *passim*, notamment part. II, chap XIII ; voir aussi *id.*, *Primi disegni della Repubblica Letteraria d'Italia*, *ibid.*, p. 1-58.

106 « *Ella resti pure sicura, che se le dette cose fossero state inserite da qualchedun altro nelle sue opere, non si sarebbe lasciato da queste Congregazioni di proibirlo* », G. F. Soli Muratori, *Vita del proposto Lodovico Antonio Muratori*, *op. cit.*, Appendice n° XIX, p. 285-286.

dans les œuvres du savant ecclésiastique. Ces critiques portaient notamment sur les questions juridictionnelles, celles qui avaient été au centre de la querelle de Comacchio, et non sur des questions dogmatiques.

Nous n'avons pas pris en considération chez Muratori les textes traitant de thèmes religieux, de théologie ou de pastorale. Ses opinions en la matière s'attirèrent parfois des soupçons[107], mais, en définitive et tout bien pesé, son attitude en ce domaine se caractérisait aussi par une visible soumission à l'autorité romaine. Muratori, selon les mots d'Eric Cochrane, fut donc « *cristiano e cattolico prima di essere storico e critico letterario*[108] ». Ce qui explique sa prudence, tout comme sa personnalité d'intellectuel, de philologue et d'historien explique sa volonté de ne jamais trahir la vérité historique.

107 P. Vismara, « Muratori "immoderato"… », *op. cit.*, p. 29-61 ; G. Orlandi, « L. A. Muratori negli Archivi del Sant'Officio Romano », *op. cit.*

108 Eric Cochrane, « L. A. Muratori e gli storici italiani del Cinquecento », in : *L. A. Muratori storiografo…*, *op. cit.*, p. 227-240, ici p. 239.

MURATORI
À L'« ÉCOLE MABILLONIENNE »

Des *Riflessioni sopra il buon gusto* aux *Annali d'Italia*

D'éminents chercheurs, tels que Bruno Neveu, Ezio Raimondi et Sergio Bertelli[1], ont déjà mis en lumière l'importance de l'historiographie gallicane et, plus particulièrement, de l'érudition mauriste dans la formation et l'œuvre du plus grand érudit et historien italien du XVIIIe siècle, Lodovico Antonio Muratori. En reprenant ce thème, j'aimerais porter davantage l'attention sur certains points de convergence et de divergence qui font de ce grand savant un élève de l'érudition mauriste, mais qui, dans le même temps, ne font pas de lui un simple imitateur ou répétiteur de ce qu'il a pu apprendre à l'« école mabillonienne[2] » : comme cela a déjà été remarqué, son profil intellectuel présente des traits originaux que l'on ne retrouve pas chez les érudits français.

Muratori a grandi à l'école de Benedetto Bacchini[3], appelé « la nourrice des esprits », autour duquel se réunissaient des personnages comme Camillo Affarosi, Fortunato Tamburini et Giuseppe Livizzani. Grâce à lui, il fut initié à l'érudition sainte et à la méthode philologico-critique des mauristes : celle de Bacchini était une tradition érudite locale, mais de niveau européen. Bacchini attire l'attention de

1 S. Bertelli, *Erudizione e storia in Ludovico Antonio Muratori*, *op. cit.* ; E. Raimondi, *I lumi dell'erudizione...*, *op. cit.* ; B. Neveu, « Muratori et l'historiographie gallicane », *op. cit.*, p. 241-304.

2 Nicola Girolamo Ceppi, agostinien qui donne ce titre à la traduction d'une partie du *Traité* de Mabillon, qu'il publie à Rome en 1701 ; *cf.* A. Vecchi, « L'itinerario spirituale del Muratori », *op. cit.*, p. 181-223 ici p. 194 *sq.* ; S. Bertelli, *Erudizione e storia in Ludovico Antonio Muratori*, *op. cit.*, p. 260.

3 Arnaldo Momigliano, « Bacchini, Benedetto », *DBI*, vol. V, 1963, p. 22-29 ; Paolo Golinelli, « Figure, motivi e momenti di storiografia monastica settecentesca », in : Giustino Farnedi, Giovanni Spinelli (dir.), *Settecento monastico italiano*, Cesena, Badia S. Maria del Monte, 1990, p. 693-727 ; P. Golinelli, « Benedetto Bacchini e il VI libro... », *op. cit.*, p. 129-151.

Bernard de Montfaucon, comme l'atteste le *Diarium italicum* ; il passe rapidement en revue le *Musaeum italicum* dans le « Journal des lettrés », non sans quelques regrets que ces trésors aient été mis au jour non par des Italiens, mais par des chercheurs étrangers[4]. Le projet global d'histoire monastique bénédictine, où s'insère l'histoire du monastère de San Benedetto Polirone, reflète les conditions dans lesquelles sont nées les *Annales benedictini* tout en retraçant l'histoire complète de la civilisation, qui a aussi des fondements baconiens et sort du cadre de l'expérience mauriste[5].

Les chercheurs ne s'accordent pas sur le lien qui unit Bacchini à l'école mauriste. En effet, Bertelli avance que sa filiation réside avant tout dans une technique[6], tandis que Raimondi et d'autres estiment son adhésion à la doctrine mauriste bien plus profonde[7] : Bacchini en retire sa rigueur, sa solide habitude de vérifier personnellement les sources, son attention à l'authenticité documentaire (ce que Muratori appelle les « savoir et exactitude » des mauristes[8]), mais aussi sa quête sincère de la vérité et sa vision exigeante et ascétique de la recherche. La revendication d'une liberté de la science historique revêt chez Bacchini, et par là même chez ses élèves, une importance cruciale.

L'influence de l'école mauriste est perceptible dans les documents de Muratori. Pour le démontrer, je m'attarderai, de façon indicative et sans chercher l'exhaustivité, non pas sur sa correspondance avec les mauristes, mais sur ses échanges épistolaires avec d'autres interlocuteurs. Muratori entretient en effet des rapports avec un grand nombre de savants eux-mêmes lettrés, qui partagent les mêmes grandes lignes critiques et érudites et se réfèrent aux mêmes auteurs, dans un cadre

4 Chez Muratori comme chez Maffei émerge la nécessité d'une émulation des étrangers, portée par le renouvellement de la conscience nationale. Ils virent de plus en plus l'action positive des érudits d'outre-alpes comme un « pillage ». *Cf.* Muratori à Montfaucon, 17 janvier 1703, in : L. A Muratori, *Opere*, G. Falco, F. Forti (éd.), *op. cit.*, t. II, p. 1806-1810.

5 E. Raimondi, *I lumi dell'erudizione…*, *op. cit.*, p. 109 *sq.*

6 S. Bertelli, *Erudizione e storia in Ludovico Antonio Muratori*, *op. cit.*, p. 72 *sq.*

7 E. Raimondi, *I lumi dell'erudizione…*, *op. cit.*, p. 9 *sq. Cf.* P. Golinelli, « Benedetto Bacchini e il VI libro… », *op. cit.* ; Aldo Andreoli, *Nel mondo di L. A. Muratori*, Bologne, il Mulino, 1972.

8 Mabillon et les autres moines de Saint-Maur sont catégorisés parmi « *que'letterati, che a'nostri tempi sono stati o sono in maggior credito di sapere e di accuratezza* ». Parmi eux figurent justement « *i celebratissimi monaci benedettini della Congregazione di S. Mauro, cioè i PP. Mabillone, Montfaucon, Ruinart, Martene, e gli altri loro colleghi* », *Della carita cristiana in quanto essa è amore del prossimo*, Venise, Gio. Battista Recurti, 1724, p. XXVII.

culturel commun. Dans cette circulation de nouvelles et d'informations, de laquelle émerge ce qu'Apostolo Zeno nomme le « commerce des nouveautés littéraires[9] », la référence au « très savant Mabillon » et à son parcours intellectuel, à ses vues critiques, à ses interprétations et à ses publications, est récurrente, voire fondamentale. Cette référence se retrouve dans nombre de correspondances destinées aux savants les plus divers, allant des modestes fournisseurs de sources inédites aux intellectuels de premier plan.

Lire et faire circuler les œuvres de Mabillon semble relever de l'intérêt commun. Beaucoup de missives de Muratori présentent le « commerce » des livres comme une donnée essentielle (un commerce qui, comme le rappelle Neveu[10], constitue la substance des échanges épistolaires entre les citoyens de cette République des lettres qui est un « empire de toute imagination, mais plus réel que bien des royaumes de la terre »).

Avant tout, observons quelques signes qui montrent la volonté du jeune Muratori, alors docteur à la Bibliothèque Ambrosienne, de consolider ses rapports avec les mauristes. Par l'entremise de Montfaucon, Muratori obtient des vers inédits de Gregorio Nazianzeno à publier dans les *Anecdota* avec d'autres vers qu'il a lui-même découverts. Effectivement, les *Anecdota* rappellent fortement l'approche mauriste, s'agissant d'un recueil de sources inédites placées dans un certain ordre, soumises à critique et explicitées. Par l'intermédiaire de l'imprimeur français Jacques Anisson, appartenant au cercle français des connaissances du bibliothécaire florentin Antonio Magliabechi, Muratori cherche à diffuser ses œuvres, dont le premier tome des *Anecdota.* Si la vente d'un « tome dépareillé » paraît ardue, nous savons néanmoins qu'en 1697 Anisson fait parvenir à Mabillon ce volume, accompagné d'une lettre[11]. Ses liens avec le cercle mauriste permettent à Muratori non seulement de mieux connaître leur méthode critique, mais aussi d'établir de plus amples relations pour faire connaître son propre ouvrage[12]. Grâce aux

9 Lettre à A. F. Marmi, 1er mars 1704, in : L. A. Muratori, *Carteggi con Mansi... Marmi*, *op. cit.*, p. 173.

10 B. Neveu, « Muratori et l'historiographie gallicane », *op. cit.*, p. 244 *sq.*

11 Anisson à Muratori, 14 octobre 1697, in : L. A. Muratori, *Carteggi con Amenta... Azzi*, Maria Grazia Di Campli, Carla Forlani (éd.), Florence, Olschki, 1995, p. 125 *sq.* Anisson avait accompagné Mabillon et Germain durant une partie de leur voyage italien. *Cf.* B. Neveu, « Culture religieuse et aspirations réformistes à la cour d'Innocent XI », *op. cit.* p. 239.

12 B. Neveu, « Muratori et l'historiographie gallicane », *op. cit.*, p. 247.

Anecdota et sa stratégie, Muratori s'inscrit d'autorité dans le milieu de l'érudition européenne[13].

D'autres intermédiaires avec le milieu et la culture mauristes sont indirects, comme par exemple Giulio Antonio Averoldi[14]. Le Florentin Anton Francesco Marmi, ami d'Antonio Magliabechi (autrement dit un personnage qui contribue grandement aux relations de la République des lettres), tisse un vaste réseau de rapports épistolaires avec d'illustres savants et érudits de son temps, dont les mauristes de Saint-Germain-des-Prés[15]. Muratori, très reconnaissant, déclare expressément que les nouvelles littéraires lui permettent de satisfaire sa curiosité et celle d'autres amis, ce qui serait autrement impossible à Modène[16].

Nombre de ces lettres annoncent en outre le thème de l'érudition sacrée. Marmi transmet des informations de première main, parfois anticipées, sur les entreprises mauristes. Il porte ainsi à la connaissance de Muratori les éditions mauristes de Jérôme et de Grégoire de Tours[17]. Il lui signale en outre que Ruinart « a publié à Paris la vie de son célèbre compagnon Mabillon » et que ses *Acta martyrum* sont à l'impression à Amsterdam ; de plus, « le cinquième tome des *Annali benedettini*, que faisait Mabillon et que fait à présent Ruinart, est sous presse ». Muratori lui répond : « Je verrais volontiers la vie du P. Mabillon, et je vous remercie de m'avoir prévenu pour que je me la procure. » Marmi l'informe également que Montfaucon fait imprimer les œuvres d'Origène et que les mauristes vont éditer Irénée[18]. La grande majorité des informations que fait circuler Marmi lui vient de sa correspondance avec Claude de Vie ; ses liens avec le milieu mauriste attestent de sa haute sensibilité culturelle et de son intérêt pour les développements de la nouvelle méthodologie critique[19].

13 Lodovico Antonio Muratori, *Intorno al metodo seguito ne'suoi studi. Lettera a Giovanni Artico conte di Porcia*, in : *id.*, *Opere*, G. Falco, F. Forti (éd.), *op. cit.*, t. I, p. 18 ; G. F. Soli Muratori, *Vita del proposto Lodovico Antonio Muratori*, *op. cit.*, p. 15. *Cf.* F. Buzzi, « Il Collegio dei Dottori e gli studi all'Ambrosiana nel Settecento », *op. cit.*, p. 55-111.

14 Antiquaire et collectionneur originaire de Brescia, il eut des rapports avec des savants célèbres de son temps, parmi lesquels Mabillon. *Cf.* Averoldi à Muratori, 4 mars1696, in L. A. Muratori, *Carteggi con Amenta... Azzi*, *op. cit.*, p 362 ; *cf.* p. 352 et *passim.*

15 Voir sa notice biographique par C. Viola in L. A. Muratori, *Carteggi con Mansi... Marmi*, *op. cit.*, p. 173 *sq.*

16 Muratori à Marmi, 20 avril 1709, *ibid.*, p. 245.

17 *Cf.* par exemple Marmi à Muratori, 15 décembre 1705, *ibid.*, p. 224.

18 Marmi à Muratori, 8 juin 1709, *ibid.*, p. 249 ; 17 août 1709, p. 257 ; 22 août 1709, p. 258 ; *cf.* aussi 23 octobre 1706, p. 231 ; 18 février 1707, p. 235.

19 *L. A. Muratori, Carteggi con Mansi... Marmi*, *op. cit.*, p. 179.

À l'occasion de la proposition de Muratori de rééditer les *Anecdota* en Hollande, la suggestion de Marmi d'une nouvelle publication des œuvres de d'Achery, Mabillon et Montfaucon est significative. Il est à noter

> la clarté avec laquelle le Florentin, en proposant à Basnage les *Anecdotes* de Muratori comme quatrième tome après D'Archery – Mabillon – Montfaucon, montre qu'il saisit, et replace correctement le nœud organique – historique et culturel – existant entre l'érudition du Modénais et la meilleure historiographie mauriste[20].

Les échanges de Marmi reflètent en outre la querelle d'érudits sur le culte de saint Cresci, dans laquelle se lèvent contre Laderchi des savants tels que Capassi, ami de Magliabechi et correspondant de Mabillon ; se développent alors des instances de réforme de l'hagiographie sur des bases historiques et critiques et l'assimilation en Italie de l'enseignement des mauristes et des bollandistes se confirme[21]. Il s'agit d'un simple épisode marginal et localisé (d'une importance néanmoins politique, puisque Côme III de Toscane intervient en faveur du culte de saint Cresci et donc de Laderchi), mais aux yeux des savants sa signification est emblématique, car on assiste à l'opposition entre les anciens modèles hagiographiques et les approches historiques, philologiques et critiques nouvellement consolidées.

Un autre intermédiaire efficace de Muratori est, plus tard, Domenico Vandelli, homme de lettres, érudit et scientifique. Devant accompagner un jeune marquis dans son Grand Tour, Muratori lui demande de mener des recherches approfondies dans les principales bibliothèques d'Europe afin de découvrir des matériaux inédits pour les *Rerum Italicarum Scriptores*. En 1725-1726, Vandelli écrit depuis Paris qu'il se trouve à la bibliothèque de Saint-Germain-des-Prés, indique comment acquérir à un prix correct les ouvrages mauristes et compare les documents avec les précédentes éditions mauristes. Il parle de son ami modénais avec Montfaucon, Martène et d'autres, qui « ont grande estime et grande

20 « *la chiarezza con cui il fiorentino, proponendo al Basnage gli Anecdota muratoriani come quarto memento dopo la terna d'Achery-Mabillon-Montfaucon, mostra di cogliere, e di porre correttamente, il nesso organico – storico e culturale – esistente tra l'erudizione del Modenese e la migliore storiografia maurina* », *ibid.*, p. 201 ; *cf.* Marmi à Muratori, 23 septembre 1721, p. 35.

21 Par exemple Marmi à Muratori, 31 août 1709, *ibid.*, p. 259 *sq.* Sur le père servite florentin Gherardo Capassi : L. A. Muratori, *Carteggi con Mansi… Marmi*, *op. cit.*, p. 191 *sq.* ; Franco A. Dal Pino, « Capassi, Gerardo », *DBI*, vol. XVIII, 1975, p. 387-391.

idée de ce monsieur Muratori[22] ». Montfaucon constitue en effet un référent important puisqu'il est responsable de la vente des *Rerum Italicarum Scriptores* en France[23]. C'est par ailleurs Montfaucon qui suggère à Muratori le nom de Jean Boivin, sous-bibliothécaire royal à Paris, comme intermédiaire entre Giovan Gioseffo Orsi et Anne Dacier, auquel le premier avait dédié ses *Considerazioni*[24].

Des questions érudites, pas aussi secondaires qu'elles ne le laissent croire, ponctuent fréquemment et de manière constante les correspondances. Les débats et les polémiques étaient des moments de clarification et de mise au point des documents et, par extension, de la méthode. J'indique quelques épisodes, à titre d'exemples. Entre les années dix et la fin des années vingt, les échanges entre Muratori et les bénédictins Gian Gaspare Beretti et Giovanni Andrea Astezati sont truffés de références à l'érudition mauriste[25]. Tous trois discutent des inscriptions, se confrontent sur des thèmes érudits ; mais surtout, ils débattent de l'authenticité des documents bresciens du monastère de Santa Giulia, à propos desquels Beretti et Astezati expriment des opinions divergentes.

22 16 mars 1726, in : L. A. Muratori, *Carteggi con Ubaldini... Vannoni*, Michela L. Nichetti Spanio (éd.), Florence, Olschki, 1978, p. 369 *sq.* ; *cf.* p. 346 *sq.*, p. 354 *sq.*, p. 358.

23 *Carteggio con Filippo Argelati*, *op. cit.*, p. 9. Dans la *Vita del proposto Ludovico Antonio Muratori*, son neveu Giovanni Francesco Soli accorde beaucoup d'importance au rapport Muratori-Montfaucon et mentionne quelques passages concernant des éloges à l'égard des *Rerum Italicarum Scriptores*, *cf.* G. F. Soli, *Vita del proposto Lodovico Antonio Muratori*, *op. cit.*, p. 93.

24 Corrado Viola, *Tradizioni letterarie a confronto. Italia e Francia nella polemica Orsi-Bouhours*, Vérone, Fiorini, 2001, p. 205.

25 Sur Beretti, on trouve des informations et une bibliographie in Paolo Tornea, *Tradizione apostolica e coscienza cittadina a Milano nel medioevo. La leggenda di san Barnaba*, Milan, Vita e Pensiero, 1993, p. 222 *sq.* ; L. A. Muratori, *Carteggi con Bentivoglio... Bertacchini*, *op. cit.*, p. 262-268. Dans le sillage de Mabillon, qui avait émis avec beaucoup de précautions des doutes sur des documents concernant Barnaba, Beretti critique l'ancienneté et la valeur des sources sur lesquelles il s'appuyait pour indiquer la venue de Barnaba à Milan, niant ainsi les prétentions apostoliques de l'église métropolitaine ambrosienne. Muratori développe quelques observations critiques sur l'édition par Mabillon d'une partie des sources ambrosiennes, sans aborder directement le problème de l'historicité ou de la venue de Barnaba à Milan. (P. Tornea, *Tradizione apostolica...*, *op. cit.*, p. 209 *sq.).* Durant la période milanaise, Muratori entretient ses intérêts liturgique et culturel, et s'oppose à la thèse de Mabillon qui voyait dans les débuts de l'époque carolingienne la cristallisation de la liturgie ambrosienne (Franco Brovelli, « Per la storia della liturgia ambrosiana nel Settecento », in : Antonio Acerbi, Massimo Marcocchi (dir.), *Ricerche sulla Chiesa di Milano nel Settecento*, Milan, Vita e Pensiero, 1988, p. 68-87). Sur Astezati, en plus de la notice d'Elvira Gencarelli in *DBI*, vol. IV, 1962, p. 466 *sq.*, voir L. A. Muratori, *Carteggi con Amenta... Azzi*, *op. cit.*, p. 264-267.

Le nom de Mabillon revient fréquemment dans la correspondance de ces savants qui se vouent avec enthousiasme et conviction aux études historico-critiques. Le *De re diplomatica* est mentionné par Beretti comme une clé permettant d'interpréter une inscription[26]. On se tourne vers les ouvrages de Mabillon, que l'on reconnaît comme une indubitable figure d'*auctoritas*[27], pour trouver des informations utiles à ses propres investigations[28]. Entre 1725 et 1727, le nom de Mabillon est avancé dans les lettres de Niccolò Aloisia[29] à propos de l'office des notaires romains ; celui-ci disserte sur des manuscrits napolitains déjà vus par le mauriste, observant que Mabillon, « maître dans la distinction des antiquités, a transféré tous les manuscrits de Baronio dans ce codex » afin de clarifier une question particulière ; plus généralement, l'érudit français se voit proposé comme auteur de référence à ceux qui souhaitent effectuer un travail critique érudit[30]. Ainsi, l'identification de nouvelles sources concernant un monastère bénédictin d'Allemagne est d'autant plus valorisée qu'elles comportent une information « inconnue du savant Mabillon » : c'est une grande fierté que de dégager des sources qui n'aient pas encore été compulsées par un homme si cultivé[31].

En 1698, Giulio Antonio Averoldi se fait l'intermédiaire dans l'acquisition de la part de son ami Fortunato Vinaccesi des dialogues galiléens et d'un exemplaire, neuf ou d'occasion, du *De re diplomatica*, pour un prix établi[32]. En 1724, à la demande de Muratori, Filippo Argelati procure un exemplaire de l'*Iter germanicum* à Giuseppe Antonio Sassi pour une somme qu'il considère correcte[33]. Dans sa correspondance

26 Beretti à Muratori, 15 août 1716, L. A. Muratori, *Carteggi con Bentivoglio... Bertacchini*, *op. cit.*, p. 273.

27 Beretti à Muratori, 24 mai 1729, *ibid.*, p. 317 ; Muratori parle de « gran Mabillone », 8 juin 1730, *ibid.*, p. 323.

28 Muratori à Beretti, 8 juin 1730, *ibid.*, p. 323 ; Beretti à Muratori, 13 juin et 4 décembre 1730, *ibid.*, p. 324 et 333 ; Astezati à Muratori, 22 octobre 1728, L. A. Muratori, *Carteggi con Amenta... Azzi*, *op. cit.*, p. 268 *sq.*

29 Des notices biographiques se trouvent dans L. A. Muratori, *Carteggi con AA... Amadio Maria di Venezia*, *op. cit.*, p. 356-359.

30 Aloisia à Muratori, 15 mai 1725, p. 369 ; 6 juin 1725, p. 371 ; novembre 1725, p. 388 ; 26 octobre 1726, p. 399 ; 29 octobre 1729, p. 415 in : L. A. Muratori, *Carteggi con AA... Amadio Maria di Venezia*, *op. cit.*

31 Aloisia à Muratori, 22 juin 1726, ici p. 391.

32 Averoldi à Muratori, 29 juin 1698, L. A. Muratori, *Carteggi con Amenta... Azzi*, *op. cit.*, p. 381.

33 Argelati à Muratori, 14 septembre 1724, *Carteggio con Filippo Argelati*, *op. cit.*, p. 159.

sont régulièrement indiquées des œuvres du grand mauriste, qu'il se propose de procurer à Muratori et dont il tire des informations : en particulier, il mentionne en 1743 la *Liturgia Galliae*[34]. Aussi, en 1747, Pietro Ercole Gherardi[35] sollicite l'envoi de volumes de Mabillon au moment de l'impression de la *Liturgia romana vetus*, l'édition des anciens sacramentaires romains, dans laquelle figurent, sur l'idée de Fortunato Tamburini, des textes de Mabillon déjà publiés[36]. Il ne s'agit ici que de quelques exemples d'une très longue liste.

Toutefois, la reconnaissance de l'incontestable prestige de Mabillon ne donne pas lieu à une acceptation servile dénuée de tout sens critique. Ainsi, plusieurs de ses prises de position sont discutées et remises en question, comme le débat déjà cité sur l'authenticité des diplômes de Brescia ; à plus d'une occasion, des dissensions ponctuelles se font sentir[37].

Marmi annonce la sortie d'« un autre tome qui n'est pas moins bon que le premier » du *De re diplomatica* de Mabillon ; il se montre néanmoins critique envers l'appendice puisque selon lui, dans le contexte de la polémique visant le jésuite Germon, Mabillon « s'est départi de sa modestie naturelle en l'injuriant à plusieurs reprises[38] ».

Uberto Benvoglienti, avec lequel Muratori entretient un rapport épistolaire permanent et scientifiquement fécond, est un homme d'une riche érudition et d'une ample variété de lectures (avec un intérêt particulièrement marqué pour la linguistique et l'érudition historique)[39].

34 *Cf.* par exemple *ibid.*, 7 avril 1723, p. 93 ; 15 mai 1726, p. 237 ; 1er novembre 1730, p 395 ; 24 novembre 1740, p. 580.

35 Outre l'entrée de Laura Riccioni in : *DBI*, vol. LIII, 1999, p. 580-582, voir L. A. Muratori, *Carteggio con Pietro E. Gherardi*, éd. par Guido Pugliese, Florence, Olschki, 1982, *passim.*

36 Muratori à Tamburini, 9 juin 1747, L. A. Muratori, *Carteggio con Fortunato Tamburini*, *op. cit.*, p. 319 ; Gherardi à Muratori, 7 juillet 1747, p. 382 ; 12 août 1747, p. 389 ; 22 juin 1748, p. 436 (L. A. Muratori, *Carteggio con Pietro E. Gherardi*, *op. cit.).* Par ailleurs, Muratori ne veut pas simplement répéter ce qui a déjà été fait par d'autres avant lui : « *Per rifrigger quello che han detto Mabillon, Bona, Tommasi, Martène, non meriterebbe la spesa* » (à Bianchini, 29 mai 1744, in : *Epistolario*, éd. par Matteo Campori, Modène, Soc. tip. modenese, 1907, vol. XI, n° 5063). Sur l'influence des pères de Saint-Maur sur Muratori dans les questions liturgiques, voir A. Vecchi, « L'itinerario spirituale del Muratori », *op. cit.*, p. 218 *sq.*

37 Par exemple Astezati à Muratori, 3 février 1729, in : L. A. Muratori, *Carteggi con Amenta… Azzi*, *op. cit.*, p. 276.

38 Marmi à Muratori, 20 février et 23 octobre 1706, in : L. A. Muratori, *Carteggi con Mansi… Marmi*, *op. cit.*, p. 226 et 231.

39 En plus de la notice d'Armando Petrucci dans le *DBI*, vol. VIII, 1966, p. 705-709, voir L. A. Muratori, *Carteggi con Bertagni… Bianchini*, Ennio Ferraglio, Fabio Marri (éd.), Florence, Olschki, 2014, p. 37-44.

Citant régulièrement Mabillon pour qui il a recueilli quelques documents[40], Benvoglienti réfute l'idée que les chiffres arabes se trouvent à partir du XIVe siècle, arguant qu'ils sont déjà attestés précédemment. « Ces chiffres s'utilisaient uniquement dans les contes et pas encore à d'autres occasions, c'est la raison qui a fait se tromper le P. Mabillon[41]. »

Un exemple concerne personnellement Muratori. Sa correspondance relate une discussion intense sur la signification du symbole sépulcral de la hache et de la formule qui l'accompagnait le plus souvent. Dans une longue lettre à Ridolfino Venuti[42], Muratori expose ses opinions, avec un examen attentif de ce que d'autres savants avaient affirmé. L'hypothèse de Fabretti est, d'après lui, très fragile car elle se voit démentie par ce que dit Mabillon à propos d'une certaine sépulture. Néanmoins, il affirme ne plus partager – comme il l'avait fait au départ – l'idée de Mabillon selon laquelle la hache indique la pitié « *asciae seu capitis* » aux profanateurs de tombes, si nombreux en ces temps anciens.

« Réfléchissant à mon aise à cette opinion, j'en suis venu à l'abandonner » ; après un examen attentif des thèses de Montfaucon, il arrive à la conclusion, qu'il étaye minutieusement, selon laquelle les tombes se plaçaient sous la hache « pour prier les héritiers ou les propriétaires de l'endroit où se trouvaient les sépultures de ne pas les laisser être recouvertes de branches, d'épines et de plantes, et d'herbes folles qui pouvaient naître autour des monuments ou sur la terre, où les os ou les cendres des défunts reposaient[43] ».

Dans l'ensemble, cependant, Muratori et quelques-uns de ses correspondants s'imprègnent de l'approche historique et critique des mauristes. Astezati n'a quant à lui pas encore été mentionné. La précision et la rigueur méthodologique de ce dernier sont attestées aussi par le fait que, avançant une supposition basée sur la signature du notaire, il signale

40 Benvoglienti à Muratori, 4 décembre 1714, *ibid.*, p. 59.

41 Benvoglienti à Muratori, 29 mars 1716, *ibid.*, p. 114 ; *cf.* 27 juillet 1726, p. 160. Il partage au contraire ses opinions sur différentes questions graphiques (*cf.* par exemple 16 mars 1715, p. 68 *sq.*). Sur le problème de la genèse des écritures médiévales et notamment sur les idées de Maffei qui rejetait l'interprétation de Mabillon, voir Gian Paolo Marchi, *Un italiano in Europa. Scipione Maffei tra passione antiquaria e impegno civile*, Vérone, Libreria Universitaria, 1992, *ibid.*, p. 22 *sq.*

42 4 avril 1736, in : L. A. Muratori, *Carteggi con Vannucchi... Wurmbrandt*, Michela L. Nichetti Spanio (éd.), Florence, Olschki, 1982, p. 141 *sq.* Pour des informations biographiques sur Venuti, *ibid.*, p. 124-128.

43 *Ibid.*, p. 147 *sq.*

néanmoins qu'il n'a pu comparer deux documents simultanément, ce qui l'a empêché d'aboutir à des conclusions certaines puisque « ce dont je ne suis pas sûr, je ne veux l'affirmer[44] ». Quelque temps plus tard, il réaffirme sa conviction, mais regrette de ne pouvoir comparer les deux papiers ; seule la comparaison directe, « indispensable pour clarifier avec assurance un tel fait », lui permettrait de faire de son hypothèse une une certitude[45]. Allant à l'encontre des conclusions de Mabillon, il appuie sa propre thèse en évoquant des documents de manière bien précise dans une perspective philologique.

Toutefois, des éléments qui vont au-delà des appréciations de caractère savant et érudit se font jour. Un exemple parlant est ce qu'écrit à Muratori son correspondant Niccolò Aloisia, dont l'agacement envers les milieux romains atteint son apogée lorsque les œuvres de Mabillon se voient être l'objet d'une enquête de censure :

> Par cette dernière missive V.S. entendra ma récente résolution de changer d'air, car ici on ne se sent plus bien, *quoniam vidi iniquitatem et contradictionem in civitate, iniquitatem, perfidiam intellige.* Toutes les œuvres de l'incomparable Mabillon sont censurées, suite aux accusations de Laderchi. *O superi mites animos* ! Et vous voulez que j'attende *meliora tempora*[46] !

Il ne s'agit pas que d'une querelle d'érudits, comme le montrent les discussions entre l'évêque de Soissons, le célèbre antijanséniste Languet de Gergy et les moniales du Val de Grâce. Les différends portant sur la juridiction d'un monastère habité par les mauristes s'étendent pour

44 Astezati à Muratori, 3 février 1729, in : L. A. Muratori, *Carteggi con Amenta... Azzi*, *op. cit.*, p. 276.

45 28 avril 1729, *ibid.*, p. 277 *sq.*

46 « *Dall'ultima mia scrittavi intenderà V.S. l'ultima mia risolutione di mutar aria, perché qui non si sta più bene, quoniam vidi iniquitatem et contradictionem in civitate, iniquitatem, perfidiam intellige. Le opere tutte dell'incomparabile Mabbillon son sotto alla censura, accusante Laderchio. O superi mites animos ! E volete che aspetti meliora tempora* », Aloisia à Muratori, 14 avril 1726, in : L. A. Muratori, *Carteggi con AA... Amadio Maria di Venezia*, *op. cit.*, p. 394 ; *cf.* novembre 1725, p. 388. Le 28 août 1726, il écrivait : « *Non ho che dirli sulla nota censura, perché fin ora non traspirasi cosa alcuna : dico bene però che siamo in certi tempi che le cose sono in dissordine, perché se il papa, che ha della attenzione per li maurini, e specialmente alla memoria del p. Mabillon, opererà secondo il suo solito costume, il negozio va bene, ma se i giesuiti han anco loro le mani in pasta, non so quanto si farà di buono. Staremo a vedere* », *ibid.*, p. 395. Au sujet des ouvrages de Mabillon, Grimaldi déclarait ne pas s'étonner des difficultés en cours puisque « *dove son opere che rivolgono un poco le antichità, sempre saranno invise ed odiose alla Corte di Roma, le cui massime non si accordano colla antichità, e quello che sa di antico l'hanno per novità perniciosa* », S. Bertelli, *Erudizione e storia in Ludovico Antonio Muratori*, *op. cit.*, p. 415.

devenir un débat autour de la valeur des ouvrages que ces derniers ont édités. Aloisia est profondément scandalisé car l'évêque « commence à attaquer les éditions des Pères et avance un curieux argument, selon lequel les livres de ceux qui remplissent les magasins n'arrivent pas à se vendre ; oh, quelle calomnie solennelle et quel merveilleux mensonge[47] ! »

Quoi qu'il en soit, il est compliqué d'établir si une influence directe de l'érudition mauriste touche Muratori, car les différents milieux savants présentent tous des traits communs. Un exemple caractéristique est la lettre *De cultu sanctorum ignotorum*, rééditée en 1705 et dont une copie parvient à Muratori au printemps 1706, comme il ressort de ses papiers. En effet, cette année-là, Marmi la fait transcrire pour Muratori après lui en avoir lui-même signalé la réédition en 1705[48]. De là vient la concordance entre ce texte et certains écrits de Muratori dans les *Anecdota*, dont Bertelli pense à tort que Muratori en a connaissance dès 1698 ; mais il ajoute cependant que dans tous les cas se ressent un caractère commun, qui peut lui avoir inspiré des considérations analogues[49].

Certes, les mauristes ne sont pas les seuls à faire école : ils se partagent en effet le domaine de l'hagiographie avec les bollandistes. Dans sa lettre à Konrad Janninck écrite depuis Milan en janvier 1698, Muratori prône la *lux ac felicitas* (des termes qui resteront dans la langue et la mentalité de Muratori) de son temps et fait l'éloge des bollandistes pour leur défense de la vérité historique, qui ne doit jamais être enchaînée ni enracinée.

Dans ses *Dissertazioni sopra le antichità italiane*, Muratori use de termes forts pour traiter de l'avidité à posséder des reliques et des corps saints qui s'était diffusée au Moyen-âge sans aucun soin ni modération, à l'origine d'abus que l'on doit plus à l'ignorance et à la facilité qu'à la malveillance. Muratori, l'appelant « l'ornement de notre époque », se réfère explicitement à Mabillon comme à un illustre exemple de prudence

47 Aloisia à Muratori, 26 octobre 1726, in : L. A. Muratori, *Carteggi con AA... Amadio Maria di Venezia*, *op. cit.*, p. 398.

48 Orsi à Muratori, 3 juin 1706, in : L. A. Muratori, *Carteggio con Giovan Gioseffo Orsi*, éd. par Alfredo Cottignoli, Florence, Olschki, 1984, p. 319. Marmi à Muratori, 15 décembre 1705, p. 224 ; 27 mars et 22 mai 1706, p. 228 *sq.*, in : L. A. Muratori, *Carteggi con Mansi... Marmi*, *op. cit.*

49 S. Bertelli, *Erudizione e storia in Ludovico Antonio Muratori*, *op. cit.*, p. 38-44 ; *cf.* *L. A. Muratori, Carteggi con Mansi... Marmi*, *op. cit.*, p. 179 ; *Anna Burini Calapaj*, « Le *Antiquitates italicae medii aevi.* Storia della formazione e della redazione del testo », in : *Per formare un'istoria intiera. Testimoni oculari, cronisti locali, custodi di memorie private nel progetto muratoriano*, Florence, Olschki, 1992, p. 1-62, ici p. 8.

critique dans l'acceptation des cultes pas toujours fondés (comme dans le cas de Catervo à Tolentino)[50]. Le fond du propos est fort et clair. Sévérité et détachement sont de mise, car l'absence de rigueur dans l'acceptation des cultes des saints a produit une multiplicité de reliques et de dérives pieuses. Malgré cela, « des personnes souffrent de l'usage de la faucille critique sur ces monuments de piété ». Dans ses *Forze dell'intendimento umano* (1745), il confirme ses préoccupations envers certaines attitudes dogmatiques dans le milieu ecclésiastique :

> Si d'aucun s'essaye de nos à jours à expurger l'histoire ecclésiastique, les vies des Saints, les bréviaires, et certains usages, phrases et opinions, qui ne sont pas fondées sur les divines écritures, ni sur l'ancienne Tradition légitime, mais sur ce qui est issu de la seule barbarie : il faut se préparer à entendre plaintes, lamentations et accusations de la part de celui qui, par trop de bonté, ne sait se représenter combien de malice et de simplicité résident depuis des siècles dans les mortels, qui surent inventer des fables, ou les croire, et introduire des coutumes qui ne conviennent pas à la sainteté de la discipline catholique[51].

Muratori refuse pourtant l'idée que la religion est à incriminer pour d'éventuels dévoiements, puisqu'elle ne se fonde pas sur ces aspects particuliers, mais sur les Écritures[52].

---

50 Dissertazione LVIII « Della venerazione dei cristiani verso i santi dopo la declinazione del romano imperio ». Le deuxième tome des *Anecdota* contenait déjà d'importantes réflexions sur les reliques et les cultes. Voir à titre d'exemple les dissertations *De reliquiis* et *De corona ferrea*, qui abordaient des arguments complexes et débattus.

51 *« Se taluno oggidì si accinge ad espurgar la storia ecclesiastica, le vite dei Santi, i breviari, e certi usi, sentenze ed opinioni, non appoggiate alle divine scritture, né all'antica legittima Tradizione, ma procedenti dalla sola barbarie : bisogna prepararsi ad udire schiamazzi, doglianze ed accuse da chi per troppa sua bontà non sa figurarsi tanta malizia o semplicità ne' mortali de' secoli addietro, che sapessero inventar favole, o crederle, e giugnessero ad introdurre usanze non convenevoli alla santità della disciplina cattolica »*, L. A. Muratori, *Delle forze dell'intendimento umano…*, *op. cit.*, p. 180 *sq.* : *« Né si accorge questa buona gente, che mirabilmente serve il loro indiscreto, o per dir meglio ignorante zelo, ad accrescere voglia ai protestanti e molto più ai miscredenti di deridere la santa nostra religione e chiesa, che fondata sulla verità, si mantiene e si manterrà sempre colla professione di questa, né bisogno alcuno ha di racconti dubbiosi, o di finzione veruna per amar Dio e muovere noi a tutte l'opere di pietà, e d'ogni altra virtù ? Ciò che non è vero, può a lei solamente nuocere, e molto più quel che sa di superstizione. Però sono istituiti tribunali sagri, acciocché niuno spacci miracoli falsi, visioni vanamente credute soprannaturali, ed altre o imposture o insussistenti credulità. Fa il saggio critico, purché non gli manchi la discrezione, anch'egli lo stesso salutevol mestiere contro di simili false merci, le quali per essere già introdotte in mercato, chi oserà dire che abbiano il privilegio di non essere più esaminate e riprovate, quando compariscano tali ? »*

52 *Cf.* Lettre à G. Vincioli, 9 août 1736, in : L. A. Muratori, *Opere*, G. Falco, F. Forti (éd.), *op. cit.*, t. II, p. 1923-1925.

Son contact avec les grands recueils mauristes et sa pratique croissante des archives le persuadent d'abandonner l'étude du préjudice en faveur de l'antiquité classique, l'amenant à considérer avec toujours plus d'attention la naissance de l'Europe médiévale issue de la rencontre des Romains et des barbares. Il se focalise alors sur les nombreux aspects de l'histoire et de la culture médiévales, pour leur importance cruciale dans la compréhension de l'histoire d'Italie, et plus largement comme « les incunables de la civilisation moderne », au-delà des frontières nationales, à la recherche d'une identité européenne[53].

L'élan mauriste est évident depuis la *Lettera esortatoria ai capi [...] degli ordini religiosi d'Italia*, publiée à titre posthume en 1756, mais se constitue dans les toutes premières années du siècle ; les considérations de Muratori y sont largement inspirées du début du *Traité des études monastiques* et en reflètent profondément les thèmes ; le *Traité* était un ouvrage de référence de l'enseignement de Bacchini qui le juge très favorablement en 1692 dans le « Journal des Lettrés[54] ». D'autre part, Muratori semble déjà dans cette lettre, rédigée pourtant très tôt, aspirer à quelque chose de plus vaste, avec une ouverture sur la société, sur l'Italie, dans le rappel des finalités de son étude qui, même pour les réguliers, ne peut se limiter à l'acquisition érudite, mais « est utile à vous-mêmes, à l'église de Dieu et à votre prochain[55] ».

En Muratori réside le désir d'une déprovincialisation de la culture italienne. On note par ailleurs qu'au fil du temps il trouve de moins en moins justifié un certain « gallocentrisme » érudit. Muratori écrit à Giovan Domenico Mansi, célèbre auteur de l'édition des Conciles, œuvre de grande importance malgré quelques lacunes critiques, qu'il existe des nations qui « seules croient posséder tout le savoir de ces études ». En cela se lit la conscience d'un niveau élevé des recherches en Italie[56],

53 E. Raimondi, *I lumi dell'erudizione...*, *op. cit.*, p. 29 *sq.* et *passim.*

54 S. Bertelli, *Erudizione e storia in Ludovico Antonio Muratori*, *op. cit.*, p. 20 *sq.*

55 *Cf.* L. A Muratori, *Opere*, G. Falco, F. Forti (éd.), *op. cit.*, t. I, p. 203.

56 Muratori à Mansi, 28 janvier 1747, in : L. A. Muratori, *Carteggi con Mansi... Marmi*, *op. cit.*, p. 24. Scipione Maffei nourrissait aussi un projet d'affirmation personnelle et nationale et s'affairait à retrouver et collecter des codes pour surpasser les éditions des moines de Saint-Maur ; il avait également des préoccupations d'ordre doctrinal, contre le rigorisme et contre l'identification entre augustinisme et jansénisme-quenelisme. Il se heurtait à des obstacles dans les milieux proches du jansénisme, notamment chez les mauristes avec lesquels Maffei entra justement en conflit à l'occasion de l'édition de saint Jérôme, obligeant ses adversaires à reprendre leur initiative en faveur de celle de Vérone.

où l'érudition a engendré de bons résultats et peut s'accompagner de réflexions plus articulées.

Dans l'approche mauriste se solidifie le lien entre érudition et culture, avec un fort accent mis sur le thème du bon goût, de la nécessité de l'élaboration « philosophique » de l'histoire, des répercussions civiles et politiques de l'érudition. Malgré le morcellement politique, on reconnaît à l'Italie une conscience culturelle qui subsiste et qui requiert de nouveaux outils[57]. Il y a, « dans la maturation de l'homme, un dépassement de l'érudition et de la littérature, pour une œuvre temporellement engagée : au premier plan de celle-ci, massivement et comme une consécration de vie, la *storia civile d'Italia*[58] ». Recueillir signifie accomplir une œuvre de création ayant des finalités également civiles (presque municipales : c'est encore l'Italie des petites villes et, sans contradiction aucune, cela permet une ouverture inattendue vers la République des lettres). C'est une érudition qui s'appuie sur des réflexions éthico-religieuses et « politiques », un programme de renouveau culturel au sens le plus large du terme, avec un fondement moral et religieux[59].

Les *Riflessioni sopra il buon gusto* (le premier volume sort en 1708, à l'époque des débats sur Comacchio) présentent une conception toute personnelle de la recherche historique sur la base des expériences jusqu'alors menées dans le domaine historique, érudit et littéraire, avec une forte influence de la culture française, et une observation élargie et minutieuse de réalités plus complexes.

Des tensions et des jalousies ressortent aussi ouvertement dans une lettre à Muratori, dans laquelle Maffei se plaignait du crédit excessif attribué à Mabillon : « *Son certo per altro che (nel mio libro) di buono non ci sarà nulla, e che varrà mille volte più un error manifesto del Mabillon o altri tali, che la correzione benché chiara appresa da me* », S. Bertelli, *Erudizione e storia in Ludovico Antonio Muratori*, *op. cit.*, p. 268 *sq.*

57 Muratori à Arisi, 8 janvier 1710, in : L. A. Muratori, *Carteggio con Francesco Arisi*, éd. Massimo Marcocchi, Florence, Olschki, 1975, p. 172. « *Voi avrete osservato in che grande oscurità si truovi la storia d'Italia dall'800 sino al 1200, e non solamente la storia generale, ma la particolare d'ogni città. Uno de' gran benefizi che si possa prestare al comune degli eruditi e alla sua patria si è quello di raccogliere e pubblicare tutti quei diplomi e strumenti antichi, i quali per buona ventura si sieno conservati di que'tempi* [...]. *Questo è un produrre cose nuove* [...]. *Il solo dar fuori una collezione nuda di tali strumenti sarà un bel regalo. Così facessero tutte le città* ».

58 A. Dupront, *L. A. Muratori et la société européenne...*, *op. cit.*, 1976, p. 136.

59 Sur les idées d'Orsi voir C. Viola, *Tradizioni letterarie a confronto...*, *op. cit.*, p. 176 *sq.* Selon Muratori, l'œuvre du poète Carlo Maria Maggi, dont il écrit la biographie, est surtout un exemple de bon goût, d'une « *moralissima disponibilità al vero* », d'engagement moral et civil (Alberto Vecchi, « La nuova accademia letteraria d'Italia », in : *Accademie e cultura...*, *op. cit.*, p. 39-72, ici p. 47).

Avant toute chose, Muratori exhorte à ne pas confondre la finalité de l'étude et de la recherche avec la gloire personnelle, le succès et l'amélioration de sa situation économique. « Aucun de ces buts ne se conforme aux lois du bon goût et, singulièrement, tout un chacun risque de s'opposer au véritable profit des âmes ». L'authentique but de la recherche est d'apprendre, non pas quelques notions, mais le Vrai et le Bon, qui éclairent l'intellect et, par conséquent, peuvent guider la volonté. « La véritable et essentielle finalité des études est donc celle d'apprendre le Vrai et le Bon[60] ». Muratori n'écarte certes pas le débat, même âpre, avec ses adversaires si celui-ci ne naît pas de l'intérêt, mais de l'« évidence de la raison[61] ».

Une position autocritique est donc requise, qui n'exclut toutefois pas à priori la recherche humaine de la gloire et de la dignité même si, tout en encourageant le chercheur dans son œuvre, elle en réduit le rôle. Il en résulte une sorte d'ascèse caractéristique de celui qui se dédie à l'étude et à la recherche[62] : en cela se révèle l'influence française en général, et mauriste en particulier, dans la conception d'une étude qui se fonde sur une spiritualité et devient elle-même spiritualité[63].

Un choix juste et fortement critique des sources et des données, à la recherche du vrai historique, s'avère ainsi bénéfique à la cause de la vérité et de l'Église. Muratori estime infondée l'attitude de ceux qui

60 *Riflessioni sopra il buon gusto…*, *op. cit.*, p. 70 *sq.* La première partie de cet ouvrage, rédigé d'emblée en 1706-1707, sortit à Venise chez Pavino en 1708, tandis que la seconde moitié fut imprimée à Naples en 1715 avec l'indication de Cologne. Muratori observa, non sans finesse psychologique, que les véritables et nobles fins des études ne sont pas même niées par ceux qui recherchent d'abord la célébrité ou la richesse ; cependant, dans les faits, agir en fonction de son propre intérêt éloigne du Vrai et du Bien. Celui qui serait capable d'exercer un fort sentiment d'autocritique ne pourra que parvenir à cette conclusion : « *Ci sembrava di servire alla Verità e alla Giustizia, e apparirà forse che unicamente servivamo a noi stessi* » (p. 71-73). L'analyse des mécanismes qui poussent les ambitieux – désireux d'être riches, objets de gloire et d'honneur – à négliger la vérité, est également suggestive.

61 *Ibid.*, p. 77.

62 « *Il punto sta, che signoreggi nella volontà il desiderio del vero, e che stieno ben vigilanti gli studiosi e scrittori, acciocché l'altre passioni non prendano questa maschera d'amore del vero, e poi ci tradiscano* », *ibid.*, p. 76. Quelques pages plus loin, il ajoute avec une insistance voulue et répétitive : « *Il punto sta, che signoreggi nella volontà il desiderio del Vero, acciocché altre passioni non prendano questa maschera d'amor del Vero, e ci tradiscano, siccome tuttodì avviene nei costumi e nelle operazioni morali, nelle quali ci par di volére e di cercare il solo bene onesto, mentre unicamente cerchiamo di appagar la nostra ambizione, e ogni altro più basso affetto* », *ibid.*, p. 78.

63 B. Neveu, « Muratori et l'historiographie gallicane », *op. cit.*, p. 294 *sq.*

rechignent à corriger les erreurs concernant les saints, les Églises particulières, les ordres religieux et les autres éléments de l'histoire et de la chronologie ecclésiastiques. Selon lui, cela est dû à une confusion des plans, qui engendre une crainte que l'Église elle-même puisse se voir fragilisée par ce « réexamen » historique. Une réflexion approfondie amène à ne pas jeter la pierre

> parce qu'un érudit démontre l'inexistence de certains pieux mensonges, ou des impostures, et de certaines opinions qui s'appuient peut-être sur l'ancienneté, mais pas beaucoup sur la raison, la destruction desquels, si vous pesez bien les choses, ne nuit nullement à l'Église, et fait au contraire ressortir la sincérité, l'érudition et l'amour du vrai[64].

Muratori fait entendre sa voix contre les « artisans dévots du mensonge », ceux qui trafiquent les sources et l'histoire, partant de la bonne intention de défendre la foi véritable. La fraude, même motivée par un dessein louable, n'atteint nullement l'objectif, voire risque de provoquer des effets opposés désastreux. Au-delà des résultats, le lettré de bon goût, le chercheur sérieux et critique à bon escient, ne peut en aucune façon accepter une telle manière de procéder[65].

Le but de l'érudition est de mettre en lumière la vérité et des preuves inédites, qui intéressent le bien public et privé ou répondent simplement à une « sage curiosité[66] ». Il convient de reconstituer philologiquement le fait, de collecter et de publier. Il s'avère indispensable de sélectionner les documents pour éviter de « tout mettre dans le même sac », en particulier en ce qui concerne les sources narratives. Parmi ceux qui se sont distingués par leur travail assidu – Muratori en rappelle plusieurs – figurent Mabillon et Montfaucon, Luc d'Achery et Thierry Ruinart[67]. L'érudit doit veiller à saisir les éventuelles affirmations contradictoires, à déterminer quels auteurs sont les plus crédibles ; il ne place pas sa confiance dénuée de toute critique dans les sources imprimées, mais

64 « *perché qualche erudito entri a mostrare l'insussistenza di certe pie menzogne, o imposture, e di certe opinioni forse appoggiate a un poco d'antichità, ma non a molta ragione ; la destruzion delle quali, se ben si pesano le cose, nulla nuoce alla Chiesa, anzi ne fa più risaltare la sincerità, l'erudizione e l'amor del vero* », L. A. Muratori, *Riflessioni sopra il buon gusto*, *op. cit.*, p. 102-105.

65 Contre les « letterati impostori e cerretani » *cf. ibid.*, p. 153 *sq.*

66 Il convient d'observer que l'expression « onesta curiosità » se trouve également dans le chap. XIV du traité *Della pubblica felicità oggetto de' buoni prìncipi* (éd. par Cesare Mozzarelli Rome, Donzelli, 1996, p. 111).

67 *L. A. Muratori*, *Riflessioni sopra il buon gusto*, *op. cit.*, p. 323 *sq.*

recourt aux manuscrits les plus anciens et les plus authentiques, il recherche les sources nouvelles et inédites.

> On ne place pas sa confiance dans les textes et documents imprimés, on a recours aux manuscrits plus anciens, plus authentiques, et parfois un seul mot différent sera d'une grande aide. Au contraire, la grande anxiété de trouver le Vrai ne s'arrête pas ici. On pêche aussi dans les librairies les plus poussiéreuses et dans les archives les plus reculées d'œuvres jamais publiées, d'anciens diplômes, d'épîtres et d'autres mémoires enfouis. Un grand bénéfice va en effet à ceux qui, non contents de purger autant que possible et comparer avec les originaux et avec les meilleurs manuscrits les livres déjà publiés, tirent aussi des ténèbres des fragments, des traités et des livres que nous n'avons jamais vus, dont la conservation dépend d'un unique code, qui s'estompe bien facilement avec le temps. Si ce ne sont les premiers, les seconds pères de ces œuvres doivent se dire tels ; et de nos jours l'histoire sainte et profane en a beaucoup profité, grâce à la diligence dont ont fait preuve en cela divers érudits, parmi lesquels se sont illustrés ou continuent à se distinguer les pères d'Achery, Mabillon, Martene, Ruinart, Martianay, Montfaucon et d'autres bénédictins de la Congrégation de S. Maur en France, ainsi que les Pères jésuites d'Anvers[68].

Quant aux études médiévistes, Muratori rappelle quelques-uns des savants les plus remarquables avant de conclure que les sources douteuses sont trop nombreuses, en particulier les diplômes, pour pouvoir se passer d'une vérification préalable de leur authenticité. « Mais reconnaître les vrais des faux est tout un art, pour lequel nous sommes les obligés de Leone Allazio, et de l'incomparable érudition et zèle du P. Mabillon ». Ici, Muratori mentionne également Montfaucon, qui a travaillé tout aussi assidûment sur les textes grecs.

Il reste une dernière remarque importante, avec peut-être une légère nuance accusatrice à l'encontre des bollandistes, sur la nécessité d'éviter les

---

68 « *Non si fida dei testi e documenti stampati, ricorre ai manoscritti più antichi, più autentici, e talora truova un gran soccorso da una sola differente parola. Anzi la grande ansietà di trovar pure il Vero qui non si ferma. Pesca eziandio nelle più polverose librerie e ne' più riposti archivi opere non mai pubblicate, antichi diplomi, epistole, ed altre memorie sepolte. Gran benefizio in vero ci prestano coloro, i quali non contenti di purgare per quanto si può e concordare con gli originali e coi migliori mss. i libri già pubblici, tirano anche dalle tenebre frammenti, trattati e libri non pria da noi veduti, la conservazione de' quali dinanzi pendeva da un codice solo, ben facile a perire col tempo. Se non primi, secondi padri di tali opere debbono dirsi costoro ; e a' nostri giorni ha l'istoria sagra e profana ben profittato di molto, mercè della diligenza usata in questa pare da vari eruditi, fra i quali massimamente o si sono segnalati, o seguono a distinguersi, i padri d'Achery, Mabillon, Martene, Ruinait, Martianay, Montfaucon ed altri benedettini della Congregazione di S. Mauro in Francia, siccome ancora i Padri gesuiti d'Anversa* », *ibid.*, p. 209 *sq.*

abus de l'hypercritique : « il faut se garder des faussaires, et de la tentation de censurer chaque chose, pour n'importe quelle petite raison, pour une quelconque imprécision, un engagement ou une démangeaison que l'on éprouve[69] ». Le refus d'accepter sans condition ce qui est transmis ne veut pas dire tomber dans l'excès inverse, propre à la « rigueur superstitieuse » en proie à une incertitude majeure qui détruit plus qu'elle ne construit. Autorité et raison doivent être équilibrées à bon escient. Ainsi, le savant peut œuvrer « sans idées préconçues, sans passions ardentes ; mais avec une attention concentrée sur la vérité, la justice ; et aux extrémités, dans lesquelles on peut facilement tomber[70] ». « La critique, à l'instar de la vertu, se situe entre deux extrêmes[71] ». Dans la querelle antidogmatique, évidente dans nombre de ses ouvrages, tombe également le dogmatisme du caractère absolu de la critique philologico-érudite, pour laquelle il convient de faire montre de « discrétion[72] » ; en effet, Muratori fait souvent preuve d'une certaine largesse et souplesse dans l'évaluation des sources[73].

Une fois l'enquête philologico-érudite aboutie arrive le temps de la réflexion et de la conceptualisation. Il s'agit de procéder à une construction complexe, impossible sans érudition, qui s'avère indispensable pour « former une histoire entière ». L'érudit doit présenter les matériaux de construction, au risque de demeurer autrement au niveau de la narration fantastique. Mais, en dernière instance, pour reconstituer un cadre historique qui ne soit pas qu'une simple addition d'informations, c'est la « philosophie » qui doit intervenir, prévalant sur l'érudition en ce qu'elle seule recherche les causes[74]. La philosophie est ici à comprendre comme la

---

69 *Ibid.*, p. 322 *sq.*

70 *Ibid.*, p. 97-101 ; p. 99 : « *Da questi [estremi] si diramano altri, come sono* [...] *il dubitar di tutto, il dubitar di nulla ; il voler acconsentire alla sola ragione, quando basta l'autorità, e il troppo contentarsi dell'autorità nelle cose che richiedono la ragione ». Au sujet du bon goût, en tant qu'unique critère poétique et littéraire, mais également comme perspective critique et principe méthodologique capable d'éclairer toute l'activité intellectuelle*, voir C. Viola, *Tradizioni letterarie a confronto*, *op. cit.*, *passim* ; *id.*, in : L. A. Muratori, *Carteggi con Mansi... Marmi*, *op. cit.*, p. 185.

71 L. A. Muratori, *Delle forze dell'intendimento umano...*, *op. cit.*, p. 180 *sq.* : « *Noi miriam tanti e tanti di coloro che fan questo mestiere* [...] *censurare le altrui opinioni e sentenze, che li direste i dittatori dell'erudizione e d'ogni sapere* [...] *Altri per lo contrario si truovan zoppicanti dalla parte del difetto. Evidente cosa è che, specialmente ne' secoli barbarici* [...], *la finzione, l'impostura, la semplicità furono in voga, e si contavano in gran copia gli abusi* ».

72 Par exemple, *ibid.*, p. 181.

73 Au sujet des chroniques de Galvano Fiamma, *cf.* A. Cottignoli, *Alla luce del vero...*, *op. cit.*, p. 83 *sq.*

74 L. A. Muratori, *Riflessioni sopra il buon gusto*, *op. cit.*, p. 210 *sq.*

> vertu de la rationalisation, de la découverte par la spéculation des raisons, des causes, des effets, et des amitiés, des correspondances et des relations entre les choses, ou au contraire leur inimitié et leurs inégalités, et la vertu de savoir les ordonner ; et surtout celle de distinguer le vrai du faux, le bon du mauvais, le beau du laid, la forme du fond, l'opinion de la science, et l'incertain du certain. Le véritable érudit ne peut donc qu'être le philosophe[75].

Ceci doit s'effectuer sur la base d'une ferme érudition, qui évite l'étalage de matériaux inutiles, de sorte que le chercheur ne devienne pas un « marchand de mots[76] ».

L'apprentissage de la méthode mauriste, crucial dans la vie de Muratori, ne comporte aucun aplatissement, ni de renonciation à la création d'une identité particulière propre. Pour composer le vent de l'érudition qui souffle en Muratori, l'érudition civile germanique se mêle à la leçon fondamentale de Mabillon et des mauristes. C'est notamment le cas lors du différend sur Comacchio.

Avec ses *Antichità estensi*, dont le premier tome sort en 1717, l'étude de l'antiquité et l'érudition s'ouvrent à une conception de la reconstitution historique pour laquelle sont mises en jeu non seulement la philologie, mais aussi la généalogie, l'historiographie politique et diplomatique ainsi que l'histoire juridique[77] : il s'agit en effet de parvenir à une histoire globale des institutions et de la civilité. Ce n'est pas un hasard si, dans la seconde période de la vie intellectuelle de Muratori, les rapports directs avec les érudits français se font moins soutenus ; les principales œuvres de la maturité et du grand âge, des *Rerum Italicarum Scriptores* aux *Annali d'Italia* en passant par les *Antiquitates*, dépassent pour diverses raisons les problématiques chères à l'école française[78]. Les cadres généraux de la pensée de Muratori naissent donc de la combinaison d'éléments non contradictoires, mais sans aucun doute différents ; quant à la composante

75 « *virtù del raziocinare, del ritrovare colle speculazioni le ragioni, le cagioni, gli effetti, e le amicizie, corrispondenze e relazioni delle cose, o pur le loro nemicizie e disuguaglianze, e la virtù del saperle ordinare ; e sopra tutto quella di distinguere il vero dal falso, il buono dal cattivo, il bello dal brutto, l'apparenza dalla sostanza, l'opinione dalla scienza, e l'incerto dal certo* ». « *Il vero erudito adunque altri non può essere che il filosofo* », *ibid.*, p. 207 *sq.*, 214 *sq.*

76 *Ibid.*, p. 249.

77 La correspondance avec l'érudit de Nuremberg Jacob W. Imhof offre un témoignage de son intérêt précoce pour ces éléments. *Cf.* S. Bertelli, *Erudizione e storia in Ludovico Antonio Muratori*, *op. cit.*, p. 91 *sq.* ; A. Dupront, *L. A. Muratori et la société européenne…*, *op. cit.*, p. 22.

78 B. Neveu, « Muratori et l'historiographie gallicane », *op. cit.*, p. 265 *sq.*

philologico-critique, la leçon mauriste demeure malgré tout un fondement essentiel sa vie durant[79].

Muratori fusionne harmonieusement érudition sacrée et profane en réalisant la synthèse de deux grandes traditions érudites : la religieuse d'empreinte mauriste et la civile d'empreinte leibnizienne[80]. Dans cette fusion, où l'aspect civil revêt un rôle très important, l'absolue fidélité aux sources, à leur intégrité documentaire, se nuance : les documents deviennent instruments de recomposition d'une vision générale du passé[81].

Certes, selon la meilleure tradition ayant cours de l'autre côté des Alpes, il y a l'idée d'une récupération critique de la tradition, dont le but va au-delà de la noble finalité de montrer le visage authentique de l'Église, contre les assauts des « mécréants » et des hétérodoxes[82]. Néanmoins, la collecte des sources devient essentiellement un acte préalable à la synthèse historique qui, à son tour, revêt une fonction qui dépasse les aspects strictement culturels et religieux. Dans un pays divisé, à la recherche d'une identité culturelle, l'histoire du Moyen-âge devient essentielle pour la compréhension de ses propres racines, pour la construction d'une conscience civile adéquate. Contrairement aux publications mauristes, les *Rerum Italicarum Scriptores* constituent bien plus qu'une simple collecte de sources en vue de l'étude du passé : elle est déjà une esquisse d'écriture de l'histoire, dans sa prise de conscience que l'Italie en possède une bien définie dans laquelle le Moyen-âge joue un rôle déterminant. On ne peut alors exacerber, dans les analyses de ces siècles désormais lointains, leur décadence[83]. L'éloignement vis-à-vis de la mythisation des âges d'or de

---

79 Voir à titre d'exemple les pages importantes que Muratori consacre à la défense de la méthodologie mauriste lors de sa polémique avec Maffei, dans ses *Dissertazioni sopra le antichità italiane* (Diss. XL), in : L. A Muratori *Opere*, G. Falco, F. Forti (éd.), *op. cit.*, t. I, p. 679 *sq.*

80 S. Bertelli, *Erudizione e storia in Ludovico Antonio Muratori*, *op. cit.* ; A. Cottignoli, *Alla luce del vero…*, *op. cit.*, p. 78 *sq.*

81 *Ibid.*, p. 80 : « *L'orgogliosa consapevolezza di dare le fonti, edite e inedite, della nostra storia non si tradusse in un rispetto feticistico dei testi e della loro integrità documentaria, giacché lo storico non esitò, di norma, a mutilarli, a compendiarli o ad antologizzarli, a seconda del loro profilo e, soprattutto, delle necessità narrative, proprie di una storia municipale d'Italia* » : S. Bertelli, *Erudizione e storia in Ludovico Antonio Muratori*, *op. cit.*, p. 347 *sq.*

82 Sur l'influence exercée en Italie par ce modèle, voir surtout B. Neveu, « Culture religieuse et aspirations réformistes à la cour d'Innocent XI », *op. cit.*, p. 246 *sq.*

83 B. Neveu, « Muratori et l'historiographie gallicane », *op. cit.*, p. 277 *sq.* Bien qu'il s'inspire des mauristes et d'Ellies Dupin, dans ses *Dissertazioni sopra le antichità italiane*, Muratori en atténue les jugements négatifs. Il évalue même positivement la réforme morale et sacramentelle de Grégoire VII, par exemple.

l'antiquité et de la chrétienté se fait sentir, par un court-circuit récurrent entre Église ancienne et Église moderne dans la sphère gallicane et janséniste[84]. N'oublions pas que Muratori appuie son analyse du « bonheur » des temps présents pour l'Église dans le fondement d'un jugement positif du Concile de Trente et du pontificat romain[85], sur des représentations d'une Église romaine relativement éloignée des idéaux gallicans[86].

Muratori, fortement lié à l'Église de Rome et au pontife (à Benoît XIV notamment) est, entre autres, particulièrement sensible à l'idéal romain de la médiété – souvent difficile pourtant –, du juste milieu, à appliquer à la pastoralité, à la morale et en théologie, mais aussi aux sciences sacrées[87]. La direction que prend Muratori semble correspondre beaucoup plus aux grandes lignes du pontificat allant d'Innocent XI à Benoît XIV qu'à la radicalité gallicane des mauristes, même si la polémique sur Comacchio gomme quelque peu l'orientation romanisante du projet initial de république littéraire.

En outre, une certaine tendance à ne pas « vouloir entrer dans les cabinets de Dieu » et éviter de « vouloir par trop examiner les jugements de Dieu, et déterminer avec tant de franchise les manières de la divine économie[88] » est caractéristique de Muratori en termes de reconstitution historique et de théologie. C'est aussi pour cette raison qu'il critique l'historiographie qui débute son récit par la naissance du Christ : non pas qu'il refuse l'option théologique qui place le Christ au centre de l'histoire, mais parce que la

84 *Cf.* sur le milieu français J.-L. Quantin, *Le catholicisme classique et les Pères de l'Église...*, *op. cit.* Sur ces questions, Bacchini avait pris ses distances par rapport à l'érudition d'outre-Alpes. Dans sa préface au *De ecclesiasticae hierarchiae originibus*, au sujet de la constitution de l'Église, on sent l'exigence fondamentale de soustraire, selon une orientation antigallicane, la constitution ecclésiastique de toute connotation ouvertement politique, montrant ainsi que la structure de l'Église n'était pas issue de l'imitation des schémas politiques intrinsèques, mais de l'évolution de sa propre expérience. Bacchini propose une défense critique du rôle originaire de l'Église de Rome que Muratori apprécie et dont il fait l'éloge.

85 Paola Vismara, « Il volto religioso di Milano nel primo Settecento », in : *id.*, *Cattolicesimi. Itinerari sei-settecenteschi*, *op. cit.*, p. 131-158 ; *id.*, « Tra modello e realtà. Muratori e la Vita di Benedetto Giacobini », in : Anna Benvenuti (dir.), *Santità e cura d'anime (XIII-XX secolo)*, Rome, Edizioni di Storia e Letteratura, 2002, p. 219-247.

86 Des éléments qui rapprochent Muratori de la culture religieuse d'outremonts se retrouvent dans la conception qui tend à couper le lien avec le magistère vivant et à déclarer la séparation entre Révélation et peuple de Dieu. Un exemple typique est celui de l'hostilité vis-à-vis de la dogmatisation de la Vierge, de peur d'une réception froide (très bien !) de la part du *sensus fidelium*. En théologie, Muratori privilégiait au contraire la *via historica*. *Cf.* P. Vismara, « Muratori "immoderato"... », *op. cit.*, p. 29-61.

87 B. Neveu, « Culture religieuse et aspirations réformistes à la cour d'Innocent XI », *op. cit.*

88 *L. A. Muratori, Delle forze dell'intendimento umano...*, *op. cit.*, p. 177.

narration concrète fait appel à d'autres critères qui ne relèvent ni de la théologie, ni de la morale.

Dégagé des querelles d'écoles, Muratori aspire à l'équilibre, au pluralisme théologique, se montrant en cela parfaitement en phase avec le climat du pontificat de Benoît XIV et relativement distant des mauristes, qui ont clairement opté pour le profil théologico-religieux. En effet, après la bulle *Unigenitus*, les mauristes prennent une position plus marquée contre Rome[89], alors que Muratori professe une théologie optimiste et, surtout, affirme à plusieurs reprises et sans détour sa fidélité à Rome.

Dans un intéressant mariage de l'érudition (presque une philosophie expérimentale, au fond) et de la science[90], la culture scientifique, elle aussi inspirée par Bacchini, se mêle chez Muratori à son horizon de pensée ainsi articulé, en particulier dans la forme de la tradition scientifique italienne de Galilée[91] et Malpighi, mais qui n'oublie pas Bacon, Descartes et Leibniz. « Le fil conducteur qui mène de Bacchini à Muratori n'est pas qu'une méthode érudite, c'est aussi une logique unitaire de la science, une philosophie générale du savoir[92] ».

Depuis les *Primi disegni di una repubblica letteraria d'Italia*, en 1703-1704, apparaît l'articulation entre littérature et science, visant non seulement le succès individuel, mais aussi le bien public. Ces thématiques seront approfondies plus tard. Le « livre ouvert à la contemplation » de l'homme en quête de la vérité ne se résume pas aux manuscrits et aux documents, mais à la réalité humaine tout entière :

---

89 Arnaldo Momigliano, « Mabillon's Italian Disciples », in : *Terzo contributo alla storia degli studi classici e del mondo antico*, Rome, Edizioni di Storia e Letteratura, 1966, p. 134-152, ici p. 152. *Cf.* B. Neveu, « Culture religieuse et aspirations réformistes à la cour d'Innocent XI », *op. cit.*, *passim*.

90 Dans ce cas aussi la correspondance nous fournit des informations sur la circulation des textes scientifiques entre les érudits. Par exemple Averoldi, qui avait gardé le contact avec le milieu universitaire padouan, signale que Vinaccesi voulait recevoir un exemplaire des dialogues de Galilée qu'il possède déjà en latin. Il offrait en échange un ouvrage parmi ceux qui sont dits de type scientifique et mathématique, d'Archimède à Cavalieri : 29 juin 1698, in : L. A. Muratori, *Carteggi con Amenta… Azzi*, *op. cit.*, p. 381.

91 Sur la question de l'exégèse biblique dans son rapport avec les avancées scientifiques, notamment coperniciennes, voir en particulier l'ouvrage *De ingeniorum moderatione in religionis negotio* ; *cf.* également P. Vismara, « Muratori "immoderato"… », *op. cit.*

92 E. Raimondi, *I lumi dell'erudizione…*, *op. cit.*, p. 99-113 ; Jacques Solé, « Éthique chrétienne et anthropologie : du pessimisme de Pierre Nicole à l'optimisme de Muratori », in : *L. A. Muratori e la cultura contemporanea*, *op. cit.*, p. 353-359, ici p. 356. Sur l'encyclopédisme de Bacchini, ouvertement exprimé dans le prologue au « Giornale de' letterati », *cf.* E. Raimondi, *I lumi dell'erudizione…*, *op. cit.*, p. 80 *sq.*

> La vaste université du ciel et de la terre étant un livre exposé à notre contemplation, autrement dit un noble emploi de l'intelligence humaine que chacun doit connaître, qui retrace la vérité et la nature des choses, et quand bien même il ne serait pas fait à l'homme de découvrir la certitude, il peut du moins lui venir le plaisir et la gloire de trouver ce qui se rapproche le plus du vrai[93].

En cela, absence de préjugé, capacité à « peser encore les raisons des opinions et des jugements d'autrui[94] », observation et expérience s'avèrent fondamentales.

En conclusion de ses *Annali*, et presque de son existence elle-même[95], Muratori se défend de l'accusation d'un « anonyme chroniqueur moderne » (Gaetano Cenni) selon laquelle il serait au service des anciens ou des « Augustes modernes » ; il revendique en guise de moteur de sa recherche l'amour du vrai, ni guelfe, ni gibelin[96]. Invoquant les objections envers sa reconstitution historique de la vie de Mathilde de Canossa, il rappelle « le célèbre Père Mabillon, grand ornement de l'ordre bénédictin », qui dut exposer dans une brève apologie les raisons de sa démarche. Muratori rapporte dans son intégralité un long passage dans lequel Mabillon revendique les droits et les devoirs de l'historien, qui consistent en la « sincère et minutieuse investigation » et l'examen attentif et documenté des faits afin de vérifier, mais aussi de proclamer la vérité. « Ceux-ci ont été pour moi et le seront pour d'autres les véritables maîtres pour tisser une histoire qui ne soit pas indigne de la lumière publique[97]. »

Muratori sort cependant du cadre de la méthodologie érudite des mauristes et va plus loin. Comme nous l'avons dit, le poids d'une

---

93 « Essendo la vasta università del cielo e della terra un libro esposto alla nostra contemplazione, perciò un proprio e nobile impiego dell'intelletto umano ognun dee conoscere, che è il rintracciare la verità e la natura delle cose ; e quand'anche non venga fatto all'uomo di scoprire il certo, può almen venirgli piacere e gloria dal trovare ciò che più si accosta al vero », L. A. Muratori, *Delle forze dell'intendimento umano…*, *op. cit.*, p. 174.

94 *Ibid.*, p. 187.

95 Mario Rosa, « Rileggendo Muratori tra politica e storia », *op. cit.*, p. 23-41.

96 *Annali d'Italia dal principio dell'era volgare sino all'anno 1749*, « Conclusione », Milan, Società Tipografica de' classici italiani, 1820, vol. XVII, p. 503-513, ici p. 508 : « *Chiunque sa che il principal credito della storia è la verità e il giudicar, come poco fa dicemmo, delle operazioni de gli uomini per ispirar ne' lettori l'amore della giustizia e del retto operare e l'abbonimento a ciò che sa di vizio, crederà ben meglio fatto e giusto, ed utile alla repubblica che si dia il suo vero nome a quello ancora che difettoso apparisce ne' costumi e nelle azioni de' pastori della Chiesa di Dio. La storia ha da essere una scuola* ».

97 *Ibid.*, p. 512 *sq.*

tradition scientifique et expérimentale pèse fortement en lui, ainsi qu'une référence constante aux problèmes et aux idéaux du présent, principalement dans une perspective civile. En fin de compte, ce que l'histoire enseigne « n'est pas une théologie, mais une éthique, une philosophie des coutumes codifiée par une raison chrétienne qui ressent très fortement la responsabilité de l'homme face au mal public et privé[98] ». Sous la trame des *Annales* se tiennent une activité ardente ainsi qu'une conscience civile et religieuse qui se mesure par les événements et les vicissitudes vécus dans la première moitié du XVIIIe siècle et qui a renouvelé son investissement[99]. L'érudition, bien que très utile, peut se révéler « sèche et stérile » si elle ne sert qu'à « quelques ornements et progrès des lettres, mais jamais à quelque utilité de la république » ; elle se doit donc de servir à « améliorer les arts, nous bien conduire et promouvoir les avantages de la république[100] ». L'esprit de Muratori, accommodant, curieux de tout, pratique, nourri de l'expérience quotidienne, est très bien illustré dans la conclusion du chapitre qui, dans la *Pubblica felicità* (1749) porte sur la logique, la physique et la métaphysique :

> Même dans les petites choses, pourvu qu'elles soient bénéfiques à la santé, au besoin de vie et au commerce des hommes, est digne d'éloges celui qui sait philosopher et découvrir le bien ou le mieux. Grand philosophe dut être celui qui inventa le châssis pour fabriquer les chaussettes[101].

Son œuvre se veut une médiation entre tradition religieuse et civile du catholicisme et les nouvelles exigences culturelles, économiques et politiques dans une perspective de philosophie « civile », en quête de solutions les plus organiques et rationnelles possibles. Muratori poursuit la bataille pour un renouveau culturel, prélude à un futur renouveau des consciences.

Traduction par Bénédicte DAZY

98 E. Raimondi, *I lumi dell'erudizione...*, *op. cit.*, p. 117.

99 M. Rosa, « Rileggendo Muratori tra politica e storia », *op. cit.*, p. 27.

100 L. A. Muratori, *Della pubblica felicità...*, *op. cit.*, chap. XIV, p. 111.

101 « *Anche nelle minute cose, purché giovevoli alla sanità, al bisogno della vita e al commerzio degli uomini, degno è di encomi chi sa filosofare e scoprire il bene o il meglio. Gran filosofo dovette essere colui che inventò l'ordigno per fabricar calze al telaio* », *ibid.*, chap. XIII, p. 107 ; *cf.* E. Raimondi, *I lumi dell'erudizione...*, *op. cit.*, p. 59 *sq.*

DOGME ET DISCIPLINE DANS L'ITALIE DU XVIIIe SIÈCLE

De Lodovico Antonio Muratori à l'*Auctorem fidei*

L'auteur anonyme d'un opuscule polémique publié en 1766, identifié comme étant l'abbé Pietro Tosini, écrivait dans sa prémisse : « Je prévois que beaucoup de détracteurs verront certainement mon texte comme contraire à la coutume invétérée de l'Église catholique ; pour ma part, je ne comprends pas pourquoi on ne peut annuler une coutume[1]. » Le sujet porte ici en particulier sur le célibat ecclésiastique, un point disciplinaire considéré comme plus préjudiciable qu'avantageux pour l'Église, le culte, mais aussi pour l'ensemble de la société.

Le célibat ecclésiastique suscite un grand intérêt, étant au premier plan dans les débats des dernières décennies du XVIIIe siècle avant d'être repris dans un cadre totalement différent à l'époque de la Révolution. J'aimerais mettre l'accent non pas sur les spécificités de cette diatribe, sur lesquelles je reviendrai plus tard, mais sur une question préalable essentielle. « Tout ce qui ne relève pas du dogme, l'Église peut le modifier ; bien d'autres choses ont été changées en matière de discipline, et qui peuvent l'être encore[2]. » L'un des arguments de base des discours pour et contre le célibat

---

1 « *Preveggo certamente che molti di mal'occhio riguarderanno quest'opuscolo, come contrario all'inveterato costume della Chiesa cattolica ; ma io dall'altra parte non so intendere il perché non si può annulare una costumanza* », in : *Dei pregiudizi del celibato, ovvero riforma del clero romano. Trattato teologico politico del CCSR con annotazioni del medesimo autore*, Venise, sans nom d'éditeur, 1766, p. 6. Dans sa préface à la *Storia del celibato*, Francesco Antonio Zaccaria attribue cet écrit à l'abbé Tosini. Ce dernier a publié *La libertà dell'Italia dimostrata a suoi prencipi e popoli*, Amsterdam, Steenhouwer e Uytwerf, 1718-1720, ouvrage traduit aussi en français. À ce sujet voir *Storia e sentimento dell'abbate Tosini sopra il Giansenismo nelle presenti circostanze della Chiesa*, Concordia, Christiano fedele nella via della Pace all'insegna dell'Olivo, 1717 (réédité Venise, Radici, 1767, 3 vol.). Sur cet auteur, mort entre 1730 et 1735, voir Raffaele Belvederi, « L'Abate Tosini e il suo pensiero storico-politico », in : *Nuove ricerche storiche sul giansenismo*, Rome, Pontificia Università Gregoriana, 1954, p. 139-184. Ici on ne trouve aucune mention de l'ouvrage en question.

2 P. Tosini, *Dei pregiudizi del celibato…*, *op. cit.*, p. 16.

est la réponse à l'interrogation concernant la possibilité de modifier un point disciplinaire. Il s'agit de questions fondamentales, portant sur la définition du dogme et de la discipline et leurs connotations substantielles.

À cela s'ajoute un autre genre d'argumentation, qui relève cette fois de l'histoire. Partisans et adversaires du célibat ecclésiastique, tous évoquent le modèle idéal de l'Église primitive, les uns et les autres y trouvant la confirmation de leurs propres positions. L'auteur des *Pregiudizi*, par exemple, préconise l'abolition du célibat qui serait une « réforme nécessaire du clergé, afin de ramener la religion et la discipline ecclésiastique dans leur premier état ». Il insiste :

> Tout change à mesure que les temps et les circonstances avancent dans la période universelle du monde. Qui jette un œil sur l'Église antique la voit bien différente de la nôtre par ses rites et ses coutumes. Chacun loue les temps des premiers chrétiens ; et personne ne songe à redevenir comme ils étaient[3].

Un auteur anonyme qui contredit point par point cet opuscule avance que l'on ne doit pas toucher à l'« un des points les plus intéressants, les plus radicaux ou les mieux établis de la discipline ecclésiastique », bien que « envenimé et gâté par l'abus ». La discipline peut évoluer, mais « les choses ne sont pas toutes également nécessaires, et n'ont ni le même poids, ni le même caractère ». Voilà pourquoi il s'avère essentiel non seulement de distinguer entre dogme et discipline, mais aussi de s'interroger sur les possibles variations, et à quelles conditions, des objets non dogmatiques. À la question d'une éventuelle intervention de l'Église qui modifierait radicalement les normes purement disciplinaires, il répond : « Tout ce qu'il est possible de faire ne doit pas toujours être fait. Et tout ce qui n'est pas du dogme ne peut être facilement modifié. » Une réflexion quant à l'utilité réelle d'une modification doit ainsi être mise en place et aboutir à une réponse positive[4].

Poids de l'histoire et de l'antiquité chrétienne, définition du dogme, conception de la discipline et de son évolution sont autant de thèmes abordés tout au long du XVIIIe siècle par des auteurs de profils variés.

3 « *Tutte le cose variano, a misura che i tempi e le circostanze si vanno volgendo sul periodo universale del mondo. Chi dà una semplice occhiata all'antica Chiesa, la vede tutta dissimile nel rito e nel costume dalla nostra. Ognuno loda i tempi de' primitivi cristiani ; e nessuno pensa a fargli ritornare come essi erano* », *ibid.*, p. 9-10.

4 *Riflessioni sopra il trattato teologico-politico del celibato di J.A.S.*, Venise, Antonio Graziosi, 1766, p. 6, 11, 38.

Dans les premières décennies, le personnage de grande envergure qui prend ouvertement position sur ce sujet est sans aucun doute Lodovico Antonio Muratori, célèbre érudit, intellectuel aux multiples facettes, et ecclésiaste d'une grande sensibilité et d'une large ouverture d'esprit.

À plus d'une occasion, il se penche sur la définition du dogme et de la discipline à travers leurs caractéristiques et leurs limites. Déjà dans ses *Riflessioni sopra il buon gusto*, il fait une allusion à l'argument, avec un début de distinction entre discipline variable et invariable[5]. Le thème se voit surtout développé en profondeur dans *De ingeniorum moderatione in religionis negotio*[6]. Définir les droits et les limites de la *libertas ingenii*, en identifiant les matières qui sortent du cadre dogmatique, constitue son centre d'intérêt premier. Il n'est pas aisé d'apporter une réponse à cette question, pas même en ce qui concerne les *praecepta morum* : « *Igitur est inspiciendum, istane praecepta morum, resque credendae, ad nos a Deo revelante veniant, an vero a rectae rationis lumine, sive potius a privatorum ingeniorum argumentationibus*[7]. »

La discipline est, en un sens, la modalité de réalisation concrète de ce en quoi l'on croit. Ainsi, dogme et discipline ne sont pas dissociés (*Interdum Dogma ac disciplina simul coniuncta incedunt*[8]), mais constituent presque les deux faces d'un même objet. Le problème se résume donc à indiquer si certains préceptes sont étroitement liés à l'aspect dogmatique, et sont alors immuables, ou s'ils relèvent au contraire de plein droit de la seule discipline, étant par conséquent soumis à la mutabilité. Muratori, nous le savons, tend à circonscrire le champ dogmatique en niant la capacité dogmatisante de l'Église et la possibilité d'évolution

5 « *Essendo nella fede di Cristo il domma più importante che la disciplina, più ancora dee stimarsi la letteratura illustrante il primo, che quella erudizione, da cui viene la seconda illustrata, e più il trattar della disciplina osservata ne' riti de' sagramenti, che il favellar della disciplina servata in altri riti mutabili della Chiesa.* » Voir Lodovico Antonio Muratori, *Riflessioni sopra il buon gusto…*, *op. cit.*, p. 87.

6 L. A. Muratori, *De ingeniorum moderatione in religionis negotio*, liv. I, chap. XV, in : *id.*, *Opere*, *op. cit.*, t. X/1, 1770.

7 *Ibid.*, chap. XII, p. 98. *Cf.* chap. XV, p. 124 *sq.* : « *Ad illam [disciplinam] spectat quidquid aut a Christo, aut ab apostolis, aut ab universa Ecclesia, sive ab Ecclesiis privatis institutum fuit, ad externum Dei, servorumque ejus cultura, ad ritus sacramentorum aliorumque mysteriorum, ad ministros Ecclesiae, et ad quaedam pietatis, aliarumque virtutum opera externa. Et propterea disciplinae nomine quam latissime sumto designamus scientiam illorum rituum earumque legum, ex quibus constat cum reginzen membrorum Ecclesiae, tum exercitium externum religionis atque tum.* »

8 *Ibid.*, p. 125.

du dogme[9] ; mais, dans le même temps, il attribue des caractères d'immutabilité à ces éléments disciplinaires qui, étant issus directement du Christ ou de ses apôtres, se rattachent au contenu de la Révélation. Il convient d'observer au passage que cette approche n'est pas sans difficulté, puisque des passages des Écritures peuvent sembler contradictoires ou, du moins, sont interprétables de diverses manières.

La mesure de Muratori, conformément à la ligne directrice de la théologie positive, est essentiellement historique ; ce qui a été ajouté par la suite peut se présenter comme une disposition noble, juste et très louable, mais demeure inéluctablement placé sous le signe de la mutabilité. La formulation récente d'un précepte disciplinaire (récent signifiant ici postérieur au Christ et ses apôtres) le rend par nature susceptible de modification. De nouveau, le poids de l'Histoire intervient dans ces considérations. En effet, l'Église est en mesure de modifier des points disciplinaires, également consolidés en raison des besoins et des nécessités dictés par des temps changeants, des situations locales et le caractère des hommes. La présence de l'Église se réalise dans des contextes historiques, géographiques et sociaux qui présentent des différences notables. Tout ceci renvoie à l'indispensable connaissance de l'histoire, des péripéties de l'Église dans son parcours historique ; l'histoire est vue comme une source privilégiée de savoirs, pour distinguer la Révélation de sa portée historique : « *Non modicam partem ex his [res historicae] religio ipsa sibi adoptat : nam neque ipsa dogmata, ipsamque disciplinam, ut ita loquar, aliunde scimus, quam ex historia, quae scilicet nobis narrat quaecumque Deus revelavit, quaeve sacramenta atque mysteria Christus instituit*[10]. »

Par ailleurs, si l'ancienneté de la discipline et le consensus unanime des Pères, de même que d'autres éléments énumérés en détail par Muratori, jouent en faveur du maintien des règles disciplinaires, cela ne constitue néanmoins pas un empêchement absolu au changement. En effet, en dernière analyse, le pouvoir d'établir si un point de discipline est à modifier ou non incombe à l'Église, même s'il est directement lié aux Apôtres : *Ad ipsam Ecclesiam ius spectat agnoscendi ac decernendi, utrum ad tempus an perpetua sit Apostolica institutio*[11].

La véritable religion se doit de présenter une unité et une immuabilité alors que la multiplicité et la variabilité connotent au contraire le

9 P. Vismara, « Muratori "immoderato"... », *op. cit.*, p. 29-61.
10 L. A. Muratori, *De ingeniorum moderatione...*, *op. cit.*, chap. XVI, p. 138 ; *cf.* p. 126.
11 *Ibid.*, p. 127.

milieu disciplinaire, sur lequel par certains aspects Muratori se montre particulièrement ouvert. La diversité des coutumes, des rites, des lois disciplinaires n'affecte en rien la concorde fondamentale dans le *negotium fidei*, qui concerne le consensus dogmatique[12] et la communion sacramentelle. *Diversitas et varietas in disciplina interdum toleranda, interdum laudanda est*[13]. D'une Église particulière à l'autre peuvent ainsi s'observer des prescriptions disciplinaires contradictoires sans que cela ne constitue un motif de préoccupation ou de scandale.

Muratori justifie toutefois le pouvoir de l'Église de contraindre les fidèles sur des questions « libres », pouvoir arbitraire aux yeux de certains. Il existe effectivement des éléments disciplinaires intangibles tels que la sanctification des fêtes, les obligations de pénitence et d'eucharistie, le jeûne, le célibat ecclésiastique[14].

Dans sa *Lettera di una inglese cattolica* Muratori souligne la variabilité : « Depuis le commencement de l'Église jusqu'à nos jours, il y a toujours eu des opinions différentes, voire opposées, entre les théologiens sur certains passages des Écritures, sur la morale, ou sur la discipline ecclésiastique[15]. »

Mais, dès lors que « certains points relatifs à la croyance, ou aux actions morales, ou à la discipline » ont été établis par l'Église, il n'est plus possible pour le croyant de se dresser contre ces jugements. Il exprime de même ses observations sur le jeûne dans sa correspondance avec Alessandro Mantegazzi. Dans son *Votum*, de 1737, il met en évidence que le droit de modification incombe à l'Église, et que les fidèles sont dans l'obligation d'obtempérer à ces dispositions[16].

---

12 Cela permet d'éclaircir la définition d'hérésie. Hérétique est celui qui, consciemment, nie un élément dogmatique ; « *Disciplinae vero leges violare et sacros piosque ritus ab Ecclesia receptos contemnere, grave saepe flagitium, numquam tamen haereseos crimen proprie appelletur* », *ibid.*, p. 132.

13 *Ibid.*, p. 127.

14 La supériorité du célibat par rapport au mariage est soutenue contre Le Clerc au liv. III, chap. XII, p. 509-511.

15 « *Dal principio della Chiesa sino ai dì nostri sono sempre state varie e tal volta opposte opinioni fra i teologi intorno a vari passi delle Scritture, o alla morale, o alla disciplina ecclesiastica* » : Lodovico Antonio Muratori, *Lettera scritta a nome di una inglese cattolica ad uno inglese protestante, in : id., Opere, op. cit.*, t. IV, 1767, p. 345-432, ici p. 390. Sur cet ouvrage, voir P. Vismara, « Muratori "immoderato"... », *op. cit.*

16 « *Exploratum nempe est, ieiuniorum, ut ita dicam, oeconomiam spettate ad disciplinam ecclesiasticam, cuius moderatores sunt romani pontifices, et, nonnullis etiam in casibus, episcopi* [...] *Pastorum prudenti arbitrio libera haec reliquit Christus. Ovium est eorum statutis humili promptoque animo parere, non vero obsequium negare* », L. A. Muratori, *Carteggi con Mansi... Marmi*, *op. cit.*, p. 39.

Même celui qui considérerait comme injustes ces dispositions est tenu de les observer, puisqu'en la matière la *libertas ingenii* ne s'applique pas. À ce sujet, Muratori réfute l'idée que cela porte atteinte à la liberté naturelle ; idée qui reviendra fréquemment, en particulier dans les discussions portant sur le célibat ecclésiastique. En fin de compte l'Église, en tant que figure d'autorité, ne fait qu'indiquer la voie à suivre pour que l'homme atteigne le salut éternel par un bon usage de sa propre liberté[17]. La discipline s'avère être le facteur essentiel de la vie chrétienne, car elle est le chemin tracé par le Christ lui-même, puis par son Église, pour garantir à l'homme sa propre réalisation et la vie éternelle.

Hors du milieu ecclésiastique, une prise de position intéressante a été exprimée par le marquis Giuseppe Gorini Conio qui, dans son œuvre contestée *Politica, diritto e religione* consacre le premier chapitre du *Trattato della religione* à la « variété des usages et de la discipline chez les chrétiens ». Il rejette l'idée d'évolution dogmatique (« Rien après Dieu ne peut nous révéler de nouveautés, alors rien de nouveau ne peut être le sujet de notre foi ») et marque une distinction entre morale et discipline : ce qui appartient à la première catégorie demeure immuable tandis que ce qui relève de la seconde peut être modifié (« La foi divine ne peut naître de choses qui relèvent de processus humains[18] »).

Sur ce thème interviennent à partir des années soixante – et surtout dans les années quatre-vingt – de nouveaux éléments de discussion, en lien avec les revendications de l'autorité politique en matière disciplinaire. Il ne s'agit plus seulement de déterminer dans quelle mesure les autorités ecclésiastiques peuvent ou non modifier des dispositions disciplinaires, la question s'étendant désormais jusqu'à soutenir – ou contester – le rôle du prince en termes de discipline ecclésiastique.

L'un des plus fervents défenseurs des droits du prince dans ce domaine est Pietro Tamburini, illustre professeur de la Faculté de Théologie de l'Université de Pavie[19]. L'objectif premier et fondamental de l'Église, de son retour à la pureté originaire, ne peut se réaliser que par l'intervention

17 L. A. Muratori, *De ingeniorum moderatione…*, *op. cit.* p. 135 *sq.*

18 *Politica, diritto e religione per ben pensare, e scegliere il vero dal falso in queste importantissime materie*, Milan, Francesco Agnelli, 1742, p. 153 *sq. Cf.* Stefano Meschini, « Gorini Conio, Giuseppe », in : *DBI*, vol. LVIII, 2002, p. 62-67 ; Chiara Continisio, « Politica, cultura e religione nella Milano del primo Settecento : il marchese Giuseppe Gorini Conio », *SB*, 14, 2000, p. 251-299.

19 P. Corsini, D. Montanari (dir.), *Pietro Tamburini e il giansenismo lombardo*, *op. cit.*

et le soutien de l'autorité politique. « À ce niveau, les choses paraissent si limitées, que l'espoir d'une réforme de la part des ecclésiastes résulte vain » : ceci rendait par conséquent indispensable l'intervention d'une autorité politique qui, selon les Jansénistes, était depuis des siècles spoliée de ses droits en matière ecclésiastique[20].

> L'alliance déclarée entre les partisans de Joseph II et les Jansénistes lombards, qui a lieu dans les vingt dernières années du XVIIIe siècle, ne constitue pas un épisode marginal, isolé et de faible portée, mais une convergence significative de motivations théoriques, de finalités pratiques et de disponibilité opérationnelle dans le cadre politique de l'absolutisme réformateur[21].

Dans l'esprit de Tamburini, l'État est le garant indispensable non seulement du rapport entre les hommes, mais, plus profondément, du bonheur de l'homme qui est à la fois terrestre et spirituel ; il se présente comme « le défenseur de cette partie de la Cité de Dieu, qui est mêlée aux citoyens de la Babylone terrestre, poursuivant encore son pèlerinage sur cette terre[22] ». Tamburini envisage sa souveraineté « comme une émanation, pour ainsi dire, de la divinité [...] et comme un effet nécessaire établi par la divine Providence[23] ». La religion ne peut être séparée de la politique, à laquelle on attribue entre autres tâches la mission spécifique d'intervenir dans le domaine religieux et de le réglementer, car la religion remplit une fonction irremplaçable au sein de la société : « La religion est un objet des plus importants pour la politique[24]. »

Au terme du second volume des *Lettere teologico-politiche*, Tamburini affirme que les objectifs de ses ouvrages sont essentiellement de distinguer « les justes limites du pouvoir ecclésiastique et du pouvoir civil et

20 Pietro Tamburini, *Lettere teologico-politiche sulla presente situazione delle cose ecclesiastiche*, Pavie, Baldassare Comini, ²1794 (¹1793), t. I, p. 28 *sq.*

21 « *L'alleanza dichiarata fra giuseppinismo e giansenismo lombardo, a cui si giunge nell'ultimo ventennio del Settecento, non si configura come un episodio marginale, isolato e di modesta portata, ma come una significativa convergenza di motivazioni teoriche, di finalità pratiche e di disponibilità operative nel quadro politico dell'assolutismo riformatore* » : M. Bazzoli, *Il pensiero politico...*, *op. cit.*, p. 505 (voir également tout le paragraphe *Assolutismo e tolleranza nel giansenismo pavese*, p. 502-524).

22 P. Tamburini, *Lettere teologico-politiche...*, *op. cit.*, t. II, p. 85-93.

23 *Ibid.*, t. I, p. 99.

24 *Ibid.*, t. I, p. 16. Une théorisation ample et ponctuelle sur ce sujet se trouve dans l'ouvrage attribué à Pietro Tamburini et Giuseppe Zola, *Della vana pretensione di alcuni filosofi' di separar la religione dal sistema politico e della necessità di conservare l'istruzion pubblica ecclesiastica sotto l'immediata ispezione del Governo. Lettere due*, s. l. n. d. (²1797).

de soutenir avec la modération nécessaire les droits du Prince contre les préjugés par trop dominants à leur détriment ». Il rejette en outre les critiques à son encontre émanant de ceux qui le considèrent « royaliste, ennemi de l'Église et flatteur des Princes[25] ». L'ancien jésuite catalan Francisco Gustà et d'autres auteurs membres de la curie accusent par ailleurs Tamburini de rendre à César ce qui était à César, mais aussi ce qui était à Dieu[26].

En termes de discipline, Tamburini cherche à identifier d'une part les « rites essentiels et la forme et la discipline interne établie par Jésus Christ » et, d'autre part, les rites accessoires et la « discipline externe, mouvante, temporaire et concentrée sur les objets temporels qui sont de la compétence du Prince[27] ».

Voilà pourquoi certains auteurs récusent la définition de discipline ecclésiastique avancée par Muratori. Selon Giovanni Marchetti[28], Muratori définit plus la science de la discipline que la discipline elle-même ; d'après lui, il est préférable de se fier à l'Encyclopédie : « La discipline ecclésiastique est la police externe de l'Église, qui dépend du gouvernement des fidèles[29]. » Mais l'horizon de pensée de Marchetti ne diffère pas de celui de Muratori : la foi est invariable et arrêtée ; la discipline est modifiable selon les circonstances et l'époque, puisqu'elle consiste *in re agenda* et concerne des domaines où agir d'une manière ou d'une autre est indifférent, jusqu'à ce qu'une loi (elle aussi modifiable) vienne la fixer dans la pratique commune. Une telle définition résulte du fait que dans chaque Église s'observent des règles disciplinaires parfois différentes malgré un égal respect de la communion ecclésiastique. La disparité des opinions est même consentie en matière de foi, à la condition essentielle que la révélation reste « obscure », que « les hommes probes et savants ne se contredisent pas ; et qu'aucune définition du juge suprême ne soit

---

25 P. Tamburini, *Lettere teologico-politiche…*, *op. cit.*, t. II, p. 141 *sq.*

26 Cité dans Paola Vismara, « Pietro Tamburini, il "caso Moladori" e la questione del matrimonio nel Settecento lombardo », maintenant dans *id.*, *Settecento religioso in Lombardia*, *op. cit.*, p. 241-272, ici p. 262.

27 Pietro Tamburini, *Riflessioni del teologo piacentino sul libro dell'abate Cuccagni, De mutuis Ecclesiae et Imperii officiis, stampato in Roma contro l'opera del sig. Conte di Trautmansdorf De tolerantia ecclesiastica et civili*, Piacenza-Cremona, Manini, 1786, p. 11.

28 Giovanni Marchetti, *Esercitazioni ciprianiche circa il battesimo degli eretici e degli scismatici, e il libro de Unitate Ecclesiae del medesimo santo*, Rome, Salomoni, 1787, p. 190 *sq.* Sur cet auteur voir G. Pignatelli, *Aspetti della propaganda cattolica…*, *op. cit.*, *passim.*

29 Dans l'édition de Lucques, 1759, t IV, p. 855.

prononcée[30] ». De nouvelles définitions de l'Église peuvent évidemment intervenir, mais celles-ci ne créent pas de nouveaux dogmes, se limitant à accroître l'intelligence de la foi[31].

En 1787 fut également publié l'ouvrage *Il buon uso della logica in materia di religione*, d'Alfonso Muzzarelli, maintes fois réimprimé[32]. Ce dernier avance l'idée que d'éventuels abus inéluctables de la part de l'Église ne justifient pas des modifications de la discipline ecclésiastique. Par exemple, les infractions à l'obligation de chasteté ne sont pas une raison suffisante pour abolir l'obligation de célibat ecclésiastique[33] ; inutile même d'évoquer, à l'appui des revendications étatiques, ces épisodes de désordre qui se rattachent inévitablement à la puissance disciplinaire d'une Église d'institution divine, mais qui vit dans l'histoire, avec tout ce qu'une telle historicité comporte. Quoi qu'il en soit, la matière, très délicate, relève de la compétence ecclésiastique, et des troubles bien plus graves se produiraient si on la plaçait sous le contrôle de l'État[34].

Dans le propos sur l'*Istoria ecclesiastica*, un paragraphe entier examine la question des nouveautés disciplinaires. Le changement n'est a priori pas exclu, si l'on se réfère à la définition de discipline qu'il énonce lui-même : « La discipline est un dépôt confié aux Pasteurs de l'Église, immuable sur certains points, variable sur d'autres, selon l'institution, le lien et l'objet. » Cependant, la possibilité d'évolution se fonde également sur la constatation objective que des cas de « changements dans la discipline antique » ont été historiquement vérifiés :

> Ou ils les virent naître spontanément des peuples et, ayant mesuré les temps et les circonstances, ils estimèrent prudent de ne point s'y opposer, et d'en tirer un avantage indirect, mais opportun ; ou ils introduisirent eux-mêmes

30 G. Marchetti, *Esercitazioni ciprianiche…*, *op. cit.*, p. 193. Sur le rôle de Rome comme juge de la foi, *cf.* les observations fondamentales de B. Neveu, « Juge suprême et docteur infaillible… », *op. cit.*

31 G. Marchetti, *Esercitazioni ciprianiche…*, *op. cit.*, p. 126, 178 *sq.*

32 Nous utilisons l'édition de Florence, Attilio Tofani, 1821, 3 tomes. On ne dispose pas d'une biographie récente de ce personnage intéressant. Voir entrée de G. Moroni, *Dizionario di erudizione…*, *op. cit.*, vol. XLVII, 1847, p. 295 *sq.*, et la notice biographique de Giuseppe Baraldi, dans *Memorie di religione, di morale e di letteratura*, t. I, Modène, Eredi Soliani, 1822, p. 389-412.

33 A. Muzzarelli, *Il buon uso della logica in materia di religione*, *op. cit.*, t. I, opuscule II, *Abusi nella Chiesa*, p. 78.

34 *Ibid.*, t. II, opuscule V, *Disciplina ecclesiastica*, p. 3-65, ici p. 50 *sq.*

> ces changements et les instaurèrent, motivés par cet esprit surhumain qui sait discerner les nouvelles mœurs, les périodes de changement, les diverses circonstances, et adapter à chaque moment ses modifications, toujours justes et toujours sanctionnées de manière conforme[35].

La discipline, y compris par ses aspects modifiables, ne doit pourtant pas être soumise « indiscrètement aux temps comme aux modes ». Elle peut être facilement divisée comme suit, en fonction de ses objets : culte divin, « police cléricale », subdivision territoriale en diocèses, biens ecclésiastiques ; à cela s'ajoute la « règle des bonnes mœurs envers Dieu, notre prochain et nous-mêmes[36] ». La discipline est entendue comme une compétence exclusivement sacerdotale, dans la mesure où « la règle pratique et externe intimée par l'Église doit maintenir les chrétiens dans leur foi et les conduire plus aisément vers le bonheur éternel ». Même les instruments matériels ont une fin spirituelle pour renforcer la foi. Une telle définition implique de toute évidence que dogme et discipline, foi et pratiques, sont indissociables. Ils durent ensemble et tombent ensemble[37].

Il existe des lois fixées par le Christ, immuables en elles-mêmes ; des lois ecclésiastiques fondées sur le droit de la nature, immuables dans leur matière ; des lois ecclésiastiques « tellement liées au dogme qu'elles ne peuvent dans certaines circonstances être modifiées sans offenser la foi » ; des lois ecclésiastiques « dictées par l'Esprit Saint à son Église rassemblée en conciles, consacrées par leur ancienneté et confirmées par le respect et l'observance de chacun, et qui ne peuvent être violées ni modifiées sans raisons graves[38] ».

Ainsi, seules demeurent les « lois humaines ordonnées par le souverain pontife, par l'Église et par les pasteurs particuliers, lesquelles sont

---

35 « *O gli videro nascere spontaneamente dal mezzo dei popoli a lor commessi, e misurati i tempi e le circostanze, riputarono prudente cosa il non opporvisi, e il trarne un indiretto ma opportuno vantaggio ; o veramente introdussero essi medesimi questi cangiamenti e gli stabilirono, mossi da quello spirito sovraumano, che sa discernere i diversi costumi, le cangianti età, le varie circostanze, e adattare a ogni tempo le sue variabili, ma sempre giuste e sempre acconcie sanzioni* », *ibid.* t. III, opuscule X, § 7 *(Innovazioni della disciplina ecclesiastica a che debbonsi attribuire)*, p. 106-110 ; *ibid.*, pour les citations qui suivent.

36 *Ibid.*, t. II, opuscule V, *Disciplina ecclesiastica*, p. 5.

37 *Ibid.*, p. 3 *sq.*, 6-7, 27, 34.

38 « *dettate dallo spirito Santo alla sua Chiesa adunata ne concili, consecrate dalla loro antichità e confermate dal rispetto e dall'osservanza di tutto il mondo, che senza gravissimi motivi violare e cangiar non si possono* ». *Cf.* note suivante.

soumises au changement en fonction des temps et des circonstances ». Mais « ces lois, qui se disent variables, le sont-elles toujours ? [...] Tant qu'elles œuvrent à l'avantage spirituel, elles demeurent fixes, tout changement causerait un désordre de l'Église elle-même[39]. »

Dans l'opuscule sur la *Disciplina ecclesiastica*, les pans variables de la discipline s'estompent donc face à une reconnaissance prédominante de son invariabilité, dans le cadre d'un discours visant pour l'essentiel à contester les revendications juridictionnelles et à en souligner les incohérences théoriques ainsi que les conséquences pratiques négatives. Une argumentation serrée met un accent particulièrement fort sur les aspects de la compétence disciplinaire, qui ne peut être divisée en pouvoir ecclésiastique et pouvoir séculier. Un élément déterminant pour le propos est le fait que les lois disciplinaires modifiables en toutes occasions « tendent dans un avenir proche à une fin spirituelle, et se fondent sur l'autorité de qui a le droit de guider les chrétiens vers cette fin », tandis que les revendications du prince réduisent à néant l'autorité de l'Église en la matière[40].

Parmi ceux qui abordent le sujet se distingue un éminent auteur curial, homme d'ample culture : l'ancien jésuite Francesco Antonio Zaccaria. Personnage très discuté, surnommé le « marteau des Jansénistes », il a été considéré dans des temps plus récents comme l'exemple d'une mentalité relâchée et hautaine[41]. Nombreux sont les œuvres et opuscules dans lesquels il traite le thème de la discipline ecclésiastique sous ses multiples facettes, son intérêt pour ce sujet ayant par ailleurs été attesté bien avant la publication de ces ouvrages. À la fin des années soixante, Zaccaria envoya à un correspondant romain une copie manuscrite (lacunaire et incomplète au vu de la version définitive) de son livre *Le dottrine del secolo illuminato* XVIII *intorno la ecclesiastica gerarchia confrontate colle*

39 *Ibid.*, p. 9-11, 18 *sq.*

40 *Ibid.*, p. 14 *sq.*

41 P. Stella (dir.), *La Bolla "Auctorem Fidei" (1794)...*, *op. cit.*, p. CXLI ; Marta Pieroni Francini observe que Zaccaria, appelé le « *martello dei giansenisti* », était un « *punto di riferimento obbligato per gli avversari del giansenismo* » (« Francesco Saverio Castiglioni e il giansenismo », in : Simonetta Bernardi (dir.), *La religione e il trono. Pio VIII nell'Europa del suo tempo*, Rome, La Fenice, 1995, p. 195-202, ici p. 199). Nous ne disposons pas d'une biographie récente, plusieurs informations se trouvent dans Donato Scioscioli, *La vita e le opere di Francesco Antonio Zaccaria, erudito del secolo* XVIII, Brescia, Vannini, 1925 ; Sommervogel, vol. VIII, col. 1381-1435 ; Mario Zanfredini, « Zaccaria, Francesco Antonio », in : *DHCJ*, t. IV, p. 4063-4064.

dottrine del XIV *secolo tenebroso*[42]. Celui-ci, amplement augmenté, paraît une vingtaine d'années plus tard, en 1790, sous le pseudonyme déjà éventé à l'époque de Teotimo Pisto[43].

L'idée initiale d'élaborer un vaste traité sur la hiérarchie ecclésiastique laisse place à la conviction que le segmenter en volumes maniables, de format modeste et facile à lire, serait préférable. La discipline ecclésiastique y occupe une part très importante, aussi sur le plan du programme.

> Voici, vénérable Monseigneur, un opuscule qui ne serait pas inutile. Ces temps derniers, je travaille vaillamment sur la discipline. Combien je loue Dieu, qui a daigné me souffler de faire cette œuvre, qui en ces circonstances est la plus importante de l'Église[44] !

Et dans sa lettre suivante :

> À présent je travaille sur un autre qui n'est pas très long, mais différent, sur la discipline en quatre traités, qui porteront 1. De l'origine. 2. De la mutabilité. 3. De la puissance régulatrice. 4. De la force impérative de la discipline[45].

Les *Dottrine del preteso secolo illuminato* montrent de manière évidente que pour aborder convenablement le thème central du célibat ecclésiastique, il convient de ne pas l'extrapoler de son contexte, autrement dit de la valeur et des caractéristiques de la discipline ecclésiastique. Zaccaria s'oppose en particulier à Antonio Pereira, dont il avait cherché à obtenir les œuvres dès la fin des années soixante. Il conteste l'idée que « les canons de l'Église sur la discipline sont variables et ont été soumis à diverses modifications selon les circonstances des temps, des princes et

---

42 Les manuscrits et plusieurs lettres (sans destinataire, une porte la date de 1769, les deux autres par leur contenu appartiennent à la même période) se trouvent dans l'ACDF, *Sant'Officio, St. St.*, P 5 H. Les citations suivantes sont tirées de cette source.

43 Teotimo Pisto, *Le dottrine del preteso secolo illuminato* XVIII *intorno la gerarchia e la disciplina ecclesiastica confrontate colle dottrine del tenebroso secolo* XIV *con un'appendice contra un libro stampato primamente in Firenze, e poi stampato con giunte col titolo di « Confronto istorico de i nuovi con gli antichi regolamenti rapporto alla polizia della Chiesa nello Stato »*, Faenza, Gioseffantonio Archi, 1790.

44 « *Eccole, Monsignore veneratissimo, un opuscolo che non sarebbe inutile. Intanto si lavora alla gagliarda sulla disciplina. Quanto lodo Iddio, che sfasi degnato di spirarmi a fare quest'opera, che nelle presenti circostanze è l'opera più importante alla Chiesa !* », T. Pisto, *Le dottrine del preteso secolo illuminato* XVIII*…*, *op. cit.*, *passim*.

45 « *Ora ne lavoro uno non molto lungo, ma vario, sulla disciplina in quattro trattazioni, ne' quali tratto 1. Della origine 2. Della mutabilità 3. Della podestà regolatrice 4. Della forza obbligatoria della disciplina* », *ibid.*

des nations[46] ». D'après l'ancien jésuite, on peut considérer le prince en sa qualité de « puissance séculière » ou de protecteur de l'Église. Quelle que soit la situation, la discipline ecclésiastique outrepasse ses droits et ses devoirs : dans le premier cas, le prince ne peut en effet modifier ou annuler des lois qu'il n'a pas le pouvoir d'édicter ; dans le second, il doit favoriser l'application de la discipline ecclésiastique au lieu de « faire main basse sur les canons et les bulles ».

Zaccaria renvoie ici à un ouvrage anonyme publié en 1787, *Lasciamo star le cose come stanno*, portant l'éloquent sous-titre *Dissertazione sulla mutabilità poco intesa da' più della disciplina ecclesiastica*[47]. Il s'agit en réalité de son propre ouvrage ; lorsque le *Giornale ecclesiastico* en prend la défense contre les détracteurs, il présente l'auteur comme « l'un des premiers hommes de lettres d'Italie », ce qui convient parfaitement à Zaccaria[48] ; cette attribution est confirmée par plusieurs autres éléments. L'année suivante (1788) voit la publication de deux opuscules : *Comandi chi può ubbedisca chi dee. O sia Dissertazione della forza obbligatoria dell'ecclesiastica disciplina*[49], qui se penche surtout sur l'analyse du célibat ecclésiastique ; et *Rendete a Cesare ciò che è di Cesare, ma sì a Dio rendete quel che è di Dio, o sia Dissertazione sulla podestà regolatrice della disciplina*[50]. Ainsi se dessinent les quatre petits volumes censés tracer, dans leur intégralité, le cadre problématique.

Les arguments essentiels peuvent être synthétisés comme suit. En principe, la distinction dogme/discipline oppose ce qui est fondamental et immuable à ce qui est au contraire accessoire et modifiable. L'ancien jésuite estime, par ailleurs, que de strictes limitations doivent être posées

46 *Ibid.*, p. 291.

47 Francesco Antonio Zaccaria, *Lasciamo star le cose come stanno. Dissertazione sulla mutabilità poco intesa da' più della disciplina ecclesiastica*, Faenza, Gioseffantonio Archi, ²1791 (¹1787). Dans l'édition de 1836, on y lit que l'œuvre fut composée pendant le pontificat de Clément XIII. Sur les différentes éditions, y compris celles en latin et espagnol, voir Sommervogel, vol. VIII, col. 1424.

48 Le texte du *Giornale Ecclesiastico*, nº X, 12 mars 1791, se trouve dans l'appendice de cette seconde édition aux p. 125-127.

49 Francesco Antonio Zaccaria, *Comandi chi può ubbedisca chi dee. O sia Dissertazione della forza obbligatoria dell'ecclesiastica disciplina*, Faenza, Gioseffantonio Archi, 1788. L'auteur avait déjà traité le sujet dans : *Storia polemica del celibato sacro*, Rome, Giovanni Zempel, 1774 ; *Nuova giustificazione del celibato sacro*, Foligno, Giovanni Tomassini, 1785.

50 Francesco Antonio Zaccaria, *Rendete a Cesare ciò che è di Cesare, ma sì a Dio rendete quel che è di Dio, o sia Dissertazione sulla podestà regolatrice della disciplina*, Rome, Giovanni Ferretti, 1836.

sur la variabilité disciplinaire préconisée : « Quant à la discipline, si l'on peut généralement concéder qu'elle puisse être variable, il reste souhaitable de poser certaines exceptions afin de ne pas commettre de graves erreurs[51]. »

Il faut donc vérifier dans quelles conditions une intervention en matière de discipline demeure légitime et non abusive ; une autre question, non moins importante, porte sur la nécessité ou l'opportunité de raviver une discipline tombée en désuétude en la remplaçant par des coutumes plus récentes.

Si Zaccaria s'accorde avec Muratori sur certains points, une distance flagrante les divise sur d'autres. L'ancien jésuite, naturellement, affirme que les normes disciplinaires sont immuables si elles sont fixées par le Christ lui-même ou codifiées à l'époque des apôtres ; elles sont matière sur laquelle seule l'autorité divine peut s'étendre. En cela, il rappelle les règles de Bellarmino, ainsi que la pensée d'Augustin, Tertullien et Irénée.

Il ajoute néanmoins que certains éléments de l'institution divine ont été instaurés au moment opportun en fonction des circonstances et des besoins de l'Église : « Nous ne devons pas nous imaginer qu'une chose de l'institution divine n'est pas, parce que dans le premier temps du Christianisme elle n'a pas été commandée par les apôtres. » Rejetant donc une idée courante, il étend à toute l'histoire de l'Église l'explication et la normalisation des éléments qui restent malgré tout d'institution divine, les rendant de ce fait immuables. En outre : les variations de la discipline « ne peuvent avoir lieu dans les choses d'institution divine, et encore moins dans celles qui ont avec l'immuable dogme un lien essentiel par nature ; par ailleurs, en changeant la discipline si étroitement liée au dogme, ce dogme se verrait affecté par la mutation[52]. »

De ce point de vue, la possibilité de modification s'en trouve substantiellement annulée.

Si la défense de la discipline immuable est déterminante, une certaine résistance est également requise en termes de discipline variable. Selon

51 « *Ma quanto alla disciplina, avvegnaché si possa generalmente concedere, che ella sia variabile, voglionsi nondimeno usare parecchie eccezioni, acciocché non si cada in gravissimi errori* », F. A. Zaccaria, *Lasciamo star le cose…*, *op. cit.*, p. 1.

52 « *non solo nelle cose di divina istituzione non possono* […] *aver luogo, ma né tampoco in quelle, che coll'immutabile domma hanno per sé medesime essenzial connessione ; altrimenti cambiandosi la disciplina sì strettamente connessa col domma, lo stesso domma ne verrebbe a risentir mutazione* ». Voir note suivante.

Zaccaria, l'Église doit résolument défendre ses positions, ne pas se retirer d'une position de fermeté et ne pas tolérer « les invasions qui dans la sainte discipline redoublent chaque jour la séculière puissance ». Les attaques contre l'Église visent en effet à la rendre esclave de la politique et à ne lui laisser que le culte intérieur de la conscience, le culte extérieur revenant alors à l'État. « Céder dans ces situations serait évidemment trahir le dépôt même de la Foi, qui se verrait ouvertement envahi et altéré. » Le mépris envers la figure et le rôle du pontife de la part de ses adversaires est palpable : « Croit-on qu'en Italie le pontife romain devrait être traité comme un détail, presque comme un prêtraillon de Peretola[53] ? » Le rôle du pape et l'autorité de l'Église sont fondamentaux pour sa propre cohésion et pour l'efficacité de sa présence historique.

> N'est pas excusable l'audace de celui qui, n'étant pas un Cyprien, réitère l'accusation de despotisme envers les papes ayant succédé à Étienne pour les choses de la discipline, une discipline qui non seulement a la prescription de tant de siècles, autant que peut-être n'a pas même l'ancienne meilleure prétention, mais se fonde également sur le nécessaire pouvoir qu'a l'Église de créer de nouvelles lois, lorsque la nécessité l'imposerait[54].

Même la discipline d'origine purement ecclésiastique n'est pas toujours à considérer systématiquement comme variable. « Aussi changeante que se veuille la discipline, appartenant par nature au droit divin ou étant fondamentalement liée à la foi, aucun changement ne peut jamais se voir légitime[55]. » Il en existe des exemples quant à l'interdiction de livres[56] et la liberté de l'Église ; la liturgie, par contre, est modifiable, mais bien évidemment le choix des modalités de célébration, à partir de la question de la langue, ne peut être demandé à l'autorité politique ; les évolutions disciplinaires ne peuvent être déterminées que par qui en a le « pouvoir légitime » et doivent se fonder sur des raisons solides et inattaquables.

---

53 *Ibid.*, les citations sont aux p. 21, 23, 74.

54 « *Non può esser scusabile l'audacia di chi, non essendo un Cipriano, a' papi successori di Stefano rinnova la stessa accusa di dispotismo in cose di disciplina, e di una disciplina, che non solo ha la prescrizione di tanti secoli, quanti forse non ne conta l'antica pretesa migliore, ma ancora è fondata sulla necessaria podestà, che ha la Chiesa di far nuove leggi, ove spediente lo giudichi* ». Voir Francesco Antonio Zaccaria, *Storia polemica della proibizione de' libri*, Rome, Generoso Salomoni, 1777, p. 340.

55 F. A. Zaccaria, *Lasciamo star le cose…*, *op. cit.*, p. 81 *sq.*

56 Il considérait cette question d'importance vitale, *cf.* F. A. Zaccaria, *Storia polemica della proibizione de' libri*, *op. cit.*

> Que l'on fasse autant de projets que l'on voudra, qui ne sont pas toujours les plus heureux en pratique, sur l'agriculture, les manufactures, le commerce : ils servent au moins à chasser l'oisiveté, à aiguiser les esprits, à relancer l'industrie. Mais ces autres projets, quels qu'ils soient, se révèlent toujours au préjudice de la religion, naissent d'un cœur corrompu et, au final, conduisent à un naufrage peut-être irréparable dans la foi. Donc moins de projets sur ces points, et davantage à l'égard de la discipline universelle, surtout si la discipline existe de tout temps, comme celle du célibat saint, davantage de soumission à l'Église, davantage de vénération vis-à-vis du Saint-Siège, maître de toutes les Églises et (disons-le) davantage de foi, dont l'absence découle de ces projets mécompris aux tristes effets ou aux motifs déplorables[57].

Une analyse fine démontre en outre que la discipline « moderne » est absolument légitime, et qu'il est faux d'affirmer « que l'ancienne discipline est meilleure que la nôtre ». Ainsi, aucune exaltation des origines, que les Jansénistes réduisent à un mythe[58]. Bien que concédant, en hypothèse, que la discipline ancienne soit meilleure, cela ne constitue pas d'après Zaccaria « un titre suffisant pour la rétablir ».

> Au IXe siècle, l'Église pouvait-elle ou ne pouvait-elle pas changer de discipline, même si l'ancienne était meilleure ? Quelqu'un qui en douterait montrerait qu'il croit qu'on a retiré toute autorité à l'Église du IXe siècle et des suivants. Mais si l'Église pouvait changer de discipline, alors les droits qui se voulaient être issus du pape pour cette nouvelle discipline étaient reçus par la puissance légitime de l'Église et approuvés par sa propre et divine autorité[59].

---

57 « *Facciansi pure quanti se ne vorrà progetti, che per altro in pratica non sono sempre i più felici, sull'agricultura, sulle manifatture, sul commercio : questi giovano almeno a sbandire l'oziosità, ad aguzzare gl'ingegni, a ravvivare l'industria. Ma quegli altri progetti, quali che sieno, tornano sempre in danno della religione, nascono da cuor corrotto, e al fine conducono a far nella fede un forse irreparabile naufragio. Meno progetti adunque in siffatti punti, e più rispetto alla disciplina universale, massimamente se disciplina sia di tutti i tempi, come quella del celibato sacro, più sommissione alla Chiesa, più venerazione all'Appostolica Sede maestra di tutte le Chiese e (diciamola pure) più fede, della mancanza di cui sono questi malintesi progetti o tristi effetti, o deplorabil cagione* ». Voir *Comandi chi può…*, *op. cit.*, p. I.

58 J.-L. Quantin, *Le catholicisme classique et les Pères de l'Église…*, *op. cit.* ; Santino S. Maruti, *Teologia e politica…*, *op. cit.*

59 « *Poteva la Chiesa nel nono secolo, o non poteva cambiar di disciplina, ancorché miglior fosse in se stessa l'antica ? Se alcuno dubitasse di ciò, mostrerebbe di credere tolta alla Chiesa nel nono secolo, e ne' susseguenti, la podestà. Ma se potette la Chiesa cambiar di disciplina, i diritti dunque che vuolsi essere per questa nuova disciplina venuti al papa, sono stati dalla legittima podestà della Chiesa ricevuti ed approvati per propria e divina autorità.* » Voir F. A. Zaccaria, *Storia polemica della proibizione de' libri*, *op. cit.*, p. 370.

La réglementation de la discipline ecclésiastique incombe au pape, en tant que successeur de Pierre, Père de l'Église, centre de l'unité[60]. Le propos de Zaccaria, grandement marqué par l'attaque au juridictionnel et par une opposition continue à l'encontre des revendications des princes[61], met en lumière une composante ecclésiologique forte dans son analyse du problème disciplinaire. Seuls les droits-devoirs de maintien de la liberté de l'Église et de soutien à l'exécution des canons sont reconnus aux princes, dont les autres revendications sont rejetées[62].

Ubaldo Brandi, représentant du jansénisme toscan et catéchiste de la cathédrale di Chiusi, se dresse contre Zaccaria à travers *Il dormitanzio del secolo* XVIII, dédié à l'évêque Giuseppe Pannilini[63]. Dans ce débat prend également part Stanislao Volpini, qui se positionne au contraire en faveur de Zaccaria contre les accusations de Brandi[64]. Il s'agit donc d'un débat mettant en jeu des argumentations serrées et de multiples citations d'*auctoritates*, et impliquant des représentants d'un seul et même ordre religieux (les deux sont des réformateurs mineurs), radicalement pour ou contre les idées de l'ancien jésuite. Brandi, qui suit les traces de Febronio et Pereira, nie au pontife l'autorité sur de nombreux points de discipline ecclésiastique et, en revanche, étend considérablement les droits du prince.

La question de fond est donc celle de la juridiction ecclésiastique et du rôle du pape, auquel on attribue soit une primauté de juridiction universelle, soit au contraire une simple primauté d'honneur.

Une autre cause de discorde entre Brandi et Volpini concerne l'extension de la variabilité. On remarque que Volpini, dans les pas de Zaccaria,

60 Par exemple : F. A. Zaccaria, *Rendete a Cesare…*, *op. cit.*, p. 187 *sq.*

61 Notamment le contenu, suggéré par le titre F. A. Zaccaria, *Rendete a Cesare…*, *op. cit.*

62 Par exemple, *ibid.*, p. 203 *sq.*

63 Ubaldo Brandi, *Il dormitanzio del secolo decimottavo o sia Esame critico sulla dissertazione intitolata Lasciamo star le cose come stanno*, Florence, Cambiagi, 1789. *Cf.* Giuseppe Cernitori, *Biblioteca polemica degli scrittori che dal 1770 sino al 1793 hanno o difesi, o impugnati i dogmi della cattolica romana chiesa*, Rome, Stamperia Salomoni, 1793, p. 171, 162, 182. Cet ouvrage fut mis à l'Index l'année même de sa publication. *Cf.* ACDF, *Index*, Protocoles 1788-1790, fasc. 14, f. 105-106v° et f. 109 ; fasc. 24, f. 129-132 ; un riche *Summariurn propositionum opusculi inscripti Il dormitanzio…theologica censura inurendarum*, *ibid.*, f. 134-151v°. Sont à remarquer dans cette liste des formules comme « *adversus summos pontifices* », plusieurs desquelles attribuent aux princes les droits soustraits au pontife et décrivent Rome comme un colosse aux pieds d'argile.

64 Stanislao Volpini, *Il dormitanzio del padre Ubaldo Brandi minor riformato e catechista in Chiusi svegliato dal padre Stanislao Volpini minor riformato*, Faenza, Ginestri, 1790.

affirme que seule la discipline « la moins principale » est de nature variable ; mais même cette dernière peut revêtir quelques touches d'invariabilité du fait de certains éléments, parmi lesquels la stipulation concordataire.

Le différend couvre en outre la manière de considérer la validité de la discipline : autrement dit, si cette validité découle inéluctablement ou non de son ancienneté. Selon Volpini, ceci est non seulement incorrect, mais aussi dangereux. Il conteste avant tout que l'ancienneté d'une pratique disciplinaire garantisse qu'il s'agit de quelque chose de meilleur et de plus élevé en termes d'évolution historique ; même si une telle approche était admise, un rétablissement de la discipline d'autrefois ne serait pas judicieux, et les évêques ne pourraient le faire de leur propre initiative. Des changements radicaux de la discipline ecclésiastique en vigueur, en vue d'un retour à l'ancienne, provoqueraient une infinité de répercussions négatives, dont au premier plan des « plaintes des peuples ». Volpini a beau jeu ici pour attaquer Scipione de' Ricci et sa politique antidévotionnelle qui, conduite avec « impatience et précipitation », a engendré des problèmes infinis[65]. « Les nouveautés, en termes de discipline, pratiquées par un certain Évêque de la Province toscane sont bien connues, et bien connus sont les scandales publics, les troubles, la misère, le mépris public de cette même autorité, qui les a introduites[66]. »

Modifier l'organisation actuelle de la discipline nécessite au contraire gradation et prudence, mais, tout compte fait, les curialistes voient comme meilleure option celle de laisser les choses telles quelles, « remarquant que les gens de toute condition et de tout milieu, que le peuple, en somme, commence à se lasser et à murmurer[67] ».

Dans l'*Auctorem Fidei*, la bulle qui condamne les 85 propositions des actes et décrets du synode de Pistoia, l'accent est mis sur les affirmations qui concèdent aux souverains le pouvoir de régler la discipline dite extérieure, réduisant drastiquement l'espace d'intervention de l'Église.

Durant les longs travaux préparatoires, l'attention se porte à plusieurs reprises sur des affirmations qui sont clairement qualifiées d'hérétiques,

65 C. Fantappié, *Riforme ecclesiastiche e resistenze sociali…*, *op. cit.* S. Volpini, *Il dormitanzio del padre Ubaldo Brandi…*, *op. cit.*, p. 247 estime que l'introduction drastique des nouveautés se fait fatalement au détriment de la tranquillité publique.

66 « *Note sono al mondo le novità, in ordine alla disciplina, praticate da certo Vescovo di codesta toscana Provincia, e noti pur sono i scandali pubblici, i tumulti, i dispetti, i dispregi pubblici di quella medesima autorità, che le ha introdotte* ». Voir note précédente.

67 S. Volpini, *Il dormitanzio…*, *op. cit.*, p. 245-247.

d'autant plus dangereuses qu'il « s'agit d'un objet particulier qui est d'une trop grande importance dans les temps présents » ; et hérétique, puisque cet objet « attaque directement l'autorité qui *iure divino* revient à l'Église sur le règlement de la discipline extérieure[68] ». L'examen le plus large de l'argument se trouve dans les votes insérés dans la conclusion de la première congrégation examinatrice, notamment dans le vote III « dans lequel sont recueillies toutes les doctrines du synode sur le sujet à qui il appartient d'établir la discipline ecclésiastique sur les objets extérieurs[69] ». Ce sujet est le souverain, auquel le synode reconnaît un total arbitraire en la matière. Pietro Stella relève que ce vote se rattache à la doctrine des apologistes pro-curiaux, farouches adversaires des réformes ecclésiastiques de Joseph II et du grand-duc Léopold[70].

Le thème de l'unité du corps et de l'esprit est évoqué dans le vote V, « dans lequel sont collectées toutes les doctrines du synode portant sur les curés », qui conclut :

> Que si la puissance ecclésiastique ne regardait comme son objet que l'esprit de l'homme, la société de l'Église devrait être une société d'anges [...]. La société des fidèles étant corporelle et sensible, il est donc nécessaire que la puissance ecclésiastique qui la gouverne regarde l'homme extérieur, corporel et sensible, et qu'elle emploie des moyens sensibles et corporels pour le guider vers le salut éternel[71].

La source de cette thématique, mise également en relief dans Muzzarelli, est l'œuvre de Giovanni Antonio Bianchi, *Della potestà e della polizia della Chiesa*, publiée entre 1745 et 1751, en guise de réfutation de la pensée de Pietro Giannone[72]. Cette question rejoint de toute

68 *Dubbii da discutersi* dans la congrégation du 15 mars 1792 : P. Stella (dir.), *La Bolla "Auctorem Fidei" (1794)...*, *op. cit.*, p. 433 *sq. Cf.* p. 500 *sq.* et p. 557 ; le texte définitif de la bulle est p. 617.

69 P. Stella (dir.), *La Bolla "Auctorem Fidei" (1794)...*, *op. cit.*, p. 98-106.

70 *Ibid.*, p. 78.

71 « *Che se la podestà ecclesiastica risguardasse per suo oggetto solamente lo spirito dell'uomo, dovrebbe essere la società della Chiesa una società di angeli* [...]. *Essendo adunque corporale sensibile la società dei fedeli, è necessario che la podestà ecclesiastica che la governa risguardi l'uomo esteriore, corporale e sensibile, e che adoperi mezzi sensibili e corporali per indirizzarlo all'eterna salute* », *ibid.*, p. 137 *sq.*

72 G. Moroni, *Dizionario di erudizione...*, *op. cit.*, vol. V, 1840, p. 203 *sq.* ; Giuseppe Ricuperati, « Bianchi, Giovanni Antonio », in : *DBI*, vol. X, 1968, p. 114-117. Bianchi, originaire de Lucques, s'était distingué comme professeur de théologie et curieux des belles-lettres. Auteur de compositions dramatiques, il les défendit par des suggestions théoriques concernant les formes du théâtre de son temps. Cet aspect permet d'évaluer ses orientations, car

évidence une autre thématique fondamentale de l'époque, celle de la visibilité de l'Église. Le rapport entre les deux éléments ressort clairement du passage d'un auteur connu, Tommaso M. Mamachi, auquel les censeurs romains font une vague référence :

> J'aimerais que l'on me définisse cette *esterior disciplina*. Que si, par ces mots, ils entendent indiquer combien elle est visible ou se trouve sous les sens de l'Église, qu'ils soumettent aux princes la prédication de l'évangile, la profession de foi, les livres sacrés, les sacrements avec leurs formes et leurs matières, en somme les fonctions les plus sacrosaintes, le ministère, le gouvernement ecclésiastique, l'Église elle-même[73].

La défense acharnée, de la part de Rome, de la visibilité de l'Église est un argument antijanséniste classique ; dans les travaux préparatoires à l'*Auctorem fidei*, l'idée d'une Église privée de visibilité est qualifiée d'« horrible[74] » ; dans les églises de Paris de l'époque, il était d'usage de chanter : « Ne vous y trompez pas ; / l'Église catholique / sera toujours visible, / malgré les mouvemens / de tous les appellans[75]. » Si l'Église est visible, alors l'importance des éléments disciplinaires devient essentielle, et la compétence à cet égard ne peut être soustraite à sa titulaire légitime, l'Église elle-même.

---

dans ce débat il prit parti en faveur de Maffei contre Concina. Ce dernier s'opposait aux formes littéraires et artistiques contraires à la religion et aux bonnes mœurs. Conseiller de l'Inquisition de Rome et examinateur du clergé romain, il fut chargé par Clément XII de combattre les idées de Giannone, contraires au pouvoir temporel de Rome. Entre 1745 et 1751, Bianchi publia un ouvrage considérable (*Della podestà e polizia della Chiesa, trattati due contro le nuove opinioni di P. Giannone*, Rome, Pallade, 5 vol.) que Ricuperati définit comme « *la più precisa e coerente esposizione delle dottrine di parte curialista* ». Chiappini écrivait à Muratori qu'après avoir reçu des informations sur Bianchi, il nourrissait depuis le doute « *che più del vero trionfi la passione* » (9 juin 1745, in : L. A. Muratori, *Carteggio con Alessandro Chiappini*, *op. cit.*, p. 264 ; *cf.* Muratori à Tamburini, 29 juin 1745, L. A. Muratori, *Carteggio con Fortunato Tamburini*, *op. cit.*, p. 251). Sur Bianchi et son œuvre *cf.* Benedetto XIV à Tencin, 4 août 1745, in : E. Morelli (dir.), *Le lettere di Benedetto XIV al card. de Tencin*, *op. cit.*, t. I, p. 260. Bianchi fut un consultant estimé du Saint-Office, ce qui est attesté par les nombreuses demandes d'avis sur des questions importantes comme l'ouvrage controversé de Benzi, l'*Henriade* de Voltaire, ou les « *communicationes in divinis cum haereticis et schismaticis* ».

73 « *Io vorrei che mi si definisse quella tal esterior disciplina. Che se con tali parole intendino egli indicare quanto è di visibile o di cadente sotto i sensi nella Chiesa, eglino soggetteranno a' principi la predicazion del vangelo, la profession della fede, i sacri libri, i sacramenti colle materie e le forme loro, insomma le funzioni più sacrosante, il ministero, il governo ecclesiastico, la Chiesa medesima* ». Voir P. Stella (dir.), *La Bolla "Auctorem Fidei" (1794)...*, *op. cit.*, p. 140.

74 *Ibid.*, *passim*, notamment p. 94-95.

75 « Nouvelles ecclésiastiques », 13 mars 1746, p. 42.

En conclusion, nous observons que les sujets débattus au début du XVIIIe siècle conservent toute leur actualité dans la seconde moitié du siècle. On continue à argumenter, par exemple, sur le dogme, l'économie de la Révélation : définitivement accomplie dans le Christ, elle attend encore un éclaircissement sur certains points. Inversement, aucun nouvel élément ne vient s'y ajouter, pas même pour une explication plus approfondie de ce que renferment les origines. De même, on continue à débattre des limites de la variabilité des éléments disciplinaires, diversement considérés. Par contre, au XVIIIe siècle, le cadre politico-ecclésiastique se modifie radicalement. Ainsi, l'avant-scène est largement occupée par les discussions sur la discipline, en particulier sur ce qui, selon les revendications des princes, peut être considéré de leur ressort. Parallèlement aux problèmes intra-ecclésiastiques se posent avec vigueur des questions portant sur le statut de l'Église en lien avec la politique ; des questions sur lesquelles les auteurs s'engagent avec véhémence, voire virulence, dans une période difficile pour l'Église dans ses rapports avec les États, au crépuscule de l'Ancien Régime.

Traduction par Bénédicte DAZY

TROISIÈME PARTIE

RELIGION ET DÉVOTION

TRADITION ET INNOVATION

L'Église de Milan à l'époque des Lumières

En parlant de la Provence, Henri Bremond évoquait, « dans le lointain, le dôme de Milan[1] ». Cette Église est en effet souvent auréolée d'une certaine importance en Europe, surtout à partir du XVIe siècle. Les *Acta Ecclesiae Mediolanensis* sont très connus dans les églises de l'Europe moderne. Mais cela n'est pas tout. Si les *Acta* n'ont été publiés en France qu'au milieu du XVIIe siècle, l'esprit de saint Charles et nombre de ses écrits furent diffusés auparavant par ses disciples. On ne peut nier l'importance du « séminaire », réalisation borroméenne bien connue, ou des formes de l'enseignement de la doctrine chrétienne, telles qu'un César de Bus, par exemple, les répand en France en s'inspirant du modèle milanais.

Ce rôle, bien que moindre par rapport aux siècles précédents, persiste jusqu'à la fin de l'âge moderne. « Qu'on ne dise pas : ce n'est qu'une province de l'Europe. Mais quelle province ! » Depuis longtemps, située sur un axe géopolitique central, elle est au centre de la réforme catholique[2].

La période que nous allons examiner est la seconde moitié du XVIIIe siècle, de 1740 à 1796. Le *terminus ad quem* est facile à expliquer. Bien des choses changent à l'arrivée de l'armée française : un véritable renversement s'opère, qui déchire le tissu religieux, dévoile les difficultés, fait décliner les conformismes ; parallèlement, la persistance et la solidité des institutions ecclésiastiques et, plus encore, d'une religion intensément vécue, sont l'occasion de se révéler.

C'est à dessein que j'ai choisi comme *terminus a quo* la date de 1740, lorsque commence le pontificat de Benoît XIV (Prospero Lambertini), figure emblématique. Comme l'écrivent Louis Châtellier et Marc Venard au sujet de la Lorraine, la Lombardie aussi « ne se comprend pas sans

---

1 Cité par Marc Venard, *Réforme protestante, réforme catholique dans la province d'Avignon au XVIe siècle*, Paris, Cerf, 1993, p. 29.

2 Louis Châtellier, *Lombardie exemplaire*, préface à P. Vismara, *Settecento religioso in Lombardia*, *op. cit.*, p. 3.

Rome[3] ». On ne doit pas oublier que l'influence romaine, entretenant un rapport étroit avec les Églises particulières, est bien plus forte en Italie qu'ailleurs. L'histoire de l'archevêché est dominée par Giuseppe Pozzobonelli, placé à sa tête en 1748 et occupant ses fonctions pendant presque quarante ans[4].

La seconde moitié du XVIIIe siècle constitue un moment clé pour l'histoire religieuse. Afin de la comprendre pleinement, il convient toutefois de tenir compte des facteurs de continuité et, pour ce faire, de remonter au concile de Trente et à l'histoire de son application à l'époque moderne.

Après les crises du XVIIe siècle se fait jour une évolution. Si l'ecclésiologie reste à dominante juridique, il n'en va pas de même de la théorie et de la pratique de la pastorale.

Sur ce dernier point, le changement de l'Église de Rome, sur lequel les historiens ont apporté un éclairage[5], connait des répercussions à Milan. Un important travail pastoral est réalisé, qui correspond à l'orientation proposée, presque imposée, par les congrégations romaines. L'Église de Milan se révèle particulièrement réceptive aux intentions de Benoît XIV, y compris aux suggestions que l'on trouve dans son œuvre[6]. L'encyclique *Ubi primum*, qui ouvre en 1740 ce pontificat, se caractérise par le souci pastoral et par le thème de la *sollicitudo animarum*[7]. Les archevêques soulignent l'importance de la *cura animarum*. Quant à l'œuvre d'encadrement religieux, elle obtient des résultats considérables.

La fin du pontificat du pape Lambertini (1758) permet de constater, sur de nombreuses questions, les changements et revirements du Saint-Siège. Dans l'action pastorale, toutefois, on note d'importants éléments de permanence.

Après la « réforme épiscopale » du XVIe siècle, le XVIIIe siècle a été marqué par l'intervention – presque une « invasion » – des ordres

3 Actes du colloque « Les débuts de la Réforme catholique dans les pays de langue française (1560-1620) », *Revue d'Histoire de l'Église de France*, 75, 1989, p. 194, « Avant-propos ».

4 Carlo Castiglioni, *Il Cardinale Giuseppe Pozzobonelli arcivescovo di Milano*, Milan, Gasparini, 1932 ; P. Vismara, *Settecento religioso in Lombardia*, *op. cit.*, p. 41-115.

5 Claudio Donati, *La Chiesa di Roma tra antico regime e riforme settecentesche*, in : Giorgio Chittolini, Giovanni Miccoli (dir.), *La Chiesa e il potere politico dal Medioevo all'età contemporanea*, Storia d'Italia. Annali 9, Turin, Einaudi, 1986, p. 719-766 ; Luigi Fiorani, *Il Concilio romano del 1725*, Rome, Edizioni di Storia e Letteratura, 1978.

6 M. Rosa, *Riformatori e ribelli…*, *op. cit.*

7 *Bullarium*, Prati, Typographia Aldina, 1845, i. 3-6.

religieux. Au XVIIIe siècle, les évêques prennent à nouveau conscience de leur rôle dans un contexte ecclésiologique renouvelé[8].

Examinons la dédicace que Gianmaria Sormani, prêtre milanais membre de la congrégation des Oblati dei Santi Ambrogio e Carlo, adresse à l'archevêque sur son ouvrage, l'*Ambrosiano pastore*. Ce titre est en lui-même tout un programme. S'adressant aux clercs qui avaient charge d'âmes, il leur propose d'utiles réflexions pour l'enseignement et la prédication. Il y a là soit l'exaltation du *pastor evangelico*, soit la proclamation d'un idéal pastoral vivant dans la mémoire de son Église. Il s'agit de saint Charles Borromée représentant le modèle de l'évêque-pasteur[9] et dont Pozzobonelli, selon l'auteur, était une « image vivante ».

Au XVIIIe siècle les évêques, après avoir parcouru tout un itinéraire pastoral, sont plus nombreux qu'au siècle précédent. On comptait le plus souvent des vicaires épiscopaux du diocèse, comme Pozzobonelli. Contrairement à ses prédécesseurs, ce dernier ne commence pas sa carrière au sein des congrégations romaines. N'ayant même jamais été nonce, comme l'ont été Erba Odescalchi et Stampa, il a au contraire toujours exercé l'activité pastorale, surtout en qualité de vicaire général du diocèse.

Au XVIIIe siècle, comme les historiens le soulignent, beaucoup d'évêques partagent ce trait. Les contemporains se montrent sensibles aux nouvelles orientations de l'Église. Un exemple parlant se trouve dans les pièces dialectales en vers adressées à Pozzobonelli[10].

---

8 Luigi Mezzadri, « L'ideale pastorale del vescovo nel primo Settecento », *Divus Thomas*, 74, 1971, p. 355-367 ; Giuseppe Alberigo, *Lo sviluppo della dottrina dei poteri nella Chiesa universale. Momenti essenziali tra il XVI e il XIX secolo*, Rome, Herder, 1964 ; Gabriele de Rosa, *Chiesa e religione popolare nel Mezzogiorno*, Bari, Laterza, 1978, p. 109-143. Toutefois, le contrôle romain était très fort, voir Maurice Pacaut, « La seconde centralisation romaine », in : Charles Lefebvre, Marcel Pacaut, Laurent Chevallier (dir.), *L'Époque moderne 1563-1789. Les sources du droit et la seconde centralisation romaine*, Paris, CUJAS, 1976, p. 109-190.

9 Giammaria Sormani, *L'Ambrosiano pastore cioè Discorsi, omelie e pensieri di cose predicabili nelle solennità di Nostro Signore, della Beata Vergine Maria, e nelle feste comandate dei Santi*, vol. 5, Milan, Mazzuchelli-Malatesta, 1766. Sormani, chanoine de la collégiale de Saint-Victor à Varese, remplissait la charge de vicaire de l'archevêque pour la zone de Varese, ASDMI, V.P., Varese, vol. 36, 37, 39, 98).

10 Stefano Simonetta était curé et exorciste (décédé en 1754). Dans une de ses poésies en dialecte milanais, on trouve l'exaltation de la figure de l'évêque-pasteur. Il présentait deux images opposées : d'un côté l'évêque-seigneur, qui se déplaçait « *de scià e de là / per i cort di potentaa* » (par ici et par là, à la cour des potentats) et qui s'intéressait seulement à la « *politega de stat* » (politique de l'État) ; de l'autre côté, le pasteur authentique, ayant appris son « métier » non pas à la cour, dans le rôle de nonce, mais dans sa qualité de visiteur, qui avait parcouru les plaines et les montagnes de son diocèse. Voir Francesco

Ces pièces vont de l'évocation du bon évêque à celle du bon prêtre. Sur ce plan aussi existe un modèle qui se diffusera par la suite dans une littérature qui, plus qu'auparavant, insiste sur ce point[11]. La réalité cependant s'écarte parfois de ces exemples édifiants. Nous ne traiterons pas ici le niveau de la formation théologique, qui n'est pas considéré comme essentiel à l'époque pour l'exercice de la cure d'âmes[12]. Dans le domaine de la pastorale, les séminaires ont beau être anciens et bien organisés, ils n'atteignent pas pour autant la satisfaction escomptée[13]. La formation des clercs laisse souvent à désirer du point de vue intellectuel et, plus rarement, moral, du fait d'un contrôle peu efficace sur les accès au séminaire. De plus, à la sortie du séminaire, les clercs sont encouragés à se perfectionner. En ce domaine, le rôle de l'évêque est capital.

Au cœur de ce siècle, les archevêques – Pozzobonelli surtout – prêchent eux-mêmes. Ils montrent à leur propre clergé l'importance de la prédication du dimanche, et la nécessité de s'inspirer du modèle apostolique, qui n'est certainement pas celui des grands prédicateurs du Carême[14]. Pozzobonelli privilégie la prédication, cherchant à répandre des formes plus évangéliques. Non seulement on désapprouve la négligence et l'esprit superficiel, mais aussi leur contraire, c'est-à-dire la manière « baroque », l'excès de citations, les redondances et la longueur.

Dans le diocèse de Milan, les capucins ou les membres des autres ordres religieux ne sont pas les seuls à se charger des sermons : les curés en font souvent un de leurs principaux devoirs. Cela constitue l'un des grands changements qui affectent la vie religieuse – des campagnes en

Cherubini (éd.), *Collezione delle migliori opere scritte in dialetto milanese*, t. IV, *Poesie*, Milan, Giovanni Pirotta, 1816, p. 265.

11 Xenio Toscani, « La letteratura del buon prete in Lombardia nella prima metà del Settecento », *Archivio Storico Lombardo*, série X, 2, 1976, p. 158-195.

12 À propos de l'insuffisante culture théologique du clergé séculier : Elena Brambilla, « Società ecclesiastica e società civile : aspetti della formazione del clero dal Cinquecento alla Restaurazione », *Società e Storia*, 12, 1981, p. 299-366.

13 Xenio Toscani, *Il Clero lombardo dall'Ancien Régime alla Restaurazione*, Bologne, il Mulino, 1979.

14 Les caractéristiques de la prédication dans le milieu milanais ont été tracées par Annarosa Dordoni, *La polemica a Milano contro gli spiriti forti attraverso la predicazione dotta e la produzione apologetica*, in : A. Acerbi, M. Marcocchi (dir.), *Ricerche sulla Chiesa di Milano nel Settecento*, *op. cit.*, p. 88-119 ; Gianfranco Barbieri, *Esempi di predicazione popolare nel Settecento milanese attraverso alcuni documenti inediti*, in : A. Acerbi, M. Marcocchi (dir.), *Ricerche sulla Chiesa di Milano nel Settecento*, *op. cit.*, p. 119-149 ; Samuele Giombi, « Predicazione e storia della Chiesa milanese tra XVII e XVIII secolo », *SB*, 13, 1999, p. 33-56.

particulier – dans la seconde moitié du XVIIIe siècle. Les différences sont manifestes par rapport au temps où la prédication était un fait exceptionnel, réservé aux ordres religieux. À l'âge moderne, l'un des traits de la christianisation des campagnes se fonde sur une pédagogie nouvelle et un engagement radical, sur le modèle de l'activité des apôtres.

La prédication « apostolique » est considérée comme essentielle, même pour la ville, où les occasions d'écouter les grands prédicateurs ne manquent pas[15]. Cela ne suffit néanmoins pas : le peuple a besoin d'une prédication simple, efficace, répétée[16]. Le sermon et l'enseignement de la doctrine chrétienne doivent conduire les fidèles à une meilleure connaissance des fondements de la religion, à une morale plus exigeante et à plus de ferveur dans leurs dévotions. À ce propos, il faut observer qu'après le concile de Trente l'Église a de plus en plus insisté sur le contrôle des comportements au niveau éthique[17].

Le temps des sermons avec effets et cris est révolu ou, du moins, on commence à les considérer avec méfiance. Par conséquent, on accorde toujours plus d'importance au contenu, car les mots ne sont pas des enveloppes vides, ayant à montrer la vérité et devenir une réalité par l'apport de la vie et par l'exemple de ceux qui les proclament[18].

---

15 G. Sormani, *L'Ambrosiano pastore*, t. V, pages non numérotées.

16 Le thème de la prédication est souvent souligné au XVIIIe siècle. La prédication du dimanche et la prédication missionnaire constituent deux exemples éclatants du phénomène, qui permet la christianisation des campagnes et marque la formation du catholicisme moderne. L. Châtellier, *La Religion des pauvres…*, *op. cit.* ; Roberto Rusconi, « Gli ordini religiosi maschili dalla Controriforma alle soppressioni settecentesche. Cultura, predicazione, missioni », in : Mario Rosa (dir.), *Clero e società nell'Italia moderna*, Rome-Bari, Laterza, 1992, p. 207-274 ; Giacomo Martina, Ugo Dovere (dir.), *La predicazione in Italia dopo il concilio di Trento tra Cinquecento e settecento*, Rome, Dehoniane, 1996. Un des exemples les plus éclatants est constitué par l'œuvre d'Alfonso de Liguori. La bibliographie sur ce sujet est vaste : Fabriciano Ferrero et Samuel J. Boland (dir.), *Studia et subsidia de vita et operibus S. Alfonsi Mariae de Ligorio*, Rome, Collegium S. Alfonsi, 1990 ; *Alphonse de Liguori, pasteur et docteur*, Paris, Beauchesne, 1987 ; Pompeo Giannantonio (dir.), *Alfonso M. de Liguori e la società civile del suo tempo*, Florence, Olschki, 1990 ; Giuseppe Orlandi, « S. Alfonso Maria de Liguori e l'ambiente missionario napoletano nel Settecento : la Compagnia di Gesù », *Spicilegium Historicum Congregationis SS.mi Redemptoris*, 38, 1990, p. 5-195 ; Gabriele de Rosa, *Vescovi popolo e magia nel sud*, Naples, Guidi, 1983, surtout : « Linguaggio e vita religiosa attraverso le missioni popolari del Mezzogiorno nell'età moderna », p. 195-226.

17 Paolo Prodi, « Il concilio di Trento di fronte alla politica e al diritto moderno », in : P. Prodi, W. Reinhard (dir.), *Il Concilio di Trento e il moderno*, *op. cit.*, p. 7-26.

18 Girolamo Birago, « A soa minenza el sur cardinal Pozzbonell, arcivescov de Milan », in : F. Cherubini (éd.), *Collezione delle migliori opere scritte in dialetto milanese*, *op. cit.*, vol. IV, p. 177.

Le rôle de l'image n'a pas disparu, mais la parole l'emporte. Le catholicisme se fait religion du livre[19].

Il faudrait étudier de façon systématique la diffusion des livres religieux à cette époque[20]. Il s'agit souvent de petits textes, à bon marché et à grande diffusion, qui peuvent – tel est le cas des catéchismes – être appris par cœur. Désormais lus par les fidèles eux-mêmes, ils contribuent à diffuser la dévotion dans tous les milieux. Au cours du siècle, l'idée que la religion exclut l'ignorance, et qu'il faut rapprocher les fidèles de la parole, des sacrements et des rites, en conformité avec l'enseignement de l'illustre érudit et savant Lodovico Antonio Muratori[21], finit par s'imposer.

Dans son ouvrage L'*Ambrosiano pastore* qui, avant de constituer une référence, est l'expression d'une mentalité courante, Sormani montre à l'égard des clercs des exigences nouvelles. Il veut les engager à mieux se préparer, pour s'acquitter parfaitement de leur tâche, surtout en ce qui concerne le tribunal de la pénitence, ce qui implique une capacité accrue, mais aussi un sens élevé du devoir pastoral. Le fait est important. En effet, ce qui est demandé aux prêtres n'est pas tant une haute compétence en casuistique qu'une profonde connaissance de la littérature spirituelle. Le but de ces requêtes est expressément annoncé : la tâche sacerdotale consiste à « conduire les âmes sur le chemin de la perfection chrétienne[22] ». Il semblerait, tout compte fait, que la voie de la perfection soit accessible. Chacun peut mettre en pratique la véritable vie chrétienne, même celui que l'on juge « idiot », c'est-à-dire ignorant. Tout homme, appelé par Dieu au Salut, se doit de parcourir son propre chemin de perfection, même dans la banalité et dans la platitude du quotidien. La « religion des pauvres » qui s'implante à l'âge moderne fait en sorte que chaque homme peut non seulement être aidé et consolé, mais également s'acheminer vers la perfection.

Ce parcours n'est pas celui d'un homme seul. Le prêtre a le devoir de conduire ses fidèles sur cette voie. Il ne peut en être autrement, dans

---

19 L. Châtellier, *La Religion des pauvres*..., *op. cit.*, p. 255 *sq.* Il n'y a toutefois pas, en principe, de contradiction entre la parole, le livre, l'image. À propos de la « place de choix » du livre, qui est visible même dans les programmes iconographiques de l'époque tridentine, voir B. Neveu, *L'Erreur et son juge*..., *op. cit.*, p. 1295 et *passim*.

20 Louis Châtellier et son équipe avaient travaillé sur « Livres de piété à l'époque moderne et contemporaine ».

21 Pietro Stella, « Preludi culturali e pastorali della Regolata divozion de' cristiani », in : *L. A. Muratori e la cultura contemporanea*, *op. cit.*, p. 241-270.

22 G. Sormani, *L'Ambrosiano pastore*, *op. cit.*, p. 362.

une phase encore marquée par la cléricalisation de l'Église et qui s'ouvre en même temps sur l'importance de la religion pour tous les hommes.

Certes, dans la seconde moitié du XVIIIe siècle, le modèle monastique ou clérical et le modèle laïque ne sont plus aussi éloignés l'un de l'autre qu'autrefois. Selon Sormani, tout fidèle peut trouver « le trésor de la perfection chrétienne » partout, dans son travail comme dans le labeur des champs. Cette perfection n'a rien à envier à celle des moines, même les plus observants[23]. La nécessité de la vie chrétienne s'impose à tous.

On saisit là l'ampleur de la différence entre la pastorale des jansénistes et celle des non-jansénistes. Au cours du XVIIIe siècle, le monde catholique se partage entre ces deux courants, au sein desquels s'offre une grande variété d'options théologiques et pratiques. Dans le diocèse de Milan, c'est un molinisme modéré qui prévaut dans la pratique religieuse et dans la dévotion[24]. La pastorale accorde une place toujours plus grande à l'idée que l'amour de Dieu s'adresse à tous les hommes. La réponse de l'homme s'inscrit dans cet horizon : elle est à la fois religieuse, morale, dévote, dans ce que Louis Châtellier a appelé une « religion de proximité ».

L'attitude des autorités ecclésiastiques n'est pas défavorable à la dévotion, à condition que celle-ci soit « réglée », comme le demandent Muratori et Prospero Lambertini. Les excès en sont bannis. Mais aucun mépris ne se ressent envers la religion des simples : ce que l'on peut, au contraire, constater ailleurs, surtout chez des prélats pro-jansénistes, qui tendent vers une religion pure et détachée des réalités quotidiennes. L'archevêque Pozzobonelli suit quant à lui une voie modérée. En effet, il souhaite mettre un frein à des formes religieuses qui risquent de franchir les limites de la religion authentique en devenant excès et superstition. Voilà pourquoi il s'oppose par exemple à la pratique excessive de l'exorcisme de la part du clergé. En dehors de ces mesures de rigueur, Pozzobonelli ne refuse aucunement de reconnaître la religion du peuple.

---

23 *Ibid.*, p. 379.

24 Sur les permanences au XIXe siècle, voir Annarosa Dordoni, « I libri di devozione dell'Ottocento (con particolare riferimento alla produzione milanese) : proposte per una lettura critica », *Annali di storia dell'educazione e delle istituzioni scolastiche*, 1, 1994, p. 59-102, ici p. 88-89 ; Massimo Marcocchi, « Indirizzi di spiritualità ed esigenze educative nella società post-rivoluzionaria dell'Italia settentrionale », in : Luciano Pazzaglia (dir.), *Chiesa e prospettive educative in Italia tra Restaurazione e Unificazione*, Brescia, La Scuola, 1994, p. 83-122.

Il ne réduit pas, dans la première période de son épiscopat du moins, ce que l'on peut appeler l'« espace du miracle ». Tout en effectuant des contrôles plus rigoureux que ceux de ses prédécesseurs, il manifeste son attention envers la religion du peuple : une attention pleine de prudence et de compréhension[25].

La religion du peuple, en effet, est généralement plus « réglée » que l'on peut le croire en raison de ce que les historiens nomment souvent les superstitions. Ils qualifient ainsi, de façon expéditive, toutes les pratiques religieuses extérieures. La distinction entre religion et superstition est malaisée à établir, car il s'avère difficile d'arriver à comprendre le sens que les fidèles donnaient à leurs pratiques. Mais quelques sources, telles que les témoignages aux procès canoniques en matière d'images miraculeuses, permettent parfois d'atteindre plus profondément le vécu religieux. Elles nous font découvrir des formes religieuses qui nous ramènent au passé et qui reflètent en même temps les aspects nouveaux de la sensibilité religieuse[26]. À l'intérieur d'une société qui se veut cléricale, l'historien peut parfois percer les silences des fidèles et déceler le visage d'une religion qui est, au final, celle de tout le monde.

Les racines en sont profondes et multiformes. Charles Borromée, François de Sales, Philippe Neri ont tous rappelé l'importance d'être chrétien dans son « état ». Dans la littérature spirituelle du XVIIIe siècle, ce trait devient commun. Dans les catéchismes également se fait sentir l'insistance sur la pratique et sur les devoirs d'état du chrétien, parfois au prix d'une certaine réduction moralisante[27]. Comme l'a remarqué Paolo Prodi, l'Église moderne, après Trente, met en œuvre un changement qui

25 Paola Vismara, *Miracoli settecenteschi in Lombardia tra istituzione ecclesiastica e religione popolare*, Milan, I.P.L., 1988.

26 *Ibid.* ; Odile Maisse remarque que « la principale difficulté vient de ce que notre connaissance du miracle se fonde sur des récits dans lesquels les paroles du miraculé et le discours clérical se superposent et s'altèrent mutuellement » : difficulté qui, toutefois, est moins forte s'il s'agit de procès canoniques et non de récits de miracles, où au contraire « la façon dont est décrite – voire interprétée – chaque scène dépend essentiellement du scribe qui la raconte » (Odile Maisse, « Le témoignage des fidèles : les récits de miracles de Saint-Nicolas-de-Port au début du XVIIe siècle », *Revue d'Histoire de l'Église de France*, 75, 1989, p. 177-188).

27 La longue « bataille des catéchismes » en fournit un témoignage. À Milan, toutefois, on constate la difficulté de réaliser cette orientation nouvelle dans l'enseignement de la doctrine chrétienne, bien que l'autorité politique soit intervenue en la matière par la censure. Paola Vismara, *Il "buon cristiano". Dibattiti e contese sul catechismo nella Lombardia di fine Settecento*, Florence, La Nuova Italia Editrice, 1984 et *id.*, « Educazione religiosa,

tend à contrôler les comportements sur le plan de l'éthique plutôt que du droit[28]. On assiste au développement d'une religion plus soucieuse d'accorder les attitudes morales aux impératifs de la foi. Selon René Taveneaux, le catholicisme en est marqué entre 1560 et 1620 avant que cela ne s'estompe dans les décennies suivantes[29], non sans remonter à la surface au début du XVIIIe siècle. Mais ce qui caractérise tout autant cette époque, c'est le souci de faire coïncider foi et raison en termes de morale. Sur ce point, il est légitime de parler d'un « nouveau christianisme » au XVIIIe siècle[30].

Soulignons un dernier aspect, sans toutefois nous y arrêter : le rapport entre la dévotion et la charité[31]. On peut considérer, à titre d'exemple, le *Breve trattato de' pregi della carità cristiana nel servire agl'infermi nello Spedale*[32]. Ce texte, adressé aux confrères de la Congregazione della Penitenza dirigée par les jésuites, engage les membres de la confrérie aux dévotions traditionnelles ainsi qu'au zèle charitable.

L'éthique n'est pas qu'une sorte d'obéissance à ce qui est prescrit, même si cela a son importance. Il s'agit d'une morale qui a un fondement théologique. On doit ici invoquer Muratori et son œuvre *Della carità cristiana in quanto essa è amore del prossimo*[33]. De nouveau, on peut mentionner Sormani, qui affirme que l'amour de l'homme envers Dieu doit se modeler, par imitation, sur l'amour de Dieu envers l'homme[34].

educazione "politica". La funzione del catechismo nella Lombardia settecentesca », *Annali di storia dell'educazione e delle istituzioni scolastiche*, 1, 1994, p. 37-57.

28 P. Prodi, « Il concilio di Trento di fronte alla politica e al diritto moderno », *op. cit.*, p. 24.

29 René Taveneaux, « Les prémices de la Réforme tridentine », *Revue d'Histoire de l'Église de France*, 75, 1989, p. 205-213.

30 Muratori, en particulier, « place de façon optimiste la conscience morale sous le signe des choix et des jugements rationnels » : Jacques Solé, « Éthique chrétienne et anthropologie : du pessimisme de Pierre Nicole à l'optimisme de Muratori », in : *L. A. Muratori e la cultura contemporanea*, *op. cit.*, p. 353-359.

31 À ce propos, bien des éléments sont à retenir des travaux d'Edoardo Bressan, surtout : « Chiesa milanese e assistenza nell'età delle riforme », in : A. Acerbi, M. Marcocchi (dir.), *Ricerche sulla Chiesa di Milano nel Settecento*, *op. cit.*, p. 150-179 ; « Carità e riforma sociale nel Settecento lombardo », in : M. Bona Castellotti, E. Bressan, P. Vismara (dir.), *Politica, vita religiosa, carità...*, *op. cit.*, p. 235-255 ; Edoardo Bressan, « Carità e associazionismo cattolico tra Sette e Ottocento : il caso di Milano », *Il Risorgimento*, 2-3, 1994, p. 247-259 ; *id.*, « Laici devoti, congregazioni religiose ed educazione popolare nel primo Ottocento : il caso di Milano », in : Lucia Romaniello (dir.), *Storia delle istituzioni educative in Italia tra Ottocento e Novecento*, Milan, Comune di Milano, 1996, p. 95-106 ; Edoardo Bressan, *Carità e riforme sociali nella Lombardia moderna e contemporanea. Storia e problemi*, Milan, NED, 1998.

32 Milan, Giuseppe Marelli, 1759.

33 Venise, Gio. Battista Recurti, 1724.

34 G. Sormani, *L'Ambrosiano pastore*, *op. cit.*, p. 363.

À plusieurs reprises, l'auteur manifeste sa volonté de combattre la fausse dévotion, celle uniquement extérieure. En particulier, il élève la voix, âprement et sans appel, contre ces chrétiens qui, sous prétexte de spiritualité et de dévotion, s'adonnent à l'oisiveté, à la fainéantise[35]. Il signale que cette « illusion » règne surtout parmi les femmes, qui aimeraient, en bon nombre, demeurer longtemps dans les églises pour assister à la messe, bredouiller leur chapelet, nettoyer les confessionnaux, etc., mais qui ne se préoccupent pas de leurs tâches ménagères et qui manquent à leurs devoirs au détriment de leur famille. Dans la religion, un dimorphisme sexuel dans la pratique religieuse et une féminisation croissante des dévotions apparaissent, simple prélude d'un processus qui s'accentuera au siècle suivant. Les ecclésiastiques, comme le fait Sormani, engagent le plus souvent les femmes à considérer leur zèle comme un excès. Les devoirs liés à leur condition sociale ne peuvent être oubliés. Ainsi, l'écrit Sormani – on acquiert des mérites certains auprès du Seigneur.

Au sujet des laïcs, il convient de rappeler que, dans les dernières décennies du siècle, bien des mesures restrictives en matière religieuse ont été prises par Joseph II puis, ensuite, par la République cisalpine. La population, refusant d'être privée de ses prières publiques et de ses processions, aurait pu se révolter, ce qui arrive ailleurs. Toutefois, le Milanais ne connaît pas de véritable révolte, seulement une sourde et tenace opposition qui fait peu de bruit. Cette désobéissance n'est qu'un des symptômes de l'attachement des fidèles à leurs pratiques religieuses[36]. Au fur et à mesure que l'autorité politique réclame ses droits, les pouvoirs de cette dernière s'étendent à des domaines autrefois du ressort de l'Église. L'État veut innover, pour des raisons qui relèvent autant de la religion que de la rationalisation bureaucratique et de la politique « éclairée », avec l'arrière-pensée de consolider le pouvoir absolu.

Des ecclésiastiques milanais se montrent favorables à l'idée d'une Église où le pouvoir politique gagnerait ce que Rome perdrait[37]. Ainsi, on pourrait citer le *Ragionamento sopra la podestà temporale de' principi e*

---

35 *Ibid.*, vol. IV, p. 376-386; vol. V., p. 180.

36 L'échec du rêve de Joseph II sur la religion populaire montre le divorce entre une partie des élites et le peuple. Ce dernier demeurait attaché aux formes du catholicisme de la Réforme catholique. *Cf.* Claudio Donati, « Dalla "regolata devozione" al "giuseppinismo" », in : M. Rosa (dir.), *Cattolicesimo e lumi…*, *op. cit.*, p. 77-98.

37 Yves Congar, *L'Église de saint Augustin à l'époque moderne*, Paris, Cerf, 1970, p. 408.

l'autorità spirituale della Chiesa du barnabite Paolo Frisi (1768)[38], ou le *Confronto istorico dei nuovi con gli antichi regolamenti, rapporto alla polizia della Chiesa nello Stato* de l'abbé Michele Daverio (1787)[39].

Il serait, en effet, exagéré d'envisager les rapports, souvent difficiles, entre l'autorité politique et l'autorité ecclésiastique comme un conflit radical, qui refléterait toujours des différences substantielles. Il reste vrai que les heurts entre l'État et l'Église de Rome ne peuvent mener qu'à la consolidation du premier ou à une « sécularisation » croissante. Cependant, une telle clef interprétative est sans doute partielle. Au début de la période étudiée ici, le rapport entre la religion et la politique s'inspire encore du modèle de l'Ancien Régime. Mais, dans la seconde moitié du siècle, les conflits annoncent des développements nouveaux (par la critique de l'idée de « religion d'État ») et s'inscrivent dans un cadre qui relève du passé. Ils mettent en lumière l'enchevêtrement entre tradition et innovation. Comme le note Daniele Menozzi[40], les paramètres fondamentaux de la société chrétienne ne sont pas encore remis en question. Toutefois, la volonté d'innover conduit à modifier plusieurs aspects de la situation antérieure.

Dans le Milanais, un conflit à l'état latent ou patent se joue entre l'autorité politique et l'autorité ecclésiastique. Il touche le plus souvent à des questions de compétence plutôt que de fond. À partir des *Istruzioni segrete per la Giunta economale* de 1768, l'idée fait son chemin que la compétence de l'État doit s'exercer dans des domaines que l'Église a toujours réclamés car spirituels (par exemple le contrôle sur les livres, l'enseignement de la doctrine chrétienne, les indulgences, l'administration des sacrements)[41].

Ces conflits entraînent chez plusieurs ecclésiastiques un raidissement, ce qui est particulièrement évident au temps du pape

---

38 Sur ce texte, inédit jusqu'à ces dernières années, voir Carlo Capra, « Il Settecento », in : Domenico Sella et Carlo Capra (dir.), *Il Ducato di Milano dal 1535 al 1796*, Turin, Utet, 1984, p. 151-617, ici p. 397.

39 Ce texte a été publié anonymement à Florence en 1787 et, de nouveau, en 1788. *Cf.* Ettore Passerin d'Entrèves, « Le premesse del riformismo di Maria Teresa e di Giuseppe II nel campo ecclesiastico in Austria e in Lombardia », in : Aldo De Maddalena, Ettore Rotelli, Gennaro Barbarisi (dir.), *Economia, istituzioni, cultura in Lombardia nell'età di Maria Teresa*, Bologne, il Mulino, 1982, vol. II, p. 729-740.

40 Daniele Menozzi, « Tra riforma e restaurazione. Dalla crisi della società cristiana al mito della cristianità medievale (1758-1848) », in : G. Chittolini, G. Miccoli (dir.), *La Chiesa e il potere politico*, *op. cit.*, p. 767-806.

41 C. Capra, *Il Settecento*, *op. cit.*, p. 391-394.

Clément XIII (1758-1769). Son pontificat marque pour l'Église une phase de retranchement au cours de laquelle on résout les problèmes d'une façon négative. L'idée d'être une « citadelle assiégée » va dominer[42]. On l'observe également dans l'*Inscrutabile divinae sapientiae* de Pie VI[43].

La politique religieuse, surtout dans le contexte du « grand projet » de Joseph II, n'est pas sans effet. Par exemple, l'image du bon prêtre, que l'autorité de l'État esquisse, diffère peu du modèle ecclésiastique : le curé bien préparé doit être au service de ses fidèles. Mais l'intervention politique quant à la formation cléricale, fait que l'« utilité » va l'emporter : le prêtre a tendance à devenir ainsi une sorte de fonctionnaire[44]. Les archevêques de Milan, de Pozzobonelli à Filippo Visconti, engagent une bataille pour éviter le contrôle public sur la formation des clercs. À cause de leur opposition, l'expérience du Séminaire général de Pavie, voulue par l'État, est de courte durée[45]. Néanmoins, l'Église elle-même finira par adopter, en partie du moins, un critère de jugement fondé sur l'utilité. En ce qui concerne les ordres religieux, l'action concurrente de l'État a des conséquences importantes, non pas uniquement sur la diminution de la population monastique ou les suppressions de monastères et d'ordres religieux, mais sur un fait totalement nouveau : que la vie religieuse est nécessairement soumise au souci d'une utilité dans la société. Cette nécessité, qui vient de l'extérieur, finit par pénétrer à l'intérieur[46]. Crise d'identité ou manifestation d'un renouvellement réussi grâce à un fort dynamisme interne ?

Pour une partie du monde ecclésiastique, l'idée d'une réforme de l'Église par l'autorité politique s'impose. C'est donc à cette dernière d'en

42 « Christianae reipublicae salus », in : *Bullarium romanum*, Prati, typographia Aldina, 1843, vol. IV, p. 1119-1121.

43 Encyclique « Inscrutabile divinae sapientiae », 25 décembre 1775, in : *Bullarium romanum*, Prati, typographia Aldina, 1847, vol. VI, p. 181-186.

44 Dominique Julia, « Il prete », in : Michel Vovelle (dir.), *L'Uomo dell'Illuminismo*, Rome-Bari, Laterza, 1992, p. 399-443.

45 Valeria Pedante, « Il Seminario Generale di Pavia sotto Giuseppe II », in : M. Rosa (dir.), *Cattolicesimo e lumi…*, *op. cit.*, p. 205-237 ; voir aussi : M. Bernuzzi, *La Facoltà Teologica dell'Università di Pavia…*, *op. cit.*, *passim.*

46 Voir les considérations de Gérard Michaux, en particulier : « Le clergé régulier et les défis des Lumières », in : *Tradition et innovation dans la société française du XVIIIe siècle*, Paris, Presses Paris Sorbonne, 1995, p. 1238-1247 ; sur la situation dans le Milanais, voir P. Vismara, *Settecento religioso in Lombardia*, *op. cit.*, p. 119-167 ; sur l'apologétique qui veut démontrer l'utilité sociale du christianisme, voir A. Dordoni, *La polemica a Milano*, *op. cit.*, p. 108 *sq.* ; en général *cf.* A. Prandi, *Religiosità e cultura nel '700 italiano*, *op. cit.* et *id.*, *Cristianesimo offeso e difeso. Deismo e apologetica cristiana nel secondo settecento*, Bologne, il Mulino, 1975.

fixer les conditions. L'annonce d'une transformation de la religion en culte éminemment civil métamorphose le bon chrétien en bon citoyen.

Dans une période de conflits et de déchirements, apprécier historiquement la manière dont l'autorité ecclésiastique a pris conscience de ces problèmes demeure compliqué. À Milan, la situation présente des traits spécifiques, du fait que l'archevêque, conscient des difficultés de son Église, ressent la nécessité d'une médiation, du moins concernant la censure (1767) et recherche un accommodement avec le pouvoir public[47]. Il est vrai que la prudente tentative de Pozzobonelli repose en grande partie sur une évaluation des circonstances historiques. S'il insiste sur le besoin d'une médiation, ce n'est pas tant pour réserver une petite place à son Église dans un domaine si important.

En réalité, le prélat est condamné à perdre, car la cour de Rome n'a pas l'intention d'accepter un compromis. Le secrétaire d'État, Luigi Torregiani, lui écrit une lettre d'une grande dureté, considérant la tentative d'accommodement de Pozzobonelli comme une désobéissance au Siège romain[48]. Rome voit un grave danger menacer l'Église entière, comme l'écroulement de tout l'édifice dans une atmosphère d'Apocalypse, fin inéluctable contre laquelle il faut malgré tout batailler[49].

Quant au détachement des élites, l'autorité ecclésiastique suppose que cette attitude a une origine éthique. L'esprit libertin ne serait que la manifestation intellectuelle d'un mal moral présent depuis longtemps. « Misère morale de ce siècle ? Misère religieuse ? » Mais quel siècle

47 La « modération » des archevêques de Milan, qui avaient l'intention de maintenir un accord avec l'autorité politique tout en défendant leurs droits, a été esquissée pour le XVIIe siècle par Claudio Donati, « Aspetti istituzionali della Chiesa di Roma tra XVII e XVIII secolo », in M. Bona Castellotti, E. Bressan, P. Vismara (dir.), *Politica, vita religiosa, carità…*, *op. cit.*, p. 103-127.

48 Card. Torregiani à Giuseppe Pozzobonelli, 20 juin 1767 (ASDMI, Carteggio Ufficiale, 131). Il affirmait que le souverain pontife avait constaté l'impossibilité de la conciliation : l'impératrice Marie-Thérèse en avait été informée par le Nonce, qui lui avait communiqué plusieurs mémoires. Les sentiments et les maximes de Pozzobonelli ne pouvaient différer de ceux de Rome, auxquels il devait se conformer. On lui imposait par conséquent d'éviter de présenter des projets, encore plus de conclure tout accord avec l'autorité politique. La « résolution de l'affaire » restait entre les mains du Siège apostolique. C'était là l'une des raisons pour lesquelles au début de 1768, Pozzobonelli demanda à se démettre de sa charge.

49 Au début de 1768, Clément XIII écrivait de sa main à Pozzobonelli ; il affirmait que l'on vivait dans une époque « très calamiteuse », au sein de laquelle on faisait de tous les côtés à l'Église une « guerre sans merci » (19 mars 1768, ASDMI, Carteggio Ufficiale, 132).

« n'est [pas] moralement misérable au regard d'un moraliste[50] ? » Dans la seconde moitié du siècle, on commence à percevoir une « trahison » intellectuelle. Selon Pozzobonelli, les livres font connaître une philosophie que l'on dit « perverse » qui abhorre la vérité, ennemie de la religion et de ses ministres ; une philosophie que l'on définit comme « l'hérésie de notre siècle[51] ». Quelques années plus tard, Pie VI parle à ce propos *de improba contagio* et *de pestilens morbus* ayant pénétré les académies et les palais, mais aussi – fait horrible et affreux – le cœur du sanctuaire[52].

Quoi qu'il en soit, l'impression est qu'à Milan l'autorité ecclésiastique saisit parfois avec difficulté les raisons des changements en cours. La compréhension des exigences et des orientations nouvelles, dont on méconnaît souvent les raisons, est en général assez limitée. L'autorité ecclésiastique paraît surtout soucieuse de sauvegarder ses droits. Sur ce point, les auteurs divergent dans leurs interprétations. On pourrait y voir la dangereuse tentation pour l'Église de ne répondre aux adversaires que par une sorte de défense de ses privilèges, mais cela peut aussi être la défense d'une compétence reposant sur une définition de l'Église comme *societas perfecta* (perspective ecclésiologique), sur son autorité pour définir son propre droit (perspective juridique) ou sur l'importance suprême de la *salus animarum*, proclamée à Trente (perspective pastorale).

De toute façon, les réponses à ces questions restent encore à l'état fragmentaire. Il manque une réaction organique[53]. En 1783, Luigi Virginio, un émissaire de Diessbach, arrive à Milan dans le but de créer des groupes « d'amitié chrétienne ». En faisant allusion au jansénisme et à l'impiété, il affirme que, les secousses étant de fraîche date, on n'arrive pas encore à en mesurer les effets, ni à en trouver les causes et les remèdes[54].

---

50 Jean-Claude Dhotel, *Les Origines du catéchisme moderne d'après les premiers manuels imprimés en France*, Paris, Aubier, 1967, p. 112.

51 ASV, *Sacrae Congregationis Concilii Relationes*, vol. 509 B, f° 167v°, année 1771.

52 Encyclique *Inscrutabile divinae sapientiae*, 7, p. 184. Les « *venenosi libri* » surtout en auraient été la cause (Clément XIII dans la *Christianae reipublicae salus* parlait déjà de « *librorum pestifera contagio et mortifera pernicies* »).

53 Gabriel Le Bras, *Histoire du droit et des institutions de l'Église en Occident*, vol. I, *Prolégomènes*, Paris, Sirey, 1955, p. 166.

54 Luciano Vaccaro, « I "veri cristiani". Esperienze di apostolato laicale a Milano tra Settecento e Ottocento », in : A. Acerbi, M. Marcocchi (dir.), *Ricerche sulla Chiesa di Milano nel Settecento*, *op. cit.*, p. 253-297.

Les conséquences de cette situation sont bien visibles. L'action de l'Église est paralysée par son jugement défavorable sur le présent[55] et par l'angoisse du futur. Une analyse attentive de la situation fait souvent défaut.

Cependant, on ne peut ignorer le fait qu'à la fin du XVIIIe siècle, l'Europe demeure profondément chrétienne[56]. La grande conquête de l'Église à cette époque se résume aux campagnes[57]. Les *Indie di quaggiù*[58] vont devenir le milieu où les impulsions religieuses et dévotes peuvent obtenir le maximum de succès.

Mais la ville n'est pas autant le centre de l'irréligion, ni celui d'un attiédissement généralisé de la foi. Citons encore Luigi Virginio. Ce dernier affirme qu'à Milan, le clergé est en général excellent, le peuple très religieux et dévot. En réalité, les dispositions de Joseph II en matière religieuse, qui concernent plusieurs aspects de la dévotion populaire (de la suppression des confréries à l'interdiction des processions), ne sont ni acceptées, ni appliquées, même en ville. Giuseppe Zola, professeur janséniste à la Faculté de Théologie de Pavie, va jusqu'à proposer la peine de mort pour ceux qui n'observeraient pas les édits de l'empereur. Mais les transgressions ne sont pas suffisantes pour provoquer une telle réaction. Parallèlement aux questions posées par la persistance des processions et de l'activité des confréries, la volonté de proposer un modèle

---

55 Il s'agit sans doute d'un *topos* qui revient souvent dans les milieux ecclésiastiques ; mais, dans le contexte, l'insistance sur la *nostrorum temporum nequitia* est très marquée. La philosophie des Lumières est considérée comme l'une des causes de cette situation, du fait que l'on propose aux faibles, si nombreux, *falsam lucem ipsis tenebris deteriorem* (des fausses lumières plus dangereuses que les ténèbres).

56 Pierre Chaunu, *La civilisation de l'Europe des Lumières*, Paris, Flammarion, 1971, p. 317 ; Luciano Guerci, *Le Monarchie assolute*, vol. II, *Permanenze e mutamenti nell'Europa del Settecento*, Turin, Utet, 1986, p. 184 ; en ce qui concerne la France, voir Dominique Dinet, « La ferveur religieuse dans la France du XVIIIe siècle », *Revue d'Histoire de l'Église de France*, 79, 1993, p. 275-299 ; Jean de Viguerie, « Quelques aspects du catholicisme des Français au XVIIIe siècle », *Revue Historique*, 105, 1981, p. 385-370.

57 G. de Rosa, *Chiesa e religione popolare*, *op. cit.*, p. 46.

58 Dès le milieu du XVIIe siècle, les missionnaires avaient souvent comparé la condition religieuse des campagnes à celle des « pays de mission » d'outre-mer. Ils exprimaient ainsi la conscience des différences religieuses et culturelles entre les villes et les campagnes : cette prise de conscience annonçait une action systématique et fructueuse. *Cf.* Adriano Prosperi, « Otras Indias : missionari della Controriforma tra contadini e selvaggi », in : *Scienze credenze occulte livelli di cultura*, Florence, Olschki, 1982, p. 205-234 ; *id.*, « Missioni popolari e visite pastorali in Italia tra Cinque e Seicento », *Ricerche di storia sociale e religiosa*, 23, 1994, n° 46, p. 29-44 ; Mario Rosa, *Religione e società nel Mezzogiorno tra Cinque e Seicento*, Bari, De Donato, 1976, p. 245-272.

nouveau de religion n'est évidemment pas seule ; d'autres questions comptent, à caractère éminemment politique et ayant de nouveau trait à la distinction et aux limites des deux juridictions.

Pour conclure, nous soulignerons l'existence de ces différents aspects, sachant qu'un apport aussi schématique ne reflète qu'imparfaitement la réalité. Du point de vue de l'action pastorale, l'Église continue à exercer une influence profonde sur bon nombre de fidèles, instruits par un clergé mieux préparé. La fécondité et l'intensité de la vie religieuse d'une partie des fidèles sont indéniables. L'action pastorale porte sur la longue durée des fruits considérables. Par contre, les conflits entre l'autorité politique et l'autorité ecclésiastique persistent et s'aggravent, jusqu'au déchirement révolutionnaire. Toutefois, il ne s'agit pas de deux pouvoirs qui s'affrontent[59], ni d'un simple processus de sécularisation ; la réalité est bien plus complexe.

Au sein même de l'Église, des tensions évidentes se remarquent, presque un conflit entre deux interprétations, deux sensibilités, deux ecclésiologies. Les uns considèrent que la religion relève de l'autorité politique quant à l'ordre extérieur de la société, ce qui n'est pas sans influence sur le domaine intérieur et, au fond, sur l'image de l'Église. Il s'agit d'une « théologie politique » à caractère janséniste qui confie à l'État la réforme de l'Église, ne laissant à cette dernière que le domaine de la spiritualité[60].

Les autres, au contraire, proclament la visibilité de l'Église (au sens moderne de ce terme pour l'ecclésiologie[61]), et la nécessité de se soumettre à son autorité. Contre la désagrégation de la société d'Ancien Régime, on propose l'idéal d'une société chrétienne, dont l'Église doit contrôler l'esprit et les structures[62].

Ce sont là des orientations et des problèmes que le XVIIIe siècle léguera au siècle suivant.

---

59 Il faut aussi rappeler qu'au XVIIIe siècle, surtout avec la politique concordataire de Benoît XIV, le Siège romain avait affirmé la nécessité d'un accord avec les États (sur cette politique, voir M. Rosa, *Riformatori e ribelli*, *op. cit.*, p. 53-66). Pie VI insistait sur la nécessité de la *concordia inter sacerdotium et imperium.*

60 Mario Rosa, « Introduzione all'Aufklärung cattolica in Italia », in : *id.* (dir.), *Cattolicesimo e lumi*, *op. cit.*, p. 1-47.

61 Y. Congar, *L'Église de saint Augustin à l'époque moderne*, *op. cit.*, p. 380-385.

62 Pietro Stella, « '*Fecerunt civitates duas amores duo*' (*De Civitate Dei*, XIV, 28) : dall'agostinismo del Seicento alla Rivoluzione francese », in : Elena Cavalcanti (dir.), *Il* De Civitate Dei. *L'opera, le interpretazioni, l'influsso*, Rome-Friburg-Vienne, Herder, 1996, p. 447-467.

UNE DÉVOTION AU SIÈCLE DES LUMIÈRES

Marie « divine bergère »

La culture baroque de la prière et de la piété s'exprime par des formes différentes, dévotions anciennes souvent renouvelées et dévotions nouvelles. C'est le cas de la dévotion à Marie sous le titre de *Divina Pastora* (Divine Bergère) : une dévotion dont les prolongements sont visibles encore de nos jours, notamment dans le Nouveau Monde, dans les pays de langue espagnole.

Cette dévotion, bien que d'empreinte baroque, remonte non pas au XVIIe, mais au tout début du XVIIIe siècle. Les historiens ont su montrer la continuité, jusqu'à la moitié de ce siècle et parfois même au-delà, d'une mentalité en évolution, mais sans rupture radicale avec le passé, bien au contraire. Cette volonté de purifier et de régler la dévotion atteste de ces persistances, comme dans l'œuvre de Lodovico Antonio Muratori sur la « Véritable dévotion des chrétiens ».

À propos de la dévotion qui nous intéresse, il faut avant tout en mentionner les origines. Une partie de la littérature sur le sujet relate qu'en 1703 un capucin espagnol, Isidore de Séville (1662-1750), recherchant une image nouvelle de Marie, eut en rêve une révélation divine qui lui aurait suggéré de représenter la Vierge en *Divina Pastora*. En réalité, Isidore voulait « inventer » une image de dévotion pour un étendard à utiliser dans les missions et en faire ainsi un symbole de la prédication capucine. Il s'agissait donc d'une stratégie de communication, destinée à la prédication « *a las calles y plazas* », bien qu'évidemment il y reconnaisse une inspiration divine[1].

1 Isidore de Séville, *La fuente de Pastoras. Sermón del origen de la imagen de N^ra^ S^ra^ la Pastora*, Séville, Francisco Sánchez, 1722, cité par Lisa Duffy-Zeballos, *Murillo's Devotional Paintings and the Late Baroque Culture of Prayer in Seville*, New York, New York University, 2007, p. 296 n. Pour les références à la tradition franciscaine (Antonino da Firenze), voir *infra*, n. 4.

L'image, tout comme la dévotion, présente des aspects de nouveauté. Elena Serrano Bertos souligne que les capucins ont sacralisé, selon un procédé ordinaire et efficace, « *ingredientes que estaban presentes en la lírica tradicional desde hacía ya mucho tiempo*[2] ». Les fondements d'une telle opération remontent à diverses sources : aux textes bibliques (les Psaumes, le Cantique des Cantiques, le bon Pasteur de l'Évangile…), au pétrarquisme italien et à la tradition lyrique de la Castille[3]. L'image de Marie comme bergère est également présente dans les écrits de saint Antonin de Florence, qui est la source principale d'Isidore, celui-ci la mentionnant d'une manière très précise. La nouveauté d'alors trouve ses racines dans le passé[4].

Isidore dépeint Marie habillée en bergère, portant un chapeau à larges bords caractéristique du monde rural, une veste de berger (*pellico*) et un bâton dans sa main. Cette description montre aussi un paysage : des brebis, un arbre, des champs et des roses qui symbolisent les Ave Maria. La Vierge est assise sur un petit rocher, au centre de la représentation. Sur le fond, l'archange saint Michel, brandissant son épée flamboyante, éloigne le loup d'une brebis qui a quitté son troupeau. C'est la « brebis égarée » de l'Évangile, qui demande la protection de la Vierge par l'invocation « *Ave Maria* ». Deux anges s'apprêtent à couronner Marie, bergère et reine[5].

Nous sommes en présence d'une image où la figure du Christ bon Pasteur est transposée au féminin, exprimant davantage de douceur dans un paysage arcadique qui correspond au goût de l'époque. Remarquons aussi l'importance croissante que la figure féminine est en train d'assumer du point de vue religieux, à commencer par les mères de famille. Marie se présente ici comme la mère des brebis que le Christ lui a confiées, elle est la mère de tous les fidèles, la mère de l'Église.

---

2 Elena Serrano Bertos, « Eugenio de Potríes, traductor de literatura sacro-pastoril », in : Antonio Bueno García, Miguel Ángel Vega Cernuda (dir.), *Lingua, cultura e discorso nella traduzione dei francescani*, Perugia, Università per Stranieri, 2011, p. 313-332, ici p. 323-324.

3 Benito Arias Montano en est un illustre représentant, mais Juan de Ávila, Luis de León, Juan de la Cruz sont aussi mentionnés, dans le contexte de l'orientation tridentine qui postule un art de propagande au service de la foi, *cf. ibid.*, p. 317-319.

4 Antonino Pierozzi da Firenze (*Summa*, p. IV, tit. 15, chap. 45) est cité à propos de l'attribution à Marie du titre de *Divina Pastora* (ou, pour mieux dire, de *Pastor bonus*), par exemple par Francisco Lorente, *Historia panegyrica de la aparicion y milagros de Maria Santissima del Tremedal*, Zaragoza, Joseph Fort, 1766 ; mais c'est Isidore de Séville lui-même qui y fait référence dans *La Fuente de Pastoras*, cité par L. Duffy-Zeballos, *Murillo's Devotional Paintings…*, *op. cit.*, p. 296 n.

5 La couronne et les roses évoquent aussi la dévotion du Rosaire.

Isidore de Séville dit que l'image qu'il avait fait peindre était « *tan sumamente devota, que solo el mirarla, enternece aún los más duros corazones*[6] ». La dévotion apparaît douce et apaisante. En dépit d'un symbolisme complexe, cette allégorie religieuse se révèle captivante. Marie se présente donc comme la « *Divina Pastora des las almas* », tout comme son Fils qui est, lui, le Divin Pasteur. Le Fils a lui-même confié ses brebis à sa mère, à laquelle les âmes peuvent s'adresser avec confiance et établir avec elle un étroit lien d'amour et d'attachement.

À cette époque, la culture religieuse de Séville était en continuité avec le passé ; de même les formes du goût. Ceci explique que ce soit les disciples de Murillo, mort en 1682, qui aient été sollicités pour la représentation de la *Divina Pastora*. En effet, les capucins de Séville « *turned to Murillo's followers to create an archetypal and authoritative image of the Virgin as a shepherdess to attract devotees to her Cult* ». Évidemment, à la différence d'autres sujets, le modèle n'existait pas chez Murillo, mais les exigences des commanditaires et l'importance de cette tradition picturale et dévotionnelle imposèrent en Espagne un modèle sur le style de ce grand peintre[7]. Lisa Dufy-Zeballos a étudié l'évolution de l'image de la Divine Bergère chez Alonso Miguel de Tovar, Bernardo Llorente Germán et Domingo Martínez, « *whose various paintings of the subject illustrate the impact of the Murillos's daunting legacy on the eve of the Spanish Enlightenment*[8] ».

La dévotion s'étend considérablement, avant tout en Espagne. José Vicente Ciurana Viguer, qui a consacré à ce sujet un ouvrage très documenté à propos de Valencia, parle d'« *expansión fulgurante de esta advocación mariana, traducida en unas prácticas devocionales concretas* [...] *y en una iconografía específica*[9] ».

La multiplication des images permet de constater une base commune, malgré une certaine variété, qui rend le sujet reconnaissable au premier regard. Mais les variantes, que ce soit une atténuation ou une disparition des références au Rosaire, ou une mise en évidence du thème de l'Immaculée Conception, ne sont pas toujours dues au hasard, au contraire[10]. Vers 1740 fait son apparition l'enfant Jésus dans les bras de

6 Cité par L. Duffy-Zeballos, *Murillo's Devotional Paintings...*, *op. cit.*, p. 297 n.

7 *Ibid.*, p. 295.

8 *Ibid.*, p. 295-296.

9 José Vicente Ciurana Viguer, *La Divina Pastora y la Provincia Capuchina de Valencia*, Valence, Editorial el Propagador TAM, 2003, p. 25.

10 L. Duffy-Zeballos, *Murillo's Devotional Paintings...*, *op. cit.*, p. 304 *sq.*

sa mère, ce qui souligne le rôle maternel de Marie comme bergère du Christ-agneau : en quelque sorte, on imprime une direction nouvelle à la dévotion interprétée comme « Marie mère du bon Pasteur ». Mais cette iconographie se voit récusée par Isidore de Séville qui n'hésite pas à exprimer ses sentiments de mécontentement et de désapprobation[11].

Plusieurs spécialistes ont concentré leur attention sur cette iconographie, qui atteste de la diffusion du culte et de ses variantes. Il convient de ne pas oublier les confréries[12], les médailles, les indulgences[13], les chants et les cantiques[14], les neuvaines, les rosaires particuliers, les processions, et toutes ces pratiques de piété qui ont constitué jusqu'à aujourd'hui le support de la dévotion. Remarquons que les confréries sont à l'origine d'un riche développement de la dévotion, appuyé par l'organisation des processions, tout comme par les images, qui sont souvent des tableaux d'un bon niveau artistique, que la richesse des confréries permet de commander. L'adhésion du souverain Felipe V à une « *Hermandad de la Divina Pastora* » et le soutien de la noblesse ne font qu'accroître le succès de cette dévotion.

Un catalogue impressionnant de cette diffusion à tache d'huile de la dévotion à Valencia et dans cette zone a été dressé par Ciurana. Bien que dans un espace limité, on se rend compte de tous les aspects de la question et du développement de la dévotion qui ne s'arrête pas au XVIIIe siècle et connaît même des nouveautés au siècle suivant.

Un phénomène très intéressant, qui affecte cette dévotion dans la seconde moitié du XVIIIe siècle, est le fait que les images de la *Divina Pastora* ne sont pas seulement transportées dans des processions plus ou moins grandioses, mais que Marie, sous ce titre, entreprend ce que l'on appelle la « *visita domiciliaria*[15] ». Cette pratique consiste à porter

---

11 *Ibid.*, p. 309-310.

12 Approuvées par Rome, *cf.* par exemple J. V. Ciurana Viguer, *La Divina Pastora…*, *op. cit.*, p. 33 *sq.*

13 Une image gravée à Zaragoza (fin XVIIIe-début XIXe siècle) avec une indulgence de 1000 jours pour qui récite un Ave ou une Salve Regina est mentionnée par Luis Roy Sinusía, *El grabado zaragozano de los siglos XVIII y XIX*, Saragosse, Universidad de Zaragoza, 2003, p. 436.

14 Très simples et populaires même dans leurs formes littéraires : notamment des cantiques que l'on pouvait apprendre par cœur. Mais aussi, par exemple, ce drame allégorique en musique : *La Pastora Divina, que habiendosele descarriado una oveja de su amado rebaño, va solícita en busca de ella para atraherla de nuevo a su santa grey, con el mas tierno amor y compasión : drama alegórico-musico, dia 18 de diciembre 1799.*

15 J. V. Ciurana Viguer, *La Divina Pastora…*, *op. cit.*, p. 53-64.

l'image tour à tour dans des maisons, où l'on prépare un petit autel ; le voisinage s'y rend pour chanter et prier. Cette pratique était encore en usage au XXe siècle et s'est parfois maintenue jusqu'à nos jours. En France, elle est attestée dans les années 1820, inaugurée par le père capucin Eugenio de Potríes, qui avait dû quitter l'Espagne en 1822[16].

Ciurana décrit les pratiques de cette visite et en mentionne plusieurs chants, dont un datant du XVIIIe siècle, encore chanté au début du XXe : « *Salve, Pastora querida, / cuya caridad te mueve, / dejando noventa y nueve / buscar la oveja perdida. / Salve, fuente de la vida, / Salve, bellisima aurora, / porque en la última hora / de su vida, el sumo Rey, / de toda la humana grey, / te constituyó Pastora*[17]. » On retrouve l'idée que Jésus, en confiant Jean à Marie au pied de la croix, a confié à sa mère, avec l'apôtre, toutes ses brebis[18].

Selon la tradition, Marie aurait promis au capucin Isidore de Séville que la diffusion de cette dévotion l'aiderait dans son œuvre d'apostolat ; cet élément s'affirme toutefois seulement à la fin du XVIIIe siècle avec Diego José de Cádiz, un missionnaire de renom[19]. La mission était l'occasion de propager la dévotion. La Divine Bergère devient la patronne des missions des capucins. Un passage d'un cantique en manifeste la vocation missionnaire : « *Adios mis ovejas. / Yo me voy que importa / salvar las perdidas / por tierras remotas* » ; mais Marie n'oublie pas les autres et emmène avec elle qui veut rester dans son sein, « *del redil cristiano las almas devotas*[20] ». Diego de Cádiz consacre le huitième jour de la neuvaine de la *Divina Pastora* au sujet « *Pastora de los gentiles*[21] ».

Indice de la présence des capucins et des franciscains, la dévotion triomphe dans le Nouveau Monde. En effet, les membres de ces ordres donnent en Amérique latine une grande impulsion à la dévotion, qui connaît un succès extraordinaire, y compris de nos jours. Des

16 *Ibid.*, p. 131 *sq.* et 136.

17 *Ibid.*, p. 62.

18 À titre d'exemple, voir Fermín de Alcaraz, *La Divina Pastora o sea El Rebaño del Buen Pastor Jesucristo guiado, custodiado y pacentado por su Divina Madre*, Madrid, Leonardo Nuñez, 1831, p. 25-26 *et passim*. On trouve cette idée aussi dans les petits livres de prière diffusés par Eugenio de Potríes (J. V. Ciurana Viguer, *La Divina Pastora…*, *op. cit.*, p. 149).

19 L. Duffy-Zeballos, *Murillo's Devotional Paintings…*, *op. cit.*, p. 297. Sur Diego de Cádiz (1743-1801), voir J. V. Ciurana Viguer, *La Divina Pastora…*, *op. cit.*, p. 31.

20 *Ibid.*, p. 64. Voir aussi *Corona de la Divina Pastora de las almas Maria santísima patrona de las misiones de Padres capuchinos de Valencia*, Valencia, Viuda de Agustin Laborda, 1817.

21 Diego J. de Cádiz, *Croquis de una novena y tres panegiricos a la Divina Pastora*, Séville, Impr. de la Divina Pastora, 1929, p. 34-35.

représentations de la Divine Bergère se voient un peu partout, autant au Brésil que sur le reste du sous-continent[22]. Elles se trouvent dans les petites églises des missions, mais servent également lors des prédications itinérantes. Il s'agit de rouleaux peints[23], sur le même modèle que celui en vigueur en Europe, comme par exemple les *taolennou* des missionnaires en Bretagne. Les différents sens que cette dévotion peut assumer chez les *indios*, dans une sorte de métissage dévot, sont mis en relief pour les missions de la Alta California[24].

Toutefois, cette dévotion, que l'on retrouve en France, en Italie et ailleurs, n'est pas l'apanage des pays de langue espagnole. L'œuvre des capucins, des franciscains et des alcantarins est fondamentale.

Un cas retentissant et significatif, qui illustre manifestement les voies de diffusion de cette dévotion, est celui de Maria Francesca delle Cinque Piaghe, une sainte très vénérée encore de nos jours, notamment du fait de la tradition qui fait d'elle la patronne des femmes stériles. Selon une coutume encore largement suivie, les femmes ayant des difficultés à concevoir un enfant se rendent à Naples, dans la petite chapelle-couvent de la sainte, pour s'asseoir sur sa chaise et en invoquer la protection.

Maria Francesca vit à Naples au siècle des Lumières, entre 1715 et 1791[25]. Elle prend le nom de Maria Francesca delle Cinque Piaghe

22 J. V. Ciurana Viguer, *La Divina Pastora…*, *op. cit.*, p. 359-362 ; Ximena Elizabeth Armstrong, *Sor Catalina de Jesús María Herrera : visionaria teresiana de Quito colonial (siglo XVIII)*, Loja, Universidad Técnica Particular, 2000, p. 11 ; David Rex Galindo, *Propaganda Fide : Training Franciscan Missionaries in New Spain*, Ph.D. Dissertation, Dallas, Southern Methodist University, 2010 ; Alessia Frassani, *The Church and Convento of Santo Domingo Yanhuitlan, Oaxaca. Art, Politics, and Religion in a Mixtec Village, Sixteenth through Eighteenth Centuries*, Ph.D. Dissertation, New York, The City University of New York, 2009 ; Suzanne Stratton-Pruitt, *The Virgin, Saints and Angels. South American Paintings 1600-1825*, Milan-Stanford, Skira-I. & B. Gerald Cantor Center for Visual Arts, 2006, ici p. 172-174. La dévotion à Barquisimeto (Venezuela) est encore très vive et pratiquée de nos jours. Les capucins venant d'Espagne l'avaient apportée au Venezuela par la prédication et les missions populaires, entre 1706 et 1710.

23 Pamela Jill Huckins, *Art in the Alta California Mission Churches, 1769 – ca. 1834*, Ph.D. Dissertation, New York, New York University, 2011, p. 211 et planches 3.93-3.94.

24 *Ibid.*, p. 214-215. Le texte présente les données relatives aux images conservées ou à celles dont on possède l'attestation pour la période considérée.

25 *Della vita e opere sante della ven. serva di Dio suor Maria Francesca delle Cinque Piaghe*, Rome, Vincenzo Poggioli, 1809 ; Bernardo Laviosa, *Vita della venerabile serva di Dio, Suor Ma. Francesca delle Cinque Piaghe*, Pise, R. Prosperi stampatore arcivescovile, 1805 ; Domenico Ambrasi, « Maria Francesca delle Cinque piaghe : una santa della Restaurazione », in : *La santa dei quartieri. Aspetti della vita religiosa a Napoli nel Settecento*, volume monographique de *Campania Sacra*, 22, 1991, p. 159-284. *Cf.* également, Genoveffa Palumbo, « Maria Francesca delle Cinque piaghe, santa », *DBI*, vol. LXX, 2008, p. 340-341.

en entrant dans le Tiers ordre franciscain sous la règle de saint Pierre d'Alcantara, le fondateur des frères mineurs déchaussés, autrement dit des alcantarins, qui a été canonisé en 1669. À Naples, on l'appelle aussi la « *santarella dei quartieri spagnoli*[26] » : bien plus qu'à sa famille, elle est liée au territoire. Sa sensibilité pour les dévotions baroques est attestée par la « familiarité » qu'elle déclare entretenir avec son ange gardien ou par sa dévotion aux âmes du Purgatoire ; elle pratique aussi la fréquente communion.

Bien que contrariée par son père, elle est soutenue dans son parcours religieux et dévotionnel par sa mère. À la mort de celle-ci, désormais privée de toute défense, elle se voit contrainte d'abandonner la maison paternelle. Après avoir surmonté beaucoup d'obstacles et après un séjour dans un conservatoire, Maria Francesca choisit de continuer à vivre comme « *monaca di casa* » avec une autre femme qui partage son choix.

Ses biographies proposent l'analyse de ses vertus selon le schéma agiographique propre aux causes de béatification. Au sujet de la charité se lisent des passages sur son amour de Dieu et sur sa profonde dévotion mariale. La pratique de ces vertus comportait notamment la récitation au quotidien du rosaire, des litanies et d'autres prières mariales ; tous les samedis, le jour consacré à Marie, la sainte faisait abstinence et pratiquait d'autres mortifications. Les fêtes mariales étaient pour elle toujours précédées d'une neuvaine et célébrées avec une dévotion particulière. Sa devise était « *Raccomandatevi fortemente a Mamma Maria, che avrete da Dio ogni grazia*[27] ». Selon les biographes, Maria Francesca en était si convaincue qu'elle réussit à guérir des maladies graves par l'invocation de la Vierge.

La dévotion à Marie prend le titre de *Divina Pastora*, adoré par les alcantarins[28]. Dans les biographies de Pedro d'Alcantara, cette dévotion est attestée. Lorsqu'il devait quitter ses fidèles pendant un certain temps, il confiait son troupeau à la *Divina Pastora*. La tradition rapporte

26 Sur sa fonction comme modèle, voir Vittoria Fiorelli, « Cupio dissolvi. Destini di donne tra profetismo e ascesi monastica », in : Giuseppe Galasso, Adriana Valerio (dir.), *Donne e religione a Napoli. Secoli XVI-XVIII*, Milan, Franco Angeli, 2001, p. 210-237, ici p. 230-237.

27 *Della vita e opere sante…*, *op. cit.*, p. 170.

28 Non seulement les religieux de règle franciscaine, mais d'autres aussi, furent sensibles à ce titre marial, qu'ils entrelaçaient avec leurs propres dévotions, même avant l'action d'Isidore de Séville. Voir par exemple Ioan Àngel Serra, *Libre de miracles de nostra Senyora del Carme*, Gerona, Geronym Palol, 1701, p. 132.

un épisode au cours duquel il exposa, par une nuit de Noël enneigée et froide, ses confrères aux morsures de la faim. Pedro adressa alors ses prières les plus ferventes à la *Divina Pastora* : à l'heure de la messe du matin, on trouva devant la porte deux gros paniers qui contenaient du pain et des mets. Mais aucune empreinte ne se distinguait sur la neige[29].

Selon les biographes de la sainte, cette dévotion n'est pas encore connue en Italie et elle en est « *la principalissima propagatrice* ». L'action de Maria Francesca aurait donc soutenu sa propagation dans le royaume de Naples, mais aussi dans d'autres régions : les évêques de la Toscane, par exemple, en auraient demandé et obtenu l'approbation[30].

L'initiative est prise en premier lieu par le père alcantarin Salvatore di Santa Maria, directeur spirituel de Maria Francesca. Les flagellations particulièrement violentes qu'elle pratique – symptôme manifeste d'une religiosité encore profondément baroque – entraînent des hémorragies qui ne s'arrêtent pas. Le P. Salvatore lui apporte alors une image mariale représentant la *Divina Pastora* et la convainc de la mettre avec foi pendant la nuit aux endroits de son corps où les pertes de sang sont les plus importantes. La guérison est immédiate et déclenche sa dévotion.

Le P. Salvatore conserve soigneusement l'image qui a « fait le miracle ». Dès lors, dit-on, de celle-ci émane une « odeur de Paradis », qui évoque le parfum de l'immortalité et l'odeur de sainteté. Le père en fait usage pour des buts thaumaturgiques, mais finit par la donner à un noble de Gênes.

Le lien avec le monde et la culture religieuse espagnole est évident. Vers 1742, le père alcantarin reçoit de la part de ses confrères espagnols cette image de la *Divina Pastora*, titre encore inconnu en Italie. Les sources fournissent une description très détaillée de l'image, ce qui permet d'observer la conformité et les différences par rapport à l'original. Marie y est habillée en bergère, sur le fond l'archange fait fuir le loup qui porte atteinte à la vie des brebis. Mais ces dernières sont enchaînées à Marie, qui porte dans ses bras l'enfant Jésus. Les chaînes indiquent un lien de soumission et d'amour, un lien entre l'âme de Marie et celle de ses brebis[31].

29 Diego de Madrid, *Vida admirable del phenix seraphico y redivivo Francisco, San Pedro de Alcantara*, Madrid, Manuel Martin, 1765, p. 255, 269-270.

30 *Della vita e opere sante…*, *op. cit.*, p. 174, 172.

31 *Ibid.*, p. 174.

Maria Francesca affirme qu'une fois sa dévotion commencée, et pendant ses prières, Marie en personne lui a signifié qu'elle se réjouit d'être vénérée sous ce titre. Le religieux alcantarin s'empresse par conséquent « *di far venire dalla Spagna altre immagini, medaglie, catenelle, libretti e novenari*[32] ». Tous deux s'engagent dans l'œuvre de propagation de cette nouvelle dévotion.

Selon un *topos* habituel, les sources donnent un certain relief aux obstacles que la dévotion à la *Divina Pastora* rencontre à ses débuts. Une certaine méfiance se manifeste, mais, dit-on, l'action des dévots aide à la surmonter. Tableaux et statues, chapelles et autels se multiplient rapidement dans le royaume. Comme à l'accoutumée, on constate une sorte de circularité : l'accroissement de la dévotion provoque plusieurs actions de grâce, qui à leur tour donnent un nouvel élan à la diffusion de cette pratique religieuse.

Selon les biographes, Maria Francesca tombe en extase dès le moment où elle se consacre à la *Divina Pastora*. La force de l'image l'a guérie de son hémorragie, causée par sa discipline excessive, mais les invocations à la *Divina Pastora* ne suffisent pas à la soulager du « mal de la pierre » qui la fait souffrir horriblement. Une nuit, elle redouble ses invocations et place une image de la Divine Bergère à l'endroit de son mal : une réaction violente lui fait expulser un calcul de dimensions incroyables, fragmenté en sept ou huit morceaux, et aboutit à une complète guérison.

Maria Francesca utilise également l'image pour son aura anti-diabolique ; lorsque les tentations se font trop fortes et que sa vie spirituelle devient aride, elle a recours à l'invocation à la *Divina Pastora* et applique une image à son effigie sur son front. Les sources insistent sur cette pratique, qui traduit l'iconographie de saint Michel combattant le diable voulant attaquer la brebis.

Cette fonction de l'image est attestée aussi dans les cas d'agonisants qui souffrent de semblables tentations. Les prières de Maria Francesca et l'application de l'image les protègent des assauts du Malin. La pratique des prières pour les mourants adressées à la *Divina Pastora* n'est pas originale, et aucune mention du recours à l'image n'est avancée. José de Rafelbuñol[33], à propos de Valencia, dit que lorsqu'un confrère

---

32 *Ibid.*, p. 173.

33 1728-1809. Sur son action, voir J. V. Ciurana Viguer, *La Divina Pastora…*, *op. cit.*, notamment p. 68-115.

tombe malade, les autres se rendent chez lui et chantent une oraison « *de los enfermos ; de que se han experimentado innumerables prodigiosos efectos. Si está muribundo, se celebra misa de agonizantes en en el altar de la Divina Pastora*[34] ».

Dans le cas napolitain, la matérialité est récurrente : il ne suffit pas de prier, il faut un contact avec l'image, que généralement on pose sur le corps. Il s'agit de formes de dévotion et de rapport au surnaturel qui remontent à un passé reculé, dont on commence à s'éloigner à cette époque dans quelques milieux.

Parmi les miracles attribués à l'intercession de Marie en *Divina pastora*, un en particulier, sans avoir de destinataire, témoigne de la volonté de Marie d'être vénérée sous ce titre, le but en étant l'accroissement de sa renommée et de sa dévotion. On peut expliquer de cette façon l'épisode « miraculeux » au cours duquel P. Salvatore, par l'intermédiaire des prières de Maria Francesca, obtient le montant des frais nécessaires pour une gravure en cuivre de la Divine Bergère. La décision a été prise afin d'éviter de se procurer en Espagne les images, ce qui implique des frais et des difficultés remarquables que le père alcantarin ne peut assumer financièrement. On dit que, après avoir prié, Maria Francesca trouve par hasard la somme exacte d'argent nécessaire.

Les témoignages rendus pendant le procès de béatification à propos de la dévotion mariale de Maria Francesca sont nombreux et très circonstanciés, souvent *de visu*. Les témoins sont jugés dignes de foi : des hommes mûrs, souvent des religieux, des femmes ayant été proches d'elle. Tous sont d'accord à propos de la profondeur des sentiments de la femme envers Marie et dans la description des nombreuses pratiques de piété, auxquelles on a fait allusion.

Je ne m'arrêterai pas sur la question générale, je fournirai seulement quelques précisions à propos de la dévotion spécifique à la *Divina Pastora*. Les témoignages ne sont jamais contradictoires et manifestent une certaine uniformité. D'après de nombreux témoins, Maria Francesca gardait dans sa chambre une image de la *Divina Pastora* (parmi d'autres images de Marie) et manifestait une grande ferveur pour la diffusion de cette dévotion. On affirme que « plusieurs chapelles et des autels furent dressés par ses soins en l'honneur de la Vierge dans diverses églises de la ville ; pour cette même dévotion elle avait coutume de distribuer aux dévots

34 Cité *ibid.*, p. 33.

des représentations de la *Divina Pastora*[35] ». Maria Francesca aurait été à l'origine de la démarche du P. Salvatore de faire graver un cuivre. Deux autres témoins donnent de plus amples détails. Une tertiaire alcantarine, Maria Felice della Passione, affirme que « son transport fit que de nombreux dévots, parmi lesquels Marciano D'Amelio[36], firent graver des rameaux, peindre des tableaux, et autres dévotions en l'honneur de la *Divina Pastora* » tandis que Pasquale Scriba assure qu'elle était dévote de la Divine Bergère « à tel point qu'elle fit imprimer d'innombrables représentations et livrets aux frais de mon Père pour les distribuer. Cette dévotion s'étendit grâce à son action : en effet, elle se mit en place dans diverses églises. En son nom des statues et des tableaux ont été installés dans l'église de S. Marco à Nilo, à Gesù novo et à celle de Santa Caterina a Chiaja de Naples. Je sais qu'elle recommandait aux gens : "Ayez foi et soyez fidèles à la Très Sainte Vierge Marie, surtout en son titre de Divine Bergère" : une dévotion qui s'étend encore à tout le royaume[37] ».

On trouve en effet des traces d'une telle pratique religieuse en Campanie (Aversa, par exemple), Calabre (Piminoro di Oppido Mamertina, Reggio Calabria…), mais aussi dans les États pontificaux (à Fermo, Macerata, Cingoli, Tolentino…).

Des gravures sur le sujet apparaissent à Lucques dès 1823, en raison du rapport d'amitié qui liait Eugenio de Potríes à Marie-Louise de Bourbon, duchesse de Lucques. Lui-même relate : « Madame la duchesse de Lucques,

---

35 « *a sua premura si eressero varie cappelle ed altari in diverse chiese di questa città ; per l'istessa divozione soleva spargere ai divoti le figure della Divina Pastora* », *Beatificationis et canonizationis ven. Mariae Franciscae* […] *Nova Positio super virtutibus*, Romae, Ex Typographia Rev. Camerae Apostolicae, 1827, p. 31.

36 « *questo di lei trasporto fece sì che molti divoti, tra i quali Marciano d'Amelio, fecero incidere rami, far quadri, ed altre divozioni in onore della Divina Pastora* ». Sa dévotion est attestée aussi par la publication de Fr. Eugenio di S. Giuseppe, *Novena della divina, e sovrana Maria signora nostra. Epilogando nel titolo di Pastora le nove festività di questa regina di tutte le creature, fatta ristampare a divozione del sig. Marciano d'Amelio*, Naples, Severini, 1749. À propos des accusations portées par la femme de D'Amelio contre Maria Francesca, voir V. Fiorelli, « Cupio dissolvi… », *op. cit.*, p. 236-237 et D. Ambrasi, « Maria Francesca delle Cinque piaghe… », *op. cit.*, *passim*.

37 « *a segno tale da farne stampare delle innumerabili figure e libretti a spese di mio Padre per dispenzarle. Divozione che si dilatò per la di lei opera : di fatti in varie chiese si fissò tal divozione. Così nella chiesa di S. Marco a Nilo, a Gesù novo, ed a Santa Caterina a Chiaja di Napoli, situandosi in dette chiese o de'quadri o delle statue sotto detto titolo. So che rispondeva alla gente che a lei si racomandava : "Abbiate fede e siate devoti di Maria Santissima, e specialmente sotto il titolo della Divina Pastora" : divozione, che si propagò per il Regno ancora* », *Nova Positio super virtutibus*, *op. cit.*, p. 157.

sœur du roi Ferdinand VII, m'accueillit avec une touchante bonté, et elle ordonna à son graveur de faire une planche de l'image de la Vierge, et plusieurs cantiques en italien et en français. Une grande quantité de ces gravures a été distribuée dans les deux pays[38]. » On a déjà fait mention de la Toscane au XVIIIe siècle, où la diffusion de cette dévotion est attestée aussi par la préoccupation de l'inquisiteur du Saint-Office de Florence, qui écrit à Rome pour dénoncer un livre sur le sujet[39].

Dans son texte, Ciurana réunit quantité de textes et d'images consacrés à la Divine Bergère. On apprend ainsi qu'à Pise est fondée en 1807 une confrérie dans l'église de Saint-Joseph. Le texte de la neuvaine y est conservé en français, et est publié à Marseille en 1824. Dans ce petit livre, l'auteur renseigne le lecteur sur l'origine et la diffusion de cette dévotion dans plusieurs pays, mentionne les indulgences concédées à ses dires par Benoît XIV à un fidèle qui récite un Ave ou une Salve Regina devant une image de la *Divina Pastora*[40], et rappelle que Marie aurait révélé à une clarisse, Maria del Santísimo Sacramento, que cette dévotion aurait son terme seulement à la fin des temps[41]. Le plus intéressant est le but de la neuvaine, qui veut « nous décider à suivre un système constant de conduite chrétienne, aussi parfaite que possible, selon l'état où il a plu à la divine Providence de nous placer[42] ». Cela montre une certaine continuité de la dévotion entre le XVIIIe et le XIXe siècle en Espagne et en France. L'idée de l'esclavage – que les chaînes suggèrent – n'est ni au centre de la naissance, ni à celui du développement de la dévotion.

Il convient de ne pas oublier le cas de Parme, à cause de la présence des frères alcantarins[43], ni celui de Gênes, où une association nommée en hommage à la *Divina Pastora* est attestée à la fin du XVIIIe siècle.

---

38 Cité par J. V. Ciurana Viguer, *La Divina Pastora…*, *op. cit.*, p. 120, 136, 301. Les gravures italiennes et françaises du XIXe siècle, liées à l'action et aux œuvres d'Eugenio de Potríes, sont reproduites p. 300 *sq.*

39 ACDF, *Tituli Librorum* (*Tit. libr.*) 1746-1758, n° 36, Florence. Lettre de l'inquisiteur Paolo Antonio Agelli, O.F.M. Conv., qui envoie la préface d'un ouvrage sur *La Divina Pastora*, écrit par un chanoine d'Empoli. On y trouve aussi une chalcographie de *La Divina Pastora que se venera en el Convento Real de S. Gil de Madrid de PP. Fran.nos Descalzos*. Florence, 29.12.1750 – 5.1.1751.

40 *Ibid.*, p. 146. Il s'agit de Benoît XIII. Le Bref, qui concerne plusieurs indulgences, est du 23 août 1728.

41 J. V. Ciurana Viguer, *La Divina Pastora…*, *op. cit.*, p. 126 *sq.*

42 *Ibid.*, p. 128.

43 Lorenzo Sartorio, *La maestà della Divina Pastora del convento di S. Pietro d'Alcantara in Parma*, Parme, La Nazionale, 1992 ; sur la copie manuscrite d'une neuvaine en l'honneur

La diffusion de ce culte en France et en Italie au début du XIXe siècle doit beaucoup à l'œuvre et à l'action du capucin espagnol Eugenio de Potríes[44]. Avant de passer en Italie, il propage la dévotion en France, dans les alentours de Valence ou à Pézenas (Languedoc), en prenant parfois des risques. Il retourne ensuite et réside quelque temps à Cavaillon. Ses séjours en France entre 1822 et 1853 sont l'occasion de la fondation de trois couvents capucins ; il passe ses dernières années en Italie, entre 1855-1866[45].

Ce serait une erreur de se borner au constat de la présence du titre de Divine Bergère, qui apparaît dans des contextes différents. En France, il existait dans le diocèse d'Amiens, à Ancre, un culte de la Divine Bergère, qui était antérieur et avait une configuration spécifique liée matériellement aux troupeaux et aux problèmes des bergers. La légende de la fondation de cette dévotion atteste parfaitement cette orientation. Bien qu'il s'agisse d'un phénomène quelque peu marginal, dans la légende de la fondation du sanctuaire de Nuestra Señora de Nieva, non loin de Ségovie, Marie se présente en Espagne aussi comme celle qui défend littéralement le troupeau : La Vierge était apparue deux fois à un berger qu'elle envoya chez l'évêque pour lui transmettre ses messages. Chaque fois, Marie prit sur elle la charge de garder le petit troupeau et fit même jaillir une source afin que les brebis puissent s'abreuver. Pour cela Marie, dit-on, mérite le titre de Divine Bergère[46].

Un passage concernant la Vierge de la Salette s'avère plus proche de l'idée de la *Divina Pastora*, malgré des accents différents. L'abbé Curicque y évoque l'image authentique de la Divine Bergère : « C'est moins la souveraine du monde que l'humble servante du Seigneur, et le refuge des pécheurs qui vient courir après la brebis égarée et l'arracher aux vengeances célestes de jour en jour plus menaçantes : larmes, prières, remontrances, révélation des calamités futures, la divine bergère n'épargne rien pour nous rattacher à sa houlette bénie[47]. » C'est donc une présenta-

de Marie Divina Pastora, voir Biblioteca Passerini Landi, Plaisance, http://cataloghistorici.bdi.sbn.it/ (consulté le 16 mai 2021).

44 1782-1866. Voir J. V. Ciurana Viguer, *La Divina Pastora…*, *op. cit.*, p. 120-159 et 300-312.

45 *Ibid.*, p. 144 et 302.

46 Juan de Villafañe, *Compendio historico, en que se da noticia de las milagrosas y devotas imagenes de Maria Santissima*, en Madrid, En la Imprenta y Libreria de Manuel Fernandez, 1740 ; l'auteur est un jésuite.

47 Jean-Marie Curicque, *Voix prophétiques ou Signes, apparitions et prédictions modernes touchant les grands événements de la chrétienté au XIXe siècle et vers l'approche de la fin des temps*, vol. I,

tion de la Divine Bergère sous un jour assez différent, dans un contexte presque apocalyptique, où Dieu lui-même menace les brebis à cause de leur méchanceté et leur désobéissance[48].

Justement, ce titre n'est pas toujours apprécié. Certains, pour justifier cette appellation de Divine Bergère, placent Marie sur le même plan que le Christ et affirment qu'elle garde et protège son Fils, comme celui-ci garde et protège les hommes. Ce serait donc une sorte d'attribut de Marie en tant que Mère de Dieu. Mais la dévotion de la *Divina Pastora* est en réalité plus complexe.

Quoi qu'il en soit, ce qui suscite des critiques est notamment le lien, établi par exemple par Maria Francesca delle Cinque Piaghe, entre la dévotion à la *Divina Pastora* et l'esclavage de Marie. L'un des grands propagateurs de l'idée de l'esclavage est Henri Boudon, archidiacre d'Évreux (1624-1702), dont s'inspire Louis-Marie Grignion de Montfort. Plusieurs confréries des esclaves de Marie sont créées au XVIIe siècle, quelques-unes le sont même par des personnages importants tel Saint Simon de Rojas. Le pape Clément X, le 15 décembre 1673, condamne les pratiques liées aux chaînes et à certains livrets, dont l'usage aurait entraîné des abus[49]. Ce n'est pas un hasard si la question de l'esclavage de Marie est discutée dans la cause de béatification de Grignion et si on y fait appel, pour la justifier, lors du procès de béatification de Maria Francesca delle Cinque Piaghe[50].

Au XVIIIe siècle, les discussions portent souvent sur l'« esclavage de Marie », comme on le constate chez Lodovico Antonio Muratori, qui parle de « *sregolata divozione, ingiuriosa a Dio*[51] ». Mais les partisans

Paris-Bruxelles-Luxembourg, Victor Palmé, [5]1872, p. 90. Remarquons toutefois que l'interprétation de l'image dans l'Espagne du XVIIIe siècle comme faisant référence aussi à l'Immaculée Conception n'exclut pas, évidemment, des résonnances apocalyptiques (L. Duffy-Zeballos, *Murillo's Devotional Paintings…*, *op. cit.*, p. 301-302).

48 On constate la différence par rapport à la dévotion à la *Divina Pastora* dans la *Corona de la Divina Pastora de las almas*, *op. cit.* Les mystères du Rosaire sont centrés sur ce titre de Marie, sous le signe de la lutte contre le péché et de la victoire sur le monde (« *Un rebaño, en que Cristo se halla alistado, à ningun lobo teme, sino al pecado* […]. *Si al Rebaño defiendes, Pastora afable, venceremos al mundo, demonio y carne* », p. 5-6).

49 *Cf.* le texte du Bref dans *Magnum Bullarium Romanum* ; Nous avons consulté l'édition : Luxembourg, Pellissari, 1739, p. 76.

50 *Beatificationis et canonizationis* […] *Grignon de Montfort. Alia nova positio*, Romae, Brancadoro, 1868, ici p. 39-41.

51 Lodovico Antonio Muratori, *Della regolata divozione de' cristiani* (nous citons d'après l'édition Siena, Pazzini Carli, 1789, p. 325 ; [1]1747).

ne manquent pas[52]. On trouve l'idée positive de cet esclavage chez un théologien modéré et un pasteur à succès, Alphonse de Liguori[53].

Dans le climat spirituel du premier XVIIIe siècle, solidement « tridentin », l'objectif de la dévotion de la *Divina Pastora* est celui d'attirer les hommes à Dieu par l'intermédiaire de Marie, au moyen d'une dévotion simple et efficace, et de les faire vivre en bons chrétiens. La toile de fond christologique est présente dans la plupart des prières et des cantiques. Ramener les âmes sur le chemin du salut est le but premier de l'Église et, dans une atmosphère de continuum avec le baroque, cette dévotion semble correspondre aux instances populaires et traduire le goût de l'époque.

Au XXe siècle, une évolution sociale s'opère, notamment avec le Montepío de la *Divina Pastora*, fondé par le P. Salvador de Rafelbuñol en 1957. Cette initiative se développe ensuite comme avec la *Mutualidad general de prevision del hogar*, dont le prolongement actuel est une société d'assurances, les *Seguros Divina Pastora*[54].

En 1954, à l'occasion du centenaire de la proclamation du dogme de l'Immaculée Conception, le P. Melchor de Pobladura mentionne l'importance des œuvres de bienfaisance promues par l'ordre des Capucins en l'honneur de Marie. Dans ce contexte, deux confréries sont mentionnées, l'une à Alicante, qui bâtit des habitations pour les pauvres dans un quartier désormais appelé « *civitas matris boni pastoris* », et l'autre à Salamanque, consacrée expressément à la *Divina Pastora*, qui se propose d'aider les nécessiteux[55].

52 Contre Muratori, voir par exemple l'œuvre du jésuite Salvatore Maurici, *La divozion de' cristiani difesa dalla critica di Lamindo Pritanio*, Lucques, Filippo Maria Benedini, 1753. L'auteur fait l'historique de la question qui nous intéresse et examine en détail l'acte de 1673, p. 198-204. Il porte de nombreux exemples de confréries et même de congrégations religieuses acceptées par Rome. Maurici ne fait référence qu'au Saint-Office, et dit que le décret de ce dernier du 5 juillet 1673 ne concerne que les signes extérieurs, et non l'idée d'esclavage en soi. Sur la question, notamment sur l'*Expostulatio* d'Ippolito Marracci, voir Stefano de Fiores, « La schiavitù mariana nell'inedita "Expostulatio ad Clementem X" d'Ippolito Marracci », in : Davide Carbonaro, Francesco Petrillo (dir.), *L'Immacolata Madre di Dio nel Seicento. Apporti teologici e spirituali di Ippolito Marracci nel IV centenario della nascita*, Rome, AMI, 2006, p. 89-130.

53 Voir par exemple Alfonso de' Liguori, *Le glorie di Maria* (nous citons d'après l'édition Rome, stamperia Ospizio Apostolico, 1797, p. 26, 57-58, 89 *et passim* ; [1]1750).

54 À Taranto, en Italie, il existe une « Società cattolica di mutuo soccorso Divina pastora ».

55 Melchior a Pobladura, « De solemni anni marialis celebratione in universo fratrum minorum capuccinorum ordine », in : *Regina Immaculata. Studia* [...] *collecta et edita a*

À cette occasion, une lettre circulaire du ministre général des capucins revêt un intérêt remarquable[56]. On y met en relief l'importance de la dévotion à la *Divina Pastora* comme une pratique propre aux capucins : Marie est alors tout à la fois mère du Divin Pasteur et la Divine Bergère des âmes. Le ministre général fait l'historique de la dévotion, mentionne la faveur de Léon XIII, évoque les motivations théologiques, montre les liens avec l'Immaculée Conception. Selon lui, cette dévotion garde à cette date toute son actualité : « *nostrae spirituali indoli et hodierno apostolatui maxime consentanea videtur*[57] ». Un autre aspect se présente comme non négligeable[58] : l'image du troupeau autour de Marie évoque l'attente de l'accomplissement, quand il y aura « *unum ovile, unus Pastor* ». C'est un accent qui paraît nouveau par rapport au passé et montre sans aucun doute l'adaptation de la dévotion aux époques. Il convient néanmoins de remarquer que dans la tradition capucine de la *Divina Pastora* on évoque ce passage de l'évangile de Jean à propos de tous les hommes, même les infidèles[59]. En fin de compte, malgré les différences, on reste toujours dans le même contexte : une description de l'apport de Marie à l'économie du Salut.

---

p. Melchiore a Pobladura OFM Cap, Rome, Institutum Historicum Ord. Fr. Min. Chap., 1955, p. 506-534, ici p. 524.

56 Lettre circulaire du ministre général des capucins Benigno da S. Ilario Milanese, 25 décembre 1954 : *De divini pastoris matris cultu ordinis nostri proprio*, p. 538-541.

57 *Ibid.*, p. 539.

58 Dans le climat œcuménique qui s'amorçait de plus en plus, il ne faut pas oublier la présence et l'expérience des capucins dans des zones de coexistence confessionnelle.

59 Voir Fermín de Alcaraz, *La Divina Pastora…*, *op. cit.*, p. 326-336. Pour un ciel ouvert à tous, voir Guillaume Cuchet, « Une révolution théologique oubliée : le triomphe de la thèse du grand nombre des élus dans le discours catholique du XIXe siècle », *Revue d'histoire du XIXe siècle*, 41, 2010, p. 131-148.

LES SPLENDEURS DE LA DÉVOTION À MILAN

Du baroque aux Lumières

Au centre de mon analyse et de mon propos sur les cérémonies extraordinaires se trouve Milan, une ville et un diocèse parmi d'autres, mais qui à cette époque occupe une position très importante. Une ville et un diocèse dont Louis Châtellier a écrit : « Qu'on ne dise pas : ce n'est qu'une province de l'Europe. Mais quelle province ! Celle qui fut modelée par Charles Borromée [...]. Milan est sur l'axe médian de l'Europe catholique [...] dans les terres de choix du catholicisme tridentin[1] ». Le renouveau catholique s'y implanta et y persista. Au cœur de ce renouveau se tient bien sûr Charles Borromée, mais sa spiritualité marquée par une forte rigueur se voit rapidement tempérée par son cousin Frédéric (qui ressent l'influence de Filippo Neri), et par l'enracinement de la spiritualité de la Compagnie de Jésus[2]. De tout cela découle une spiritualité très simple, qui exalte la *mediocritas* et, finalement, enjoint d'être un bon chrétien dans la vie de chaque jour, au travail comme en famille. En parallèle on constate, sans contradiction aucune, un penchant vers la dévotion extérieure : deux facettes qui se correspondent et se complètent parfaitement. Ce qui est évident dans les dévotions quotidiennes, même dans les rues et aux carrefours devant les images, l'est encore plus dans les célébrations extraordinaires : jubilés, canonisations, prises de possession du diocèse par le nouvel archevêque, translations de reliques, etc. Le « théâtre » religieux montre alors toute son importance, non seulement dans les églises, mais aussi dans les rues de la ville[3]. « La renommée

1 L. Châtellier, « Lombardie exemplaire », *op. cit.*, p. 3-6 ; Massimo Marcocchi, « Presentazione », in : A. Acerbi, M. Marcocchi (dir.), *Ricerche sulla Chiesa di Milano nel Settecento*, *op. cit.*, p. VII.

2 M. Marcocchi, « Indirizzi di spiritualità ed esigenze educative... », *op. cit.*, p. 97 *sq.*

3 Dans les bourgs aussi on crée parfois des décors fastueux à l'occasion des visites pastorales. *Cf.* Il Giuseppe Salvatore, pastorale rappresentata li 17 maggio dell'anno 1761 nel Collegio

de Milan comme ville rituelle et centre de culte, au point de mériter l'appellation de *seconde Rome* » fut remarquable[4].

Mon but est donc d'évoquer quelques épisodes marquants, d'examiner les aspects de continuité et les nouveautés de manière à restituer si possible un panorama – même sommaire – des cérémonies extraordinaires du catholicisme baroque dans la ville de Milan jusqu'à l'âge des Lumières. Le sentiment religieux, l'attachement aux traditions, le désir d'« interrompre le quotidien » sont à l'origine d'une série de pratiques qui ont pour source l'initiative d'individus ou de petits groupes. Autour des croix et des statues des saints qui, depuis l'époque de Charles Borromée, marquent le paysage urbain, on assiste à des manifestations religieuses au cœur desquelles il y a les prières et les fêtes pour les saints, mais aussi le chant, la musique, l'usage des pétards. Ces éléments profanes sont critiqués par les archevêques au XVIIIe siècle, car les bruits et les distractions détournent les fidèles du véritable but des cérémonies religieuses, mais aussi en raison de la surabondance des formes de dévotion « baroques » peu appréciées au moment où se développe l'idée de *regolata devozione* à la manière de Lodovico Antonio Muratori. Quant aux croix urbaines ponctuant la ville, les confréries qui s'en occupent sont souvent en désaccord entre elles, à un point tel qu'en 1711 l'archevêque Filippo Archimi publie des règlements pour éviter les conflits[5].

Dans les cérémonies extraordinaires se côtoient des éléments forts d'unité et des spécificités locales, qui souvent conduisent au triomphe de

de' preti Cavaleri di Parabiago da' signori convittori del medesimo [...] nel quale dal prete Claudio Cavalero direttore attuale dello stesso fu disposto, con piena relazione e conformità alla Visita Pastorale ed alla Drammatica Idea, il Sacro-letterario Apparato di accoglimento, di cui se ne premette la descrizione. Coll'aggiunta infine d'altra descrizione dell'Apparato e componimento ed altri segnali d'omaggio, e festevoli dimostrazioni d'accoglimento [...], Milan, Stamperia di Giuseppe Mazzucchelli successore Malatesta, 1761. Le récit parle de « *duplicazione di trombe, sbarro di mortari in gran copia con girandole, moltiplicati giuochi festosi di machinette artifiziate di fuoco ; ornati d'arazzi, emblemi, elogi all'intorno e su i faggi della gran piazza, componimenti poetici in chiesa ed in pubblico* », p. 75-82.

4 « *La fama di Milano come città rituale e centro di culto, tanto da meritarsi l'appellativo di* seconda Roma », Claudio Bernardi, « "L'opere di Dio". Liturgia, rituali e devozioni nell'opera pastorale di Federico Borromeo », *SB*, 17, 2003, p. 247-266.

5 « Distribuzione generale de' limitj e confini stabiliti ed assegnati a ciascuna Compagnia della S. Croce nella città di Milano », 27 mars 1711, in : AEM, vol. IV, 1897, coll. 1453-1475. Sur la dimension de ces conflits dans le contexte de la société moderne, voir Roberto Rusconi, « Confraternite, compagnie e devozioni », in : G. Chittolini, G. Miccoli (dir.), *La Chiesa e il potere politico*, *op. cit.*, p. 467-506.

particularismes en concurrence entre eux. Dans les grandes processions, les hiérarchies, les préséances et les priorités sont respectées, ce qui, au XVIIIe siècle, suscite encore bien des querelles[6]. La volonté d'affirmer son prestige entraîne de grandes dépenses pour la réalisation de cérémonies spectaculaires. Au sein de ces cérémonies s'entrelacent l'attachement à la religion, les raisons du prestige municipal ou du groupe, la nécessité de demander la protection divine. Les fêtes religieuses deviennent donc l'un des hauts lieux de la créativité baroque, dans un horizon touffu de processions et de cérémonies.

À Milan, l'un des nœuds névralgiques est la basilique de Sainte-Marie-des-Miracles qui possède deux images miraculeuses de la Vierge, dont l'une acquiert du renom et est considérée comme thaumaturgique à partir du XVIIe siècle. La basilique était la destination de processions collectives en cas de calamités, de maladies des hommes et du bétail, de pluie ou de sécheresse. À la veille des réformes de Marie-Thérèse et de Joseph II en matière ecclésiastique, un mémorialiste affirme : « Concernant la tranquillité et la paix communes perturbées par quelque mauvais tour, le peuple milanais n'eut de cesse d'accourir constamment à cet autel du Salut pour en éviter la rencontre[7]. » Les grandes manifestations collectives avaient eu leur origine à l'occasion des pestilences, à commencer par la peste de 1485. Charles Borromée avait invoqué Marie pour obtenir la délivrance de la ville lors de la pestilence de 1576 ; il l'avait fait par une procession solennelle où l'on transporta le clou de la Croix conservé à la cathédrale et quantité d'autres reliques qui appartenaient aux différentes églises, lieux sacrés, maisons religieuses. Cette cérémonie se déroula, semble-t-il, également en 1577 et 1596[8].

---

6 Les inconvénients étaient parfois majeurs, bien plus importants que les querelles. À la fin du mois d'avril 1690, par exemple, pour la promotion au cardinalat de Ferdinando d'Adda, « *Fu fatta bellissima salva de' mortaretti e mortari grossi all'intonazione del* Te Deum, [...] *si spararono gran quantità de maneggioni, uno de quali fece tanta ruina che portò in alto la testa a un bombardero, ad un altro ruinò tutto il volto e campò sino al seguente giorno ; ad alcuni altri fece assai del male, ma salvarono la vita* » (Archivio del Capitolo Metropolitano, Fondo liturgico, Diari dei cerimonieri, cart. 8, fasc. 27, f° 13v^o-14r^o).

7 « Affacciandosi a disturbare la comune tranquillità e pace qualche minacciosa disavventura, ebbe costantemente in costume il popolo milanese di accorrere a questa ara di salute, per isfuggirne l'incontro », Giuseppe Antonio Sassi, *Notizie istoriche intorno alla miracolosa immagine ed insigne tempio della B. Vergine Maria presso S. Celso*, Milan, Gio. Battista Bianchi, 1765, p. 23 et *passim*.

8 Voir par exemple Benvenuto da Milano, « Della minoritica riforma di Milano cronica undecima », BAM, ms. I 89 suss., f° 395 *sq.*

Dès 1708, on assiste à une reprise de la coutume de la procession avec le transport des reliques ; mais, à partir peut-être de 1742, le *sacro chiodo* n'est plus transporté. En 1734, la procession fut accompagnée tout au long du parcours par des chants pénitentiels ; les chroniques relatent la présence d'étendards, de dais, de croix, d'encensoirs, de cierges et de luminaires. À la cathédrale, il y eut une messe pontificale « *a più cori di musica* », avec les litanies des saints et des oraisons chantées. Ensuite, le clergé se dispersa, chacun rapportant ses trésors à son église accompagné encore une fois par des lumières et des chants. Les célébrations s'achevèrent le soir à la cathédrale avec les vêpres pontificales, le chant des complies, les litanies des saints et le *Miserere* (« et autres prières pieuses qui alternaient avec des musiques, et un peuple accouru en grand nombre[9] »), la bénédiction solennelle avec la Sainte Épine entourée par les lumières et les encensoirs et, en conclusion, le chant du *Vexilla regis prodeunt* dans les ombres du soir[10].

La basilique de Sainte-Marie-des-Miracles fut, pour la ville, un véritable sanctuaire urbain. Les princes et les souverains qui passaient par Milan ne manquaient pas de s'y rendre[11]. Les chroniqueurs relatent, jusqu'au milieu du XVIIIe siècle, leur dévotion et la riche organisation de leurs visites, notamment par l'accompagnement musical. Cette présence contribua à augmenter la dévotion dans toutes les couches sociales, une dévotion attestée aussi par de nombreux ex-voto. Les dons et les legs étaient surabondants[12]. Bon nombre d'indulgences, dont il ne faut pas négliger le pouvoir d'attraction sur les dévots, étaient à acquérir. Les pontifes avaient concédé un « *copioso tesoro di indulgenze* », l'indulgence des sept autels et des

9 « *e altre pie preci alternativamente da musici, e popolo concorso ancora in gran numero* ».

10 Benvenuto da Milano, « Della minoritica riforma di Milano cronica undecima », BAM, ms. I 89 suss., f° 402 *sq.* Pour un récit qui évoque de manière suggestive les processions pénitentielles des frères mineurs à l'occasion de l'exposition du *sacro chiodo* à la cathédrale, voir Benvenuto da Milano, « Della minoritica riforma di Milano cronica terza », ms., *ibid.*, BAM, ms. I 84 suss., f° 540-542. Le peuple entourait les frères pénitents et flagellants, et les accompagnait par des cris et des pleurs.

11 Par exemple Marguerite d'Autriche, Philippe V, Elizabeth Christine de Wolfenbüttel, Charles VI ; les chroniques présentent celui-ci comme le dernier souverain qui accomplit ce rite (G. A. Sassi, *Notizie istoriche…*, *op. cit.*, p. 53 *sq.*).

12 Voir la riche documentation, dans « Catalogo degli obblighi di messa et annuali et lampadi nella chiesa di Nostra Signora presso San Celso di Milano », Archivio della chiesa di S. Maria presso S. Celso, ASDMI, cart. *Chiesa in genere.* Le manuscrit date de 1687. On y retrouve des clercs et des laïcs, des gens souvent très riches, des nobles. Ils donnent de l'argent, des propriétés ou des bijoux à vendre pour s'assurer la célébration de messes après leur mort, mais aussi pour l'église : les lampes à huile doivent toujours être allumées, il faut des confesseurs, etc.

indulgences particulières pour les défunts[13]. Les manifestations religieuses étaient accompagnées d'apparats extraordinaires. Douze fois par an, à l'occasion des fêtes les plus importantes, le temple était décoré « avec des tapisseries de velours et de brocatelle ; et avec des tapisseries de damas cramoisi dans les jours des Exercices – Dimanche in Albis et Neuvaine – Quarante-Heures – Corpus Domini avec l'Octave – Assomption de Marie – et toutes les fois qu'il faudra des Fonctions aussi royales que civiques et que le chapitre et le seigneur prieur, en son nom, ordonneront de le faire en se servant soit d'une tapisserie, soit de l'autre[14] ». Parmi les obligations pour qui remportait le contrat d'adjudication : « faire les scènes pour la musique », « entretenir l'orgue [...] et aussi faire lever les soufflets de l'orgue à chaque fête de précepte, et deux fois par jour les samedis », « dresser un arc de triomphe », « adapter le pupitre au lieu et installer des bancs et des chaises », etc.[15] Les processions et les cérémonies se répétaient plusieurs fois par an, pour remercier, pour demander, pour exalter la puissance de la Vierge, etc.[16]

À l'occasion du carnaval, on exposait pendant trois jours le Saint-Sacrement[17] et l'on donnait des exercices spirituels ; chaque sermon

13 G. A. Sassi, *Notizie istoriche...*, *op. cit.*, p. 57 *sq.* Le sanctuaire était si fréquenté que Charles Borromée fut obligé d'intervenir pour rétablir l'ordre par un édit. Sur le phénomène des processions et les règles qui leur furent imposées par Borromée et par les autorités civiles, voir Arnalda Dallaj, « Le processioni a Milano nella Controriforma », *Studi storici*, 23, 1982, p. 167-183.

14 « *colla tappezzeria di velluto e broccadello ; e colla tappezzeria di damasco cremisi nelli giorni degli Esercizi – Domenica in Albis e Novena di S. M. – Quarant'ore – Corpus Domini coll'Ottava – Assunzione di M. V. – e tutte le volte che occorreranno delle Funzioni sì regie che civiche e che il capitolo e per esso il sig. priore ordinerà di fare, servendosi tanto d'una tappezzeria che dell'altra* », *Capitoli per l'appalto degli Apparati da farsi pel regio-Ducal tempio di Nostra Signora presso S. Celso*, s. d. : Archivio della chiesa di S. Maria presso S. Celso, ASDMI, cart. *Chiesa. Arredi sacri. Apparati*, où l'on conserve quantité de conventions et contrats entre la « Veneranda Fabbrica » de la basilique et « gli impresari dell'apparato ». Ces sources mériteraient d'être étudiées et exploitées ; on pourrait apprécier les dynamiques de l'évolution des apparats éphémères sur une très longue période : 1611 à 1905.

15 « *far li palchi per la musica* », « *tener netto l'organo* [...] *et anco far alzar li mantici dell'organo tutte le feste di precetto, et li sabbati due volte il giorno* », « *piantar la porta trionfante* », « *accomodar il pulpito a suo luoco et apparechiar li banchi et sedie* ». Ce contrat d'adjudication, très intéressant selon nous, est celui de Carlo Rivolta en 1649, ms., *ibid.*

16 Archivio del Capitolo Metropolitano, Fondo liturgico, Diari dei cerimonieri, *passim.* Par exemple cart. 8, fasc. 27, 10 juin 1690 (f° 14r°-v°), 30 décembre 1690 (f° 16v°-17r°), 17 février 1691 (f° 19v°-20r°, « Coronazione con diadema d'oro tempestato di diamanti »), etc.

17 Les expositions du Saint-Sacrement les plus importantes avaient lieu dans la cathédrale : « fondazione veramente degna e maiestosa ». Archivio del Capitolo Metropolitano, Fondo liturgico, Diari dei cerimonieri, *passim.* Par exemple cart. 8, fasc. 27, f° 52 r°-53r°, 11 février 1696 ; pour la citation : f° 127, 10 juillet 1705.

était précédé et suivi par une *cantata* sur le même sujet[18]. Les textes incarnaient parfaitement le goût de l'époque : « Chants, harpes mélodieuses, étoiles brillantes, fleurs innocentes, doux zéphyrs [...] Que soient toujours vénérés l'amour éternel, l'écho festif, la vie éternelle qui résonnent toujours en mon Seigneur[19]. »

Chaque année, à la fin du mois d'avril, avait lieu une neuvaine qui se concluait par une grande procession pour demander la prospérité de la maison régnante. Cette procession, instituée à l'époque de Philippe IV, était pour cette raison appelée « espagnole » ; au XVIIIe siècle, on lui conserva la même finalité en changeant tout simplement le nom : ce fut la « procession autrichienne[20] ». En 1713, l'impératrice « le 2 [mai] au matin, qui est aussi le dernier jour de la Neuvaine, est allée écouter la messe chantée à S. Celso [...] On y chanta un motet de Francesco Vitali[21] ». La naissance des « *reali od augusti infanti* » était fêtée avec une très grande solennité et des cérémonies extraordinaires.

C'est l'un des cas les plus évidents de l'accord, jusqu'à la moitié du XVIIIe siècle, entre autorité civile et autorité ecclésiastique. Religion, politique et société se rencontrent : la religion vit dans un lieu et un temps, exerce son influence et subit des influences, ici notamment l'influence du cérémonial civil et politique. Mais, dans les dernières décennies du

18 *Cantate a gloria del Santissimo Sacramento* : j'en ai retrouvé pour le moment quatre, pour les années 1710, 1725, 1756, 1757, et une *Sacra azione* (1755). Les exercices spirituels à Santa Maria presso S. Celso avaient toujours lieu le samedi, le dimanche de *Quinquagesime*, et le lundi suivant juste avant le début du carnaval. Dans la liturgie ambrosienne, le carême commence avec le dimanche après *Quinquagesime.*

19 « *Voci canore, cetre sonore, stelle lucenti, fiori innocenti, zefiri teneri* [...] *da voi si veneri l'eterno amor, eco festiva, eterno viva, sempre risuoni al mio Signor* », 1725. La première partie était chantée « *a voce sola* », la seconde à trois voix et deux fois répétée.

20 G. A. Sassi, *Notizie istoriche...*, *op. cit.*, p. 72 ; *cf.* Benvenuto da Milano, « Della minoritica riforma cronica undecima », *op. cit.*, I 89 suss., f° 454. Une autre neuvaine avait lieu à l'occasion de la fête de l'Assomption et était marquée par l'abondance des sermons, les bénédictions solennelles, « *ricchi addobbi e sfarzosa suppellettile* » ; à la clôture, une grande procession se déroulait en présence de l'archevêque qui accordait une indulgence plénière. « *Perciò si veste tutta di nobili arazzi la strada, che va a mettere direttamente all'atrio del tempio, alzandosi in capo alla stessa arco maestoso, ed alla sera risplendendo tutta di lumi copiosi* [...] *Non è uopo l'esprimere* [...] *la religiosa pompa, con cui cantasi la gran messa, e vesperi a doppio coro di sceltissima musica e sinfonia* » (G. A. Sassi, *Notizie istoriche...*, *op. cit.*, p. 73 *sq.*).

21 « *alli 2 [maggio] mattina per essere anche l'ultimo giorno della Novena è andata a sentir la messa cantata a S. Celso* [...]. *Fu cantato un mottetto da Francesco Vitali* », in : Alessandro Giulini, « I genitori di Maria Teresa a Milano nel 1711 e 1713. Da diari inediti dell'epoca », *Archivio Storico Lombardo*, 60, 1933, p. 134-149.

siècle, la « dévotion » des princes et des gouvernants est en baisse ; les processions furent découragées et finalement interdites par Joseph II ; l'ordre des chanoines réguliers du Saint-Sauveur, qui étaient les gardiens du sanctuaire, fut supprimé.

L'une des caractéristiques les plus marquantes à Sainte-Marie-des-Miracles est la richesse avec laquelle, jusqu'aux années 1760, on orchestrait les cérémonies. Les messes solennelles étaient accompagnées par des « *cori duplicati di musica e sinfonia*[22] » ; les musiques étaient composées par d'importants *maestri di cappella*, dont Giambattista Sammartini en 1757 et 1759[23]. Dans les archives de la basilique sont conservés de nombreux manuscrits de musique ; on peut relever, pour le XVIIIe siècle, les noms des maîtres de chapelle Francesco Antonio de Messi et Giovanni Andrea Fioroni, très célèbres à Milan[24]. Les prêcheurs étaient également des personnages de grande renommée dont les sermons furent souvent publiés[25]. Globalement, il s'agissait d'un véritable théâtre urbain où se reflétait la société entière : un théâtre urbain à caractère social.

Les chroniqueurs relatent les visites des souverains, des princes, des gouverneurs de la ville ; ils soulignent la « *devota compunzione* », mais aussi la richesse des apparats extérieurs et de la musique. Cet accord entre le pouvoir ecclésiastique et le pouvoir civil est attesté par exemple par Giovan Battista Borrani qui, dans son *Journal*, rend compte avec maints détails des cérémonies jubilaires de 1751. On note aisément la participation de la cour, des gouvernants avec leur suite et leur cortège, de

22 G. A. Sassi, *Notizie istoriche…*, *op. cit.*, p. 73 *sq.* Pour l'époque précédente, voir Christine Getz, « Simon Boyleau and the Church of the "Madonna of Miracles" : Educating and Cultivating the Aristocratic Audience in Post-Tridentine Milan », *Journal of the Royal Musical Association*, 126, 2001, p. 145-168 ; pour le contexte, Jane Garnett, Gervase Rosser, « Miraculous Images and che Sanctification of Urban Neighborhood in Post-Medieval Italy », *Journal of Urban History*, 2006, 32, p. 729-740.

23 Bathia Churgin, « Sammartini, Giovanni Battista », *Grove Music Online ed. L. Macy*, site internet http://www.grovemusic.com (consulté le 16 mai 2006).

24 Archivio della Chiesa di S. Maria presso S. Celso (déposé auprès de ASDMI).

25 Il s'agit d'un usage de longue durée, qui perdurera dans la seconde moitié du XVIIIe siècle. Par exemple, 1759, Pietro G. Caissotti di Chiusano ; 1777, le frère mineur Flaminio di Livorno. Souvent, les ecclésiastiques qui prêchaient la neuvaine à Santa Maria étaient aussi ceux qui prononçaient les sermons de Carême à la cathédrale. Les arguments abordés manifestent souvent un caractère « politique » ; en 1738, par exemple, le capucin Fedele da Como donne un *Sacro ragionamento* qui a comme intitulé : *Cesare trionfante e re di pace.*

tous les corps les plus importants (les physiciens, les procureurs, etc.). Le chroniqueur tient à faire remarquer que « *Sua Eccellenza e Sua Eminenza, questo tenendo la destra e quello la sinistra, entrarono per la porta maggiore*[26] ».

Les princes et les souverains affectionnaient les grandes cérémonies religieuses, qui constituaient également des occasions sociales et « politiques » importantes. En 1713, Elisabeth-Christine, dans son voyage de l'Espagne à l'Autriche, demeura à Milan pendant quelques jours, entre la fin d'avril et le début de mai : une période très riche en manifestations religieuses, pour la Semaine sainte et pour la fête de l'Invention de la Croix. Le Jeudi saint, elle se conforma à la coutume de la visite des sept églises, « *restando incognita et havendo solo cinque carrozze di seguito* ». Le Vendredi saint, l'impératrice assista au chant du *Passio*, à l'église de S. Angelo des frères mineurs *zoccolanti* et, dans la soirée, à la procession de l'Entierro. « Le soir on vit toute la procession de l'Entierro de S. Fedele, toutes les dames et beaucoup de membres de la Cour se tenaient sur une loggia qui regarde le Corso del Verzaro, sous un baldaquin, et observaient la procession[27]. » Et ainsi de suite pour les jours suivants : visites aux monastères (tel celui de Santa Radegonda, très renommé pour sa musique[28]), aux églises, aux messes chantées, etc.

Les béatifications et les canonisations étaient l'occasion de cérémonies extraordinaires. C'est le cas, par exemple, des fêtes en l'honneur

26 Giovanni Battista Borrani, « Diario milanese », vol. XII, 1751, BAM, ms. N 12 suss., f° 65 *sq.*

27 « *Alla sera vidde tutta la processione dell'Entierro di S. Fedele, stando sopra la loggia che guarda il Corso dritto del Verzaro sotto baldacchino essendovi tutte le sue dame et molti della Corte nella stessa loggia ad osservare tale processione* », A. Giulini, *I genitori di Maria Teresa…, op. cit.* De même pour la fête de la Croix : Archivio del Capitolo Metropolitano, Fondo liturgico, Diari dei cerimonieri, cart. 8, fasc. 57, f° 187 : « *Comparve la stessa signora Imperatrice sopra al pogiolo visino alla Porta della Corte, che volea vedere tutta la procesione anche della Compagnia della Santa Croce ; et al ritorno fu fatto un giro, onde tutta la procesione passò sotto al detto pogiolo e mons. Arciprete con la S.ta Reliquia si diede la Beneditione e la medesima signora Imperatrice hebbe grandissima consolatione e sodisfatione in haver visto una processione così copiosa de' croci, disciplini, regolari e clero secolare, con tutti li tribunali, come ancora per esser stata così ben regolata et unita senza niun interompimento* ».

28 « *Alli 28 alle hore 20 con concorso di molte dame, cavalieri et altre persone andò per la seconda volta nel monastero di S. Radegonda dove si fermò sin ad un'hora di notte divertendosi con sentir a cantare* », A. Giulini, *I genitori di Maria Teresa…, op. cit.* ; Robert L. Kendrick, *Celestial Sirens. Nuits and their Music in Early Modem Milan*, Oxforf, Oxford University Press, 1996 ; *id.*, *The Sounds of Milan, 1585-1650*, Oxford, Oxford University Press, 2002 ; Paola Vismara, « "Per vim et metum". Il caso di Paola Teresa Pietra », 1991, Côme, Litografia New Press, 1991.

de Camillo de Lellis, entre 1742 et 1749[29]. En 1752, les rites pour la béatification de Jeanne de Chantal au monastère de la Visitation furent accompagnés par de grandioses architectures éphémères, dans un décor fastueux ; il y eut abondance de panégyriques, mais aussi des bénédictions solennelles et des oratoires en musique. Parmi les riches décors, l'un représentait Jeanne de Chantal : « deux fois plus grande que sa taille réelle qui, agenouillée sur des nuages brillants et entourée d'anges de tailles différentes, contemplait extatique l'adoré Cœur de Jésus ; au-dessus, il y avait un autre chœur de petits anges, et quelques Chérubins, qui formaient une couronne pour ce Cœur Divin exposé, qui envoyait de toutes parts ses splendides rayons[30] ».

Le dessein était de montrer le « triomphe » d'une maison religieuse dont la fondation – d'abord contrecarrée – avait abouti au prix d'innombrables difficultés[31] : il y avait donc une volonté de célébration et d'autocélébration. Mais ces apparats religieux, ces architectures, ces scénographies n'étaient pas qu'un simple outil de propagande : par la surexcitation des sens et la conformité avec le goût de l'époque, il s'agissait d'un moyen de transmission d'un message. Faute de place, il est impossible de détailler ici toutes les cérémonies de béatification et de canonisation, nombreuses et riches. Je mentionne seulement le cas de Benedetto da San Fratello, le *santo nero*. Les frères mineurs de Santa Maria del Giardino organisèrent un *triduum* du 22 au 24 juin 1744 (le décret *de cultu immemorabili* par Benoît XIV date de 1743, ainsi que la concession de l'office et de la messe pour la fête[32]). Le riche apparat de l'église avait été apprêté pour la Saint-Antoine, peut-être afin d'éviter des frais excessifs, mais aussi pour souligner le côté extraordinaire des cérémonies : la Saint-Antoine de Padoue était une fête spécialement importante dans l'organisation de la ritualité spectaculaire dans l'église

29 Voir BAM, ms. G 56 suss. En particulier, f° 21 *sq.* : « Relazione del trionfo solenne celebrato in Milano addì 9-10-11 settembre 1742 nella chiesa di S. Maria della Sanità de Chierici regolari Ministri degli infermi ». Nous sommes presque à la moitié du siècle, mais la richesse des apparats est encore baroque ; « *sembrava il Paradiso in terra, ad estrarre lagrime ed affetti di divozione* ».

30 « *di grandezza al doppio del naturale, che, genuflessa su lucide nubi ed attorniata da più angeli di mole diversa fra di loro, guardava estatica all'amabilissimo Cuor di Gesù ; al di sopra aveva altro coro di piccioli Angeletti, ed alcuni Cherubini, che facevan corona a quel Divin Cuore ivi esposto, che da ogni parte mandava splendidissimi raggi* ». Importantes célébrations en 1768 aussi, à l'occasion de la canonisation de Jeanne de Chantal ; voir P. Vismara, « Settecento religioso milanese… », *op. cit.*, p. 485-529.

31 *Ibid.*

32 G. Fiume, *Il santo moro…*, *op. cit.*

de Santa Maria del Giardino. On conservait aussi de précieuses reliques du saint qui, comme les indulgences, exerçaient une puissante attraction[33].

Les fêtes solennelles en l'honneur du *santo nero*, accompagnées de panégyriques et de musique (« *avendo sempre cantato in musica i nostri religiosi, aggiunti alcuni dell'allora provincia di Pavia*[34] »), attirèrent le nouvel archevêque Giuseppe Pozzobonelli, qui avait fait son entrée solennelle seulement deux jours auparavant. « Pendant son adoration à l'autel, on chanta un motet du Père Carlo Giovanni Bossi de Busto, accompagné au clavecin[35] » ; on lui donna « une image en zendale et rubans, et avec un livret couvert d'un drap sur la vie du bienheureux[36] ». Une édition milanaise de la vie du bienheureux fut en effet diffusée[37], mais aussi et surtout des images le représentant. Un répons fut composé, « qui par la suite tourna pour la religion, avec une courte neuvaine pour obtenir la pureté des mœurs, qui servit à accroître sa dévotion[38] ». Une aristocrate, Barbara Belgioioso, fit cadeau d'un portrait, un ex-voto, du bienheureux qui contribua au développement de la dévotion[39]. Les cérémonies en l'honneur du nouveau bienheureux constituent un épisode parmi d'autres, parfois plus importants, ayant donné lieu à des processions fastueuses et au carillonnement des cloches de la cathédrale et de toutes les églises de la ville. Des festivités similaires se déroulaient lors du transport de statues ou de la translation des corps : dans la basilique de San Lorenzo, au mois de mai 1697, la translation du corps de saint

---

33 « [Un frère mineur] *donò nell'anno 1706 a questa chiesa del Giardino la preziosa e rara reliquia d'un pezzo di costa di S. Antonio di Padova, la quale solennemente allor portossi in processione per la città, ed altre volte ancora* [...] *e la quale tuttavia qui si conserva con venerazione e divozione di tutto il popolo* » (Benvenuto da Milano, « Della minoritica riforma di Milano cronica terza », *op. cit.*, I 84 suss., f° 520 *sq.*).

34 *Id.*, « Della minoritica riforma di Milano cronica undecima », *op. cit.*, I 89 suss., f° 359 *sq.*

35 « *Durante la sua adorazione all'altar maggiore, cantossi in coro un mottetto dal Padre Carlo Giovanni Bossi da Busto, accompagnato dal gravicembalo* ».

36 « *un'immagine in zendado e nastri, e col libretto coperto di drappo della vita del beato* ».

37 On dit que l'édition originale avait été publiée à Rome en 1743. Il s'agit sans doute de *Compendio della vita del B. Benedetto da San Fratello, laico de' minori osservanti riformati, detto volgarmente il Santo Nero.* L'ouvrage avait été publié anonymement ; on l'attribue ici au P. Ermenegildo da Roma, qui fut l'auteur aussi d'une vie d'Angelo da Chivasso.

38 « che poi girò per la religione, unitamente ad una breve di lui novena per ottenere la purità de' costumi, la qual servì ad accrescerne la di lui divozione », Benvenuto da Milano, « Della minoritica riforma di Milano cronica undecima », *op. cit.*, I 89 suss., f° 360.

39 *Id.*, « Della minoritica riforma di Milano cronica decima », BAM, ms. I 88 suss., f° 227.

Aquilin fut solennisée par « *esquisitissima musica a più chori* » et par des panégyriques[40].

Les sons, les lumières, les aspects visuels, sont dans leur opulence destinés à impressionner, mais il ne s'agit pas d'illusionner : c'est la représentation d'un monde autre, c'est un réflexe de Paradis, c'est la sensation du ciel sur terre, le présage de la beauté éternelle. Les différents aspects de la dévotion aux saints sont là, c'est-à-dire la recherche de l'intercession du saint patron et la volonté que l'on puisse imiter ses vertus.

D'autres cérémonies étaient à tout point de vue extraordinaires : c'est le cas, par exemple, du baptême, de la confirmation et de la première communion d'un juif dans la cathédrale en 1748[41]. Une véritable action théâtrale fut intégrée dans la liturgie : ce fut un événement marquant, d'une signification symbolique très forte. La cérémonie, célébrée par l'archevêque, se déroula aussi au-dehors de la cathédrale : l'homme fut suivi en procession en partant de l'église du Santo Sepolcro, pour y revenir à la fin. Comme pour tous les cortèges similaires, le parcours avait une valeur symbolique très forte et la procession permit d'entrer en contact avec les gens dans les rues de la ville.

Les missions urbaines à Milan, fondées dans les années 1720 pour réaliser dans les rues une prédication qui s'adressait aux couches sociales marginales, fournirent-elles aussi l'occasion de riches cérémonies extraordinaires qui avaient pour cadre les voies et les places publiques. Un phénomène qui avait caractérisé jusque-là les campagnes vint marquer la vie religieuse urbaine. Ce fut le choix de l'archevêque Benedetto Erba Odescalchi : il institua *per experimentum* les missions à Milan en 1721, en confia l'œuvre aux jésuites et en fit une véritable institution en 1727. La raison en était suffisamment claire : au cours des visites *ad limina apostolorum*, il dénonça la désaffection des élites et leur influence négative sur différents groupes sociaux. Il fallait donc porter les cérémonies hors des espaces clos du sacré et faire des espaces « profanes » un lieu de prédication du message religieux, contre tout abandon des pratiques

---

40 Archivio del Capitolo Metropolitano, Fondo liturgico, Diari dei cerimonieri, cart. 8, fasc. 27, f° 56v°-57r°.

41 *Accompagnamento, che fa la congregazione generale della Dottrina Cristiana all'ebreo, cui si conferisce solennemente il S. Battesimo nella Metropolitana dall'Eminentissimo, e Reverendissimo Sig. Cardinale Arcivescovo Pozzobonelli*, Milan, Pietro Antonio Frigerio, stampatore della Congregazione Generale della Dottrina Cristiana, 1748.

religieuses. Dans les faits, l'une des conséquences fut une extériorisation « baroque » qui fit des missions urbaines une sorte de théâtre religieux.

Les autorités civiles se dressèrent en 1767 contre une dévotion qu'ils considéraient « *intempestiva e superstiziosa* » et contre les cérémonies « *strepitose e straordinarie* », autrement dit contre les missions urbaines. On dénonça très fermement les cortèges auxquels participaient des pénitents qui, vêtus de sac et encapuchonnés, cachaient leur visage, marchaient nu-pieds et portaient une croix sur leurs épaules et de lourdes chaînes au cou. Des documents et des textes concernant la ville de Pavie attestent que, dans les processions organisées par les jésuites, des gens défilaient encore en 1768 « *vestite di sacco,* [...] *a piedi nudi con catene al collo e croce di legno in spalla*[42] ».

Au même moment, toutes les manifestations des confréries des jésuites furent critiquées et attaquées. À l'église de San Fedele, une procession d'origine espagnole, l'*Entierro*, avait lieu le soir du Vendredi saint. Elle était organisée par la confrérie de l'Entierro (nommée aussi « *del Sepolcro di Nostro Signore Gesù Cristo* ») : ce cas typique de groupe religieux pour les élites illustre bien les liens entre les confréries et la société, selon la mentalité propre à cette époque. Parmi les adhérents figuraient d'illustres personnages du monde milanais, dont la confrérie était le lieu d'agrégation religieuse : on la dit « *il punto di raccordo unitario dell'élite nobiliare e di governo* » ; les souverains y participèrent aussi. Les rites pour les confrères morts se célébraient avec un apparat pompeux et magnifique, et un accompagnement musical tout à fait remarquable : tout cela se produisit même dans la seconde moitié du siècle[43]. Le succès de la confrérie et des cérémonies qu'elle organisait suscita au cours du XVIIIe siècle un accroissement de son effectif. Ainsi, tandis que certaines confréries étaient attaquées par le pouvoir civil, l'adhésion à d'autres ne fléchissait pas pour autant.

Les rites pénitentiels étaient l'apanage des hommes car ils se concluaient par une flagellation publique : les pénitents se flagellaient en face d'un Christ mort posé sur un drap funèbre ; dans le noir, lumières éteintes, on chantait le *Stabat Mater*[44]. Ces pratiques étaient encore en

42 *Relazione sulle missioni gesuitiche a Pavia*, Fondo Culto parte antica, cart. 2012.

43 Danilo Zardin, « Confraternite e "congregazioni" gesuitiche a Milano fra tardo Seicento e riforme settecentesche », in : A. Acerbi, M. Marcocchi (dir.), *Ricerche sulla Chiesa di Milano nel Settecento*, *op. cit.*, p. 180-252, ici p. 205 *sq.*

44 Paola Vismara, « L'abolizione delle missioni urbane dei gesuiti a Milano (1767) », in : *id.*, *Settecento religioso in Lombardia*, *op. cit.*, p. 186-213 ; D. Zardin, « Confraternite e "congregazioni"... », *op. cit.*, p. 196 *sq.*

vigueur en 1767, au moment de la suppression des missions urbaines des jésuites par les autorités civiles. Là encore, la réalisation de cérémonies extraordinaires avec une riche orchestration « baroque » était principalement le fait des jésuites, dont l'emprise était forte. Les sources sur ce sujet sont abondantes.

Parmi les mesures prises en 1767 contre ces confréries, on distingue l'un des prodromes de l'attaque parfois violente que le gouvernement allait déclencher contre les corps intermédiaires. Les gouvernants voulaient en effet imposer l'idée d'une société où l'individu se trouverait directement face à l'État, sans intermédiaires. Mais force est de constater également une forte répulsion à l'égard des dévotions extérieures et fastueuses.

Dans les cérémonies extraordinaires, la mort est présente en plusieurs cas. C'est un phénomène de longue durée, car il y a continuité avec le passé ; le sentiment d'un rapport entre le monde des vivants et celui des morts est très fort, ce qu'attestent la recherche des indulgences et les rites pour les morts. En parallèle, l'envoûtement des dévotions coexiste avec la propension à la charité, d'où l'agencement d'activités concrètes. Il faut assurer l'assistance mutuelle entre confrères, par solidarité de groupe et par esprit de corps, mais cela ne suffit pas. On s'assigne pour but une ouverture charitable à l'extérieur : les confréries organisent donc une assistance aux malades à la Ca' Granda (l'Hôtel-Dieu de Milan), et des rites funèbres pour ceux qui – morts dans cet hôpital – sont conduits au « *foppone di San Michele* ». Les confréries de la bonne mort ne sont pas les seules à imposer à leurs membres d'être présents aux cérémonies funéraires à San Michele ai Nuovi Sepolcri. Les rythmes des dévotions sont différents, mais nombre d'entre elles s'en occupent : c'est le cas, par exemple, de la confrérie de Saint-Joseph à l'église de San Babila, ou de la confrérie « *dei cucinieri* » à l'église de Santa Maria dei Servi[45]. Cela préoccupe les autorités civiles en raison d'une piété qu'elles considèrent excessive, pléthorique, mal réglée. À l'époque où l'on attaque les missions urbaines, la méfiance envers la sociabilité des laïcs se manifeste surtout par l'offensive déclenchée contre leurs pratiques de piété[46].

Les jubilés présentent pour l'historien l'occasion de vérifier en détail les changements ou les continuités au cours du XVIIIe siècle et d'appréhender

---

45 ASDMI, *Fondo confraternite*, Y 3641.

46 Gianvittorio Signorotto « Un eccesso di devozione. Preghiere pubbliche ai morti nella Milano del XVIII secolo », *Società e Storia*, 20, 1983, p. 305-336, ici p. 318 *sq.*

les éléments de nouveauté (parfois forcés[47]). En 1751 et en 1776, le jubilé fut ouvert par de grandes cérémonies à la cathédrale ; les différents groupes prirent le départ à partir du cœur religieux de la ville. Conduits par des missionnaires, ils portèrent en procession le crucifix vers quelques églises choisies pour le déroulement des rites jubilaires. En 1751, une intéressante question juridique se posa concernant la possibilité de concéder aux paroisses les mêmes privilèges que ceux réservés aux membres de confréries[48] : ce fut le signal d'une propension croissante à accorder une situation privilégiée aux paroisses par rapport à d'autres structures et corps ecclésiastiques.

Le riche décor du jubilé de 1751 fut accru par la translation solennelle du corps de saint Charles Borromée accompagnée par un décor fastueux[49]. En 1776, cette confusion du jubilé de 1751 avait disparu (peut-être parce que l'affluence diminuait : c'est un fait certain qu'il y eut moins de processions organisées par les confréries, et aucune pendant la nuit). Au contraire, dans les chroniques de 1751, dévotion et confusion s'enchevêtrent dans les faits et dans le langage. Les processions s'entrecroisèrent de manière désordonnée dans les rues et ruelles de la ville, les chants et les prières se mêlant aux cris et aux bruits[50].

Les prêcheurs ne montèrent plus sur une estrade pour mieux s'adresser à leur public ; les sermons et les leçons spirituelles se réduisirent à moins de la moitié, passant de cinq à deux au quotidien[51]. Femmes et hommes se côtoyèrent désormais sans aucune forme de division. Au cours des processions, on chanta à voix basse. Plus de cortèges après le coucher du soleil, plus de processions organisées par les confréries, plus de tapisseries, de tableaux et de fleurs (« *tappezzerie, festoni e quadri a fiori* ») qui avaient

---

47 G. B. Borrani, « Diario milanese », *op. cit.*, N 12 suss., « Missione tenuta da Padri Gesuiti nella nostra chiesa del Giardino nel mese d'aprile dell'anno 1751, con in seguito le nostre cinque particolari processioni nel medesimo anno 1751 », in : Benvenuto da Milano, « Della minoritica riforma di Milano cronica sesta », BAM, ms. i 86 suss., f° 145-177. Voir aussi Giuseppe M. Carpani, « Ceremoniale di S. Nazaro di Milano », s. d. [autour de 1755], BAM, ms. I 67 suss., f° 43-46.

48 G. B. Borrani, « Diario milanese », *op. cit.*, N 12 suss., f° 63.

49 Voir par exemple *Relazione del solenne trasporto del corpo di San Carlo Borromeo*, Milan, Giuseppe Ricchino Malatesta stampatore regio camerale, 1751 ; G. M. Carpani, « Ceremoniale di S. Nazaro di Milano », *op. cit.*, BAM, ms. I 67 suss., f° 83-85.

50 G. B. Borrani, « Diario milanese », *op. cit.*, N 12 suss., f° 64 *sq.*

51 Benvenuto da Milano, « Della minoritica riforma di Milano cronica undecima », *op. cit.*, BAM, ms. I 89 suss., f° 473 *sq.*

contribué à la splendeur des célébrations antérieures[52]. Des frères mineurs et des capucins remplacèrent évidemment les prédicateurs jésuites. Outre ces derniers, les laïcs qui avaient participé aux cérémonies de 1751 vêtus de sac, le visage caché, une baguette noire à la main, disparurent. « *Venti secolari in circa, di genere mercantile, vestiti di sacco, coperti in volto e con nera bacchetta in mano* » avaient dirigé les cérémonies jubilaires à l'église de Santa Maria del Giardino. Ce n'était pas seulement le signal d'une mentalité en cours d'évolution ; c'était également la preuve de la volonté du gouvernement de livrer bataille contre les formes extérieures et baroques de la religion, contre une dévotion qui ne se présentait pas comme « bien réglée ». Peu auparavant, en 1767, l'autorité civile avait déchaîné une attaque contre les missions urbaines des jésuites et s'était engagée contre les apparats extérieurs, notamment contre la présence de confrères encapuchonnés et de gens s'adonnant à la flagellation, lors des pénitences publiques. Tout cela paraissait excessif et constituait l'héritage d'un passé qu'il fallait à tout prix dépasser[53].

En 1751, les capucins avaient conduit une mission au cœur de l'un des plus vastes espaces à la marge de la ville : la place du marché, « *fuori Porta Ticinese* ». Montés sur une estrade surmontée d'une grande croix, les religieux prêchèrent pendant huit jours, quatre fois par jour ; ils célébraient la messe le matin et donnaient le soir la bénédiction. Chaque jour, deux oratoires de pénitence avaient lieu : à cette occasion,

52 *Id.*, « Della minoritica riforma di Milano cronica sesta », *op. cit.*, BAM, ms. I 86 suss., f° 145-172 ; *id.*, « Della minoritica riforma di Milano cronica undecima », *op. cit.*, BAM, ms. I 89 suss., f° 452-475.

53 Parfois cela avait déjà changé, sans intervention extérieure ni crise. Les frères mineurs du couvent de Santa Maria del Giardino avaient toujours pris part aux processions collectives de la ville avec un apparat pénitentiel remarquable : des couronnes d'épines, des chaînes ou des cordes au cou, etc. Tout cela perdure longtemps, mais, à partir de 1720 à peu près, sans raison apparente, ils ne s'adonnent plus à la flagellation publique (Benvenuto da Milano, « Della minoritica riforma di Milano cronica undecima », *op. cit.*, BAM, ms. I 89 suss., f° 385 *sq.).* La ville en avait pourtant l'habitude. En 1703, les processions de pénitence – qui partaient de la cathédrale – se déroulèrent pendant un mois : « *a molti grondava il sangue, che ogni giorno parea fosse il giudicio universale* » (Archivio del Capitolo Metropolitano, Fondo liturgico, Diari dei cerimoneiri, cart. 8, fasc. 27, f° 108v°-109r°). Les critiques contre les processions évoquent parfois avec regret les pénitences extérieures, qui sont à leur avis l'indice de la vraie pénitence, et prennent pour cible les éléments frivoles du décor : « *un di sì santo / degno oh Dio del nostro pianto / si riduce in guisa tale / ad un sacro carnovale* » (le texte ne concerne pas Milan, mais s'applique assez bien à la situation milanaise : *Sopra le processioni vulgo Casazze. Capriccio critico anacreontico*, s. d., BAM, ms. B 11 suss, f° 141v°).

le prédicateur « sur la scène se frappait au moyen d'une discipline jusqu'à ce que le sang coule, avec d'autres hommes vêtus d'un sac[54] ».

En 1776, tous ces rites « baroques » avaient disparu, notamment en raison de la politique ecclésiastique du gouvernement. Il n'était même plus possible de parler de « missions » du fait que les autorités civiles en avaient proclamé la fin dix ans auparavant sous le prétexte des « excès » de dévotion[55]. L'accent se porta de préférence sur les « *pratiche istruzioni* », les sermons, dont on appréciait le contenu moral et pratique[56]. La continuité était assurée par les prières, les chants et les bénédictions. Mais, à ce moment, plus personne ne s'extasiait – comme l'avait fait Borrani vingt-cinq ans plus tôt – de la « *splendidezza* » ou des « *divote pompe*[57] » : cet arrière-goût manifestement baroque venait de disparaître sous la contrainte.

Ce qui intéressait le plus les autorités ecclésiastiques n'était pas tant de combattre l'excès de magnificence et de pompe que d'éviter que cela n'entraîne le rejet ou l'abandon de ses devoirs, en contradiction avec une religion qui voulait imprégner l'existence au quotidien. Les évêques s'élevèrent principalement contre l'ostentation et les outrances en matière de piété ; en revanche, les gouvernants (et les jansénistes) se dressèrent contre le catholicisme baroque, centré sur les cérémonies extraordinaires qui se perpétuèrent jusqu'aux années soixante du siècle des Lumières. L'attaque contre les pratiques extérieures ne rencontra pas le succès[58] puisqu'il ne s'agissait que d'un projet uniquement intellectuel qui ne tenait pas compte de la dimension charnelle de la religion vécue

---

54 « *per mezzo d'una disciplina sopra del palco si batteva sino a sparger sangue, assieme con molti altri vestiti di sacco* », G. B. Borrani, « Diario milanese », *op. cit.*, N 12 suss., f° 69 *sq.*

55 G. Signorotto, *Un eccesso di devozione…*, *op. cit.*

56 Benvenuto da Milano, « Della minoritica riforma di Milano cronica sesta », *op. cit.*, BAM, ms. I 86 suss., f° 145-172 et *id.*, « Della minoritica riforma di Milano cronica undecima », *op. cit.*, BAM, ms. I 89 suss., f° 452-475.

57 G. B. Borrani, « Diario milanese », *op. cit.*, N 12 suss., f° 54 *sq.*

58 « [L'Église] était-elle prête à se plier aux nouvelles règles de comportement et aux nouveaux modes de croire et de pratiquer que voulaient lui imposer l'État absolutiste éclairé, mais aussi quelques prélats qui entendaient, contrairement à leurs prédécesseurs soucieux de ne pas trop heurter la sensibilité des fidèles, voir s'appliquer les principes de la Réforme catholique dans la tonalité qu'elle avait eue en France, c'est-à-dire en cherchant à éradiquer avec fermeté des croyances et des pratiques jugées hétérodoxes ? » (Philippe Gouyard, *L'Europe catholique au* XVIII*e* *siècle. Entre intégrisme et laïcisation*, Rennes, Presses Universitaires de Rennes, 2004, p. 9). La situation de Milan est un peu différente du fait que les tonalités rigoristes n'avaient jamais été accentuées.

et du « discours » sur la visibilité de l'église[59]. Ce fut un échec pour les monarques éclairés[60]. Les rites baroques perdirent leur éclat extérieur et furent en partie effacés ; la distinction entre raison et imagination s'affirma à plusieurs niveaux. Pourtant, en fin de compte, ce n'est pas la religion de la raison qui allait triompher, mais la religion du cœur[61], dans le contexte du maintien du sens foncier des pratiques religieuses.

59 Paola Vismara, « Intorno alla bolla "Auctorem fidei". Le reazioni nella Lombardia austriaca (1794-1795) », in : *id.*, *Cattolicesimi. Itinerari sei-settecenteschi*, *op. cit.*, p. 273-286 ; P. Stella (dir.), *La Bolla "Auctorem Fidei" (1794)…*, *op. cit.*, *Saggio introduttivo e documenti*, *passim*.

60 Claudio Donati, « Dalla "regolata devozione" al "giuseppinismo" », in : M. Rosa (dir.), *Cattolicesimo e lumi…*, *op. cit.*, p. 77-98.

61 L'expression « *tenera divozione* » revient souvent dans les documents. Voir par exemple les sources relatives à la « Congregazione de' giovani della Madonna », ASDMI, Sez. XIII, vol. LXII, fasc. 7.

MILAN ET SES PAROISSES AUX XVIIe-XVIIIe SIÈCLES

Prédication et enseignement doctrinal

Catéchèse et prédication : on peut se poser plusieurs questions à propos de leur importance et de leur développement au sein des paroisses urbaines à Milan entre le XVIIe et le XVIIIe siècle.

Remarquons d'emblée que la catéchèse était considérée de la même manière que la prédication et que les archevêques liaient étroitement l'une et l'autre, comme deux formes complémentaires d'une même fonction[1]. Notons aussi que la paroisse, qui structure l'Église sur le territoire, se pose comme le symbole de la puissance du renouvellement catholique, tout autant que de son ambiguïté.

L'ENSEIGNEMENT DE LA DOCTRINE CHRÉTIENNE

Aux origines de la catéchèse moderne

Pour présenter l'enseignement de la doctrine chrétienne, il est nécessaire de retracer les origines de la catéchèse moderne, car elles expliquent la force et l'importance de cette tradition, tout particulièrement dans la ville. Dès le XVIe siècle, bien avant le concile de Trente, Milan se distinguait par une intense activité, notamment avec la production de petits catéchismes. L'un des initiateurs avait été le bienheureux Giovan Angelo Porro, à la fin du XVe siècle ; mais il ne fut pas le seul à cette époque à s'interroger sur l'instruction

1 Par exemple *Decreta condita in congregationibus vicariorum foraneorum*, Mediolani, apud J. B. de Sirturis, 1772, chap. XVI, « De doctrina christiana », année 1766, p. 105.

chrétienne[2]. On peut y voir le signal d'un renouvellement interne du catholicisme, qui plonge parfois ses racines dans les milieux laïques, sensibles au courant de la *devotio moderna* et persuadés de la nécessité de connaître avant tout les fondements de la foi.

Le personnage le plus emblématique dans cette histoire est le prêtre Castellino da Castello (1476 ?-1566[3]). Ce dernier chercha notamment à rassembler les jeunes qui traînaient dans les rues de Milan pour leur enseigner les bases de la lecture, de l'écriture, et surtout le catéchisme. On lui a souvent attribué l'*Interrogatorio della dottrina cristiana* (ou *Libro del maestro et del discipulo*, ou *Interrogatorio del maestro al discipulo*), dont la paternité est encore discutée. Ce texte destiné aux enfants et aux gens du peuple, qui date des années 1520-1530, fut l'un des premiers manuels de doctrine chrétienne en langue italienne. Il constitua aussi la base de beaucoup de catéchismes édités de nombreuses fois sous le même titre, jusqu'au XIXe siècle[4]. Plusieurs de ces éditions contiennent également l'alphabet, les principales prières, les commandements et, plus tard, les *Regole*[5].

L'œuvre de Castellino était connue sous le titre de Compagnia dei servi di Puttini in Charità. À sa mort en 1566, vingt-huit écoles

---

2 P. Braido, *Lineamenti di storia della catechesi…*, *op. cit.* ; Angelo Turchini, *Sotto l'occhio del padre. Società confessionale e istruzione primaria nello Stato di Milano*, Bologne, il Mulino, 1996. Voir aussi Alessandro Tamborini, *La Compagnia e le scuole della dottrina cristiana*, Milan, Daverio, 1939.

3 Luigi Cajani, « Castello, Castellino da », in : *DBI*, vol. XXI, 1978, p. 786-787.

4 Sur les difficultés d'attribution et les vicissitudes du texte, avec bibliographie : Danilo Zardin, « Mercato librario e letture devote nella svolta del Cinquecento tridentino. Note in margine ad un inventario milanese di libri di monache », in : Nicola Raponi, Angelo Turchini (dir.), *Stampa, libri e letture a Milano nell'età di Carlo Borromeo*, Milan, Vita e Pensiero, 1992, p. 135-246, 184-187 ; Angelo Bianchi, « Le scuole della dottrina cristiana : linguaggio e strumenti per una azione educativa di massa », in : Franco Buzzi, Danilo Zardin (dir.), *Carlo Borromeo e l'opera della "grande riforma". Cultura, religione e arti del governo nella Milano del pieno Cinquecento*, Cinisello Balsamo, Silvana, 1997, p. 145-158. Il existe donc différentes versions de l'*Interrogatorio della dottrina cristiana* ou *Interrogatorio del maestro al discepolo* : un catéchisme « vivant », toujours *in fieri*. Voir aussi, entre autres : P. Braido, *Lineamenti di storia…*, *op. cit.*, p. 30 ; Miriam Turrini, « "Chi sei tu ?". Imparare ad essere cristiani in età borromaica », *SB*, 21, 2001, p. 367-391. Sur les origines de la doctrine chrétienne à Milan, l'usage des textes et bien d'autres éléments : Giovanni Battista Castiglione, *Istoria delle scuole della dottrina cristiana fondate in Milano, e da Milano in Italia ed altrove propagate*, Parte I, Milan, Cesare Orena nella stamperia Malatesta, 1800.

5 Xenio Toscani, « Catechesi e catechismi come fattore di alfabetizzazione in età moderna », *Annali di storia dell'educazione e delle istituzioni scolastiche*, 1, 1994, p. 17-36.

fréquentées par deux mille personnes et gouvernées par deux cents « ouvriers[6] » étaient en fonction dans la ville de Milan. Quelques-uns des nombreux laïcs qui collaboraient avec lui furent appelés par d'autres évêques et se firent les propagateurs de cette forme nouvelle d'enseignement de la doctrine[7].

L'activité des écoles fut encouragée par Charles Borromée, qui en avait eu connaissance avant même d'entrer en possession du siège milanais. Il donna une forme plus systématique à cette instruction et, semble-t-il, établit la forme définitive de l'enseignement de la doctrine chrétienne, y compris l'institution de confréries particulières ; les destinataires n'étaient plus seulement les enfants[8] et ces structures étaient soumises au clergé, dans le cadre paroissial. Il s'agissait en effet de lier la formation de l'identité catholique et le renouveau religieux à l'institution ecclésiastique, qui seule pouvait en assurer le succès et la continuité. Mais il faut aussi souligner l'importance de l'association de laïcs, par les confréries de la doctrine chrétienne, à l'activité de catéchèse[9].

Les dispositions de Charles Borromée furent formulées dans différents synodes provinciaux, qui firent à chaque évêque un devoir de fonder dans son diocèse les confréries de la doctrine chrétienne. En 1585 – Charles Borromée, qui avait voulu ces règlements, étant mort un an auparavant – furent publiées les *Constitutioni et Regole della Compagnia et Scuole della Dottrina cristiana*[10]. L'enseignement de cette doctrine y était défini comme une coopération avec Dieu pour conduire les âmes à lui. Les confrères appelés à ce précieux service avaient le devoir d'éclairer les ignorants et de les guider par leur exemple[11].

Le lieu privilégié de cet enseignement était la paroisse, centre de la vie religieuse des fidèles, et donc de leur instruction. Les prêtres qui exerçaient la *cura animarum* étaient tenus de s'occuper de manière active de l'enseignement de la foi non seulement auprès des jeunes, mais aussi auprès des adultes. L'organisation des écoles, à la fois complexe et efficace,

6 Claudia Di Filippo Bareggi, « Libri e letture nella Milano di san Carlo Borromeo », in : N. Raponi, A. Turchini (dir.), *Stampa, libri e letture…*, *op. cit.*, p. 39-96, p. 60 *sq.*

7 G. B. Castiglione, *Istoria delle scuole…*, *op. cit.*, p. 28-40, 77-98, 101-120, 187-210.

8 AEM, vol. III, 1892, col. 168.

9 Le modèle milanais fut adopté par exemple à Avignon : M. Venard, *Réforme protestante, réforme catholique…*, *op. cit.*, p. 732-764 et 861-866.

10 Voir le texte dans AEM, vol. III, col. 150-262.

11 Par exemple *Avvertimenti alle donne della Congregatione dell'Oratorio del Sepolcro*, s. d., AEM, vol. III, col. 311-314, cit. col. 312.

représentait une nouveauté dans le panorama général de l'instruction chrétienne. Les charges étaient précisément définies : prieur, chancelier, *sopramaestri*, maîtres, portiers, *silenzieri*, *pescatori*, chacun ayant sa fonction spécifique au sein du grand œuvre de la doctrine chrétienne – d'où le nom d'ouvriers. Le centre d'impulsion, qui devait coordonner et contrôler toutes les écoles de la doctrine chrétienne de la ville, était l'église de S. Dalmazio, où siégeait le prieur général des écoles, habituellement un oblat. Les femmes s'appliquaient à l'enseignement des *puellae et mulieres*[12]. Il faut toutefois remarquer que l'importance accordée à l'éducation des jeunes filles n'empêchait pas que l'enseignement qui leur était dispensé différât beaucoup de celui des garçons[13].

Ces écoles jouèrent un rôle culturel autant que religieux, car elles furent à la fois une voie privilégiée pour la diffusion du catholicisme tridentin et un facteur puissant pour l'alphabétisation des masses et le progrès dans la connaissance de la langue italienne[14].

TRADITION ET INNOVATION
Le XVIIe siècle

En 1595, Frédéric Borromée, cousin de Charles, fut nommé nouvel archevêque de Milan ; il resta à la tête du diocèse jusqu'à sa mort, en 1631. Son épiscopat présente des éléments de continuité, mais aussi des différences avec le précédent.

---

12 La direction était attribuée aux dames les plus importantes de la ville. Voir *Memorie storiche delle scuole della dottrina cristiana di Milano, e della sua congregazione*, ASDMI, Sez. XIII, Ospitali-Collegi-Stabilimenti, vol. XLVIII (époque Pozzobonelli : la renommée de ces collaboratrices de l'archevêque Charles Borromée était si grande qu'à Paris on vendait des gravures avec le portrait de deux d'entre elles, Beatrice et Caterina Cantoni, avec l'inscription suivante : « *Celebres inter matronas Doctrinae christianae a S. Carolo Borromeo institutae* »). Pour les ursulines, voir AEM, vol. III, col. 300-311, chap. IX, col. 305.

13 Prescriptions en 1596 pour les écoles destinées aux femmes (AEM, vol. IV, col. 297-298). Je reviendrai sur le sujet, sur la base surtout des *prologhi* récités par les jeunes entre le XVIIe et le XVIIIe siècle.

14 Le pouvoir civil avait aussi intérêt à cela, tout comme à la formation du bon chrétien, qui devait être aussi un bon citoyen ; mais les prescriptions de l'autorité civile ne portaient pas toujours un plein effet.

Frédéric reconnut l'importance des écoles de la doctrine chrétienne. Tout en conservant la structure et les statuts qu'il avait reçus de ses prédécesseurs, il fit publier des règlements complémentaires et obtint de la part des pontifes des indulgences pour les confrères, afin de renforcer le prestige de la confrérie et son lien avec Rome[15].

L'archevêque participa en personne aux initiatives les plus importantes dans l'église de S. Dalmazio, notamment en assistant aux examens des élèves. Une fois par an, à la Saint-André, il prenait part aussi à la Congrégation générale de la doctrine chrétienne : on y présentait le cadre des écoles de la ville et du diocèse entier ; l'archevêque prenait la parole à la fin de la séance. Il conduisait à S. Dalmazio ses confrères évêques qui passaient par Milan, afin qu'ils pussent s'en inspirer.

Frédéric visait à maintenir la structure traditionnelle et désormais bien consolidée de la doctrine chrétienne, avec ses écoles dans chaque paroisse. La ville ne présentait pas de problèmes sérieux. Par la suite, les visites pastorales se bornèrent souvent à remarquer l'existence des écoles dans les paroisses urbaines et la régularité de leur activité : « *In hac ecclesia exercetur schola doctrinae christianae*[16] ».

Parfois, les renseignements sont un peu plus riches. On constate en général que les écoles fonctionnaient. Dans les petites paroisses (300-600 âmes au total), l'enseignement se conformait souvent à la règle de diviser les fidèles par sexe et par âge, mais il pouvait y avoir une seule classe, soit pour les hommes, soit pour les femmes. On respectait le schéma habituel : catéchisme, débat entre les jeunes gens, sermon du curé[17]. À Santa Maria del Cerchio, si la prédication était insuffisante, une école de la doctrine chrétienne pour les filles était toutefois en fonction en 1610, avec une structure perfectionnée et plus de cinquante femmes au service de cette œuvre[18].

À la fin du XVIIIe siècle encore, certaines paroisses n'ont qu'une école, soit masculine, soit féminine. C'est le cas, par exemple, des petites

15 La conscience de l'appartenance joue un rôle important et participe au prestige ; voir par exemple Claude Langlois, Philippe Goujard (dir.), *Les confréries du Moyen Âge à nos jours. Nouvelles approches*, Rouen, Presses universitaires de Rouen, 1995.

16 Par exemple ASDMI, Sect. X, V.P., S. Alessandro, vol. XVI, 1605 : église de S. Lorenzo Minore, f° 23. C'est le cas aussi de S. Fermo, une petite paroisse caractérisée par la présence nobiliaire. Au tout début du XVIIe siècle, Frédéric Borromée se borne à y signaler le bon fonctionnement de l'école de la doctrine chrétienne : V.P., S. Alessandro, vol. XX, 1609 (p. 42-45 à propos du niveau social).

17 *Ibid.*, f° 105 *sq.* ; V.P., S. Giorgio, vol. XIV, 1604, f° 5r° et 89r°.

18 V.P., S. Giorgio, vol. X, 1610, p. 128 et 144 *sq.*

paroisses près de S. Giorgio al Palazzo[19]. Mais là où l'école manquait complètement sous Frédéric, elle fonctionne désormais.

Prenons le cas de la paroisse de S. Satiro, importante bien que de modestes dimensions. Frédéric Borromée y avait fait sa visite au mois de mars 1611. S'y trouvaient trois écoles de la doctrine chrétienne, pour les enfants, les adolescents et les femmes, et trois confréries pour les gouverner. Les enseignants, hommes et femmes, étaient tous *probati* et suivaient les règles et constitutions établies. Leur « formation permanente » était garantie par le recteur de l'église et par les oblats, desquels ils recevaient *spirituales cohortationes.* Les préfets, un homme et une femme, et les « ouvriers » étaient toujours présents. Il y avait aussi des *piscatores*, chargés de conduire à l'église les enfants qui erraient dans les rues. Quant aux textes, on utilisait l'*Interrogatorio* pour les enfants tandis que les adolescents se perfectionnaient avec le texte de Bellarmin[20]. Frédéric avait fait publier à nouveau l'*Interrogatorio* en 1608, avec des additions. À S. Satiro, les élèves pauvres recevaient des aumônes, sur la base d'un legs particulier : ce phénomène est souvent signalé dans les sources. Dans la paroisse, l'enseignement de la grammaire était assuré par deux *ludimagistri*, un aumônier et un prêtre de Rome, auquel on demanda de prouver ses qualités, sous peine de ne plus être autorisé à enseigner[21].

Le curé Stefano Piantanida, homme mûr et de bonne moralité, jouissait d'une bonne renommée. Il avait reçu une solide formation chez les jésuites et avait suivi au séminaire les cours de philosophie et de théologie ; il connaissait bien les Écritures et les cas de conscience. On le dit *ad conciones aptus* ; sa bibliothèque fut jugée conforme à sa charge. Souvent figurent dans les listes des livres des curés et des coadjuteurs

---

19 À S. Sisto, l'enseignement était uniquement féminin : divisées par classes selon leur âge, les « élèves » étaient guidées par des femmes. Le curé faisait toujours un petit sermon à la fin de l'explication du catéchisme ; des *disputatiunculae* avaient lieu sous sa direction. Tout à fait semblable est la situation à S. Maurilio et Sant'Ambrogio in Solariolo, où participaient aussi des femmes provenant d'autres paroisses. Pour cette dernière église, on précise que l'école avait été récemment fondée (1742). À l'époque de Frédéric Borromeé, S. Maurilio ne comptait aucune école de la doctrine chrétienne ; V.P., S. Giorgio, vol. V, 1779 : S. Sisto, p. 227 ; S. Maurilio, p. 46 ; S. Ambrogio in Solariolo, f° 163 (du curé Giuseppe Vismara on dit : « *Sacrae doctrinae christianae pabulo alere diligenter curat* », f° 166).

20 L'essentiel de la bibliographie in Giuseppe Biancardi, « Per una storia del catechismo in epoca moderna. Temi e indicazioni bibliografiche », in : Cesare Mozzarelli (dir.), *Chiesa romana e cultura europea in antico regime*, Rome, Bulzoni, 1998, p. 163-233, p. 169 *sq.*

21 V.P., S. Satiro, vol. I, 1611, f° 117v°-118v° et 266v°, 144v°-146v°, 273r°.

à cette époque plusieurs ouvrages utilisés pour la pastorale, y compris des commentaires bibliques, des catéchismes, des recueils de sermons.

À la fin du catéchisme, le curé était censé faire un petit sermon, autre preuve du lien entre la prédication et l'enseignement de la doctrine chrétienne. Les textes n'en ont pas été conservés[22], mais l'on possède une documentation assez riche sur les préambules des débats prononcés par les jeunes, tout au moins pour le XVIIIe siècle.

Si elles présentaient souvent des situations moins favorables, les grandes églises collégiales parvenaient néanmoins à des résultats. En 1607, malgré quelque défaillance dans la *cura animarum*, à la basilique de S. Lorenzo Maggiore, l'une des plus importantes paroisses de la ville, le catéchisme était enseigné par les chanoines[23]. À cette date, on constate le nombre élevé de personnes impliquées dans cette activité[24]. Remarquons notamment que l'on dénombrait deux « *magistri in scribendo* » et trente « *coadiutores legere docentes* » – cette disproportion a des raisons évidentes. En 1778, l'archevêque Pozzobonelli, en visite, remarque que la *cura animarum*, qui avait subi plusieurs vicissitudes, a été confiée avec succès au curé et à trois « *coadiutores curati canonici*[25] ». L'école de la doctrine chrétienne se tient de manière régulière, soit à l'église, soit dans deux oratoires près de l'église paroissiale, soit dans d'autres églises. Tout s'y déroule dans les règles : classes différentes, présence d'« ouvriers » dont les noms sont dûment enregistrés dans une *tabella*, déroulement des débats, etc.[26]

À cette époque, dans la même paroisse, la confrérie de S. Pietro in Scaldasole s'engagea dans l'enseignement de la doctrine chrétienne ainsi que dans un enseignement scolaire plus approfondi : on dispensait à une cinquantaine de jeunes pauvres une instruction pleinement suffisante pour leur permettre de continuer leurs études dans les écoles prestigieuses des jésuites à Brera ou des barnabites aux Arcimboldi.

---

22 Une exception pour Venise est mentionnée par Giovanni Pozzi, « L'italiano in chiesa », in : Ottavio Besomi, Carlo Caruso (dir.), *Cultura d'élite e cultura popolare nell'arco alpino fra Cinque e Seicento*, Basel-Boston-Berlin, Birkhauser, 1995, p. 303-343, p. 322-323 ; Carlo Del Corno, « Forme della predicazione cattolica fra Cinque e Seicento », *ibid.*, p. 275-301.

23 V.P., S. Lorenzo, vol. V, p. 399.

24 La liste, pour les deux premières écoles : *ibid.*, p. 488 *sq.* (au total 81 personnes). Mais l'école des *mulieres* aussi avait 40 *magistrae* (p. 495 *sq.*).

25 V.P., S. Lorenzo, vol. XVI, p. 427-428, 345.

26 *Ibid.*, p. 337-338, 565 : les membres du chapitre « *doctrinam christianam in diversis ecclesiis docent* ».

S. Pietro in Scaldasole réclamait en outre le privilège d'une exemption totale de toute juridiction au niveau local[27].

Mais revenons à Frédéric. Il avait reçu une formation très marquée par l'humanisme chrétien ; à Rome, il avait eu des rapports étroits avec l'Oratoire de Philippe Neri et avec les milieux intellectuels de la fin du XVIe siècle. Les temps avaient changé : le danger protestant avait été repoussé et le renouvellement catholique était assez solidement établi. Les priorités n'étaient donc plus les mêmes.

L'archevêque s'intéressa notamment à la formation des jeunes gens entre quinze et vingt-cinq ans, trop âgés pour les écoles des enfants, et trop jeunes pour celles des adultes. Ils avaient déjà reçu une formation de base, mais ils ne participaient plus aux écoles de la doctrine. On commença vers 1603 *ad experimentum*[28]. Expérience tout spécialement urbaine, ces écoles s'adressaient en premier lieu aux citadins. Les règlements, qui présentent plusieurs aspects intéressants, furent publiés en 1606[29].

La démarche pédagogique de Frédéric est remarquable. Le catéchisme adopté dans ces écoles est le « grand catéchisme » de Bellarmin, ce qui explique pourquoi, dans les sources, on parle souvent d'écoles et de jeunes « du Bellarmin ». Ce texte fut utilisé dans ces écoles et dans celles des adultes jusqu'à la seconde moitié du XVIIIe siècle, c'est-à-dire jusqu'aux interdictions de l'autorité civile, laquelle n'arriva pourtant pas à en empêcher l'usage[30].

27 V.P., S. Lorenzo, vol. XVII, p. 209-211.

28 Francesco Rivola, *Vita di Federico Borromeo cardinale del titolo di Santa Maria degli Angeli, ed arcivescovo di Milano*, Milan, Dionisio Gariboldi, 1656, p. 271-279 ; « Intorno ai catechismi prescritti ad adoperarsi nelle dottrine cristiane della città e diocesi di Milano dal loro stabilimento al 1789 », in : Aristide Sala (dir.), *Biografia di san Carlo Borromeo*, Milan, Boniardi-Pogliani, 1858, *Dissertazione seconda*, p. 63-100.

29 AEM, vol. IV, 6 novembre 1606, col. 337-340 : « Regole particolari per le scuole della dottrina cristiana erette per li giovani di maggior età, sotto la protettione della Beata Vergine ». Les jeunes gens furent appelés aussi « *giovani della Madonna* », à cause du fait que l'archevêque les avait placés sous la protection de Marie, mère de Dieu, sous le titre de l'Immaculée Conception. À l'occasion des débats, on leur donnait une médaille qui représentait d'un côté la Vierge avec l'enfant, de l'autre saint Ambroise et le bienheureux Charles Borromée (canonisé en 1610). Les jeunes gens devaient réciter chaque jour un Pater, l'Ave et le Gloria ; ils étaient aussi tenus à d'autres prières et on leur instillait une dévotion particulière à l'Ange gardien (AEM, vol. IV, « Regole », col. 338). Dans le septième synode provincial (1612), on revient sur la question des écoles « avancées », considérée comme très importante : AEM, vol. IV, col. 343-383 (col. 346).

30 Paola Vismara, *Il "buon cristiano". Dibattiti e contese sul catechismo nella Lombardia di fine Settecento*, Florence, La Nuova Italia, 1984.

Du point de vue ecclésiastique, Milan était divisée en six secteurs, qui correspondaient aux portes de la ville ; on comptait une vingtaine d'écoles (dix-neuf sous Frédéric, vingt-deux au milieu du XVIIIe siècle). Contrairement aux autres formations de la doctrine chrétienne, elles ne coïncidaient pas avec les paroisses. Bien moins nombreuses que les paroisses urbaines, elles avaient leur siège soit dans un oratoire, soit dans une église quelconque, soit dans une paroisse ; même dans ce cas, l'établissement scolaire était fréquenté par les jeunes gens de plusieurs paroisses du quartier. Les enseignants n'appartenaient pas non plus forcément à une paroisse, et les prieurs n'étaient pas toujours des oblats, mais aussi des réguliers (franciscains, dominicains, carmes, barnabites...). Cela n'amenait nullement les curés à renoncer à leur responsabilité. Comme le rappelait le vicaire général de Frédéric Borromée, même si le gouvernement des écoles pour les jeunes gens était confié à la Congrégation générale de la doctrine chrétienne, les curés devaient se charger du bon fonctionnement de cette entreprise si importante aux yeux de l'archevêque[31]. Cette insistance vient du fait que les prescriptions des vicaires n'avaient jusqu'alors eu que fort peu de succès auprès des curés[32]. On est donc dans une situation intermédiaire entre l'autonomie et l'encadrement paroissial.

Des expériences nouvelles furent tentées en marge des anciennes. L'inspiration venait peut-être des congrégations mariales des collèges jésuites, qui visaient à former leurs adhérents au point de vue religieux et à les préparer aux fonctions d'apostolat : l'archevêque lui-même, lors de ses études, les avait fréquentées et organisées. L'exigence, pour Frédéric Borromée, était d'insister sur la formation des jeunes gens les meilleurs, afin qu'ils pussent devenir à leur tour de bons enseignants de la doctrine chrétienne et, au-delà, le ferment chrétien de la société[33]. Cette orientation caractérise aussi ses « oratoires[34] ». La doctrine chrétienne devait être soit apprise, soit enseignée. Mais certains éléments demeuraient spécifiques, comme le fait qu'il s'agisse d'un phénomène strictement urbain, et l'importance donnée à l'exercice de la charité, surtout à l'hôpital Ca' Granda[35].

31 AEM, vol. IV, 30 mai 1626, col. 635-637.

32 *Ibid.*, col. 636.

33 *Ibid.*, col. 340.

34 Michela Catto, « Il catechismo al tempo di Federico Borromeo : la nascita di un sistema educativo permanente », *SB*, 17, 2003, p. 203-213.

35 « Informatione circa li Oratorii nella Città di Milano communemente intitolati de i Giovani della Madonna, l'anno 1607 principiati », s. d., ASDMI, XIII, vol. LVX.

Les différents oratoires, dont les dates de fondation ne sont pas toujours connues, étaient rarement attachés à une paroisse : ce fut néanmoins le cas, par exemple, de paroisses considérables, comme S. Lorenzo Maggiore et S. Nazaro in Brolo. Le lien avec les paroisses n'était nullement rigide. L'acte notarié pour la construction du premier et du plus important oratoire de Camposanto, prévoyait que le curé de la paroisse de S. Vito al Pasquirolo n'aurait aucun droit sur l'oratoire et sur les fonctions qui s'y dérouleraient[36]. Mais, comme pour les écoles « *del Bellarmino* », les curés devaient toutefois endosser une partie de la responsabilité.

Cette structure était totalement innovante, elle dépassait les limites des paroisses, visait une plus grande efficacité et privilégiait le service aux autres. Les initiatives étaient multiples : activités pieuses, messes avec communion générale, exercices spirituels, activités charitables, « examens » de la doctrine chrétienne... mais la récréation et les jeux ne manquaient pas. La structure évoquait la vie religieuse et se composait de trois catégories, « débutants », « *novitii* » et « *confirmati* ». Ces jeunes gens, modèles de modestie et de sainteté pour les autres, étaient destinés à devenir des prêtres exemplaires, des religieux austères, d'excellents pères de famille, à tel point que nombre d'entre eux furent victimes de leur charité à l'époque de la peste[37].

La spécialisation s'observait aussi dans la fondation d'un oratoire pour les jeunes mariés, dont le but essentiel était celui de soutenir l'organisation de la doctrine chrétienne[38]. Le système créé dans la ville de Milan par l'archevêque Frédéric servit de modèle, au XIXe siècle, pour les oratoires de saint Jean Bosco (le fondateur des salésiens), institution qui bénéficia d'une renommée et d'une diffusion bien plus grandes.

Avec le temps, les activités des jeunes élèves des écoles de la doctrine chrétienne, dans le contexte urbain, devinrent toujours plus riches. Au temps de Charles Borromée, des processions des écoles avaient lieu selon la méthode de Castellino. La procession était, bien plus qu'un fait strictement religieux, un événement qui s'insérait dans le cadre de la vie collective et urbaine.

---

36 Gioachino Barzaghi, *Tre secoli di storia e pastorale degli oratori milanesi*, Rivoli, Elle Di Ci, 1985, p. 91-94.

37 « Informatione... », *op. cit.*

38 *Ibid.* ; un oratoire pour les fils de riches marchands et un autre pour les jeunes étudiants furent aussi créés (G. Barzaghi, *Tre secoli di storia...*, *op. cit.*, p. 86, 121 *sq.*).

La créativité de Frédéric Borromée et ses orientations sont manifestes dans sa méthode, que cela concerne le secteur de la catéchèse ou celui de la formation des jeunes gens : notons qu'il ne dédaignait pas les formes théâtrales, auxquelles les jeunes, qui y participaient souvent, étaient très sensibles. Les fêtes, dont celles de la Vierge dans les oratoires placés sous son patronage, étaient bien célébrées ; la tradition en est encore attestée au XVIIIe siècle. Les épisodes ne manquent pas qui témoignent de la richesse des célébrations, par exemple la consécration en 1616 du nouvel oratoire de Camposanto[39] : chants pieux, procession avec des jeunes gens habillés en anges et des pancartes dont les inscriptions exaltaient la doctrine chrétienne, sermon de l'archevêque, récitation d'un dialogue. L'esthétique musicale de Frédéric, tout comme son goût pour le théâtre, découlent de l'expérience romaine à l'Oratoire[40]. Le lien entre spiritualité et corporéité était également fort : l'homme en tant que tel est, inéluctablement, symbiose de corps et d'âme et le visible ouvre donc la voie à l'invisible[41]. Ainsi, dans le cadre de l'instruction chrétienne, s'affirma une tendance à utiliser des techniques particulières, répondant aux exigences et au goût du public[42].

Frédéric visait aussi à éviter toute distraction. Pour cette raison, lors du synode de 1612, il décréta que les chants et certains instruments n'avaient pas leur place dans les écoles de doctrine. De même pour le théâtre. Toutefois, si l'archevêque se montrait sévère sur le plan de la législation, il agissait de manière différente quant à l'action concrète de gouvernement. En réalité, on sait que les représentations avaient lieu assez fréquemment dans les « *scuole del Bellarmino*[43] ».

L'archevêque Cesare Monti ambitionna d'exercer un contrôle plus rigoureux sur l'activité théâtrale. Au synode diocésain de 1636, on

---

39 *Ibid.*, p. 92.

40 Robert L. Kendrick, « Federico Borromeo e l'estetica della musica sacra », *SB*, 20, 2006, p. 339-350.

41 Giovanna Zanlonghi, « "Sermo corporis". Teatro e teatralità nella trattatistica di Federico Borromeo », *SB*, 2003, 17, p. 267-290 ; Roberta Carpani, « Percorsi della cultura biblica e modelli di santità nel teatro e nella spettacolarità lombarda nell'età di Federico Borromeo », *SB*, 20, 2006, p. 351-391.

42 Marc Fumaroli, *L'âge de l'éloquence. Rhétorique et "res literaria" de la Renaissance au seuil de l'époque classique*, Paris, Albin Michel, 1994 (^1^1980), p. 203.

43 Anthony D. Wright, « Federico Borromeo e il governo pastorale della diocesi di Milano », *SB*, 17, 2003, p. 57-71, p. 60 ; Francesco Marchesi, « Le scuole della dottrina cristiana : strumenti e metodi », *SB*, 17, 2003, p. 219-245, ici p. 225-226.

déclara que les représentations et autres activités analogues ne pourraient être organisées qu'après avoir obtenu l'autorisation du théologien de la cathédrale[44]. Cette prescription n'impliquait pas l'absence de toute représentation. On peut évoquer à ce propos la pastorale *Lo sdegno d'Erode per la nascita del Messia* de Carlo Torre destinée à être récitée par les jeunes gens de l'oratoire de S. Lorenzo in Torriggia en 1639[45].

Au XVIIe siècle, juste avant la mort de Frédéric Borromée, un puissant facteur de crise se fit jour : la peste de 1630 provoqua la mort d'un grand nombre de jeunes gens et de clercs, et elle créa d'énormes obstacles au bon fonctionnement de la structure (écoles de la doctrine chrétienne, écoles « du Bellarmino », oratoires).

La période la moins connue est justement celle qui court de 1630 à la fin du siècle. En 1634, sous l'épiscopat de Cesare Monti, le vicaire général s'empressa de contrôler la participation des adultes aux écoles de la doctrine chrétienne[46]. En 1640 fut publiée à Milan une histoire des origines et des développements de la doctrine chrétienne (*Origine, et successi della dottrina christiana in Milano e suo augmento*), dont l'auteur était Ippolito Porro[47].

Une Scuola di sant'Anna della dottrina cristiana fut érigée pendant l'épiscopat d'Alfonso Litta dans l'imposante basilique de Santo Stefano, l'une des paroisses les plus importantes de la ville. L'acte d'érection est daté du 11 février 1675. Le pape Clément X concéda des indulgences pour différentes activités de la confrérie, parmi lesquelles celles d'enseigner aux ignorants les préceptes divins et tout ce qui est nécessaire au Salut[48].

44 AEM, vol. IV, col. 842.

45 Carlo Torre, *Argomento della pastorale intitolata « Lo sdegno d'Erode per la nascita del Messia ». Con Prologo, Intramezzi e Ringratiamento d'Inventione, recitata da' giovani di S. Lorenzo in Torrigia di Milano*, Milan, Giorgio Rolla, 1639. Les personnages étaient nombreux : 3 personnages allégoriques pour le Prologue, 16 personnages historiques pour le texte, 5 personnages emblématiques et 1 chœur de chasseurs pour l'Intermezzo, plus la Victoire pour le remerciement final.

46 Giovanni Battista Castiglione, « Storia delle Scuole della Dottrina cristiana », BAM, ms. H 139, f° 378. Voir aussi les actes du synode diocésain de 1636 : AEM, vol. IV, col. 831-886 (doctrine chrétienne : col. 841 *sq.*).

47 Milan, pour Gio. Battista Malatesta. Autre édition en 1703 : Milan, impression de Carlo Federico Gagliardi.

48 Archivio della parrocchia di S. Stefano (déposé auprès de ASDMI). La fête de sainte Anne était célébrée de manière très solennelle, « *con panegirico e musica e divoto ottavario* ». Un sermon était prévu tous les mardis et chaque troisième dimanche du mois. La confrérie, comme les autres, fut supprimée par Joseph II en 1786.

La situation avait empiré par rapport au début du siècle. En 1669 (épiscopat de Litta), on déplorait la négligence de plusieurs ecclésiastiques de la ville, qui présentaient de fausses attestations de présence et que l'on n'acceptait plus sans la signature du Prieur général de la Doctrine chrétienne. Le vicaire général de l'archevêque Erba Odescalchi insista sur ce point en 1736 : on exigea qu'un registre fût tenu, détaillant les présences des ecclésiastiques, soit comme maîtres, soit comme disciples[49]. À la fin du XVIIIe siècle, le chroniqueur G. B. Castiglione remarquait que, quelquefois, les laïcs, notamment les femmes, surpassaient le clergé par leur zèle[50].

DES EXIGENCES NOUVELLES, DES PROBLÈMES INÉDITS

Durant l'épiscopat d'Erba Odescalchi, quelques nouveautés apparaissent dans la structure des écoles de la doctrine chrétienne. À mesure que le temps passait, l'enseignement du catéchisme se spécialisait davantage : certaines écoles, destinées à un public particulier, avaient des horaires et des jours d'activité adaptés à leur « état de vie ». À l'époque de Giuseppe Archinto, une école, en fonction dans l'église de S. Fedele, était réservée aux pages. On avait commencé par séparer les enfants et les jeunes gens, les hommes et les femmes. La nécessité de s'adresser de manière directe et efficace à des catégories particulières de fidèles s'était faite sentir : non seulement sur la base de l'âge et du sexe, mais par rapport aussi à certaines conditions sociales et de vie. Ce fut notamment l'archevêque Benedetto Erba Odescalchi qui s'en occupa, surtout après qu'une enquête systématique de 1721 eut révélé quelque insuffisance dans l'enseignement de la doctrine chrétienne[51].

Il fallait apporter un remède à cette situation, par la prédication et la catéchèse. Qu'Erba Odescalchi fût singulièrement soucieux de

49 10 mai 1669, « Pro doctrina christiana », ASDMI, XIII, vol. 48. Pour l'obligation à participer : Synode IV, decr. V, AEM, vol. II, 1892, col. 875 ; voir « Avvertenze alle scuole della dottrina cristiana per la città, sobborghi e corpi santi di Milano », AEM, vol. IV, col. 1576-1580, col. 1578-1579.

50 BAM, ms. H 139, f° 222.

51 4 mai 1722, AEM, vol. IV, col. 1522 *sq.*

l'enseignement du catéchisme ressort aussi de la publication en 1720 des *Regole* de saint Charles Borromée, avec les *Ordini* de Frédéric, et des additions de cet archevêque. Celui-ci organisa aussi des écoles particulières : une pour les pauvres mendiants, qui se tenait deux jeudis par mois ; sept pour les serviteurs et domestiques, en fonction tous les vendredis du mois ; une pour les « *sbirri* », que les autres écoles n'acceptaient pas[52]. Ce phénomène était exclusivement urbain, lié à la structure paroissiale. Le but était de former à la « science du christianisme ».

En 1735, à la suite de l'encyclique *Coelestium munerum* de Clément XII, l'archevêque s'empressa de rappeler l'importance de la doctrine chrétienne. Soulignant l'existence d'une organisation très structurée, Erba Odescalchi exhorta les ecclésiastiques à s'y impliquer, notamment en intervenant dans les nouvelles écoles pour les pauvres et les serviteurs. Il insista sur la nécessité d'une bonne communication, par le langage et différents autres moyens ainsi que l'importance de la fidélité aux textes et l'exigence de clôturer les séances par des avertissements moraux, pour conduire chacun à vivre selon sa condition, en conformité avec la foi chrétienne[53]. Un document du Prieur général de la Congrégation de la doctrine chrétienne, du 30 juin 1736, souligne l'importance de la structure et de la méthode des écoles. On remarque toutefois une attention plus marquée que par le passé à la pédagogie. La manière d'interroger les enfants, pour revenir sur la leçon précédente, devait être agréable et douce, de même qu'il fallait traiter les adultes avec une grande délicatesse. Si l'on constatait que les résultats n'étaient pas satisfaisants, il fallait répéter la même leçon jusqu'à ce qu'elle fût comprise et apprise, tout en évitant des discours inutiles[54]. On remarque

52 Pour attirer les mendiants dans les églises paroissiales de S. Sebastiano et S. Satiro, on distribuait des aumônes après l'école. Voir ASV, Sacrae Congregationis Concilii Relationes, Vis. 1721, vol. DIX A, f° 340v°. Sur cette question, et sur les écoles destinées aux aveugles, estropiés, etc., voir aussi G. B. Castiglione, « Storia delle Scuole… », *op. cit.*, BAM, ms. H 139, f° 393 *sq.* Une école dédiée aux serviteurs se trouvait à la cathédrale, plus une par porte, donc sept au total ; les « *sbirri* » se retrouvaient dans l'église de S. Paolo in Compito (ASV, Vis. 1727, f° 389v°).

53 « Per la dottrina cristiana ». AEM, vol. IV, 23 novembre 1735, col. 1573-1576 (la citation : col. 1575).

54 « Avvertenze », col. 1577, 1580. En 1761 Pozzobonelli, à la suite de la *In dominico agro* de Clément XIII, déclara essentiel pour les curés le Catechismo Romano (lettre pastorale 22 juillet 1761 ; Actes du Synode de la même année). La tendance à ne pas suivre le texte était jugée comme très négative encore à la fin du siècle, du fait que cela permettait les choix arbitraires des maîtres, les divagations, les subtilités théologiques inutiles et

aussi que l'enseignement de la doctrine, notamment aux enfants et aux domestiques, avait souvent lieu chez les familles nobles qui restaient fidèles aux préceptes de l'Église[55].

En 1748 Giuseppe Pozzobonelli observa que, dans les sept écoles réservées aux domestiques, l'activité était très réduite. Paresse des serviteurs ou mauvaise volonté des maîtres ? En réalité, c'est surtout à ces derniers que l'on adresse des reproches en les exhortant à se préoccuper du Salut éternel de leurs domestiques, conformément à la tradition borroméenne[56].

Les documents de l'époque mentionnent l'enseignement de la doctrine chrétienne aux malades hospitalisés, aux professeurs de chirurgie, aux boulangers, aux laitiers, etc., jusqu'au bourreau et à sa famille[57]. L'archevêque Pozzobonelli constitua un petit groupe de prêtres qui enseignaient la doctrine chrétienne aux plus ignorants, jusque sur les murs de la ville, le dimanche et pendant la semaine[58]. Si les paroisses restaient le centre de l'enseignement du catéchisme, il est évident que tout ne pouvait se passer dans leur enceinte. Ce qui est intéressant est donc la tentative d'atteindre les gens qui évitaient d'aller à l'église paroissiale, par honte ou par paresse, ou ceux que l'on empêchait de fréquenter la doctrine chrétienne.

L'enseignement du catéchisme pour la jeunesse sur le « modèle Frédéric » fut également pratiqué dans le nouvel oratoire de la Colombetta, créé en 1743 au tout début de l'épiscopat Pozzobonelli. Sa principale caractéristique était de s'adresser à des jeunes gens d'extraction sociale très modeste : bien qu'il ne s'agisse pas d'enfants, il fallait leur apprendre à lire et à écrire. Initiative d'en haut, initiative d'en bas : les jeunes travailleurs de ce qui deviendra l'oratoire de la Sacra Famiglia

---

dangereuses ; les femmes, pour leur part, avaient une prédilection pour les récits dévots. Voir « Riflessioni tendenti ad una nuova sistemazione dell'Istituto della dottrina cristiana della Diocesi di Milano », 1789, in : A. Sala (dir.), *Biografia di san Carlo Borromeo*, *op. cit.*, *Dissertazione prima*, p. 1-62. L'auteur en serait le prêtre Francesco Paladini.

55 ASV, Vis. 1721, f° 340r°.

56 « Pro oratione mentali », 3 septembre 1748, AEM, vol. IV, col. 1651-1656 (col. 1655-1656). C'est aux curés qu'il revient de s'en occuper. Les prémisses dans le *Libretto dei ricordi* de Charles Borromée et dans sa prédication.

57 G. B. Castiglione, « Storia delle Scuole… », *op. cit.*, BAM, ms. H 139, f° 394, 218. Voir aussi Benvenuto da Milano, *Della minoritica riforma di Milano, Cronica ottava*, BAM, ms. I 88 *sq.*, f° 426-428.

58 G. B. Castiglione, « Storia delle Scuole… », *op. cit.*, BAM, ms. H 139, f° nn (vers 1759).

se réunissaient de leur propre gré après la doctrine chrétienne pour réciter des prières et faire des exercices de piété. Après l'intervention d'un prêtre séculier en 1755, l'oratoire put s'organiser au mieux : il fut ainsi possible d'obtenir des espaces pour la récréation et d'apprendre à lire, à écrire et à compter à ceux qui en avaient besoin. En raison du niveau social et culturel très bas, le patois était utilisé par les prêtres pour les prières et les sermons[59].

Les paroisses continuaient à déployer leur activité, sans solution de continuité[60]. Les *Regole* furent publiées de nouveau, sous Erba Odescalchi en 1720 puis sous Carlo Gaetano Stampa en 1740. Pozzobonelli invita les curés à enseigner avec diligence les vertus théologales, qu'il fit publier dans une plaquette en langue italienne ; il y en eut aussi une version allemande pour l'école de San Giovanni alle Case Rotte, destinée aux jeunes germanophones[61].

Une enquête de l'autorité civile datant de 1767 mentionne l'existence de 203 écoles de la doctrine chrétienne dans la ville, qui fonctionnaient de manière régulière et étaient également appréciées en dehors du diocèse[62]. La « crise » authentique de l'enseignement de la doctrine chrétienne commença avec les décrets de l'autorité civile qui, à partir de 1775, empêcha l'usage des catéchismes de Bellarmino et imposa la création d'un nouveau texte[63]. Comme celui-ci tardait à être composé et approuvé, on en vint à utiliser des textes hétérogènes, une sorte de « Babylone des catéchismes[64] ». En 1786 fut décrétée en outre la suppression de toutes les confréries, y compris celles de la doctrine chrétienne. Mais la structure, malgré les difficultés, continua de près ou de loin son activité.

---

59 « Appunti sull'oratorio della Sacra Famiglia », s. d., Archivio di S. Stefano, « Oratorio Sacra Famigli », cart. 1. Les règles furent approuvées le 30 décembre 1766 (« Pro confirmatione regularum oratorii Sacrae Familiae », AEM, vol. IV, col. 1709-1711).

60 Par exemple V.P., S. Giorgio al Palazzo, vol. XVI (Pozzobonelli 1779-1780), f° 150 *sq.*

61 ASV, Vis. 1757, f° 77r°. Voir « Decreta condita in congregationibus… », *op. cit.*, chap. XVI, *De doctrina cristiana*, 1745, p. 99-103.

62 P. Vismara, *Settecento religioso in Lombardia*, *op. cit.*, 191.

63 P. Vismara, *Il "buon cristiano"…*, *op. cit.*

64 *Ibid.*, p. 118-121.

LA PRÉDICATION ORDINAIRE

Les textes de doctrine chrétienne, notamment ceux du *Catechismus ad parochos*, jouaient aussi un rôle considérable dans la prédication[65], et les textes auxiliaires ne manquaient pas[66]. Toutefois, il est presque impossible de connaître en détail ses modalités : les curés n'ont pas laissé trace de leurs sermons et nos connaissances sur la prédication du clergé séculier sont encore très modestes. Je ne me pencherai que sur celle, ordinaire, des dimanches et jours de fête, laquelle, en principe, se déroule tout au long de l'année.

UNE PRÉDICATION DÛMENT ENCOURAGÉE

La mise en place de la Réforme catholique amena les archevêques à encourager fortement la prédication et à s'y engager eux-mêmes. À propos de l'œuvre de Charles et Frédéric Borromée, Marc Fumaroli parle de l'« atelier de rhétorique milanais » et Erminia Ardissino définit le Milan des Borromée comme un « phare » dans le domaine[67].

On connaît bien l'intérêt des deux Borromées pour la prédication et leur volonté d'obtenir des résultats conformes aux exigences de la hiérarchie autant qu'à celles du public. C'est l'une des raisons pour lesquelles ils n'imposèrent pas de formes « littéraires » spécifiques de prédication, mais privilégièrent la simplicité et la capacité d'émouvoir. Il fallait savoir s'adapter à son public et utiliser les ressources de la

65 Roberto Rusconi, « Rhetorica ecclesiastica. La predicazione nell'età post-tridentina fra pulpito e biblioteca », in : G. Martina, U. Dovere (dir.), *La predicazione in Italia…*, *op. cit.*, p. 15-46, p. 31.

66 Pietro Stella, « Produzione libraria religiosa e versioni della Bibbia in Italia tra età dei lumi e crisi modernista », in : M. Rosa (dir.), *Cattolicesimo e lumi…*, *op. cit.*, p. 99-125, p. 100.

67 Charles Borromée aurait été le « premier patron » d'une rhétorique d'Église qui aurait triomphé pendant deux siècles : M. Fumaroli, *L'âge de l'éloquence…*, *op. cit.*, p. 142-144 ; voir aussi Erminia Ardissino, « Caratteri della predicazione in età federiciana. Gli scritti di Paolo Aresi e le prediche in Duomo per san Carlo », *SB*, 21, 2007, p. 269-289.

persuasion pour les différents types d'auditeurs, en prenant avant tout en compte – comme pour la doctrine chrétienne – le sexe et l'âge[68].

En réalité, il n'était pas rare que des curés ignorants ne sachent pas du tout prêcher, ni d'une manière ni d'une autre. Ils se bornaient parfois à lire des passages d'homélies en langue vulgaire, ce qui était mieux que rien. L'insistance des pasteurs sur la formation du clergé séculier et sur les devoirs des curés, autant que le quadrillage du territoire par le réseau paroissial, aboutirent à des résultats non négligeables et durables.

À la cathédrale, la prédication avait toujours lieu. Régulier ou séculier, le personnel ne faisait jamais défaut. Les règlements imposaient aux jeunes des oratoires de s'y rendre tous ensemble[69].

Lors des visites pastorales, l'existence d'une chaire est généralement mentionnée, tout comme l'éventuelle aptitude à prêcher du responsable de la paroisse. Au XVIIe siècle, les curés de la ville, formés au séminaire et aussi dans les écoles des jésuites et des barnabites, étaient parfois compétents, mais ils ne s'adonnaient pas tous à la prédication. À S. Maria del Cerchio, on demanda au curé de ne pas se dérober à son devoir sous prétexte du petit nombre des fidèles. Le curé de S. Satiro, comme on l'a déjà dit, fut jugé *ad conciones aptus*, celui de S. Fermo, qui accomplissait très consciencieusement ses devoirs, prêchait à ses fidèles les dimanches et jours de fête avec compétence[70]. Le curé de S. Sisto expliquait l'évangile pendant la messe, tout comme ceux de la paroisse des Santi Vito e Biagio ou de S. Maurilio[71]. Le problème, dans ces petites églises au cœur de la ville, venait parfois de la concurrence des réguliers. Le curé de la petite paroisse de S. Maria del Cerchio (300 communiants environ) prêchait parfois depuis l'autel, mais, à ses dires, c'étaient les fidèles qui faisaient défaut, parce qu'ils fréquentaient plus volontiers le monastère de Sainte-Marie-Madeleine[72].

---

68 Paolo Prodi, « San Carlo Borromeo e il cardinale Gabriele Paleotti : due vescovi della Riforma cattolica », *Critica storica*, 3, 1964, p. 135-151, ici p. 145 ; Andrea Battistini, « Tra l'istrice e il pavone. L'arte della persuasione nell'età di Carlo e Federico Borromeo », *SB*, 21, 2007, p. 21-40. Voir aussi Samuele Giombi, « La predicazione di san Carlo : fonti, metodo, stili », in : F. Buzzi, D. Zardin (dir.), *Carlo Borromeo…*, *op. cit.*, p. 69-80 ; Marco Navoni, « Le "Conciones synodales" : il ministero pastorale nella predicazione al clero di Federico Borromeo », *SB*, 17, 2003, p. 73-117 ; Marzia Giuliani, « "Vide Dei benignitatem". I "Sacri ragionamenti" di Federico Borromeo per ogni stato di persone », *ibid.*, p. 119-142.

69 « Informatione… », *op. cit.*

70 V.P., S. Alessandro, vol. XX, 1609, f° 35, 40, 44 ; liste des livres, f° 47-50.

71 V.P., S. Giorgio, vol. V, 1779, p. 232, 109, 46.

72 *Ibid.*, vol. X, 1610, p. 103, 127.

Au cours des XVIIe et XVIIIe siècles, les églises se dotèrent de plus en plus souvent d'une chaire. Les changements dans les bâtiments ecclésiastiques méritent notre attention, puisqu'ils sont souvent le reflet des orientations et des activités de l'Église de l'époque[73]. En termes de fréquence, une prédication qui, au tout début du XVIIe siècle, était considérée, conformément aux prescriptions, comme satisfaisante, ne suffisait plus au siècle suivant. Dans l'église de S. Giorgio al Palazzo se trouvaient deux chaires, l'une du côté de l'épître et l'autre du côté de l'évangile, cette dernière particulièrement bien placée[74]. On dit que le curé expliquait l'évangile tous les dimanches et jours de fête, mais l'archevêque Pozzobonelli souhaita qu'il le fasse plus souvent[75].

Au XVIIIe siècle, la situation n'était pas toujours conforme aux règles. On trouvait des églises importantes, des édifices superbes dotés de chaires majestueuses, où l'on ne prêchait jamais. C'était le cas, par exemple, de S. Lorenzo Maggiore. En 1607, le recteur était bien préparé et préoccupé du Salut des âmes, mais valétudinaire[76]. Ses collaborateurs ne se chargeaient pas non plus de la prédication, bien que plusieurs d'entre eux s'occupassent de la *cura animarum*, dont l'assistance à la doctrine chrétienne. En 1778 encore, l'évangile n'était pas expliqué aux fidèles le dimanche[77]. À la date de la visite de Pozzobonelli, les habitants étaient plus de dix mille, dont à peu près 6600 communiants[78]. Lors d'une visite *ad limina*, l'archevêque s'était aussi rendu compte la prédication des jours de fête était désormais régulièrement effectuée en ville, malgré les ordres religieux[79]. En 1767, peut-être du fait de raisons « politiques », il souligna toutefois que, pour diverses raisons, les curés de la ville ne répondaient pas à toutes les exigences pour la prédication[80].

73 R. Rusconi, « Rhetorica ecclesiastica... », *op. cit.*, p. 37 *sq.*
74 V.P., S. Giorgio, vol. V, 1779, p. 43.
75 *Ibid.*, vol. XVI (Pozzobonelli 1779-1780), p. 251.
76 *Ibid.*, p. 402.
77 V.P., S. Lorenzo Maggiore, vol. XVI, p. 565.
78 *Ibid.*, p. 565, 573 *sq.*
79 ASV, Vis. 1757 (Pozzobonelli), vol. DIX B, f° 75r^o^.
80 P. Vismara, *Settecento religioso in Lombardia*, *op. cit.*, p. 206.

UNE LITTÉRATURE SPÉCIALISÉE

L'insistance sur les qualités indispensables pour le clergé à charge d'âmes, y compris savoir prêcher, trouve son origine dans les développements sur l'image du prêtre et sur ses devoirs, qui s'expriment dans une très riche littérature spécialisée de la seconde moitié du XVIIe siècle. De leur côté, les archevêques du XVIIIe siècle, de Benedetto Erba Odescalchi à Carlo G. Stampa et Giuseppe Pozzobonelli, s'empressent de rappeler à leur clergé le devoir et la nécessité de prêcher chaque dimanche, régulièrement et de manière simple et familière, sans se perdre dans des discours inutiles[81]. Le document le plus complet sur le sujet est celui du vicaire général de l'archevêque Stampa, Giambattista Campagnoli, en 1738[82]. Les prédicateurs sont invités à s'alimenter aux sources les meilleures et les plus sûres : les Saintes Écritures, les Pères et les Docteurs de l'Église.

Un recueil publié à Milan entre 1744 et 1766 donne la mesure de la situation au milieu du XVIIIe siècle. Il s'agit de *L'Ambrosiano pastore*, œuvre de Giammaria Sormani avec une dédicace à l'archevêque.

L'auteur se proposait aussi de composer un ouvrage d'instruction générale pour les curés. Il aurait eu l'intention (qu'il ne réalisa pas) de montrer l'excellence de l'office des pasteurs, les buts de leur œuvre (l'honneur de Dieu et le Salut des âmes), les moyens pour y parvenir, c'est-à-dire la résidence, la sainteté intérieure et extérieure, l'administration des sacrements et de la parole divine. Dans la préface à *l'Ambrosiano pastore*, Sormani relie les suggestions pour bien prêcher au discours sur la sainteté du clergé : les premières découlent du second. Au début du troisième volume, l'auteur rappelle à ceux qui exercent la *cura animarum* le devoir et la responsabilité qui pèsent sur eux. On peut retenir de ses propos que tel curé invoquait la coutume, dans certains diocèses, de prêcher seulement deux fois par mois ; mais surtout que tel autre s'occupait de trafics et préparait mal ses sermons[83].

---

81 4 mai 1722 et 23 novembre 1735, AEM, vol. IV, col. 1522-1523, 1573-1576 ; ASV, Vis. 1727 (Erba Odescalchi), vol. DIX A, f° 387, 392r° ; Vis. 1757 (Pozzobonelli), vol. DIX B, f° 75r°.

82 « Avvertimenti ai predicatori della città e diocesi di Milano », 2 décembre 1738, AEM, vol. IV, col. 1594-1597.

83 Gian Maria Sormani, *L'ambrogiano pastore, cioè Ragionamento e selve di cose predicabili sopra i Vangeli domenicali, secondo il rito della santa Chiesa milanese*, Milan, imprimerie de Pietro

L'auteur écrit que les prédicateurs ne manquent pas, mais que souvent il leur manque la connaissance des œuvres des Pères de l'Église et surtout la capacité d'exposer l'évangile : les canevas de prédication proposés commentent donc celui-ci le dimanche, suivant l'ordre de l'année liturgique. Tout cela selon le rite ambrosien, avec des tables qui permettent à chaque fois aux curés de rite romain de retrouver les commentaires des différents passages. L'auteur déclare avoir choisi un style et un vocabulaire simples et compréhensibles ; il exhorte les curés à l'imiter. Au début du cinquième volume, il rappelle la nécessité de prêcher à toutes les fêtes. Sormani tient à souligner l'importance de la prédication dans les églises de la ville, sur laquelle l'archevêque insistait, bien que les orateurs ne manquent pas dans les églises les plus renommées. Remarquons que des formes modestes de « prédication » avaient lieu au sein des familles, dont se chargeaient souvent les femmes. Les archives privées des familles et les correspondances en portent témoignage[84]. Les moyens et les formes de communication du message chrétien étaient donc divers et variés : ce qui avait lieu à la paroisse en constituait la principale partie, mais une partie seulement.

RÉGULIERS ET SÉCULIERS
Une dichotomie à nuancer

Les historiens ont souligné que la dichotomie entre la prédication des réguliers et celle des séculiers au XVIIIe siècle n'était plus aussi marquée qu'auparavant[85]. Cela est vrai pour la ville de Milan, où les archevêques insistaient sur le devoir des pasteurs à charge d'âmes de prêcher à l'église, tout en utilisant les ordres religieux pour la prédication, par exemple à la cathédrale. L'intégration dans la pastorale diocésaine est évidente, à un point tel que la prédication des missions urbaines des jésuites,

Francesco Malatesta, 1744-1766, « Ai venerabili reggitori delle anime », t. III, 1751, pages nn.

84 Pour le cas de Costanza Trotti Castelbarco, qui à l'occasion prêchait à une servante : P. Vismara, « Settecento religioso milanese... », *op. cit.*, p. 485-529.

85 R. Rusconi, « Rhetorica ecclesiastica... », *op. cit.*, p. 42-44.

fondées par Erba Odescalchi en 1723, avait lieu dans l'église collégiale de Santo Stefano (sermons et flagellation), tandis que dans les rues se déroulaient les processions pénitentielles[86]. De même, sur l'étendard des missions, à côté de saint François Xavier, patron des missions des jésuites, on avait fait figurer saint Charles, patron de la ville et modèle pastoral pour les archevêques : symbolisme remarquable. La manière de prêcher des uns et des autres était assez différente, mais c'était justement cela qui intéressait l'autorité ecclésiastique : dans la diversité, offrir à tous la possibilité d'écouter, de comprendre et d'apprécier les sermons. Au contraire, l'autorité civile, au moment où l'on ordonna la suppression des missions urbaines (1767), opposa les sermons simples des curés à la rhétorique de certains religieux[87].

La fin du XVIIIe siècle apporta de nouvelles difficultés : sous Joseph II, on vit la suppression de couvents et monastères, mais aussi la réduction drastique du nombre de paroisses urbaines et de membres du clergé. De 68 paroisses urbaines, on passa à 31. Avec l'arrivée des Français, la situation devint dramatique. À l'exception des Visitandines et des Fatebenefratelli, tous les ordres religieux se virent supprimés. Même la prédication du Carême vint à manquer, jusque dans les paroisses les plus célèbres et les plus fréquentées, telle la basilique de Santo Stefano[88]. La paroisse n'en resta pas moins le centre de la vie religieuse et le deviendra même davantage.

---

86 P. Vismara, *Settecento religioso in Lombardia*, *op. cit.*

87 Lettre de Kaunitz à Firmian, 29 juin 1767 (ASM, Atti di Governo, Fondo Culto parte antica, 2010).

88 Archivio di Santo Stefano, « Scuola del Santissimo », fasc. a, 1799.

LA RELIGION URBAINE ENTRE POUVOIR POLITIQUE ET POUVOIR ECCLÉSIASTIQUE

Milan au XVIIIe siècle

Le passage entre le XVIIe et le XVIIIe siècle est considéré comme le moment de la « crise de la conscience européenne », terme réducteur du point de vue de la religion. En réalité, les éléments de continuité sont marquants, ce que confirme une analyse de la religion urbaine. Il s'agit là d'un élément très intéressant, du fait que Milan fut à l'époque moderne une sorte de modèle en ce domaine ; c'est à partir de la ville que se développent à cette époque la christianisation et l'évangélisation des campagnes. Le XVIIIe siècle marquerait ainsi une sorte d'abandon de la religion dans les villes et établirait une foi plus forte chez les paysans tandis que les citadins délaissent au contraire l'Église, fait caractéristique du siècle suivant.

À Milan dans la première moitié du siècle les processions, les cérémonies extraordinaires, les sermons… tout manifeste une continuité avec les modèles « baroques » de l'époque précédente qui ne sont pas radicalement rejetés ; on les estompe, on ne les efface pas. Au cours du siècle, les changements, parfois importants, ne manquent pourtant pas. Dans ce contexte, l'opinion de l'Église et des autorités civiles diverge quelquefois, les deux ne menant pas la même politique.

La religion, dans ses manifestations individuelles et collectives, triomphe encore dans la première moitié du siècle, avec ses accents « baroques ». Les autorités ecclésiastiques ne découragent pas les manifestations extérieures, leurs pompes et leurs splendeurs : la séduction et l'attrait de la beauté du culte constituent l'un des moyens à disposition de l'Église pour la transmission de son message. La typologie des expressions religieuses est riche : les rites et les cérémonies éblouissent souvent par leur éclat. Les détailler exhaustivement m'est ici impossible, mais quelques exemples feront ressortir ce phénomène. Ces derniers montrent, par-delà les conflits de juridiction, une belle harmonie entre les autorités de l'État et celles de l'Église jusqu'à la moitié du siècle environ. En cas de problèmes collectifs, des manifestations religieuses s'organisent un peu partout, dans les petites localités de campagne et dans les bourgs, mais de manière plus développée dans les villes. Cette continuité avec l'âge précédent se retrouve à Milan, où la place des symboles et des rites est frappante. Le contexte, toutefois, est mouvant. Dès le début du siècle, les archevêques se plaignent du détachement et du désintérêt pour les écoles de la doctrine chrétienne de la part de membres des élites citadines, et montrent toute l'importance attribuée à l'enseignement du catéchisme par l'institution de nouvelles écoles « spécialisées » qui s'adressent à des catégories particulières (*sbirri*, fantassins, valets, malades à l'hôpital Ca' Granda, mendiants...) ; sous Pozzobonelli, l'enseignement est aussi dispensé en langue allemande[1]. Il s'agissait d'une structure fondamentale de l'Église de Milan : active même avant l'épiscopat de Charles Borromée, elle est devenue avec lui une institution indispensable. Ses successeurs y ont toujours consacré leur attention, visant par elle l'édification d'une culture religieuse et d'une identité chrétienne. Croire et faire, la foi et l'action : voilà ce qui risquait de venir à manquer. Selon l'archevêque Benedetto Erba Odescalchi, les nobles n'aiment pas fréquenter la doctrine chrétienne car ils commencent à se détacher des règles de la vie et de la morale religieuse[2]. Désertant progressivement les églises, les liens se relâchent, les habitudes quotidiennes forgées par les normes ecclésiastiques se perdent – y compris les actes de bonne volonté. La sacralisation du temps, que le premier Borromée a prônée, marque dès lors la société, à la ville aussi, par la conviction ou par la contrainte. L'ensemble du phénomène est peu à peu remis en question. Cependant, entre la fin du XVIIe et le début du XVIIIe siècle, le contexte est encore « discipliné », non seulement par l'extérieur, mais aussi de l'intérieur, dans ce catholicisme renouvelé, à propos duquel les historiens parlent de *renewal*, de *refashioning* ou de *revival*[3].

1 Giovanni Battista Castiglioni, « Istoria delle scuole della dottrina cristiana », BAM, ms. C 321 inf., f° 391 : le cardinal Besozzi se fit l'intermédiaire à Rome pour obtenir des subventions pour les écoles de doctrine à S. Dalmazio (à remarquer ses rapports avec des oblats, tels G. A. Sassi).

2 Au sujet de l'avis de l'archevêque de Milan Benedetto Erba Odescalchi dans les années 1720-1730, voir P. Vismara, *Il volto religioso di Milano nel primo Settecento*, *op. cit.*, p. 131-158.

3 Ronnie Po-chia Hsia, *The World of Catholic Renewal 1540-1770*, Cambridge, Cambridge University Press, 2005 ([1]1998) ; Robert Bireley, *The Refashioning of Catholicism, 1450-1700. A Reassessment of the Counter Reformation*, Washington, Catholic University of America

LES MANIFESTATIONS EXTÉRIEURES DE LA RELIGION

Quoi qu'il en soit, on cherche une représentation adéquate. Il y a, par exemple, les représentations musicales qui ont lieu à Milan à l'occasion de la dispute annuelle de la doctrine chrétienne, dans l'église de San Dalmazio, au début du mois de février[4]. Jusqu'à la moitié du siècle, cela s'effectue de manière systématique, en présence des autorités ecclésiastiques et civiles : l'archevêque, le gouverneur, les représentants de la noblesse. Au cœur de la dispute est prévue une *cantata* au cours de laquelle les jeunes élèves jouent le rôle d'« acteurs ». Les auteurs des textes sont pour la plupart anonymes, à l'exception de Domenico Balestrieri, poète illustre. Les compositeurs des musiques sont des maîtres de chapelle, dont certains d'avant-garde, parfois d'un renom particulier, comme Giambattista Sammartini. Tout cela répond parfaitement aux goûts de l'époque et exerce une force d'attraction remarquable. Aux débuts du XVIIe siècle, le cardinal Frédéric Borromée, en bon humaniste, donne l'élan à ce genre de « théâtre ». En général, comme l'a écrit Marc Fumaroli, « sans vouloir ni pouvoir céder sur le dogme réaffirmé à Trente, l'Église romaine enveloppait son *docere*, devenu moins impérieux et combatif, d'un *delectare* emprunté aux ressources de la rhétorique et de la poésie[5] ». La persistance de ces pratiques et de cette mentalité est tout à fait évidente au début du XVIIIe siècle.

Le cas de l'instruction religieuse est intéressant, puisqu'il s'agit d'un élément important de l'Église de Milan aux temps modernes : un enseignement qui, en premier lieu, concerne la transmission de la foi, ainsi que l'éthique, et donc la vie individuelle et sociale. En outre, les écoles de doctrine chrétienne selon le modèle milanais sont aussi un vecteur non négligeable d'alphabétisation. Toutefois, tout n'est pas « scolastique ». Pour atteindre le but, il faut utiliser tous les instruments possibles, y compris l'extraordinaire. Le chant des *laudi* accompagne le catéchisme du dimanche. Une ou plusieurs fois par an, on organise des manifestations

---

Press, 1999 ; Marc R. Forster, *Catholic Revival in the Age of the Baroque. Religious Identity in Southwest Germany, 1550-1750*, Cambridge, Cambridge University Press, 2001.

4 Paola Vismara, « "Docere et delectare" : le Cantate per intermezzo nelle dispute della dottrina cristiana (Milan, XVII-XVIII secolo) », *Archivio Storico Lombardo*, 131-132, 2005-2006, p. 193-220.

5 M. Fumaroli, *L'âge de l'éloquence…*, *op. cit.*, p. 203.

publiques auxquelles sont conviées les autorités ecclésiastiques et civiles. Il s'agit de véritables spectacles, selon la coutume de Frédéric Borromée, composante qui ne peut passer inaperçue, tant elle est présente dans les collèges d'éducation, conforme à la psychologie des jeunes gens et en même temps riche en apparats extérieurs. Les représentations sacrées, accompagnées ou non de musique, se tiennent en beaucoup d'occasions. Si l'église est le lieu consacré à la musique, surtout populaire, à d'autres moments elle déborde, de manière irrésistible, au-dehors de l'édifice de culte : « *che la chiesa diventi piazza o strada, e queste chiesa, non altera la natura ma solo ingrandisce la proporzione del "concerto sacro"*[6] ».

D'autres occasions sont également propices aux manifestations sacrées très visibles : Noël par exemple, avec ses riches célébrations et la composition *d'oratori*, peut-être sur le modèle de ceux mis en scène au Palais apostolique[7]. De même pour le carême, quand les sermons des prédicateurs les plus réputés attirent dans les grandes églises un public choisi. En cette phase de l'année liturgique (ne sous-évaluons pas l'importance de la liturgie et de ses rythmes), on assiste aussi à la représentation *d'oratori sacri*, d'un goût parfois encore baroque dans leurs sujets, comme *L'addolorata divina Madre e desolatissima nella Soledad*, mis en musique par le compositeur Giambattista Sammartini. Le culte à la Vierge de la Soledad est d'origine espagnole ; bien que Milan, même à l'époque de la domination espagnole, soit sensible à l'influence de la religion et de la culture française, toutes ces dévotions s'enracinent au XVIIe siècle et se conservent au siècle suivant. Revenons à Sammartini, qui compose plusieurs *Cantate* pour le carême[8], dans lesquelles on participe de la douleur du Christ, représentée de manière très forte, et l'on proclame la colère d'un Dieu juste contre ceux qui ne donnent pas une réponse d'amour à cette souffrance. Le modèle rhétorique de l'art oratoire baroque y triomphe encore dans les années 1750-1760[9] ; en parallèle, on remarque que le contraste avec un monde qui s'éloigne de

6 Gino Stefani, *Musica barocca*, vol. 2, *Angeli e sirene*, Milan, Bompiani, 1988, p. 14.

7 Carolyn Gianturco, « "Cantate spirituali e morali", with a Description of the Papal Sacred Cantata Tradition for Christmas 1676-1740 », *Music and Letters*, 73, 1992, p. 1-31 ; en général : Bernard Dompnier (dir.), « La célébration de Noël du XVIe au XXe siècle. Liturgie et traditions », *Revue du Centre d'histoire Espaces et cultures*, 21, 2005. À Milan, par exemple : *La colpa originale piangente alla culla del Redentore*, Milan, Giuseppe Agnelli, 1723.

8 *Li viaggi o stazioni di Gesù nella sua Passione* [...] *da recitarsi alla sera il primo venerdì di Quaresima nella reale imperiale Congregazione del SS.*^mo^ *Entierro in S. Fedele.*

9 Danilo Prefumo, *I fratelli Sammartini. Due musicisti milanesi nell'Europa del Settecento*, Milan, Rugginenti, 2002, p. 100.

Dieu est particulièrement mis en évidence. Le Vendredi Saint est célébré avec faste. Du point de vue des rites, il s'agit d'un jour très important, car il renouvelle la mémoire de la mort du Fils de Dieu pour le Salut des hommes, ce qui en fait à cette époque un sujet tout trouvé de tant de sermons, de dévotions et de pratiques de piété[10]. Par ailleurs, on notera que les membres de la Congrégation de l'Entierro, auprès des jésuites de l'église de San Fedele, sont tous nobles.

Un culte que l'on peut considérer comme « espagnol », est celui de l'Immaculée Conception. Le fait curieux est qu'il se développe entre 1740 et 1760, bien après les débats, parfois virulents, sur le sujet. Qu'il suffise de penser aux différends entre Muratori et le jésuite Burgi. Pour Muratori, c'est même peut-être la polémique la plus forte qu'il conduit au cours de sa longue existence[11]. À Milan, les frères mineurs n'accueillent pas ces critiques et encouragent encore davantage la dévotion ; mais ce n'est pas uniquement l'affaire des franciscains, puisqu'en 1744 et 1761 l'archevêque en personne donne la bénédiction en conclusion de la neuvaine, célébrée très solennellement dans l'église de S. Maria del Giardino[12]. Y participent des confréries urbaines, qui se rendent à l'église « *con canto e con sinfonia processionalmente*[13] ».

N'omettons pas les fêtes des saints, en particulier en cas de béatification et de canonisation[14] – peu importe que ce soit dans l'année même ou dans

---

10 Introduction à un *Oratorio della Passione da cantarsi nell'oratorio dell'archiconfraternita del SS.mo Crocefisso* (BAM, SNP IX 9) : « *È così grande e prodigioso l'avvenimento della morte d'un Dio in benefizio del genere umano, che ben meritava d'esser preparato nella mente di ciaschedun fedele con questi teneri accenti, per risvegliare nell'animo di chi gli ascolta più vivi i sentimenti di cristiana pietà* ». Sur les manifestations du Vendredi Saint en général : Maria Girardi, « Al sepolcro di Cristo : una poetica consuetudinaria. Religio, prassi, devozione, rappresentazione nei riti orali del Venerdì Santo a Vienna e a Venezia », in : *Il tranquillo seren del secol d'oro. Musica e spettacolo musicale a Venezia e a Vienna fra Seicento e Settecento*, Milan, Ricordi, 1984, p. 127-196 ; pour Milan : D. Zardin, « Confraternite e "congregazioni" gesuitiche a Milano... », *op. cit.*, p. 180-252.

11 P. Vismara, « Muratori "immoderato"... », *op. cit.*, p. 29-61.

12 Benvenuto da Milano, « Della minoritica riforma di Milano », BAM, ms. I 84 suss. – 89 suss. : *Cronica decima*, 188 suss., f° 124 *sq.* La statue, préexistante, à partir de 1740 « *vien sempre esposta, con quadri o fiori, con festoni etc., tappezzeria di broccadello per tutta la chiesa e con illuminazioni tante gradite* [...] *molto più sontuose di qualsiasi altro tempo* », avec des cierges en cire de Venise (174-1760). *Ibid.* est conservée une belle gravure qui représente l'appareil de l'autel, y compris les luminaires (f° 127-130).

13 *Ibid.*, vol. I, 88 suss., f° 125.

14 Pour le XVIIe siècle, voir Bernadette Majorana, « Feste a Milano per la canonizzazione di santi spagnoli (secolo XVIII) », in : Pierre Civil, Maria Cruz de Carlos, Felipe Pereda, Cécile Vincent-Cassy (dir.), *La imagen religiosa en la Monarquia hispánica. Usos y espacios*, Madrid,

la période suivante, ce qui compte est que ces cérémonies constituent une occasion de religiosité festive particulière : ainsi, pour Pie V et Felice da Cantalice (1712), Camille de Lellis (1742, 1746), Jeanne Françoise de Chantal (1751, 1767), Benedetto da san Fratello (le « *santo moro* » ou « *santo nero* », béatifié en 1743[15]). Les translations d'images de Marie (la « *Madonna di S. Maria Beltrade* » en 1711), des corps des saints ou de leurs reliques (saint Giovanni Buono en 1708 et surtout saint Charles Borromée en 1751) donnent lieu à une ritualité surabondante. Une relique de saint Antoine de Padoue, nouvellement acquise, est transportée en procession en 1706, ce qui se répète les années suivantes[16]. Les processions se déroulent avec pompe et splendeur. Une église où se dirigent bien des processions est celle de saint Ambroise. En 1715, on s'y rend en procession pour demander l'aide divine contre les Turcs et les infidèles. En 1712, une épizootie provoque une terrible mortalité du bétail : une procession a alors lieu à Milan au début du mois d'octobre, accompagnée d'un remarquable apparat ; on va jusqu'à transporter les épines de la croix conservées à la cathédrale. La modalité est celle des processions pénitentielles les plus classiques ; les participants portent des têtes de mort, des couronnes d'épines, des cordes au cou, des chaînes aux pieds ; des pères encapuchonnés pratiquent l'auto-flagellation[17].

Les processions, par vœu et par coutume, se dirigent au sanctuaire urbain de S. Maria presso S. Celso pour implorer la cessation de fléaux tels que la sécheresse ou le mauvais temps, la victoire en cas de guerre ou la solution de problèmes internationaux : en 1699, on prie selon les intentions du pontife à cause de la situation d'Angleterre ; en 1701, pour la paix universelle. Tout au long du parcours, les fidèles chantent le *Miserere* et, une fois arrivés à l'église, l'antienne *Sub tuam misericordiam*, puis ayant atteint la moitié de l'église ils entonnent les 12 *Kyrie* ; mais

Casa de Velâzquez, 2008, p. 103-117 ; *id.*, « La devota meraviglia. Feste in Italia per le canonizzazioni dei santi (XVII secolo e inizio del XVIII) », in : Bernard Dompnier (dir.), *Les cérémonies extraordinaires du catholicisme baroque*, Clermont-Ferrand, PUBP, 2009.

15 Sur les fêtes à Milan : Paola Vismara, « Les splendeurs de la dévotion à Milan. Du baroque aux Lumières », in : B. Dompnier (dir.), *Les cérémonies extraordinaires…*, *op. cit.*, p. 443-458.

16 Benvenuto da Milano, « Della minoritica riforma di Milano. Cronica terza », *op. cit.*, BAM, ms. I 184 suss., f° 520 *sq.* Le « *pezzo di costa* » avait été offert par le gardien du couvent de Varallo : un frère qui « *occupavasi indefesso nella manifattura de' reliquiari, corone, croci* ».

17 Benvenuto da Milano, « Della minoritica riforma di Milano. Cronica terza », *op. cit.*, BAM, ms. I 84 suss., f° 540-542.

il y a aussi des *musici* pour chanter les litanies des saints[18]. Les prêcheurs sont parfois des personnages notables appelés de dehors, coutume de longue date attestée jusqu'aux années 1790. On pourrait imaginer que la prédication continue lorsque la piété se fait plus dépouillée dans ses manifestations extérieures. Ce n'est pourtant pas toujours le cas, au contraire. À S. Maria del Giardino, chaque vendredi a lieu une fonction devant le crucifix ; à partir de 1772, les cérémonies ne sont pas abandonnées, mais les *sacri ragionamenti* disparaissent[19]. Du reste, les sermons ne vont pas à l'encontre d'un esprit de dévotion, même très développé, ou d'une extériorité appuyée. Preuve en est que le frère mineur Timoteo Canevese, ancien missionnaire « chez les Turcs » et prisonnier en Algérie, présente dans sa prédication sur les patriarches à la cathédrale une image religieuse qui connaît un tel succès que les dames la font reproduire jusque sur leurs éventails[20].

L'une des manifestations spécifiques qui exprime au mieux la richesse de la religion urbaine est, à la moitié du siècle, la cérémonie qui se déroule autour d'un juif recevant le sacrement du baptême, dont la relation imprimée est conservée[21]. Se tenant le dimanche de l'Avent au cours duquel, dans la liturgie ambrosienne, on fête l'Incarnation, elle a été, dans l'intention des organisateurs, « *esemplare e solenne* » et stimula une exaltation envers Charles Borromée, « *il promotor delle scuole* », dont notamment les écoles de la doctrine chrétienne. Une procession accompagne l'homme de l'église de S. Sepolcro à la cathédrale, où l'archevêque en personne lui administre le baptême, la confirmation, et donne la

18 Archivio del Capitolo Metropolitano, Fondo liturgico, *Diari dei cerimonieri, passim* ; voir aussi P. Vismara, *Les splendeurs de la dévotion…*, *op. cit.*

19 Benvenuto da Milano, « Della minoritica riforma di Milano. Cronica decima », *op. cit.*, BAM, ms. I 88 suss., f° 249 *sq.* ; voir aussi : « Cronica terza », BAM, ms. I 84 suss., f° 545.

20 L'image représente Abraham, Sara et Loth, habillés en turcs ; ils sont accompagnés par un frère mineur, l'Ancien Testament à la main droite, à la gauche le nom de Nicolas de Lyre. Un ange porte un écriteau sur lequel figure le titre d'un ouvrage de Timoteo Canevese (*Viaggi de' patriarchi* […]). On peut voir l'image aussi dans « Della minoritica riforma di Milano. Cronica terza », *op. cit.*, BAM, ms. I 84 suss., f° 257-259. Paola Vismara, « Conoscere l'Islam nella Milano del Sei-Settecento », in : Bernard Heyberger, Mercedes Garcià-Arenal, Emanuele Colombo, Paola Vismara (dir.), *L'Islam visto da Occidente. Cultura e religione del Seicento europeo di fronte all'Islam*, Gênes-Milan, Marietti, 2009, p. 215-252.

21 *Accompagnamento, che fa la congregazione generale della Dottrina Cristiana all'ebreo, cui si conferisce solennemente il Santo Battesimo sella Metropolitana dall'Em.mo e Rev.mo Sig. Cardinale Arcivescovo Pozzobonelli*, Milan, Pietro Antonio Frigerio, stampatore della Congregazione Generale della Dottrina Cristiana, 1748.

première communion (cette dernière au « *Scurolo di San Carlo* »). Les cérémonies terminées, le juif fait retour, vêtu de blanc, à San Sepolcro : les processions sont marquées par des images allégoriques, accompagnées de panneaux explicatifs ; à la cathédrale un texte « théâtral » est représenté, où une dispute entre la Synagogue et la Doctrine chrétienne voit l'emporter cette dernière.

La religion urbaine à cette époque est une religion qui se manifeste dans l'expression publique : on veut, bien sûr, interrompre le rythme de la vie quotidienne, exhiber son rôle social, étaler la puissance et la richesse d'un ordre ou d'une confrérie ; les fidèles souhaitent manifester leur attachement à la religion et à ses pratiques, les clercs veulent montrer les splendeurs de l'Église qui triomphe et le ciel qui se révèle sur terre[22].

À L'AUBE D'UNE MÉTAMORPHOSE

Rien ne fait l'unanimité. Dès le tout début du XVIIIe siècle, une intervention du gouverneur de Vaudemont s'avère nécessaire, les processions des jeunes élèves des écoles de la doctrine chrétienne étant troublées « *con motteggiamenti e maniere disdicevoli*[23] ». Les indices de transition ne manquent pas. Les archevêques s'opposent à l'ostentation, au bruit excessif, aux débauches qui parfois accompagnent les fêtes religieuses. Ils manifestent leur opposition aux abus, aux manifestations par trop profanes, aux excès, mais d'une manière très souple et prudente, qui révèle au fond le désir de développer cette même piété, selon un idéal de modération et d'équilibre. Cela à une exception près, celle de Carlo Gaetano Stampa, dont toutefois l'épiscopat est de si courte durée qu'il lui fut presque impossible de laisser des traces durables et

22 *Triduo del B. Camillo in Milano* (9-11 settembre 1742), BAM, ms. G, 56 *sq.*, f° 120-143. La description des voûtes bleu ciel, avec les anges qui portent leur soutien à la religion (une vierge avec un calice doré et une croix) et de petits anges qui « *ne stendono il candido manto e vi spargono fiori* », se conclut par ces mots : « *Sembrava il Paradiso in terra, ad estrarre lagrime ed affetti di divozione* » (f° 135 v). La lumière aussi est un « mode d'irruption du ciel sur la terre », voir Catherine Vincent, *Fiat lux. Lumière et luminaires dans la vie religieuse en Occident du XIIIe siècle au début du XVIe siècle*, Paris, Cerf, 2004, ici p. 283-290.

23 Giovanni Battista Castiglioni, « Istoria delle scuole della dottrina cristiana », *op. cit.*, BAM, ms. H 139 suss., f° 207r°.

qu'il est par conséquent très difficile pour l'historien d'en dresser un bilan définitif. Les archevêques ne découragent donc pas les dévotions, même sous leur forme la plus populaire, s'exprimant ouvertement ; ils visent tout simplement à bannir les aspects exclusivement festifs qui ne sont pas pieux et soulignent l'importance des dévotions les plus simples et les moins susceptibles de superstition, comme le chapelet ou la prière de l'Angélus, pour lesquels ni apparats opulents, ni lieux sacrés ne sont nécessaires. Mais les archevêques continuent à participer aux manifestations extraordinaires et y apportent leur « bénédiction » du fait même de leur présence.

Grâce aux visites pastorales, et surtout aux *Acta Ecclesiae Mediolanensis*, ce grand recueil d'édits et dispositions, les nombreuses prises de position de l'autorité ecclésiastique milanaise au cours du siècle nous sont connues. Bien qu'incomplet, ce recueil expose clairement que les archevêques cherchent à discipliner la piété et les dévotions, et n'aiment pas ce qu'ils appellent les « abus », autrement dit les distractions profanes, les frais exorbitants, les fastes et les pompes[24]. Les trophées authentiques sont ceux de la foi, non la simple extériorité. À Milan, on assiste à un foisonnement de petits livres, de manuels très simples pour se préparer aux sacrements et pour assister à la messe, moyennant une connaissance du rite et de la liturgie[25]. Toutefois, l'archevêque Pozzobonelli, chargé du diocèse de 1743 jusqu'à sa mort en 1783, n'a pas du tout l'intention de faire de la religion une question spirituelle et intérieure, ni de la priver de ses aspects de dévotion et de manifestation visible. Au contraire, il donne son soutien aux pratiques de la dévotion vécue contre l'offensive du gouvernement autrichien. Pas d'hostilité, donc, envers les expressions « populaires » de la piété ; pas d'antinomie entre deux manières de concevoir et d'interpréter le

24 L'édit le plus important à ce sujet est : *De cultu sacrarum imaginum, vigiliis et processionibus*, du 2 janvier 1740. L'archevêque blâmait les « *abusi perniciosi e sommamente pericolosi* », en se réclamant de la tradition tridentine et borroméenne : AEM, vol. IV, coll. 1597-1604. Le manque de mesure et les pompes excessives avaient été critiqués par Erba Odescalchi (ASV, *Sacrae Cangregationis Concilii Relationes, Status Mediolanensis Ecclesiae*, 1721, vol. 509 A, *Vis. ad limina* 1721, f° 362 v-363r°-v°). Les dispositions de Pozzobonelli sont pondérées et équilibrées ; voir par exemple AEM, vol. IV, coll. 1641-1643 (a. 1746, *Angelus*), coll. 1651-1656 (a. 1748, oraison mentale), col. 1666 *sq.* (a. 1756, dévotion aux cinq plaies du Christ), coll. 1699-1701 (a. 1762, neuvaine de Noël) ; mais aussi les édits contre les abus.

25 Luisa Cabrini Chiesa, « Preparazione ai sacramenti e partecipazione alla messa nella Chiesa milanese del XVIII secolo », *Ricerche storiche sulla Chiesa ambrosiana*, 27, 1988, p. 124-244.

fait religieux, qui opposerait d'une part la religion « imposée » et de l'autre la religion « populaire », ce que l'on retrouve dans les analyses de quelques historiens plutôt que dans la réalité. La religion « populaire » concerne les ecclésiastiques comme les aristocrates ; ce sont justement les attitudes religieuses d'une partie du patriciat – et de la bourgeoisie – qui expliquent que les valeurs et la culture de l'Ancien Régime ne sont pas complètement balayées par les bouleversements de la fin du siècle.

À l'époque, aucun recul de la religion ne s'opère, mais on assiste à un changement progressif de la sensibilité religieuse. À la fin du XVIIe siècle déjà, le jésuite Carlo Ambrogio Cattaneo, dont la renommée comme prédicateur est remarquable, insiste dans ses sermons sur la nécessité de distinguer entre la véritable dévotion et son altération[26]. Ce discours ne concerne pas exclusivement les formes d'extériorisation ni les cérémonies extraordinaires : l'attitude des autorités ecclésiastiques, souhaitant une plus grande sobriété, contribue petit à petit à rendre moins marquants les éléments baroques, dans le contexte d'un changement général du goût. Ce qui intéresse le plus les autorités ecclésiastiques n'est pas de combattre l'excès de magnificence et de pompe, mais d'éviter que cela n'entraîne le rejet, l'abandon de ses devoirs, en contradiction avec une religion qui veut imprégner le quotidien.

Les résultats sont évidents ; ils dérivent de l'attitude des autorités ecclésiastiques, mais aussi du milieu et de son goût, ainsi que de l'action des gouvernants. Benvenuto da Milano, qui écrit dans les années 1770

26 « *Alcune [donne] camminano da un capo all'altro della città, per pigliar tutte le indulgenze, tutte le benedizioni, e nelle chiese stesse fanno tanti cicalecci, tanti atti di vanità, che, tirati i conti, come suol dirsi, a penna e calamaio, è maggiore la perdita che il guadagno* » (*Lezioni sacre*, II partie, *Lezione I ;* dans l'éd. *Opere*, Venezia 1768, p. 211). L'oblat Gianmaria Sormani, dans un ouvrage adressé aux prédicateurs, dit qu'à son avis « *questa illusione regna particolarmente nelle donne, le quali vorrebbono di continuo far dimora entro le chiese a sentir messe, a masticar rosari, a pulir confessionali, e niente attendere ai lor doveri* », Gianmaria Sormani, *L'ambrogiano pastore cioè Discorsi, omelie e pensieri di cose predicabili nelle solennità di Nostro Signore, della Beata Vergine Maria, e nelle feste comandate dei Santi*, Milan, F. Malatesta et G. Mazzucchelli successeur Malatesta, 5 t., 1744-1766, vol. IV, p. 379. On y perçoit l'écho de *La carità cristiana*, où Muratori stigmatise « *quella madre di famiglia che tutto il dì si perde nelle chiese trascurando di troppo il governo della casa, de' figluoli, e della servitù ; e quel pover'uomo che lascia di lavorare pel mantenimento della sua bisognosa famiglia, applicato solo alle sacre funzioni del tempio* [...]. *Bisogna prima operare quello che Dio assolutamente comanda, quello che è obbligo dello stato e della vocazione nostra ; e poi, se si può, anche il resto che è solo di consiglio. La santità consiste in adempiere religiosamente in tutto e per tutto la volontà di Dio* », L. A Muratori, *Della carità cristiana...*, *op. cit.*, p. 44.

une chronique du couvent et de l'église de S. Maria del Giardino, affirme à propos de l'évolution des fêtes pour l'Immaculée que, depuis 1762, on les célèbre « in *tono minore* [...], *seconda le condizioni delli tempi*[27] ».

L'AUTORITÉ CIVILE FACE À LA RELIGION

Les répercussions les plus profondes sont sans doute dues à l'intervention du gouvernement. La richesse de la piété populaire préoccupe en effet les autorités civiles, qui la jugent excessive, pléthorique, mal réglée, et surtout fausse, contraire, et pas uniquement dans ses excès, aux principes de la religion.

Au début du gouvernement de Marie-Thérèse, des édits en font mention, comme les *Providissimi ripieghi presi dal governo per impedire molti abusi e disordini soliti emergere in occasione di pubbliche fonzioni e processioni e festeggiamenti di santi e immagini* de 1749. En réalité, il s'agit d'une série de normes assez proche de celle de l'autorité ecclésiastique, visant avant tout à éradiquer les abus. Toujours est-il que le chroniqueur des fêtes pour la béatification (1742) et la canonisation (1748) de Camillo de Lellis remarque en 1748 que les appareils, bien que très riches, étaient inférieurs à ceux présents à peine six ans auparavant, car il fallait à tout prix éviter des différends et, dans un moment difficile, les confréries ne pouvaient pas dépenser à l'excès[28]. Derrière les manifestations religieuses se cachent donc de véritables réseaux sociaux, telles les confréries. Dans les années 1760, la politique de l'impératrice se fait plus radicale. Les mesures de l'année 1767 contre les processions, les quêtes, les missions urbaines, révèlent un fond d'hostilité contre ces traditions, que Pozzobonelli déclare légitimes et positives. Quand l'autorité s'oppose aux missions urbaines (avec ses processions et ses auto-flagellations), elle manifeste sa méfiance à l'égard de la sociabilité des laïcs, révélée surtout par l'offensive déclenchée contre leurs pratiques de piété[29]. Remarquons

27 Vol. I, 88 suss., f° 126.

28 *Relazione del solennissimo ottavario e seguente triduo celebrato nella chiesa di S. Maria della Sanità*, 5-12 et 13-15 mai 1748, BAM, ms. G 56 suss., f° 158-174, surtout f° 172r°.

29 G. Signorotto, *Un eccesso di devozione...*, *op. cit.*, p. 305-336, ici p. 318 *sq.*

que vient se greffer là-dessus un aspect « politique », autrement dit ce qui se manifeste de manière évidente à propos des confréries, par la bataille contre les corps intermédiaires, qui manifestent, notamment en ville, une remarquable force de résistance.

La lutte se fait aussi pour l'espace. La décision de placer au sommet de la cathédrale une statue de la Vierge (la *Madonnina*, si chère aux Milanais en 1774), bien qu'elle réponde à une volonté déjà énoncée dans le passé, pourrait être interprétée comme la reconquête symbolique d'un espace – le ciel – quand les autres espaces se voient contrôlés et réclamés par le pouvoir civil.

On assiste en cette période aux interventions de l'autorité civile sur le système paroissial : les paroisses disparaissent en grande partie, le nombre des églises et des couvents diminue, les espaces sacrés se réduisent progressivement, supplantés par le profane. Dans la première moitié du siècle, on construit encore très activement des églises ; dans les dernières décennies du siècle, on assiste à des destructions. Tout cela s'inscrit dans le contexte d'un éclatement de la manière de penser et de vivre le tissu urbain. La ville, pour l'autorité civile, n'est plus une communauté de Salut ; d'autres exigences se frayent un chemin.

Le gouvernement autrichien ordonne la démolition, parfois pour des raisons de viabilité, de plusieurs *crocette*, ces colonnes surmontées d'une croix ou de la statue d'un saint, placées aux carrefours de la ville dans des endroits visibles. Charles Borromée les avait multipliées et en avait fait le lieu de célébrations liturgiques pendant la peste, pour permettre aux fidèles d'assister à la messe depuis leurs maisons. Leur nombre s'est accru avec le temps, jusqu'aux années 1620 ; jusqu'alors, des confréries s'étaient constituées, autour des croix se réunissaient les habitants du quartier pour les prières du soir. Mais Joseph II est irréductiblement hostile aux manifestations religieuses populaires. Les édits du 25 mai et 25 septembre 1786 tendent à réorganiser radicalement le culte extérieur. Les prières collectives en lieu public sont formellement interdites, ce qui est le cas, par exemple, des prières du soir autour des *crocette*. Les processions, y compris celle de la Fête-Dieu, ont lieu exclusivement dans les églises ; le son des cloches est réduit au minimum. *Tridua* et neuvaines, appareils sacrés et pèlerinages : tout est défendu ou, tout du moins, réglementé de manière rigoureuse. Une quelconque hostilité envers la religion n'est pas à la base de ces mesures ; au contraire, l'empereur est persuadé qu'une interdiction des manifestations extérieures les plus marquantes favorisera le bon développement de la « vraie » religion. En fin de compte, tout geste extérieur devient ostentatoire à ses yeux. Il faut par conséquent s'y opposer, pour le bien même de la religion. L'empereur est véritablement soucieux de faire prévaloir une piété plus intériorisée, mais il craint aussi que l'attitude religieuse des fidèles n'entraîne des dépenses excessives et, pour bien des raisons, ne freine le développement économique. Sous Marie-Thérèse déjà, on avait réduit pour cela le nombre de fêtes chômées. Le fait est qu'il n'y a aucun respect des inclinations « populaires », de la religion du plus grand nombre, telle qu'elle est vécue et pratiquée encore par la plus large partie de la population. On impose ainsi un modèle intellectuel et uniforme, étranger au peuple et à l'Église. Pietro Verri dit que la prohibition de rites religieux traditionnels profondément enracinés « fut un véritable coup pour la ville. Si une armée de Sarrasins l'eut conquise, l'opinion du peuple aurait été davantage respectée[30] ».

Les interdictions sont contournées, malgré l'ordre de sévir contre les individus en cas de manquement. Certains, après des transgressions, se réfugient en Suisse et d'autres sont jetés en prison[31]. Les transgressions sont toutefois si nombreuses, les résistances si vives, même en ville, qu'il est impossible de punir tout le monde et de faire respecter les dispositions du souverain. Ces mesures contre les manifestations religieuses et leur exubérance sont perçues comme une attaque contre un système bien structuré de croyances et de pratiques, contre la religion même, que les gens vivent souvent par le biais de ces expressions extérieures.

Il convient néanmoins de remarquer que le souverain est soutenu par une partie de l'élite, en particulier des philo-jansénistes, favorables à ces interventions en matière de piété. Nous sommes dans les années de la Révolution française, avec ses échos et les craintes qu'elle suscite. Mais Giuseppe Zola, professeur à l'Université de Pavie et janséniste d'une certaine renommée, s'occupe – et se préoccupe – surtout des artisans, des marchands, des femmes qui ne manquent pas de réciter leur chapelet le

30 « *veramente fu cosa che fece colpo nella città. Se un'armata di saraceni l'avesse conquistata, avrebbe forse di più risparmiata l'opinione del popolo* », cité par Carlo Capra, « Stato e Chiesa in Italia negli anni di Giuseppe II », in : Helmut Reinalter (dir.), *Der Josephinismus. Bedeutung, Einflüsse und Wirkungen*, Frankfurt – Berlin – Bern – New York – Paris – Wien, Peter Lang, 1991, p. 103-119, surtout p. 110.

31 Exemple cité par P. Vismara, *Settecento religioso in Lombardia*, *op. cit.*, p. 234.

soir devant les images dans les rues ou autour des *crocette*. Par ailleurs, les transgresseurs n'appartiennent, en majorité, ni au tout petit peuple, ni à la grande noblesse ; il s'agit souvent de « bourgeois », ce que l'on constate pour les confréries aussi. Zola suggère à l'autorité politique une intervention radicale : l'armée est censée s'en occuper ; selon lui, pour agir de manière convaincante, il faut se conduire avec dureté, voire brutalité, et pendre quelques-uns des transgresseurs, *ad exemplum*[32].

À l'époque de l'absolutisme éclairé, ce conflit – entre les autorités ecclésiastiques et l'autorité civile, entre cette dernière et le peuple – est fort, mais il n'alimente pas de révoltes comme aux Pays-Bas autrichiens.

La volonté populaire de soutenir ses traditions est évidente, bien qu'elle soit vouée à l'échec, y compris à l'époque de la République cisalpine. Ainsi, les Français vont détruire les images peintes ou sculptées sur les murs des maisons, dans les rues, mais cela se fait la nuit, en présence d'une troupe de soldats bien armés. Bien des citadins se montrent en effet hostiles à leur destruction et sont prêts à s'y opposer. La religion, même dans ses formes extérieures et dans ses objets de culte, exerce donc encore une grande emprise sur les fidèles. Aux autorités civiles, comme aux rares jansénistes, fait défaut une authentique compréhension de la mentalité de la population et des problèmes de la pastorale, ce qui crée une fracture entre les élites du pouvoir et le peuple des fidèles[33].

L'effort visant à purifier la foi se manifeste donc par des voies différentes. Selon l'autorité ecclésiastique, il faut éviter que les fêtes religieuses soient l'occasion de distractions effrénées, voire immorales, ou de violents conflits pour les préséances. Le fidèle doit avant tout suivre et respecter les préceptes de l'Église, et par conséquent être bon chrétien dans la vie de tous les jours ; on peut cependant l'aider à comprendre le sens profond de la religion catholique par les cérémonies religieuses extraordinaires, même dans leur aspect de splendeur et de pompe. À la moitié du siècle en tout cas, soit à cause de l'œuvre de modération des archevêques, soit à cause du changement progressif du goût, ces mêmes splendeurs et pompes s'estompent un peu d'elles-mêmes, mais elles ne disparaissent pas.

---

32 Lettera a P. Bocca, s. d., in : Paolo Guerrini, « Carteggi bresciani inediti sulla vita e i tempi di Pietro Tamburini (1737-1827) », *Bollettino della Società pavese di storia patria*, 27, 1927, p. 161-250.

33 Claudio Donati, « Dalla "regolata devozione" al giuseppinismo » in M. Rosa (dir.), *Cattolicesimo e lumi…*, *op. cit.*, p. 77-98.

Pour l'autorité politique, au contraire, il faut non pas atténuer, mais effacer ; de là les frictions avec les fidèles, qui considèrent cela comme une agression contre la religion. Peut-être n'ont-ils pas tout à fait tort. Dans plusieurs études récentes, on remarque l'importance de la « sensibilité » du point de vue religieux. La liturgie, la théologie, la piété personnelle, les manifestations extérieures du culte : tout cela relève du « *sentire rituale*[34] ». Le jansénisme et le rigorisme, sur le fondement d'un préjugé contre la ritualité, sous-estiment ces facteurs, qui ne sont pas l'expression d'une mentalité primitive et rétrograde.

CONCLUSION

Ce catholicisme « sensible » n'est pas l'apanage du peuple, mais il concerne toutes les classes sociales, sans exception. Ce style de dévotion évoque une *religio carnalis* visible qui parle non à la raison ou au cœur, mais à l'homme entier et à ses sens. C'est, au fond, l'une des caractéristiques du catholicisme moderne, non pas seulement de cette religion urbaine dont on constate l'importance au XVIIIe siècle. On peut même penser que ce phénomène constitue à l'époque moderne un système d'identification confessionnelle. Il y a également là une stratégie de visibilité, à un point tel que l'on vient à Milan de très loin pour assister à certaines cérémonies[35].

La cause principale du changement réside dans les édits des gouvernants, qui blessent la mentalité « populaire » et se heurtent à une forte opposition, mais qui finalement portent quelques effets. En résumé, les problèmes de la dévotion ne sont pas seulement l'affaire des autorités ecclésiastiques car ils revêtent une grande importance politique. Sous

34 M. Perniola, *Del sentire cattolico…*, *op. cit.*

35 Card. Domenico Passionei à Giuseppe Antonio Sassi, da Altdorf, 23 avril 1728, BAM, Z 210 sup., n° 238 : « *Il Renditore di questa mia è un Poveretto d'una Parrocchia qui vicina, il quale sentendosi da molto tempo travagliato da gravissimi mali, se ne viene espressamente à Milano per esser presente alla mostra, che si farà del Sacro chiodo, con grandissima fiducia di riportarne sollievo ; ma siccome vorrebbe la consolazione di poter vedere e venerar davvicino così eccelsa Reliquia, perciò lo raccomando particolarmente alla sua carità, affinche si prenda la pena di farlo collocare in qualche luogo commodo* ».

Joseph II, les autorités civiles visent à faire de la religion un phénomène uniquement spirituel et intime, par l'interdiction de la ritualité collective à l'extérieur des églises. À l'époque de la Cisalpine, on tente de gommer le souvenir même de la religion, en arrachant les symboles exposés à la vue du public et en s'imposant par la force. Au vu des résultats, la réussite n'est pas au rendez-vous. Il ne s'agit pas en effet de simples usages religieux ; pour nombre de fidèles, ce sont des croyances profondes qui s'expriment. Un catholicisme plus austère se fraye un chemin chez les intellectuels, tels Carlo Porta ou Alessandro Manzoni. Mais ce catholicisme dont on vient de parler, à la fois simple et riche, est plus proche dans ses transformations successives d'Alfonso de Liguori que du rigorisme et du jansénisme. La dévotion se fait néanmoins plus méditative, parfois plus solitaire. La religion baroque n'était pas qu'extériorité, mais ces représentations étaient si marquantes que la différence se fait évidente.

Les gouvernants ne participent plus, à quelques exceptions près, aux manifestations ecclésiastiques. Une nouvelle ritualité va se créer. En 1803, la fête nationale est célébrée à partir de la cathédrale, comme pour les anciennes processions ; mais les lieux et les sujets concernent Napoléon et son exaltation[36]. Il y a des statues, des images, des allégories : elles représentent la République italienne, les victoires au champ de bataille, le triomphe de Napoléon. Les bals remplacent la musique pour accompagner les chants sacrés ; au lieu des prêcheurs ou des flagellants, figurent jongleurs et charlatans. La structure n'est pas radicalement différente, mais la transition s'opère, d'un sacré lié au profane, puis au profane tout court. La ville se métamorphose donc, dans son visage et ses habitudes. Pourtant tout n'est pas effacé. L'étude de la religion au XIXe siècle en montre la persistance sur certains points, malgré les changements remarquables et radicaux. La continuité se réalise du côté de la religion tout court, plutôt que de la religion urbaine : dans cette perspective, l'aube d'un monde nouveau se lève, qui n'est guère plus celui de l'Ancien Régime.

---

36 Luigi Lamberti, *Descrizione della festa nazionale che si celebra in Milano nel giorno 26 giugno 1803*, s. l. n. d.

LE MONASTÈRE DE LA VISITATION ET L'ESPRIT SALÉSIEN À MILAN AU XVIIIe SIÈCLE

Il est impossible de ne pas être d'accord avec Henri Bremond lorsqu'il affirme que la doctrine salésienne a constitué « un des ferments de la civilisation moderne ». On a dit en particulier du XVIIIe siècle en Lombardie qu'il s'agit d'un « siècle salésien[1] ». Pourtant, bien que le phénomène soit intéressant et de grande importance sur la durée, sa diffusion dans la Lombardie moderne n'a pas encore été étudiée exhaustivement.

L'un des centres essentiels de l'esprit salésien à Milan est le monastère de la Visitation, fondé au XVIIIe siècle. Je me contenterai ici d'expliquer pourquoi ce lieu, qui existe encore de nos jours, a joué plus que ses voisins un grand rôle dans l'histoire religieuse de la ville, dans un diocèse « au cœur sensible de l'Europe[2] ».

Sur le plan de l'histoire religieuse, la transition entre le XVIIe et le XVIIIe siècle à Milan est marquée par une forte influence de la spiritualité française, autant auprès des élites que dans la « religion de tout le monde ». Ce phénomène coïncide avec le déclin de la spiritualité

---

1 Massimo Marcocchi, « Modelli professionali e itinerari di perfezione nella trattatistica sugli "stati di vita" », in : Paolo Pissavino, Gianvittorio Signorotto (dir.), *Lombardia borromaica Lombardia spagnola 1554-1659*, Rome, Bulzoni, 1995, p. 845-893, ici p. 873 ; *id.*, « Indirizzi di spiritualità ed esigenze educative... », *op. cit.* ; *id.*, « Fermenti di spiritualità. in Lombardia tra Setta e Ottocento », in : Marco Bona Castellotti, Edoardo Bressan, Camillo Fornasieri, Paola Vismara (dir.), *Cultura, religione e trasformazione sociale. Milano e la Lombardia dalle riforme all'unità*, Milan, Franco Angeli, 2001, p. 15-38 ; *id.*, « Le radici spirituali », in : Edoardo Bressan (dir.), *Maddalena di Canossa e la Chiesa di Milano*, Milan, NED, 1990, p. 85-96 ; L. Vaccaro, « I "veri cristiani"... », *op. cit.*, p. 253-304 ; Paola Vismara, « Settecento milanese : un "secolo salesiano" », in : Grado Giovanni Merlo, *Lombardia religiosa e monastica*, Milan, Biblioteca Francescana, 2001, p. 485-529 ; E. Bressan, « Carità e associazionismo cattolico... », *op. cit.*, p. 247-259. Pour la citation Henry Bremond, *Histoire littéraire du sentiment religieux en France depuis la fin des guerres de religion jusqu'à nos jours*, t. I, *L'humanisme dévot (1580-1660)*, Paris, Bloud et Gay, 1921, p. 127.

2 L. Châtellier, « Lombardie exemplaire », *op. cit.*, p. 6.

espagnole et avec la déroute des mystiques. Cette mutation culturelle est profonde, même s'il n'est pas possible d'établir une opposition formelle entre deux mondes qui présentaient maints aspects de correspondance.

La diffusion de la pensée de François de Sales se fait par différentes voies : la connaissance de ses ouvrages en langue originale, mais aussi au moyen de nombreuses traductions italiennes, de recueils, d'adaptations, de renvois fréquents à sa spiritualité, de biographies réimprimées plusieurs fois. Les oblats de l'église du Saint-Sépulcre de Milan demandent même des reliques de François de Sales. La première célébration solennelle en l'honneur du saint a lieu en 1711 et, à cette occasion, c'est à l'oblat Tonetta, sur lequel nous reviendrons, qu'est confiée la tâche de prononcer le panégyrique[3]. En 1721, l'archevêque Erba Odescalchi, conformément aux dispositions de la Congrégation des Rites, en prescrit la liturgie solennelle tandis que des fascicules contenant l'office du saint sont publiés[4].

Ces événements favorisent la diffusion de la vénération pour François de Sales, et sont même mentionnés dans les actes de fondation du monastère, car ils sont vus comme particulièrement importants pour la promotion de la dévotion salésienne dans la ville. Lors de la béatification de Jeanne de Chantal, des cérémonies imposantes et solennelles ont lieu à la Visitation. Certaines sont célébrées par d'illustres ecclésiastiques, dont l'archevêque de Milan, Giuseppe Pozzobonelli, qui s'est toujours montré partisan de la Visitation. Le peuple aussi est attiré par ces cérémonies fastueuses ; les chroniques parlent d'une grâce qu'une femme malade depuis des mois aurait obtenue par l'intermédiaire de Chantal[5]. D'autres célébrations encore plus extraordinaires marquent les fêtes consécutives à la canonisation, avec de riches appareils, des messes chantées, de la musique, des panégyriques. Des oratorios sont représentés en l'honneur de la nouvelle sainte. Les faits divers ne sont pas seuls à interrompre le quotidien : les cérémonies consécutives aux proclamations romaines sont

3 Ce même personnage est l'auteur d'une chronique, essentielle pour l'histoire des origines du monastère : « La divina Provvidenza ammirabile nella fondazione del v. Monastero della Visitazione di S. Maria in S. Sofia di Milano fatta alli XIII luglio MDCCXIII descritta da Giambattista Tonetta sacerdote oblato, e padre spirituale dello stesso monastero » (désormais « Tonetta »), AMVM. Mes remerciements s'adressent aux religieuses du monastère.

4 *Decretum pro officio et misse s. Francisci Salesii*, in : Achille Ratti (dir.), *AEM*, vol. IV, col. 1516 *sq.* (13 septembre 1721).

5 « Diario 1577-1939 », AMVM.

en effet l'occasion d'affirmer l'importance d'un modèle de spiritualité et de vie religieuse[6].

Il existe des points de contact entre l'enseignement salésien et les orientations religieuses qui caractérisent depuis longtemps la spiritualité à Milan, sur les modèles de Charles Borromée et de Philippe Neri. Bruno Neveu a mis l'accent sur « cette fin du XVIIe siècle italien dominée par les figures et l'enseignement de saint Charles Borromée et de saint Philippe Neri[7] ». Le rapprochement entre Charles Borromée et François de Sales n'est pas nouveau : dès le XVIIe siècle, les deux noms sont fréquemment mis l'un à côté de l'autre comme représentants de l'action de renouveau après le concile de Trente ; ils sont les épigones de la « dévotion au quotidien[8] ». Les exigences de la vie chrétienne y sont transcrites dans des formes accessibles à tous ; la sanctification de l'individu est présentée comme un parcours que l'on peut réaliser par la dévotion et la charité, selon sa propre condition de vie. Les jésuites, très actifs sur le plan culturel et spirituel, proposent une spiritualité analogue. Ils insistent sur l'idée que la perfection ne signifie pas réaliser des œuvres extraordinaires, mais accomplir parfaitement des tâches quotidiennes[9]. La diffusion de la spiritualité salésienne grâce aux barnabites est aussi attestée, entre autres, par un personnage remarquable, Francesco Luigi Fontana qui, dans sa direction spirituelle, propose avec insistance un chemin de « petites vertus[10] ». Les *Documenti per istruzione e tranquillità*

---

6 *Descrizione del solenne ottavario fattosi nella chiesa della Visitazione di S. Maria delle salesiane di Milano per la canonizzazione della loro santa fondatrice e madre Giovanna Francesca Fremiot di Chantal*, Milan, Giuseppe Marelli, 1768.

7 B. Neveu, « Culture religieuse et aspirations réformistes à la cour d'Innocent XI », *op. cit.*, p. 235 *sq.*

8 Jean-Pierre Landry, « Les panégyriques de saint François de Sales par Bossuet, Bourdaloue et Fléchier : le regard de la génération classique », in : Hélène Bordes, Jacques Hennequin (dir.), *L'univers salésien. Saint François de Sales hier et aujourd'hui*, Paris, H. Champion, 1994, p. 377-390, ici p. 382 *sq.* L'archevêque Pozzobonelli confirmait cette affinité en donnant au monastère, en 1763, un tableau qui représentait la visite de François de Sales à la tombe du saint archevêque de Milan : Silvia Bossi, « Visitandine », in : *DCA*, vol. VI, 1993, p. 3979-3980 ; « Diario 1577-1939 », AMVM.

9 Pie X le rappelait encore dans le bref *Communis vobiscum laetitiae* du 13 décembre 1909 : « *Nec enim christiana perfectio in rebus miris et extraordinariis patrandis, sed in communium officiorurn tuitione consistit, et in uirtute nostra dimetienda* ». Voir les études de M. Marcocchi mentionnées *supra.*

10 M. Marcocchi, *Modelli…*, *op. cit.*, p. 875 *sq.* ; E. Bressan, « Laici devoti…, *op. cit.*, p. 95-106. Voir la correspondance de Fontana avec Carolina Trotti Durini ; la transcription en a été faite par N. Radaelli, *Momenti di spiritualità nella Milano del primo Ottocento : F. L. Fontana*

delle anime tratti da' santi più illuminati e massime da san Francesco di Sales, dont l'auteur est le barnabite Carlo Giuseppe Quadrupani, sont publiés pour la première fois en 1795 ; au XIXe siècle cet ouvrage a connu des dizaines d'éditions et a été traduit en plusieurs langues[11].

Ce qui, de la pensée salésienne, est particulièrement reçu en Lombardie est la perspective spirituelle mesurée, sans complications, riche en savoir psychologique, fondée sur un rapport équilibré entre la nature et la grâce et sur un dialogue confiant avec Dieu.

Les prêtres séculiers de Saint-Ambroise et Saint-Charles, voués notamment au service de l'archevêque, jouent un rôle fondamental. La formation du clergé est confiée, en grande partie, aux oblats, qui s'occupent certes de missions populaires, mais qui tiennent également une place cruciale dans la culture de l'époque, ce qui est attesté par les études dans lesquelles ils se distinguent par leur présence dans un centre de culture tel que la Bibliothèque Ambrosienne[12]. Être dans le monde selon son état et sa condition, sans appartenir au monde ; atteindre dans son travail la perfection chrétienne, qui n'est pas réservée aux moines et aux moniales : voilà l'idée qu'exprimaient dans leurs ouvrages, par exemple, les oblats Raineri et Sormani[13].

---

e C. Trotti Durini, Thèse de doctorat, Università degli Studi di Milan, Facoltà di Lettere e Filosofia, 1995/1996, sous la direction de Paola Vismara.

11 Pietro Stella, « Prassi religiosa, spiritualità e mistica nell'Ottocento », in : Gabriele De Rosa (dir.), *Storia religiosa*, vol. III. *L'età contemporanea*, Rome-Bari, Laterza, 1995, p. 115-142, ici p. 141 ; Giuseppe Boffito, *Scrittori barnabiti o della Congregazione dei chierici regolari di San Paola (1533-1933)*, vol. III, Florence, Olschki, 1934, p. 225-235 ; A. Dordoni, « I libri di devozione dell'Ottocento…, *op. cit.*, p. 91-101.

12 *Storia dell'Ambrosiana. Il Settecento*, *op. cit.* Lodovico Antonio Muratori y avait travaillé à la fin du XVIIe siècle ; lui aussi insistait sur la nécessité de la confiance en Dieu. *A. Dupront, L. A. Muratori et la société européenne…*, *op. cit.*, p. 97 *sq.* ; A. Vecchi, *L'opera religiosa del Muratori*, *op. cit.*, *passim*, ici p. 61-86, 100-106.

13 Giovanni Battista Raineri, *Breve ragguaglio delle virtù della marchesa D. Maria Margherita Durina Serponti, scritto da un sacerdote ad una dama desiderosa di far progresso nella vera divozione, disposto a modo di pratica instruzione con vari avvertimenti per la vita divota, adattabili ad ogni stato e condizione di persone*, Vérone, Antonio Andreoni, 1757. L'auteur, dans la biographie d'une femme dévote, montrait la réalisation pratique de l'idéal salésien de « *poter star nel mondo, come porta il vostro stato e la vostra condizione, senza esser del mondo* ». Gianmaria Sormani, *L'ambrogiano pastore, cioè Ragionamento e selve di cose predicabili sopra i Vangeli domenicali, secondo il rito della santa Chiesa milanese*, 5 vol., Milan, imprimerie de Pietro Francesco Malatesta-Giuseppe Mazzucchelli, 1744-1765. Dans cet ouvrage, destiné aux prédicateurs, il écrivait : « *Anche nei laboriosi impieghi, fra la coltura de' campi e delle vigne, troverete il tesoro della cristiana perfezione, che punto non ceda a quella stessa dei più osservanti claustrali* » (t. IV, p. 379).

Le lien entre oblature et spiritualité salésienne est évident dans le cas de l'histoire du monastère milanais de la Visitation. Giovan Battista Tonetta[14], qui a pu apprécier la spiritualité visitandine à Arona, est un partisan convaincu de la pensée salésienne dont il s'inspire dans la direction spirituelle. Dans ses chroniques, il rappelle le fait que cette dévotion lui vient de sa famille et de son environnement :

> Ce fut pour moi une grâce bien singulière du Très-Haut, alors que mes pauvres parents se désespéraient d'une progéniture qui, à peine née, passait en quelques jours du berceau à la tombe, que ma mère en esprit de dévotion envers le saint nouveau, me porta dans mes langes, comme une offrande, à ses pieds sur l'autel en priant pour que l'enfant survive au service de Dieu et avec la protection du nouvel intercesseur, canonisé en cette même année[15].

Tonetta met tout en œuvre pour la fondation d'une Visitation à Milan, allant jusqu'à composer une chronique de son histoire, datée de 1728 et dont le manuscrit est encore conservé aux archives de la Visitation (il ne s'agit évidemment pas d'une chronique au sens strict du mot, son but étant de démontrer l'intervention de la divine Providence dans sa fondation).

À la fin du XVIIe siècle, plusieurs requêtes pour la fondation d'une Visitation à Milan ont déjà été présentées. Anna Elisabetta, épouse du gouverneur de Milan Charles-Henri de Lorraine, prince de Vaudemont, l'envisage, pensant faire de sa sœur visitandine la fondatrice. On suggère alors de situer le monastère sur l'emplacement de l'ancien conservatoire de Sainte-Sophie, toujours en activité, mais tombé en décadence. L'entreprise est toutefois destinée sur le moment à la faillite, la collecte de fonds à cet effet ne recevant pas le succès escompté car les familles s'opposent fortement à la disparition du conservatoire. Force nous est de constater que l'arrivée d'un monastère de la Visitation rencontre bien des problèmes et des conflits, d'où le recours adressé à la Congrégation des Évêques

14 Né à Arona en 1665, oblat en 1698, mort en 1729. À partir de 1708 il résida à Milan. Gianfranco Barbieri, « Oblati dei SS. Ambrogio e Carlo », *Helvetia Sacra*, t. VIII/1, *Die Kongregationen in der Schweiz 16-18. Jahrhundert*, Bâle, 1994, p. 93 *sq.*, p. 103 ; Carlo G. Gorla, *Gli inizi del monastero della Visitazione in Milano*, Milan, Scuola Tipografica Salesiana, 1912.

15 « *Fu per me una ben singolare grazia del Altissimo, mentre mancando da volta in volta a' miei poveri genitori la prole, che appena nata passava in pochi giorni dalla culla alla tomba, la mia dolente matre in ispirito di divozione verso il santo novello portommi tra le fasce, come in sagrificio, su l'altare stesso ai piedi suoi.* », « Tonetta », p. 27 *sq.*

et Réguliers[16]. Par l'intermédiaire de Camilla Barberini Borromeo, on cherche à obtenir l'assentiment du cardinal Francesco Barberini en faveur de la fondation d'une Visitation, espérant ainsi débloquer la situation[17]. Comme pour d'autres ordres religieux, les racines de la Visitation dans la société de l'époque sont profondes ; les liens avec les familles, l'existence de réseaux très denses sont évidents. C'est un jeu qui se joue à quatre : Rome, l'autorité ecclésiastique locale, les gouvernements locaux (qui n'y sont pas tous favorables) et l'aristocratie.

C'est à cette période qu'arrive à Milan le P. Tonetta, avec la ferme intention de promouvoir la fondation. Il réunit autour de lui un groupe de personnes influentes, animées de dispositions bienveillantes en faveur de la Visitation (nobles, oblats et jésuites), et travaille à obtenir d'autres soutiens. L'archevêque Filippo Archinto s'exprime en faveur de la suppression de Sainte-Sophie, actée le 27 mars 1710 par un décret du cardinal Carpegna de la Congrégation des Évêques et Réguliers[18]. Toutefois, Archinto manifeste ouvertement son hostilité quant à la nouvelle fondation, ce qui crée un obstacle supplémentaire.

Une certaine méfiance s'explique, d'après Tonetta, par la crainte de la nouveauté ; ceux qui sont liés aux traditions de l'Église de Milan se figurent en effet que l'esprit de la Visitation est tout à fait étranger à un esprit borroméen soigneusement conservé (et sans doute moins souple et doux que l'esprit salésien). Tonetta se hâte donc de mettre en lumière la consonance spirituelle et la fidélité de François de Sales au modèle épiscopal de Charles Borromée ; dans ce but « *lo feci esprimere in tela col sagro cuore di Gesù in una gloria, e i due santi in atto d'adorazione*[19] ». Les résistances

16 Niccolò Visconti était l'un des protecteurs du conservatoire. Les sœurs Marelli lui adressèrent une supplique ; elles accusaient Tonetta de conspirer « *all'esterminio del monastero, e nostro* » (Archivio dell'Opera Pia Visconti di Modrone, b. 62, lettre du 6 avril 1711). Les papiers de la famille Visconti di Modrone sont actuellement déposés auprès de l'Université Catholique (Istituto di Storia economica Mario Romani) : je tiens à remercier le professeur Sergio Zaninelli et le docteur Gianpiero Fumi qui en ont permis et facilité la consultation.

17 « Tonetta », p. 16 *sq.* Francesco Barberini fut ensuite, à partir de 1726, le préfet de la Congrégation des Évêques et Réguliers. Remigio Ritzler, Pirminus Sefrin, *Hierarchia catholica medii et recentioris aevi*, vol. V, Padoue, Edizioni Messaggero, 1952, p. 17.

18 Une copie du document dans *Fondazione nel conservatorio di S. Sofia delle Madri della Visitazione di s. Maria dell'instituto di s. Francesco di Sales*, AMVM. Voir aussi la documentation dans ASDMI, section XII, vol. CXLI. En 1695, le vicaire général avait déjà exposé l'opinion, bien argumentée, que la suppression n'aurait préjugé « *né al servizio di Dio, né al ben pubblico* ».

19 « Tonetta », p. 45, 49 *sq.*

cependant ont sans doute d'autres fondements, puisqu'elles persistent malgré les différentes initiatives. Les questions financières se présentent de manière très complexe. En outre, les difficultés posées par l'avenir des *stabilite* de Sainte-Sophie ne sont pas non plus faciles à résoudre, d'autant que les monastères de femmes ne donnent pas toujours le bon exemple, au contraire[20]. Ainsi, quelques années après, le cas de Paola Teresa Pietra, de Santa Radegonda, secoua l'opinion publique. S'étant sauvée avec un gentilhomme anglais, elle se maria après que Rome eut reconnu la nullité de ses vœux. De tels événements démontrent à l'évidence les problèmes qui dérivent de la quantité de *monacazioni forzate* et du manque de vie religieuse ordonnée dans bon nombre de maisons religieuses[21].

En 1711, l'exposition des reliques et la prédication à l'église du Saint-Sépulcre sont l'occasion de proposer la figure de saint François de Sales, mais aussi d'appuyer la fondation du nouveau monastère, qui apporterait à la ville un élément supplémentaire de dignité ; une remarquable influence est exercée par ce moyen sur l'aristocratie, sur les femmes surtout, qui s'adressent aux oblats et aux jésuites pour leur direction spirituelle[22]. La Visitation peut aller jusqu'à représenter pour les femmes une forme d'accomplissement, un modèle de liberté hors du « monde », mais sans rupture totale avec celui-ci.

C'est le cas, par exemple, de Margherita Vandoni Galli, une veuve âgée qui s'oriente vers la Visitation selon les indications de son confesseur, le jésuite Gian Ambrogio Gallarati[23]. Une querelle éclate alors autour de l'héritage de son mari, opposant d'une part Tonetta et Gallarati, favorables à la Visitation, de l'autre les députés du *scurolo* de Charles Borromée. Les conflits sont donc légion. Une autre femme joue un rôle d'importance : Teresa Modrone, épouse de Niccolò Visconti[24]. Sur le

---

20 Dans la biographie de la supérieure Giovanna Francesca Visconti on remarque la difficulté d'intégrer dans le nouveau monastère des femmes « qui avaient vieilli dans des usages bien différents des nôtres ». Les abrégés (conservés aux archives du monastère ; en français pour la première période, ensuite en italien) appartiennent à un genre littéraire extrêmement codé, dont la lecture sérielle peut toutefois révéler des éléments très intéressants.

21 P. Vismara, « "Per vim et metum"…, », *op. cit.* ; *id.*, « Per la storia del monachesimo femminile nell'Italia del Settecento », *Rivista di Storia e Letteratura Religiosa*, 33, 1997, p. 694-715.

22 « Tonetta », p. 50 *sq.*

23 Abrégé de la vie ; il faut y remarquer, par ailleurs, une critique très explicite des pénitences excessives auxquelles cette femme s'était adonnée auparavant ; elle dut y renoncer « pour s'accoûtumer à la vie douce et commune des Filles de la Visitation ».

24 Sur la famille et ses fortunes : Gianpiero Fumi, *Guida all'Archivio Visconti di Modrone*, Milan, sans nom d'éditeur, 1997. Voir aussi n. 2, p. 278.

conseil de son directeur spirituel, l'oblat Francesco Girolamo Sassi[25], Teresa Modrone fait don d'une somme considérable, mais, même de son vivant, on commence à se disputer à propos de son héritage ; là encore les problèmes de succession sont complexes[26]. Remarquons qu'aucune des filles Visconti n'est entrée à la Visitation de Milan : deux d'entre elles sont moniales à Saint-Lazare, très réputé auprès de la noblesse de la ville à cette époque ; Cristina entre à la Visitation en 1719, mais au monastère d'Arona[27]. Basilissa Anastasia de Pergen, guidée spirituellement par les oblats, est une autre « *divotissima Filotea di san Francesco di Sales* » (d'après les mots de Tonetta), comme bon nombre d'autres femmes nobles ou de personnages importants de la société de l'époque.

La présence de riches dames parmi les partisans de la Visitation inquiète la noblesse locale. Tonetta y fait allusion, comme à des « *gelosie di secolo e timori d'interesse* », liés à la peur de donations excessives, synonymes de pertes considérables pour les familles nobles. L'oblat lui-même est menacé d'expulsion, en tant qu'élément perturbateur de la paix des familles. Il convient d'ajouter que les nobles s'éloignent toujours plus des structures et des mentalités de l'Église de la Réforme catholique. Les autorités de la ville, elles non plus, ne voient pas d'un bon œil la multiplication des monastères. Un membre du conseil des décurions, interpellé à propos de la nouvelle fondation, répond qu'il faudrait les supprimer plutôt qu'en créer de nouveaux[28].

Le successeur d'Archinto, Benedetto Erba Odescalchi, ayant connu la Visitation pendant sa nonciature à Varsovie et en conservant une impression favorable, donne de suite la permission pour la nouvelle

25 G. Barbieri, *Oblati...*, *op. cit.*, p. 83.

26 Le mari déclara que Teresa « *non poteva agravare l'eredità de suoi figli, del di cui patrimonio egli era tenuto aver cura in primo luogo* », (*Libro delle Congregazioni tenute da Signori Protettori del Ven. monastero della Visitazione di S. Maria in S. Soffia*, 1713-1724, Archivio dell'Opera Pia Visconti di Modrone, cote b. 62, année 1721). Difficultés à propos du testament : « Tonetta », p. 166 *sq.* ; il signale une réconciliation avec Niccolò Visconti, p. 200. À propos de la période suivante : « Diario 1577-1939 », AMVM. Les moniales insistaient afin que le corps de Teresa Visconti Modrone soit enterré dans leur nouvelle église : voir la lettre à N. Visconti, 11 octobre 1721, Archivio dell'Opera Pia Visconti di Modrone, b. 62.

27 *Scritture consistenti in lettere, ricorsi, memorie ed altro attinenti alla monacazione d'alcune figlie del sig. Conte Nicolò Maria Visconti, e rispettiva dote spirituale*, Archivio Ducale Visconti di Modrone, Matrimoni I, 31.

28 « *Che tante fondazioni ? Meglio sarebbe il sterpare le già fatte : ora mai la città è occupata più da monasteri che da case, che sono più di peso che di soglievo alla medesima* », « Tonetta », p. 79 *sq.*

fondation. À la fin de l'année 1712, Margherita Vandoni entre au monastère, malgré son âge avancé. Elle apporte avec elle quelques meubles et « *ornamenti di domestica devozione* », parmi lesquels la Madonna de la Soledad qui avait été utilisée par les jésuites dans les processions de l'Entierro. Dans sa biographie, on lit que Margherita Vandoni, qui a longtemps vécu dans le monde,

> a été souvent visitée des dames des plus qualifiées, qui l'honnoroient de leur confiance, et faisoient grand état de ses avis et conseils, et par son credit elle a procuré plusieurs fois du bien à cette maison naissante.

L'année suivante (1713), les fondatrices, autrement dit quelques sœurs d'Arona, arrivent à Milan. Les chroniques attestent que l'intérêt et la curiosité des élites de la ville sont éveillés par cet événement, qui permet de faire connaître la Visitation[29]. La présence de femmes de la noblesse est un élément important pour que le monastère affirme sa position dans la ville, et pour que la dévotion salésienne s'établisse durablement. Les familles participent à l'accroissement de son patrimoine. Comme il arrive souvent, les réseaux familiaux peuvent ou empêcher, ou favoriser la fondation, comme l'expansion des monastères.

À titre d'exemple, une édition en italien des ouvrages de Jeanne de Chantal est réalisée avec le soutien économique de la famille d'une riche moniale : un résultat, écrit-on dans la biographie de cette supérieure, « dont nos monastères d'Italie lui doivent une éternelle obligation ». La famille Arconati, à l'occasion de la prise du voile de leur fille, offre des parements et des décorations, dont un buste en argent de François de Sales[30]. Tonetta organise une habile stratégie dans la recherche d'un consensus dans les milieux nobles, ecclésiastiques et politiques. Son successeur aussi, l'oblat Carlo Antonio Gessaga, obtient des accords significatifs tant au point de vue spirituel que financier[31].

29 Les moniales d'Arona, une fois arrivées à Milan, rendirent visite à différents monastères, afin de « *appagare il desiderio delle sagre comunità, che mai prima avevano veduto velo ed abito di Figlie della Visitazione* [...] *tutto Milano parlava dell'arrivo delle nostre fondatrici, questo era il tratenimento delle conversazioni, questo il discorso ne sagri chiostri, questa la novità di tutti i cittadini* », « Tonetta », p. 104-107.

30 « Tonetta », p. 141 *sq.* et 165 ; Abrégé de la vie de Giovanna Francesca Visconti.

31 La vie et les œuvres de Gessaga sont rapportées dans la lettre circulaire de la supérieure Maria Ignazia Costa à l'occasion de sa mort (LC, 30 octobre 1741, BAM, ms. N II 3 in fol); voir aussi, « Diario 1577-1939 », AMVM.

La fondation formelle a lieu malgré les difficultés de nature économique (de nouveau, le soutien de Teresa Modrone se révèle indispensable) et malgré la crainte, de la part de l'autorité ecclésiastique, d'accepter des concessions excessives, à une époque où la volonté des évêques d'affirmer leur propre juridiction sur les monastères de femmes est toujours plus évidente. La curie diocésaine veut apporter des changements aux constitutions. Le but visé est de soumettre les religieuses au contrôle direct des vicaires épiscopaux ; mais Tonetta et les visitandines, avec l'appui de savants ecclésiastiques, affirment qu'on ne peut nullement modifier des constitutions ayant été approuvées par Rome. L'archevêque Erba Odescalchi agrée finalement les constitutions et permet de déroger à quelques-unes des règles établies par la chancellerie archiépiscopale ; cependant, la clôture apostolique est imposée aux moniales, « *per adempiere gli comuni desiderii ed eseguire lo stile d'Ittalia*[32] ».

Quoi qu'il en soit, la nouvelle expérience démarre – la fondation a lieu en juillet 1713 – mais les entrées sont assez rares. Peut-être les vicissitudes de l'institution et les conditions de relative pauvreté du monastère refroidissent-elles les potentiels pensionnaires[33] ? Au bout de quelques mois, certaines s'y installent malgré tout. Après une période de croissance, leur nombre diminue, suite à la mort d'une toute jeune fille, attribuée à l'insalubrité de la maison. Les édifices sont alors agrandis et une nouvelle église est bâtie[34], avec le soutien économique des Visconti. La première pierre ayant été posée en 1716, l'église est bénie vers la fin de 1723, lors d'une cérémonie à laquelle participe un public

32 Voir, à propos de ces difficultés : ASDMI, section XII, vol. CXLI. Clément XI, en 1709 (bref *Pastoralis officii)*, avait sollicité les évêques afin que « *diligenter ac strenue* [...] *necessitatibus vestris alacrique animo semper adsint, et ne quid ullo saeculorum decursu, ulla temporum varietate in vobis immutetur* ».

33 Au début des années 1750, dans l'abrégé de la vie de sœur Francesca Margherita Pallavicini, on dit encore qu'il s'agit d'un monastère pauvre, « *abitato da poche religiose anziane che in quei principi vivevano assai parcamente* ».

34 Carlo Giuseppe Merlo avait préparé un projet considéré trop novateur. Au contraire le projet de l'architecte Quarantini fut apprécié pour son pragmatisme de bon goût : Andrea Spiriti, « Esempi di razionalismo architettonico fra Sei e Settecento nel Vimercatese e nelle aree limitrofe », in : Paola Venturelli, Graziano Alfredo Vergani (dir.), *Mirabilia Vicomercati. Itinerario in un patrimonio d'arte : l'età moderna*, vol. II, Venise, Marsilio, 1998, p. 129-148 ; Maria Luisa Gatti Perer, *Carlo Giuseppe Merlo architetto*, Milan, La Rete, 1966. Voir aussi, pour Milan et l'Italie : Jean-Marie Marquis, « L'ordre de la Visitation en Italie aux XVIIe et XVIIIe siècles : les avatars d'un plan-type et la fortune de quelques thèmes salésiens », in : Daniel Ternois (dir.), *Lyon et l'Italie. Six études d'histoire de l'art*, Paris, CNRS, 1984, p. 15-74.

« *più divoto che numeroso, più nobile che strepitoso*[35] ». Le nouvel édifice est critiqué, certains le jugeant trop fastueux. Tonetta répond :

> L'institution salésienne porte en elle des fonctions particulières de dévotion, et de concours, c'est-à-dire de solennités, de neuvaines et d'octaves privilégiées par des trésors d'indulgences ; voilà pourquoi il fallait lui ouvrir un passage à la mesure de ces concours dévots, et il s'est déjà vu dans les occasions de fêtes avec panégyriques et bénédiction au peuple, que la nouvelle église se trouve trop étroite, bien qu'elle soit accusée d'avoir trop d'ampleur[36].

Les sœurs de la Visitation ont des différends à propos des édifices avec les sœurs de Saint-Apollinaire ; la question n'est résolue qu'en partie en 1749-1750, grâce à la médiation de l'archevêque Giuseppe Pozzobonelli, favorable à la Visitation[37].

Les difficultés s'enchaînent. On fait circuler en ville des rumeurs qui discréditent le monastère, à propos d'événements qui s'y passeraient. Des phénomènes se produisent effectivement : sans motif apparent, des objets se trouvent déplacés, les moniales entendent des bruits étranges. Une interprétation « diabolique » des faits, émanant de la Visitation elle-même et de son père spirituel[38], est amplifiée dans les conversations et dans la mentalité commune. On diffuse même des calomnies contre les religieuses, accusées de transgressions morales, ce qui suscite des bavardages et des opinions lourdement négatives (« *Nel nostro Milano non v'era palaggio, casa, chiostro, sagristie, bottega, banco, contrada, piazza e ridotto, in cui non si sparlasse delle monache della Visitazione in S. Soffia*[39] »). Les obstacles sont néanmoins surmontés, au point que le monastère

35 *Libro delle Congregazioni*, b. 62, année 1723 ; au même endroit on trouve de nombreuses sources à propos de travaux de construction et réfection, de legs, etc.

36 « *L'istituto salesiano porta seco fonzioni di particolare divozione, e concorsi, cioè di sue solennità, novene, ed ottave privileggiate con tesori d'indulgenze ; e perciò abbisognava aprirle un varco capace à suoi divoti concorsi, e già s'è veduto in isperienza nelle occasioni di feste con panegirici e benedizioni al popolo, trovarsi angusta la nuova chiesa, ancorche accusata di troppa vastità* », « Tonetta », p. 201.

37 Il écrivait au souverain pontife pour solliciter la solution du différend ; il s'engageait personnellement à contribuer économiquement à la fabrique (nombreux documents sur la question : ASDMI, section XII, vol. CXLI et section IX, Carteggio ufficiale, vol. CXXXVI).

38 Les chroniques du monastère relatent la bataille avec le diable, ce qui engendrait un climat « *d'ombre, paure e fantasmi* » ; désormais « *un panico timore faceva credere ogni dolor di capo una malia, ogni sconvolgimento di stomaco una diabolica illusione* ». Un exorciste très renommé avait inutilement essayé de chasser l'ennemi, « Tonetta », p. 152 *sq.*

39 *Ibid.*, p. 158-162.

s'étend ; en 1743 il accueille vingt-cinq professes et acquiert une présence de plus en plus importante dans le contexte urbain.

La Visitation devient ainsi un centre de promotion et de rayonnement de la dévotion au Sacré-Cœur. Cette dévotion, également présentée dans l'iconographie, rejoint l'idée que Dieu est miséricordieux et plein de bienveillance envers les hommes. L'iconographie du cœur est richement illustrée dans les bâtiments monastiques ; au cours des fêtes pour la canonisation de Jeanne-Françoise de Chantal, une machine est même bâtie avec une statue de la sainte

> deux fois plus grande que sa taille réelle qui, agenouillée sur des nuages brillants et entourée d'anges de tailles différentes, regardait extatique l'adoré Cœur de Jésus ; au-dessus, il y avait un autre chœur de petits anges, et quelques Chérubins, qui formaient une couronne pour ce Cœur Divin exposé, qui envoyait de toutes parts ses splendides rayons[40]

La dévotion au Sacré-Cœur est un exemple intéressant de l'influence des communautés monastiques sur les orientations religieuses de leur environnement social[41].

L'oblat Sormani, que l'on a déjà mentionné, propose dans ses sermons l'idée qu'il faut s'approcher de Dieu sans crainte d'être repoussé, grâce à l'amour surabondant du Christ pour les hommes. Au cours du XVIIIe siècle s'accentuent des éléments déjà présents dans la spiritualité,

40 « *di grandezza al doppio del naturale, che, genuflessa su lucide nubi ed attorniata da più angeli di mole diversa fra di loro, guardava estatica all'amabilissimo Cuor di Gesù ; al di sopra aveva altro coro di piccioli Angeletti, ed alcuni Cherubini, che facevan corona a quel Divin Cuore ivi esposto, che da ogni parte mandava splendidissimi raggi* », *Descrizione, del solenne ottavario*, *op. cit.* À propos du rôle des fêtes et des cérémonies, voir pour le cas parisien : Marie-Ange Duvignacq-Glessgen, *L'ordre de la Visitation à Paris aux XVIIe et XVIIIe siècles*, Paris, Cerf, 1994, p. 213 *sq.*, p. 280 *sq.* Le rôle du monastère dans la diffusion de la dévotion au Sacré-Cœur continuera. Au commencement du XXe siècle, l'archevêque Carlo Andrea Ferrari déclara l'église du monastère « sanctuaire urbain » du Sacré-Cœur. En 1903 une femme, Antonietta Astorri veuve Pavesi, qui avait été éduquée au monastère, attribuait sa guérison à l'intercession de Marguerite-Marie Alacoque (*Processus Apostolicus Originalis in hac archiepiscopali Curie Mediol. anno Dni 1907 confectus super asserto miraculo a Deo patrato per intercessione b. Marg. M. Alacoque virg. monialis professae ordinis Visitationis B.M.V. Instituti s. Francisci Salesii*, ASDMI, section VII, vol. 56). À propos de la dévotion personnelle des moniales au XVIIIe siècle : « Tonetta », p. 204 *et passim* ; les abrégés en donnent une riche documentation.

41 Louis Châtellier, « Les mouvances laïques des ordres religieux. Conclusion pour la période moderne », in : *id.*, *Les mouvances laïques des ordres religieux*, Saint-Étienne, Université de Saint-Étienne, 1996, p. 525-530 ; Alberto Vecchi, « Le immaginette spirituali manufatte », in : *id.*, *Con mano devota. Mostra delle immaginette spirituali manufatte*, Padoue, EMP, 1985, p. 11-63.

par exemple dans les ouvrages du jésuite Eusèbe Nieremberg, très connus dans les milieux dévots de Milan. Des poètes, tels Carlo Maria Maggi ou Girolamo Birago, ont déjà souligné l'idée que le chemin de la sainteté, dans l'horizon du quotidien, doit être paisible et confiant[42].

Le cadre est donc celui d'un sentiment religieux joyeux et agissant, où tout est fait par amour, rien par contrainte. François de Sales, écrit le père Tonetta, « *pare invigili su d'ognuna delle sue figlie per eccitarle all'allegrezza di spirito nel lodare il Dio dell'allegrezza*[43] ». La fondation d'une confrérie consacrée à saint François de Sales, en 1734, marque le lien du monastère avec le monde des laïcs ; ces derniers sont encouragés à atteindre la perfection personnelle par les activités charitables[44]. Plusieurs femmes nobles s'y rendent pour y suivre les exercices spirituels, où elles demandent parfois à être enterrées ; les legs testamentaires en faveur du monastère sont nombreux.

Entre la fin du XVIIIe et le début du XIXe siècle, les ordres religieux féminins à Milan sont tous supprimés par les gouvernements, à l'exception de la Visitation, qui doit son maintien, entre autres, à son activité d'éducation, que l'autorité civile considère de manière très positive. En 1713, les décurions autorisent la nouvelle fondation par un rescrit, dans lequel ils déclarent apprécier l'institution d'un pensionnat pour l'éducation de jeunes filles. Cette activité, où se combinent heureusement les thèmes religieux et éducatifs (bien que parfois les moniales y soient affectées par nécessité), connaîtra un considérable développement[45].

---

42 G. Birago insiste sur l'idée que chacun doit apprendre le « métier du chrétien » et devenir saint : Angelo Ottolini (dir.), *Meneghin a la Senavra, Donna Perla e poesie dialettali*, Milan, Cogliati, 1925, p. 103 et 115. À propos de Maggi : Danilo Zardin, « Carlo Maria Maggi e la tradizione culturale milanese tra Sei e Settecento », *Annali di storia moderna e contemporanea*, 3, 1997, p. 9-50. Giuseppe Mazzocchi, « Note sulla fortuna italiana e Lombarde di padre Juan Eusebio Nieremberg », *SB*, 13, 1999, p. 57-72.

43 « Tonetta », p. 209.

44 « Diario 1577-1939 », AMVM. Tonetta affirme qu'on en souhaitait l'érection dès 1728 (p. 202). Les statuts de la confrérie furent approuvés par l'archevêque Erba Odescalchi. G. A. Sassi attribue à l'archevêque le rôle d'authentique fondateur : « *ut vero celebrior cultus haberetur Sancto Francisco Salesio, sodalitatem instituit quinquaginta sex sacerdotum, totidem equitum, totidemque nobilium matronarum ; additis etiam regulis canonice approbatis, ad pia ibidem opera exercenda, in patroni sui honorem ac fructum animarum* » (*Archiepiscoporum mediolanensium series historico-chronologica*, Mediolani, In Regia Curie ex Aedibus Palatinis, 1755, vol. III, p. 1188). Benoît XIII accorda des indulgences aux confrères. Il ne faut pas oublier le rôle de la confrérie dans l'embellissement des édifices monastiques.

45 Pour le XIXe siècle : L. Pazzaglia (dir.), *Chiesa e prospettive educative in Italia*, *op. cit.*, (en particulier les études de De Giorgi, Stella, Bressan, Taccolini, Butturini, De Vivo, Bianchi, Ghizzoni, Intrieri). À propos de la Visitation à Milan : Marco Pippione, *L'età*

Une preuve manifeste de l'intérêt des autorités politiques est la visite de Joseph II en 1769 ; à la demande de Marie-Thérèse, deux sœurs de Grenoble sont appelées pour enseigner le français aux pensionnaires ; la demande est renouvelée en 1786 par Joseph II qui, par l'intermédiaire de son ministre, exprime sa satisfaction pour l'arrivée de trois religieuses de Grenoble et Valence, fêtée par la noblesse milanaise[46].

Les échos de la Révolution française parviennent jusqu'au monastère. Des visitandines lyonnaises, contraintes à l'exil, passent par Milan en 1793. Se rendant à Modène, elles emmènent avec elles une relique importante de François de Sales (son cœur), qui est exposée au public de manière solennelle. Mis à part les lourdes contributions de guerre dues à l'arrivée des troupes françaises en 1796, le monastère sort indemne de la tempête des suppressions révolutionnaires et napoléoniennes. À la fin du XVIIIe siècle, le nombre de pensionnaires dépasse la quarantaine. La présence de cinquante pensionnaires au début du XIXe siècle et la renommée des visitandines expliquent en grande partie sa survie.

Au terme de ce parcours rapide, il faut souligner l'importance de ce XVIIIe siècle milanais du point de vue religieux[47]. Au XIXe siècle encore, les nouvelles congrégations religieuses tirent souvent leur inspiration du courant salésien qui, à Milan, trouve l'un de ses centres dans la Visitation. Comme on l'a vu, les oblats ont favorisé et développé cette orientation spirituelle. Giuseppe Antonio Sassi, grand personnage ecclésiastique de Milan au XVIIIe siècle, successeur de Gessaga en qualité de père spirituel du monastère, prêche aux religieuses la nécessité de réaliser la perfection dans leur propre état de vie[48]. Nul moment de l'existence ne doit être soustrait à la présence et à la grâce de Dieu : « *Non v'è un pontino, che*

---

di Gaisruck, Milan, NED, 1984, p. 88 (au commencement du XIXe siècle, on comptait environ 50 moniales et 40 pensionnaires).

46 « *Accadde che l'Imperatrice d'Austria Dominante della Lombardia, vedendo resa universale fra le colte persone la lingua francese pressoché in tutta l'Europa, e l'ottimo allevamento che dalle Salesiane della Francia si dava alle giovani figlie, venne in pensiero e l'eseguì di chiamar due di quelle religiose a questo nostro monastero di Milano, il quale fin dalla fondazione erasi dedicato alla educazione delle giovanette* », Abrégé de la vie de Maria Eugenia di Bayanne ; « Diario 1577-1939 », AMVM. Les pensionnaires étaient une trentaine en 1786. Pour la pension, elles payaient 50 écus par semestre (Archivio dell'Opera Pia Visconti di Modrone, b. 62).

47 M. Bona Castellotti, E. Bressan, P. Vismara (dir.), *Politica, vita religiosa, carità…*, *op. cit.*, et P. Vismara, *Settecento religioso in Lombardia*, *op. cit.*

48 Les schémas et les résumés de ses sermons sont conservés in « Trotti », BAM, 382. Sur le personnage : Fausto Ruggeri, « Sassi Giuseppe Antonio », *DCA*, vol. V, 1992, p. 3225-3226.

non sia carico della grazia divina ». Il insiste aussi sur l'importance de la communion fréquente[49], car dans l'eucharistie se manifeste au plus haut degré l'immense libéralité de Dieu envers les hommes.

> Lumières pour l'esprit, aide à la volonté, plaisir pour la mémoire, réconfort pour l'âme, union du cœur, mais aussi du corps avec Dieu, pour que l'homme divinisé et semblable à Lui, demeure sur terre pour la grâce avec la promesse et la garantie de participer de ses perfections, et la félicité au ciel pour toute l'éternité, sont les effets ordinaires de cette auguste nourriture[50].

Dans l'eucharistie résident la racine et le témoignage de l'amour de Dieu. Il y a là un essai de paradis au cœur du temps humain ; Dieu « travaille » pour les hommes

> à la création d'un paradis sur terre dans le Saint Sacrement, à la préparation d'un Paradis au ciel pour toute l'éternité, à vous rendre digne de son amour sur terre et au ciel, ce qui est le Paradis de tous les Paradis[51].

La supérieure de la Visitation brosse le portrait de Gessaga, juste après sa mort, dans la lettre circulaire qu'elle adresse aux monastères. Elle mentionne entre autres la vertu de douceur : dans son œuvre de direction spirituelle, il savait rassurer et rasséréner les âmes tourmentées, afin de les conduire toutes sur le chemin de la perfection.

L'action religieuse auprès des laïcs vise aussi à obtenir d'eux la recherche de la perfection, par la pratique d'une charité singulière et bien ordonnée. Ils doivent atteindre la perfection au cœur de la vie quotidienne, sans bruit et sans rumeur ; les œuvres charitables ont toujours pour assise la charité du Christ qui aime les hommes. Il s'agit d'une dévotion au quotidien, qui n'est pas réservée aux moniales. G. A. Sassi, par exemple, rappelle à ces dernières qu'au moment du jugement elles seront confrontées à d'humbles laïcs, charitables et patients, et même aux Gentils, « *che con quel picciolo lume di raggione che havevano oprarono più*

---

49 On peut le constater aussi dans les abrégés (par exemple : Abrégé de la vie de Maria Serafina Castiglioni).

50 « *Lumi per l'intelletto, agiutti per la volontà, diletto per la memoria, conforto per l'anima, unione di cuore, e ancor di corpo con Dio, di modo che resta l'huomo divinizato e fatto simile a lui, qui in terra per grazia con pegno e caparra sicura in mano di partecipare delle di lui perfezioni, e beatitudine in cielo per tutta l'eternità, sono gl'ordinarii effetti di questo cibo augustissimo.* »

51 « *nell'anticiparvi un paradiso in terra nel SS^mo^ Sagramento, nel prepararvi un Paradiso in cielo per tutta l'eternità, nel farvi capace del sue amore e in terra e in cielo, che è il Paradiso di tutti i Paradisi* », Sermon XIX.

rettamente[52] ». L'auteur souligne l'importance de la raison, en harmonie avec la nature et la foi[53]. La vie quotidienne est le « lieu » où l'homme noue un rapport avec Dieu, que ce soit au monastère ou au cœur du monde. Le modèle est celui d'une religiosité réelle plutôt qu'apparente, vécue dans l'existence quotidienne. Pas d'inquiétudes ni de mélancolie, pas de dévotions doucereuses : au contraire, on propose une piété forte, une charité agissante.

Il y a là une orientation qui a longtemps caractérisé – parfois de nos jours encore – la piété et la spiritualité en Lombardie. C'est, au moyen de la Visitation aussi, la défaite de la pessimiste vision janséniste de l'augustinisme ; on assiste au triomphe de la modération et du bon sens dans le contexte d'une anthropologie optimiste et active.

52 Sermon VIII.

53 Sermon XXIX. Voir aussi, à titre d'exemple, les abrégés de la vie de Marie Delphine de Salmour et de Giovanna Francesca Visconti. On disait de cette dernière qu'elle était « doüeé [...] d'un entendement clair, net et penetrant [...], d'un jugement meur et profond, et d'une volonté portée au bien et soumise à la raison ». Le corps et l'esprit viennent de Dieu au même titre : « *Vi ha date un corpo ben fatto, un'anima dotata di intelletto, di memoria, di volontà, sorella degl'angeli, participazione della sua divina sostanza* » (BAM, « Triduo », ms., « Trotti », 382). Quant au mariage et à l'importance de la pensée de François de Sales à ce sujet : René Pillorget, « Le mariage chrétien selon Saint François de Sales », in : H. Bordes, J. Hennequin (dir.), *L'univers salésien...*, *op. cit.*, p. 241-255.

LA VISITATION DE MILAN ET LA SOCIÉTÉ URBAINE

(1750-1850 environ)

Entre le milieu du XVIIIe siècle et le milieu du siècle suivant, la Visitation de Milan (fondée en 1713) connaît des changements particulièrement intéressants. Cette phase très compliquée voit, entre autres, la politique de Marie-Thérèse et de Joseph II en matière de religion, les bouleversements de la République cisalpine et de Napoléon, les événements de la guerre, jusqu'à la « petite révolution » de 1848 contre les Autrichiens et le démantèlement des ordres religieux de 1866. Dans la ville de Milan, seul ce monastère survécut aux différentes suppressions qui se succédèrent pendant cette longue période.

Comme d'autres ordres religieux, celui de la Visitation est profondément enraciné dans la société de l'époque ; les liens avec les familles et l'existence de réseaux denses sont évidents dès les tentatives de fondation. Si les relations avec l'archevêque sont, au début, difficiles, elles évoluent positivement sous le gouvernement des archevêques suivants[1].

LE MONASTÈRE DANS UN MONDE QUI CHANGE

Les vicissitudes de temps troublés

En 1765, l'archevêque Pozzobonelli, ayant constaté une diminution progressive du nombre des religieuses, insiste pour que sœur Marie Delphine de Salmour, qui a cherché en vain à fonder un monastère à Vérone sur

1 Paola Vismara, « Le monastère de la Visitation et l'esprit salésien à Milan au XVIIIe siècle » in Bernard Dompnier, Dominique Julia (dir.), *Visitation et Visitandines aux XVIIe et XVIIIe siècles*, Saint-Étienne, Publications de l'Université de Saint-Étienne, 2001, p. 483-498.

les instances de l'évêque Giustiniani, puisse rester à Milan où elle se trouve à ce moment-là, sur son chemin de retour[2]. Quelques années plus tard, deux Grenobloises, Marie-Anne Félicité de Murinais (pendant une brève période de trois ans) et Marie Eugénie de Bayonne[3], sont envoyées à Milan pour enseigner le français, alors langue de la noblesse et de la culture, aux jeunes filles du pensionnat. En 1782, Victoire Julie de Chatellier et Françoise Julie Pernety (du monastère de Valence), ainsi que Françoise Henriette de Laplaigne (de celui de Grenoble), viennent grossir les rangs[4]. Le gouvernement insiste précisément sur l'enseignement de la langue française, condition indispensable pour que la Visitation obtienne, comme demandé, la circonscription du monastère de Saint-Apollinaire qui a été supprimé. L'empereur paie lui-même les frais de voyage et assigne aux trois sœurs étrangères une pension annuelle, ce qui explique les éloges des religieuses à son égard[5].

L'éducation n'est pourtant pas la vocation des visitandines[6], mais elle leur permet d'avoir des contacts avec le monde extérieur qui s'avèrent utiles pour le recrutement. En outre, la Visitation peut ainsi perdurer et s'acquitte d'une fonction non négligeable dans la société et la religion[7].

---

2 Marie Thérèse Delphine Gabaléon de Salmour : nommée supérieure en 1771, elle le fut encore en 1780, pour un total de 12 ans. En 1788, elle fut nommée supérieure à Pignerol, « Circ. Francesca Margherita Pallavicini, 5 mars 1789 », AMVM ; « Vie de Marie T. Delphine de Salmour, 18 mars 1795 ».

3 Qui sera élue supérieure en 1792. « Vie de Marie Eugénie de Bayanne, 21 décembre 1812 », AMVM.

4 Feuille insérée parmi les circulaires de 1780. Voir aussi « Vie de F.-J. Pernety, 6 septembre 1843 » et de « F. H. Laplaigne, 23 mars 1846 », AMVM ; « Circ. Luigia Beatrice Radice, 14 février 1847 », AMVM. Les documents sur les négociations avec le gouvernement : ASM, Atti di Governo, Fondo Culto parte antica, cartelle 1936-1938 (désormais : ASM, Fondo Culto p.a., cart.). *Cf.* aussi Daniela Sora, *Il monastero della Visitazione di Milano (XVIII-XIX secolo). Religione, politica, società*, Thèse de doctorat, Università degli Studi di Milan, Facoltà di Lettere e Filosofia, 2014-2015, sous la direction de Paola Vismara.

5 « Circ. M. Delphine de Salmour, 25 mai 1786 » ; « Circ. Francesca Margherita Pallavicini, 5 mars 1789 », AMVM.

6 « Notre pensionnat, composé toujours de jeunes personnes de familles distinguées, donne [...] une continuelle et pénible occupation à celles de nos sœurs qui en sont chargées » (« Circ. Camilla Teresa Mozzoni, 10 avril 1829 » ; voir aussi, pour son expérience personnelle, « Circ. Giovanna T. Piatti, 25 avril 1820 », AMVM).

7 « Circ. Camilla T. Mozzoni, 10 avril 1829 », AMVM. Les élèves, « en entrant dans le monde, y portent non seulement les connaissances et les ornemens nécessaires au rang qu'elles y occupent, mais aussi les fondements d'une solide piété [...]; ce qui [...] nous encourage dans une œuvre qui contribue à la gloire de Dieu par l'édification du prochain ». C'était apparemment un monde fermé, mais en réalité les contacts avec l'extérieur ne manquaient

Le fait que le pensionnat abrite les filles de quelques personnages en vue contribue peut-être à la conservation du monastère. Bien que préservé, ce dernier doit toutefois subir les contrecoups du problème des suppressions : quelques bénédictines, capucines, dominicaines, etc. demandent à entrer comme postulantes ou comme sœurs servantes à la Visitation. Leur diversité de vie, souligne-t-on, n'est pas un obstacle à une ponctualité parfaite dans leur observance[8]. Arriver en seconde instance ne les empêche aucunement d'être très considérées. La supérieure Camilla Teresa Mozzoni, par exemple, entrée à la Visitation en 1813, vient des sœurs angéliques de Saint-Paul[9]. En fait, ce monastère est le seul accueillant des religieuses qui existe encore à Milan, « épargné par l'orage furieux » quand « les asiles sacrés furent engloutis par le torrent révolutionnaire[10] ».

Cette communauté abrite aussi, à l'époque de la Révolution, des moniales venues de France. De 1792 à 1795, plusieurs visitandines de Grenoble et Lyon y trouvent un refuge provisoire[11]. Au mois d'avril 1793, une partie de la communauté de Lyon y passe, sur la route de Mantoue, portant avec elle la précieuse relique du cœur de François de Sales, qui fut vénérée dans l'église extérieure et dont elles offrirent un petit fragment. C'est encore le cas, en 1802, des religieuses de Saint-Philippe-Néri, dont le collège était devenu une caserne. Une fois le monastère de Turin supprimé, on sait qu'au moins une sœur, Teresa Prudenza Agosti, est accueillie à Milan au tout début du XIXe siècle[12].

Les secousses sont parfois dramatiques. En 1798-1799, les religieuses sont inquiétées à plusieurs reprises par les visites d'officiers venant examiner les bâtiments : on craint la suppression. Mais leur acquisition

---

pas, ni les amusements pour les pensionnaires. Au carnaval, par exemple, les élèves jouaient leurs petites comédies (« Vie de Giuseppina Angelica della Croce, 23 janvier 1832 » ; « Traits édifiants de Mlle Lucia Morali, décédée dans le monastère de la Visitation Sainte-Marie de Milan, le 22 mars 1859, âgée de 10 ans, 11 mois, après y avoir demeuré 3 ans et 3 mois », AMVM). Une bibliographie spécifique sur le sujet manque encore ; on peut faire référence à Francesca Terraccia, « Gli educandanti monastici della diocesi di Milano nella seconda metà del XVIII secolo », in : Angelo Bianchi, *L'istruzione in Italia tra Sette e Ottocento. Lombardia-Veneto-Umbria*, vol. I, *Studi*, Brescia, La Scuola, 2007, p. 491-522, ici p. 507.

8 « Circ. M. Delphine de Salmour, 25 mai 1786 », AMVM.

9 « Vie de Camilla T. Mozzoni, 28 décembre 1842 », AMVM.

10 « Vie de M. Giuseppina Vistarini, s. d. » (1839 ?), AMVM, qui était pensionnaire à San Paolo et aurait aimé y rester. La citation se trouve dans la « Vie de Camilla Teresa Mozzoni, 28 décembre 1842 », AMVM.

11 ASM, Fondo Culto p.a., cart. 1937.

12 « Diario 1577-1939 », AMVM, p. 41.

n'est pas avantageuse pour les autorités. En outre, parmi les aristocrates milanais qui maintiennent leur rôle et leur crédit social figurent des partisans des moniales. Ainsi, c'est le lien étroit avec la société qui permet leur survivance, au prix toutefois de taxations de guerre très lourdes. En 1810, les suppressions voulues par Napoléon effacent complètement la présence des religieux qui a marqué, des siècles durant, la physionomie de la ville : seuls subsistent un couvent de Fatebenefratelli et la Visitation. Quant à cette dernière, le décret de suppression est déjà prêt, prévoyant que les bâtiments soient assignés au Collège Impérial pour l'éducation (laïque) des jeunes filles. Mais, de nouveau, à la fin du mois d'août 1811, on apprend que la suppression est évitée[13].

Même de petits épisodes donnent la mesure des événements, le visage d'une grande histoire se reflétant dans le petit miroir de l'histoire du monastère. En 1785, l'archevêque rejette avec dureté la demande de la supérieure de Bayanne, qui veut comme confesseur du monastère Nicolaus Diesbach, très apprécié également par d'autres, y compris par plusieurs dames de la ville. En 1814, le sacrement de la Confirmation est administré aux pensionnaires par monseigneur Vincenzo Strambi, évêque de Macerata[14]. Le retour à la normalité n'a pas encore lieu : Strambi est exilé à Milan, ayant refusé de prêter serment à Napoléon. Cela montre aussi l'existence de rapports avec des milieux contre-révolutionnaires, engagés dans la défense de la religion catholique.

Sous la Restauration, les indices d'une vie plus tranquille ne manquent pas. En 1817, trois moniales et une sœur domestique partent pour Côme, où des dames pieuses se sont réunies en adoptant la règle et les coutumes de la Visitation[15]. Mais, en réalité, une fondation régulière est impossible, malgré leurs vives instances, les obligeant à former une communauté au chant de l'office selon les prescriptions et à l'instruire dans la plus exacte observance[16].

---

13 Angelo Bianchi, « Scuola e società nell'Italia napoleonica. Giovanni Scopoli e l'istruzione femminile (1809-1816) » in *Le carte e gli uomini. Storia della cultura e delle istituzioni (secoli XVIII-XX). Studi in onore di Nicola Raponi*, Milan, Vita e Pensiero, 2004, p. 125-151, ici p. 135.

14 ASM, Fondo Culto p.a., cart. 1936 ; « Diario 1577-1939 », AMVM., p. 42.

15 On dit que ces dames étaient en réalité des capucines qui, pour échapper à la suppression, auraient adopté les règles de la Visitation (« Vie de M. Costanza Stampa, 29 octobre 1851 », AMVM).

16 M. Delfina Gambarana fut désignée comme Supérieure. « Circ. Giovanna Teresa Piatti, 6 avril 1819 » (copie), AMVM. Elle était accompagnée par Teresa Serafina Cambiago,

Le monastère milanais finit par retrouver sa vitalité, comme le prouvent le nombre croissant de sœurs au début des années 1820[17] ainsi que le voyage, en 1840, de deux religieuses de Milan, Angela Margherita Caccia et Ignazia Teresa Parrocchetti, qui se rendent à Padoue, où une nouvelle Visitation doit être fondée. Elles y restent trois ans[18]. En 1846, M. Matilde Petraccini quitte Milan à son tour pour devenir supérieure à Padoue[19]. L'entraide et les échanges (pas toujours spontanés ni facilement acceptés) sont également attestés par le départ pour Turin, au mois de décembre 1845, de M. Camilla Corti, qui y est envoyée comme supérieure, accompagnée par M. Agnese Meraviglia Mantegazza, destinée à y rester pendant treize ans[20]. En à peine deux années, le monastère de Milan fournit donc deux mères supérieures au du nord de l'Italie.

Mais les troubles ne sont pas terminés. En 1848, à Milan, éclate une insurrection, dite des « cinq journées », contre les occupants autrichiens. Ce n'est que le début de la première Guerre d'indépendance. Les religieuses, annihilées par la peur, reçoivent l'ordre de faire entrer dans la clôture des soldats qui doivent attaquer la caserne de Saint-Apollinaire, contiguë à la Visitation. Heureusement, cette dangereuse perspective ne se réalise pas. La proximité de la caserne menace aussi le bâtiment : plusieurs coups de fusil atteignent la Visitation, ne causant toutefois que des dommages matériels aux fenêtres. Dans la ville, les cloches se taisent, seul le tocsin résonne, et les prières sont « accompagnées par le bruit épouvantable de l'artillerie ». À cette époque, les « dames de la Guastalla », qui gèrent un important collège d'éducation, ainsi que leurs pensionnaires trouvent refuge à la Visitation. Même les débarras sont utilisés comme dortoirs[21]. Dans les moments difficiles de 1848, Turin manifeste sa disponibilité à héberger les moniales milanaises ;

M. Angelica Chiappetta, M. Gaetana Rumighi : « Circ. envoyée par les moniales, 30 avril 1850 » ; « Vie de Teresa S. Cambiago, 30 août 1841 », AMVM.

17 « Circ. Giovanna T. Piatti, 8 avril 1823 », AMVM.

18 « Circ. M. Camilla Corti, 23 février 1841 » et « 15 février 1844 » ; « Vie de Ignazia Teresa Parrocchetti, 11 août 1853 » ; « Vie de Angela Margherita Caccia, 2 janvier 1863 », AMVM.

19 « Circ. Luigia Beatrice Radice, 14 février 1847 », AMVM.

20 *Ibid.* En 1850, ce fut le tour de M. Angelica Castiglioni, qui se rendit à Turin pour travailler au pensionnat d'éducation et en devint supérieure ; elle aurait fait retour à Milan en 1856, quand la communauté n'arrivait plus à faire face aux exigences du pensionnat. Dans la même année, deux moniales furent appelées à Pignerol (« Circ. Angela M. Caccia, 15 mars 1853 » et « 9 avril 1856 » ; « Vie de M. Agnese Meraviglia Mantegazza, 21 avril 1885 », AMVM).

21 « Circ. envoyée par les moniales, 30 avril 1850 », AMVM.

d'autres font de même. Après maintes processions et dévotions, quand la situation redevient normale, on érige une petite chapelle à la Vierge au fond du jardin potager, en signe de gratitude et en mémoire de la sauvegarde du monastère, considérée comme prodigieuse. « Le Cœur de Jésus n'a pas permis que la petite Visitation fût écrasée par l'orage », affirment les bonnes sœurs[22].

LES FAMILLES NOBLES, LE CLERGÉ
Legs et donations

Comme au tout début de son histoire, les femmes de la noblesse et du patriciat urbain jouent un rôle important pour la Visitation. Plusieurs dames de Milan entretiennent avec elle des rapports étroits. Elles s'y rendent pour pratiquer leurs exercices spirituels, ou demandent à être inhumées dans l'église (parfois avec l'habit religieux, même si elles étaient laïques), ayant désiré y entrer ou en y habitant pendant quelques années. C'est le cas de Teresa Visconti Bendoni, dont on dit qu'elle y résida de 1799 jusqu'à sa mort en tant que dame associée. Elle y habitait avec sa propre femme de chambre, moyennant le versement d'une pension annuelle[23].

Dans tous les moments clés de la vie du cloître sont présentes des femmes nobles[24]. Les legs par testament ou les donations entre vifs sont nombreux ; évidemment, des pères et parfois d'autres parents participent, mais le rôle joué par les femmes se révèle essentiel. Quelques-unes des donatrices sont les mères ou les tantes d'une moniale ; parfois les novices elles-mêmes cèdent des propriétés ou offrent des objets pour le monastère ou l'église.

On remarque néanmoins que, bien souvent, les femmes nobles sont profondément liées à la Visitation, tout en ayant leurs filles cloîtrées ailleurs. Parmi les legs et les donations effectués par des femmes, le legs

22 *Ibid.*
23 « Diario 1577-1939 », AMVM, p. 37. Elle était inscrite à l'Association Saint-François de Sales depuis les années 1850 (voir *infra*).
24 Par exemple « Circ. M. Delphine de Salmour, 25 mai 1786 », AMVM.

sans doute le plus conséquent dans la seconde moitié du XVIIIe siècle est celui d'Anna Ottolini Zumenzù, « notre incomparable bienfaitrice », dont les filles sont cloîtrées à Saint-Augustin[25] : il s'agit de 50 000 livres autrichiennes, que le monastère devait encaisser à la mort du mari qui en était l'usufruitier (une fois sa femme décédée) et en verser une partie aux filles religieuses[26]. Au total, les donatrices sont nombreuses, même si les sommes léguées sont parfois modiques.

Une autre catégorie de donateurs est celle des pères spirituels. Leurs noms et leurs fonctions évoquent le choix, de la part des archevêques, de clercs séculiers de niveau culturel (et parfois aussi social) remarquable[27]. Carlo Antonio Zerbi, par exemple, contribue généreusement aux frais pour le procès en béatification de sœur Marguerite-Marie Alacoque[28]. En 1842, à la mort de Giuseppe Branca, qui a renoncé à sa charge de père spirituel, mais conserve un véritable attachement à la communauté, le monastère acquiert une maison non loin de la Visitation[29]. D'autres membres du clergé lui lèguent également des biens, parfois même la totalité de leur patrimoine.

Les archevêques versent des sommes d'argent, mais leur intérêt est prouvé aussi par les visites des bâtiments et du pensionnat, à l'occasion de cérémonies extraordinaires ou de l'administration du sacrement de la confirmation[30].

---

25 « Circ. Maria Agnese Porri, 3 avril 1761 », AMVM. La dame était inscrite à l'Association Saint François de Sales depuis 1744.

26 Sur les questions pour obtenir le legs : ASM, Fondo Culto p.a., cart. 1938.

27 Après Giuseppe Antonio Sassi et Carl'Antonio Gessaga, pour l'époque qui nous intéresse : Giovanni Angelo Repossi, curé de la cathédrale (1752-1763) ; Giovanni Butti, curé de San Calimero (1763-1771) ; Giuseppe Tarchetti, chanoine et théologien de la basilique San Nazaro (1771-1806) ; Carlo Antonio Zerbi, oblat de la Congrégation des Saints-Ambroise-et-Charles (1807-1828) ; Giuseppe Branca, chanoine et théologien de la cathédrale (qui renonça à cause de sa surdité, 1828-1831) ; lui succéda Antonio Turri, oblat et confesseur au Séminaire, qui fut nommé aussi archiprêtre de la cathédrale et vicaire des moniales (1831-1857) ; Luigi Piattelli (1857-1866 ; il mourut en 1876, mais en 1866 il avait été placé par le gouvernement sous résidence forcée).

28 « Circ. Camilla Teresa Mozzoni, 20 mars 1826 » et « 10 avril 1829 », AMVM.

29 « Circ. Giovanna Teresa Piatti, 10 avril 1832 », AMVM.

30 Filippo Visconti : « Circ. M. Delphine de Salmour, 25 mai 1786 » ; « Circ. Francesca Margherita Pallavicini, 5 mars 1789 », AMVM. En 1762, quand il était chanoine de San Lorenzo, il avait pris inscription à l'Association Saint-François de Sales. Gaisruck assistait souvent aux examens des pensionnaires (par exemple « Circ. Giovanna Teresa Piatti, 10 avril 1832 » ; « Circ. Camilla Teresa Mozzoni, 15 mars 1835 » ; « Circ. Maria Camilla Corti, 15 février 1844 », AMVM), mais aussi aux grandes fêtes du monastère

Bien que nombreux, les chroniques mentionnent rarement le nom des bienfaiteurs. Un autre type de « don » consiste à rendre service. Ainsi, le père de Maria Giuseppa Morigia est pendant 43 ans le médecin du monastère à titre gracieux, avant même que sa fille ne prenne l'habit, car il attribue sa guérison, à l'époque de la béatification de Jeanne de Chantal, précisément à l'intervention de la nouvelle bienheureuse[31]. Un certain Francesco Mazzoni, de toute évidence pharmacien, remet aux moniales une dette de 1 200 livres en médicaments et, en plus, lègue 100 livres d'un quinquina d'excellente qualité[32].

Le marquis Francesco Casati a été pendant plus de 30 ans leur protecteur laïc et leur a apporté son soutien[33]. À sa mort, en 1838, « nous avons été l'un des objets de sa bienfaisance, puisqu'il nous a légué la somme de 10 000 livres autrichiennes[34] ».

Dans la fonction de protecteur et procurateur lui succède le comte Antonio Greppi, « un protecteur, qui nous assiste dans la direction de nos affaires, avec un zèle et une activité, que réellement on ne saurait en avoir davantage pour ses propres intérêts » et qui fait preuve d'une « grande clairvoyance dans le maniement des affaires, et d'une activité admirable[35] ». Remarquons que la femme de Casati est une Bendoni, sans doute apparentée à la dame Visconti Bendoni qui a fini ses jours au monastère. On retrouve souvent ce réseau de relations, des noms qui reviennent, ce que certains historiens appellent « une toile d'araignée » au cœur de la société, qui rassemblent toujours les membres des familles les plus en vue de la ville.

et aux cérémonies des professions (« Circ. Giovanna Teresa Piatti, 25 avril 1820 » ; « Circ. Giovanna Teresa Piatti, 8 avril 1823 » et « 10 avril 1832 » ; « Circ. Camilla Teresa Mozzoni, 20 mars 1826 » et « 15 mars 1835 », AMVM).

31 « Circ. Francesca Margherita Pallavicini, 15 août 1789 », AMVM.

32 « Diario 1577-1939 », AMVM., p. 42 (a. 1812).

33 « Circ. Giovanna T. Piatti, 10 avril 1832 » ; « Circ. Camilla T. Mozzoni, 15 mars 1835 », AMVM.

34 « Circ. Camilla T. Mozzoni, 20 mars 1838 », AMVM.

35 *Ibid.* ; « Circ. M. Camilla Corti, 23 février 1841 » et « 15 février 1844 », AMVM. Cet Antonio Greppi était le petit-fils d'un autre Antonio Greppi (1722-1799), personnage très important. Sur la famille et sur notre Antonio Greppi (1790-1878) : Edoardo Greppi, « La famiglia del conte Antonio Greppi nell'Ottocento », *Archivio Storico Lombardo*, 122, 1996, p. 353-399.

L'ÉCONOMIE DU MONASTÈRE

L'argent n'est pas destiné exclusivement à ce qui relève du strictement nécessaire. Dans les périodes de tranquillité, on achète des terrains et des maisons, à Magenta et à Milan[36]. En 1820, on acquiert dans la rue San Calimero (qui côtoie les murs du monastère encore de nos jours) un petit terrain destiné à agrandir l'édifice qui venait d'être bâti au cours des années précédentes[37]. L'année suivante, les achats et les ventes sont nombreux[38]. En 1830, une maison est achetée entre la rue Santa Sofia et la rue San Calimero puis totalement rebâtie afin de respecter les règles de la clôture. Trois ans plus tard, on acquiert deux autres maisons dans cette rue, pour y loger de jeunes filles indigentes[39].

Au cours des années 1830, parmi les meilleures de la période examinée, les moniales se proposent de terminer la construction de la coupole de l'église extérieure. Les frais de construction étant très élevés, c'est l'intervention du comte Uberto Visconti di Modrone, autre membre de la famille noble qui a joué un si grand rôle dans la fondation de la Visitation, qui permet son achèvement[40].

Il s'occupe de faire établir un devis pour la coupole, ainsi que pour la réfection de l'église, qui nécessite quelques restaurations. Finalement, on arrive à présenter à l'administration municipale un projet qui est approuvé. Visconti s'engage aussi, par un acte personnel, à payer la moitié des frais. Les religieuses utilisent de leur côté l'argent provenant de legs de bienfaiteurs, tel le marquis Casati[41].

Une partie de l'argent de la sœur Amigoni est employée pour la sacristie ; les dons ne suffisent pas à cette époque, ce qui la rend extrêmement dépourvue « à cause du malheur des tems et de la crainte continuelle que l'on avait eue d'essuyer la fatale suppression[42] ». Aucune politique de dépenses n'a donc été pensée au début du XIXe siècle pour l'édifice

36 Sur les questions économiques : ASM, Fondo Culto p.a., cart. 1938.

37 « Diario 1577-1939 », AMVM, p. 44.

38 « Circ. Giovanna T. Piatti, 8 avril 1823 », AMVM.

39 « Diario 1577-1939 », AMVM, p. 48-49.

40 *Ibid.*, p. 51-52.

41 *Ibid.*

42 « Vie de Francesca Agostina Amigoni, 6 janvier 1831 », AMVM.

sacré. Mais en 1834 – c'est une des rares dépenses de ce genre –, la communauté achète un calice en argent, ciselé et finement ouvragé[43].

Dans les années 1830, la sacristie est rénovée, des travaux sont exécutés en 1840 pour améliorer les portes et le parloir, et en 1841-1842 une infirmerie, un dortoir pour les sœurs domestiques ainsi qu'une nouvelle lingerie sont construits[44]. Un épisode curieux a peut-être amené à cette dernière décision : l'année précédente, la vice-reine s'étant présentée aux portes du monastère sans aucun préavis, on ne put l'accueillir dans la salle des réunions, destinée à cet effet, du linge y étant étendu partout, puisque c'était jour de lessive[45].

En 1822, une grande innovation a été réalisée à la cuisine, pour simplifier et rendre plus confortable l'activité des sœurs domestiques : la Visitation se dote d'une « cuisine à la Rumford[46] », qui commence tout juste à cette époque à se répandre en Italie. Le quotidien n'est pas moins important que l'extraordinaire, comme on peut le constater, et l'on remarque que nos bonnes moniales sont parfaitement au courant des dernières nouveautés. Pourtant, dans les années 1820-1830, la supérieure affirme qu'il faut à tout prix ne pas avoir trop de désirs. En 1832 : « Nous n'avons pu faire que les réparations nécessaires ». De nouveau, la préoccupation principale est celle de ne pas charger les sœurs à l'excès : malgré les finances « bien modiques », « l'on a fait aussi une pompe, pour épargner beaucoup de fatigue à nos sœurs infirmières ». De même, dans la lingerie située au second étage, qui possède des fenêtres donnant sur la vigne, on installe une machine pour monter et descendre le linge, « ce qui diminue la fatigue à nos bonnes sœurs domestiques ». Quant à l'infirmerie, on choisit un endroit de l'édifice très avantageux : « Il n'y a pas de marche à monter, ce qui rend moins pénible l'assistance des malades à nos infirmières » et permet de transporter les malades sur des fauteuils roulants[47]. L'adaptation des structures est donc un enjeu important.

43 « Circ. Camilla Teresa Mozzoni, 15 mars 1835 », AMVM.

44 « Circ. M. Camilla Corti, 23 février 1841 » et « 15 février 1844 », AMVM. Les frais furent remarquables : 170 000 livres ; le montant de la contribution des pensionnaires fut de 3 000 livres. Le monastère, chargé de dettes, s'adressa aux autres monastères pour obtenir une aide matérielle.

45 « Circ. M. Camilla Corti, 23 février 1841 », AMVM.

46 « Circ. Giovanna Teresa Piatti, 8 avril 1823 », AMVM. Le confort des sœurs domestiques est considéré comme plus important que l'économie de combustible.

47 « Circ. Camilla T. Mozzoni, 20 mars 1826 » ; « Circ. Giovanna T. Piatti, 10 avril 1832 » ; « Circ. M. Camilla Corti, 15 février 1844 » ; « Circ. Luigia Beatrice Radice,

L'ASSOCIATION SAINT-FRANÇOIS DE SALES

L'Association fut érigée canoniquement en 1734. L'archevêque Erba Odescalchi fait publier le 10 juillet la bulle pontificale *Cum nuper*; le 19 du même mois, il concède l'autorisation pour l'érection et approuve les statuts, tandis que les indulgences perpétuelles octroyées par Benoît XIII en 1728 sont approuvées au mois d'août. Dans ces actes, Erba Odescalchi mentionne quelques passages du *libello* (mémoire) par lequel l'oblat Carl'Antonio Gessaga, père spirituel du monastère, a avancé la requête d'autorisation, étant délégué à cela par plusieurs dévots du saint[48].

L'inscription des noms des associés à l'intérieur d'un cœur d'argent à l'église rappelle à chacun que la présence de son nom est le signe d'un dévouement sans bornes au saint, à Dieu et à la Vierge, ce qui doit marquer son existence entière et se manifester par les œuvres accomplies[49].

Des listes de noms des associés se révèlent très intéressantes[50]. Malheureusement les sources ne permettent pas toujours de savoir quel en est le nombre exact à une certaine date, du fait que dans le registre le plus complet, compilé vers 1889, la numérotation des associés est progressive (classée en trois catégories : clercs, chevaliers, dames), mais les dates de décès ne sont pas indiquées.

Des prélats et des ecclésiastiques de renom y figurent : au XVIIIe siècle l'archevêque Giuseppe Pozzobonelli et le cardinal Eugenio Visconti; en 1831, l'archevêque de Bologne Carlo Oppizzoni, l'évêque de Brescia Gabrio Maria Nava et celui de Massa Carrara Francesco Maria Zoppi (déjà inscrit en 1814, en tant que prévôt de la basilique Santo Stefano à Milan); à toutes les époques en sont membres des chanoines de la

14 février 1847 », AMVM. L'une des premières malades à y être transportée sur un fauteuil roulant fut Françoise Julie Pernety, au mois d'août 1843, « Vie de Françoise Julie Pernety, 6 septembre 1843 », AMVM.

48 *Statuti della Associazione di son Francesco di Sales eretta nella chiesa della Visitazione di S. Maria di Milano. Con bolla e licenza della erezione, e con la balla e sommari o delle indulgenze perpetue in favore degli Associati, accordate dalla S.M. di Benedetto XIII. Ed alcuni insegnamenti del santo, distribuiti per tutti i giorni dell'anno*, Milan, Giuseppe Richino Malatesta Stampatore Regio camerale, 1735 (cote B.1.10.1). L'original : ASDMI, Fondo Confraternite, Y 2977.

49 *Statuti della Associazione*, *op. cit.*, § 17.

50 *Elenchi degli ascritti dal 1734 al 1970* (cote B.1.10.2). On trouve aussi de rares listes imprimées des associés à des dates précises.

cathédrale et des chapitres collégiaux parmi les plus importants de la ville. Les pères spirituels du monastère s'inscrivent au moment de leur désignation, tels Zerbi et Turri ; d'autres sont déjà membres de l'Association, tels Tarchetti et Piattelli.

Les noms des laïcs sont ceux de l'élite de la ville, la grande noblesse, les familles les plus importantes. On peut évoquer, à titre d'exemple, les noms de Francesco Casati (le protecteur du monastère) et, bien plus connu que lui, de son frère Gabrio. Plusieurs associés appartiennent à une même famille. Fait remarquable, certains adhérents sont liés aux « Amitiés chrétiennes », dont le fondateur a été Diesbach et l'animateur à Milan le comte Francesco Pertusati, imbu de l'esprit des jésuites[51], à leur tour liées à la *Pia Unione di carità e beneficenza*[52]. Le rapport des Amitiés milanaises avec l'Association Saint-François de Sales reste un terrain à défricher. La participation aux Amitiés est en principe couverte par le secret, mais quelques membres sont malgré tout bien connus : Carlo Riva Palazzi[53], Francesco M. Zoppi, Giuseppe Branca, Gaetano Bugati, Giacomo Mellerio, Luca Pertusati ; Maria Olgiati, femme de Francesco Pertusati[54], Carolina Trotti Durini, etc. La figure de Mellerio

51 Luciano Vaccaro, « Pertusati, Francesco », in : *DCA*, vol. IV, 1990, p. 2703-2705 ; *id.*, « "I veri cristiani". Esperienze di apostolato laicale a Milano tra Settecento e Ottocento » in A. Acerbi, M. Marcocchi (dir.), *Ricerche sulla Chiesa di Milano nel Settecento*, *op. cit.*, p. 253-304, ici p. 257-261 *et passim* ; *id.*, « Laicato cattolico a Milano tra Sette e Ottocento », in : M. Bona Castellotti, E. Bressan, C. Fornasieri, P. Vismara (dir.), *Cultura, religione e trasformazione sociale…*, *op. cit.*, p. 159-175 ; Andrea Brustolon, « Una proposta di restaurazione culturale e spirituale attraverso l'età napoleonica : l'Amicizia Cristiana » in Robertino Ghiringhelli, Oscar Sanguinetti (dir.), *Il cattolicesimo lombardo tra Rivoluzione francese, Impero e Unità*, Pescara, Edizioni Scientifiche Abruzzesi, 2006 ; Candido Bona, *Le "Amicizie". Società segrete e rinascita religiosa (1770-1830)*, Turin, Deputazione subalpina di storia patria, 1962, chap. V ; Vittorio Michelini, *Le Amicizie cristiane. Testimonianze storiche di rinascita cattolica*, Milan, Centro Ambrosiano di Documentazione e Studi Religiosi, 1977 ; Roberto Sani, « Indirizzi spirituali e proposte educative dei nuovi istituti religiosi dell'Ottocento in area lombarda » in *id.* (dir.), *Chiesa, educazione e società nella Lombardia del primo Ottocento. Gli istituti religiosi tra impegno educativo e nuove forme di apostolato (1815-1860)*, Milan, Centro ambrosiano, 1996, p. 77-137, ici p. 93-94. Parmi les oblats liés à ce groupe, le nom de Giuseppe Branca est très intéressant, parce qu'il avait été l'un des pères spirituels du monastère.

52 La *Pia Unione* siégeait auprès des barnabites de Sant'Alessandro. Edoardo Bressan, « Albori dell'associazionismo cattolico in età napoleonica : la Pia Unione », *Annali di storia moderna e contemporanea*, 14, 2008, p. 191-199.

53 Confesseur des visitandines : Gioachino Barzaghi, *Don Bosco e la chiesa lombarda. L'origine di un progetto*, Milan, Glossa, 2004, p. 161 ; A. Brustolon, *Una proposta di restaurazione*, *op. cit.*, p. 79.

54 *Ibid.* ; C. Bona, Le *"Amicizie"…*, *op. cit.*

se détache de celles des autres laïcs pour son importance[55]. Une étude plus approfondie des noms des nobles et des clercs qui y étaient inscrits promet d'être très intéressante. Les liens avec des milieux hostiles aux nouveautés et fidèles au catholicisme romain sont évidents : les rapports des monastères de la Visitation, dont celui de Milan, avec le prêtre Giuseppe Baraldi de Modène le prouvent[56].

Les dévots de Saint-François de Sales contribuent par leurs offrandes à l'ornement de l'église le jour de la fête du saint patron. Ils rétribuent le maître de chapelle et ceux qui s'occupent des appareils : la splendeur des cérémonies est particulièrement soignée[57]. Le détail des frais manque pour certaines années puisque, dans le livre des comptes, seul le total est mentionné. De 1807 à 1831, on trouve presque toujours indiqués les émoluments (assez remarquables) et les noms des panégyristes[58].

Les frais pour l'église et notamment pour la sacristie sont conséquents, le but étant de donner de l'éclat aux célébrations dans les fêtes principales. En 1862, avant la tourmente contre les ordres religieux, on dit : « La dévotion envers notre saint Fondateur augmente dans notre ville. Messieurs les associés contribuent beaucoup à la pompe, à la solennité de ses fêtes, dont ils ont la piété de faire tous les frais[59]. » Les temps se font toutefois plus pénibles. Les frais pour la musique diminuent progressivement, jusqu'à disparaître[60].

En conclusion, dans la période considérée, la Visitation de Milan doit souvent faire face à des situations très pénibles et tourmentées, qu'elle réussit à surmonter grâce à son intégration dans la société et

---

55 Son rôle est considéré comme très important dans la formation d'un tissu culturel et religieux qui aurait débouché sur une expérience de « sainteté sociale ». Voir notamment : R. Ghiringhelli, O. Sanguinetti (dir.), *Il cattolicesimo lombardo…*, *op. cit.*, et l'essai de A. Brustolon, *Una proposta di restaurazione*, *op. cit.*

56 Baraldi était le fondateur et le directeur des *Memorie di religione, di morale e di letteratura*. Severino Fabriani, « Vita di Monsignore Giuseppe Baraldi », in : *Continuazione delle Memorie di religione, di morale e di letteratura*, t. III, Modène, Eredi Soliani, 1834 (pour la Visitation de Milan, p. 161 : on mentionne une lettre de la supérieure G. T. Piatti, 20 octobre 1829) ; Guido Verucci, « Baraldi, Giuseppe », in : *DBI*, vol. V, 1963, p. 772-773.

57 *Libro de conti della associazione di S. Francesco di Sales, in cui restano notate tutte le offerte fatte da confratelli e consorelle ed in che siansi ad onor del Santo Padre impiegate da Carl'Antonio Gessaga sacerdote obblato, confratello e Padre spirituale della Visitazione, nella di cui Chiesa ella fu eretta l'anno 1735 il giorno 29 di gennaio.*, AMVM.

58 *Ibid., Libro de' conti)*, p. 389-413.

59 « Circ. M. Angelica Castiglioni, 22 mai 1862 », AMVM.

60 *Libro de' conti*, *op. cit.*, p. 447, 1868 : « *Da quest'anno in poi non vi sarà più la spesa della musica a motivo dei tempi* ».

au réseau de relations que les moniales ont créé. On compose avec les conséquences des profonds changements de la société. À cette époque entre au monastère une jeune postulante anglaise, « arrachée il y a quelques années seulement à l'hérésie », qui prononce ses vœux en 1846. Parmi les pensionnaires, une autre appartient à une famille « ci-devant juive », dont les membres ont été baptisés trois semaines auparavant[61]. Quelques années plus tard, « munie des dispenses de Rome, une petite grecque âgée de quatre ans et quelques mois[62] » est reçue au pensionnat.

Les rapports avec les monastères étrangers se font plus étroits. La position de Milan, se trouvant sur leurs parcours, rend assez facile le passage d'ecclésiastiques et de moniales[63]. Le dynamisme missionnaire est toujours plus marqué à Milan, sous l'influence notamment de la France et des *Annales de la Propagation de la foi* (traduits en italien) ; la Visitation en ressent l'influence. « L'œuvre de la Propagation de la foi a maintenant un Séminaire dans notre ville aussi, par le zèle de S. E. notre illustre archevêque » ; « nous avons consacré [...] toutes les prières et les bonnes œuvres d'un jour la semaine aux besoins de la mission ». Le monde élargit ses frontières y compris grâce à la vie des monastères. Les sœurs d'Antoura, au Liban, envoient de petites broderies et des objets de dévotion[64]. Plusieurs personnages intéressants viennent en visite : l'évêque de Buffalo (ancien père spirituel de la Visitation à Saint-Louis), Cassinelli, missionnaire à Ceylan, un prêtre arménien qui célèbre la messe selon le rite grec et qui « daigna se parer de nouveau au parloir, pour nous donner le plaisir de voir ses ornements sacerdotaux[65] ». En 1862, Timoleone Raimondi, missionnaire en Chine, porte des nouvelles du frère d'une visitandine, lui aussi missionnaire, et enchante les religieuses avec « des détails très intéressants sur les affaires de la religion en ce pays[66] ».

En 1855, on y loge une sœur, « accompagnée d'une intéressante postulante et d'une aimable petite négresse », qui effectue un voyage de Bourg-en-Bresse à Venise. À cette époque, plusieurs édifices de la

61 « Circ. Luigia Beatrice Radice, 14 février 1847 », AMVM. Sur la conversion de l'anglaise (dont la sœur, mariée avec un Dal Verme, était déjà devenue catholique) et sur sa vie au monastère : « Vie Maria Eugenia Webster, 6 janvier 1879 », AMVM.

62 « Circ. Angela M. Caccia, 9 avril 1856 », AMVM.

63 « Circ. M. Angelica Castiglioni, 22 mai 1862 », AMVM.

64 « Circ. Angela M. Caccia, 15 mars 1853 », AMVM.

65 *Ibid.*, 9 avril 1856.

66 « Circ. M. Angelica Castiglioni, 22 mai 1862 » ; voir aussi « Circ. M. Agnese Mantegazza, 16 février 1877 » (visite 1874), AMVM.

Visitation abritent des enfants d'Afrique, soustraites à l'esclavage. Les ecclésiastiques qui prônent la libération de ces fillettes, en les achetant pour les extirper de leur triste sort, sont notamment l'abbé Nicolà Olivieri et le prêtre Biagio Verri. Ce dernier figure dans la liste des associés en 1846[67].

On fait expressément mention d'Olivieri dans la circulaire de 1855. « Nous n'avons pas la satisfaction de posséder les précieux dépôts, que M. l'abbé Olivieri confia à plusieurs de nos chères maisons ; cependant nous ne manquons pas de contribuer, autant que notre petitesse le permet, à augmenter le nombre des heureuses conquêtes de ce digne et zélé ministre du Seigneur. Lorsqu'il est à Milan, il vient parfois nous voir avec une troupe de ses petites négresses ; cela cause bien de la joie à nos demoiselles, qui y prennent le plus vif intérêt[68]. » Une dernière preuve peut être apportée, pour clore mon propos : en 1855, sur le conseil du monastère de Rome, le P. Isidoro Fernandez, qui désire une fondation à Montevideo, s'adresse à Milan avec l'autorisation du pape Pie IX. Le projet est néanmoins retardé à cause de la lenteur de la réponse de la Sacrée congrégation des évêques et des réguliers, mais surtout à cause des nouvelles alarmantes venant de Montevideo. Au mois d'août 1856, la Visitation y envoie quatre moniales et une sœur domestique[69]. L'enracinement dans la société franchit ainsi le niveau local ; l'ouverture sur la ville était finalement devenue synonyme d'ouverture sur le monde.

---

67 Il était à ce moment vice-assistant de l'oratoire San Luigi. Paola Vismara, « Un prete ambrosiano e la redenzione degli schiavi d'Africa : Biagio Verri (1819-1884) » in Fabrizio Pagani (dir.), *Spicilegium Mediolanense. Studi in onore di mons. Bruno Maria Bosatra*, Milan, Centro Ambrosiano, 2011, p. 443-452.

68 « Circ. Angela M. Caccia, 9 avril 1856 », AMVM. Sur Olivieri : Giuseppe Benasso, *Nicolò Olivieri da Voltaggio (1792-1864) missionario in Egitto*, Alessandria, Edizioni dell'Orso, 1990.

69 Les religieuses qui s'embarquèrent à Gênes pour l'Amérique du Sud furent : Luigia Beatrice Radice (supérieure), Maria Gertrude Crespi, Maria Alfonsa Gnecchi, Maria Carolina Crespi, Maria Rosa Ceteri (ou Citteri). Voir pour toute cette épopée : « Circ. Angela M. Caccia, 8 mai 1856 » ; « Circ. M. Angelica Castiglioni, 29 août 1856 » ; Circ. des moniales, 1er août 1858, avec lettre de Montevideo 3 février 1858, AMVM.

CIEL ET ENFER D'APRÈS LES RÉCITS DE MIRACLES

Les procès canoniques pour miracles qui ont été instruits au diocèse de Milan entre le XVIIe et le XVIIIe siècle[1] constituent, pour connaître les croyances des fidèles, une source fondamentale d'autant plus importante qu'il ne s'agit pas de simples récits, mais de témoignages directs.

Les témoins ne parlent pas souvent de l'enfer, le citant tout au plus quelquefois en rappelant que là iront les parjures. Le diable, au contraire, est un protagoniste : c'est lui qui menace l'homme de façon concrète et obsédante, en particulier au XVIIe siècle. Selon la mentalité de l'époque, c'est au diable justement que l'on doit attribuer ce qui tourmente les individus, ce qui est négatif et inexplicable. Quelques cas peuvent servir d'exemples[2] :

Avant de guérir par l'intercession de Marie, Giacomo Brambilla croit être possédé par les esprits, traînant une longue et inexplicable maladie. Maria Giussani, quant à elle, est déclarée « *maleficiata et inspiritata* » puisque les médecins ne trouvent aucun remède à son mal et à ses douleurs. Elle-même est convaincue que le diable se manifeste. Preuve en est faite lorsque, une fois guérie et se trouvant un jour à l'église (l'événement se déroule lors de l'élévation de l'hostie), cette femme s'inquiète soudain de ce que son lin, à la maison, pourrait prendre feu. Elle l'interprète comme une tentation : le diable veut lui faire manquer la messe. Elle reste donc à l'église, tout en confiant à Marie sa maison et ses enfants ;

---

1 Pour les sources du XVIIIe siècle : P. Vismara, *Miracoli settecenteschi in Lombardia…*, *op. cit.* Les sources utilisées pour le XVIIe siècle sont constituées surtout par la documentation à propos des Vierges miraculeuses de Vimercate et Carnate (diocèse de Milan) : les miracles datent presque tous de la première moitié du XVIIe siècle. Les sources les plus importantes se trouvent à l'ACAM, Sez. X, V.P., Vimercate, vol. 8, 29, 31, 34 (désormais : Vimercate, vol…) ; Brivio, vol. 22 ; Sez. VII, *Sacri Riti. Processi di immagini miracolose*, cart. 3. Voir aussi *Ragguaglio delle grazie anche miracolose concesse dalla Beata Vergine del SS. Rosario nel insigne borgo di Vimercato*, Milan, 1735 (qui se fonde sur la documentation antérieure). Paola Vismara, « Maria e i suoi fedeli. Appunti per una ricerca », *Quaderni Milanesi. Studi e fonti di storia lombarda*, 5, 1985, p. 5-18.

2 Vimercate, vol. 31, XXIV, 1 ; XXII, 1 ; XXI, 1-2-3.

à son retour, elle constate que le lin a en effet brûlé, mais que sa maison est intacte et que ses trois enfants sont sains et saufs[3]. Au XVIIe siècle, à maintes occasions, les récits de miracles relatent la libération d'obsédés ou de possédés. En définitive, les images miraculeuses (et le nombre en est très élevé dans les terres de Lombardie) expliquent cette action. À Vimercate, un notable du lieu (« *notaio attuario del regio ufficio della Martesana* ») dit : « S'en est suivie la délivrance de nombreux possédés, de maudits et d'autres victimes d'infirmités qui, en visitant la Très Sainte Vierge, se sont libérés et se libèrent chaque jour[4]. »

Les possédés sont pour la plupart des femmes (on mentionnera bientôt les cas d'hommes, beaucoup plus rares) : il s'agit de femmes qui, selon l'expression des sources, « font des folies ». En général, elles s'écartent des règles de la vie sociale, ne respectent pas les engagements du mariage, les devoirs envers le mari et les enfants, elles crient, troublant la tranquillité de tout le monde, ou bien elles tentent de se suicider.

Le fait d'être « *impotente al commercio matrimoniale* », les difficultés de la vie en commun, la haine envers son mari (l'un d'entre eux dut quitter sa maison pour se soustraire à la haine de sa femme) font immédiatement penser à une intervention du diable[5]. Ludovico Soncini croit prouver que sa femme Maddalena est « *maleficiata et inspiritata* » du fait qu'elle le hait au point de chercher à le noyer, et qu'elle ne peut allaiter son enfant[6]. Angela Bastetti, femme d'Ambrogio Tremolada de Villa San Fiorano, se sent pour sa part troublée par les démons « *principalmente quando si rinnovava la luna* » : elle est affectée d'un mal que les médecins sont incapables de diagnostiquer, et a en outre, « *per opera del demonio* », fait plusieurs tentatives de suicide. Enfin, Anna, femme de Giovanbattista Pirola de Vignate, manifeste sa condition par des hurlements affreux[7].

---

3 *Ibid.*, XXV, 1.

4 « *È seguita la liberatione di molti spiritati et maleficiati e d'altri oppressi d'altre infermità, i quali visitata questa beatissima Vergine si sono liberati e si liberano ogni giorno* », Vimercate, vol. 34, *Summarium processuum et informationum* [...] *primo et secundo loco sumptarum* (désormais : *Summarium I-II*), p. 3. Pietro Francesco Oroboni, recteur de l'église paroissiale de Oldaniga, et Ambrogio Airoldi, chanoine à la Collégiale de Vimercate, rendent un témoignage de la même teneur.

5 *Ragguaglio delle grazie...*, *op. cit.*, p. 53 *sq.*, 57 *sq.* ; Vimercate, vol. 34, *Summarium I-II*, p. 5, 12 *sq.* Le mari d'une de ces femmes (*ibid.* p. 12) avait en vain demandé à l'archevêque « *licenza di repudiar detta mia moglie* ».

6 Vimercate, vol. 31, XVIII, 1.

7 *Ragguaglio delle grazie...*, *op. cit.*, p. 43, 47 ; Vimercate, vol. 34, *Summarium I-II*, p. 16.

Ce que les sources appellent « extravagances » empêchent la vie religieuse et monastique, aussi bien que la vie matrimoniale. C'est le cas de Caterina Casati, repoussée avant sa profession solennelle du monastère de Cremella où elle a pris l'habit, puisqu'on la tient pour possédée[8].

De la même façon, le diable cherche à gêner ou empêcher la vie dévote des gens qui, à cause de sa présence, se refusent à fréquenter l'église et à prier. Anna Galletta, au cours de sa déposition, dit : « Je ne pouvais pas rester dans une église, ni réciter l'oraison, surtout ces mots *"Et ne nos induras in tentationem"*, et quand je me forçais à les dire j'avais l'impression de me trouver au milieu de cent feux[9] ».

Apparemment, le diable tourmente les femmes plus que les hommes. Toutefois, les sources du XVIIe siècle pour Vimercate et Carnate font état de quelques cas de possession/obsession masculine. Le cas le plus explicite a comme protagoniste un individu tout à fait étranger au microcosme local : un homme noir « *che pareva un cingaro strazzato de quelli che vanno cercando*[10] ». De Gian Maria Sironi de Osmate, on dit tout simplement que « *con gran straniezze restava tormentato da' demoni* » et qu'il en est libéré après son recours à l'image de Marie à Vimercate[11].

Le diable se montre aux gens, aux hommes comme aux femmes. Battista Fumagalli[12], atteint de la fièvre depuis un mois, a l'impression, pendant la nuit, de voir un ramoneur : celui-ci ôte son chapeau en le lui montrant plein à ras bord de pièces d'or qu'il offre au malade. Puisque le rêve ressemble plutôt à un cauchemar, l'homme pense qu'il s'agit d'une apparition du diable et refuse l'argent à haute voix. À ses cris, sa femme, sa sœur et sa mère accourent sans rien voir. Au point culminant du cauchemar, l'homme invoque la Sainte Vierge : après ce vœu, la fièvre diminue et, surtout, le diable disparaît. Quand l'homme accomplit son vœu, il remercie la Vierge bien plus de la libération du diable que de sa guérison !

---

8 *Ibid.*, p. 49.

9 « *Non poteva star in chiesa, né recitar l'orationi, massimamente quelle parole "Et ne nos induras in tentationem", e quando mi sforzava di dirle mi pareva d'essere in mezzo di cento fuochi* », Vimercate, vol. 34, *Summarium I-II*, p. 8 *sq. et passim.* D'autres cas sont cités dans le *Ragguaglio delle grazie…*, *op. cit.*, p. 53 *sq.*, et, surtout, dans le *Summarium I-II*, p. 19 *sq.*

10 Vimercate, vol. 31, IX, 1.

11 *Ragguaglio delle grazie…*, *op. cit.*, p. 61.

12 Vimercate, vol. 31, X, 1.

Concernant la croyance au diable et aux phénomènes d'obsession/possession, l'appartenance sociale n'a aucune importance, car elle concerne aussi bien la jeune femme de haut rang que la modeste paysanne…

C'est au sanctuaire, en présence de l'image, donc en présence de Marie, que se déroulent le plus souvent soit la manifestation du diable, soit la libération : le sanctuaire est le lieu où le contraste ciel/enfer, sacré/diabolique explose dans toute sa vigueur.

L'un des témoins déclare qu'il y a vu une femme crachant de sa bouche des objets divers ; des gens aboient, crient, tombent à terre comme évanouis. Un autre témoin raconte avoir vu une jeune femme « *a far diversi atti da inspiritata, et baiava* ». Ce même témoin dit qu'un homme noir a aboyé à plusieurs reprises à l'église, au cours de la messe. Ludovico Soncini s'aperçoit que sa femme est frappée de maléfice lorsqu'il constate qu'elle se conduit d'étrange manière en aidant à nettoyer les cloches ; son état s'améliore nettement dès que le vœu à Marie est prononcé[13]. Une femme s'agite tant que plusieurs hommes, bien que robustes, ne peuvent la retenir. Seule Marie « *poté raffrenarne quell'impeto comandandone a demoni che si dipartissero*[14] ».

Le contraste entre le sacré et le diabolique est donc l'occasion d'un triomphe pour le premier et d'une manifestation de la toute-puissance de Dieu et de la Sainte Vierge. Marie « *da tutti addimandavasi terror de demoni, potentissimo rimedio per scacciar qualunque sorta d'infermità, e spezialmente contro le diaboliche insidie*[15] ».

En général, la puissance du sacré se manifeste sans la nécessité du recours à des rites ou des pratiques particulières : la prière et, surtout, le contact avec le sacré suffisent à chasser les démons et à délivrer des esprits immondes, des maléfices (souvent jetés par les démons au moyen d'« *instromenti maleficiali*[16] »). Les « *inspiritati* » ont fréquemment recours en vain aux exorcismes et à des pratiques spirituelles diverses : on a soin de le remarquer dans les témoignages[17]. Les sources nous rappellent qu'aucun recours aux arts diaboliques n'est nécessaire pour obtenir la

---

13 Vimercate, vol. 31, VIII, 1 ; XVIII, 1 ; Vimercate, vol. 34, *Summarium I-II*, p. 4 ; *Ragguaglio delle grazie…*, *op. cit.*, p. 48, 58, 63 *sq.*

14 *Ibid.*, p. 64. Pour des cas analogues : p. 65 *sq.*

15 *Ibid.*, p. 65 et 67.

16 Vimercate, vol. 34, *Summarium I-II*, p. 19 ; *Summarium IV*, p. 2.

17 Vimercate, vol. 31, VIII, 1 ; Vimercate, vol. 34, *Summarium I-II*, p. 13, 17 *sq.* ; *Ragguaglio delle grazie…*, *op. cit.*, p. 39 *sq.*, 49, 51, 54, 56, 60.

guérison, sous-entendant que, dans la société paysanne du XVIIᵉ siècle, ces recours « illicites » sont fréquents.

Se présenter à la Vierge, se laisser voir par elle, faire appel à elle, la prier : cela peut suffire pour obtenir la délivrance de l'obsession et de l'infirmité qui en résulte[18]. Le pèlerinage se répète (en général trois ou six fois) jusqu'à ce que le but soit atteint. Quoi qu'il en soit, le pèlerinage, même s'il doit être répété, n'est pas aussi pénible que le tourment qui afflige les femmes, parfois depuis maintes années[19].

Les phénomènes aussi bien que la délivrance sont, dans la plupart des cas, de notoriété publique, d'autant plus que le mal se déclenche souvent au sanctuaire, en présence des fidèles, et que la guérison survient également en leur présence. Au XVIIᵉ siècle, le phénomène s'opère régulièrement pendant la célébration de la messe, à l'élévation de l'hostie, ce qui sera bien plus rare au XVIIIᵉ siècle. « *Molti dissero che havevano visti i spiriti andar via* », dit Cristoforo Galbiati[20]. Le témoignage de Soncini rapporte un cas analogue[21] : il décrit une jeune femme « inconsciente l'espace d'une heure [...] et lorsqu'elle tomba, moi et d'autres personnes nous vîmes une grande lumière comme un éclair sortir par la porte de l'église[22] » ; aux yeux des fidèles, cette lumière dangereuse révèle la présence du diable contraint de quitter le corps de la femme qu'il possédait et le lieu sacré. Anna Galletta dit que les démons sortent de son propre corps « *in quella maniera che suol uscire il fiato dalla bocca*[23] ».

L'importance attribuée à l'action du diable est remarquable. On le constate jusque dans les témoignages de miracles, qui affirment qu'il s'agit de « *mirabilia Dei* » où le diable ne joue aucun rôle (« *In hac causa Satanam praecipuum Mariae hostem nihil habere commune, sed omnia uni Deo, qui est mirabilis in sanctis suis ac facit mirabilia solus, adscribenda esse*[24] »). Ainsi, on rejette vivement l'hypothèse selon laquelle les grâces et les miracles puissent être faux et dus eux-mêmes à l'œuvre diabolique.

---

18 *Ibid.*, p. 59 *sq.*, 64.

19 *Ibid.*, p. 59 *sq.*

20 Vimercate, vol. 31, VIII, 1.

21 *Ibid.*, XVII, 1.

22 « *tramortita per il spatio di un'hora* [...] *et quando casco io et molte altre persone vedessimo un gran splendore come d'una saetta uscir fuora dalla portina della chiesa* ».

23 Vimercate, vol. 34, *Summarium I-II*, p. 9.

24 Vimercate, vol. 29, *De miraculosa imagine Beatae Virginis Mariae.*

Au XVIIIe siècle, la mentalité n'a que peu évolué. Par exemple, la répulsion pour le sacré continue d'être l'un des symptômes les plus importants d'obsession ou de possession. Un cas est celui de Caterina Borri de Monza qui refuse d'aller à Canonica où se trouve une image miraculeuse (1745). Pendant tout le trajet, elle s'évanouit ou s'agite en donnant des coups de poing à ses sœurs et son beau-frère. Elle en vient même à vouloir jeter ses chaussures, qu'elle a enlevées, au voiturier pour qu'il revienne en arrière. Caterina Borri continue de s'agiter et de crier quand on lui fait le signe de la croix avec de l'eau bénite ; en présence de l'image, ces phénomènes se font encore plus intenses jusqu'à ce que, à l'aide du curé de Canonica qui l'exorcise, Caterina soit enfin délivrée[25].

Maddalena Arese s'adresse quant à elle à un exorciste après avoir perdu tous ses enfants en bas âge sans qu'ils ne fussent affectés de maladies graves. Celui-ci la persuade qu'elle est frappée d'une malédiction. Après sa guérison, Maddalena « fréquente l'église et assiste aux sacrements, ce qu'elle ne faisait pas avant sa grâce, et notamment aux célébrations et solennités de la Vierge, pour lesquelles en ce temps l'on faisait de grandes extravagances[26] ». Avant sa guérison, Maddalena refusait en effet de prier à l'église. Son comportement chez elle tend également à prouver qu'elle était possédée : elle s'agite, se tord, miaule lorsque l'on parle de la Vierge des douleurs de Casorate qui rend des grâces. Seul l'exorciste arrivera à l'apaiser par les bénédictions du rituel[27].

La mentalité commune est encline à croire qu'il est possible de reconnaître le phénomène et de l'expliquer, particulièrement dans les cas où les maladies sont inconnues aux médecins, ou que les comportements sont en contradiction avec le conformisme social et les règles fixées[28].

Toutefois, d'après les procès pour miracles, au XVIIIe siècle les délivrances deviennent assez anonymes et sont presque ignorées par l'autorité ecclésiastique. L'archevêque de Milan Giuseppe Pozzobonelli (1743-1783) est, à ce propos, ferme dans ses convictions. Sur le principe, il est loin de penser que le diable ne peut exercer sa puissance, mais il estime que la

25 ACAM, Sez. VII, *Sacri Riti. Processi di immagini miracolose*, cart. 1, fasc. Canonica, 2v°-6v°.

26 « *frequenta la chiesa e sagramenti, il che non faceva prima della grazia, massime nelle feste della Madonna e solennità, ne quali tempi faceva maggiori stravaganze* », *ibid.*, fasc. Casorate, f° 49r°-v° (année 1755).

27 *Ibid.*, f° 51r°.

28 Par exemple *ibid.*, fasc. Canonica, f° 5r° ; *ibid.*, cart. 4, fasc. Carmine, f° 114.

pratique de l'exorcisme doit être découragée, afin de réduire le nombre de ceux qui, sans l'être, se croient possédés.

De la même manière, la notion de miracle ne doit pas être étendue hors de ses limites, conformément à ce que Prospero Lambertini avait écrit : « *Quando res est dubia, cum non sint multiplicanda miracula, sanatio in eo rerum eventu contingens non miraculosa sed naturalis erit censenda*[29]. »

En résumé, Pozzobonelli veut réprimer tout abus de la pratique de l'exorcisme et toute forme de crédulité populaire. À titre d'exemple, l'autorité ecclésiastique prend des mesures contre un membre du clergé ayant persuadé des moniales qu'« un certain fil pendant du toit contre la cellule d'une religieuse était l'œuvre du diable[30] » et qui a exorcisé ce fil[31].

Dans la visite *ad limina Apostolorum* de 1757, Pozzobonelli écrit : « *Iam unde a principio muneris mei intellexeram, multa prave ac perverse accidere exorcismi usu ; quare edicto statim sanxi ne exorcismus clero liceret, eique qui violasset divinis ipso facto interdictum*[32]. » L'édit en question (du 22 juin 1744) lui a été suggéré par son expérience pastorale : bien avant d'être archevêque, il connaissait déjà les qualités et les défauts de la religiosité de ses fidèles. Il montre en outre son obédience aux dispositions des congrégations romaines qui réclament un contrôle plus rigoureux dans ce domaine. Enfin, il participe aux débats d'idées de son temps. Au cours du XVIIIe siècle, surtout dans les années 1740, la discussion sur ce propos s'est développée autant dans le milieu médico-scientifique que dans le monde ecclésiastique : on s'occupe avant tout des domaines du surnaturel et du naturel, ce dernier pouvant être pénétré par le philosophe, le médecin, l'homme de science. Bien des phénomènes, autrefois imputés à une intervention surnaturelle, sont alors regardés comme relevant du domaine de la nature, provoqués par la force de la fantaisie humaine ou par la maladie mentale bien plus que par l'action de Dieu ou du diable.

Le cas de Maddalena Arese (1755), déjà mentionné, illustre ce fait. Les autorités ecclésiastiques, à la conclusion du procès, jugent non pas qu'elle soit frappée de maléfice, mais plutôt qu'elle soit affectée d'une maladie mentale. Par conséquent, la prétendue libération du diable, attestée pourtant par deux membres du clergé, n'est pas considérée comme une grâce.

---

29 *De servorum Dei beatificatione et beatorum canonizatione*, lib. IV, pars I, chap. 8, § 8.

30 « *un certo filo trovato pendente dal tetto per contro alla cella di una religiosa era opera diabolica* ».

31 Paola Vismara, « Religione, superstizione, medicina in un episodio settecentesco », *Studi e fonti di storia lombarda. Quaderni Milanesi*, 6, 1986, p. 21-26.

32 ASV, *Sacrae Congregationis Concilii Relationes*, vol. 509 B, f° 69v°.

Quant aux résultats des dispositions ecclésiastiques, l'archevêque de Milan (qui, notons-le, est bien loin du rigorisme ou de toute inclination au jansénisme) les juge positivement, puisque selon lui un contrôle plus rigoureux sur les exorcistes a entraîné une diminution de ceux qui se considéraient maudits.

Et le Ciel ? Au premier abord, il semble étranger à la société paysanne qui, surtout dans la Lombardie du XVIIe siècle, est dominée par la violence. Porter avec soi des armes est normal. Les guérisons miraculeuses concernent souvent des hommes blessés au cours de querelles ou d'attaques à main armée… Ainsi, Antonio Malvico est blessé en se disputant avec l'un de ses voisins, tandis que Giovanni Brambilla est attaqué sur la route. Alessandro Corradi reçoit pour sa part une blessure grave après avoir donné des coups de plat à l'un de ses locataires : celui-ci profite d'une chute de son maître pour le blesser avec un instrument de travail très tranchant. Ces cas sont tous tirés d'un unique procès où l'on examine les épisodes miraculeux attribués à la Sainte Vierge de Carnate[33] : bien entendu, les chroniques et les procès du XVIIe siècle en relatent un grand nombre.

Alessandro Corradi tombe de cheval tout près de l'église où il a assisté à la messe. La violence du heurt est attestée par les témoins, qui ont vu se briser toutes les armes qu'il portait (arquebuse, épée, poignard). L'habitude de se rendre en armes à l'église se dégage aussi du témoignage de Giacomo Brambilla, justement attaqué en y allant : il porte soit son épée, soit son scapulaire… Cristoforo Galbiati, effrayé par les hurlements d'un possédé pendant la célébration de la messe, déclare avoir instinctivement porté sa main au « *pistolese*[34] ». Les édits des archevêques contre l'abus de se rendre en armes à l'église ont été assortis de peu d'effet. On concède des indulgences particulières à ceux qui se sont réconciliés avec leurs ennemis ou ont agi de manière à faire la paix[35]. Réconciliation et pacification au sein de la communauté constituent l'effet le plus remarquable de la présence d'une image miraculeuse, comme c'est le cas, par exemple, à Vimercate.

Remarquons toutefois que les hommes du XVIIe siècle usent de la violence, mais ne la considèrent pas comme un choix en opposition avec

33 Vimercate, vol. 31, *passim*.

34 *Ibid.*, VII, 1 ; XXXIII, 1 ; IX, 1.

35 Vimercate, vol. 29 ; les indulgences datent de 1598, mais elles sont par la suite renouvelées.

la foi en Dieu, la pratique religieuse, la confiance en la Vierge, l'espoir dans le miracle. Au commencement du XVIIIe siècle, l'atmosphère n'a pas changé. Un des témoins déclare avoir été poursuivi en justice parce qu'il avait blessé un voisin, sans que la profondeur de sa foi n'en soit affectée.

On blesse, parfois on tue : mais on ne blasphème pas contre Dieu, on ne se révolte pas contre lui, on ne le nie pas. Telle est la société paysanne pour laquelle Dieu continue de présider à la vie de chaque jour, aux petits comme aux grands événements.

Le sanctuaire est le lieu où Dieu se manifeste, où le ciel a ses racines en terre, où ce qui est impossible à l'homme devient possible et réel. Le sanctuaire n'a pas d'importance particulière du point de vue juridique, selon le droit canon de cette époque, mais ici les muets parlent, les malades guérissent, les affligés sont consolés…

Le miracle, ou ce que l'on appelle miracle, peut se vérifier si celui qui demande la grâce est déjà familier du divin. Le dévot, qui dans sa vie quotidienne est proche de Dieu, voit de façon particulière les événements qui échappent à l'ordre naturel des choses et qui, contre toute prévision, se déroulent enfin de façon positive : aux yeux des protagonistes et des témoins, c'est la présence céleste qui se montre et se manifeste à l'homme en détresse[36].

Parfois, au XVIIe siècle surtout, la sensation que le ciel est présent sur terre porte les dévots à croire que même les phénomènes négatifs sont miraculeux. Ainsi, on parle de miracle à propos d'un scapulaire sauvegardé du feu (même si la maison et les autres biens ont brûlé) ou au sujet de la mort d'un dévot, s'il a eu la certitude du Salut éternel[37].

En demandant la grâce, le dévot déclare accepter la volonté de Dieu, même si elle est l'opposé de ce qu'il espère et attend : cette volonté et le Salut de l'âme sont en effet considérés comme plus importants que les biens matériels et le Salut du corps. Par exemple, Caterina Ramelli demande à la Vierge de Casorate (on est en 1755) que son enfant agonisante guérisse « *se così fosse stato di gloria del Signore e di salute dell'anima della stessa*[38] ».

---

36 Il s'agit souvent de « miracles-coïncidences ». Le carme fra Angelo Conti dit d'un homme qui était tombé d'un échafaudage : « *Veramente fu gran miracolo che cascando con la testa in giù non s'ammazzasse !* » (Vimercate, vol. 31, II, 2). On pourrait multiplier à l'infini les exemples.

37 Brivio, vol. 22, f° 9r° : « *Io giudico che il miracolo consista in questo et non in altro, cioè che il detto habito gettato da me in dette flamme non si ha abruggiato poi che le flamme erano galiarde* ».

38 ACAM, Sez. VII, *Sacri Riti. Processi di immagini miracolose*, cart. 1, fasc. Casorate, cit., f° 9v°.

En fin de compte, le miracle est un témoignage que le divin rend avant tout à lui-même, puisqu'il proclame la puissance de Dieu. La gloire de Dieu et de Marie est, selon la mentalité d'alors, le but essentiel de toute grâce octroyée à l'homme. Au cours d'un incendie, un homme invoque Marie par ces mots : « *Oh Vergine Santissima, adesso è il tempo di far conoscere le vostre grandezze*[39] *!* »

Le XVIIe siècle est un véritable « théâtre de merveilles » animé et dramatique et, le siècle suivant, l'intervention du ciel sur la terre entre si possible encore plus au cœur du quotidien, paisiblement[40], pendant que la vie sociale devient sous certains aspects moins violente et tourmentée. Toutefois, si les formes changent, la familiarité avec le divin ne connaît pas de solution de continuité auprès des dévots qui constituent une partie importante de la société de la Lombardie moderne.

Très rarement, Marie apparaît à ses dévots en leur promettant la guérison, ce qui arrive en général au cours d'un accident ou à l'apogée de la maladie (en ce cas, pendant la nuit). On peut rappeler ici, pour le XVIIe siècle, les témoignages de Paolo del Corno et Giuseppe Mantegazza. Del Corno déclare que « en cette heure où je me recommandais, aux environs de minuit, m'apparut la Vierge au pied de mon lit, semblable en tous points à celle de l'église[41] ». La Sainte Vierge, sitôt invoquée, apparaît aussi à Mantegazza qui est tombé dans l'eau du fleuve Adda[42]. Une femme agonisante arrive à recouvrer la parole et à se confesser seulement après avoir vu Marie lui promettre le Salut éternel[43].

Emina Ferrario de Galgagnano (près de Lodi) souffre depuis une dizaine d'années d'une maladie incurable qui la contraint au lit. En 1619, la jeune femme se rend à Vimercate pour implorer de cette Vierge la guérison et recouvre en partie la santé. Un jour, Marie lui apparaît dans toute sa splendeur et lui parle. Emina devient alors muette et retrouve la parole le lendemain, en se rendant à Vimercate. Sa guérison est complète. Marie demande à la jeune femme de porter un habit de

39 Brivio, vol. 22, f° 8r°.

40 Voir par exemple ACAM, Sez. VII, *Sacri Riti. Processi di canonizzazione*, vol. 65, f° 124 ; Sez. X. V.P., Desio, vol. 28, f° 51.

41 « *in quella istessa hora che mi ci raccomandai, che fu circa la mezza notte, mi apparve la Madonna al piede del letto giusta simile a quella che è in chiesa* ».

42 Vimercate, vol. 31, XXXV, 2 e XXXIII, 1.

43 *Ragguaglio delle grazie…*, *op. cit.*, p. 38.

vœu et lui promet le Salut éternel à condition qu'elle dise chaque jour son chapelet[44].

Au XVIIIe siècle, les apparitions de Marie se font plus rares. Mais la Sainte Vierge de Santa Valeria à Seregno continue de s'adresser à ses dévots par sa parole et sa présence.

« Une nuit où elle se trouvait entre sommeil et éveil, Margarita Dall'Orto, clouée au lit par une sciatique, vit la Très Sainte Vierge de Santa Valeria qui lui dit : "retourne-toi". Maragarita obéit promptement à cette injonction ; et si auparavant elle ne pouvait bouger ne serait-ce qu'un bras, revigorée à l'instant elle retourna tout son corps d'un bord à l'autre sans ressentir aucune douleur[45] » : ce fut le premier signe d'une guérison progressive. La Vierge apparaît à un autre dévot infirme, lui promettant la santé s'il va prier le jour suivant devant son image[46].

Plusieurs sources parlent de l'apparition de la Sainte Vierge à Anna Maria Agliati qui, au cours d'un accident, est tombée dans un puits, mais, fait curieux, la jeune fille n'y fait jamais allusion. L'épisode n'est pas négligeable aux yeux des habitants du lieu qui, immédiatement, demandent à l'autorité ecclésiastique un procès canonique régulier. Voici une des descriptions de l'apparition : « Voilà qu'à l'instant, alors qu'elle n'en est pas encore à la moitié du puits, on discerne distinctement la Vierge vêtue de couleur céleste, avec une couronne sur la tête, au-dessus de laquelle rayonnait comme une étoile resplendissante, qui illumina ce lieu plongé dans l'obscurité. La reine bienheureuse du ciel lui remit la tête à l'endroit et la tint par le bras pour qu'elle se pose lentement dans l'eau où, de l'eau jusqu'au cou et n'ayant pas pied, elle fut arrêtée par sa charitable protectrice, qui lui dit : "Si tu avais été en disgrâce du

---

44 Il ne faut tout de même pas oublier que la Vierge miraculeuse de Vimercate était vénérée sous le titre de Vierge du Rosaire. Les récits de la grâce et de l'apparition : Vimercate, vol. 34, *Summarium III*, p. 10-12 ; *Summarium IV*, p. 3-6 ; *Ragguaglio delle grazie…*, *op. cit.*, p. 75-78. À remarquer : c'est peut-être le seul cas où il y a quelque discordance entre les dépositions au procès et le récit du *Ragguaglio*.

45 « *A Margarita Dall'Orto, inchiodata in letto da una sciatica, una notte trovandosi tra'l sonno e la veglia, parve di vedersi innanzi la Beata Vergine di Santa Valeria, che le dicesse : "Voltati". A tal voce riscossasi, prontamente ubbidì Margarita ; e se dapprima non poteva movere pur un braccio, rinvigorita all'istante, voltossi con tutto il corpo dall'una all'altra banda senza risentirne dolore* ».

46 *Ragguaglio di alcune grazie compartite dalla Beata Vergine Maria che si venera nell'oratorio di S. Valeria presso il borgo di Seregno*, Milan, 1738, p. 33 *sq.* et 22 *sq.*

Seigneur, je ne t'aurais pas aidée. Allons, crie fort pour qu'ils viennent t'aider et te remonter"[47] ».

D'après les témoins, seule l'intervention de Marie explique le fait que le sauvetage a pu s'effectuer au-delà de tout espoir. Selon eux, Marie est intervenue en faveur de la jeune fille car cette dernière est bonne chrétienne. Quelques années auparavant, le père d'Anna Maria Agliati avait vu, lui aussi, la Sainte Vierge. Elle lui est apparue sous l'apparence d'une femme très belle, habillée en bleu ciel, l'Enfant dans ses bras, et lui a dit : « Je suis la Sainte Vierge de Santa Valeria, qui t'a sauvé la vie une autre fois ; ne doute pas que demain tu te lèveras en bonne santé[48] ».

Marie donne aussi des signes évidents de sa présence maternelle et de sa puissance (qui est surtout un pouvoir d'intercession et de médiation).

Pendant l'épidémie de peste de 1630, au cours d'une procession de pénitence où l'on porte la Vierge de Vimercate, le peuple croit voir les premiers signes de la miséricorde de Dieu annonçant que le fléau touche à sa fin. « On observa [...] de blanches colombes s'envoler du Lazaret qui, après avoir fait un tour au-dessus des ces cabanes dispersées, se posèrent sur le trône de la Vierge, presque suppliants en faveur de ces malades ; ou pour faire entendre que Dieu s'était apaisé par le retour d'une colombe ; Ensuite d'autres de ces vieillards me dirent que [...] la Statue de Marie levait la main gauche, bénissant avec son Fils tous ces affligés[49] ».

Au cours du XVIIIe siècle, il y a – d'après les procès considérés – deux cas où des statues ou images de la Vierge bougent ou pleurent, témoignant de la toute-puissance divine. Les deux cas datent respectivement

---

47 « *Ecco all'istante, mentre non era ancor giunta alla metà del cavo, scorge visibilmente apparirle Nostra Signora vestita di color cilestro, con corona in capo, sopra la quale poggiavasi un raggio come di stella risplendentissima, da cui quel profondo tenebroso luogo venne per ogni parte illuminato. La benedetta regina del cielo la rimise col capo all'insù, tenendola per un braccio, finché lentamente andò a posarsi nell'acqua, ove immergendosi sino alla gola, e non toccando in veruna maniera co' piedi il fondo, venne arrestata dalla benefica protettrice, che le disse : "Se tu fossi stata in disgrazia del Signore, non ti avrei aiutata. Suvvia grida forte, perché vengano ad aiutarti e rimetterti in terra"* ». *Ibid.*, p. 36 ; ACAM, Sez. X, V.P., Desio, vol. 28, *passim*.

48 « *Sono la Beata Vergine di Santa Valeria, che ti ha salvata la vita un'altra volta ; non dubbita, che domani ti leverai sano* », *Ragguaglio di* [...] *Seregno*, *op. cit.*, p. 29.

49 « *Si osservo* [...] *spiccarsi da quel Lazzaretto più candide colombe, quali doppo d'aver fatto un giro sopra quelle disperse capanne, si portorno sul trono della Vergine, quasi supplichevoli a favor di que' languenti ; o pur per dar contrassegno essersi Iddio placato, mercé il ritorno di una colomba ; altri poi di que' vecchi mi dissero* [...] *che la Statova di Maria alzasse la destra, benedicendo col Figlio tutti que' languenti* », *Ragguaglio delle grazie...*, *op. cit.*, p. 93 *sq*.

de 1700 et 1778, ce qui indique une remarquable continuité. À l'époque révolutionnaire, pareils phénomènes sont plus fréquents et répétés.

Le signe le plus tangible de la présence du ciel sur terre est justement le miracle. En cette « *valle di lacrime e di miserie*[50] », les hommes ont besoin de l'aide de Dieu. Le ciel fait irruption sur terre, ce qui, aux yeux des dévots, est simple et bouleversant tout à la fois. « Je ne saurais quoi dire d'autre, je sais que depuis tant d'années j'étais enfermée, si l'on peut dire, dans mon propre corps, et en un moment je me suis trouvée guérie et en bonne santé[51] ». C'est le témoignage de sœur Giovanna Margherita Campaniga, guérie par l'intercession de la bienheureuse Vierge des Douleurs de Varese en 1745. Il s'agit de l'unique guérison que les archevêques de Milan, au XVIIIe siècle, reconnaissent comme étant miraculeuse. Cependant, aux procès pour miracles, maintes dépositions sont de cette teneur[52].

Les miraculés n'aiment pas définir ce qui est arrivé, ni ce qu'est un miracle en général. Ce que tous reconnaissent, c'est que la puissance céleste s'est manifestée à leur égard. Dieu a changé le cours des événements par la rémission de l'infirmité et la possibilité de travailler à nouveau.

Le ciel manifeste donc sa présence dans la vie de tous les jours par le miracle : en ce cas, l'étroite relation entre ciel et terre a une incidence positive sur le quotidien, jusqu'à changer sa physionomie.

Au cœur du siècle des Lumières, l'irréligion peut se frayer un chemin chez quelques membres des élites qui font parler d'eux, mais chez bien d'autres, la vie dévote continue à se répandre tout en devenant plus enracinée et plus profonde[53].

---

50 *Ragguaglio di* [...] *Seregno*, *op. cit.*, p. 8.

51 « *Non so altro che dire, so che da tanti anni ero inferma si può dire in tutto il mio corpo, ed in un momento mi sono trovata del tutto guarita e ben in forze* ».

52 ACAM, Sez. VII, *Sacri Riti. Processi di canonizzazione*, vol. 65, f° 17. – Lucrezia Delfino dit de son enfant Giovan Battista : « *Detto mio figlio non ci vedeva minga, et adesso con l'aiuto di Dio vi vede* » (*ibid.*, cart. 4, fasc. Carmine, f° 173) Paolina Barizetti ne connaît même pas exactement le nom de la localité où elle a reçu la grâce ; elle ne rappelle pas le titre sous lequel Marie y est vénérée. Mais, « *Se Dio e la Beata Vergine non mi faceva la gratia volevo essere ancora così !* » (c'est-à-dire aveugle). ACAM, Sez. VII, *Sacri Riti. Processi di immagini miracolose*, cart. 1, fasc. Ornago, f° nn) « *Mi sembrò di venire in un altro mondo* », dit Giovanna Bettina, qui a reçu la grâce à Canonica (*ibid.*, fasc. Canonica, f° 23r°.)

53 Pour Milan : Paola Vismara, « Secolo empio o devoto ? La religione a Milano », in : *L'Europa riconosciuta. Anche Milano accende i suoi lumi (1706-1796)*, Milan, 1987, p. 137-163. – En général, voir surtout : J. de Viguerie, « Quelques aspects du catholicisme des Français au XVIIIe siècle », *op. cit.*, p. 335-370, et *Le catholicisme des Français dans l'ancienne France*, Paris, 1988 ; Louis Châtellier, *L'Europe des dévots*, Paris, 1987.

MIRACLES ET PRODIGES SACRÉS EN PAYS DE MISSION À L'ÉPOQUE MODERNE

Dans l'histoire chrétienne, il ne se compte aucune période sans miracles et sans prodiges sacrés. Le miracle se présente comme un élément très complexe à l'intérieur de l'expérience chrétienne ; il implique, en quelque sorte, les marques de la perception du rapport entre naturel et surnaturel et en dévoile les métamorphoses.

Les sources relatent souvent des épisodes miraculeux, c'est-à-dire relevant d'une intervention directe de la divinité. Dans son exceptionnalité, l'irruption du surnaturel dans le quotidien ne déborde pas les cadres des croyances et de la mentalité religieuse des clercs et du peuple. Le XVIIe siècle catholique en est un exemple tout particulier : c'est l'âge du « miracle baroque ». « Au XVIIe siècle, le miracle est partout. » Louis Châtellier en a évoqué les traits et retracé les dynamiques[1]. On peut déceler des comportements spécifiques, voire la dialectique qui s'instaure entre le miracle et ses acteurs ou spectateurs. Dans une économie du Salut, le miracle revêt donc à cette époque une importance considérable : il témoigne auprès des fidèles de la présence de Dieu et est le signe de sa toute-puissance. À l'époque moderne, pour la majorité des catholiques, il continue d'attester la miséricorde de Dieu et sa présence parmi les hommes, dont l'Église est considérée comme la réalisation historique. Dans l'Europe chrétienne, les très nombreux recueils et récits de miracles, les procès visant leur contrôle canonique (permettant de faire entendre la voix des gens les plus humbles), permettent à l'historien de reconstituer efficacement un univers mental religieux individuel et collectif.

Qu'en est-il des pays de mission, chez des peuples de cultures différentes ? Les missionnaires se trouvent confrontés à « l'autre ». Le miracle

1 Louis Châtellier, « Le miracle baroque », in : *Histoire des miracles. Actes de la sixième rencontre d'histoire religieuse tenue à Fontevraud*, Angers, Publications du centre de recherche d'histoire religieuse et d'histoire des idées, 1983, p. 85-93.

existe-il partout ? On peut s'interroger sur le poids du miracle dans le contexte de l'évangélisation, dans différents pays et chez différents ordres religieux. Ce sont les jésuites qui se taillent la part du lion, du fait de l'abondance des témoignages écrits. Mais il ne faut pas négliger les autres ordres religieux, même si les sources qui les concernent sont moins nombreuses, tout comme leurs effectifs. Je voudrais montrer tout spécialement les différentes typologies de miracle et en reconstituer le rôle au cœur de l'évangélisation à l'époque moderne.

Remarquons au préalable que, à la différence de ce qui se passe dans l'Europe chrétienne, les témoignages dans les pays de mission ne sont en général pas livrés directement par les intéressés. Les sources ne manquent pas, mais elles proviennent toutes – directement ou indirectement – des missionnaires venus d'Occident[2], qui ne s'avèrent pas être tous des jésuites, nous y reviendrons. La littérature est si abondante qu'il a été nécessaire de faire une sélection de ces sources révélatrices d'une rencontre entre des mondes différents.

Les chroniqueurs font référence aux miracles accomplis par le Christ, que le Nouveau Testament atteste. Pour la diffusion de la bonne nouvelle, il faut dès le départ des témoignages prouvant la divinité du Christ et la vérité de son message. Ces propos sont considérés comme une « note » de l'Église catholique[3]. Dans les relations des missionnaires et dans les écrits des *gesta*, les récits de miracles foisonnent. Ces phénomènes sont exposés avec soin car ils représentent d'une certaine manière la voix même de Dieu, qui certifie la vérité du message transmis par les missionnaires. Dieu, dit Nieremberg, persuade les infidèles par plusieurs moyens, y compris « *algunos prodigios que obrava en confirmación de la doctrina que enseñavan los de la Compañia* ». Dans l'Avis au lecteur de l'*India soggettata al Vangelo*, on dit que la religion chrétienne triomphe

---

2 Il suffit de compulser, par exemple, l'ouvrage de Juan Eusebio Nieremberg, *Firmamento religioso de luzidos astros en alcgunos claros varones de la Compañia de Iesus*, Madrid, Maria de Quiñones, 1644. Biographie de l'auteur : Hughes Didier, *Vida y pensamiento de Juan E. de Nieremberg*, Salamanque, Universidad Pontificia de Salamanca, 1976. Une autre source non négligeable est Michelangelo Lualdi, *L'India orientale soggettata al Vangelo*, Rome, Ignatio de Lazzari, 1653. Une première partie est consacrée à François Xavier ; le restant est une « *Galleria saveriana* », où l'auteur passe en revue, par tableaux, les principaux émules de ce modèle, que les jésuites avaient tout de suite élu en protecteur de leurs missions. Remarquons que Lualdi n'est pas jésuite, mais clerc séculier.

3 Sur le sujet, je ne signalerai que Gustave Thils, *Les notes de l'Église dans l'apologétique catholique depuis la Réforme*, Paris, Desclée de Brouwer, 1937.

au fur et à mesure qu'elle est combattue, patronnée comme elle est par le ciel, ce que les miracles attestent et démontrent[4]. Si ces prodiges sont la manifestation de Dieu à ceux qui croient en lui et renforcent leur foi, à plus forte raison la même chose arrive à ceux qui, pour la première fois, entrent en contact avec l'Évangile.

Au Tonkin, à l'époque des édits antichrétiens, un idolâtre riche et puissant fait détruire une église. Son fils meurt soudainement et la pluie cesse de tomber sur ses terres pendant une année entière : cela persuade les habitants du lieu de respecter la nouvelle foi, à laquelle plusieurs se convertissent. Aux Indes, de l'avis des jésuites, Dieu manifeste sa gloire afin de promouvoir cette chrétienté que François Xavier en personne a implantée. D'ailleurs, les miracles du saint font partie de l'argumentaire des missionnaires[5]. Xavier a opéré des résurrections, le miracle par excellence. Il continue de le faire, même pour ceux qui ne sont pas chrétiens. Le P. Francesco Barreto relate le cas d'un enfant, fils unique, ressuscité à Cotate sur la demande de ses parents et baptisé en conséquence du vœu au saint. En l'espèce, la résurrection est le prélude du baptême, de l'incorporation au Christ et à son corps, l'Église. Le véritable miracle est celui de ressusciter à la vie les âmes, mortes à cause du péché, tâche dont les missionnaires se chargent chaque jour[6].

On trouve pléthore de cas concernant l'administration du baptême[7]. Sur l'île de Maragnan (Saô Luis de Maranhao) et sur les petites îles avoisinantes, les capucins français font œuvre d'apostolat pendant la décennie 1610, parmi les Tupinamba. Claude d'Abbeville, l'un des membres de l'expédition envoyée sous la régence de Marie de Médicis, rapporte qu'un enfant de quatre ans, devenu muet suite à une maladie

4 J. E. Nieremberg, *Firmamento religioso...*, *op. cit.*, p. 347 (Orient), p. 186 (Paraná) *et passim* ; M. Lualdi, *L'India orientale...*, *op. cit.*, « A chi legge », nn.

5 Francisco Barreto, *Relatione delle missioni e christianità che appartengono alla Provincia di Malavar della Compagnia di Giesù*, Rome, Francesco Cavalli, 1645, p. 57-60.

6 Voir M. Lualdi, *L'India orientale...*, *op. cit.*, p. 46 (sur les résurrections opérées par François Xavier et le lien avec le baptême, *ibid.*, p. 128-133) ; F. Barreto, *Relatione delle missioni e christianità...*, *op. cit.*, p. 59.

7 Sur l'importance des sacrements et les débats en rapport avec l'activité des missionnaires : Charlotte de Castelnau-l'Estoile, Paolo Broggio, Giovanni Pizzorusso (dir.), « Administrer les sacrements en Europe et au Nouveau Monde. La Curie romaine et les Dubia circa sacramenta », Mélanges de L'École Française de Rome. Italie et Méditerranée, 121/1, 2009.

grave, était sur le point de mourir. À peine reçut-il le sacrement qu'il guérit. Selon d'Abbeville : « Ce sont les effets des sacrements lesquels ont le pouvoir, rendant la vie à l'âme, de donner aussi, quand il plaist à Dieu, la santé au corps. » L'auteur tient pourtant à préciser que l'on peut classer cette guérison miraculeuse dans la catégorie des faits extraordinaires provoqués par Dieu ; il convient de lui en attribuer la gloire à lui, et à lui seul. Les conséquences furent que la volonté de recevoir ce sacrement s'accrut énormément chez les *indios*[8].

Un prodige très particulier, conforme à la mentalité des gens auxquels on s'adressait, est à mentionner. Benito de Goes – dont on aura l'occasion de parler – était en présence du Moghol, des autorités du royaume et de leurs enfants. Pour satisfaire au mieux et convaincre ce roi « barbare » de la vérité de la loi du Christ, le missionnaire écrivit sur différents morceaux de papier les noms des grands législateurs : Moïse, Lycurgue, Mahomet, le japonais Camo, Jésus Christ. Après les avoir mélangés, il demanda à un singe parfaitement dressé de lui montrer le papier avec le nom de celui qui avait proclamé la vraie Loi. Les deux premiers feuillets, avec les noms de Mahomet et de Camo, furent réduits en morceaux et piétinés avec un grand mépris. Le singe jeta par terre également le nom de Lycurgue, en riant. Le nom de Moïse aussi fut jeté, mais sans aucune marque de dérision. Le papier avec le nom du Christ, au contraire, fut vénéré et baisé par le singe qui, manifestant sa joie, le montra au roi : il lui faisait comprendre de cette manière qu'il fallait à tout prix préférer le nom de ce législateur à tous les autres. Une seconde fois, les feuillets furent préparés, mais un chevalier, sans être aperçu, cacha celui qui portait le nom du Christ. Le singe, après les avoir ouverts, commença à se gratter la tête, à se plaindre, à trembler de rage ou de peine, à se fourrer les doigts dans le nez. Finalement, il s'avança vers le chevalier en question et lui tendit la main pour recevoir le billet caché, qu'il vénéra exactement comme la première fois. Les conséquences de ce prodige furent mitigées : le prince n'adhéra pas à la

8 Claude d'Abbeville, *Histoire de la mission des Peres Capucins en l'Isle de Maragnan et terres circonvoysines*, Paris, François Huby, 1614, p. 156-157. Voir : Laura Fishman, « Claude d'Abbeville et les Tupinamba. Problems and Goals of the French Missionary Work in Early Seventeenth-Century Brasil », *Church History*, 58, 1989, p. 20-35 ; Charlotte de Castelnau-L'Estoile, « De l'observation à la conversation : le savoir sur les indiens du Brésil dans l'œuvre d'Yves d'Évreux », in : *id.* et alii (dir.), *Mission d'évangélisation et circulation des savoirs* XVI-XVIII *siècle*, Madrid, Casa de Velázquez, 2011, p. 269-293.

foi catholique, mais dès lors il montra sa bienveillance envers les jésuites et les chrétiens en général[9].

Cette sorte de jeu assez curieux avec le singe peut impressionner, mais il s'agit d'un événement censé constituer un prodige sacré, un signe manifeste de la puissance de Dieu. Il convient de remarquer que, dans la tradition chrétienne, les épisodes présentant des animaux qui, d'une manière ou d'une autre, participent à ces phénomènes prodigieux ne manquent pas[10]. Il s'agit le plus souvent de lions, de loups, d'oiseaux, de poissons, mais la casuistique de la présence animale est très riche[11].

L'épisode, narré avec force détails, montre que les missionnaires recherchent tous les moyens d'étonner, même ceux qui pourraient paraître impies et blasphématoires, tel le spectacle d'un singe grimaçant pour démontrer que le Christ seul est l'authentique législateur et que la foi chrétienne a le caractère de la vérité. Cet épisode traduit par ailleurs les critères d'action des jésuites, caractérisés par un grand sens d'adaptation, appelée à l'époque « accommodation » et qui a suscité tant de débats et de conflits, jusqu'à devenir l'une des causes de l'hostilité contre la Compagnie.

Un autre cas, bien moins éclatant, concerne de nouveau un prince, le souverain d'une terre près du royaume de Cochin[12]. Ne lui restant plus qu'un seul fils, il prit conseil auprès d'un chrétien quand ce dernier tomba à son tour malade. Sur la suggestion d'un Père jésuite, le chrétien prit le papier sur lequel le père avait écrit des passages de l'Évangile et le posa sur le malade. Celui-ci s'en trouva miraculeusement guéri. Là encore, il n'y eut pas de conversion, mais des concessions furent faites aux chrétiens de Saint Thomas qui vivaient sur ces terres[13]. Ces derniers, au-delà des différences, partagent donc la même structure mentale que les missionnaires[14]. Toujours est-il que ces événements autorisent la

9 J. E. Nieremberg, *Firmamento religioso…*, *op. cit.*, p. 347.

10 Très répandu en Occident, le cas de bœufs attelés au char portant la dépouille mortelle du saint vers sa sépulture, qui selon la volonté du ciel, ou du saint, choisissent un autre endroit.

11 Paolo Botti, *La santità venerata con miracolosi successi dagl'elementi tutti*, Venise, Gio. Battista Kromer, 1690, ici p. 85-96, 158-204.

12 Luis de Guzmán S.J., *Historia de las missiones que han heco los religiosos de la Compañia de Iesus, para predicar el Sancto Evangelio en la India Oriental y en los Reinos de la China y Iapon*, Alcalà, Biuda de Iuan Gracian, 1601, p. 128.

13 Paolo Aranha, *Il cristianesimo latino in India nel* XVI *secolo*, Milan, Franco Angeli, 2006.

14 L. de Guzmán S.J., *Historia de las missiones…*, *op. cit.*, p. 128.

présence des chrétiens dans des sociétés lointaines et souvent hostiles, pour qu'ils témoignent en faveur de la véritable religion.

Le martyre aussi – que l'on pense à l'étymologie du mot – constitue un témoignage. Au cours du procès d'évangélisation, nombre de missionnaires sont tués à cause de leur prédication. Donner sa vie pour la foi chrétienne : voilà la qualité indispensable pour que l'on puisse parler de martyre, statut qui requiert aussi la persévérance et un acte parfait de volonté. Ceci exclut d'emblée la possibilité que les enfants puissent être des martyrs[15]. À la fin du XVIIe siècle, le Père augustinien Sicardo estime malgré tout que les enfants tués pour leur foi à Nagasaki en 1622 sont des « *servi Dei* », de même que les laïcs adultes, membres du Tiers-ordre de saint François ou catéchistes qui aidaient les Pères jésuites, qui comptent parmi les victimes[16]. Au Tonkin, la persécution n'est pas aussi marquée, mais plusieurs laïcs sont tués, notamment à l'occasion des édits contre les chrétiens[17]. Leur mort fait d'eux des intercesseurs. Ainsi, par exemple, le jésuite Alexandre de Rhodes relate les vertus miraculeuses et leurs effets, en Orient et en France, du catéchiste André, protomartyr de la Cochinchine (1644)[18].

La mort et la sépulture du martyr sont entourées d'une prodigieuse auréole de lumière, selon une tradition qui remonte aux débuts du christianisme. « Ce sont les saints morts, ils sont du ciel, honorés d'une lumière inhabituelle ; toutefois ce que nous appelons fin de vie n'est en réalité pour les hommes justes et saints qu'un commencement de vie[19] » : les lumières sont réputées être la manifestation de l'allégresse du ciel[20].

Des lueurs mystérieuses éclairent le « saint cadavre », comme dans le cas d'un carme et d'un augustinien[21]. Après la mort des martyrs de

15 Henryk Misztal, *Le cause di canonizzazione. Storia e procedura*, Cité du Vatican, Libreria Editrice Vaticana, 2005, p. 40.

16 Joseph Sicardo (augustinien), *Christiandad del Japon y dilatada persecución que padeció. Memoria sacras de los martyres*, Madrid, Francisco Sanz, 1698.

17 *Ibid.*, p. 357 ; M. Lualdi, *L'India orientale*, *op. cit.*, p. 330-333.

18 Alexandre de Rhodes, *La glorieuse mort d'André, catéchiste de la Cochinchine*, Paris, Sébastien et Gabriel Cramoisy, 1653, p. 81.

19 « *Sono i santi morti, sono dal cielo con insolita luce onorati ; perocché quello che noi chiamiamo fine della vita, ne' giusti e santi huomini è in realtà un principio di vivere* ».

20 P. Botti, *La santità venerata…*, *op. cit.*, p. 368.

21 Précisément : le carme déchaux Denis de la Nativité et l'augustinien Pedro de Zuñiga, M. Lualdi, *L'India orientale…*, *op. cit.*, p. 370 *et passim* ; J. Sicardo, *Christiandad del Japon…*, *op. cit.*, *passim* ; Fabio Ambrosio Spinola S.J., *Vita del P. Carlo Spinola della Compagnia di Giesù, morto per la Santa Fede nel Giappone*, Rome, Francesco Corbelletti, 1628. Sur le

Nagasaki, on voit apparaître des sortes d'étoiles étincelantes ou une espèce de globe de feu qui se fractionne, les fragments s'élevant vers le ciel[22]. Sur le lieu où plusieurs Japonais ont été tués à cause de leur foi, « comme preuve de ce martyre, dit le grand, divers miracles ou signes ont eu lieu, certains en général, car la nuit tombée, une grande lumière resplendissante est apparue dans l'air au-dessus du lieu du martyre, qui a duré plus de deux heures. Et l'on vit aussi que tous les corps, à l'exception de ceux qui furent brûlés, ainsi que ceux qui furent décapités, avec leur tête attachée à deux d'entre eux, marchaient en procession, chacun diffusant sa propre lumière[23] ».

La vue des fidèles est frappée, l'odorat aussi : « l'odeur de sainteté », ce « *suavisimo odor y celestial fragrancia* » qui émane du corps, atteste elle aussi la sainteté de la vie et de la mort du sujet en question[24]. En outre, des colombes blanches s'envolent des corps des décédés[25].

À l'occasion de la translation des dépouilles des martyrs de Trinidad, en 1701, les chrétiens sont émerveillés par le spectacle des corps intacts et du sang qui gicle des blessures[26]. Matheo de Anguiano relate un autre épisode au cours duquel, en 1683, le P. Miguel de Alvalate et un enfant de chœur sont tués. Les *indios carives*, responsables des meurtres, cherchent à brûler les cadavres pour cacher leurs actions, mais Dieu

---

phénomène, voir P. Botti, *La santità venerata...*, *op. cit.*, au chap. XXXVIII « Santi morti favoriti et onorati con insolita luce dal cielo », p. 360-368. D'importantes considérations, aussi sur les explications présentées au XXe siècle autour des phénomènes qui avaient entouré la mort de Denis : Éric Suire, *La sainteté française de la Réforme catholique d'après les textes hagiographiques et les procès de canonisation*, Pessac, Presses Universitaires de Bordeaux, 2001, *passim*.

22 J. Sicardo, *Christiandad del Japon...*, *op. cit.*, p. 361.

23 J. Sicardo, *Christiandad del Japon...*, *op. cit.*, p. 357 : « *en comprobacién d'este martyrio, llamado el grande, concurrieron diversos milagros o señales, los unos en general, porque la noche inmediata se aparecióen el ayre una gran luz, y resplandor sobre el lugar del martyrio, que durè mas de dos horas. Y también se vió que todos los cuerpos, aside los que murieron quemados, como degollados, unidas las cabezas a dos de estos, andavan en procesión, llevando cada uno su luz* ».

24 Par exemple, *ibid.*, p. 360. Sur les racines du concept, Pietro Meloni, *Il profumo dell'immortalità. L'interpretazione patristica di Cantico 1,3*, Rome, Edizioni Studium, 1975.

25 J. Sicardo, *Christiandad del Japon...*, *op. cit.*, p. 360.

26 Là encore, des traditions de très longue date. Dans les pays de mission à l'époque moderne, par exemple Francisco de Sousa S.J., *Oriente conquistado a Jesu Christo pelos padres da Companhia de Jesus da Provincia de Goa*, Lisbonne, Valentim da Costa Deslandes, 1710, p. 443-444 (le cas du jésuite Alfonso de Castro aux Moluques en 1558). Voir Michel Bouvier, « De l'incorruptibilité des corps saints », in : Jacques Gelis, Odile Redon (dir.), *Les miracles miroir des corps*, Paris, Presses Universitaires de Vincennes, Paris VIII, 1983, p. 183-221.

conserve intact le corps du capucin : après quatre jours, le sang coule encore des blessures[27].

Le martyre rend précieuses les reliques des défunts, autochtones ou missionnaires venus d'Occident. Ces dernières sont très recherchées, presque convoitées[28]. Des restes d'un Japonais ayant été baptisé du nom de Jean sont transportés en les posant sur de la paille. Deux brins de paille, conservés comme relique par une femme, deviennent des épis de blé vert[29].

Par ailleurs, l'*iter* canonique pour la reconnaissance de la sainteté réclame impérativement l'attestation des miracles. L'augustinien Sicardo mentionne tout spécialement les problèmes liés aux procès de béatification et de canonisation : comment distinguer le véritable martyre d'une mort affreuse, mais, au fond, quelconque ? Le miracle étant pour l'Église un *signum sanctitatis*, la finalité hagiographique de certaines relations de mission porte à concentrer l'attention sur les prodiges et les miracles. Les conditions de production de ces textes s'avèrent essentielles pour les comprendre : au sujet du miracle, on s'en aperçoit notamment à partir des nouvelles règles en matière de canonisation établies par Urbain VIII[30].

27 Matheo de Anguiano, *Mission apostolica en la Isla de la Trinidad de Barlovento y en Santo Thomé de Guayana*, Madrid, sans nom d'éditeur, 1702, p. 6-7, 11 ; voir aussi p. 13. Un infidèle abrita chez lui avec dévotion le corps du P. Francisco Fernandez Capillas, dominicain (protomartyr de la Chine) ; dans l'incendie de la maison, seul le cadavre échappa au feu. Fernando Calva, *Vida del ven. Padre Francisco Fernandez Capillas*, Valladolid, En la impronta de la viuda y hijos de Santander, 1787, p. 212.

28 Un exemple : à la suite du martyre du Père augustin Hernando de Ayala y S. Joseph, même une petite pierre baignée de son sang devint un objet précieux. Un miracle fut octroyé à une religieuse, sa cousine en Espagne, moyennant un pied du martyr (J. Sicardo, *Christiandad del Japon…*, *op. cit.*, p. 157-160). De même pour la relique de la croix où le frère Pedro de Zuñiga reçut la mort : *ibid.*, p. 207-208. Pour les effets « européens » de la dévotion à Spinola, *ibid.*, p. 358. Le désir de reliques impliquait de réduire en morceaux les corps. C'est précisément le contraire des miracles censés redonner aux vivants des membres amputés, etc., visant à restituer l'unité du corps. Cozzo affirme qu'à cette époque l'unité du corps était essentielle pour les vivants comme pour les morts : Paolo Cozzo, « Miracoli estremi. Prodigi accrescitivi e ricompositivi nell'Europa di età moderna », in : Davide Scotto (dir.), *Del visibile credere. Pellegrinaggi, santuari, miracoli, reliquie*, Florence, Olschki, 2011, p. 189-214. Mais le cas des corps des « saints » montre une attitude complètement différente.

29 J. Sicardo, *Christiandad del Japon…*, *op. cit.*, p. 360.

30 *Ibid.*, notamment au chap. VIII : « *En que se satisface a la oposicion fiscal sobre la necessidad de milagros, que pretende para la Canonizacion de los Martyres* ». On peut avancer l'hypothèse que Lualdi, clerc et théologien romain, est poussé par la même raison à déclarer que les vertus héroïques ont une valeur supérieure à celle des miracles (M. Lualdi, *L'India orientale…*,

Remarquons que le martyre couronne une vie en chrétien et que les évangélisateurs doivent les premiers briller dans l'exercice des vertus. C'est à noter même en dehors du discours strictement relatif aux missionnaires. Au cœur du XVIIe siècle, l'évêque de Quito Alonso de la Peña y Montenegro, d'origine espagnole, demande aux ecclésiastiques de conduire une « *vida milagrosa* » : le témoignage de la foi passe à son avis nécessairement par là. Il en appelle à la méthode du Christ en personne. Dans le même temps, il a conscience du fait que ses curés n'auront pas eu une telle possibilité. Si le miracle est l'une de notes principales de la véritable Église, il existe une autre manière de convaincre : l'exemple. Quelles doivent être les œuvres de celui qui prêche la foi chrétienne à des sauvages – ou presque – qui ne la connaissent pas ? « Ne [...] vous méfiez pas des ouvriers du Seigneur [...] parce qu'ils ne font pas de miracles ; car la conversion des Indiens n'a nul besoin de miracles, lorsque les vertus apostoliques brillent dans les ministres qui prêchent l'Évangile[31]. » Le P. François, un capucin d'Angers se montre tout aussi direct : « Je n'ay pas remarqué d'autres miracles que leur bonne vie, qui a servy si utilement à la conversion de tant d'âmes[32]. »

L'intervention divine ne s'adresse pas exclusivement aux indigènes. Les miracles s'opèrent également en faveur de chrétiens d'Occident se trouvant dans ces pays lointains.

C'est le cas, par exemple, d'un soldat portugais originaire de la Isla de San Miguel aux Azores, qui se trouve au Malabar et mène une vie dissolue. Nous sommes en 1588. Le récit de sa « conversion miraculeuse »

---

op. cit., p. 334). Giuseppe Dalla Torre, « Santità ed economia processuale. L'esperienza giuridica da Urbano VIII a Benedetto XIV », in : Gabriella Zarri (dir.), *Finzione e santità tra medioevo ed età moderna*, Turin, Rosenberg & Sellier, 1991, p. 231-263 ; H. Misztal, *Le cause di canonizzazione...*, *op. cit.*, *passim.*

31 « *No* [...] *desconfíen los obreros del Señor* [...] *porque no hacen milagros ; que para la conversión de los indios no hacen falta éstos, cuando en los ministros que predican el evangelio resplendecen virtudes apostolicas* ». De la Peña mentionne un auteur de la latinité, Sénèque, à propos du fait que les œuvres des hommes sont bien plus convaincantes que les paroles qu'ils prononcent. F. G. Locatelli, *L'itinerario di A. de La Peña : teoria e prassi dell'evangelizzazione degli indios*, Thèse de doctorat, rel. P. Vismara, Università degli Studi di Milano, a.a. 2010-2011. Sur les bienfaits et les effets salutaires apportés par l'abnégation des missionnaires : Paolo Collo, « L'intervento miracoloso nel Nuovo Mondo convertito », in : Giuseppe Bellini (dir.), *L'America tra reale e meraviglioso. Scopritori, cronisti, viaggiatori*, Rome, Bulzoni, 1992, p. 313-322.

32 Il s'agit là du miracle « le plus grand et le plus authentique », modelé sur les vies des premiers apôtres. François d'Angers, *L'histoire de la mission des Pères capucins de la Province de Toureine au royaume de Maroque en Afrique*, Niort, Veuve Jean Bureau, 1644, p. 252.

est relaté avec force détails par Juan Eusebio Nieremberg. Le soldat, entré par hasard dans une église près de Travancor, s'adresse presque d'instinct à la Vierge à l'enfant. Il fond en larmes de repentance et lui demande d'intercéder auprès de son fils ; celui-ci, pour montrer qu'il accepte ses prières, se met à pleurer des « larmes de lait ». On remarque que le miracle individuel (la conversion) a lieu dans un contexte collectif : les autres soldats imbibent une toile des larmes de l'enfant Jésus et la partagent entre eux afin que chacun obtienne une petite relique. Le fait, que l'auteur décrit comme « *maravilla* », est célébré d'une manière évoquant les cérémonies extraordinaires du catholicisme baroque en Europe, en moins fastueuse, accompagnée de décharges d'artillerie et de la décoration de l'église par des branches, apparat qui devait rappeler les riches tapisseries de l'Occident.

La *metanoia* du soldat n'est pas seulement une émotion passagère. L'authenticité de la conversion est soulignée par une confession générale au confessionnal d'un Père jésuite. Le sacrement, réalité concrète et signe de grâce, marque le changement. Après quoi, l'homme s'engage dans la Compagnie de Jésus comme un simple frère[33].

L'épisode est remarquable, notamment du fait que le protagoniste n'est pas un illustre inconnu. Il s'agit en effet de Benito de Goes, ou Bento de Gois[34]. Au début du XVIIe siècle, il est envoyé avec d'autres jésuites à Lahore et entreprend un très long voyage en Inde, en Afghanistan et en Asie centrale. Ses expéditions sont diplomatiques et géographiques. Déguisé en marchand, il prêche l'Évangile et meurt en Chine empoisonné par des commerçants musulmans selon certains témoins.

Un autre miracle en faveur des jésuites concerne le P. Lorenzo Masonio, considéré comme l'apôtre des Philippines[35]. Il se trouve alors à Amboina (Ambon), une île située entre Malacca et les Moluques, où s'était rendu François Xavier[36]. Le missionnaire, à ce moment-là sur l'île de Bachan (Bacan) contrôlée par les Espagnols, survit miraculeusement aux incursions des Hollandais et des musulmans. Les sources relatent qu'il a

33 J. E. Nieremberg, *Firmamento religioso…*, *op. cit.*, p. 34. Le même récit (à l'exception de l'épisode des reliques) est relaté par Daniello Bartoli dans son *Istoria della Compagnia di Gesù*, Rome, de Lazzari, 1650-1673.

34 N. Trigault, *Istoria de la China y cristiana empresa*, Séville, Gabriel Ramos Veiarano, 1621, p. 270-282 ; J. E. Nieremberg, *Firmamento religioso…*, *op. cit.*, p. 341-361.

35 *Ibid.*, p. 521-534.

36 Voir aussi, pour une description géographique sommaire, M. Lualdi, *L'India orientale…*, *op. cit.*, p. XVI.

été transporté dans un endroit plus sûr moyennant une intervention divine (peut-être, dit-on, par les airs[37]). La Vierge en personne, dont il est très dévot, l'aurait aidé et lui serait apparue. N'ayant rien à manger ni à boire, Masonio demande pitance à un chrétien qu'il rencontre : selon le récit, de l'eau surgit instantanément de la terre, pour disparaître dès que le Père se sent désaltéré. Le but de ces interventions divines aurait été la volonté du ciel de ne pas interrompre l'œuvre apostolique de Masonio qui, voulant le bien des âmes, obtient des résultats importants en l'espace de trente ans[38].

Parfois, les missionnaires sont sauvés dans des situations moins périlleuses, où les prodiges célestes sont moins impressionnants, mais restent étonnants aux yeux de ceux qui y assistent. Le jésuite Marciel de Lorenzana, envoyé au Paraguay en 1593 et l'un des fondateurs des *reducciones*, est mordu par une vipère ; les *indios* accourent en le croyant mort, mais le trouvent indemne[39]. Le Père théatin Salvatore Gallo[40], qui se trouve à Arracan (Arakhan, Birmanie), confesse un couple de chrétiens grièvement blessé par un éléphant du roi, que personne n'ose arrêter, sans être attaqué par l'animal. Bartolomeo Ferro, qui relate l'épisode, a quant à lui observé que la conservation de la santé du missionnaire dans un climat très mauvais et humide, malgré sa complexion délicate, ne peut s'expliquer que par la volonté divine de donner le Salut aux infidèles moyennant la présence et l'action du missionnaire[41]. De la seconde moitié du XVIIe siècle au début du XVIIIe siècle[42], ce mètre étalon demeure inchangé.

37 En général, dans l'histoire chrétienne, il s'agit d'une prérogative que Dieu donne à ses saints. Pour l'Amérique latine, voir Jaime Lara, « A vulcanological Joachim of Flore and an aerodynamic Francis of Assisi in Colonial Latin America », in : Kate Cooper, Jeremy Gregory (dir.), *Signs, Wonders, Miracles. Representations of Divine Power in the Life of the Church*, Woodbridge, Boydell and Brewer, 2005, p. 249-272.

38 J. E. Nieremberg, *Firmamento religioso…*, *op. cit.*, p. 526-527.

39 *Ibid.*, p. 230-264, surtout p. 263.

40 Il fut missionnaire aux Indes de 1675 jusqu'à sa mort (1698). Gallo écrivit une « Relazione della missione del Borneo scritta da Goa nel dicembre del 1693, con l'attestazioni de' scritti prodigi » (inédite). Vezzosi signale qu'il s'agissait de miracles-châtiments contre les habitants de l'île, ou de miracles-protection par lesquels le ciel accompagna la mission du P. Antonino Ventimiglia. *Cf.* Antonio Vezzosi, *I scrittori de' cherici regolari detti Teatini*, Rome, Stamperia della Sacra Congregazione di Propaganda Fide, 1780, vol. I, p. 383-388 ; sur Ventimiglia, *ibid.*, vol. II, p. 454-460.

41 Bartolomeo Ferro, *Istoria delle Missioni de' chierici regolari teatini*, Rome, Gio. Francesco Buagni, 1705, p. 449-450.

42 Respectivement, dates du séjour de Gallo en Orient et date de la publication de l'ouvrage de Ferro.

Plusieurs miracles se présentent sous la forme d'une guérison au sens propre du terme, un phénomène où la relation d'échange avec le divin se révèle manifeste. Des dissimilitudes remarquables se distinguent toutefois en Extrême-Orient par rapport aux prodiges sacrés d'Occident. Celui qui n'a pas encore reçu la foi entreprend rarement de lui-même la démarche directe de requête du miracle : il ne connaît pas encore la puissance de Dieu et des intercesseurs célestes. Souvent, le protagoniste et médiateur est le missionnaire lui-même, auquel les infidèles s'adressent pour demander à être guéris. Examinons le cas du Père jésuite Enrique Enriquez[43], « *el grande operario en la costa de la Pesqueria* », aux Indes orientales, qui s'occupe surtout des pêcheurs de perles et aurait guéri bon nombre de personnes en leur suspendant son rosaire autour du cou. Les guérisons ont donc Marie comme intermédiaire. Néanmoins les malades, estimant que le guérisseur n'est personne d'autre que le missionnaire, le réclament lui et, pour obtenir la guérison, lui offrent de grosses sommes, qu'il refuse. Le missionnaire veut ainsi montrer que son action ne vise pas le gain, mais la démonstration de la vérité du message qu'il transmet[44]. Peut-être craint-il d'être considéré non pas comme un intercesseur terrestre auprès du véritable Dieu, mais comme un opérateur de miracles de son propre fait ou un guérisseur à gages, défaut majeur souvent imputé par les missionnaires aux sorciers du lieu.

Pour les jésuites, les miracles de François Xavier constituent l'archétype des événements prodigieux possédant des racines surnaturelles, se modelant sur l'archétype des miracles christologiques[45]. C'est grâce à la fonction de Xavier comme médiateur céleste – dit-on – que de nombreux miracles ont eu lieu : résurrections, guérisons d'aveugles, etc. Des cas sont notamment mentionnés en Extrême-Orient. Dans sa relation, par exemple, le P. Barreto décrit une église consacrée au saint située à Cotate (Kotar), non loin du Cap Comorin. Une autre église consacrée

43 F. de Sousa S.J., *Oriente conquistado…*, *op. cit.*, p. 281-318. Joseph Thekkedath, *From the Middle of the Sixteenth to the End of die Seventeenth Century (1542-1700)*, Bangalore, Church History Association of India, 1988, p. 163-175. Notices biographiques : Jean Castets, *Fr. Enrique Enriquez, "the Second Cohunn of Xavier's Indien Mission"*, Trichinopoly, Indian Catholic Truth Society, 1926.

44 J. E. Nieremberg, *Firmamento religioso…*, *op. cit.*, p. 184 *sq.* Moins riche sur le sujet : F. de Sousa S.J., *Oriente conquistado…*, *op. cit.*

45 « *In Malacca, nell'India, si rinnovarono i prodiggi di Bettania nella Giudea* ». (M. Lualdi, *L'India orientale…*, *op. cit.*, p. 129 ; voir en général M. Gabriela Torres Olleta, *Milagros y prodigios de San Francisco Javier*, Pampelune, Fundatión Diario de Navarra, 2005.

au saint dans l'île de Ceilam (Ceylan) est très fréquentée. Un épisode en particulier attire l'attention, à tel point que des « chansonnettes » furent composées sur le sujet, contribuant à la renommée du protecteur[46].

Les Portugais établis en Inde, ce qui engendre parfois des conflits et autres répercussions négatives, assurent la présence de missionnaires et permettent donc l'édification d'églises, voire de sanctuaires. À titre d'exemple, une femme ne pouvant avoir d'enfant, après s'être adressée aux idoles par des sacrifices et des vœux, entre à l'église et promet à la Vierge l'offrande de deux chandelles si son désir se réalise. Devenue mère, en guise de signe que la naissance est bien due à l'intercession de Marie, un enfant lui rappelle dans son sommeil sa promesse, qu'elle accomplit en allant à l'église avec le nouveau-né pour offrir deux chandelles à la Vierge. On ne parle pourtant pas de sa conversion ; le miracle ne semble pas avoir provoqué une adhésion à la foi chrétienne. Mais ce cas confirma par la suite beaucoup de nouveaux chrétiens dans leur foi[47]. Sur le site sacré de Cotate, on constate également des recours multireligieux[48]. Chrétiens et « idolâtres » y viennent demander des grâces ou témoigner leur reconnaissance par des offrandes, des dons, des *ex-voto*, des lampes[49]. On remarque que les pratiques, un peu partout, évoquent celles de l'Europe chrétienne, notamment dans les campagnes : on boit l'eau bénite, on allume l'huile de la lampe au sanctuaire, on applique sur son corps une image du martyr, on se signe pour demander une grâce, on porte sur soi quelques paroles de l'Évangile écrites sur un papier[50]. Au début du XVIIe siècle, le jésuite Marciel de Lorençana soigne les *indios* du Paraguay par la lecture de l'Évangile et l'imposition des mains, selon un modèle très christologique, pour les convertir à la foi chrétienne[51]. Les membres de la Compagnie de Jésus se voient régulièrement accusés de taire

46 Une pauvre femme avait déposé à l'église un modeste chandelier, qu'elle put seulement déplacer et emporter après avoir terminé sa neuvaine, F. Barreto, *Relatione delle missioni e christianità…*, *op. cit.*, p. 103-104.

47 J. E. Nieremberg, *Firmamento religioso…*, *op. cit.*, p. 186.

48 En Europe, il s'agit normalement de recours multiconfessionnels. Voir par exemple Willem Frijhoff, « La fonction du miracle dans une minorité catholique. Les Provinces-Unies au XVIIe siècle », *Revue d'Histoire de la Spiritualité*, 48, 1972, p. 151-178.

49 F. Barreto, *Relatione delle missioni e christianità…*, *op. cit.*, p. 57-58.

50 *Ibid.*, p. 60 ; L. de Guzmán S.J., *Historia de las missions…*, *op. cit.*, p. 127-128 ; Alexandre de Rhodes, *Relazione de' felici successi della Santa Fede nel Regno di Tonchino*, Rome, Giuseppe Luna, 1650, notamment p. 179 *sq.* Pour le cas de l'image, le personnage est le jésuite Carlo Spinola : J. Sicardo, *Christiandad del Japon…*, *op. cit.*, p. 358. Biographie : F. A. Spinola S.J., *Vita del P. Carlo Spinola*, *op. cit.*

51 J. E. Nieremberg, *Firmamento religioso…*, *op. cit.*, p. 263.

le scandale de la Croix au cours de leurs missions en Orient. Au contraire, le sujet est abordé ; les apparitions prodigieuses de la croix et les miracles opérés par elle reviennent très souvent dans les récits missionnaires[52].

Dans l'histoire chrétienne, il semble évident que les prodiges ne sont pas nécessairement en faveur de quelqu'un ; les punitions célestes ne font pas défaut. Le ciel châtie les hommes pour leurs fautes, bien que le but soit toujours de montrer la puissance de Dieu afin qu'ils se convertissent.

Ainsi, en Cochinchine, après le martyre du jeune catéchiste André, la ville entière brûle (à l'exception de la maison d'un de ses persécuteurs, pour le convertir), témoignant de la colère et des réprimandes de Dieu afin de « nous apprendre la façon que tiennent les saincts à se venger de leurs ennemys[53] ».

Sur le littoral de la « Pesqueria », les chrétiens, tant d'origine portugaise que d'origine locale, ont l'habitude de conduire à l'église les non-chrétiens faisant montre de mauvaise foi en ne respectant pas les contrats ou ne remplissant pas leurs obligations. Ces derniers doivent prononcer un serment dans le lieu sacré : s'ils jurent le faux, Dieu les châtie par les maladies les plus diverses, jusqu'à ce qu'ils aient payé leurs dettes[54]. Dieu agit donc en faveur des chrétiens, mais pas forcément contre les « idolâtres[55] ». L'auteur affirme dans la foulée que Dieu fait des merveilles pour les païens qui lui adressent leurs prières ; dans le même récit figure l'épisode déjà cité de la femme stérile. L'impression est que l'un des problèmes réside dans les contrats non honorés, et notamment de la restitution, à laquelle les manuels de théologie morale et les catéchismes consacrent une large partie, la jugeant foncièrement obligatoire[56]. D'autre part, il y a la question du serment[57] : jurer le faux

52 À titre d'exemple : F. de Sousa S.J., *Oriente conquistado…*, *op. cit.*, *passim* ; A. de Rhodes, *Relazione de' felici successi della Santa Fede…*, *op. cit.*, p. 179-182. Quant aux principes et à l'auto-défense des jésuites, consulter : Antonio Rubino, *Metodo della dottrina che i Padri della Compagnia di Giesù insegnano a' neofiti nelle missioni della Cina*, Lyon, H. Boissat et G. Remeus, 1665, p. 143-182.

53 A. De Rhodes, *La glorieuse mort d'André…*, *op. cit.*, p. 82-87.

54 J. E. Nieremberg, *Firmamento religioso…*, *op. cit.*, p. 186.

55 Un cas où seules les terres et les moissons des chrétiens sont épargnées est relaté par un jésuite : Gio. Filippo de Marini, *Delle missioni de' Padri della Compagnia di Giesù nella provincia di Giappone e particolarmente di quella di Tonkino*, Rome, Nicolò Angelo Tinassi, 1663, p. 235.

56 Paolo Prodi, *Settimo non rubare. Furto e mercato nella storia dell'Occidente*, Bologne, Il Mulino, 2009 ; P. Vismara, *Oltre l'usura…*, *op. cit.*

57 Paolo Prodi, Il *sacramento del potere. Il giuramento politico nella storia costituzionale dell'Occidente*, Bologne, Il Mulino, 1992.

est un grave péché, qui peut susciter l'ire divine. Pour prouver la véracité de leur serment, même les « gentils », selon le P. Barreto, jurent sur François Xavier, preuve plus sûre que les coutumes qui consistaient à s'immerger la main dans de l'eau bouillante. Les potentielles victimes de faux témoins peuvent être disculpées si elles invoquent la croix du Christ et promettent une aumône[58].

Le respect du vœu est indispensable. Une femme ayant fait vœu à Xavier pour être soulagée de ses douleurs manque à sa parole une fois guérie, et se voit atteinte derechef des mêmes maux. Sa promesse tenue, la guérison se fait définitive[59].

D'autres prodiges, « neutres », n'ont pas de répercussions foncièrement négatives pour les infidèles, mais certifient tout de même la fausseté de leur religion idolâtre. Il ne s'agit pas de miracles-châtiment, mais de miracles-attestation. C'est le cas, par exemple, de la lampe à huile « prodigieuse » des idolâtres subitement éteinte, sans cause apparente[60].

D'une façon analogue, certains miracles en faveur des chrétiens n'apportent pas de véritable bénéfice. Le P. Antonio Suero, missionnaire pendant quarante ans à Ceilam (Ceylon), accompagne la troupe portugaise. Quand les soldats se mettent à souffrir de la soif, le jésuite récite des prières et, avec son bâton, fait jaillir de l'eau de la pierre. Cela n'empêchera pas la troupe d'être mise en déroute et le jésuite d'être tué[61].

Je remarque ici que, si nous parlons de miracles ou de prodiges surnaturels, dus à l'intervention de Dieu, les récits de mission présentent aussi le revers de la médaille, autrement dit l'intervention du diable, la présence du mal qui se manifeste. Le diable veut entraver à tout prix l'action des évangélisateurs. Le jésuite Filippo de Marini qui, sur le principe, refuse d'octroyer une trop grande place au miracle, mentionne pourtant maintes fois l'intervention des démons ; Alexandre de Rhodes, prudent et pondéré, n'ignore pas cette présence du mal dans le cœur des hommes et fait mention de la nécessité de l'exorcisme[62].

---

58 L. de Guzmán S.J., *Historia de las missions…*, *op. cit.*, p. 127-128.

59 F. Barreto, *Relatione delle missioni e christianità…*, *op. cit.*, p. 58. Voir un cas où la guérison d'un jeune aveugle ne dura que peu de temps, la vue étant recouvrée seulement après le baptême de son père : G. F. de Marini, *Delle missioni de' Padri della Compagnia di Giesù…*, *op. cit.*, p. 235.

60 M. Lualdi, *L'India orientale*, *op. cit.*, p. 310 *sq.*

61 F. Barreto, *Relatione delle missioni e christianità…*, *op. cit.*, p. 102-103.

62 Dans la *Relazione de' felici successi della Santa Fede…*, *op. cit.*, (p. 243-246), de Rhodes relate des épisodes d'exorcisme. Voir Inès G. Županov, « La science et la démonologie. Les missions

Dans le récit du capucin Claude d'Abbeville qui, au début du XVIIe siècle, exerce son ministère au Brésil avec Yves d'Évreux et deux autres compagnons, les forces du mal sont fréquemment évoquées. Le Père revient avec insistance sur la présence du diable et se réjouit que, malgré les attentats du Malin qui se joue d'eux, les missionnaires ont obtenu « le glorieux butin de ces petites âmes », prélude à la conversion du peuple. Les capucins, dans leurs instructions religieuses aux *indios*, parlent souvent de Ieropary, leur dieu principal, apparenté au diable, et semblent accepter sa réalité et les récits qu'en font « ces barbares si cruels et si inhumains ». Si les *indios* ne se convertissent pas, ils resteront des fils du diable : c'est une partie importante du message. Ieropary étant la cause des conflits et des abominations[63], il faut s'affranchir de la tyrannie qu'il exerce pour mettre fin aux haines implacables typiques des habitants du pays[64].

Au tout début du XVIIIe siècle, un Père capucin, qui est l'auteur de plusieurs ouvrages concernant les missions de son ordre, Matheo de Anguiano, décrit efficacement l'intervention du diable auprès des *indios*, au niveau individuel et collectif. Les conséquences de l'action diabolique – dit-il par exemple – sont très lourdes pour la mission de Trinidad. En 1699, l'attaque déclenchée par le diable conduit à la mort de trois Pères et d'un laïc et dégénère en révolte. Les actes sacrilèges contre l'église, les statues et les objets sacrés commencent juste après que les P. Esteban de San Feliu, Marquos de Vique, Raymundo de Figuerola et le laïc Thomàs de Luna ont été atrocement massacrés[65].

Pour conclure, il convient avant tout de remarquer que le miracle est un instrument de communication très puissant et efficace au service des

---

des jésuites français en Inde (XVIIIe siècle) », in : Charlotte de Castelnau-L'Estoile, Marie Lucie Copete, Aliocha Maldavski, Ines G. Županov (dir.), *Missions d'évangélisation et circulation des savoirs, XVIe-XVIIIe siècle*, Madrid, Casa de Velazquez Éditions, 2011, p. 401-421 ; Laura de Mello e Souza, « Autour d'une ellipse : le sabbat dans le monde luso-brésilien de l'Ancien Régime », in : Nicole Jacques-Chaquin, Maxime Préaud (dir.), *Le sabbat des sorciers XVe-XVIIIe siècles*, Grenoble, Jérôme Million, 1993, p. 331-343.

63 Claude d'Abbeville, *Histoire de la mission des Peres Capucins* : « le cannibalisme avant tout, mais aussi la polygamie et les vengeances, qui comportaient la mort violente de l'adversaire », f° 127.

64 *Ibid.*, f° 131-132, 70, 75, 324-325, 376-377 (attaque du diable contre les *indios* qui avaient suivi les missionnaires en France) *et passim* ; Y. d'Évreux, *Suitte de l'histoire…*, *op. cit.*, p. 281 *et passim* (les récurrences des mots diable, démon, Giropary sont très nombreuses). Ch. de Castelnau-L'Estoile, « De l'observation à la conversation… », *op. cit.*, p. 269-293.

65 M. de Anguiano, *Mission apostolica en la Isla de la Trinidad…*, *op. cit.*, p. 3-6.

missionnaires, notamment dans ces situations où, à cause des univers culturels différents et des difficultés créées par une connaissance des langues le plus souvent imparfaite[66], il faut recourir au soutien du geste, ici du geste divin. Au fond, c'est la structure même de l'être humain qui est considérée comme ouverte au sacré, destinée à rechercher les signes et la présence du surnaturel[67]. Dans les pays de mission, il s'agit le plus souvent de « miracle-attestation ». La présence et la parole des missionnaires sont là pour apporter la vérité du message qu'ils essaient de transmettre afin que les populations locales y adhèrent. La parole est le signe de la vérité, mais d'autres signes, matériaux et célestes, sont nécessaires pour conduire certains hommes à l'accepter. Ces manifestations miraculeuses ou prodigieuses revêtent donc une fonction apologétique.

Miracles et prodiges sont l'une des facettes fondamentales de l'histoire de l'évangélisation des « terres lointaines » à l'époque moderne, notamment au XVIIe siècle. Mais, comme l'on vient de le voir, il n'existe ni époque, ni endroit (les Indes occidentales ou orientales, par exemple) qui soit « privilégié ». Les facteurs en sont multiples. Même l'appartenance à la Compagnie de Jésus n'en vient pas à constituer un élément tout à fait décisif.

À la fin du XVIe siècle, le général des jésuites Claudio Acquaviva formule des critiques à propos d'une « politique des miracles » dans les pays de mission. Il écrit à Alessandro Valignano :

> Je souhaite donc que nous fassions preuve d'une grande âme, que nous vivions comme le veut notre profession, ainsi Notre Seigneur concourra plus que notre prudence ne pourrait promettre ; et au lieu de miracles et de prophéties, la force de la parole de Dieu et la prédication de la sainte Foi, qui est le grain de sénevé, ne cessera de faire son effet, comme la Majesté divine l'a démontré dans divers lieux sans miracles : la terre donnera d'autant plus de fruits qu'elle sera cultivée avec les outils que le Seigneur voulut utiliser dans le reste

66 Parmi les miracles figure aussi la concession du don des langues aux missionnaires, afin qu'ils puissent prêcher la vraie foi. Voir par exemple Matheo de Anguiano, *Mission apostolica en la Isla de la Trinidad*, *op. cit.*, p. 13-14. Les conséquences n'en furent pas pour autant positives : le capucin Gregorio de Ibi fut tué et mangé par les cannibales (Anguiano précise qu'ils en mangèrent « *la mitad* [...] *assados, y la otra midad cocidos* »). Mais les agresseurs, punis par Dieu, furent atteints de la lèpre. Sur la lèpre comme expression d'une *nemesis divina :* G. Klaniczay, « Miracoli di punizione e maleficia », in : Sophia Boesch Gajano, Marilena Modica (dir.), *Miracoli. Dai segni alla storia*, Rome, Viella, 2000, p. 109-135.

67 Alphonse Dupront, *Du sacré. Croisades et pèlerinages, images et langages*, Paris, Gallimard, 1987.

du monde, autrement dit la croix, les peines et le mépris ; Votre Révérence sait combien a souffert Saint Paul, qui pourtant ne brilla pas partout par des miracles. Et je crois que la Chrétienté serait plus ancrée et constante, et produirait plus de fruits[68].

Les développements ne tiennent pas toujours compte de ces directives ; pour les jésuites, il n'y a pas d'antithèse entre annonce de l'Évangile et miracle. Il est aisé de constater le rôle du miraculeux et du prodigieux chez des membres d'autres ordres religieux, malgré quelques exceptions comme notamment les capucins et les dominicains généralement assez réservés sur la question[69]. Le miracle, avec ses nuances et ses multiples facettes, s'impose à l'attention d'un monde sensible aux merveilles des réalités naturelles et humaines, à plus forte raison aux *mirabilia Dei.*

Au XVIIe siècle, le miracle ne disparaît pas complètement. Les hommes continuent de demander au ciel une protection en cas de maladies incurables ou de problèmes insurmontables. Les élites cessent néanmoins d'invoquer l'intervention surnaturelle et ne croient plus du tout au miracle. Les ecclésiastiques se montrent méfiants (il suffit de penser à certains évêques en France) ou du moins prudents de peur d'être attaqués, notamment les jésuites avant la suppression de la Compagnie.

Les récits des jésuites qui, au XVIIIe siècle, entreprennent la narration des *gesta* de leurs confrères du siècle précédent, relèvent bien moins de miracles et de prodiges, qui pourtant n'ont pas entièrement disparu. On peut mentionner l'*Histoire du Paraguay* du jésuite Charlevoix. Les miracles sont présentés soit comme l'interprétation de certains événements donnée par quelques-uns, soit comme les merveilles de la grâce divine, ce qui arrive

68 « *Onde desidero che pigliamo grande animo, che se noi vivremo conforme alla nostra professione, concorrerà Nostro Signore più di quel che la nostra prudenza si potrebbe promettere ; et in luogo de' miracoli o profetie, la forza della parola di Dio et la predicatione della santa Fede, che è il granello di senape, non lascierà di fare l'effetto suo, come etiandio senza miracoli la Maiestà divina ha dimostrato in varie parti : anzi tanto darà maggior frutto la terra, quanto sarà coltivata con gl'instromenti che '1 Signore volse usare nel resto del mondo, cioè la croce, stenti et dispregi ; ché ben sa V.R. quel che pativa S. Paulo, il quale però non in ogni luogo splendeva con miracoli. Et credo che la Christianità sarebbe più radicata et costante, et darebbe maggior frutto* », Lettre de C. Acquaviva à A. Valignano, de Rome 24 décembre 1585, in : Roberto Sani, *Unum ovile et unus pastor La Compagnia di Gesù e l'esperienza missionaria di padre Matteo Ricci in Cina tra reformatio Ecclesiae e inculturazione del Vangelo*, Rome, Armando Editore, 2010, p. 147-156, ici 155.

69 Les « miracles-coïncidence » figurent presque en totalité dans les nombreux récits de missionnaires capucins du XVIIe siècle au Congo ou au Maroc ; pour les dominicains voir par exemple Luis de Urreta, *Historia de la sagrada Orden de Predicadores en los remotos reynos de la Etiopia*, Valencia, en casa de Juan Chrysostomo Garriz, 1611.

par exemple dans un épisode de 1644 au Tucuman[70]. L'auteur relate des événements non négligeables qui, à son avis, expriment une intervention exceptionnelle de Dieu dans la vie des hommes. Avant de raconter les différents cas, il affirme que « Dieu fit connoître que le temps de sa miséricorde était venu pour ces infidèles[71] ». Le fait remarquable est qu'au centre se situe le baptême. La femme d'un cacique, malade, demande avec insistance à être baptisée, après quoi elle meurt ; de même pour une jeune femme nouvellement mariée. Un enfant aussi reçoit ce sacrement. « La merveille fut que le mari de l'une et les parens de l'autre ne parurent sensibles qu'à la joie de voir ces deux prédestinés aller prendre possession du séjour des bienheureux au nom de leur nation ». Un certain nombre d'enfants meurt, dit-on, mais en étant baptisés. Lors d'un accouchement, le P. Manuel Querini (de la province jésuite de Paraguay) s'aperçoit que le nouveau-né, que l'on pense mort, donne encore des signes de vie et le baptise ; l'accouchement de la femme d'un cacique des montagnes se déroule de la même manière[72].

La guérison « miraculeuse » peut apporter la santé du corps, mais il faut reconnaître que Dieu ne se borne jamais à secourir l'homme dans ses besoins matériels. Le but authentique de l'intervention de Dieu est de le conduire au Salut : le déclarer est un souci constant. La conversion, en tout cas, est censée plonger ses racines dans un don de Dieu. Ce « miracle » se révèle d'autant plus nécessaire quand les populations auxquelles les missionnaires adressent leur message ont des coutumes barbares et sauvages, mais aussi chez des peuples superstitieux, bien que dociles « *et habilissimi alla conoscenza del vero*[73] ». Après le récit des nombreux baptêmes administrés

70 C'est le cas d'un homme de cent ans, qui avait été baptisé à vingt ans et qui, comme tous les habitants du pays, avait abandonné sa foi, à l'exception de prières adressées à Dieu. Les Pères le confessèrent et en apprécièrent la vie foncièrement morale. Ce qui est considéré miraculeux est donc d'avoir conduit une vie digne de Dieu, sous l'influence de la grâce du baptême. Pierre François Xavier de Charlevoix, *Histoire du Paraguay*, Paris, Desaint et Saillant, 1756, vol. 1, p. 128-129. Quant à l'interprétation de certains événements, par exemple : « On vouloit même raser leur Collège et leur Église [...] ; l'on regarda comme un miracle que ces édifices furent demeurés sur pied au milieu d'une multitude effrénée, que le seul nom de Jésuite faisoit entrer en fureur », vol. III, p. 134, aa. 1733-1734.

71 *Ibid.*, p. 241, 1740-1747 ; « *Nada prevalece à efficacia da divina graça.* [...] *A misericordia de Deos he tain grande, que nao pode ser vencida da obstinaçao dos idolatras* », F. de Sousa S.J., *Oriente conquistado...*, *op. cit.*, p. 189.

72 P. F. X. de Charlevoix, *Histoire du Paraguay*, *op. cit.*, p. 242-244.

73 Charlevoix remarque aussi que chez les tribus du Paraguay déjà christianisées les haines continuaient à être si mortelles que seul un miracle de la grâce aurait pu les étouffer (Charlevoix, *Histoire du Paraguay*, *op. cit.*, vol. III, p. 221, 1741-1745). Ailleurs, les « *ridiculas*

à des personnes en danger de mort, le jésuite Charlevoix remarque : « On ne pouvait attribuer qu'à un miracle de la grâce un changement si prompt dans les hommes du monde, qui paroissoient peu de temps auparavant les plus éloignés du Roïaume de Dieu[74]. »

Vers la moitié du XVIIe siècle, Giovanni Filippo de Marini, auteur d'un vaste ouvrage sur les *Missioni de' Padri della Compagnia di Gesù* au Tonkin et en Cochinchine, déclare : « *Non è mia intenzione scrivere in questo capitolo* [livre II, chap. IX] *miracoli, che sono il latte, col quale il Signore costuma dare il primo nutrimento ad una Christianità bambina*[75] ». Après cette formule de prétérition, il consacre plusieurs pages aux faits miraculeux et prodigieux au Tonkin. Le principe en est clair : le vrai miracle est la conversion de milliers de païens à la foi, grâce à des missionnaires pourtant peu nombreux et dépourvus de l'appui du bras séculier.

Ces derniers, conscients des risques et des difficultés, sont hantés par leur propre responsabilité, autrement dit le Salut d'un nombre infini d'âmes. Ils sont donc, les premiers, réconfortés par les signes de la présence de Dieu qui paraît donner son aval à leur action et promettre la récompense céleste. Le miracle, à tout point de vue, est considéré comme une « évidence[76] » qui peut frapper les infidèles et qui soutient la foi et l'action des missionnaires et des nouveaux chrétiens. Par le miracle qui surgit dans le quotidien, la terre semble indiquer le ciel. Malgré tout, le véritable miracle cher aux yeux des missionnaires réside dans l'abandon de leurs croyances par les idolâtres, dans leur fidélité au credo chrétien et leur pratique de ces préceptes si difficiles pour eux.

---

superstiçoes da gente de Cambaya » portaient à attribuer « *a grande milagre as conversiones dos gentios à Fè de Christo* » (F. de Sousa S.J., *Oriente conquistado…*, *op. cit.*, p. 189). Pour le Tonkin : A. de Rhodes, *Relazione de' felici successi della Santa Fede…*, *op. cit.*, p. 59-60.

74 P. F. X. de Charlevoix, *Histoire du Paraguay*, *op. cit.*, p. 244. Le jésuite Juan Patrizio Fernandez souligne dans son ouvrage le rôle médiateur de Marie dans le miracle de la conversion : « *Disposizione sì buona in questo popolo per farsi ascrivere nel numero de' fedeli, non tanto fu opera del P. Cavaliero, che avea predicata ivi l'anno antecedente la legge divina, quanta della Vergine Santissima Nostra Signora, da cui poco prima con un insigne miracolo erano stati disposti que' cuori, acciò vi facesse presa la semenza evangelica, e rendesse frutto corrispondente a' sudori dell'agricoltore* » (J. P. Fernandez, *Relazione istorica della nuova cristianità degl'Indiani detti Cichiti*, Rome, Antonio de Rossi, 1729, p. 137). Le fait que les *indios* aient renoncé à l'ivresse (considérée comme un défaut majeur) est regardé comme un miracle du ciel (*ibid.*, p. 19).

75 G. F. De Marini, *Delle missioni de' Padri della Compagnia di Giesù…*, *op. cit.*, p. 234.

76 Le mot revient souvent. À titre d'exemple : « *evidencia de milagro* » (F. de Sousa S.J., *Oriente conquistado…*, *op. cit.*, p. 216) ; « un miracle tout évident » (A. de Rhodes, *La glorieuse mort d'André*, *op. cit.*, p. 84) ; « *milagro evidente* », « *patente milagro* » (Francisco de san Juan del Puerto, *Mission historial de Marruecos*, Seville, F. Garay, 1708, p. 558 et 785).

INDEX DES NOMS

TABLE DES MATIÈRES

DEUXIÈME PARTIE

HISTOIRE ET ÉRUDITION

IMPRIM'VERT®

Achevé d'imprimer par Corlet,
Condé-en-Normandie (Calvados),
en Août 2022
N° d'impression : 177357 - dépôt légal : Août 2022
Imprimé en France